ドイツの憲法裁判

連邦憲法裁判所の組織・手続・権限

第二版

畑尻　剛　編
工藤 達朗

日本比較法研究所
研究叢書
88

中央大学出版部

装幀　道吉　剛

はしがき

　「ドイツが作った制度で最後まで残るのは，プロイセンの参謀本部と憲法裁判所である」(M. ドルオン) という言葉がある。確かに，第二次世界大戦後の違憲審査制の急速な発展・拡大において，ドイツの憲法裁判所はアメリカ合衆国の司法審査制とともに常に他の国々にとっての手本であった。このドイツの制度が手本となって，ラテンアメリカ諸国，南アフリカ共和国，インド，韓国，ギリシア，スペイン，イタリア，ポルトガル，そして東欧・中欧諸国など様々な国々において憲法裁判所制度が受容されている。

　しかし，多くの国々で手本とされているドイツの憲法裁判所自身も，その個々の手続・権限は決して独自のものではない。憲法裁判所は，大陸型の国事裁判権とアメリカ型の司法審査制との複合体と位置づけられているように，様々な水源をもついくつもの流れが集まった一つの「湖」にたとえられる。確かに，様々な思想，制度がドイツという一つの国に集結したという意味で，ドイツの憲法裁判所はまさに独自なものであるといえる。

　このようなドイツが手本となって，様々な国々において憲法裁判所制度が受容・採用されることになる。もちろんその権限・手続のすべてではなく，各国の政治・社会・文化状況の違いによって取捨選択される。そしてそれが，その国において独自の発展・変容を遂げる。そしてまたこれが他の国々に受容される。今，世界で起こっている憲法裁判の受容・変容・再受容のダイナミズムである。

*

　出版にあたっては日本比較法研究所の貝木誠所長をはじめ所員の皆様に大変お世話になりました。ここに，今回の出版が日本比較法研究所の「共同研究基金」助成（2008年度〜2009年度）の成果であることを記して，感謝の言葉にかえます。とくに加藤裕子事務室長と関口夏絵さんには企画の段階から出版に至

るまで終始一貫，励ましと様々な有益なご助言をいただきました。また，中央大学出版部・編集の髙橋和子さんには，多くの無理難題を編集のプロとしての知見と矜持でやすやすとこなしていただきました。

　本書の成り立ちは，「第一版はしがき」にありますが，第二版では新しい仲間が加わりました。第一版で「編集」の武市周作さんは原稿執筆に，今回，原稿の整理，形式・用語の統一，凡例・索引・資料の作成など様々な煩わしい編集作業には，太田航平さん（中央大学大学院法学研究科博士課程後期在籍）があたってくれました。そして，土屋武さんは，「編集」と「原稿執筆」という二つの仕事それぞれにおいて，その能力を存分に発揮されました。

　このようにして，憲法裁判研究会においても世代を超えて受容・変容・再受容のプロセスが繰り返されています。その水源の豊饒な「湖」である私たちの川添利幸先生が2013(平成25)年6月11日に，米寿をお迎えになります。

　われわれ一同は，初版の「喜寿」に続き，今回，この第二版を先生の「米寿」のお祝いに献呈できる幸せを感じつつ，これまでのご指導に心からの感謝を込めて，川添利幸先生の一層のご健勝をお祈りいたします。

　2013年3月10日

　　　　　　　　　　　　　　　　　　　　　　　　畑　尻　　　剛

第一版 はしがき

　本書は，憲法裁判研究会の共同研究の成果である。

　この研究会が発足したのは，1977年，今からちょうど25年，四半世紀前のことである。当時，中央大学教授であった川添利幸先生（現名誉教授）が，先生の指導の下，研究者をめざして勉強中の大学院生を中心とするグループをつくり，それらの人々に対する研究と教育の場としたのが，この研究会のはじまりである。この研究会は，1977(昭和52)年度から日本比較法研究所の共同研究グループとしても認められ，研究所の援助をえながら研究することができることになった。その第1期の研究テーマは，「西ドイツとオーストリアにおける憲法裁判制度の比較法的研究」とされた。

　当時の日本の憲法学においては，違憲審査制の類型は「アメリカ型」と「ヨーロッパ大陸型」に二分され，日本国憲法がアメリカ型を採用したことは疑う余地がなく，最高裁判所も警察予備隊違憲訴訟でこの見解を確認したと考えられていたため，ヨーロッパ大陸型に対して関心が向けられることは少なかった。しかも，ヨーロッパ大陸型の違憲審査制といえば憲法裁判所であり，憲法裁判所といえば抽象的違憲審査だと図式的にとらえられ，憲法裁判所にも性格を異にするいくつかのタイプがあることや，憲法裁判所の権限にも抽象的規範統制以外の様々なものが含まれていることには，まるで無頓着であった。憲法裁判所の性格や権限がどうあれ，いずれにせよ日本とは無縁の制度であり，日本国憲法の解釈論に参考になることはないのだから，実用性のない研究にはそれ以上興味がない，というところであったに違いない。

　憲法裁判研究会が活動を開始したのは，このような時期であった。研究会は，ヨーロッパ大陸型の違憲審査制の国々の中から，代表として西ドイツ（当時）を，原型としてオーストリアを選び，また憲法裁判所の数ある権限の中から，具体的規範統制に焦点を当てて研究することにしたのである。具体的規範

統制は，一般の裁判所における具体的な事件が違憲審査のきっかけになる点で，日本のようなアメリカ型の違憲審査制をとる国においても十分参照に値するものであった。にもかかわらず，当時注目されることはまずなかったのである。このような研究テーマの設定は，今日からみれば明らかに，当時の研究状況に対する異議申立てであるが，しかし当時においては，実用性のない単なる趣味的な研究と誤解されるおそれもあった。それだけに一層，このテーマ設定が画期的な意味をもつものであったことがわかるのである。

　このようにして活動を開始した研究会は，西ドイツとオーストリア両国の具体的規範統制に関する研究成果を，その成立史，一般の裁判所の手続，憲法裁判所の手続，現実的機能などの論点ごとに，研究所の機関誌『比較法雑誌』に順次発表した（比較法雑誌14巻3号，15巻2号，4号，16巻1号，2号，3号，4号，19巻3号）。あわせて，オーストリア連邦憲法の憲法裁判所関連条文（14巻3号），西ドイツ連邦憲法裁判所法（15巻2号，4号，16巻1号），オーストリア憲法裁判所法（16巻2号，3号，4号，19巻3号）の翻訳も完成させた。代表の川添先生を除けば，研究会のメンバーは無名の若い研究者ばかりであったが，それまで同種の研究がほとんどなかったこともあり，学会で同様の問題意識を有する研究者たちからは，かなり高い評価をえることができたのである。

　これら，第1期の研究成果は，将来，手を加えたうえで一書にまとめることが予定されていたのであるが，結局実現しないままに終わった。その原因としては，一つには，川添先生が，1984(昭和59)年11月，中央大学学長に就任され，それから2期6年間，大学行政に忙殺されることになったこと，もう一つは，研究会メンバーが次第に大学に職をえることになり，共同研究に割くことのできる時間が激減したことがあげられる。研究会は，1983(昭和58)年度から「憲法裁判の基礎理論」の研究テーマで第2期の活動をスタートさせ，連邦憲法裁判所法の改正に関する研究など，一定の成果を発表してはいたが（比較法雑誌22巻2号，23巻1号，24巻2号，28巻3号，30巻3号，33巻3号），第1期と比べると散発的な感は否めず，これまでの論文に本格的に手を入れる時間的余裕はさらになかったのである。その結果，第1期の論文のいくつかは，研究会

メンバー個人の論文集に収録されたものもあったが，多くはそのまま埋もれていったのである。

　1996(平成8)年3月，川添先生は中央大学を定年退職され，同年4月より，わたし（工藤）が会の代表になった。わたしには，埋もれかけているこれまでの研究成果をよみがえらせることが，まずやるべきことのように思われた。とはいえ，今まで公にしたものに手を入れるにしても，発表から20年近く経過しているため，結局は全面的に書き換えるに等しい。研究会には新しいメンバーも参加している。それならば，ドイツとオーストリアのうち，今回はドイツに限定し，ドイツの連邦憲法裁判所（法）についてのスタンダードなテキストをまったく新しくつくったらどうか。現在の日本では，憲法裁判所の導入の是非をめぐる議論が活発になりつつあるが，積極論であれ消極論であれ，具体的な制度の検証をぬきにした観念的な抽象論にとどまるならば，実りある成果を期待することはできない。これはメンバーの共通認識である。ならば，ドイツの連邦憲法裁判所の全体像を明らかにする研究書の存在は，重要な意味を有するのではないか。そう考えたのである。一応の計画を立ててメンバーに呼びかけたところ，全員から快諾をえた。短期間のうちに草稿を書いてくれた人もいる。ところが，言いだした本人に時間がない。このままでは計画倒れは必至である。そんな頃，日本比較法研究所の2000年度研究基金共同研究助成に応募したところ，幸運にも採用されることになった。執行できるのは2001年度までである。助成を受けるのなら，その期間内に強制的に書かざるをえない。研究会の方向がこれで定まったのである。

　実際にはじめてみると，予想していたことではあるが，20年の年月が，メンバーの置かれている状況をまったく変えてしまったことを痛感した。20年前は条文の単語一つをどう訳すかで，何日も議論して時間をつぶした。その頃はどのメンバーも，地位も金も何もなかったが，時間だけは余るほどあったのである。しかし，今は違う。それぞれの大学で，それなりに責任のある仕事を引き受けている。とにかく忙しいのである。それにもかかわらず，メンバーは多忙な中，この共同研究に積極的に取り組んでくれた。毎月開催される定例の

研究会には，毎回半数以上のメンバーが出席した。川添先生もしばしば研究会に顔を出され，議論に参加されたことは，メンバー全員にとってこのうえない励みとなった。2001年の夏には，いまや本研究会の定宿ともいえる，上田市のつるや旅館で，3泊4日の合宿を行い，集中的な検討をした。こうして，すべてのメンバーが少なくとも1回は報告し，そこでの議論をふまえて原稿を執筆したのである。2002年春にはすべての原稿がそろった。最初の計画どおりスタンダードなテキストを意識して内容を簡潔に抑制した原稿もあれば，論文といってよいほど力の入った原稿もある。バランスの悪いところもあるかもしれない。しかし，その点はあえて統一することはしなかった。執筆者の個性が失われてしまうのが惜しかったからである。ただし，理解の不十分・不正確な点があれば，後日補正の機会をもちたいと思っている。

　2002年は，憲法裁判研究会25周年であるとともに，後述のように，川添先生が喜寿をお迎えになる年である。そして，現在大学を取り巻く様々な状況を考えると，今やらなければ永遠にできないかもしれないという気持ちがあった。それだけに，ようやく公刊にたどりつき，こうしてはしがきを書いていることは，感無量である。

　一つ残念なことは，研究会メンバーの日笠完治嘱託研究所員（杏林大学教授）が，担当部分のレジュメを提出していながら，病気のため，今回執筆メンバーに加わることができなかったことである。その担当部分は他のメンバーで分担したが，ともに執筆者として完成を喜びたかった。次の機会にまた一緒に研究できることを願っている。

＊

　これまでこの研究会の活動を支援していただいたすべてのみなさん，とりわけ木下毅所長をはじめ日本比較法研究所の研究所員，事務室のみなさん，研究基金制度を設けてくださった中央大学法曹会のみなさんに，心からお礼申し上げます。また，中央大学出版部の矢崎英明さん，平山勝基さん，小川砂織さんには，本書の装丁をはじめ，刊行にあたってたいへんお世話になりました。あわせてお礼いたします。

また，武市周作君（中央大学大学院法学研究科博士課程後期在籍）は，リサーチ・アシスタントとして，原稿の整理，形式・用語の統一，凡例の作成など，様々な煩わしい仕事を一手に引き受け，見事にこなしてくれました。彼がいなければ，本書がこの時期に公刊されていることはなかったでしょう。記して感謝します。

*

　川添利幸先生は，2002（平成14）年6月11日，喜寿をお迎えになりました。本書の執筆メンバーは先生に導かれて研究者の道を選んだものばかりです。われわれ一同は，先生の喜寿をお祝いし，これまでのご指導に心からの感謝を込めて，一層のご健勝を祈りつつ，川添利幸先生に本書を献呈いたします。

2002年6月26日

憲法裁判研究会を代表して
工　藤　達　朗

目　　次

はしがき

I　憲法裁判の基礎
1. 憲法裁判の理論 ……………………………古 野 豊 秋… *3*
2. 憲法裁判の歴史
　　――連邦憲法裁判所（法）の成立史と改正史 …………光 田 督 良…*26*
3. 連邦憲法裁判所の改革の試み ………………小野寺邦広…*44*
4. 連邦憲法裁判所とヨーロッパの法的統合 ……………*55*
　　4.1　ヨーロッパ司法裁判所 ………………奥山亜喜子…*55*
　　4.2　ヨーロッパ人権裁判所 ………………福 王　　守…*69*

II　連邦憲法裁判所の組織と構成
1. 連邦憲法裁判所の地位 ………………………光 田 督 良… *87*
2. 連邦憲法裁判所の裁判官 ……………………川 又 伸 彦…*102*
3. 連邦憲法裁判所の組織 ………………………小野寺邦広…*111*

III　連邦憲法裁判所の手続原理
1. 総　　説 ………………………………………畑 尻　　剛…*137*
2. 手続の進行 ……………………………………武 市 周 作…*141*
3. 関　係　人 ……………………………………光 田 督 良…*144*
4. 裁判官の排除 …………………………………川 又 伸 彦…*154*
5. 口頭弁論と書面手続 …………………………中 野 雅 紀…*160*
6. 証拠採用手続 …………………………………飯 田　　稔…*169*

7. 少数意見制 ………………………………… 畑 尻　　剛…*174*
8. 費　　　用 ………………………………… 山 本 悦 夫…*181*
9. 憲法裁判の公開 ……………………………… 嶋 崎 健太郎…*186*

Ⅳ　判決・決定・命令
1. 裁判の種類 …………………………………… 中 野 雅 紀…*197*
2. 執 行 命 令 …………………………………… 中 野 雅 紀…*206*
3. 仮 命 令 ……………………………………… 畑 尻　　剛…*215*
4. 判決の手法 …………………………………… 有 澤 知 子…*226*
5. 判決の効力 …………………………………… 嶋 崎 健太郎…*253*

Ⅴ　連邦憲法裁判所の権限
1. 総　　　説 …………………………………… 畑 尻　　剛…*279*
2. 憲 法 異 議 …………………………………………………*282*
   2.1 総　　　説 …………………………… 工 藤 達 朗…*282*
   2.2 適 法 性 ……………………………… 武 市 周 作…*293*
   2.3 憲法異議の受理手続 ………………… 小野寺 邦 広…*311*
   2.4 判決に対する憲法異議 ……………… 川 又 伸 彦…*342*
   2.5 自治体の憲法異議 …………………… 斎 藤　　孝…*362*
3. 具体的規範統制 ……………………………… 畑 尻　　剛…*372*
4. 抽象的規範統制 ……………………………… 森　　保 憲…*399*
5. 連邦機関争訟 ………………………………… 飯 田　　稔…*413*
6. 連邦国家的争訟 ……………………………… 飯 田　　稔…*427*
7. 連邦法としての国際法の確認手続 ………… 福 王　　守…*438*
8. 基本法の異なる解釈を理由とする移送手続… 奥 山 亜喜子…*453*

9. 従来の法の効力に関する規範統制手続 ……… 奥山亜喜子…*463*
10. その他の基本法上の手続 …………………… 山本悦夫…*473*
11. 連邦法律による権限 …………………………… 奥山亜喜子…*504*

Ⅵ 審 査 方 法
 1. 連邦憲法裁判所の基本権理解の展開 ………… 武市周作…*511*
 2. 基本権の審査枠組 ……………………………… 土屋　武…*526*
 3. 審査範囲・審査基準・審査密度 ……………… 土屋　武…*549*

Ⅶ 資　　料
 1. 連邦憲法裁判所法 ………………… 憲法裁判研究会 訳…*571*
 2. 連邦憲法裁判所規則 ……………… 憲法裁判研究会 訳…*601*

　事 項 索 引 …………………………………………………*615*
　判 例 索 引 …………………………………………………*625*

細　目　次

I　憲法裁判の基礎
1. 憲法裁判の理論 …………………………………………………………3
　1.1　憲法裁判の定義 ……………………………………………………3
　　1.1.1　憲法裁判の歴史　*3*
　　⑴　19世紀の憲法裁判　*3*
　　⑵　ワイマール時代の憲法裁判　*4*
　　1.1.2　基本法における憲法裁判の定義　*6*
　　⑴　司法と裁判　*7*
　　⑵　国事裁判と憲法裁判　*7*
　　⑶　憲法裁判の特徴　*8*
　　　a）　一般の裁判との共通点　*8*
　　　b）　一般の裁判に対する相違点　*9*
　1.2　憲法裁判の本質 ……………………………………………………*10*
　　1.2.1　憲法裁判における法と政治　*10*
　　1.2.2　ワイマール時代の憲法裁判論　*10*
　　⑴　1928年のドイツ国法学者大会　*10*
　　⑵　「憲法の番人」論争　*11*
　　1.2.3　基本法下の憲法裁判論　*13*
　　⑴　「憲法の改変」をめぐる議論　*13*
　　⑵　ベッケンフェルデの講演　*14*
　　1.2.4　憲法裁判論の特徴と今後の展望　*16*
　1.3　憲法裁判の機能 ……………………………………………………*17*
　　1.3.1　憲法の保障　*17*
　　⑴　政治的機関による憲法の保障　*17*
　　⑵　裁判機関による憲法の保障　*18*
　　1.3.2　憲法裁判における憲法　*19*
　　1.3.3　憲法の優位　*20*
　1.4　憲法裁判の正当性 …………………………………………………*22*
　　1.4.1　憲法裁判の権限の正当性　*22*
　　1.4.2　憲法裁判の組織の正当性　*22*

1.5　憲法裁判の限界 …………………………………………………23
　　1.5.1　法と政治の関係における自己抑制　23
　　1.5.2　憲法解釈における自己抑制　23
　　1.5.3　自己抑制の限界　24
　　1.5.4　他の国家機関との関係における限界　25

2. 憲法裁判の歴史——連邦憲法裁判所(法)の成立史と改正史 ……………26
　2.1　基本法による憲法裁判所の設置 ………………………………26
　　2.1.1　ヘレンキームゼー案における構想　26
　　2.1.2　基本法制定会議での決定　28
　2.2　連邦憲法裁判所法の制定 ………………………………………29
　　2.2.1　連邦憲法裁判所法制定過程の概要　29
　　2.2.2　連邦憲法裁判所法の制定過程における問題点　30
　2.3　連邦憲法裁判所法の改正の経緯 ………………………………31
　　2.3.1　改正の傾向　31
　　2.3.2　改正の概要　33
　　　⑴　1956 年改正　33
　　　⑵　1959 年改正　33
　　　⑶　1963 年改正　34
　　　⑷　1970 年改正　34
　　　⑸　1985 年改正　35
　　　⑹　1993 年改正　35
　　　⑺　1998 年改正　36
　　　⑻　2002 年改正　36
　　　⑼　2003 年改正　37
　　　⑽　2004 年から 2009 年までの注目すべき改正　37
　　　⑾　2010 年改正　38
　　　⑿　2011 年改正　39
　　　⒀　2012 年改正　41
　2.4　連邦憲法裁判所規則 ……………………………………………42
　　2.4.1　旧規則の制定とその改正　42
　　2.4.2　新規則の制定とその改正　43

3. 連邦憲法裁判所の改革の試み …………………………………………44
　3.1　委員会設置の経緯 ………………………………………………44

3.2　改革の諸案 …………………………………………………… *46*
　　3.3　委員会案 ……………………………………………………… *47*
　　3.4　その後の展開 ………………………………………………… *50*

4. 連邦憲法裁判所とヨーロッパの法的統合 ……………………………… *55*
　4.1　ヨーロッパ司法裁判所 ……………………………………………… *55*
　　4.1.1　総　　説　*55*
　　　(1)　ヨーロッパ統合へ向けた動き　*55*
　　　(2)　ヨーロッパ司法裁判所の裁判権の根拠と類型　*56*
　　4.1.2　連邦憲法裁判所とヨーロッパ司法裁判所の関係　*57*
　　　(1)　総　　説　*57*
　　　　a)　EU法の法形式とその特徴　*57*
　　　　b)　EUと基本権問題　*57*
　　　(2)　ヨーロッパ司法裁判所の判例　*58*
　　　(3)　連邦憲法裁判所の判例(1)――マーストリヒト判決まで　*58*
　　　(4)　連邦憲法裁判所の判例(2)――マーストリヒト判決　*60*
　　　　a)　憲法異議の適法性　*60*
　　　　b)　基本権保障に関する連邦憲法裁判所の審査権　*61*
　　　　　1)　判例の変更　*61*
　　　　　2)　連邦憲法裁判所のヨーロッパ司法裁判所との「協力関係」　*62*
　　　　c)　基本権問題以外の分野に関する連邦憲法裁判所の審査権　*64*
　　　　　1)　民主主義原理との関係　*64*
　　　　　2)　EUの法に対する審査権の範囲　*65*
　　　(5)　連邦憲法裁判所の判例(3)――リスボン判決　*66*
　　4.1.3　連邦憲法裁判所とヨーロッパ司法裁判所の今後の関係　*68*
　4.2　ヨーロッパ人権裁判所 ……………………………………………… *69*
　　4.2.1　総　　説　*69*
　　　(1)　ヨーロッパの人権保障とヨーロッパ審議会　*69*
　　　　a)　ヨーロッパにおける戦後の人権保障の特徴　*69*
　　　　b)　ヨーロッパ審議会と人権保障制度　*70*
　　　(2)　ヨーロッパ人権条約の実施について　*71*
　　　　a)　条約の成立経緯　*71*
　　　　b)　条約の国内実施について　*72*
　　4.2.2　人権保障制度の改革　*73*
　　　(1)　条約の一実施機関として　*73*

　　　　　　a）人権委員会について　*73*
　　　　　　b）閣僚委員会について　*74*
　　　　　　c）ヨーロッパ人権裁判所について　*74*
　　　　(2) 個人の出訴権確保への歩み　*74*
　　　4.2.3　ヨーロッパ人権裁判所の今日的役割　*75*
　　　　(1) 第11議定書による抜本的改革　*75*
　　　　(2) 今日の人権裁判所の任務および権限　*76*
　　　4.2.4　制度上の課題と連邦憲法裁判所の対応　*78*
　　　　(1) 制度改正後の課題　*78*
　　　　(2) 連邦憲法裁判所の対応　*79*
　　　　　　a）ドイツ国内への受容と実施状況　*79*
　　　　　　b）管轄権をめぐる問題点　*80*

II　連邦憲法裁判所の組織と構成
1. 連邦憲法裁判所の地位 …………………………………………… *87*
　1.1　憲法機関としての連邦憲法裁判所 ……………………………… *87*
　　1.1.1　不明確な位置づけ　*87*
　　1.1.2　連邦憲法裁判所法1条1項による位置づけ　*89*
　　1.1.3　「憲法機関」概念　*90*
　　　(1) 形式的基準　*93*
　　　(2) 実質的基準　*94*
　　1.1.4　憲法機関性からの帰結　*95*
　　　(1) 一　　般　*95*
　　　(2) 個　　別　*96*
　1.2　裁判所としての連邦憲法裁判所 ………………………………… *99*
　　1.2.1　他の憲法機関との関係　*99*
　　1.2.2　他の裁判所との関係　*100*

2. 連邦憲法裁判所の裁判官 ………………………………………… *102*
　2.1　員数および任期 …………………………………………………… *102*
　2.2　資格および兼職の禁止 …………………………………………… *103*
　2.3　選　　出 …………………………………………………………… *106*
　2.4　調　査　官 ………………………………………………………… *109*

3. 連邦憲法裁判所の組織 …………………………………………… *111*

3.1　部 ……………………………………………………………… *111*
　　　3.1.1　地位・構成　*111*
　　　3.1.2　権限配分　*112*
　　　3.1.3　部の管轄についての疑義──「6 人委員会」　*115*
　　3.2　合同部 ………………………………………………………… *117*
　　　3.2.1　地位・構成　*117*
　　　3.2.2　権　限　*118*
　　　　(1)　連邦憲法裁判所規則制定権　*118*
　　　　(2)　後任裁判官候補の推薦　*118*
　　　　(3)　各部への権限配分変更権　*119*
　　　　(4)　連邦憲法裁判所の裁判の統一性確保　*119*
　　　　(5)　異議部会の設置　*124*
　　　　(6)　その他の権限　*125*
　　3.3　部　会 ………………………………………………………… *125*
　　　3.3.1　地位・構成　*125*
　　　3.3.2　権　限　*127*
　　　3.3.3　部会の地位と機能の現実　*127*
　　3.4　異議部会 ……………………………………………………… *129*
　　　3.4.1　地位・構成　*129*
　　　3.4.2　権　限──遅延異議の審査　*130*

Ⅲ　連邦憲法裁判所の手続原理

　1. 総　説 ……………………………………………………………… *137*
　　1.1　連邦憲法裁判所法と連邦憲法裁判所規則 …………………… *137*
　　1.2　連邦憲法裁判所の手続の自律性 ……………………………… *137*
　　1.3　憲法訴訟法の独自性 …………………………………………… *139*

　2. 手続の進行 ………………………………………………………… *141*
　　2.1　申　立　て ……………………………………………………… *141*
　　　(1)　形　式　*141*
　　　(2)　名宛人　*141*
　　　(3)　内　容　*141*
　　　(4)　効　果　*141*
　　　(5)　送　達　*141*
　　　(6)　写しの提出　*142*

2.2 申立ての取下げ … 142
2.3 和　　解 … 142
2.4 手続の併合と分離 … 143

3. 関　係　人 … 144
3.1 関係人の概念 … 144
3.1.1 連邦憲法裁判所法における用語の特殊性 *144*
3.1.2 連邦憲法裁判所法における関係人の用語 *145*
3.2 関係人の地位 … 147
3.3 個別手続における具体的な関係人 … 147
3.3.1 対審手続における関係人 *148*
3.3.2 規範の効力に関する客観的な手続における関係人 *149*
3.3.3 異議申立手続における関係人 *149*
3.4 訴訟参加 … 150
3.5 意見陳述 … 151
3.6 憲法裁判における関係人の特徴 … 153

4. 裁判官の排除 … 154
4.1 除　　斥 … 154
4.2 忌避および回避 … 157

5. 口頭弁論と書面手続 … 160
5.1 総　　説 … 160
5.2 口頭弁論の例外 … 161
5.3 口頭弁論と書面手続 … 164
5.4 最広義の口頭弁論 … 167
5.5 口頭弁論，あるいは公開主義の原則の例外 … 168

6. 証拠採用手続 … 169
6.1 総　　説 … 169
6.2 証　拠　方　法 … 170
6.3 立証手続と証拠の評価 … 171
6.4 挙　証　責　任 … 172

7. 少数意見制 … 174

7.1　総　　　説 …………………………………………………… *174*
　　　　7.1.1　少数意見制　*174*
　　　　7.1.2　制　定　史　*175*
　　7.2　具体的な内容 …………………………………………………… *176*
　　7.3　連邦憲法裁判所の実務とその評価 …………………………… *177*
　　7.4　少数意見制の機能と効果 ……………………………………… *178*

8. 費　　　用 ……………………………………………………………… *181*
　　8.1　費用無償の原則 ………………………………………………… *181*
　　8.2　濫　用　料 ……………………………………………………… *181*
　　8.3　費用の補償 ……………………………………………………… *183*
　　8.4　訴訟費用の援助 ………………………………………………… *184*

9. 憲法裁判の公開 ………………………………………………………… *186*
　　9.1　裁判の公開 ……………………………………………………… *186*
　　　　9.1.1　意　　　義　*186*
　　　　9.1.2　根　　　拠　*186*
　　　　9.1.3　公開の範囲と制限　*187*
　　　　9.1.4　放送メディアへの公開　*188*
　　　　　⑴　総　　　説　*188*
　　　　　⑵　公開の範囲　*189*
　　　　　⑶　公開の制限　*189*
　　　　　⑷　口頭弁論外のメディア公開　*190*
　　9.2　情報の開示 ……………………………………………………… *190*
　　　　9.2.1　関係人への開示　*190*
　　　　9.2.2　第三者への開示　*191*
　　　　　⑴　総　　　説　*191*
　　　　　⑵　法 的 性 質　*191*
　　　　　⑶　開示対象および情報受領者　*191*
　　　　　⑷　要　　　件　*192*
　　　　　⑸　開示の方法　*192*
　　　　　⑹　連邦憲法裁判所自身による情報の利用　*193*
　　　　9.2.3　その他の情報開示（判例集等）　*193*

Ⅳ 判決・決定・命令

1. 裁判の種類 …………………………………………………………… *197*
 1.1 総　　説 ……………………………………………………………… *197*
 1.2 判決と決定の異同 …………………………………………………… *198*
 1.3 判決における「国民の名において」という表題 ………………… *199*
 1.4 全部判決と一部判決 ………………………………………………… *202*
 1.5 終局判決と中間判決 ………………………………………………… *204*
 1.6 一部判決と中間判決の結合 ………………………………………… *205*

2. 執行命令 ………………………………………………………………… *206*
 2.1 総　　説 ……………………………………………………………… *206*
 2.2 歴史的沿革 …………………………………………………………… *207*
 2.3 執行命令が可能な判決の種類 ……………………………………… *208*
 2.4 執行を委託される公権力機関（ラント内閣）…………………… *208*
 2.5 執行を委託される公権力機関（連邦議会）……………………… *210*
 2.6 執行命令に対する批判 ……………………………………………… *211*
 2.7 執行命令に基づく執行措置に対する抗告の可否 ………………… *213*

3. 仮 命 令 ………………………………………………………………… *215*
 3.1 総　　説 ……………………………………………………………… *215*
  3.1.1 仮命令制度　*215*
  3.1.2 目　　的　*216*
 3.2 仮命令の形式的要件 ………………………………………………… *217*
  3.2.1 仮命令の形式的要件　*217*
  3.2.2 仮命令審査開始の要件　*218*
 3.3 仮命令の実質的要件 ………………………………………………… *218*
  3.3.1 要　　件　*219*
  3.3.2 裁判所の衡量　*219*
  3.3.3 本案手続との関係　*221*
 3.4 手続と判決 …………………………………………………………… *222*
  3.4.1 発給権者　*222*
  3.4.2 口頭弁論の要否　*222*
  3.4.3 判断の形式　*223*
  3.4.4 仮命令とこれに伴う措置　*223*
  3.4.5 仮命令の効力　*224*

3.5　仮命令に対する異議 ……………………………………………… *224*
   3.6　仮命令の機能 …………………………………………………… *224*

4. 判決の手法 ……………………………………………………………… *226*
   4.1　総　　　説 …………………………………………………… *226*
   4.2　違憲無効判決 ………………………………………………… *227*
      4.2.1　意　　　義　*227*
      4.2.2　当初無効・遡及的無効　*227*
      4.2.3　一　部　無　効　*231*
      4.2.4　意味上の一部無効　*232*
      4.2.5　無効宣言の問題性　*233*
      (1)　立法者の形成自由　*233*
      (2)　法的空白の回避　*235*
   4.3　違憲確認判決 ………………………………………………… *235*
      4.3.1　意　　　義　*235*
      4.3.2　違憲確認判決の判例　*237*
      4.3.3　平等判決の特殊性と違憲確認判決　*239*
      4.3.4　違憲確認判決の法的効果　*240*
   4.4　違憲警告判決 ………………………………………………… *242*
      4.4.1　意　　　義　*242*
      4.4.2　違憲警告判決の判例　*244*
      4.4.3　法　的　効　果　*247*
   4.5　憲法適合的解釈 ……………………………………………… *248*
      4.5.1　意　　　義　*248*
      4.5.2　憲法適合的解釈の判例　*248*
      4.5.3　拘　束　力　*250*
      4.5.4　憲法適合的解釈の限界　*251*

5. 判決の効力 ……………………………………………………………… *253*
   5.1　総　　　説 …………………………………………………… *253*
   5.2　裁判の変更禁止効 …………………………………………… *254*
      5.2.1　意　　　義　*254*
      5.2.2　根　　　拠　*254*
      5.2.3　例　　　外　*254*
   5.3　形式的確定力 ………………………………………………… *256*

5.3.1　意　　義　*256*
　　　5.3.2　根　　拠　*256*
　　　5.3.3　部分決定・仮命令の形式的確定力　*257*
　5.4　既判力 ………………………………………………………… *257*
　　　5.4.1　意　　義　*257*
　　　5.4.2　根　　拠　*258*
　　　5.4.3　既判力の主観的範囲　*258*
　　　5.4.4　既判力の客観的範囲　*259*
　　　5.4.5　既判力の時間的範囲　*260*
　5.5　拘 束 力 ……………………………………………………… *260*
　　　5.5.1　総　　説　*260*
　　　5.5.2　拘束力の主観的範囲　*261*
　　　　⑴　すべての国家機関の拘束　*261*
　　　　⑵　連邦憲法裁判所自身の非拘束　*262*
　　　5.5.3　拘束力の客観的範囲　*263*
　　　　⑴　裁判理由の拘束力　*263*
　　　　⑵　訴訟判決・部会決定・仮命令の拘束力　*265*
　　　5.5.4　拘束力の時間的範囲　*266*
　　　5.5.5　拘束力の効果　*266*
　　　　⑴　違憲法律の再立法禁止　*266*
　　　　⑵　類似法の改廃　*269*
　　　　⑶　合憲法律の再移送禁止　*270*
　　　　⑷　拘束力の無視への対応　*270*
　5.6　法律としての効力 …………………………………………… *271*
　　　5.6.1　総　　説　*271*
　　　5.6.2　歴　　史　*272*
　　　5.6.3　内　　容　*273*
　　　5.6.4　主文の公示　*274*

Ⅴ　連邦憲法裁判所の権限
　1．総　　説 ……………………………………………………… *279*
　　　　⑴　多様な権限　*279*
　　　　⑵　権限の根拠　*279*
　　　　⑶　権限の概観　*280*

2. 憲法異議 …………………………………………………… 282
　2.1 総　　説 ………………………………………………… 282
　　2.1.1 意　　義　282
　　2.1.2 成 立 史　284
　　2.1.3 機　　能　286
　　　(1) 憲法異議の二重機能　286
　　　(2) 二重機能の意味　288
　　2.1.4 権利救済システムにおける憲法異議の位置
　　　　　——基本法19条4項との関連　291
　2.2 適 法 性 ………………………………………………… 293
　　2.2.1 当事者能力　293
　　　(1) 自　然　人　294
　　　　a) 外国人の基本権享有主体性　294
　　　　b) 胎児と死者　294
　　　(2) 法　　人　295
　　　　a) 私 法 人　296
　　　　b) 公 法 人　296
　　　　c) 外国法人　298
　　2.2.2 訴訟能力　298
　　2.2.3 弁論能力　300
　　2.2.4 異議の対象——公権力　300
　　　(1) ドイツの公権力　300
　　　(2) すべての公権力　300
　　　(3) 不 作 為　302
　　　(4) 国の私法的行為　305
　　　(5) 規律内容・決定内容を欠いている措置　306
　　2.2.5 当事者適格または訴訟追行権　306
　　　(1) 基本権侵害　306
　　　(2) 自分自身，現在かつ直接に betroffen であること　307
　　　　a) 「自分自身」の侵害　308
　　　　b) 「現在」の侵害　308
　　　　c) 「直接」の侵害　308
　　2.2.6 裁判で争う途を果たしていること　309
　　2.2.7 既判力による再異議の遮断　310
　　2.2.8 権利保護の必要性　310

2.2.9　異議申立ての方式と期間　*310*
　2.3　憲法異議の受理手続 ……………………………………………… *311*
　　2.3.1　意　　　義　*311*
　　2.3.2　法 的 性 格　*312*
　　2.3.3　目　　　的　*314*
　　　⑴　過重負担の状況　*314*
　　　⑵　そ の 弊 害　*315*
　　2.3.4　沿　　　革　*317*
　　　⑴　56年の制度　*317*
　　　⑵　63年の改正　*319*
　　　⑶　69年の基本法改正　*320*
　　　⑷　70年の改正　*320*
　　　⑸　85年の改正　*320*
　　　⑹　93年の改正　*322*
　　2.3.5　現行制度の内容　*322*
　　　⑴　受 理 義 務　*322*
　　　⑵　受理要件の具体的意味　*323*
　　　　a)　「基本的な憲法上の意義」（受理要件 a）　*323*
　　　　b)　基本権を実現するために「望ましい」場合
　　　　　　（受理要件 b 前段）　*327*
　　　　c)　「異議申立人に特に重大な不利益が発生する場合」
　　　　　　（受理要件 b 後段）　*328*
　　　⑶　一 部 受 理　*334*
　　　⑷　部会の認容決定　*334*
　　　⑸　受理審査——部会と部の権限配分を含めて　*335*
　　　　a)　一般登録簿手続　*335*
　　　　b)　受 理 審 査　*336*
　　　⑹　決定の効力　*340*
　　　⑺　現行制度の合憲性　*341*
　2.4　判決に対する憲法異議 ………………………………………… *342*
　　2.4.1　総　　　説　*342*
　　2.4.2　判決の実体に関する審査基準　*343*
　　　⑴　判例による審査範囲の展開　*345*
　　　　a)　ヘックの定式の成立　*345*
　　　　b)　ヘックの定式の展開　*347*

　　　　　c）「基本権侵害の程度」の基準　*348*
　　　　　d）事実認定に対する審査　*349*
　　　　　e）実体問題と審査範囲・密度の関係　*354*
　　　⑵　判例の展開に対する学説の批判　*355*
　　　　　a）実体法的アプローチ　*356*
　　　　　b）機能法的アプローチ　*357*
　　2.4.3　判決の手続に関する審査基準　*360*
　　2.4.4　法拘束統制　*361*
　2.5　自治体の憲法異議 …………………………………… *362*
　　2.5.1　総　　説　*362*
　　　⑴　沿　　革　*362*
　　　⑵　連邦憲法裁判権の補充性　*363*
　　　⑶　自治体の憲法異議の法的性格　*364*
　　2.5.2　各　　説　*365*
　　　⑴　異議当事者　*365*
　　　　　a）ゲマインデ　*365*
　　　　　b）ゲマインデ連合　*366*
　　　　　c）そ の 他　*366*
　　　⑵　異議申立権　*366*
　　　　　a）侵害の可能性　*367*
　　　　　b）侵害の直接性　*367*
　　　　　c）侵害の現実性　*367*
　　　⑶　異 議 対 象　*368*
　　　　　a）連邦とラントの法律　*368*
　　　　　b）立法府の不作為　*368*
　　　　　c）不 文 法　*368*
　　　⑷　審 査 基 準　*368*
　　　　　a）基本法28条2項　*368*
　　　　　b）自治のための特徴的な規定　*368*
　　　　　c）基 本 権　*369*
　　2.5.3　ラントの法状況　*369*

3. 具体的規範統制 ……………………………………………… *372*
　3.1　総　　説 ……………………………………………… *372*
　　3.1.1　具体的規範統制　*372*

3.1.2　各 国 の 例　*373*
　　　3.1.3　前　　　史　*376*
　　　3.1.4　前提としての裁判官の審査権　*377*
　　　3.1.5　目　　　的　*378*
　3.2　具体的規範統制の手続 ……………………………………………… *380*
　　　3.2.1　移送の主体（移送権限）　*380*
　　　　⑴　裁 判 機 関　*380*
　　　　⑵　移 送 方 法　*381*
　　　　⑶　審　　　級　*381*
　　　　⑷　訴訟関係人の主張　*382*
　　　3.2.2　移送の対象　*383*
　　　3.2.3　移 送 決 定　*384*
　　　　⑴　付随的問題としての移送問題　*384*
　　　　⑵　違憲という確信　*385*
　　　　⑶　移送決定の内容（移送の理由）　*387*
　　　　⑷　中 止 義 務　*389*
　　　　⑸　移送決定を取り消す義務　*389*
　　　3.2.4　判決にとっての必要性　*390*
　　　　⑴　必要性の原則の趣旨　*390*
　　　　⑵　必要性の原則の諸問題　*391*
　　　　　a）　Entscheidung の概念　*391*
　　　　　b）　異なった判決　*391*
　　　　　c）　移送できる段階　*392*
　　　　　d）　移送問題の限定　*392*
　3.3　連邦憲法裁判所の審査 ……………………………………………… *393*
　　　3.3.1　連邦憲法裁判所の審査とその範囲　*393*
　　　3.3.2　部会の権限　*395*

4. 抽象的規範統制 ……………………………………………………………… *399*
　4.1　総　　　説 …………………………………………………………… *399*
　　　4.1.1　意　　　義　*399*
　　　4.1.2　目的と性格　*401*
　　　4.1.3　沿　　　革　*402*
　　　4.1.4　比　較　法　*403*
　4.2　申　立　て …………………………………………………………… *404*

4.2.1　基本法93条1項2号の手続　*404*
　　　　⑴　申　立　権　者　*404*
　　　　⑵　申　立　要　件　*404*
　　　4.2.2　基本法93条1項2a号の手続　*407*
　　　　⑴　申　立　権　者　*408*
　　　　⑵　申　立　要　件　*408*
　　　4.2.3　基本法93条2項の手続　*409*
　　　　⑴　申　立　権　者　*410*
　　　　⑵　申　立　要　件　*410*
　　4.3　抽象的規範統制の審理 …………………………………………… *411*
　　　4.3.1　審査の対象　*411*
　　　4.3.2　審査の基準　*412*

5．連邦機関争訟 ………………………………………………………… *413*
　5.1　総　　　説 ……………………………………………………… *413*
　　　5.1.1　機関争訟の意義　*413*
　　　5.1.2　沿革と現状　*413*
　　　5.1.3　機関争訟の目的　*415*
　　　5.1.4　基本法と連邦憲法裁判所法　*416*
　5.2　機関争訟の手続 ………………………………………………… *417*
　　　5.2.1　当事者能力　*417*
　　　　⑴　総　　　説　*417*
　　　　⑵　連邦最高機関　*418*
　　　　⑶　他の関係機関　*419*
　　　　　a)　連邦最高機関の一部　*419*
　　　　　b)　その他の「他の関係機関」　*421*
　　　5.2.2　申立ての対象　*423*
　　　5.2.3　申　立　権　*424*
　　　5.2.4　期　　　間　*424*
　5.3　機関争訟の審査 ………………………………………………… *424*
　　　5.3.1　審査の対象と範囲　*424*
　　　5.3.2　審　査　基　準　*425*
　　　5.3.3　裁判の効果　*425*

6．連邦国家的争訟 ……………………………………………………… *427*

6.1　総　　説……………………………………………………………427
　　6.1.1　連邦国家的争訟の意義　427
　　6.1.2　沿革と現状　428
  6.2　連邦・ラント間の憲法争訟…………………………………………429
　　6.2.1　手続の概要　429
　　6.2.2　当事者および申立ての要件　430
　　6.2.3　審査の対象と審査基準　430
　　6.2.4　出　訴　期　間　431
　　6.2.5　連邦監督における憲法争訟　432
  6.3　連邦・ラント間の非憲法的争訟……………………………………432
　　6.3.1　手続の概要　432
　　6.3.2　当事者および審査基準　433
　　6.3.3　裁　　　　判　433
  6.4　ラント間の公法上の争訟……………………………………………434
　　6.4.1　手続の概要　434
　　6.4.2　当事者および申立ての要件　435
　　6.4.3　出　訴　期　間　435
  6.5　ラント内の公法上の争訟……………………………………………435
　　6.5.1　手続の概要　435
　　6.5.2　当事者および申立ての要件　436
　　6.5.3　手続の補充性　436
　　6.5.4　出　訴　期　間　437
　　6.5.5　ラント法律による管轄権　437

7. 連邦法としての国際法の確認手続………………………………………438
  7.1　総　　説………………………………………………………………438
  7.2　ドイツ国内への国際法の受容………………………………………439
　　7.2.1　基本法と「国際法に対する友好性」原則　439
　　7.2.2　優先的連邦法としての「国際法の一般原則」　440
　　7.2.3　条約の国内受容　442
　　7.2.4　「文明国が認めた法の一般原則」について　444
　　　⑴　裁判準則としての沿革　444
　　　⑵　形式的法源としての問題点と適用範囲の拡大　446
  7.3　適　格　要　件………………………………………………………448
　　7.3.1　「国際法の一般原則」への疑義と審査手続　448

　　　　(1) 適　格　要　件　*448*
　　　　(2) 決定の形式とこれまでの動向　*450*
　　　7.3.2　規範統制手続による条約審査　*451*
　7.4　今後の課題 …………………………………………………… *452*

8. 基本法の異なる解釈を理由とする移送手続……………………… *453*
　8.1　総　　　説 …………………………………………………… *453*
　　8.1.1　制　定　史　*453*
　　8.1.2　目　　　的　*453*
　　8.1.3　移送義務違反の効果　*456*
　　8.1.4　基本法100条3項と法31条1項との関係　*456*
　8.2　手　　　続 …………………………………………………… *458*
　　8.2.1　移送権限のある裁判所　*458*
　　8.2.2　訴　訟　要　件　*459*
　　　　(1) 「裁判」の存在　*459*
　　　　(2) 「異なる」裁判　*460*
　　　　(3) 裁判にとっての必要性　*461*
　　　　(4) 移送の形式　*461*
　　8.2.3　意見陳述権および審問権　*461*
　　8.2.4　連邦憲法裁判所の裁判の対象　*462*

9. 従来の法の効力に関する規範統制手続……………………………… *463*
　9.1　総　　　説 …………………………………………………… *463*
　　9.1.1　制　定　史　*463*
　　9.1.2　目　　　的　*463*
　　9.1.3　審査の対象　*465*
　9.2　手　　　続 …………………………………………………… *466*
　　9.2.1　申立てに基づく手続　*466*
　　　　(1) 申　立　権　者　*466*
　　　　(2) 訴　訟　要　件　*467*
　　　　　a) 意見の相違　*467*
　　　　　b) 必　要　性　*467*
　　　　　c) 申立ての形式　*468*
　　　　(3) 参加権者および意見陳述権者　*468*
　　9.2.2　裁判所移送に基づく手続　*469*

　　　　(1)　移送の主体　*469*
　　　　(2)　訴 訟 要 件　*469*
　　　　　a)　意見の相違　*469*
　　　　　b)　必　要　性　*470*
　　　　　c)　移送決定の内容と形式　*471*
　　　　(3)　参加権者，意見陳述権者　*471*
　　　9.2.3　連邦憲法裁判所決定の内容と効果　*471*

10. その他の基本法上の手続…………………………………………… *473*
　10.1　総　　　説　*473*
　10.2　基本権の喪失手続……………………………………………… *474*
　　10.2.1　意　　　義　*474*
　　10.2.2　要　　　件　*476*
　　10.2.3　手　　　続　*477*
　　　　(1)　申　立　て　*477*
　　　　(2)　審　査　手　続　*477*
　　10.2.4　判決とその効果　*478*
　　10.2.5　ラント憲法の基本権喪失制度との関係　*480*
　10.3　政党の違憲確認手続…………………………………………… *481*
　　10.3.1　意　　　義　*481*
　　10.3.2　要　　　件　*484*
　　10.3.3　手　　　続　*485*
　　　　(1)　申　立　て　*485*
　　　　(2)　審　査　手　続　*486*
　　10.3.4　判決とその効果　*487*
　10.4　連邦大統領に対する訴追手続………………………………… *489*
　　10.4.1　意　　　義　*489*
　　10.4.2　要　　　件　*490*
　　10.4.3　手　　　続　*491*
　　　　(1)　訴追の請求　*491*
　　　　(2)　審　査　手　続　*492*
　　10.4.4　判決とその効果　*493*
　10.5　連邦裁判官およびラント裁判官に対する訴追手続………… *494*
　　10.5.1　意　　　義　*494*
　　10.5.2　要　　　件　*495*

10.5.3　手　　続　496
　　　　(1)　訴追請求　496
　　　　(2)　審査手続　496
　　　10.5.4　判決とその効果　497
　　　10.5.5　再審手続　497
　　10.6　選挙抗告手続……………………………………………………498
　　　10.6.1　意　　義　498
　　　10.6.2　連邦議会における選挙審査手続　499
　　　10.6.3　要　　件　499
　　　10.6.4　手　　続　500
　　　　(1)　提　起　500
　　　　(2)　審査手続　500
　　　10.6.5　判決とその効果　501
　　　10.6.6　他の連邦憲法裁判所の手続との関係　502

　11.　連邦法律による権限　……………………………………………504
　　11.1　総　　説　………………………………………………………504
　　　11.1.1　趣　　旨　504
　　　11.1.2　種　　類　505
　　11.2　基本法93条2項による管轄権付与の限界　…………………506
　　　11.2.1　限定的な解釈による限界　506
　　　11.2.2　一般の裁判所の権限留保　507
　　　11.2.3　「行動」と「裁判」　507
　　　11.2.4　結　　論　508

Ⅵ　審査方法
　1.　連邦憲法裁判所の基本権理解の展開　……………………………511
　　1.1　客観的規範としての基本権　……………………………………511
　　1.2　基本権の客観的内容から導かれる作用　………………………514
　　　1.2.1　私法への照射効　514
　　　1.2.2　保護義務　516
　　　　(1)　第一次堕胎判決　516
　　　　(2)　シュライヤー決定　517
　　　　(3)　カルカー決定　518
　　　　(4)　ミュルハイム・ケルリッヒ決定　518

細目次 xxxi

　　　(5) ルドルフ・ヘス決定　519
　　　(6) 航空機騒音決定　519
　　　(7) 第二次堕胎判決　519
　　　(8) それ以降の諸事件　521
　　　(9) 小　　　括　523
　　1.2.3 組織と手続に関する基本権の効果　524

2. 基本権の審査枠組 …………………………………………… 526
　2.1 総　　　説 ………………………………………………… 526
　2.2 保　護　領　域 …………………………………………… 527
　　2.2.1 事項的保護領域　527
　　　(1) 事項的保護領域の意義　527
　　　(2) 保護領域の画定――広い保護領域と狭い保護領域　528
　　　(3) 保護領域の画定と自己理解　531
　　　(4) 基本権競合　531
　　2.2.2 人的保護領域　532
　2.3 制約的作用 ………………………………………………… 533
　　2.3.1 基本権の名宛人　533
　　2.3.2 制　　　約　534
　　　(1) 介　　　入　534
　　　(2) その他の制約　535
　　　(3) 基本権の放棄　536
　　2.3.3 内　容　形　成　537
　2.4 正　当　化 ………………………………………………… 538
　　2.4.1 形式的正当化　539
　　　(1) 法律の留保　539
　　　　a) 制約可能性　539
　　　　b) 法律の根拠の要求　539
　　　(2) 明確性の要請　540
　　　(3) 個別法律の禁止　541
　　　(4) 挙示義務　542
　　2.4.2 実質的正当化　543
　　　(1) 比例原則　543
　　　　a) 目的の正当性　543
　　　　b) 手段の適合性　545

　　　　　c）手段の必要性　*546*
　　　　　d）狭義の比例性・適切性　*546*
　　⑵　本質内容保障　*547*

3. 審査範囲・審査基準・審査密度 ……………………………………… *549*
　3.1　実体法的アプローチと機能法的アプローチ ……………………… *549*
　3.2　審　査　範　囲 ……………………………………………………… *553*
　　3.2.1　立法部に対する審査　*553*
　　3.2.2　執行部に対する審査　*556*
　3.3　審　査　基　準——行為規範と審査規範 ………………………… *556*
　3.4　審　査　密　度 ……………………………………………………… *559*
　　3.4.1　総　　　説　*559*
　　3.4.2　事実認定・予測の審査密度　*559*

Ⅶ　資　　　料
1. 連邦憲法裁判所法 ………………………………………………………… *571*
2. 連邦憲法裁判所規則 ……………………………………………………… *601*

凡　　　例

1．ドイツの法文の翻訳

・ドイツ連邦共和国基本法の翻訳は，原則として，高田敏＝初宿正典編訳『ドイツ憲法集〔第6版〕』（信山社，2010年）にしたがった。
・連邦憲法裁判所法および連邦憲法裁判所規則の翻訳は，本研究会の訳を巻末に付した。

2．連邦憲法裁判所の判例

・言及する連邦憲法裁判所の判例については，連邦憲法裁判所判例集の巻数（89巻）と頁（28頁）をBVerfGE 89, 28という形で示す。
・『別冊ジュリスト・ドイツ判例百選』（有斐閣，1969年），ドイツ憲法判例研究会編（編集代表：栗城壽夫・戸波江二・根森健）『ドイツの憲法判例（第2版）』（信山社，2004年），ドイツ憲法判例研究会編（編集代表：栗城壽夫・戸波江二・石村修）『ドイツの憲法判例Ⅱ（第2版）』（信山社，2006年），ドイツ憲法判例研究会編（編集代表：栗城壽夫・戸波江二・嶋崎健太郎）『ドイツの憲法判例Ⅲ』（信山社，2008年）に掲載されている判例については，それぞれ「百選」，「判例Ⅰ」，「判例Ⅱ」，「判例Ⅲ」と略したうえで，次の例にしたがい，それぞれの判例項目・担当者を示す。
　例：BVerfGE 96, 375［判例Ⅲ 1：嶋崎健太郎］

3．引 用 文 献

連邦憲法裁判所法（BVerfGG）

・Benda/Klein	Ernst Benda/Eckart Klein, Verfassungsprozeßrecht. ein Lehr- und Handbuch, 3. Aufl., 2012
・Lechner/Zuck	Hans Lechner/Rüdiger Zuck, Bundesverfassungsgerichtsgesetz, 6. Aufl., 2011.
・Maunz u.a.	Theodor Maunz/Bruno Schmidt-Bleibtreu/Franz Klein/Gerhard Ulsamer/Herbert Bethge/Karin Grasshof/Dieter Hömig /Rudolf Mellinghoff/Ralf Müller-Terpitz/Christian von Coelln/Jochen Rozek, Bundesverfassungsgerichtsgesetz, 37. Lieferung, 2012.
・Pestalozza	Christian Pestalozza, Das Verfassungsprozeßrecht, 3. Aufl., 1991.

・Schlaich/Korioth　　　　　　Klaus Schlaich/Stefan Korioth, Das Bundesverfassungsgericht, 9. Aufl., 2012.（旧版の翻訳として，名雪健二「ドイツ連邦憲法裁判所論(1)～(10)」比較法 27 号（1990 年）96 頁，東洋法学 34 巻 1 号（1990 年）101 頁，比較法 30 号（1993 年）67 頁，東洋法学 37 巻 2 号（1994 年）237 頁，比較法 31 号（1994 年）135 頁，東洋法学 38 巻 1 号（1994 年）309 頁，東洋法学 39 巻 1 号（1995 年）135 頁，東洋法学 39 巻 2 号（1996 年）189 頁，比較法 34 号（1996 年）147 頁，東洋法学 40 巻 2 号（1997 年）83 頁がある。）

・Umbach/Clemens/Dollinger　　Dieter C. Umbach/Thomas Clemens/Franz-Wilhelm Dollinger, Bundesverfassungsgerichtsgesetz Mitarbeiterkommentar und Handbuch, 2. Aufl.,2005.

基本法（GG）

・AK　　　　　　　　　　　　Erhard Denninger (Hrsg.), Kommentar zum Grundgesetz für die Bundesrepublik Deutschland (Reihe Alternativekommentare), 3. Aufl., 2001.

・Benda/Maihofer/Vogel　　　　Ernst Benda/Werner Maihofer/Hans-Jochen Vogel (Hrsg.), Handbuch des Verfassungsrechts der Bundesrepublik Deutschland, 2. Aufl., 1994.

・Dolzer　　　　　　　　　　　Rudolf Dolzer (Hrsg.), Bonner Kommentar zum Grundgesetz, 1950 ff.

・Dreier　　　　　　　　　　　Horst Dreier (Hrsg.), Grundgesetz : Kommentar, III Bände, 2. Aufl., 2004.

・Hesse　　　　　　　　　　　Konrad Hesse, Grundzüge des Verfassungsrechts der Bundesrepublik Deutshland, 20. Aufl., 1995.（第 13 版の翻訳として，阿部照哉ほか訳『西ドイツ憲法綱要』（日本評論社，1983 年）がある。第 20 版の翻訳として，初宿正典・赤坂幸一訳『ドイツ憲法の基本的特質』（成文堂，2006 年）がある。）

・Hesselberger　　　　　　　　Dieter Hesselberger, Das Grundgesetz Kommentar für die politische Bildung, 13. Aufl., 2003.

・Isensee/Kirchhof I -X　　　　Josef Isensee/Paul Kirchhof, Handbuch des Staatsrechts der Bundesrepublik Deutschland, Bd. I, 3.

	Aufl., 2003, Bd. II, 3. Aufl., 2004, Bd. III, 3. Aufl., 2005, Bd. IV, 3. Aufl., 2006, Bd. V, 3. Aufl., 2007, Bd. VI, 3. Aufl., 2008, Bd. VII, 3. Aufl., 2009, Bd. VIII, 3. Aufl., 2010, Bd. IX, 3. Aufl., 2011, Bd. X, 3. Aufl., 2012.
・Jarass/Pieroth	Hans D. Jarass/Bodo Pieroth, Grundgesetz für die Bundesrepublik Deutschland., Kommentar, 12. Aufl., 2012.
・Leibholz/Rinck/Hesselberger	Gerhard Leibholz/Hans-Justus Rinck/Dieter Hesselberger, Grundgesetz für die Bundesrepublik Deutschland : Kommentar an Hand der Rechtsprechung des Bundesverfassungsgerichts, 6. Aufl., Köln, 1989.
・Mangoldt/Klein/Starck	Hermann von Mangoldt/Friedrich Klein/Christian Starck (Hrsg.), Das Bonner Grundgesetz, 6. Aufl, III Bände, 2012.
・Maunz/Dürig	Theodor Maunz/Günter Dürig/Roman Herzog/Rupert Scholz (Hrsg.), Grundgesetz Kommentar, 65. Lieferung, München, 2012.
・Münch	Münch/Mager, Staatsrecht Bd. II, 6. Aufl., Stuttgart, 2012.
・Münch /Kunig I-III	Ingo von Münch/Philip Kunig, Grundgesetz-Kommentar, Bd. I , 6.Aufl., 2012, Bd. II, 6. Aufl., 2012, Bd. III, 5. Aufl., 2003.
・Pieroth/Schlink	Bodo Pieroth/Bernhard Schlink, Grundrechte Staatsrecht II, 27. Aufl., 2011.（第15版の翻訳として，永田秀樹＝松本和彦＝倉田原志訳『現代ドイツ基本権』（法律文化社，2001年）がある。）
・Sachs	Michael Sachs (Hrsg.), Grundgesetz Kommentar, 6.Aufl, München, 2011.
・Schneider	Hans-Peter Schneider (Hrsg.), Das Grundgesetz : Dokumentation seiner Entstehung, 30 Bände, Frankfurt am Main.
・Stein/Frank	Ekkehart Stein/G．Frank, Staatsrecht, 21. Aufl., Tübingen, 2010.（9版（1984年）の全訳と第15章（13版1991年）の翻訳として、浦田賢治・訳者代表『ドイツ憲法』（早稲田大学比較法研究所，1993年）がある。）

xxxvi

- Stern I-V　　Klaus Stern, Das Staatsrecht der Bundesrepublik Deutschland, Bd. I, 2. Aufl., 1994, Bd. II 1980, Bd. III/1 1988, Bd. III/2 1994, Bd. IV/1 2006, Bd. IV/2 2011, Bd. V 2000.（1巻および2巻の抜粋訳として，赤坂正浩ほか編訳『シュテルン　ドイツ憲法 I　総論・統治編』（信山社，2009）があり，3巻1・2分冊の抜粋訳として，井上典之ほか編訳『シュテルン　ドイツ憲法 II　基本権編』（信山社，2009）がある。）

4．省　略　記　号

BGB	Bürgerliches Gesetzbuch：民法典
BGBl.	Bundesgesetzblatt：連邦官報
BGHSt	Entscheidungen des Bundesgerichtshofs in Strafsachen：連邦通常裁判所刑事判例集
BGHZ	Entscheidungen des Bundesgerichtshofs in Zivilsachen：連邦通常裁判所民事判例集
BVerfG	Bundesverfassungsgericht：連邦憲法裁判所
BVerfGE	Entscheidungen des Bundesverfassungsgerichts：連邦憲法裁判所判例集
BVerfGG	Gesetz über das Bundesverfassungsgericht：連邦憲法裁判所法
BVerfG HP	http://www.bundesverfassungsgericht.de/：連邦憲法裁判所ホームページ
BVerfGK	Kammerentscheidungen des Bundesverfassungsgerichts：連邦憲法裁判所部会判例集
BVerwGE	Entscheidungen des Bundesverwaltungsgerichts：連邦行政裁判所判例集
EG	Europäische Gemeinschaft：ヨーロッパ共同体
EGMR	Europäischer Gerichtshof für Menschenrecht：ヨーロッパ人権裁判所
EU	Europäische Union：ヨーロッパ連合
EuGH	Europäischer Gerichtshof：ヨーロッパ司法裁判所
BVerfGGO	Geschäftsordnung des Bundesverfassungsgerichts：連邦憲法裁判所規則
GVG	Gerichtsverfassungsgesetz：裁判所構成法
VG	Verwaltungsgericht：行政裁判所
VwGO	Verwaltungsgerichtsordnung：行政裁判所法
WRV	Weimarer Reichsverfassung：ワイマール憲法
ZPO	Zivilprozessordnung：民事訴訟法

　法 律 雑 誌
AöR　　Archiv für Öffentlichen Recht

DöV	Die öffentliche Verwaltung
DVBl.	Deutsches Verwaltungsblatt
EuGRZ	Europäische Grundrechte-Zeitschrift
JöR	Jahrbuch des öffentlichen Rechts der Gegenwart
Jura	Juristische Ausbildung
JuS	Juristische Schulung
JZ	Juristische Zeitung
KJ	Kritische Justiz
KritV	Kritische Vierteljahresschrift für Gesetzgebung und Rechtswissenschaft
NJW	Neue Juristische Wochenschrift
VVDStRL	Veröffentlichungen der Vereinigung der Deutschen Staatsrechtslehrer
ZRP	Zeitschrift für Rechtspolitik

I 憲法裁判の基礎

1. 憲法裁判の理論

1.1 憲法裁判の定義

1.1.1 憲法裁判の歴史

憲法裁判について,広義に,極めて一般的・抽象的に定義すれば,それは,憲法問題を裁判手続によって解決する制度ということができる[1]。

しかし,この定義では,ドイツ固有の抽象的違憲審査制度ばかりでなく,いわゆるアメリカ型の付随的違憲審査制度も含まれることになる。また,この定義は,ドイツにおける憲法裁判の歴史を捨象しているため,憲法裁判の実態を知る上では必ずしも十分なものではない。そこで,ここではドイツにおける憲法裁判の歴史について,19世紀および20世紀のワイマール時代を中心として予め瞥見した後に[2],改めて現代のドイツにおける憲法裁判の定義について触れることにする。

(1) **19世紀の憲法裁判** ドイツの憲法裁判の歴史は,中世の帝室裁判所(Reichskammergericht)にまで遡る。立憲主義が普及した19世紀では,1815年のドイツ同盟建設の際,同盟裁判所の設置の試みがなされた。この裁判所は,同盟構成国間の紛争および同盟憲法によって保障された国民の権利侵害に関する争いに対して決定を行う予定であったが,同盟構成国の賛成をえられなかった。もっとも,個々の同盟構成国の一部では,大臣訴追や議会と政府間の争いに対して権限を有する特別の裁判所が設置されていた。

---

1) E. Benda, Verfassungsgerichtsbarkeit, in : Görres-Gesellschaft (Hrsg.), Staatslexikon, 5. Bd. 7. Aufl. (1989), S. 643.
2) G. Robbers, Die historische Entwicklung der Verfassungsgerichtsbarkeit, JuS 1990, S. 260 ff.

1849年のいわゆるフランクフルト憲法には、憲法裁判に関する広範な権限を有するライヒ裁判所（Reichsgericht）の設置が予定されていた。例えば、国民の権利保障に関する憲法異議、ライヒとライヒの構成国間の憲法上の紛争、ライヒ憲法の解釈についてのライヒ議会とライヒ政府間の争い、邦憲法の解釈についての邦議会と邦政府間の争い等に対する権限である。

このような権限を有するライヒ裁判所は、フランクフルト憲法自体が施行されなかったために、実際には設置されなかった。しかし、その予定された権限の多くが現在のドイツの連邦憲法裁判所の権限と類似している点は注目に値する。なお、裁判官の規範統制についての権限は、フランクフルト憲法では採用されなかった。

1871年の帝国憲法（ビスマルク憲法）では、連邦参議院が連邦構成国間の公法上の争いや、権利救済を求める個人の請願に対する決定権を有していた。しかし、このような権限を有する連邦参議院は、仲裁を主とした政治的な機関であって、厳密な意味での裁判機関ではなかった。

(2) **ワイマール時代の憲法裁判**　ワイマール共和国におけるほとんど全てのラントの憲法では、ラントの憲法または法律違反を理由とした大臣訴追の制度が存在していた。また、一部のラントでは、憲法解釈における政府と議会間の争いについて、国事裁判所（Staatsgerichtshof）がそれを解決する権限を有していた。なお、憲法異議の制度を有していた唯一のラントとしては、バイエルンがあげられる。

ワイマール憲法では、ライヒのレベルでの憲法裁判について、複数の制度が設けられていた。例えば、各ラント間の憲法争訟、大臣訴追、ライヒとラント間の争訟等については、国事裁判所が裁判権を有していた。また、各ラントの法律とライヒの法律の一致に関する抽象的規範統制については、ライヒ裁判所が権限を有していた。もっとも、この国事裁判所は、ライヒ裁判所内に設置され、ライヒ裁判所の長官が国事裁判所の長官を兼務していた。

ワイマール憲法の下では存在しなかった憲法裁判権としては、まず、基本権侵害に対する憲法異議の制度があげられる。国事裁判権の改革をめぐる議論に

おいても，この制度の不存在は欠陥として意識されなかった。その理由としては，一般に，基本権の保障は行政裁判権の任務として捉えられていたことがあげられる。

さらに，ライヒ内部の憲法争訟やライヒ法律のライヒ憲法との一致に関する規範統制についての裁判権も，ワイマール憲法は明文で定めてはいなかった。ちなみに，後者の裁判権は，裁判官がライヒ法律の合憲性を審査する権限（裁判官の審査権）であることから，それを肯定するか否かについて，ワイマール憲法の制定当時ばかりでなくその後においても激しい議論がなされたものである。しかし，意見の一致をみることはなく，結局は，判例に委ねられる結果になった[3]。

ワイマール憲法施行後，最初にこの裁判官の審査権を肯定したのは，1921年3月23日のライヒ財政裁判所（Reichsfinanzhof）の判決であった。その後，これを認める数件の判決が他のライヒの裁判所で出され，その集大成というべきものが，1925年11月4日のライヒ裁判所の判決である。この判決は，「裁判官は独立であり，法律のみに服する」（ワイマール憲法102条）ことを主な根拠として，裁判官の審査権を肯定した。

ちなみに，ここでの裁判権の審査権は，いわゆる付随的違憲審査権のことであり，具体的な事件に適用する法令の合憲性を事件ごとに異なる裁判官が個別的に判断するものである。その点で，違憲審査権の行使に統一性を欠く面を本来的にもっている。また，裁判官の審査権の肯定とその行使は別次元のものである。議会に対して妥協的な判決が下される場合がありうるし，実際にもあった。上述の1925年のライヒ裁判所の判決がその一例である[4]。

なお，ワイマール時代の国事裁判所の憲法裁判については，1932年10月25日のいわゆる「プロイセン対ライヒ」事件に対する判決が著名である[5]。ワイ

---

[3] この点について詳しくは，畑尻剛『憲法裁判研究序説』（尚学社，1988年）57頁以下参照。

[4] この点について詳しくは，畑尻（注3）83頁以下参照。

[5] この事件の法廷記録の詳細については，山下威士編訳『クーデタを裁く』（尚

マール憲法48条1項および2項に関するこの争訟に対して，国事裁判所は，一方ではプロイセンの立場を尊重しながら，他方ではライヒの立場を尊重するという妥協的な判決を下した。そして，そのような判決が，結果的に，いわゆる第三帝国の登場に大きな役割を果たすことになった。

1.1.2 基本法における憲法裁判の定義

ワイマール憲法体制の崩壊の経験を踏まえて，戦後のドイツは，いわゆるボン基本法の下に「憲法の番人」としての本格的な憲法裁判制度の導入を図った。この導入の背景としては，上述のように，ワイマール時代における国事裁判所の機能不全および通常の裁判所の付随的違憲審査の不統一，それに伴う人権保障の不徹底等に対する反省があげられる[6]。

現在のドイツの連邦憲法裁判所の権限は，きわめて広範にわたっている。例えば，基本法の改正によって追加された憲法異議に対する権限をはじめとして，抽象的規範統制，具体的規範統制，連邦機関争訟，基本権の喪失，政党の違憲確認，連邦大統領に対する訴追に関する権限などがある。

このような広範な権限の下でなされる憲法裁判の定義については，学説によって様々なものがある[7]。例えば，その中の一つのかなり詳細な定義として，次のようなものがあげられる。すなわち，憲法裁判とは，「すべての国家権力が憲法に実質的に拘束されていることを，裁判手続における独立した裁判官によって憲法を基準として審査すること，そしてその審査によって得た法認識的な決定に対して，国内上絶対的・最終的な拘束力を与えること」[8]である。

学社，2003年）参照。

6) Vgl. C. Stark (Hrsg.), Grundgesetz und deutsche Verfassungsrechtsprechung im Spiegel ausländischer Verfassungsentwicklung. 1989, S, 17f. ; H. Simon, in : Benda/Maihofer/Vogel, S. 1646 ; L. ファヴォルー（山元一訳）『憲法裁判所』（敬文堂，1999年）6頁以下，渡辺康行「ドイツ連邦憲法裁判所とドイツ憲法政治」栗城壽夫ほか編集代表『ドイツの憲法判例Ⅰ』（信山社，2003年）3頁以下参照。

7) 憲法裁判の定義において，歴史的考察の重要性を指摘するものとして，Robbers (N2), S. 257参照。

(1) **司法と裁判** 基本法の制定過程において，当初，憲法裁判については独立の章が予定されていたが，反対の議論があり，現行の基本法ではその第9章「裁判（Rechtsprechung）」において，他の一般の裁判と並んで憲法裁判に関する規定が組み込まれた。

ところで，この第9章のタイトルは，草案の段階では「司法（Rechtspflege）」とされていた。この「司法（Rechtspflege）」という用語は，国事裁判所に関する規定が設けられていたワイマール憲法第7章のタイトルと同じものである。

この用語は，一般には，「司法（Justiz）」と同義で用いられることが多い。しかし，講学上は，後者は民事・刑事事件に関する一般の裁判（権）と司法行政を意味する。これに対して，前者は後者の他に非訟事件に対する裁判（権）や検察官の活動，強制執行，さらには法律相談等を含む極めて広い概念である。この点で，両者は厳密には相違があるが，しかし，両者はともに裁判権（Gerichtsbarkeit）を中核としている点で共通である。

このような関係の中で，基本法が第9章のタイトルに「裁判（Rechtsprechung）」という用語を採用した主な理由としては，次の点を指摘しうる。すなわち，ワイマール時代の裁判所が憲法の保障の機能を十分に果たせなかったことから，国家権力の第三権として，裁判所の担う裁判権をより強調する必要があったことである[9]。この必要から，基本法の下での裁判所の裁判権は，ワイマール時代の形式的な裁判権（Gerichtsbarkeit）ではなくて，法を宣言する意味での裁判権（die rechtsprechende Gewalt）として位置づけられることになった。このような裁判所の裁判権に関するのが第9章であり，そして，その章のタイトルとして「裁判（Rechtsprechung）」が採用されることになったのである。

(2) **国事裁判と憲法裁判** ドイツにおける憲法裁判の歴史的な起源として，一般に，連邦制における連邦と構成国間の争議の調整があげられる[10]。この点

---

8) W. Meyer, in: Münch/Kunig III, Art. 93 Rn. 4.
9) Vgl. K.-B. v. Doemming u. a. (Hrsg.) Entstehungsgeschichte der Artikel des Grundgesetzes JöR, n. F. 1 (1951), S. 667. なお，この点について詳しくは，Ⅰ2.1参照。

については，ワイマール時代の国事裁判所も現在の連邦憲法裁判所も共通の権限を有している。両者の違いは，前者がもっぱらこの権限しかなかったのに対して，後者はこの権限に加え，基本権の保障のための権限をはじめとするその他多くの権限を有している点である。この点では，国事裁判は，まさしく連邦制国家に関する事案の裁判であり，これに対して，憲法裁判は，憲法そのものに関する事案の裁判ということができる。

なお，ヘッセンをはじめとするいくつかのラントは，現在でもワイマール時代と変わらずに国事裁判所という名称の裁判所を有している。しかし，その機能は，ラント憲法の保障のための憲法裁判である。ちなみに，バイエルンは，ワイマール時代に存在していた国事裁判所の名称を1946年12月2日の憲法で憲法裁判所に変更した。その理由は，この新たな名称によって，裁判所がまず第一に憲法の保障の義務を負っていること，つまり憲法の番人であることを明らかにするためであった。

(3) **憲法裁判の特徴** 以上，憲法裁判の定義との関係で，憲法裁判の歴史，司法と裁判，国事裁判と憲法裁判等について概観した。以下では，最後に，憲法裁判について，基本法における一般の裁判との共通点と相違点について概略する[11]。

a) **一般の裁判との共通点** 憲法の保障の任務を有する憲法裁判は，それが憲法裁判所という「裁判所」での裁判手続の下で行われる限りで，次のような一般の裁判との共通点をもっている。

① 裁判所としての制度と組織との関係で，憲法裁判所の裁判官も職権上の独立と身分上の独立が保障されている（この点について詳しくは，Ⅱ2参照）。

② 裁判手続との関係で，憲法裁判も原告の訴えがあってはじめて開始さ

---

10) Vgl. Benda (N1), S. 664.
11) 憲法裁判の特徴について詳しくは，Verfassungsgerichtsbarkeit. Strukturfragen, Organisation, Legitimation, E.-W. ベッケンフェルデ（古野豊秋訳）「憲法裁判権の構造問題・組織・正当性」初宿正典編訳『現代国家と憲法・自由・民主制』（風行社，1999年）191頁以下参照。

れ，裁判形式の手続を経て最終的に憲法裁判所の判断が下される。
　③　裁判の対象と基準との関係で，憲法裁判の対象も法的紛争であり，その決定も現行の憲法が基準とされ，そしてそれが適用される。

b)　一般の裁判に対する相違点　憲法裁判の対象が法的紛争であるとしても，それは通常の法（法律や命令）とは異なり，憲法に関するものである。この点から，次のような憲法裁判の特殊性が存在する。
　①　憲法は，それが国家権力の組織や作用を定める限りで，極めて政治的要素の強い法である。この点で，憲法裁判の対象としての憲法に係わる紛争も必然的に政治的要素が強いものである。
　②　憲法裁判における訴訟当事者については，その紛争の性質上，連邦またはラント，あるいは最高の国家機関またはその一部が一方または双方の当事者となる（この点について詳しくは，Ⅲ3参照）。
　③　憲法裁判の基準としての憲法の解釈については，一般の裁判所ではなく，憲法裁判所が最終的な拘束力をもって確定する（この点について詳しくは，Ⅳ5.5参照）。
　④　この憲法は，政治的性格とともに，その内容が抽象的な性格をもつために，憲法裁判における憲法の解釈の余地は，一般の裁判における通常の法に対する解釈の余地よりもかなり広いものである。そのため，憲法裁判においては，憲法の解釈による憲法の創造の必然性とその限界の問題が生ずる。
　⑤　憲法の解釈方法については，一般的に承認された普遍的な基準が存在しないために，憲法裁判における様々な憲法解釈の方法によって憲法の内容が様々に解釈される場合が生ずることになる[12]。

---

12)　この点については，Vgl. Benda (N1), S. 196.

1.2 憲法裁判の本質

1.2.1 憲法裁判における法と政治

憲法裁判の対象は，あらゆる国家権力の行使に関する憲法問題であり，しかもその裁判の基準は，政治的性格を有する憲法である[13]。それゆえ，この憲法裁判は，はじめから法と政治の関係に直面しているか，あるいはその関係の真っただ中にある。この場合，法を重視するか，それとも政治を重視するかで憲法裁判の本質や機能の捉え方に大きな理論的な相違が生ずる。

以下では，この点の問題について，まずワイマール時代の代表的な理論を瞥見し，その後に，基本法下の議論を概略する。

1.2.2 ワイマール時代の憲法裁判論

(1) **1928年のドイツ国法学者大会** 法と政治との関係における憲法裁判の本質をめぐるワイマール時代の議論にあって，一方の旗頭は，H. ケルゼンであった。彼は，1928年に「憲法裁判の本質と発展」というテーマの下にウィーンで開かれたドイツ国法学者大会において，彼の創設した純粋法学の理論およびオーストリアではすでに存在する憲法裁判所の裁判官としての経験を背景にして，報告を行った。

その報告の中で，彼は，憲法の概念を狭義と広義に分類し，前者を法創設手続ないし機関に関する規定と解し，後者を前者の規定に加えて内容に関する規定を含むものとした[14]。そして，彼は，前者の憲法の概念といわゆる法段階説を前提として，憲法裁判の本質について自説を展開した。それによれば，憲法裁判は，憲法の保障を行うものであり，その機能は，憲法に直接基づく法の段

---

13) 憲法裁判の対象および基準について，詳しくはⅤ1〜5参照。
14) Vgl. H. Kelsen, Wesen und Entwicklung der Staatsgerichtsbarkeit, VVDStRL 5 1929, S. 36f.

階構造の保障である。つまり，法律の合憲性の保障であるとされた[15]。

これに対して，もう一人の報告者であるH.トリーペルは，憲法裁判の意義についてはケルゼンと同様に認めるものの，しかし，ケルゼンの憲法概念は，形式的なものだと批判した[16]。トリーペルにあっては，憲法は実質的意義において理解されるべきであり，憲法とは，「国家の統合過程の法的秩序」[17]，あるいは「政治的なるもののための法」[18]とされた。したがって，トリーペルからすれば，憲法裁判は，このような憲法のためのものとなる。

それゆえ，憲法裁判の本質をめぐるケルゼンとトリーペルの見解の相違の根本的な原因は，憲法概念の把握の相違に求められる。憲法裁判の基準である憲法について，形式的に捉えるか，実質的に捉えるかの相違によって，憲法裁判の本質も前者では法的側面が強調され，後者では政治的側面が強調されたわけである。

(2) 「憲法の番人」論争　法と政治との関係における憲法裁判の本質をめぐるワイマール時代の代表的な論争としては，さらにケルゼンとC.シュミットの間のいわゆる「憲法の番人」論争があげられる。この論争の遠因には両者の憲法理論の相違およびそれに基づく憲法概念の相違があげられるが，しかし，ここでの直接の論争は，ワイマール憲法という実定憲法を保障する者は誰か，という点についての争いである[19]。

---

15) Kelsen (N17), S. 32f.

16) H. Triepel, Wesen und Entwicklung der Staatsgerichtsbarkeit, VVDStRL 5, 1929, S. 5.

17) Triepel (N19), S. 56. ちなみに，このようなトリーペルの憲法の概念は，R.スメントの憲法の概念と共通のものである。スメントによれば，「憲法とは，国家の法秩序であり，さらに，正確にいえば，国家がそのうちで自己の生の現実を有する生の法秩序である。つまり，国家の統合過程の法的秩序である」(R. Smend, Verfassung und Verfassungsrecht, 1928, S. 78) とされる。

18) Triepel (N19), S. 18. この点に関して，W.イェリネックは，C.シュミットにならい，VerfassungとVerfassungsgesetzとを区別し，Verfassungを政治的なもの，最高の政治的権力として捉えている。Vgl. W. Jellinek, VVDStRL 5, 1929, S. 97.

ワイマール憲法それ自体には、この点の明確な規定がないため、シュミットは、その 48 条の解釈をとおしてライヒ大統領が憲法の番人であるとした[20]。そして、憲法裁判は司法（Justiz）ではないがゆえに、憲法の番人ではないとした[21]。

シュミットは、憲法裁判が司法ではないとする理由として次の点を指摘している[22]。すなわち、司法は要件事実を規範へ包摂するものであり、しかもその規範の内容は、疑義や争いのないものである。これに対して、憲法裁判は、要件事実の包摂が問題ではなく、問題となるのは内容に疑義のある実定憲法の内容の確定についてである。つまり、シュミットにしたがえば、司法は純粋な法的行為であるが、憲法裁判は、憲法の内容を確定する立法行為ないし政治的行為ということになる。

このようなシュミットの主張に対して、ケルゼンは、まず、ワイマール憲法の番人をライヒ大統領に求めることは、立憲君主制のイデオロギーの復活だとして批判した。また、憲法裁判が司法ではないという点については、次のように反論している。すなわち、いわゆる司法にあっても、規範の内容に疑義が生じて争われる場合にはじめて裁判が開始されるのであって、そうでなければ単に要件事実の紛争だけがあって、本来の法的紛争は存在しなくなる[23]。また、法律の合憲性の判断の際に憲法規範に包摂されうる「要件事実」は、規範ではなくて、規範の創設である。それは真の「要件事実」であり、憲法規範が規律

---

19) Vgl. C. Schmitt, Das Reichsgericht als Hüter der Verfassung 1929, in : ders., Verfassungsrechtliche Aufsätze, 2. Aufl. 1973, S. 63 ff.; ders., Der Hüter der Verfassung, 2. Aufl. 1969, S. 12 ff.; H. Kelsen, Wer soll der Hüter der Verfassung-sein? in : Die Justiz 6. 1931, S. 5 ff.（古野豊秋・根森健訳「ハンス・ケルゼン：憲法の番人論」埼玉大学紀要社会科学篇 31 巻（1983 年）15 頁以下）。
20) C. Schmitt, Der Hüter der Verfassung, 2. Aufl. 1969, S. 158 f.
21) Vgl. Schmitt (N20), S. 12ff., S. 76.
22) Vgl. Schmitt, (N20), S. 19, 36, 45.
23) Vgl Kelsen, Wer soll der Hüter der Verfassung sein ? in : Wiener rechtstheo-retische Schule 1968, S. 1885.

し，しかも憲法によって規律されるがゆえに，そしてその限りにおいて，憲法に「包摂」されうる要件事実である[24]。

なお，司法および憲法裁判の政治的性格について，ケルゼンは，次のようにいう。すなわち，「司法の政治的性格は，自由裁量の余地が広ければ広いほど，それだけ強くなる。この自由裁量は，一般的な立法が司法に必然的に委ねざるをえないものである」[25]。「憲法裁判所の機能は，その他の裁判所の機能と比べ，かなり広い程度において政治的性格を有している。しかし，だからといって，憲法裁判所は何ら裁判所ではなく，その機能は司法ではない，ということではない」[26]。

憲法の保障としての憲法裁判所の機能を断固として否定したシュミットは，その主たる論拠を憲法裁判の政治的性格に求めている。これに対して，ケルゼンは，憲法裁判の政治的性格を承認しつつ，しかし憲法の保障としての憲法裁判を積極的に肯定している。このようなケルゼンの見解の主な論拠としては，上述の法段階説があげられる。それによれば，立法と裁判の区別は相対的なものであり，裁判も多かれ少なかれ立法的作用を有するとされる。

1.2.3　基本法下の憲法裁判論

(1)　**「憲法の改変」をめぐる議論**　憲法裁判に関係する戦後の代表的な論争としては，1959年にシュミット学派のE. フォルストホフが発表した「憲法の改変（Umbildung des Verfassungsgesetzes）」という論文に端を発したものがあげられる。この論文は，基本権の第三者効力に関する連邦憲法裁判所のいわゆるリュート判決に対する批判を中心としたものである[27]。

フォルストホフによれば，このような状況においては，連邦憲法裁判所はも

---

24)　Vgl. Kelsen (N23), S. 1887.
25)　Kelsen (N23), S. 1883.
26)　Kelsen (N23), S. 1884.
27)　Vgl. E. Forsthoff, Die Umbildung des Verfassungsgesetzes (1959), in : Friedrich (Hrsg.), Verfassung, 1978, S. 121 f., S. 130 f.

はや憲法の番人としての制度とは解されず，裁判所の制度的限界をはるかに超えたものになっている。そして，このような連邦憲法裁判所の活動により，法治国家から司法国家への移行が行われたことになる[28]。

このようなフォルストホフの批判に対して，連邦憲法裁判所の憲法解釈に強い影響を与えていたスメント学派からの反論が展開された。例えば，A. ホラーバッハによれば，フォルストホフの憲法裁判に対する批判は，彼が余りにもシュミットの「憲法の番人論」に依拠しすぎているため，基本法秩序の枠内での憲法裁判制度に対応したものではない[29]。また，ホラーバッハからすれば，フォルストホフの基本権論は，行政の法律適合性という自明の原則を個別的に特別化したものでしかない。これに対して，スメントにおける価値は，抽象的なものではなく，むしろ法との関係で実定化された中でのみ現実の生を導くものである[30]。

なお，フォルストホフが，連邦憲法裁判所の活動により，法治国家が解体され，司法国家に移行したと批判した点について，ホラーバッハは，次のように反論した。すなわち，基本法が法治国家，社会国家および司法国家の諸要素を意識的に憲法のレベルにおいて一緒に定めており，そして正にそれらが互いに対立しないようにそれらの緊張関係をもたらそうとしたものである。この点からすれば，司法国家による法治国家の解体，改変ということは，基本的に問題とならない[31]。

(2) **ベッケンフェルデの講演** このような「憲法の改変」をめぐるシュミット学派とスメント学派の論争は，その後，後者の優勢のうちに終息したかにみえた。ところが，フォルストホフの論文が発表されてから30年後の1989年に，当時の連邦憲法裁判所の現役の裁判官であった E.-W. ベッケンフェルデが

---

28) Vgl. Forsthoff (N27), S. 147.
29) Vgl. A. Hollerbach, Auflösung der rechtsstaatlichen Verfassung? (1960), in : Friedlich (N27), S. 167.
30) Vgl. Hollerbach (N29), S. 171 f.
31) Vgl. Hollerbach (N29), S. 187.

フォルストホフの論文に同調するような講演を行った[32]。

この講演の内容は，現役の憲法裁判官という立場上，彼自身の見解を明確に述べたものではない。しかし，その論調からすれば，当時の憲法裁判所の活動に対する内部批判と受け取れるものである。例えば，彼は，次のような問題を提示した。すなわち，基本権を主観的な自由権を越えて，客観的な原則規範として捉える連邦憲法裁判所の基本権理解は，法治国家の完成とみられるのか，あるいは，この点で，政治に対する法の優位の完全な崩壊としてみられるのかという問題である。後者について敷衍すれば，連邦憲法裁判所の基本権理解の方向は，民主主義的な国家構造の崩壊とみられるのか，国民によって選ばれた議会の法形成の任務，法律制定の任務に対する重大な侵害とみられるのか，議会に代わった憲法裁判官の統治としてみられるのか[33]，という問題である。

憲法を国家の政治的生活を組織し，国家と市民との基本的関係を定める「枠」秩序と理解し，そして基本権を国家に対する防御という意味での主観的な自由権として捉えるベッケンフェルデからすれば，上述の問題の答えが後者であることは自明である。このような立場からすれば，憲法裁判所の任務は，憲法の「枠」の充足に対する侵害を拒絶することであって，実質的な法内容における個々の法的地位の調整ではない。後者の場合にあっては，憲法の準則が不明確である以上，憲法裁判所が憲法の具体化の作業にあたって特別の仕方で憲法の主人となってしまう[34]。

ちなみに，ベッケンフェルデは，この講演を次のような問いで締めくくっている。すなわち，民主主義，法治国家，政治的・市民的自由の観点の下で，実質的な内容の法秩序の形成が誰に帰属するのであろうか。この点について，市民は，選挙で選ばれた立法者を信頼するのか，それとも憲法裁判所を信頼する

---

32)　Vgl. E.-W. Böckenförde, Zur Lage der Grundrechtsdogmatik nach 40 Jahren Grundgesetz, 1989. ベッケンフェルデ（鈴木秀美訳）「基本法40周年を経た基本権解釈の現在」初宿編訳（注11）345頁以下参照。

33)　Vgl. Böckenförde (N32), 鈴木訳377頁参照。

34)　Vgl. Böckenförde (N32), 鈴木訳382頁参照。

のか，という問いである[35]。

1.2.4 憲法裁判論の特徴と今後の展望

　法と政治との関係における憲法裁判の本質について，ワイマール時代から現代までの代表的な議論の流れを概観すると，次の点を指摘しうる。すなわち，ワイマール時代のドイツにあっては，国法学ないし憲法理論の観点から憲法裁判の本質論が展開され，それぞれの立場から憲法裁判に対する評価が下されていた。したがって，憲法裁判の本質の理解にあっても，そもそも憲法とは何か，という憲法の概念がこの憲法裁判の本質論にとって決定的な役割を演じた。しかし，憲法裁判制度が導入された後にあっては，シュミット学派やスメント学派にあっても，憲法裁判の本質について憲法裁判制度の外部から検討するのではなく，むしろ憲法裁判制度の内部において検討しているということができる。

　この場合にあっては，国法学や憲法理論は，連邦憲法裁判所の判例の評価という仕方での基本法，とくに基本権の解釈論として形を変えて主張されている[36]。

　この点からすれば，現在のドイツでは，基本権の理解・解釈をめぐる議論をとおして，法と政治との関係における憲法裁判の本質についての議論が展開されているということができる。例えば，基本権を価値ないし価値体系，あるいは原則規範とみる立場からすれば，基本権に関する憲法裁判が立法的・政治的性格をもつことに異論はないであろう。これに対して，基本権を主観的な防御権・自由権としてみる立場からすれば，基本権に関する憲法裁判がそのような性格をもつことに異論が生ずるであろう。

---

35)　Vgl. Böckenförde (N32), 鈴木訳 383 頁参照。
36)　この点についての詳細は，渡辺康行「『憲法』と『憲法理論』の対話 (1)〜(6)・完」国家学会雑誌 103 巻 1・2 号（1990 年），105 巻 1・2 号（1992 年），111 巻 5・6 号（1998 年），112 巻 7・8 号（1999 年），113 巻 5・6 号（2000 年），114 巻 9・10 号（2001 年）；宇都宮純一『憲法裁判権の理論』（信山社，1996 年）261 頁参照。

ちなみに、基本権を含む憲法の規定が本来抽象的で、不明確なものであり、それだけに解釈の余地が広い以上、このような互いに相反する議論の傾向は今後も継続することになろう。

1.3 憲法裁判の機能

1.3.1 憲法の保障

憲法裁判の機能の眼目は、憲法の保障である。しかし、憲法の保障を一般に国家権力その他による憲法の侵害に対して予防するもの、あるいはその侵害の回復を図り、憲法秩序を維持するものとして捉える場合には、この憲法の保障の仕方は、以下にみるように、憲法裁判だけに限られない。

(1) **政治的機関による憲法の保障** 憲法の保障の方法については、大別して政治的機関によるものと裁判機関によるものとが区別できる。前者の典型的な例としては、19世紀におけるドイツの立憲君主制国家の場合があげられる。

この場合、議会の制定する法律については、君主の認証が必要であった。この君主の認証は、法律が君主の定める手続に則して制定されたか否か、そして憲法の内容に合致しているか否かについてのコントロールを意味する。この限りでは、君主はその認証をとおして憲法の保障を行っているということができる。

また、先にみたように、ビスマルク憲法における連邦参議院も憲法の保障の役割をもっていたものの、それは、裁判機関ではなく、政治的機関であった。さらに、ワイマール憲法の下でシュミットが憲法の番人として捉えたワイマール共和国の大統領は、正真正銘の政治的機関であった。

基本法82条1項1文によれば、「この基本法の規定にしたがって成立した法律は、副署の後、連邦大統領によって認証され、連邦官報に公布される」。この認証の際に、連邦大統領は法律の憲法適合性について審査権をもつか否かが問題となる。内容的違憲法律については、①無制限に審査権がある、②明確な憲法違反については審査権がある、③審査権がない、という形で説が分かれる

が，参議院同意法に参議院の同意が欠けていたり，議決要件をみたさないなど手続的違憲法律については認証を拒否しなければならないとする点で学説は一致する[37]。

大統領による署名が問題となった過去の例としては，移住法がある。2002年6月20日，ラウ大統領は法律案（いわゆる「移住法」）に署名した。同時に，次のような趣旨の大統領の声明[38]を出した。大統領には，法案に明らかな違憲性があるときに認証を行わない権限と義務がある。この法案自体に違憲性はない。連邦参議院での採決が違憲ではないかと疑う根拠はある。しかし，これを判断するのは大統領の任務ではない。連邦憲法裁判所が決定することが望ましい[39]。

また，2012年のギリシャ支援をめぐって，連邦憲法裁判所が連邦大統領に対して審署を裁判所の判断まで延期してもらいたい旨の要請を行った。

ちなみに，現在のフランスの憲法院も，その手続や構成員の関係から裁判機関というよりも，むしろ政治的機関ということができる。

(2) **裁判機関による憲法の保障**　憲法の保障が裁判機関によってなされる場合でも，大別して，いわゆるアメリカ型と大陸型とが区別される。両者の典型的な特徴は次の点にみられる。すなわち，前者は，通常の司法裁判所による付随的違憲審査制度であり，裁判官の審査権が分散して行使されるものである。

このタイプを採用している国としては，アメリカやわが国が代表的である。これに対して，後者は，憲法問題を専門とする特別の憲法裁判所による違憲審査制度である。この制度は，歴史的には1920年のオーストリア憲法によるものが代表的であるが，戦後のドイツやイタリア，スペインなどの諸国家，さら

---

37) Vgl. Stein/Frank, S. 103ff.（翻訳58頁以下参照）。また，清水望『西ドイツの政治機構』（成文堂，1969）308頁以下参照。

38) Erklärung von Bundespräsident Johannes Rau zur Ausfertigung des Zuwanderungsgesetzes am 20. Juni 2002 im Schloss Bellevue in Berlin.

39) 畑尻剛「議事手続に対する司法審査—ドイツ連邦憲法裁判所『移住法』判決を契機として」法学新報112巻11・12号（2006年）495頁以下参照。

にはロシアや東欧諸国，アジアでは韓国などで採用されているものである。

　ちなみに，戦後のドイツは，先にみたように，ワイマール時代の通常の司法裁判所による分散した違憲審査のあり方を反省して，憲法裁判を集中的に担当する憲法裁判制度を採用した[40]。

　なお，裁判機関によるアメリカ型と大陸型の憲法の保障といっても，両者が全く相容れない制度というものではない[41]。例えば，ドイツの連邦憲法裁判所の権限の一つである具体的規範統制では，原審は，具体的な事件に適用する法律等の法規範の違憲性に関する憲法判断を憲法裁判所に仰ぐのである。この制度は，いわばアメリカ型と大陸型とが混交したものということができる。

　また，憲法異議の制度は，もっぱら客観的な憲法秩序の維持を目的とする抽象的規範統制および具体的規範統制の制度とは異なり，基本権の保障もその目的としている[42]。この点で，この制度は，基本権の保障を主眼とするアメリカ型の憲法裁判の制度と通じるものがある。

1.3.2　憲法裁判における憲法

　憲法の保障を目的とする憲法裁判において，その裁判の基準は，憲法であり，そしてその対象は，憲法問題である。この場合の憲法の概念は，極めて多義的である。その理由の一つは，上述の憲法裁判の歴史の個所でみたように，学説によって憲法の概念のメルクマールに対するウエイトの置き方が様々なこ

---

40) この点については，(注6)参照。ちなみに，歴史的にはドイツにおける「憲法争訟」の原型をなしたといわれる連邦国家的争訟は，現在でもドイツの憲法裁判所の重要な権限の一つである。この点については，Ⅴ6参照。
41) この点をつとに指摘したものとして，マウロ・カペレッティ（谷口安平・佐藤幸治訳）『現代憲法裁判論』（有斐閣，1974年）111頁以下参照。
42) 憲法異議制度の「第一次的」の目的が客観的な憲法秩序の保障にあるのか，それとも主観的な権利の保障にあるのかについて詳細に検討したものとして，川添利幸『憲法保障の理論』（尚学社，1986年）181頁以下参照。なお，この点に関する現在のドイツにおける議論については，Ⅴ2.1.3参照。なお，憲法異議の制度における憲法裁判の過重負担の問題については，Ⅵ.4参照。

とがあげられる[43]。しかし，一般には，憲法は国家の権力や組織，国民との関係に関する基本的な法（固有の意味の憲法）として理解される。

このような憲法も，さらに成文憲法と不文憲法とに区別される。前者は，憲法の内容が文章によって明確に定められているものであり，後者は，憲法の内容が政治的な慣行や裁判所の判例の中に示されているものである。このような区別は，18世紀後半のアメリカの憲法（1787年）やフランスの憲法（1791年）が制定されてからはじめて可能になった。これらの憲法の特徴は，国家権力の濫用を防止するための権力の分立や国民の人権保障を目的としている点にある。そしてこの目的を明確にするために，憲法の内容が明文で示されている点にある。

一般に，このような特徴をもつ憲法は，近代的意味の憲法と呼ばれ，ドイツの基本法もその一例である。

憲法裁判における裁判基準としての憲法は，このような成文の憲法が一般的であるが，連邦機関争訟にあっては，不文の憲法が規準とされる場合がある[44]。

1.3.3　憲法の優位

法治国家においては，国家の行為は法に基づいてなされなければならない。ここでの法は，広義のものである。憲法ばかりでなく法律や命令，規則等を含む。これらの法は，実定法であり，一定の制定手続の下に特定の制定者によって制定される点で，いわゆる自然法とは異なる[45]。

---

[43]　Vgl. R. Zippelius/T. Würtenberger, Deutsches Staatsrecht, 32. Aufl. (2008), S. 41 ff. なお，憲法裁判と憲法の概念との関係で，H. ケルゼンとR. スメントの見解を対比して検討したものとして，古野豊秋「ハンス・ケルゼンの憲法概念とその現代的意義」山下威士先生還暦記念『ドイツ公法理論の受容と展開』（尚学社，2004年）82頁以下参照。なお，憲法裁判と憲法との関係では，さらに，ペーター・ヘーベルレ（畑尻剛・土屋武訳）「憲法裁判の基本問題」比較法雑誌45巻4号（2012年）82頁以下参照。

[44]　Vgl. B. Pieroth, in : Jarass/Pieroth, Art. 93 Rn. 16 ; BVerfGE 6, 309 [328].

ワイマール時代の法実証主義の立場にあっては，憲法と法律との相違は実質的な内容の相違ではなく，形式的な制定・改正手続の相違にすぎない。この点で，憲法は内容上立法者に優位するものではなく，立法者は，一定の形式的な条件の下に任意に憲法の内容を改正できるとされた[46]。このような立場からすれば，そもそも憲法裁判の成立する余地は存在しない。したがって，憲法裁判が成立する必要不可欠の前提としては，憲法が法律やその他の実定法に対して形式および内容の点で優位していることがあげられる。

　なお，ケルゼンらの純粋法学が唱えた法段階説の立場にあっては，すべての実定法規範は，それよりも上位にある法規範の定める手続によって制定されるものとされる[47]。このような立場からすれば，法律は憲法の定める手続によって制定される以上，法律よりも憲法の方が優位にある。したがって，この立場からすれば，憲法裁判は，上述のように，法律が憲法の定める手続にしたがって制定されたか否かを審査するものとされる[48]。

---

45) この自然法は，一般に，実定法を外在的に正当化したり，逆に批判したりする機能をもっている。しかし，このような自然法が実定法に内在している場合もありうる。例えば，基本法2条1項の「道徳律（Sittengesetz）」を一種の自然法と捉えるならば，基本法は自然法または自然法的な価値をその内に取り入れているということができる。この点については，Vgl. D. Hesselberger, Das Grundgesetz, 11. Aufl., (1999), S. 74. なお，武市周作「公法上の『道徳律』・『道徳』について―血縁の兄弟姉妹間の近親姦罪（§173 Abs. 2 S. 2 StGB）合憲決定（BVerfG, 2 BvR 392/07 vom 26. 2. 2008.）をきっかけに」中央学院大学法学論叢22巻1号111頁以下参照。

46) Vgl. Gerhard Anschütz, Die Verfassung des Deutschen Reichs vom 11. August 1919, 11. Aufl. 1960, S. 228 ff.

47) Vgl. H. Kelsen, Reine Rechtslehre, 2. Aufl. 1960, S. 239 f.

48) Vgl. Kelsen (N14), S. 32 f. なお，「憲法の優位」に関する最新の論稿として，ライナー・ヴァール（小山剛監訳）『憲法の優位』（慶應義塾大学出版会，2012年）参照。

1.4 憲法裁判の正当性

1.4.1 憲法裁判の権限の正当性

憲法裁判は，憲法裁判所が他の国家機関の行為の合憲性を審査し，違憲の行為についてはその行為の法的効力を否定するという強い権限を行使するものである。したがって，このような権限の行使については，当然にその正当性が要求される。それは，端的には，憲法の優位に求められる。その理由として，立憲国家ないし法治国家においては，すべての国家行為は，憲法にその根拠を有していなければならないことがあげられる。憲法裁判は，このような憲法の優位を根拠に憲法の保障を行うものである。

なお，憲法裁判のこのような権限について，さらにその民主主義的な正当性が問題とされることがある。これについては，一般的に，次の点が指摘される。すなわち，憲法裁判は，国民の意思の合致に基づいた憲法を適用するにすぎないということである。

1.4.2 憲法裁判の組織の正当性

憲法裁判によってその法的な効力が否定されうる立法機関の行為は，国民によって直接に選出された国民代表としての議会の議員によるものである。この点では，国民代表としての議会の議員の地位は，民主主義的正当性に直接に依拠したものである。

これに対して，国民代表としての議会の議員の立法行為について憲法の保障のために憲法裁判を行う憲法裁判所の裁判官は，国民によって直接に選出された者ではない。国民に直接選出された国民代表としての議会の議員によって選出された者である。その点では，憲法裁判を担当する憲法裁判所の裁判官の地位は，その民主主義的正当性については間接的なものでしかない。なお，このような憲法裁判所の裁判官の実際の選出にあたっては，議会の政党の思惑が強く作用しているともいわれる[49]。（裁判官選出の詳細はⅡ2を参照。）

もし，憲法裁判を具体的に担当する憲法裁判官がこのような議会の政治的な影響の下で選出されるとすれば，それは，以下でみる憲法裁判それ自体の限界の問題に直面することになる。

1.5 憲法裁判の限界

1.5.1 法と政治の関係における自己抑制

憲法裁判では，憲法を保障する上で，憲法によって与えられた強大な権限が憲法裁判所によって行使される。この憲法裁判の主な対象は，他の国家機関の行為に関する憲法問題であり，そして，それに対する裁判基準は，憲法である。前者の憲法裁判の対象は，いわば政治が法に係わっているものであり，後者の憲法裁判の基準は，いわば法が政治に係わっているものである。共に，法と政治が密接に係わっていることに変わりはない。

このような関係において，法と政治との区別の基準が不明確なために，憲法裁判が法の名の下に政治の領域に深く立ち入る場合もありうる。憲法裁判において自己抑制が要請される一般的な背景には，このような事情が存在する。

1.5.2 憲法解釈における自己抑制

憲法裁判における裁判基準としての憲法の具体的意味については，憲法の解釈・適用をとおして憲法の具体化がなされるという観点からすれば[50]，その裁判の対象としての憲法問題の具体的な理解が不可欠である。

この場合，憲法の解釈方法が一般的・客観的に確定されたものであれば問題がない。しかし，実際は，上述のように，解釈を行うそれぞれの立場の憲法理解，とくに基本権理解に応じてその解釈方法が大きく異なっている。そのため，場合によっては，憲法解釈の名において，憲法解釈を行う憲法裁判官自身の

---

49) この点については，ベッケンフェルデ（注11）204頁参照。
50) Vgl. Hesse, S. 240（初宿・赤坂訳355頁），樋口陽一・栗城壽夫『憲法と裁判』（法律文化社，1988年）141頁以下参照。

政治的な価値観や世界観が潜入する危険性が存在する[51]。この危険性は，先にみた憲法裁判官の選出における政党の政治的影響とも密接に関連するものである。

このような情況においては，「憲法の番人」[52]であるはずの憲法裁判官が憲法の解釈をとおして「憲法の主人」となる危険性も存在する[53]。そこで，このような危険性を回避するために，憲法裁判官は，憲法の番人に相応しい資質と責任を有することが一般に望まれている[54]。

1.5.3 自己抑制の限界

憲法裁判において，法と政治との関係での自己抑制が要請されることは，上述のとおりである。しかし，憲法裁判の対象が極めて政治的色彩の強いものであっても，それを理由として憲法裁判を拒否することは許されない。その理由

---

51) この点については，ベッケンフェルデ（注11）195頁以下参照。

52) この「憲法の番人」という呼称は，憲法裁判所自身によってもしばしば用いられている（Vgl. Statusdenkschrift, JöR, n. F. 6 (1957), S. 144 ff.）。しかし，この呼称については，憲法裁判所は憲法の外にあるのではなく，その下にあるのであり，憲法の保障の任務は，他の公権力と共同で行っているのだとして反対する見解もある。Vgl. B. Pieroth, in : Jarass/Pieroth, Art. 93 Rn. 3.

53) Vgl. Simon (N6), Rn. 55. この点で，特に議論の多い判例は，1990年代中頃の「ハシシ」決定（BVerfGE 90, 145 [判例Ⅱ4：工藤達朗]），「第二次座り込みデモ」判決（BVerfGE 92, 1 [判例Ⅱ72：松本和彦]，「兵士は殺人者だ」決定（BVerfGE 93, 266 [判例Ⅱ25：小山剛]），「十字架」決定（BVerfGE 93, 1 [判例Ⅱ16：石村修]）などである。

この点について，T. ヴュルテンベルガーは，これらの判決や決定の理由が説得力を欠いているとして，憲法裁判所の権威は論証の説得力の方法に基づくことを主張している。Vgl. T. Würtenberger, Zur Legitimität des Verfassungsrichterrechts, in : Guggenberger/Würtenberger (Hrsg.), Hüter der Verfassung oder Lenker der Politik?, 1. Aufl., 1998, S. 63ff.

ちなみに，連邦憲法裁判所の元長官のJ. リンバッハは，このような学説や世論の反応に対して耳を傾ける必要性は認めつつも，しかし，憲法裁判所の任務は，社会の平穏ではなく，憲法の尊重に向けられていることを強調している。Vgl. U. Limbach, Das Bundesverfassungsgericht, 2. Aufl. 2010, S. 68.

54) ベッケンフェルデ（注11）206頁以下参照。

としては，次の点があげられる。すなわち，憲法の保障を目的とする憲法裁判においては，その権限に属するすべての憲法問題は，当然審査の対象であり，その権限に属する審査を拒否することは，憲法の番人としての任務を自ら否定することになるからである。

この点で，アメリカ型の違憲審査では一般に審査の対象外とされるいわゆる「政治問題」は，ドイツの憲法裁判では審査の対象外とはされない[55]。

1.5.4 他の国家機関との関係における限界

国家機関相互の間には，一般的に，他の機関を配慮する義務が憲法上存在する[56]。このことは，憲法の組織原理である権力の分立から帰結するものである。この組織原理からすれば，どの権力も他の権力に対して憲法に規定されていない優位をもってはならず，そして，どの権力もその憲法上の任務を遂行するうえで必要な権限を奪われることはない[57]。

この点を立法機関との関係でいえば，憲法裁判所は，立法者の形成の自由および形成の責任を保障することが最も困難でかつ最も重要な任務とされる[58]。

連邦政府との関係でいえば，憲法裁判所は，立法機関に対するのと同様の広範な抑制的な態度を示している。この点は，とくに外交政策や防衛政策において顕著である。

一般の裁判所との関係でいえば，憲法裁判所は，両者の役割を考慮したいわゆる「ヘックの定式（Hecksche Formel）」でもって基本的に対応している[59]。

---

55) Vgl. Simon (N6), Rn. 55 ; E. Benda (N1), S. 647.
56) Vgl. Benda, S. 647.
57) Vgl. Benda, S. 647, BVerfGE 34, 52 [59].
58) Vgl. BVerfGE 77, 84 [104]. この立法者の形成の自由を認める連邦憲法裁判所の判決形式については，Ⅳ 4. 3 参照。なお，立法者の形成の自由との関係で一般に問題となる裁判官による法の継続的形成について，多数意見と反対意見が大きく対立した比較的最近（2009 年）の判例として，BVerfGE 122, 248 参照。この点について詳しくは，V 2.4.4 参照。
59) この点について詳しくは，V 2.4.2(1)参照。

2. 憲法裁判の歴史
――連邦憲法裁判所(法)の成立史と改正史――

2.1 基本法による憲法裁判所の設置

2.1.1 ヘレンキームゼー案における構想

　連邦憲法裁判所は，ドイツの憲法史の中で類をみないほど広範で，強大な権限を与えられた裁判所である[60]。基本法制定時に，憲法裁判権に関する基本構想において，早くからこのような裁判所を創設すべきであるということが考えられていた[61]。

　ヘレンキームゼーの会議では，ワイマール憲法時代の国事裁判所よりも広範な権限を有する，憲法の番人として，連邦レベルでのこのような憲法裁判権の創設に関して，見解の相違は存在していなかった[62]。

　このような見解の一致の背景として，二つの要因があげられよう。すなわち，一方では，アメリカ合衆国の連邦最高裁判所，スイスの最高裁判所，オーストリアの憲法裁判所，ラントの憲法裁判所，およびワイマールの国事裁判所といった先例が存在していたこと，他方では，とくにワイマール時代においては国家の政治的指導部や議会が憲法保障の機能を果たし得なかったので，新たな憲法の番人が必要とされ，しかもそれは第三権の領域におけることが望ましいとされていたことである[63]。

---

60) Vgl. Böttcher, in : Umbach/Clemens/Dollinger, Rn. 40 ; Schlaich/Korioth, Rn. 1 zu § 1.
61) Vgl. Lechner/Zuck, Rn. 1 zu Einl.
62) Vgl. Stern II, S. 333.（I 370 頁。）
63) Vgl. Stern II, S. 333.（I 370 頁。）

広範で，強力な憲法裁判権の創設という点では，一致をみていたヘレンキームゼーの会議も，これを具体的にどのように制度化するかについては見解が分かれていた。すなわち，アメリカ合衆国あるいはスイスの先例にならい，連邦の最高裁判権の構成部分として，それぞれの特別の分野に管轄権を有する連邦の最高裁判所の一つとして設置するという構想と，このような連邦の最高裁判所とは別に，憲法裁判所を設置するという構想であった。ヘレンキームゼーの会議では，結局，この問題については結論を出さず，未解決のままにしておかれた[64]。

裁判所の形態は未解決にしていたが，いずれにせよ設置される裁判所の権限として，ヘレンキームゼーの会議は，そこで作成されたいわゆるヘレンキームゼー案98条において，①連邦大統領に対する訴追，②連邦最高機関の間またはこれらの機関のうち基本法により固有の権限を与えられた機関の間での憲法争議，③連邦とラントおよび異なるラントの間での公法上の争い，④裁判所の申立てに基づき，連邦法律もしくはラント法律と基本法との一致，またはラント法律と連邦法律との一致問題，⑤法律が基本法に従って成立したかどうか，⑥政党の違憲性，⑦連邦議会の選挙の効力および連邦議会議員の資格得喪，⑧基本権侵害に対する異議，⑨基本権の喪失，⑩調査委員会に対する異議，⑪連邦法律で与えられた事項を予定していた[65]。

また，基本法上，憲法裁判に関する規定を，一つの章にまとめるということも考えられていた。それは，この裁判所を，他の連邦の最高機関と同等に位置づけるためであった[66]。しかし，同時に，基本法では，最も重要な規定のみにするという方針も採用された。その結果，同案99条では，憲法裁判所の判決の効力について，それがすべての裁判所や行政庁を拘束し，また，法律の無効判決が法律としての効力を有し，連邦官報に公布されなければならないことな

---

64) Vgl. Böttcher/Umbach, in : Umbach/Clemens/Dollinger, Rn. 2f. zu § 1.
65) Vgl. Stern II, S. 332.（I 368 頁。）
66) Vgl. G. Wöhrmann, Änderungsnovellen zum BundesverfassungsgerichtsGesetz und weiter Reformüberlegungen, in : Umbach/Clemens/Dollinger, S. 131.

どが規定された。同案100条では，裁判官の選出方法や資格について，裁判官は連邦議会および連邦参議院が半数ずつ選出し，これが各部を構成し連邦議会，連邦参議院，連邦政府またはラントの相応する機関に所属してはならず，さらに裁判官の半数が連邦およびラントの最高裁判所の裁判官でなければならないことが規定されていた[67]。

2.1.2 基本法制定会議での決定

基本法制定会議の基本的態度は，ヘレンキームゼーの基本方針，すなわち広範で，強力な権限を有する憲法の番人としての憲法裁判権の承認ということであった。したがって，基本法制定会議は，ヘレンキームゼーの会議の成果であるヘレンキームゼー案を出発点とした[68]。

基本法制定会議では，ヘレンキームゼーの会議で未決定のままにしておかれた，裁判所の形態について多少の議論はあったものの，最終的には，連邦憲法裁判所と連邦の最高裁判所との制度上の分離ということで見解の一致をみた[69]。

連邦憲法裁判所の権限についても，基本的には，ヘレンキームゼー案が支持されたが，⑤法律が基本法に従って成立したかどうか，⑧基本権侵害に対する異議，⑩調査委員会に対する異議の三つについては採用されなかった[70]。連邦憲法裁判所の権限は，一般編集委員会案レベルでは128b条にまとめられていたが，その後の全体委員会などの審議において，連邦憲法裁判所に独自の一章を割くのではなく「裁判」の章の中で規定するといった編集上の都合から，基本法93条以外にも分散されて規定されることになった[71]。

その他の点で，ヘレンキームゼー案と基本法制定会議との最も大きな相違

---

67) Vgl. Stern II, S. 333.（I 370 頁。）
68) Vgl. Stern II, S. 334.（I 370 頁以下。）
69) Vgl. Stern II, S. 335.（I 372 頁。）
70) Vgl. Stern II, S. 336.（I 374 頁。）
71) Vgl. Stern II, S. 337.（I 375 頁。）

は，連邦憲法裁判所に関する規定を基本法上どのように配置するかということである。ヘレンキームゼー案では，独自の一章にまとめられていたが，基本法制定会議では，他の裁判権についての規定も存在する「裁判」の章の中で連邦憲法裁判所を規定した。これは，連邦憲法裁判所が，あくまでも裁判機関であることを強調するためである。と同時に，「裁判」の章で規定することにより生じる，他の連邦の最高裁判所との関係や国家機関の中における連邦憲法裁判所の尊厳を確保するため，連邦憲法裁判所を規定の冒頭に掲げる方法がとられた。ヘレンキームゼー案と基本法制定会議におけるこのような相違は，後の，連邦憲法裁判所の地位をめぐる争い（「地位論争」）を生み出す原因の一つになっていると思われる[72]。

また，連邦憲法裁判所の判決の効力については，基本法においては規定せず，法に委ねられることとなった。さらに連邦憲法裁判所の裁判官の選出，資格については，かなり簡略化された形で，基本法94条に規定されることとなった。このように，基本法においても，基本的な事項だけが規定されることになり，連邦憲法裁判所の構成，および地位に関する一連の問題は，立法者に委ねられることとなった。しかし，「憲法裁判権の領域におけるあらゆる本質的な改正は，……憲法構造にかかわるものとな」（BT-Drucks. 7/5924 S. 245）ろうという認識が存在しており，それゆえに連邦憲法裁判所法の制定が重要な問題と意識された。

2.2　連邦憲法裁判所法の制定

2.2.1　連邦憲法裁判所法制定過程の概要

1949年5月24日に基本法が発効し，同年9月には連邦の憲法機関の設立が完了し，基本法体制が出発した。基本法制定時の，連邦憲法裁判所に関する基本方針，すなわち，憲法裁判の重要事項だけを基本法で規定するという方針の

---

[72]　Vgl. Stern II, S. 335.（I 373頁。）

ため、連邦憲法裁判所を創設し、活動を開始するには、さらに法律が必要であった。ワイマールの国事裁判所の轍を踏まないためにも、法律の制定は早急の課題とされた[73]。

まず、社会民主党が1949年12月14日に独自の法案を提出した（Vgl. BT-Drucks. 1/328）。連邦政府も、連邦司法省が中心となり法案の作成に着手した。そして、1950年2月24日と28日付の二つの文言からなる法律案が連邦政府によって、連邦参議院に提出された[74]。審議は、この連邦政府案を中心に進められ、連邦政府、連邦参議院、連邦議会で修正を受けた後、1951年3月12日に連邦憲法裁判所法として制定され、同年4月16日に公布され、翌17日に発効した（1951, BGBl I S. 243, BT-Drucks. 1/1724, S. 1ff.）。また、同年5月4日の連邦憲法裁判所の所在地に関する法律で、カールスルーエが暫定的な所在地とされた。そして、組織的な整備と裁判官の選出が行われた後、同年9月から、連邦憲法裁判所は活動を開始した[75]。

2.2.2 連邦憲法裁判所法の制定過程における問題点

基本法制定に際し、憲法裁判について基本法ではとくに重要な事項しか規定しないという方針がとられたため、法では、少なからず重要な多くの事項を規定する必要があった。そのため、法律制定に際しても、多くの議論が惹起された。政府によって提出された法案は、連邦参議院、連邦議会、議会少数派などそれぞれの立場からの主張に基づき、様々な修正を受けた後、制定された。しかし、この過程で、それぞれの立場における、連邦憲法裁判所に関する見解の相違が明らかになった。そのうちの代表的なものとして、①連邦憲法裁判所の「憲法機関性」とそこから導き出される権限に関する問題、②部（Senat）の設置とその構成および活動に関する問題、③連邦憲法裁判所の所在地（ベルリンかカールスルーエか）をめぐる問題、④連邦憲法裁判所全体および部の裁判官数

---

73) Vgl. Stern II, S. 338.（I 376 頁以下。）
74) Vgl. Lechner/Zuck, Rn. 3 zu Einl.
75) Vgl. Stern II, S. 338.（I 377 頁以下。）

並びにその資格に関する問題，⑤裁判官の地位，身分に関する問題，⑥少数派となった裁判官の少数意見の表明をめぐる問題，⑦連邦憲法裁判所が独自の手続規定を設けることをめぐる問題，⑧判決の効力およびその執行に関する問題，などがあげられる[76]。

これらの問題は，すでにヘレンキームゼーの会議や基本法制定会議において問題とされていたものや，ヘレンキームゼー案にはあげられていたが，基本法制定会議の際に削除されたものも少なくない。また，これらの問題の多くは，後の法の改正の際の対象となるものである。

2.3 連邦憲法裁判所法の改正の経緯

2.3.1 改正の傾向

1951年3月12日に連邦憲法裁判所法が成立して以来今日に至るまで，同法は29回改正されている[77]。そのうち，改正法律の名称に連邦憲法裁判所法改正という文言が何らかの形で使われている改正は9回である[78]。これらの改正は，

---

[76] Vgl. Stern II, S. 340.（379頁。）

[77] 2002年8月22日以降の改正については，光田督良「ここ数年における連邦憲法裁判所法改正とその注目点」比較法雑誌44巻2号（2010年）277頁以下参照。

[78] 連邦憲法裁判所法の改正には三つのパターンがあり，まず第一は，連邦憲法裁判所法第何次改正法律という名称の法律での改正であり，これまで7回行われている。

　1956年7月21日の連邦憲法裁判所法第1次改正法律（BGBl. I S. 662），
　1959年6月26日の連邦憲法裁判所法第2次改正法律（BGBl. I S. 297），
　1963年8月3日の連邦憲法裁判所法第3次改正法律（BGBl. I S. 589），
　1970年1月21日の連邦憲法裁判所法第4次改正法律（BGBl. I S. 1765），
　1993年8月2日の連邦憲法裁判所法第5次改正法律（BGBl. I S. 1442），
　2002年8月22日の連邦憲法裁判所法第6次改正法律（BGBl. I S. 266），
　2003年12月13日の連邦憲法裁判所法第7次改正法律（BGBl. I S. 2546）．

　次に，連邦憲法裁判所法および何らかの裁判関係の法改正法律という名称の法律による改正であり，2回行われている。これも第一のパターンと同じく連邦憲法裁判所法改正法とされている。

それぞれその都度生じている問題に対処するために行われたものであるが，その主要な目的には大きく分けて二つの傾向が窺える。すなわち，第一の目的は，連邦憲法裁判所の基本法における地位と権限の整備である。第二の目的は，連邦憲法裁判所の活動開始以来徐々に生じてきた過重負担に対する対処である[79]。第一の目的からの改正は，その都度の改正法律によりその成果を上げ，

>　1985 年 12 月 12 日の連邦憲法裁判所法改正およびドイツ裁判官法改正法律（BGBl. I S. 2226），
>　1998 年 7 月 16 日の連邦憲法裁判所法改正および連邦憲法裁判所裁判官職務法改正法律（BGBl. I S. 1823）。
>　第 3 のパターンは，何らかの法律の改正の中で，連邦憲法裁判所にかかわる問題が取り扱われ，当該法律の改正の関係上その法律の改正法律の中で連邦憲法裁判所法の規定の改正が定められている場合であり，20 回行われている。
>　1961 年 9 月 8 日（BGBl. I S. 1665），
>　1964 年 8 月 5 日（BGBl. I S. 593），
>　1974 年 3 月 2 日（BGBl. I S. 469），
>　1976 年 8 月 24 日（BGBl. I S. 2485），
>　1979 年 3 月 20 日（BGBl. I S. 357），
>　1983 年 12 月 22 日（BGBl. I S. 1532），
>　1990 年 8 月 31 日（BGBl. I S. 885, 963），
>　2001 年 2 月 16 日（BGBl. I S. 266），
>　2001 年 4 月 27 日（BGBl. I S. 751），
>　2001 年 6 月 19 日（BGBl. I S. 1046），
>　2004 年 12 月 15 日（BGBl. I S. 3396），
>　2006 年 9 月 5 日（BGBl. I S. 2098），
>　2007 年 3 月 26 日（BGBl. I S. 358），
>　2007 年 11 月 23 日（BGBl. I S. 2614），
>　2009 年 2 月 5 日（BGBl. I S. 160），
>　2009 年 7 月 29 日（BGBl. I S. 2346），
>　2009 年 12 月 3 日（BGBl. I S. 3822），
>　2010 年 12 月 22 日（BGBl. I S. 2648），
>　2011 年 11 月 24 日（BGBl. I S. 2011, 2302），
>　2012 年 7 月 12 日（BGBl. I S. 1501）。

79) Vgl. G. Wöhrmann, Reformvorschläge zum Verfahren des Bundesverfassngsgericht, in : Fürst/Herzog/C. Umbach (Hrsg). Festschrift für Wolfgang

設立当初から存在した問題については，1970年の連邦憲法裁判所法第4次改正法律により，ほぼその目的が実現された。これに対し，第二の目的からの改正は，数度にわたり，それぞれの改正の度に，様々な方法で行われている。つまり，1956年および1959年改正では部の管轄権を変更することにより目的を達成しようとした。1970年，1985年，1993年の改正では，連邦憲法裁判所が行う手続内容を変更することにより目的を達成しようとしている。しかし，これらの改正も，改正当初はその効果をあげても，すぐに元の状態あるいは新たな問題が生じ，結局，鼬ごっこの様相を示している。

2.3.2 改正の概要[80]

(1) **1956年改正** 1956年7月21日の「連邦憲法裁判所法第1次改正法律」は（BGBl. I S. 662, BT-Drucks. 2/1662, S. 1ff.），発足以来様々な形で生じてきた問題を解消するため，法を全面的に見直した。何らかの形で改正の対象となった規定は，20数箇条にわたる。そのうちでも注目に値するのは，部の裁判官の員数を12名から8名へ減員したこと（2条）（もっとも，事務処理の関係上，1959年8月31日までは，暫定的に10名としていた），合同部に事務配分権限を認めたこと（14条），具体的規範統制における裁判所の移送を最上級裁判所を経由することなく行えるようにしたこと（80条），3名の裁判官による予備審査委員会を設置し，これに憲法異議の受理を拒絶する権限を与えたこと（91a条），鑑定意見手続の廃止（97条の削除）などである。

(2) **1959年改正** 1959年6月26日の「連邦憲法裁判所法第2次改正法律」では（1959, BGBl. I S. 297, BT-Drucks. 3/934 S1. ff.），わずかに，部の裁判官の員数

　Zeidler, Bd. 2, 1987, S. 1343. ゴットハルト・ヴェールマン（憲法裁判研究会訳）「連邦憲法裁判所手続の諸改革」比較法雑誌22巻2号（1988年）154頁）。さらにⅠ3も参照。

80) 1985年までの改正については，W. Hayde, Das Bundesverfassungs-gerichtsgesetz in der Bewährung, in : Festschrift zum 70. Geburtstag von Hans Kutscher, 1981, S. 229 ff. を参照。

の暫定措置を 1963 年 8 月 31 日まで延長したことと，合同部により事務配分の対象を審理開始以前の係属中の手続にも拡大したこと（14 条 4 項 2 文の追加）だけである。もっとも，第 1 次改正の際に行われた部の権限配分の見直しが不十分であることが判明したため，法 14 条 4 項に基づく，1959 年 10 月 13 日の権限配分決定なども，改正に準ずる行為として存在する（同様の見直しは，第 1 部の負担軽減のために第 2 部の権限を拡大した，1970 年 12 月 17 日の決定においても行われた）。

連邦憲法裁判所法の改正法律によってではないが，1961 年 9 月 8 日のドイツ裁判官法改正法律では，連邦憲法裁判所裁判官について規定する法 3 条が改正された。

(3) **1963 年改正** 1963 年 8 月 3 日の「連邦憲法裁判所法第 3 次改正法律」で注目すべきは（1963, BGBl. I S. 589, BT-Drucks. 4/155 S. 1ff.），口頭弁論の回避の可能性を拡大したこと（25 条 1 項），法律に対する違憲判決の「法律としての効力」を憲法異議の場合にも拡大したこと（31 条 2 項），仮命令の拒絶決定に対する憲法異議申立人の異議申立権を廃止したこと（32 条 3 項），そして，予備審査手続を定めた 91a 条が削除され，受理の手続を定めたこと（93a 条）などである。

法が制定されて以来その改正の際には，常に，「双子の裁判所から単一の裁判所への移行」という構想が存在していた。しかし，連邦憲法裁判所が処理すべき事務量の多さゆえに，このような構想が実現されることはなかった。そこで，これら第 1 次から第 3 次までの改正法律では，主として部の権限配分を中心とする連邦憲法裁判所の組織，および具体的規範統制手続に関する規定や憲法異議の簡略化のための規定が取り扱われた。

(4) **1970 年改正** 1970 年 12 月 21 日の「連邦憲法裁判所法第 4 次改正法律」もかなり大幅なものであった（BGBl. I S. 1765）。この改正では，まず，カールスルーエを連邦憲法裁判所の暫定的所在地としていた，連邦憲法裁判所の所在地に関する法律を廃止し，これを恒常的所在地とした（1 条 2 項）。また，連邦憲法裁判所の裁判官の法的地位を整備し（4 条），その待遇をも整備した（98 条，

100 条，102 条，103 条）。さらには，少数意見制を導入した（30 条 2 項）。規範統制判決の効力について，「法律としての効力」を無効判決以外に，法律と基本法もしくは他の連邦法とが「一致するもしくは一致しない」場合にも拡大した（31 条 2 項）。その他，理由のある憲法異議についての費用の補償などについても規定された（34 条 4 項）。この改正法律により，連邦憲法裁判所の地位や権限の整備はほぼ実現されたとされる。

(5) **1985 年改正** 1985 年 12 月 12 日の「連邦憲法裁判所法改正およびドイツ裁判官法改正法律」によって連邦憲法裁判所法については（BGBl. I S. 2226, BT-Drucks. 10/2951 S. 1ff.）[81]，連邦憲法裁判所の負担軽減が主たる目的とされた。そこで，憲法異議手続における敗訴料が導入された（34 条 2 項）。部の予備審査委員会を部会（Kammer）に再編成し（15a 条），明らかに理由のある憲法異議については部会の裁判を部の裁判に代える手続も導入された（93b 条 2 項）。部の裁判官定足数不足の際の他の部の裁判官による代行の手続などが取り扱われた（15 条 2 項，19 条 4 項）。

また，これまで明文の規定の根拠なく行われていた連邦憲法裁判所の規則制定を明文で規定した（1 条 3 項）。

(6) **1993 年改正** 1993 年 8 月 2 日の「連邦憲法裁判所法第 5 次改正法律」でも（BGBl. I S. 1442, BT-Drucks. 12/3628 S. 1ff.）[82]，連邦憲法裁判所の過重負担の解消ということが主眼とされていた。同時に，性差別禁止という観点からの，とくに規定の文言の表現についての改正が行われた。これらのことから今回の

---

81) 1995 年の改正については，G. Ulsamer, Neue gesetzliche Regelungen zur Entlastung und Sicherung der Funktionsfähigkeit des Bundesverfassungsgerichts, EuGRZ 1986, S. 11ff.; R. Zuck, Die Fünfte Novelle zum Bundesverfassungsgerichtsgesetz, NJW 1986, S. 968ff.; 憲法裁判研究会「憲法異議手続における連邦憲法裁判所の過重負担とその解消策―連邦憲法裁判所法第 5 次改正を中心に」比較法雑誌 23 巻 1 号（1989 年）57 頁以下参照。

82) 1993 年の改正については，憲法裁判研究会「連邦憲法裁判所の加重負担解消への新たな試み―1993 年の連邦憲法裁判所法改正をめぐって」比較法雑誌 30 巻 3 号（1996 年）47 頁以下を参照。

改正もかなり広範囲にわたるものであった。注目すべき改正点としては、憲法異議の受理手続における連邦憲法裁判所の判断の余地を拡大し（93a 条，93b 条，93c 条，93d 条），具体的規範統制における移送に対する部会の権限を拡大した（81a 条）。憲法異議に関しては，これ以外にも，申立期間内に理由づけも行うべき旨を明文化し（93 条 1 項），申立人の責めによらない理由のため申立てができなかったときの現状回復を認め（93 条 2 項），敗訴料を廃止した（34 条 2 項）ことなどがある。さらに，口頭弁論における音声テープの導入（25a 条），選挙審査に対する抗告要件の厳格化（48 条）なども取り扱われた。

(7) **1998 年改正** 1998 年 7 月 11 日の「連邦憲法裁判所法改正および連邦裁判所裁判官職務法改正法律」によって（BGBl. I S. 1823, BT-Drucks. 13/7673 S. 1ff.），連邦憲法裁判所法について，主として，次の点が取り扱われた。まず，1994 年 10 月 27 日の基本法改正により，基本法 93 条 1 項に連邦競合立法に対する抽象的規範統制手続を定めた 2a 号が追加されたことに対応する法の規定の整備（13 条に 6a 号追加，14 条の追加，76 条 2 項の追加，77 条 2 号の追加など）である。次に，連邦憲法裁判所の口頭弁論の開始時および判決の言い渡しの際にラジオ，テレビなどのメディアへの公開（17a 条の追加）である。さらに，訴訟手続に関与していない第三者に対する記録の照会および閲覧を法規定上認めるための措置（35a 条，35b 条，35c 条の追加）である。

法そのものではないが、この改正では、連邦憲法裁判所長官との比較において，副長官の職務を考慮して，副長官の処遇が改正された。これは，連邦憲法裁判官職務規定の改正という形で行われた。

(8) **2002 年改正** 2002 年 8 月 22 日の「連邦憲法裁判所法第 6 次改正法律」（BGBl. I S. 266）について注目すべき点は二点である。すなわち，まず第一に，第 13 条の冒頭の部分から「基本法に定める」という文言が削除されたことである。第二点は，議会の調査委員会の設置に関する連邦議会の決定と基本法との一致についての裁判を連邦憲法裁判所の権限とし，その手続の詳細を規定したことである[83]。具体的には，13 条 11a 号の追加及びこの 11a 号の権限についての具体的手続を規定した 66a 条及び 82a 条の追加である。

⑼ **2003 年改正**　2003 年 12 月 13 日の「連邦憲法裁判所法第 7 次改正法律」(BGBl. I S. 2546) は，これ以前に行われた改正で追加された条文等を法全体において統一性が保てるよう整序するため行われた。したがって，従来の条文に若干の語句が挿入されただけにとどまっている。

⑽ **2004 年から 2009 年までの間の注目すべき改正**
① 2004 年 12 月 15 日の「生活パートナーシップ法の補充に関する法律」(BGBl. I S. 3396) 5 条は「その他の連邦法の改正」について取り扱っており[84]，その 2 項で連邦憲法裁判所法の改正について規定している。その内容は，法 18 条 1 項 1 号の「関係人の配偶者であるか若しくは配偶者であったとき，」後に「生活パートナー関係にあるか若しくはあったとき」という文言を挿入したことである。

② 2006 年 9 月 5 日に公布された「連邦制改革付随法律」(BGBl. I S. 2098) による連邦憲法裁判所法の改正では，削除されていた 3 章 16 節が「第 13 条 6b 号の場合の手続」との新たな表題で復活し，同じく削除されていた 97 条で新たに 6b 号に対応する手続が規定された[85]。

---

83) 　調査委員会法 36 条は，「⑴本法による争いに権限を有する裁判所は，基本法 93 条並びに連邦憲法裁判所法第 13 条及び本法の規定が異なった定めをしていない限り，連邦通常裁判所である。
　⑵連邦通常裁判所が設置決定を違憲と考え，かつ裁判がその効力次第であるとするならば，手続を中止し，連邦憲法裁判所の裁判を求めなければならない。第 1 文は連邦通常裁判所の捜査裁判官 (Ermittelungsrichter oder Ermittelungsrichterin) にも適用する。
　⑶連邦通常裁判所の捜査裁判官の裁判に対して異議が許容され，それについては連邦通常裁判所が裁判する。」と規定する。

84) 　生活パートナーシップ法については齋藤純子「同性愛者のための『人生パートナーシップ法』の制定」ジュリスト 1200 号 (2001 年) 200 頁，及び戸田典子「人生パートナーシップ法—同性愛者の『婚姻』を認めたドイツ」外国の立法 212 号 (2002 年) 20 頁以下参照。

85) 　基本法 93 条 2 項の改正は，「ラントとの関係を整理し連邦議会の権限を変更するなど連邦制度改革を行った」2006 年の第 52 次基本法改正法律による。連邦制度改革については，山口和人「連邦制改革のための基本法改正案の議会審議

これらは一連の連邦制度改革に伴う連邦とラントとの権限をめぐる争いについて，その判断を連邦憲法裁判所に委ねるという形での連邦憲法裁判所の権限の追加である。

③　2007年3月26日に公布された「弁護士の自治強化のための法律」(BGBl. I S. 358) による連邦憲法裁判所法の改正では，弁護士の自主性を尊重するため，関係人の訴訟代理人となりうる弁護士について，「ドイツの裁判所における公認」という要件が撤廃されることとなった。

④　2007年11月23日に公布された「連邦司法大臣の権限範囲における連邦法の整序に関する第2次法律」(BGBl. I S. 2614) による連邦憲法裁判所法の改正では，東西ドイツの統合にかかわる経過的な措置の多くが見直される中，連邦憲法裁判所の裁判官に旧東ドイツ地域からの専門家をも広く採用できるよう資格要件を緩和するために行われた。

⑤　2009年12月3日に公布された「リスボン条約批准のための基本法改正による置き換え法律」(BGBl. I S. 3822) では，リスボン条約で各国の議会からのEU裁判所への提訴の際の提訴人要件が議員の4分の1とされている。この改正はこれに対応して，まず，連邦憲法裁判所への議会による提訴についても3分の1から4分の1へと要件の緩和という形で，2008年10月8日に第53次基本法改正法律により93条1項2号が改正され，それを受け法も同様に改正された。もっとも，連邦憲法裁判所への提訴要件をEU裁判所への提訴の際の提訴人要件に対応させる，というこのような緩和がそもそも必要であったかという疑問も示されている。

(11)　**2010年改正**　2010年12月22日に公布された「司法における職務遂行方針の変更及びその他の規定の変更法律」(BGBl. I S. 2648) は，その11条「連邦憲法裁判所法の改正」において，2007年3月26日に公布された「弁護士の

開始」ジュリスト1315号（2006年）187頁，同「連邦制改革のための基本法改正実現」ジュリスト1321号（2006年）211頁，同「連邦制改革の第2段階開始」ジュリスト1334号（2007年）219頁，服部高宏「ドイツ連邦制改革法」ドイツ研究42号（2008年）107頁以下参照。

自治強化のための法律」によって「関係人は手続のいかなる段階においても，弁護士又はドイツの大学の法律学の教員を訴訟代理人とさせることができる」と改正された法22条1項1文をまたもや以下のように改正した。

　すなわち「関係人は，手続のいかなる段階においても，EUの構成国又は，ヨーロッパ経済圏に関する協定の締結国又はスイスにおいて弁護士又は国立大学若しくは国家によって許可されている大学の法律学の教員で，裁判官職を担う能力があるものを訴訟代理人とすることができる」。今回の改正では，2009年12月3日に公布された「リスボン条約批准のための基本法改正による置き換え法律」を受け，弁護人資格について，EUの構成国などの一定の資格を有する，大学の法律学の教員を代理人として弁護させることができると拡大した。

　(12) **2011年改正**　2011年11月24日に公布された「遅延した裁判手続及び刑法上の捜査手続に際しての権利保障に関する法律」(BGBl. I S. 2302) は，その2条において「連邦憲法裁判所法の改正」を規定している。この法律の2条を受け法97条の後に，新たな4章として「遅延異議」の表題の下97aから97e条までの5ヵ条の規定を追加し，従来の4章98条以下を5章にした。

　この法律の制定の必要性は，裁判遅延による権利侵害に関し，連邦憲法裁判所も2003年4月30日の合同部決定でこのような状態の問題性を指摘していた (BVerfGE 107 395, [416])。実際，勤務状況監督異議 (Dienstaufsichtsbeschwerde) および憲法異議以外，何ら救済規定を設けていないドイツにおける法律の不備状態が，基本法19条4項，20条3項およびヨーロッパ人権条約6条違反である，とされていた。ヨーロッパ人権裁判所が2006年6月8日の判決においてにおいて，このような状態をヨーロッパ人権条約6条および13条違反であるとしたが (EGMR Nr. 75529/01)，ドイツの連邦司法省がこのような状態を解消するための法改正の準備をしていたため，法改正を命じるにまで至らなかった。しかし，その後改正措置が執られなかったため，ヨーロッパ人権裁判所は2010年9月2日の判決 (EGMR, NJW 2010 3355) で，1年以内に法改正を行うように義務づけた[86]。そして，制定されたのが本法である。

この法律は，幅広く，あらゆる裁判手続や刑法上の捜査手続の遅延に対し救済の途を開く内容である。特殊な裁判領域についてはそれぞれの裁判所法の中にこの規定の内容を取り込む改正規定が置かれている。それ以外については，裁判所構成法198条が一般的規定として機能することになっている。連邦憲法裁判所は，特殊な裁判所の一つとして，この法律の2条において連邦憲法裁判所法の改正ということで対処された。

　この法律は，遅延異議の裁判に至るまで2段階の手続を必要としている。まずは，当事者が裁判に手続が遅延したという問責（遅延問責）を行うことである。この遅延問責によって裁判所に手続の処理の機会を与える。その後，早くとも6ヵ月経過してはじめて，当事者は損害賠償請求をなしうる。損害賠償額は例外があるものの1年当たり1,200ユーロである。

　この法律の1条に規定されている裁判所構成法改正198条と2条に規定されている法97a条から97e条までの相違点は，連邦憲法裁判所の裁判の特殊性を考慮して，遅延補償の対象となる裁判関係者の範囲，異議申立期間，手続の方法の違いなどにある。

　なお，97c条3項で，異議部会長に関する規定や除籍された部会構成員の後任等に関する規定を連邦憲法裁判所事務処理規則において規定することが予定されているが，現時点では事務処理規則の追加，改正は行われていない。

　以上の一連の改正の，全体的な傾向としていえることは，2002年以降の11回の改正では，以前の改正のうち何回かに見られたような連邦憲法裁判所が抱える問題に対処するため，その権限や構成の変革をもたらす内容を含んでいない，ということである。

　連邦憲法裁判所自体は，以前の改正の主たる動機となっていた裁判所の過重負担解消という問題を，多少の改善は見られたものの，依然抱えている。そして，この問題への対処は連邦憲法裁判所としても，相変わらず重要問題であることは明らかである。

86）　Vgl. Benda/Klein S. 512 ff.

2011年の改正は，すべての裁判手続に関わる大改革の一部であり，法も章立てに変更を加えるまでの改正となっている。しかし，このことは，連邦憲法裁判所固有の問題に対処するためではない。この点で，大幅な改正であったにもかかわらず，2002年以降の改正と同一の様相を示しているといえよう。

(13) **2012年改正** 2012年7月11日の基本法改正（BGBl. I S. 1478）および7月12日の連邦選挙法・連邦憲法裁判所法の改正（BGBl. I S. 1501）により，連邦議会選挙において候補者の推薦などの選挙提案の資格のある政党であることが認められなかった団体について，連邦憲法裁判所への抗告が認められることになった。

法96a条および連邦選挙法18条4項によれば，直近の連邦議会選挙またはラント議会選挙において5議席以上獲得できなかった団体が，選挙への参加を連邦選挙委員会に届け出たが連邦選挙委員会により承認されなかった場合に，当該決定を知ってから4日以内に，抗告を申し立てることができる。連邦選挙委員会は意見陳述の機会が与えられうるが（法96b条），口頭弁論を開かずに判決を下すことができる（法96c条）。判決理由を公表しないこともできるが，その場合には抗告人と連邦選挙委員会には理由を特に通知しなければならない（法96d条）。また，仮命令は行うことができない（法96a条3項）。

なお，本制度の導入により，抽象的規範統制におけるいわゆる権限返還手続について定めていた法97条は96条に移された。

また，選挙抗告訴訟について定める法48条の一部改正も行われた。抗告の対象について，基本法41条に基づく選挙審査の対象となる，選挙の準備および実施の際の権利侵害にまで拡張し，また抗告権者について，従来の100人以上の選挙権者の支持の要件を削除し，選挙権者個人または選挙権者の集団にまで範囲を広げた（1項）。これに伴い，2項におかれた署名等の要件を削除して従来の3項の規定を2項とした。そして新しい3項では，選挙権者個人または集団の権利侵害が認められる場合，選挙を無効と宣言しないときには，連邦憲法裁判所は権利侵害の確認を行うものとした。

2.4　連邦憲法裁判所規則

2.4.1　旧規則の制定とその改正

規則が，連邦憲法裁判所合同部によって，はじめて制定されたのは，1975年9月2日である（BGBl I S. 2515）。これ以前にも，例えば1970年12月12日の法の改正で追加された少数意見に関する30条2項がその手続の「詳細は規則によりこれを定める」と規則の制定を前提とした法規定も存在していたが，統一的な規則自体は制定されていなかった。

1975年の規則は，現行規則同様に，A，Bの2部68箇条から構成されていた。連邦憲法裁判所は，この規則を，連邦憲法裁判所長官名で，連邦議会などの他の憲法機関の規則と同様の方法で，連邦官報に掲載した。この1975年の規則は，その後，3回改正された。1975年12月9日の改正（BGBl I S. 507）（66条の文言の一部削除），1978年12月5日の改正（BGBl I S. 2095）（59条2項a号の改正），1986年7月1日の改正（BGBl I S. 1031）（37a条の追加）である。

連邦憲法裁判所の規則は，他の憲法機関の規則とは異なり，基本法や法律にその制定権の根拠が規定されていなかった。また，規則が一般拘束性を有することとも関連し，法の根拠なくこのような規則を制定することに異論も存在した。しかし，連邦憲法裁判所の規則制定権は，連邦憲法裁判所の憲法機関としての地位から直接認められるとされていた[87]。このような規則は，その効力において，基本法に劣ることはいうまでもなく，法にも劣る。そして規則により，連邦憲法裁判所に新たな権限を付与することはできない。もっとも，内部的な組織の自律性を確保する，あるいは，実態に即して立法を補充する機能は認められる[88]。

---

87)　Vgl. H. Bethge, in Maunz u. a. Rn. 4 zu Vorbemerkung.
88)　Vgl. H. Bethge, in Maunz u. a. Rn. 210f. zu Vorbemerkung.

2.4.2 新規則の制定とその改正

1985年12月12日の法の改正による，法1条に連邦憲法裁判所の規則制定権を明示的に規定した3項の追加を受け，1986年12月15日に連邦憲法裁判所合同部はA，B2部70箇条からなる規則を新たに制定し直した（1986, BGBl I S. 2529.）。もっとも，1986年の新規則は，1975年のA，B2部68箇条からなる規則と形式的にも内容的にもほぼ同じであり，1986年7月1日の改正で追加された37a条が38条となり，そしてこれ以下の条文が1条ずつずれ，さらにこの規則の施行日と1975年規則の廃止が70条として規定された。

その後，1989年7月11日の改正（BGBl I S. 1571）（57条に3文が追加，58条1項に2文が追加，58条3項2文後半が改正，59条が改正され2項が追加された），1995年12月18日の改正（BGBl I S. 474）（22条1項が改正され2項が新たに挿入され，従来の2項から5項までが3項から6項となった，24条では3項，4項が改正され，従来の5項が本条の改正に合わせた形にされた7項となり5項，6項が追加された，30条の文言が一部置き換えられた，31条では1項，2項が改正され，3項，6項が追加され，従来の3項，4項が4項，5項となった，35条は1項，2項，3項とも改正された，35a条が新たに追加された，37条はbの文言の一部が削除され，40条では1項，2項，3項とも改正された，41条では1項，2項とあったのが，1項だけにまとめられた，60条2項a号が改正された）を経ている。

2002年の改正では，主として，裁判に関わる資料やその公開に関し，特にインターネットの普及に対応した取扱いをなしうるように関連規定を整備した。すなわち，17条1項で，裁判所の正式発表に関し，インターネットを用いる場合について追加した。24条1項で，法17a条の口頭弁論に関し，その公開について部が同法の規定を補足的に規律することを認める追加をなした。33条では，記録収集管理者が資料等の記録やそのデータベース，インターネットでの公開準備に関する権限付与について規定した。

これ以外に，規則3条3項において，連邦憲法裁判所の常任委員会委員の代行者となりうる者の範囲を拡大する追加をなした。

3. 連邦憲法裁判所の改革の試み

3.1 委員会設置の経緯

　連邦憲法裁判所は，市民の基本権の番人として，基本権の保障と発展に大きく貢献している。その中心的手段が憲法異議の裁判である。しかし，憲法異議は同時に同裁判所の過重負担の原因にもなっている（詳しくは，Ⅴ 2. 4. 3 参照）そこで，1956 年の連邦憲法裁判所法の改正により憲法異議の受理手続が導入された[89]。この手続は，その後 63 年，70 年，85 年，93 年に改正されている（詳しくは，Ⅰ・2 およびⅤ 2.3.4 参照）。

　この間，最も有効な解決策として連邦憲法裁判所の裁判官などにより主張されたのが，アメリカ合衆国最高裁判所のサーシオレイライの導入，すなわち，憲法異議の受理義務をなくし，正式裁判を行う憲法異議の選択を連邦憲法裁判所の判断に委ねること，および，受理審査の主体を部（Senat）に限定することであった。立法者はこのような要求に応じなかった。けれども，93 年の改正により，立法者は，受理義務を維持しつつも可能な限り広い判断余地を連邦憲

---

[89] 「受理（Annahme）」という文言が条文において用いられたのは 63 年の改正以降である。そのため，56 年の制度を，「予備審査手続（Vorprüfungsverfahren）」とよび「受理手続」という言葉は 63 年以降の制度に用いられることが多いようである。しかし，56 年の制度においても，憲法異議の適法性・理由の有無ではなく，憲法異議の客観的意義と主観的意義が要件とされていた（憲法異議を「退ける（verwerfen）」要件であったが）という点，および，部にのみ正式裁判を許可する権限が認められていた点は，受理手続と異ならない。憲法異議の受理手続の本質的特徴は，適法性・理由の有無ではなく憲法異議の客観的，主観的意義のみを基準として正式裁判を行うか否かを裁判に先立って審査するという点にある（Ⅴ 2. 3. 2 参照）。したがって，56 年の制度も本質は「受理手続」と同じである（93 年以前の制度の概要についてはⅤ 2. 3. 4 参照）。

法裁判所に与えること，受理要件を憲法異議の客観的，主観的意義（憲法・基本権の保障と継続形成にとっての重要性，申立人の基本権の保障にとっての重要性）に限定し，適法性・理由の有無の審査を不要としたことなどにより，憲法異議の受理制度をサーシオレイライのような運用が可能な制度にした。

しかし，93年の改正によっても過重負担を解消することはできなかった。それどころか，90年の東西ドイツ統一の影響などにより憲法異議の申立ては飛躍的に増加し，訴訟遅延などの過重負担の弊害も一層悪化した。また，95年の「兵士は殺人者事件」決定（BVerfGE 93, 266［判例Ⅱ 25：小山剛］），「キリスト磔刑像事件」決定（BVerfGE 93, 1［判例Ⅱ 16：石村修］）などが契機となり，少数派の基本権を守るために各一般の裁判所の裁判の合憲性を厳格に審査するという連邦憲法裁判所の姿勢が世論の強い反発を招いた[90]。

このような二重の意味で危機的な状況にある中，連邦憲法裁判所は，96年1月17日付けの書簡を連邦司法大臣E. シュミット゠ヨルツィヒに送り，過重負担解消のための措置をとることを依頼した。彼女は，96年7月15日に，元連邦憲法裁判所長官E. ベンダを委員長とする「連邦憲法裁判所の過重負担解消委員会（Kommission zur Entlastung des Bundesverfassungsgerichts）」（以下委員会）を設置し解決策の検討を依頼した[91]。委員会は，翌97年12月12日に，報告書を連邦司法大臣に提出した。その後，報告書は98年1月に連邦司法省により

---

90) 詳しくは，畑尻剛「批判にさらされるドイツの連邦憲法裁判所（上）」ジュリスト1107号（1997年）74頁以下参照。

91) 委員会のメンバーは以下の通り。委員長・元連邦憲法裁判所長官E. ベンダ，副委員長・連邦司法省局長W. ハイテ，連邦内務省次官K. シェルター，連邦憲法裁判所第1部裁判官D. グリム，同第2部裁判官K. グラスホフ，バーデン゠ヴュルテンベルク州司法省部長W.-D. エッカルト，ブランデンブルク司法省次官兼連邦・欧州問題担当次官R. ファウベル，バイエルン上級ラント裁判所首席裁判官兼憲法裁判所裁判官兼事務総長G. リヒテンベルガー，ブレーメン国事裁判所副長官A. リンケン，ノルトライン゠ヴェストファーレン司法省次官E.-H. リッター，マックスプランク研究所外国公法，国際法担当正教授元連邦憲法裁判所裁判官H. シュタインベルガー（以上肩書きは当時のもの）。

出版され（Bundesministerium der Justiz (Hrsg.), Entlastung des Bundesverfassungsgerichts : Bericht der Kommission, 1998. 以下，BMJ），同省の HP でも公表された（以下，報告書の引用は本文中の括弧で引用頁を示す）[92]。

3.2　改革の諸案

委員会は，以下の各案を検討した。

① アメリカ合衆国最高裁判所のサーシオレイライをモデルとした「裁量受理（Annahme nach Ermessen）」手続の導入――正式裁判を行う憲法異議の選択を連邦憲法裁判所の判断に委ねる，および，受理審査の主体を部（Senat）に限定し，受理手続における部会（Kammer）の権限を廃止する。

② 手続的基本権侵害を理由とする憲法異議に対処するための諸提案

　a）「聴聞異議（Anhörungsrüge）」手続の導入――民事訴訟法を改正して，民事裁判による「法的審問請求権」（基本法 103 条 1 項）の侵害について原審への異議申立てを認める。

　b）「修正版聴聞異議（Modifizierte Anhörungsrüge）」手続の導入――民事訴訟に限らず，憲法上重大な手続の瑕疵を是正するための法的手段「Rechtsmittel」を導入する。

　c）「手続的基本権異議（Verfahrensgrundrechtsbeschwerde）」手続の導入――手続的基本権侵害を理由とする憲法異議の裁判権を他の裁判所に移譲する。

③ 組織改革

　a）第三部の設置

　b）裁判官・調査官の増員

　c）「憲法法務官（Verfassungsanwaltschaft）」制度の導入――ヨーロッパ裁判所の法務官制度にならい「憲法法務官」を設置し，連邦憲法裁判所に先

---

92) 報告書について詳しくは，小野寺邦広「ドイツ『連邦憲法裁判所の過重負担解消委員会』報告書（1998 年）について―サーシオレイライ導入の試みとその挫折―」比較法雑誌 43 巻 3 号（2009 年）199 頁以下参照。

立ち憲法異議の成功の見込みをこの機関に審査させる。
④ 憲法異議における①以外の解決策
　a) 「ラント憲法裁判所の活用」——ラント憲法裁判所への申立てが不可能な場合，もしくは，ラント憲法裁判所における手続を尽くした後にのみ憲法異議申立てを認める。
　b) 「一般的弁護士強制の採用」
　c) 手数料等の導入
　d) 「教示制度」の強化
⑤ 憲法異議以外の手続における解決策
　a) 抽象的規範統制の廃止
　b) 具体的規範統制の改革——法問題の移送権限を有する裁判所の限定
　c) 基本法93条2項の廃止——連邦法律により連邦憲法裁判所に管轄権を与える規定の廃止
　d) 選挙抗告手続——特別裁判所の設置など
　e) 基本権喪失・政党禁止手続の改革——これらの裁判のための「特別部」の設置など
⑥ 連邦憲法裁判所の審査対象ないし審査範囲の制限
　a) アメリカの「政治問題の法理」の導入
　b) 各一般の判所の裁判に対する連邦憲法裁判所の審査範囲の制限

3.3　委員会案

　以上の諸案のなかで委員会が委員会案としたのは①の「裁量受理」手続の導入であった（委員会案に反対したのはグラスホフ委員のみ）[93]。
　3.1で説明したように，93年法改正による現行受理制度はサーシオレイライのような運用を可能とする制度であったが，過重負担を克服することはできな

---

93) 各案の詳細と委員会が支持しなかった理由については，小野寺（注92) 224頁以下，233頁以下参照。

かった。一部の学説は，その原因の一端は連邦憲法裁判所にあると批判していた。すなわち，連邦憲法裁判所の裁判官は憲法異議の中心的機能は主観的機能（申立人の基本権保障）にあると理解しているため，93年の改正により立法者により与えられた機会を活用せず現行制度の下でも依然として憲法異議の適法性・理由の有無の審査に労力を浪費し続けているとの批判である。委員会もこのような批判に同調し，次のように述べている。

「当委員会も，憲法異議は主に主観的権利を保障するための制度であるという理解が，今回の改正により与えられた，過重負担解消のための機会を活用することを妨げているという印象を抱いている。連邦憲法裁判所のメンバーは，今後は法第93a条2項bにより与えられた判断余地を一層活用すると述べている。しかし，法的出発点を根本的に変えなければ，このような憲法異議理解を放棄することはできないという意見が当委員会の多数を占めた」(S. 36f.)。

他方，委員会によればアメリカ合衆国最高裁判所はサーシオレイライにより過重負担の解消に成功し，事実上憲法裁判所と化しつつある。そこで，委員会は，憲法異議の受理手続の「法的出発点」すなわち「自己の申立てについて裁判を受けることについての，市民の手続的基本権類似の権利としての憲法異議の性格」，「憲法異議が受理要件を満たしている場合，申立人には憲法異議を受理して，本案について裁判を行うことを求める権利」(S. 35) を放棄し，「裁判のプログラムを詳細な法的要件に拘束されずに，自ら決定すること，および，その際に，基本的な法問題の解明という客観的機能を優先的な指針とすること」(S. 32) というサーシオレイライの「基本思想」を採用すべきとした。

また，審査の主体については，「共同体の憲法問題の議事日程」つまり「基本権の番人としての役割をいつ果たすか」(S. 47) という重要な問題を3人の裁判官（部会）のみで決定することは妥当ではないなどのことから，部 (Senat) に限定すべきとした。

そして，委員会は，連邦憲法裁判所の改正のみでなく，基本法の改正も提案している。その理由は，裁量受理を認めることは，基本法第93条1項4a号により保障されている連邦憲法裁判所の裁判を受ける権利の否定を意味するこ

と，および，「憲法政策上の理由」すなわち連邦憲法裁判所裁判官の「権利中心思考の方向転換を容易にし，裁量受理手続を効率的に運用しようとの意識を高める」(S. 56) ためにも基本法の改正が必要であることである。

委員会の基本法および連邦憲法裁判所法改正案は次の通りである。

基本法改正案

① 基本法第93条1項4a号および4b号は削除される。

② 基本法第93条2項は次の通りに改正される。

第2項「連邦憲法裁判所は，以下の憲法異議を裁判のために受理することができる。

1. 各人が，公権力により自己の基本権又は基本法第20条第4項，第33条，第38条，第101条，第103条及び第104条に規定されている権利の一つを侵害されたとする主張を持って提起することができる憲法異議

2. 法律により第28条の自治権が侵害されたことを理由とする，ゲマインデおよびゲマインデ連合の憲法異議について，但し，ラントの法律による侵害の場合には，ラントの憲法裁判所に憲法異議を申し立てることができない場合に限る。

その際，連邦憲法裁判所の裁判が憲法問題の解明又は基本権の保障のために特別の意義を有しているかが考慮される」。

③ 現行法の第2項を第3項とする。

④ 第94条2項における「また，特別の受理手続を規定する」を削除する。

連邦憲法裁判所法改正案

① 第93a条

「連邦憲法裁判所は，憲法異議を裁判のために受理することができる。その際，連邦憲法裁判所の裁判が，憲法問題の解明又は基本権の保障のために特別の意義を有しているかが考慮される。」

② 第93b条

第1項

「憲法異議の受理については部が決定する。憲法異議は，少なくとも，3名の裁判官が賛成した場合に裁判のために受理される。」

第 2 項

「憲法異議は，担当裁判官と副担当裁判官が受理不相当とし，部によって定められた期間内に，同じ部の他の裁判官がこれに異議を申し立てなかった場合，又は，部において 3 名の裁判官の同意が得られなかった場合には，裁判のために受理されない。」

第 3 項

「連邦憲法裁判所は，憲法異議申立人に憲法異議が受理されないことを伝える。」

3.4 その後の展開

「サーシオレイライの導入」については，これまでにも議論されているが，学説では，反対説が通説となっている。その中心的理由は，憲法異議の主観的機能が大幅に後退し，憲法異議が市民の基本権保障のための制度ではなくなってしまうということである[94]。委員会案をめぐる議論でも，賛成論は極めて少ない[95]。また，そもそも，委員会案についての学界における議論自体，その提案の重大性にくらべて必ずしも活発とはいえなかった。このような状況は，憲法異議の主たる機能を客観的機能，主観的機能どちらと見るかは別として，主観的機能の現状以上の後退は許されない，あるいは，望ましいことではないと

---

94) 委員会は，反対論による批判を予想して反論している。詳しくは，小野寺（注92）217 頁以下参照。

95) 賛成論は，J. Wieland, Das Bundesverfassunngsgericht am Scheideweg, KritV 1998 2, S. 171ff.; R. Wahl, Reform des Bundesverfassungsgerichts?, in : Badura/ Dreier (Hrsg.), Festschrift 50 Jahre Bundesverfassungsgericht, Bd. I, 2001, S. 461ff. (475ff.) ; G. Hermes, Senat und Kammern, in : Badura/Dreier (Hrg.), a. a. O, S. 720ff。KritV のこの号は委員会報告の特集号であり，Wieland の他に，5 名が論稿を寄せているが，そのなかの 3 名は委員会案に反対している（他の 2 名は，直接委員会報告の当否を論じているわけではない）。他の文献については，B. Gehle, in : Umbach/Clemens/Dollinger, Rn. 12 zu Vor § § 93a Anm. 24 ; Schlaich/Korioth, Rn. 262 Anm. 299, 300 参照。

いうことが学界において共通了解となりつつあるということを意味していると思われる。

　結局,委員会案は,申立件数の減少,総選挙による政権交代,連邦憲法裁判所による受け入れ拒否などの事情から,法案化されなかった[96]。同裁判所のリンバッハ長官（当時）は受け入れ拒否の理由として,委員会案を6週間試験的に実施した結果,これに参加した裁判官全員が,部の負担を軽減するためには現行の部会制度を維持する方がよいと回答したこと,および,裁量受理手続による時間の節約はごくわずかであったことをあげるにとどまっている[97]。しかし,憲法異議の主観的機能の大幅な後退に対する連邦憲法裁判所の躊躇ないし反発が委員会案拒否の一因であったことは否定できないと思われる[98]。

　96）　調査官の増員案は採用され,各裁判官に付される調査官の人数の上限は4人になった（vgl. Wahl, a. a. O., S. 477 ; D. Hömig, in : Maunz u. a., Rn. 10 zu §2 (Lfg. 36, 2011)）。

　97）　Vgl. C. Kirchberg, Was wird aus dem Bericht der Benda-Kommission?, NVw Z 1999, S. 375ff. (376). なお,当時連邦憲法裁判所第1部裁判官であった,イエーガーによると,試験的実施は第1部の裁判官全員が参加して,各申立てについて,まず裁量受理手続による審査を行い,その後,現行の受理手続による審査を行うという形で実施されたとのことである（vgl. R. Jaeger, Erfahrungen mit Entlastungsmaßnahmen zur Sicherung der Arbeitsfähigkeit des Bundesverfassungsgerichts, EuGRZ 2003, S. 149 ff. (151)）。

　98）　たとえば,当時連邦憲法裁判所第2部裁判官であったグラスホフ委員は,委員会案の導入は連邦憲法裁判所に対する市民の信頼を失わせる危険があるとして,反対した（彼女は,「手続的基本権異議」という独自の案を主張し,委員会案を厳しく批判したが,彼女と委員会多数派の間の議論および彼女の案も委員会報告に記載されている）。また,リンバッハ長官は,97年4月28日にニュルンベルクで行った講演においてサーシオレイライの導入は市民による権力監視の機会を減らし民主主義を崩壊させる危険があるとして,これに反対していた（以上詳しくは,小野寺（注92）224頁以下および243頁参照）。

　　ところで,イエーガーは,委員会案の試験的実施について,次のようなことを述べている。連邦憲法裁判所の裁判官は,それ以前は,受理審査に部の裁判と同様の労力をかけていたが,試験的実施により,「不適法または明らかに理由のない憲法異議の評決に要する時間は大幅に短縮できること,迅速な処理と時

連邦憲法裁判所は，市民の基本権保障のための制度から客観法としての憲法・基本権規定の保障と継続形成のための制度への憲法異議制度の根本的変革を拒否し，委員会がいうように市民の基本権保障を憲法異議の中心的機能と考えているか否かは別として，現在の憲法異議制度を堅持しつつ，過重負担に対処するという道を選択した。

その後，2001年の民事訴訟法改正により，これまでの厳格な上訴制限が相当緩和されるとともに，民事訴訟に，刑事訴訟法第33a条，311a条にならって「聴聞異議手続」(321a条) が導入され[99]，2004年の「聴聞異議法」により，労働裁判 (ArbGG 64条4項)，行政裁判 (VwGO 173条)，社会保障裁判 (SGG 202条)，財政裁判 (FGO 155条) にも導入された。

また，この法律により，労働裁判における上告許可要件も改正され，民事訴訟法の絶対的上告理由に該当する場合または「法的審問請求権」(基本法103条1項) が侵害された場合が上告許可事由となった (§73 Ⅱ Nr. 3 ArBGG 73条2項3号)[100]。

間の圧力それ自体は忌むべきことではないこと，結論について容易に同意が得られる場合には決定に理由を付す必要はないこと」を自覚して，効率的な審査を行うようになったため，現行の受理制度が過重負担解消効果を発揮した，と (vgl. Jaeger, a. a. O., S. 152)。現行制度の運用の改善により過重負担解消が期待できるのであれば委員会案のような根本的変革にあえて踏み切る必要はない。当時，連邦憲法裁判所調査官であったアルバースは，連邦憲法裁判所の運用を改めることにより過重負担を解消することは可能として，サーシオレイライの導入に反対したが (vgl. M. Albers, Freies Annahmeverfahren für das Bundesverfassungsgericht?, ZRP 1997, S. 198ff.)，イエーガーも同様の意見と思われる。このような意見も連邦憲法裁判所による委員会案拒否の一因となっていることを付け加えておく。

99) 詳しくは，勅使河原和彦「2001-2002 ドイツ民事訴訟法改正について」早稲田法学77巻3号 (2002年) 207頁以下 (265頁，268頁以下，263頁) 参照。上訴制限の緩和について，片野三郎「ドイツ新民事訴訟法典 (2002年)―上訴部分」愛知大学法経論集161号 (2003年) 1頁以下も参照。

100) Vgl. Jürgen Treber, Neuerungen durch das Anhörungsgesetz, NJW 2005, S. 977 ff. (100); R. Zuck, Das Recht der Verfassungsbeschwerde, 3. Aufl. 2006, Rn.

この法律制定のきっかけとなったのが，2003年4月30日の連邦憲法裁判所合同部決定（BVerfGE 107, 395［判例Ⅲ 81：玉蟲由樹］．また，Ⅱ 3.2.2⑷（注68）も参照）であった。すなわち，連邦憲法裁判所は，「法的審問請求権」が侵害されているにもかかわらず審級系列内に何の救済制度も設けられていないことは基本法第103条1項と結びついた法治国家原理に反するとして，2004年12月31日までに何らかの解決策を採ることを立法者に命じたのである。

　ところで，聴聞異議手続は，85年の連邦憲法裁判所法改正の際に連邦政府の草案も作成された有力案であったが，聴聞異議が退けられた場合には憲法異議が申し立てられるのであるから連邦憲法裁判所の負担が増すなどの理由から採用されなかった。93年の改正の際にはこの案の採用は全く考慮されず，連邦憲法裁判所と各一般の裁判所の適切な役割分担が緊急テーマとなった96年のドイツ法律家大会の決議でも反対が多数を占めた。委員会も同様の理由からこの制度の導入を支持しなかった（vgl. S. 72f.）[101]。

　聴聞異議手続の導入が，原因かどうかは不明であるが，2006年以降連邦憲法裁判所への毎年の申立件数はそれまでの毎年5,000件台から，毎年6,000件台へ増加した[102]。このような状況の下，2006年にヨーロッパ人権裁判所がドイツを名指しして訴訟遅延対策をとるよう求めたこともあり，2011年に，ドイツのすべての裁判手続を対象として「遅延した裁判手続及び刑事起訴手続における法的救済に関する法律（Das Gesetz über den Rechtsschutz bei überlangen Gerichtsverfahren und strafrechtlichen Ermittlungsverfahren）」が制定された。この法律により，連邦憲法裁判所法が改正され，連邦憲法裁判所の裁判の遅延により不利益を被った者を救済するために，各部の2名の裁判官により構成される「異議部会（Beschwerdekammer）」が設けられた。これらの改革にも，連邦憲法裁判所が一定の役割を果たしたようである（異議部会について詳しくは，Ⅱ 3.4参照）。

---

　　　　340 f..
101）　なお，小野寺（注92）224頁以下も参照。
102）　Vgl. Jahresstatistik 2011 (BVerfG HP).

これら一連の改革が連邦憲法裁判所の過重負担問題の解決にどの程度有効かは即断できない。しかし，連邦憲法裁判所の過重負担問題は同裁判所の宿痾のようなものである。したがって，いずれまた，改革論議が行われることになると思われる。その際，連邦憲法裁判所はどのような道を選択するのであろうか。

　いずれにせよ，連邦憲法裁判所は市民の基本権の番人として高い評価を得ているが，その裁判が，過重負担による機能不全の危機が問題となる状況下で，行われているということは忘れてはならない。

4. 連邦憲法裁判所とヨーロッパの法的統合

4.1 ヨーロッパ司法裁判所

4.1.1 総　　　説

(1) **ヨーロッパ統合へ向けた動き**　ヨーロッパ統合へ向けた動きの中で最も大きな前進といえるのは，ヨーロッパ連合[103] (EU) の誕生である。1952年設立のヨーロッパ石炭鉄鋼共同体 (EGKS)，1958年設立のヨーロッパ経済共同体 (EWG)，ヨーロッパ原子力共同体 (EURATOM) の三つの共同体を中心に進められてきた統合プロセスは，単一ヨーロッパ議定書の制定により域内市場が成立し，一つの成果を得ていた。そして，1993年の EU 条約（マーストリヒト条約）により EU が誕生し，通貨統合への具体的な道筋，連合市民権の導入などが定められ，これによってヨーロッパは経済統合の最終段階へと進み，政治統合へ向けてさらに大きな一歩を踏み出すこととなったのである。EU 条約はその後アムステルダム条約（1999年発効），ニース条約（2003年発効），そしてリスボン条約（2009年発効）により改正され，統合のプロセスはさらなる深化と拡大を遂げようとしている。

ドイツ連邦共和国は EGKS 設立当時からの加盟国（構成国）であり，ヨーロッパ統合へのプロセスにおいて中心的位置を占めてきた。当初は，国際機関への高権委譲を認める基本法24条1項を加盟の法的根拠としていたが，現在で

---

[103]　1993年に発効した EU 条約（マーストリヒト条約）によって生まれた EU は，組織体としての EG（ヨーロッパ石炭鉄鋼共同体，ヨーロッパ原子力共同体を含む）並びに共通外交・安全保障政策および司法内務協力という政府間協力から成り立っていた。その後，リスボン条約により，この三本柱構造は廃止され，EG も EU に改称された。

はEU成立に合わせて新たに挿入された基本法23条[104]（いわゆる「ヨーロッパ条項」）がEUへの権限委譲の新たな根拠となっている。基本法23条1項1文は「構造保障条項」と呼ばれており、ドイツ連邦共和国がEUに協力する条件として、EUが「民主的、法治国家的、社会的および連邦的な諸原則及び補完性の原則」に義務づけられていること、そして「基本法の基本権保障に匹敵する基本権保障を有して」いることを要求している。またこの「構造保障条項」と並んで、3文ではEUへの権限委譲の限界として、憲法改正の限界を定めた基本法79条3項の適用が示されている。ヨーロッパ司法裁判所と連邦憲法裁判所の関係をめぐる議論も、この基本法23条が出発点となるのである。

(2) ヨーロッパ司法裁判所の裁判権の根拠と類型　ヨーロッパ司法裁判所は、各加盟国から1名ずつの裁判官と8名の法務官から構成されている。その任務はEU条約およびEU運営条約の解釈・適用を遵守する（EU条約19条）ことであり、EU法秩序の維持という重要な役割を担っている。他の国際組織が有する裁判所に比べてヨーロッパ司法裁判所は個人にも広く提訴権を認めるなど、裁判管轄、あるいは当事者能力の点で独自の性格を有している。ヨーロッパ司法裁判所の具体的な訴訟類型としては義務不履行申立訴訟（EU運営条約258条以下）、取消訴訟（同263条）、不作為の違法確認訴訟（同265条）、先決判決手続（同267条）、損害賠償申立訴訟（同268条）等がある。このうち、先決判決手続は構成国裁判所が自己に係属している訴訟においてEU法の解釈や有効性が問題となった場合、ヨーロッパ司法裁判所へ移送する一種の中間手続である。この手続を通じてEU全体における法の統一的解釈が可能となるのである。

---

104)　旧23条は基本法の適用範囲に関する規定であったが、その後旧東ドイツの五つのラントが連邦共和国に加入するという形でドイツ統一がなされたため、不要となり削除された。

4.1.2 連邦憲法裁判所とヨーロッパ司法裁判所の関係

(1) 総　説

a)　EU 法の法形式とその特徴　共同体法の法源には，EU 条約，EU 運営条約などの条約（一次法）と共同体の諸機関が制定する二次法，ヨーロッパ司法裁判所の判例，構成国共通の法の一般原則がある。ドイツ連邦共和国の場合，条約である一次法は条約同意法律を通じてドイツ連邦共和国内に効力を及ぼすことになる（基本法59条2項）。二次法には「規則 (Verordnung)」，「指令 (Richtlinie)」，「決定 (Entscheidung)」，「勧告 (Empfehlung)」があり，このうち前二者について EU 運営条約288条は，「規則は一般的に適用され，その全体において拘束力を有し，すべての構成国において直接に適用される。指令は達成されるべき結果についてはそれが当てられた各構成国を拘束するが，その形式，および方法については，構成国の国家機関に委ねられる」と規定している。ヨーロッパ司法裁判所の判例によると，二次法に関しても構成国に対する直接的適用性および優越的地位が確認されている[105]。

b)　EU と基本権問題　EU の法は直接的効力をもち，構成国の個人の権利・義務に直接影響を及ぼすため，国内法，とくに憲法上保障された基本権を侵害する可能性が出てくる。しかも当初 EU 法のレベルでは，基本権について定めた法的拘束力をもつカタログが存在していなかったため，その問題性が指摘されていた。ヨーロッパ司法裁判所と連邦憲法裁判所の関係をめぐる議論も，連邦憲法裁判所が基本法上の基本権に照らして EU 法を審査することができるのかという点に重きが置かれてきたのである。

---

105)　ヨーロッパ法の直接適用可能性と，優越的地位について，EuGHE 1963, 1-RS 26/62 „Van Gend & Loos"；EuGHE 1964, 1251-RS 6/64 „Costa/ ENEL" を参照。

(2) **ヨーロッパ司法裁判所の判例**　連邦憲法裁判所の審査権についての議論に入る前に，ヨーロッパ司法裁判所が基本権問題について，どのように対処してきたのかについて簡単に触れる必要がある。ヨーロッパ司法裁判所は，当初，EG 法に内在する法の一般原則としての法治国家原理を適用するのみで，基本権について定めた構成国国内法の規定を参照することはなかった。1959年 2 月 4 日の Stork 事件[106]で，ヨーロッパ司法裁判所は構成国国内法で保障される基本権の EG による侵害の審査を拒否していたのである。しかしその10 年後，1969 年 11 月 12 日の Stauder 事件[107]で基本権保護が EG の法の一般原則であるということを確認し，さらに 1970 年 12 月 17 日の国際商事会社事件[108]では，基本権保護が法の一般原則に含まれ，しかもそれは構成国に共通の憲法伝統を内容としていると確認した。 1974 年 5 月 14 日の Nold 事件判決では，「ヨーロッパ司法裁判所は構成国憲法により承認され保障された基本権に不適合であるようないかなる措置も承認できない」[109]と述べるに至っている。その後，後述連邦憲法裁判所の Solange I 決定（BVerfGE 37, 271）を念頭に置き，ヨーロッパ司法裁判所は 1979 年 12 月 13 日の Hauer 事件[110]で，各国憲法を指摘しながら基本権の本質的侵害にあたるかどうかを比例原則を用いて具体的に審査している。

(3) **連邦憲法裁判所の判例(1)——マーストリヒト判決まで**　このようなヨーロッパ司法裁判所の裁判に対して，ドイツ連邦憲法裁判所は基本法で定められた基本権が EG の措置により侵害された場合，基本法の規定に照らして EG の行為を審査することができるのかという問題に当初から取り組んできた。

---

106)　EuGHE 1958/1959, 43-Rs. 1/58.
107)　EuGHE 1969, 419-Rs. 29/69.
108)　EuGHE 1970, 1125-Rs. 11/70. もっとも，ヨーロッパ司法裁判所に移送したフランクフルト行政裁判所は，この先決判決を不服として，問題を連邦憲法裁判所に移送した。これに対して下されたのが Solange I 決定である。
109)　EuGHE 1974, 491 (507)-Rs. 4/73.
110)　EuGHE 1979, 3727-Rs. 44/79.

連邦憲法裁判所は，1967年10月18日の決定（BVerfGE 22, 293）で憲法異議について定める基本法93条1項4号aは，ドイツの「公権力」の行為に対する手続にのみ開放されており，EG機関の行為は条約により創設された特別かつ超国家的な公権力であって，ドイツの「公権力」による行為には含まれないという形式的理由から，規則の基本権侵害に対する憲法異議を不適法としていた（BVerfGE 22, 293 [295, 297] ; 58, 1 [27]）。

　これに対して，基本法100条1項の具体的規範統制手続による裁判は少々異なっている。連邦憲法裁判所は1974年5月29日のSolange I 決定（BVerfGE 37, 271）で，まず前提として，基本法100条1項の手続において移送可能な法律はドイツの法律のみであると確認した。その一方で，連邦憲法裁判所の手続法はEG法の独自性ゆえに，審査対象に関して修正を必要とする。すなわちEG規則はドイツの官庁ないしは裁判所の適用により移送可能となる（BVerfGE 37, 271 [285]）。この移送可能性は，EG法が基本法の基本権保障に匹敵しうる程度に基本権保障を行っていない「限りで（solange）」存在するのである（BVerfGE 37, 271 [285]）と述べた。具体的には，審査権限を放棄する条件としてEGが，「議会により議決された有効な基本権カタログ」という形式的な基準と，そのカタログが「基本法の基本権カタログに匹敵（adaquate）」しているという実質的基準を満たす必要があると確認したのである。連邦憲法裁判所は，共同体二次法の適用可能性を基本法上の基本権に照らして審査する権限を自らに留保したのである。

　Solange I 決定は，EG法の構成国における統一的適用という基本原則に挑戦するものとしてあらゆる方面に大きな衝撃を与えた[111]。共同体諸機関は連邦憲法裁判所のつきつけた二つの要求に応じるべく，1977年には議会，理事会，委員会により「EGにおける基本権保障に関する共同宣言」が，翌年にはヨーロッパ理事会により民主主義宣言が出され，EGのヨーロッパ人権条約への加

111）Solange I 決定がEGに与えた衝撃については，庄司克宏「EG人権共同宣言の成立過程とその意義」法学研究62巻9号（1989年）87頁以下参照。

入も論じられた。また前述 Hauer 事件に代表されるように，ヨーロッパ司法裁判所も着々と基本権保障に関する判例を積み重ねていった。

これに対して連邦憲法裁判所は，1979年7月25日のいわゆる Vielleicht 決定（BVerfGE 52, 187）で幾分態度を軟化させ始めた。そして連邦憲法裁判所は，1986年10月22日のいわゆる Solange II 決定（BVerfGE 73, 339［判例 I 70：奥山亜喜子］）において，EG レベルの基本権保障に関して Solange I 決定の形式的基準も実質的基準も満たされた（BVerfGE 73, 339 [387]）と判断したのである。さらに，連邦憲法裁判所はヨーロッパ司法裁判所も基本法101条1項1文の意味における「法律上の裁判官」であると解したうえで，基本権の本質的内容を保障している限り，連邦憲法裁判所は基本法の基本権規定に照らして共同体二次法の審査を行わないと宣言している。もっとも，この決定が Solange I 決定の立場を変更し，基本法の基本権規定の適用を連邦憲法裁判所が放棄ないしは自己の審査権限を制限したものなのか，それとも審査権の行使を「目下のところ」控えているにすぎないのかで見解の相違がある。この問題に対して連邦憲法裁判所は，次にあげるマーストリヒト判決まで態度を保留したのである。

(4) **連邦憲法裁判所の判例(2)──マーストリヒト判決**[112]

a) 憲法異議の適法性 マーストリヒト判決（BVerfGE 89, 155［判例 I 69：川添利幸］［判例 II 62：西原博史］）では，EU 条約（マーストリヒト条約）の合憲性が問われた。当該判決において連邦憲法裁判所は，自らの EU 法，およびヨーロッパ司法裁判所との関係について包括的な説明を試みた。このとき用いられた手続は，マーストリヒト条約に対する同意法律（BGBl. II S. 1251）に対する憲法異議である。異議申立人の主張は，EU 条約によって連合市民権や経済・通貨連合が導入され，EG の権限は様々な専門分野で拡大された。これによって，

---

112) マーストリヒト判決については，山口和人「マーストリヒト条約に合憲判決」ジュリスト1039号（1993年）94頁，奥山亜喜子「ヨーロッパ連合への主権委譲とその法的限界」中央大学大学院研究年報25号（1996年）1頁以下，岡田俊幸「ドイツ憲法裁判所のマーストリヒト判決」石川明・櫻井雅夫編『EU の法的課題』（慶応義塾大学出版会，1999年）193頁以下参照。

権限—権限を備えつつ民主的には十分に正当化されていないヨーロッパ共同体のために,「ドイツの国家性」が放棄されたという基本法違反が生じているというものである。この主張を憲法異議という手続で行う以上,個人の主観的権利の侵害の可能性が必要とされるため,国家の構造原理という客観的原理の侵害を主観的権利の侵害へと捉え直す必要があった。

連邦憲法裁判所は基本法38条の選挙権は基本権同様の権利であり,その侵害の可能性があるという観点から,この憲法異議を適法と判断した。すなわち,まず基本法38条が市民に対して保障しているのは,選挙に参加するという主観的権利,そしてそれだけではなく選挙によって国家権力を正当化し,その行使へ影響を及ぼすという主観的権利であると認めた。そして,この権利が,連邦議会の権限委譲に際して基本法20条1項,2項との関係における基本法79条3項で不可侵とされた民主主義原理を侵害するほど空洞化されることは認められない,と確認したのである（BVerfGE 89, 155 [171 ff.]）。もっとも結論としては,連邦憲法裁判所は当該条約同意法律による権利侵害の事実を認めず,当該憲法異議は理由なしとして棄却している。

b) 基本権保障に関する連邦憲法裁判所の審査権

1) 判例の変更

連邦憲法裁判所はその他の基本権侵害（基本法1条1項,2条1項,5条1項,12条1項,14条1項）に関する異議申立人の主張を不適法として却下した。しかしながらそれを述べた説示の中で,連邦憲法裁判所は基本権問題に関する重要なテーゼを展開している。連邦憲法裁判所はかつてユーロコントロール判決（BVerfGE 58, 1）でも,基本法19条4項の「公権力」を「憲法によって拘束されたドイツの公権力」と捉え,さらに連邦憲法裁判所法90条1項の「公権力」を「国の公権力,ドイツの公権力,基本法に拘束される公権力」と捉えていた。そして「特別の条約により設立され,構成国の国家権力から独立した,基本法24条1項の意味における国際機関の公権力」は連邦憲法裁判所法90条1項の「公権力」に含まれず,連邦憲法裁判所の裁判権もドイツの諸機関による基本権侵害からの保障に限定される,と判断していた。

これに対して連邦憲法裁判所はユーロコントロール判決で確認した自己の立場をマーストリヒト判決で変更し，以下のように述べて 90 条 1 項の「公権力」の範囲を拡大した。「ドイツ住民に対する基本権の実効的な保障が共同体高権に対しても一般的に確保され，基本法によって不可欠とされた基本権保障とその本質において同一視されうること，特に基本権の本質的内容が一般的に担保されることを，当裁判所はその管轄権を通じて保障する。構成国の国家権力から独立した，超国家組織の特別な公権力の行為も，ドイツの基本権享有主体に影響を及ぼす。したがって，基本法の保障やドイツの基本権保障を対象とし，その限りでドイツの国家機関以外もその対象とする連邦憲法裁判所の任務にかかわりをもつ」(BVerfGE 89, 155 [175])。

2) 連邦憲法裁判所のヨーロッパ司法裁判所との「協力関係」

上に続く部分で，連邦憲法裁判所は二次法のドイツにおける適用可能性を審査する際にヨーロッパ司法裁判所と連邦憲法裁判所との関係を，「協力関係」(BVerfGE 89, 155 [175, 178]) という言葉で言い表している。そして，この関係においてヨーロッパ司法裁判所は，基本権保障を「個別事例」において EG 全領域のために保障し，連邦憲法裁判所は不可欠な基本権水準を「一般的」に保障するとした (BVerfGE 89, 155 [175])。このことから Solange II 決定と比較して，将来の裁判のために連邦憲法裁判所の審査権限を拡大したという評価を判決から引き出す者が多い[113]。さらに「協力関係」の理解をめぐっては見解が対立している。

全体としては，マーストリヒト判決で新たに生まれた「協力関係」は判決を原則的に支持する立場からも，むしろ「対立関係」[114]を基礎づけ，あらわすものとして理解されている。個別的には「協力関係」という未解決の概念に息を

---

113) この点に関連してヨーロッパ司法裁判所は，ヨーロッパ法の法的状況に関してヨーロッパ司法裁判所が拘束力ある判断を下すまでの暫定的な権利保障のため，構成国の国内裁判所の判決を正当かつ拘束力あるものと考えている (EuGH, EuZW 1991, S. 313 ff.)。

114) V. Götz, Das Maastricht-Urteil des Bundesverfassungsgerichts, JZ 1993, S. 1084.

吹き込み，それに基づき連邦憲法裁判所の将来の基本権裁判に対する様々な検討が試みられている[115]。これに対して，権利保障を求める市民のために予測可能性を担保し，ヨーロッパ司法裁判所との「協力関係」が絶え間ない「対立関係」に発展することを防ぐために，「協力関係」の内容を推定しようという試みは，権限に関する解釈学的限界をめぐる議論に役立つものではないとし，連邦憲法裁判所がヨーロッパ司法裁判所の基本権審査を控える場合の条件を具体的にあげる立場も存在する[116]。

---

115) 例えば，「協力」は，「係属中の手続」におけるヨーロッパ司法裁判所の裁判に対する連邦憲法裁判所による監視を意味するという見解（トムシャット），EG の構造的欠陥があらわれる（例外的な）事件に備えた「予備的機能」を意味するにすぎないという見解（ゲルスドルフ，ヴィットコフスキ），「協力」は審査の強度において連邦憲法裁判所を「代替性の基準」に照らした「証拠統制 (Evidenzkontrolle)」に限定することを意味するという見解（ヅィットコフスキ，シュトラインツ。R. Streinz, Europarecht, Rn. 249（「消極的証拠統制 (Negative Evidenzkontrolle)」）），あるいは EG 規範の適用可能性についての審査権限をもたない基本権侵害の確認に限定されるという見解（ゲルスドルフ），「協力関係」はヨーロッパ司法裁判所の概念の用い方同様に，連邦憲法裁判所が EG 法の審査権限をもたないその他の場合に，（旧）EG 条約 177 条の先決判決手続における連邦憲法裁判所の移送義務を通じてなされる手続の結合を意味するという見解（エファーリング）あるいは，原則として無制限の管轄権をもつ連邦憲法裁判所の「協力に向けた準備」は，鑑定人としての EG 職員が行う「慎重な」尋問のような様式的問題に限定されるという見解（ツイングルマン）などがある。
116) キルヒホフは，①ヨーロッパ司法裁判所における基本権保障に手続的に到達できない場合，②ヨーロッパ司法裁判所の審査基準にはない，一定の基本権類型が問題となる場合，③ヨーロッパ司法裁判所の基本権保障が適切ではない場合をあげている。P. Kirchhof, Das Maastricht-Urteil des Bundesverfassungsgerichts, in Hommelhoff/Kirchhof (Hrsg.), Der Staatenverbund der Europäischen Union, 1994, S. 21 f.

c) **基本権問題以外の分野に関する連邦憲法裁判所の審査権**

1) 民主主義原理との関係

連邦憲法裁判所はマーストリヒト判決において，基本法38条の審査を通じてEUに関するさらなる審査権を自らに留保したといえる。すなわち，基本法38条の内容を明らかにすることで，基本権保障という限界のみならず国家性の保障という限界をも導き出し，この限界がEUの法的行為により越えられていないかどうかについて連邦憲法裁判所自ら審査することを予告したのである (BVerfGE 89, 155 [188, 210] u. Leitsatz 5)。

その出発点として，まず連邦憲法裁判所はEUが国家かそれとも国家ではないかという概念上の確認を行った[117]。すなわち，EUの法的性格を「国家結合 (Staatenverbund)」と性格づけ，「EU条約が設立したのはより緊密な連合を実現するために——国家により組織化された——国家結合であって，ヨーロッパ国民が支える国家ではない」と確認したのである。そして，基本法79条3項で保障された原則を基本法によって具体化されたドイツの国家性を保障するという観点から解釈している。すなわち，79条3項により改正の限界として示される民主主義原理（基本法20条1項，2項）は高権委譲の限界であり，「国家結合」としてのEUの民主的正当化は，国民および議会による民主的正当化を通じて可能となる[118]と確認したのである[119]。

---

117) Chr. Tomuschat, Die Europäische Union unter der Aufsicht des Bundesverfassungsgerichts, EuGRZ 1993, S. 496.

118) BVerfGE 89, 155 [184 ff.]. ヨーロッパ議会による正当化は「補充的機能」を有するという確認も行っている。

119) もっとも，連邦憲法裁判所は，当該条約同意法律によって民主主義原理は侵害されていないと判断した。その理由としては，今後の統合プログラムや委譲する権限を画定することは十分に可能であり，連邦議会に対していまだ「実質的な政治的重要性をもった十分な任務と権能」が残されていることをあげている (BVerfGE 89, 155 [187])。さらに，EUは，「主権国家からなる共同体」のままであると判断している。その理由として，EU条約F条3項（「連合はその目的の達成と政策の実施に必要な手段をもつ」）は権限 - 権限を根拠づけるわけではなく，単に政治的・プログラム的な意図を表明したにすぎないこと (BVerfGE

2) EUの法に対する審査権の範囲

マーストリヒト判決によると,「ドイツの高権領域における」EU条約の「拡大した」運用はドイツの条約同意法律の法適用命令の限界を超えるため,拘束力をもたないとされる。さらにその先で連邦憲法裁判所は,「ドイツの国家機関」が憲法上の根拠に基づき,権限を侵害したEGの法的行為をドイツ連邦共和国で適用することを免れる,と述べている[120]。

では,連邦憲法裁判所ならば個別事例において無制限にEUの法的行為を条約に照らして審査できるのだろうか。これについては,EUの法秩序の自立性,法の統一的解釈の確保という目的や,その実現のための高権委譲を認める基本法23条の趣旨を理由に,否定的に捉える見解が妥当する。そうであるならば,連邦憲法裁判所がEUの法を審査する権限が認められるのはどのような場合か。これについて,EUの法秩序が総じてもはや条約および条約同意法律により定められた枠内で機能しなくなった場合,例えば,EUの機関が法で配分された権限に即して義務を履行しているかどうか,ヨーロッパ司法裁判所も正当に評価しなくなった場合があげられている。そのようなEUの法秩序の「構造的欠陥」[121]があらわとなったEUの法的行為は,連邦憲法裁判所のいう条約同意法律の法適用命令によってはもはやカバーされない行為ということになる。そしてその限りで,連邦憲法裁判所には基本法79条3項と結びついた基本法23条1項3文を基準とした審査権限が認められるのである。

89, 155 [194])。すなわち,共同体の権能は,限定された個別的授権の原理(EU条約E条,EG条約3b条1項)によって規定され,さらに補完性原理(EU条約B条2項,EG条約3b条2項)の遵守を義務づけられている,としている(BVerfGE 89, 155 [209])。

120) BVerfGE 89, 155 [188]. ただしこの説示はLeitsatz 6 では採用されていない。もっとも,このことから,国家機関,すなわちすべての行政官庁や裁判所が独自に,EU法の権限法上の合法性をEG条約に照らして審査し,その適用から免れることができるという結論が導き出されるわけではない。BVerfGE 89, 155 [180]. ただしTomuschat (N117), S. 494 参照。

121) Chr. Tomuschat, BK, Art. 24, Rn. 65.

(5) **連邦憲法裁判所の判例(3)――リスボン判決**　2000年に採択されたEU基本権憲章は，2009年のリスボン条約による基本条約改正により法的拘束力を与えられることとなった（EU条約6条1項）。したがってEUレベルでの基本権カタログ欠如の問題はほぼ解消されたといえる。また，民主主義の赤字の問題との関連で議論されてきたヨーロッパ議会の権限もEU条約改正のたびに拡大されてきた。このような動きを受けて，ヨーロッパ統合における連邦憲法裁判所の管轄権をめぐる問題の重点も，基本権保障から民主的正当化へ，さらには国家性の保障の担い手をめぐる議論へと移りつつある[122]。

2009年6月30日の連邦憲法裁判所のリスボン判決[123]は，マーストリヒト判決同様，EU基本条約を改正する条約が基本法38条1項の選挙権を侵害するとの憲法異議を出発点としていた[124]。しかしながら，個人の主観的な権利の侵害に対する保護の議論を超えて，EUへ委譲する権限の拡大により連邦議会の権限の「空洞化」がもたらされていないか，そして統合を通じて「脱国家化」がもたらされていないか，そこに連邦憲法裁判所はどのようにかかわるのかという本質的な問題が議論されている。

連邦憲法裁判所の民主制に対する統制については，「基本法79条3項に定められた憲法アイデンティティを損なうことは，民主制原理の観点からは国民の憲法制定権力の侵害でもある。その限りにおいて憲法制定権力は，国民の代表および諸機関に対して憲法アイデンティティを自由にする委任状を与えてはいない。憲法機関によるそのような憲法違反の権限行使はドイツ連邦憲法裁判所

---

122) ヨーロッパ逮捕令状枠組み決定を実施するためのヨーロッパ逮捕令状法の合憲性が問題となった2005年7月18日の連邦憲法裁判所の決定（BVerfGE, 113, 273 ［判例Ⅲ 63：渡辺洋］）も，このような流れにおいて位置づけられる。詳細は奥山亜喜子「欧州連合の警察・刑事司法協力と国家主権」法学新報117巻7・8号（2011年）189頁以下。

123) BVerfGE 123, 267. この判決について，中西優美子「ドイツ連邦憲法裁判所によるEUリスボン条約判決」貿易と関税58巻2号（2010年）75頁以下。

124) 同条約の同意法律および付随立法をめぐっては，2件の機関訴訟と4件の憲法異議が提起されたが，一括して判決が下された。

が監視する」(BVerfGE123, 267, [344]) と述べている。

そして以下のように，マーストリヒト判決で打ち出された権限委譲の条件をさらに掘り下げて確認した。「基本法は確かに立法者に対して広範囲にわたりEUへの高権移譲を授権している。しかしこの授権は，以下の条件に服する。すなわち，移譲の際に主権を有する立憲国家としての性格が限定された個別授権の原則にしたがった統合プログラムに基づいていること，この性格が憲法アイデンティティの尊重の下に保障されること，同時に構成国が自己責任を有する生活関係の政治的・社会的形成能力を失わないことである」(BVerfGE 123, 267, [347])。

また「共同体と連合機関による権限行使において，その限界を超える場合に行う権限踰越コントロール (ultra-vires-Kontrolle) を可能としてきた」と確認し，さらに「基本法における憲法アイデンティティの不可侵の核心部分が，基本法79条3項と結びついた23条1項3文にしたがって保持されているかどうかを審査する」(BVerfGE 123, 267, [353]) というアイデンティティ・コントロール (Identität-Kontrolle) という概念をはじめて打ち出した。

このように連邦憲法裁判所は，連邦議会の権限の保障からドイツの国家性の保護という自らの役割を導き出し，将来の裁判のためにEU法に関して管轄権を拡大したともいえる[125]。他方で，このような連邦憲法裁判所へのコントロールの留保は「基本法の親ヨーロッパ法原則 (Grundsatz der Europarechtsfreundlichkeit) に従うものであり，それゆえ誠実な協同原則 (EU条約4条3項) と矛盾しない」(BVerfGE 123, 267, [354]) と述べており，「連邦憲法裁判所がEUの法をドイツで適用することができないと宣言するのは例外的で特別に厳格な条件下においてのみ」(BVerfGE 123, 267, [401]) だとも述べている[126]。

---

125) Schlaich/Korioth, Rn. 360.
126) また，マーストリヒト判決では条約解釈によるヨーロッパ司法裁判所の権限の拡大については，ドイツにおいて拘束力をもたないとの確認を行っていたが，リスボン判決では，EUの自立的な意思形成も考慮に入れなければならず，既得権保護（アキ・コミュテール），効果的な権限解釈，国際法の実効性確保原則の

このようなリスボン判決の説示において目を引くのは，国家主権に対する強いこだわりであり，その番人としての連邦憲法裁判所という自らの存在確認である[127]。従来，権限委譲の限界として基本権保障，民主主義原理があり，その担い手，その実現体としての国家という観点から国家主権の維持という主張が正当化されてきた。しかしながら統合が質的・量的に深化するにつれ，マーストリヒト判決，ヨーロッパ逮捕令状枠組決定判決を経てこのリスボン判決では「国家」「主権」と民主制の結びつきがより強く，所与のものとして打ち出されている印象がもたれている。それは EU は主権国家の連合であり限定的な個別的授権の原理に拘束される以上「自らは派生的な公権力を行為するのだから，それは（民主制の）要請を完全に満たす必要はない」，「基本法の民主制原理がヨーロッパレベルでも同様に実現される必要はない」（BVerfGE 123, 267, [366 ff]）という連邦憲法裁判所の説示に明らかである。

4.1.3　連邦憲法裁判所とヨーロッパ司法裁判所の今後の関係

以上概観してきたように，連邦憲法裁判所とヨーロッパ司法裁判所の「立ち位置」は非常にわかりにくい状況になっている。

EU 法秩序および国内法秩序は無関係に共存することはできない[128]。しかしながらそれぞれの属性は，最上級の裁判所の管轄権に関する明白な限界を要求する。連邦憲法裁判所は，EU 法の解釈に関してはヨーロッパ司法裁判所の裁判に拘束されるが（BVerfGE 45, 142 [162]；52, 187 [200 f.]；3, 339 [370]；75, 223 [234]），例えば基本法の基本権解釈に際してなど，基本法の適用においては自

　　　　傾向も受け入れなければならないとして，条約の拡大適用に一定の理解を示している。BVerfGE 123, 267, [351 f.]。
127)　このような今の連邦憲法裁判所の姿勢に対して，「憲法の番人（der Hüter der Verfassung）」ではなく，「国家の番人（der Hüter des Staates）」であると批判する者もいる。R. Ch. van Ooyen, Die Staatstheorie des Bundesverfassungsgerichts und Europa, 3. Aufl. 2010, S. 89.
128)　Streinz (N 115), Rn. 200.

由である。両裁判所の手続の連結は構成国裁判所からヨーロッパ司法裁判所への移送手続（先決判決）を定めた EU 運営条約 267 条が明らかにしている。また，連邦憲法裁判所はヨーロッパ司法裁判所の裁判権を，ヨーロッパ司法裁判所が基本法 101 条 1 項 2 文の適用における「法律上の裁判官」であるとして保障しているのである（BVerfGE 73, 339, [367]）。この二つの法的根拠は裁判権限を混同させる原因となるものではなく，明白な線引きに寄与するばかりか両裁判所の「協力関係」の基礎となり，「親ヨーロッパ法原則」にもかなうものとして存在意義を有するのである。

4.2　ヨーロッパ人権裁判所

4.2.1　総　　説

(1)　ヨーロッパの人権保障とヨーロッパ審議会

a)　ヨーロッパにおける戦後の人権保障の特徴　第二次世界大戦後のヨーロッパ全体の人権保障は，「ヨーロッパ審議会（Der Europarat）」に始まる諸制度を通じて徐々に確保されてきた[129]。ヨーロッパ審議会は人権保障に関する地域的な国際協議機構であり，1949 年に設立された[130]。戦後ヨーロッパの地域的機構は，いわば冷戦構造という社会体制の対立の中で多く形成されていったのであ

---

129)　J. G. Merrills/A. H. Robertson, Human Rights in Europe (4th. ed.) 2001, pp. 1ff.

130)　ヨーロッパ審議会は，閣僚委員会と諮問会議から構成される。閣僚委員会は審議会の目的遂行措置に関して審議し，加盟国政府に勧告を行う代表機関である。一方，諮問会議は管轄内の事項について協議し，その結果を閣僚委員会また加盟国政府に勧告する。また，ヨーロッパ審議会はヨーロッパ評議会とも訳される。なお，これらは以下の国際機構とは区別される。「ヨーロッパ理事会（Der Europäische Rat）」および「ヨーロッパ議会（Das Europäische Parlament）」は，ともに EU の機関である（国際法学会編『国際関係法辞典』（三省堂，1995 年）81 頁）。

る。にもかかわらず，今日まで同審議会は，東西ヨーロッパにわたり国家を越えた人権保障制度の構築に寄与しており，この点において際立った存在であるといえよう。

　ヨーロッパ審議会は，資本主義体制に基づく10ヵ国のヨーロッパ諸国によって設立された。しかし，人権保障に対する強い関心は体制を越えて浸透していくことになった。特に冷戦時代においても，ヨーロッパの完全な東西分断を避けようとする双方側の意思は揺るがなかった。そして，この時代が終わるとともに旧「東側」諸国が多く加盟することで全ヨーロッパ的な機構となったのである[131]。

b)　ヨーロッパ審議会と人権保障制度　ヨーロッパ審議会の設立条約はヨーロッパ審議会規程である。規程の前文は，「個人の自由，政治的自由および法の支配」が民主主義の基礎をなすものであり，人民の「共同の世襲財産」であると規定する。これを受けて1条a項は，同審議会の目的がこれらの「擁護と実現」を図りつつ，「加盟国の経済的および社会的進歩を容易にするために加盟国の間に一層大きな一致を達成することにある」と定める[132]。また，この目的達成のために，3条では「法の支配」および「基本的人権の尊重」という法原則の受諾を加盟国の義務としている。こうして，人権保障実現のためにヨーロッパ諸国の協力が必要とされたのである。

　したがって，後のEUのような急速に進んだ地域統合の形態と比べて，ヨーロッパ審議会は次のような特徴をもつとされる。すなわち，同審議会の本来の目的は国家を越えた次元への社会統合とまではいえない。審議会自体はあくまでも各国の独立と平等の次元を保ちつつ，加盟国間の膨大な条約を通じて国家間の「法的な均質化」を図ろうとしているにすぎない[133]。同審議会を母体とした法制度と実施機関によって，徐々に国家横断的な人権保障体系が構築されて

---

131)　90年にハンガリーが，91年にはブルガリアおよびポーランドが加盟している。
132)　香西茂・安藤仁介 編集代表『国際機構条約・資料集』（東信堂，1986年）232頁。
133)　最上敏樹『国際機構論』（東京大学出版会，1996年）235頁。

きたといえよう。以下，その核を担う「ヨーロッパ人権条約」およびこれに基づく「ヨーロッパ人権裁判所」について触れることとする。

(2) ヨーロッパ人権条約の実施について

a) 条約の成立経緯 ヨーロッパ審議会の目的達成のために，法的指針として作成されたのが「ヨーロッパ人権条約（1950）」である。これは国際連合による国際人権章典作成作業の影響を強く受けており，後の「国際人権規約（1966）」に先駆けた具体的な実施措置である点で大きな意義をもつ[134]。

国連はその創設にあたり，最大目的である「国際の平和と安全の維持」の達成にとって，基本的人権の尊重を不可分の関係にあると認識するに至っている。そのため国連憲章1条3項では，「人権と基本的自由の尊重」を国連の目的の一つとして掲げることとした。保障すべき人権を統一的な国際人権章典として具体化しようと試みたのである。しかし，具体的な人権の保障基準については意見の一致がみられず，単一の文書（条約）としての制定は断念された[135]。その結果，まずは法的拘束力を有しない「世界人権宣言（1948）」が道義的指針として総会で採択され，次いでそれを具体化する条約の制定作業が進められることとなった。こうして，ヨーロッパ人権条約は国際人権規約草案作成の影響を受けつつ，世界に先んじたヨーロッパの人権保障の実施規準となったのである。

「人権及び基本的自由の保護に関する条約」という正式な名称からも明らかなとおり，ヨーロッパ人権条約は自由権を中心として規定されている[136]。同条約前文によれば，ヨーロッパ諸国は「政治的伝統，理想，自由及び法の支配についての共通の遺産を有」しており，「世界人権宣言中に述べる権利のいくつ

---

134) R. Geiger, Grundgesetz und Völkerrecht, 4. Aufl., 2009, S. 402 ff.；国際法学会編（注130）83頁。

135) 小田滋・石本泰雄編集代表『解説 条約集（第9版）』（三省堂，2001年）106頁。

136) 本条約とは別に，社会権については1961年のヨーロッパ社会憲章が規定している。

かについての集団的実施のために最初の措置をとる」とする。制定当初，同条約は主に 12 の自由権を定めていたが，これらは世界人権宣言が予定する市民的および政治的権利および自由がより具体化されたものである（1-12条）[137]。

b) 条約の国内実施について さて，一般に条約を国内で実施する際の手続は各国の憲法体制に委ねられている。およそこの手続制度は 2 種類に分けることができる。一方は「受容（Rezeption）」体制であり，理論上は条約を特別の立法行為を経ずに直ちに国内法として適用できる仕組みを意味する。他方は「変型（Transformation）」体制であり，条約の国内実施の際には新たに国内立法行為を経なければならない仕組みである。この場合，実際に実施されるのは新たな国内法であって，条約そのものではない[138]。ヨーロッパ人権条約の国内実施体制については約半数ずつの国に分かれているとされる。また変型体制国（イギリスおよびスカンジナビア諸国）についても，既存の国内法制度の中でしばしば同条約が参照されている[139]。

なお，一般に個人が国際法上の保護を受けようとする場合，まずは国内法制度を通じた権利の救済が必要である（国内的救済の原則）。それでも十分な救済がなされない場合にのみ国際法上の保護を求めることができる。ヨーロッパ人

---

137) さらに，今日まで 14 の追加議定書によって自由権の拡大を図っている。

138) 受容体制の国としては，フランス，アメリカ合衆国，日本などがあげられる。変型体制の国としては，イギリス，カナダ，オーストラリアなどがあげられる（經塚作太郎『現代国際法要論〔補訂版〕』（中央大学出版部，1992 年）349 頁以下）。

　また，ドイツについては従来から議論が分かれてきた。もっとも，基本法 25 条によれば国際法の一般原則は連邦法の構成部分であり，それらは法律に優先して連邦の住民に直接的な権利と義務を生じさせる。一方，個々の条約法規自体においても，慣習法宣言的な条約は国際法の一般原則としての位置づけが可能である。したがって，条約の中でも国内法的効力をもつものが存在するため，この意味でドイツは必ずしも「変型」体制とはいえない（H. D. Jarass, in : Jarass/Pieroth, Rn. 6 zu Art. 25 ; 国際法学会編（注 130）423 頁）。

139) 畑博行・水上千之『国際人権法概論〔第 2 版〕』（有信堂高文社，1999 年）221 頁。

権条約でも，個人の権利救済に先立って国内的な救済が尽くされていることを必要としている（35条）。

4.2.2 人権保障制度の改革

(1) **条約の一実施機関として**　ヨーロッパ人権条約は今日まで度重なる改正を経てきた[140]。とりわけ，1998年に第11議定書が発効して以降，条約の主な実施は人権裁判所が担うこととなっている。

同議定書発効以前において，同人権条約の主な国際実施機関としては，ヨーロッパ人権委員会（現在は廃止），ヨーロッパ人権裁判所およびヨーロッパ審議会閣僚委員会が分かれて存在していた。今日までこれらの本部はフランスのストラスブールに置かれており，また実施措置としては国家申立制度と個人申立制度が存在している。

a) 人権委員会について　第11議定書の発効により，人権委員会の機能は人権裁判所に統合された。ここに至るまで，同委員会が果たしてきた役割は極めて大きかった。本委員会は人権裁判所とともに1954年5月に発足し，同委員会への個人申立ての取扱権限が生じた55年7月から，人権保護活動に従事してきた[141]。国家による委員会への申立ては原則として任意であったが，個人による申立ての場合，提訴された締約国は予め委員会の請願受理権限を認めていなくてはならなかった（選択条項）。もっとも，委員会が統合されるまで全ての締約国は義務的管轄権を受諾してきた。

人権委員会は，個人または国家の申立てを最初に受理して審査する機関であった。同委員会はこれらの申立ての受理可能性を審査した上で，受理する場合には事実認定と友好的解決作業を行った。ここで委員会の友好的解決が失敗した場合に，当該事件は人権裁判所に付託されたのである。

---

140) Vgl. Ermacora, M. Nowak, H. Tretter (eds.), International Human Rights, 1993, pp. 193 ff.
141) 国際法学会編（注130）82頁。

b) **閣僚委員会について**　第 11 議定書発効以前, 友好的解決を行う事件は閣僚委員会に付託され, 拘束力のある「決定」が下されていた。現在では, 決定も人権裁判所が行うこととなっている。今日まで閣僚委員会はヨーロッパ審議会の最高意思決定機関であり, 本質的には政治的機関である。しかし, 人権条約作成段階では人権裁判所の強制管轄権の受諾国数が少ないとの見通しがあったため, これに代わる司法的権限が閣僚委員会に与えられていたといえよう[142]。

c) **ヨーロッパ人権裁判所について**　第 11 議定書発効以前のヨーロッパ人権裁判所は, 委員会の付託を受けて判決または勧告的意見を下してきた。同裁判所による判決は終審であり, 最終的な法的拘束力を有していた。一方, 勧告的意見は法的拘束力をもたないが, ヨーロッパ諸国を代表する諸裁判官の意見は国際世論の形成に向けて, 少なからぬ影響力を有していた。

このようにヨーロッパ人権条約の人権保障制度は, 戦後いち早く主権国家の壁を越えようと努めてきた。ただし, ヨーロッパの法的な統合を目指すという点からは, 旧来の制度には一層の発展を望むことが難しかった。とりわけ, 人権侵害を受けた者が, 個人の資格で権利救済を直接人権裁判所に訴えることができなかったのである。個人の利益と国家の利益の双方をあいまいに尊重してきた点で, ヨーロッパ人権条約は妥協の産物ともいわれている[143]。

(2) **個人の出訴権確保への歩み**　1959 年から 1980 年に至るまで, ヨーロッパ人権裁判所に付託された総件数は 30 件に満たなかった。しかし, それ以降の付託件数は増加の一途をたどり, 同裁判所の処理能力を超えるまでに至った。これに伴って現在まで 14 の追加議定書が採択され, 制度の改革が進められてきている。ここではその中心課題とされてきた個人の出訴権について, 改革の骨子を整理しておきたい。

これまでの制度改革の中でも, ヨーロッパ人権裁判所への個人の出訴権に関

---

142)　畑・水上（注 139）225 頁。
143)　F. スュードル（建石真公子訳）『ヨーロッパ人権条約』（有信堂, 1997 年）8 頁。

する改革は極めて重要であった。その設置以来，長期にわたり同裁判所への出訴権者の資格はヨーロッパ人権委員会および国家に限定されてきた。一方で，裁判所設置当初より個人の意見の提出は認められており，1980年代以降は間接的ながら徐々に個人も訴訟手続に加わることが認められてきた。個人も直接訴訟手続に加わることが認められたのは，1994年に第9議定書が発効してからである。事件の出訴権者の資格は締約国および委員会に加えて，自然人，非政府団体，及び個人の集団にも認められることとなった（議定書3条）。同様に，「委員会に苦情を申し立てた者，非政府団体又は個人の集団」が裁判所に提訴する場合の手続事項も加えられた（議定書5条）[144]。

4.2.3 ヨーロッパ人権裁判所の今日的役割

(1) **第11議定書による抜本的改革** ヨーロッパ人権裁判所が設置されたのは1959年であり，その設置を定めたヨーロッパ人権条約が署名されてから，すでに9年もの歳月を経ていた。なぜならば，同裁判所設置のためには，その強制管轄権を受諾する国が8ヵ国に達しなければならなかったからである[145]。

ヨーロッパ人権裁判所は本来常設ではなく，事件ごとに開設されるにとどまっていた。また，最初の判決が1961年に下されて以来，80年代に至るまでは毎年数件の付託しかなされてこなかった。しかし，その後の付託件数は急増傾向を辿り，人権裁判所の処理能力を超える状態となったためにその常設化が図られることとなった。90年には予算が増加されて裁判所は準常設的な機関となり，93年10月の裁判所規則改正以降は，19人の裁判官からなる大裁判部制が導入されることになった[146]。

第11議定書（1998年発効）は，裁判所の機能を充実してこれまでの制度を抜本的に改革しようと試みた。その第一は人権裁判所の常設化であり，第二は人

---

144) 同条項に基づく付託事件は，3人の裁判官による部において審理の適否が審査されることになった。
145) Schlaich/Korioth, (8. Aufl., 2010), Rn. 367 ; Merrills/Robertson (N129), pp. 5 ff.
146) 畑・水上編（注139）226頁以下。

権委員会と人権裁判所の統合によって効率化を図ることである。これらによって，裁判所を通じた人権保障は制度上も一層確保されることとなった[147]。

はじめに，同議定書の前文は条約の改正の「緊急の必要性」に触れている。主な理由としては「申立件数の増加とヨーロッパ審議会加盟国の増大」があげられており，「人権及び基本的自由の保護の効率を維持し並びに改善する」ことが目的とされた。ここでは特に「既存のヨーロッパ人権委員会及びヨーロッパ司法裁判所に代る新しい常設の裁判所の設立」が，改正内容の中心とされたのである。

次に，同改正によって人権委員会は裁判所に統合されて廃止された。裁判所は人権委員会の機能を吸収し，はじめから個人の出訴権を確保できることになったのである。また，締約国側もこの権利の行使を「いかなる方法によっても」妨げてはならないとされた（34条）。こうして，個人の資格で人権の救済を裁判所に直接求めることがようやく可能となった[148]。

(2) **今日の人権裁判所の任務および権限**　なお，その後の事件数増加に対処すべく，2000年の「ヨーロッパ人権担当大臣会合」決議を受け，翌2001年には閣僚委員会を通じた調査報告に基づく改革の検討が進められている。2003年5月には，ヨーロッパ審議会人権運営委員会作成の報告書に基づいて，「人権裁判所の長期的実効性の確保」に関する宣言が採択された。その結果，2004年5月にはヨーロッパ人権条約第14議定書が閣僚委員会会合で正式に採択され，2010年6月1日に発効している[149]。

---

[147]　最上（注133）243頁以下；Merrills/Robertson (N129), pp. 271 ff.

[148]　EU の司法機関たるヨーロッパ司法裁判所（EuGH）においても，従来から個人の出訴権は認められてきた（EG 条約旧230条2段）。ただし，国内裁判所の管轄下の問題が提訴された場合，同裁判所は EG 法の解釈および EG 立法の有効性について先決的な意見を述べるにとどまり，事件の解決自体は国内裁判所に委ねられてきた。これは「先決訴訟」と呼ばれる（山根裕子『新版・EU／EC 法』（有信堂高文社，1995年）125頁）。

[149]　大西直樹「欧州人権裁判所」法の支配139号（2005年）95頁以下；松井芳郎編集代表『ベーシック条約集2010』（東信堂，2010年）250頁以下。

現在，条約違反に対する国家および個人の申立ては次の過程を経る。第一に，申立ては直接人権裁判所になされ，裁判所が受理可能性を審理する。第二に，友好的解決も裁判所が行う（39条）。この際，未解決の場合には裁判所が判決を下す。同判決に不服な場合には，大法廷に上訴できる（43条）。大法廷の判決は，終結とする（44条）。これによって閣僚理事会はこれまでの「決定」を行わないことになり，裁判所の終結判決の執行を監視する機関となっている[150]。

今日の常設化された人権裁判所は，およそ以下の任務と権限を有している。まず，裁判所は条約実施のための常設機関として，ヨーロッパ人権条約の遵守を確保することを任務とする（19条）。裁判所が審査すべき対象は，締約国による人権条約違反の有無である。裁判所はヨーロッパ審議会加盟国と同数の裁判官で構成され，国籍の重複は許されない（20条）。裁判官は個人の資格で選ばれ，その独立性が保障されている（21条）。裁判官は9年の任期で選出され，再選されない（23条）。裁判所は事件の審理のために裁判官からなる委員会，小法廷及び大法廷を構成する（27条）。

次に，裁判の付託は原則として任意であるが（33条），すべての締約国は義務的管轄権を承認している。また出訴権者は締約国および個人である。裁判所は管轄事件に対する判決に加えて，閣僚委員会の要請に応じて勧告的意見を下すことができる（47条）。したがって，46条に従って，締約国は自国が当事者であるいかなる事件においても，裁判所の終結判決に従わねばならない（1項）。また，終結判決は閣僚委員会に送付され，同委員会によって判決の執行状況の監視を受ける（2項）[151]。

---

150) さらに裁判所の組織事項の審議及び決定のために，裁判官全員が出席する法廷（全員法廷）が設置されている（25条）。

151) Yearbook of the European Convention on Human Rights, vol. 41A, 1998； Merrills/Robertson (N129), pp. 327 ff.；小田・石本編（注135）154頁以下。

4.2.4 制度上の課題と連邦憲法裁判所の対応

(1) **制度改正後の課題** 国際人権条約に先駆けて成立したヨーロッパ人権条約は、ヨーロッパのみならず広い範囲で一般性を備えた人権保障規準として尊重されてきた。そこには時代に応じた改善努力が積み重ねられてきている。すなわち、14に及ぶ議定書による条約改正と、ヨーロッパ人権裁判所を中心とする人権保障機構の制度改革がなされてきたのである。今後より一層の人権保障制度を確保するためには、およそ次のような点の改善が必要といえよう[152]。

まず、条約が保障する人権の内容があげられる。今日では、個人が組織的政治権力（国家）から形式的に自由・平等であるだけでなく、一人ひとりの生存を確保すべく国家の積極的な関与によって実質的に平等を確保することも強く求められてきている。そのためには、本条約においても将来的には社会的な権利を規定していくことが必要とされるであろう。この点でヨーロッパ審議会の議員総会が、1993年に少数者の権利を保護する議定書を採択したことは重要である。

次に、人権保障制度の中核を担う人権裁判所について公正で円滑な運営を確保しなければならない。第11議定書の発効によって、人権委員会や閣僚委員会の従来の権限は裁判所に集約されることとなった。しかし、制度の合理化を進める一方で、裁判所の過重負担の問題や権限濫用の危険性も生じかねない。そのためにも人権保障制度全体の組織化を慎重に進め、機関業務の透明化と明確化が必要とされる。例えば、大法廷の上訴受理審査部会（5人）には上訴の可否決定が委ねられている（43条2項）が、これが十分に客観性を備えるべく今後の運営を確保しなければならないであろう。

---

152) F. スュードル（注143）166頁以下。

(2) 連邦憲法裁判所の対応

a) ドイツ国内への受容と実施状況　ヨーロッパ人権条約の締約国として，ドイツの連邦憲法裁判所は従来から本条約を尊重してきた。ただし，人権の国内的救済の法実務に際しては，従来から条約の国内的効力の問題を抱えており，ヨーロッパ人権裁判所との権限関係に苦慮しているのが実情である[153]。この原因は人権条約の国内法への受容とその法的地位にある。

学説については，ごく最近では同条約の直接的効力（自動執行的効力）が主張されている。しかし，結果的に連邦憲法裁判所は直接的効力を認めていない（Vgl. BVerfGE 10, 271 [274]）。むしろ，条約が基本法59条に基づく変型を通じてのみ効力を有するにすぎない点に判断の比重が置かれている（Vgl. BVerwGE 52, 313 [334]）。また，条約自体は基本法の一部ではないため，基本法も条約自体に関する連邦憲法裁判所の管轄権を設けていない。したがって，裁判所の審査対象はその受容後に国内法として変型された，条約法律または同意法律に限定されることになる。換言すれば，侵害された条約上の人権内容は，いわゆる憲法異議の手続を通じて実現されるものではない[154]。このため，条約違反の事実自体に対する直接的な判断は，ほぼ欧州人権裁判所に委ねられている。

なお，条約違反による人権侵害の国内的救済については，次の現状が指摘されている。第一に，連邦憲法裁判所は基本法上の原則的な枠組みの中で，間接的な審査基準として条約を適用するにとどまる。この点については，例えば国家機関により「法の下の平等」原則を任意適用する際の枠組み等が判示されている（Vgl. BVerfGE 74, 358 [369f.]）。第二に，人権条約はまた基本権に関する法律上の解釈という枠組みの中で，「解釈上の補助手段（Auslegungshilfe）」として援用されうるにすぎないとも指摘されている[155]。なお，2004年には連邦憲

---

153) Schlaich/Korioth (N145), Rn. 368 ff.；齊藤正彰『国法体系における憲法と条約』（信山社，2002年）381頁以下。
154) 基本法93条1項4aによれば，連邦憲法裁判所は公権力によって国内法上の基本権侵害がなされた者に対する憲法異議について，管轄権を有する（B. Pieroth, in : Jarass/Pieroth, Rn. 56 ff. zu Art. 93）。

法裁判所の決定がなされ、ヨーロッパ人権条約およびヨーロッパ人権裁判所判決とドイツ国内法との関係について、およそ上記指摘状況と同様の趣旨が確認的に判示されている[156]。

b) 管轄権をめぐる問題点　ヨーロッパ人権条約の国内実施をめぐる問題の根本原因として、人権の取扱いに関する国際社会と国内社会の相反する要請をここでは指摘しておきたい。

まず、人権の扱いの固有性との関連からは、条約自体の自動執行性の問題があげられる。一般に国内において変型措置をとらずに直接適用されうる条約を「自動執行的条約（Self-executing Völkervertragsrecht）」という[157]。従来、当該条約の自動執行性の有無は、当事国の意思に基づいて各国内法が決定してきた。また、国民が国家主権の独立性にとって不可欠な要素であることから、人権の取扱いは本来個々の主権国家の「国内管轄事項」であった。ゆえに、人権条約といえども国家間の合意であり、国内法制度における手続を経ずに直接的に個人に権利義務を付与するとはいえない。

しかし、その一方で人権の取扱いが個別国家の国内管轄事項にとどまらない場合も増えてきている。特に、自由権的基本権はいわば国家に優先する前国家的権利（自然権）である。この意味で、人権問題は「国際関心事項」であり、さらに人道的な性質を有する人権問題については、国連を通じて「国際管轄事項」として扱われる場合も少なくない[158]。ゆえに、自動執行的な条約の範囲に個人の権利義務に関する内容も含める考え方も有力とされる。こうした視点を踏まえると、人権問題を国内管轄事項として条約の適用を回避することもまた問題となるであろう。

こうした見解を受けて、ドイツにおける近年の学説にはヨーロッパ人権条約

---

155) Schlaich/Korioth (N145), Rn. 369；vgl. BVerfGE 64, 135 [157].
156) 門田孝「ドイツにおける国際人権条約の履行」法律時報 80 巻 5 号（2008 年）61 頁以下；vgl. BVerfGE 111, 307 [317f.].
157) 国際法学会編（注130）389 頁。
158) 同書、247, 389 頁。

の直接的効力を主張するものもある。しかし，連邦憲法裁判所はこれまで直接的な効力を認めてこなかった。その一方で，1970年代以降は間接的な形をとりながらも，実質的に同条約に規律される場合が増加していった。それがヨーロッパ連合（EU）における「法の一般原則」の実務である[159]。

1993年の設立にあたり，ヨーロッパ連合設立条約（EU条約）の前文は，自由，民主主義，人権と基本的自由の尊重，および法による支配の諸原則への愛着を確認している。99年の同条約改正を通じて，同機構の基本権保障機能は強化されている。6条1項によれば，「連合は，自由，民主主義，人権及び基本的自由の尊重の諸原則，及び法の支配，構成国に共通な諸原則を基礎とする」。さらに6条2項は，ヨーロッパ人権条約が保障し，「各構成国に共通な憲法上の伝統に基づく基本権を共同体の法の一般原則として尊重する」と規定した[160]。ただし，「文明国が認めた法の一般原則」と「国際法の一般原則」という理論上相異なる二つの概念が，EU法実務上は厳密に区別されないままに用いられてきた傾向もみられる。このことは，ドイツ連邦憲法裁判所の解釈にも窺える（V 7. 参照）。そのため，EUの急速な権限拡大に伴い，EUにおける基本権保障をめぐって「構成国の国内法に共通の原則」と「EU法に共通の原則」との間に新たな効力の優劣問題が生じてきた[161]。

なお，EU条約はリスボン条約を通じて2009年12月に大きく改正された。リスボン条約によって，総則としての「EU条約」の名称はそのまま維持され

---

159) 福王守「地域的国際法の形成と国内法原則の援用」駒沢女子大学研究紀要18号（2011年）56頁以下。

160) また，7条が新設され，共同体の人権保障機能の制度的な強化が試みられている。同条1項では，理事会に「6条1項に掲げる諸原則に対する重大かつ継続的違反の存在を認定すること」を認めた。同条2項では理事会を通じて違反国に対して一定の権利の停止という法的制裁が加えられるに至っている（vgl. Calliess/Ruffert (Hrsg.), Kommentar zu EU-Vertrag und EG-Vertrag, 1999, S. 52ff., 122ff.）。

161) 福王守「「法の一般原則」と国内法の衝突に関する一考察」敬和学園大学研究紀要10号（2001年）183頁以下。

る一方,各則としてのEG条約は「EU機能条約」と変更された。なお,機能条約は運営条約とも訳されている[162]。改正後のEU条約では,6条2項によりヨーロッパ人権条約に加入するEUの意思が明示された[163]。同規定は,第14議定書により新設されたヨーロッパ人権条約59条2項に対応している[164]。

そのう上で,旧6条2項は,新たな同条3項として「ヨーロッパ人権条約が保障するとともに構成国に共通な憲法上の伝統に由来する基本権は,連合法の一般原則を構成する」と規定された。これによって,欧州人権条約が保障し,さらに構成国に共通な憲法上の伝統に基づく基本権は「EU法の一般原則」を構成するものとして,正式に認められるに至ったのである[165]。この点に着目するならば,今日のドイツはさらにEU法を通じても,ヨーロッパ人権条約に規律されることになったといえよう。

ただし,連邦憲法裁判所はドイツ基本法に対するEU法の優位性について,徐々に対象領域を拡大しつつも,依然として限定的に認めてきている。2009年6月には,リスボン条約の批准に関してドイツ連邦憲法裁判所の判決がなされている (BVerfGE 123, 267 [396])[166]。判示によれば,ドイツ基本法に対するEU法の優位性とは,これまでの判例で確認されている範囲での適用の優位であり,これを超えた例外的かつ特別の場合には裁判所が「権限踰越に基づく統制」および「憲法上の一体性に基づく統制」を行使しうるとしたのである (第331-343段)。

---

162) 庄司克宏「リスボン条約 (EU) の概要と評価」慶應法学10号 (2008年) 198頁, 200頁以下;奥脇直也編集代表『国際条約集2011年度版』(有斐閣, 2011年) 50頁以下; Official Journal of the European Community (OJ) 2010/C 83/01.
163) EU条約6条2項「連合は欧州人権条約に加入する。この加入は両条約が定義する連合の権限に影響してはならない」。
164) ヨーロッパ人権条約59条2項「ヨーロッパ連合は,この条約に加入することができる」。
165) 福王 (注159) 60頁以下。
166) 中西優美子「ドイツ連邦憲法裁判所によるEUリスボン条約判決」貿易と関税58巻2号 (2010年) 67頁以下。

こうした状況の中で，人権問題のもつ固有性と普遍性を踏まえ，国内社会と国際社会の相異なる要請をいかに調和させていくかが今後とも課題とされるであろう。その意味で，ヨーロッパ人権条約加入に向けた EU とヨーロッパ人権裁判所との継続的対話に着目するとともに，第 14 議定書発効後における同条約の実施状況を検証していくことが必要である。

II　連邦憲法裁判所の組織と構成

1. 連邦憲法裁判所の地位

1.1 憲法機関としての連邦憲法裁判所

1.1.1 不明確な位置づけ

すでに,連邦憲法裁判所の設立をめぐる歴史の箇所で示したように(Ⅰ2),連邦憲法裁判所は,ドイツの憲法史の中で類をみないほど広範で,強大な権限を与えられた裁判所である。裁判所による憲法保障についての多くの先例の存在,および,政治部門が憲法保障の機能を果たしえなかったワイマール憲法時代の経験ゆえに,基本法制定時に,憲法裁判権に関する基本構想において,早くからこのような裁判所を創設すべきであるということが考えられていた[1]。

ヘレンキームゼー会議においては,ワイマール憲法時代の国事裁判所よりも広範な権限を有する,憲法の番人として,連邦レベルでの憲法裁判権の創設に関して,見解の相違は存在していなかった。しかし,これを具体的にどのように制度化するかについては見解が分かれていた。すなわち,連邦の最高裁判所の一つとしてその中に設置するという構想と,このような連邦の最高裁判所とは別に,憲法裁判所を設置するという構想であった。ヘレンキームゼーの会議では,結局,この問題については結論を出さず,未解決のままにしておかれた[2]。

裁判所の形態は未解決にしていたが,いずれにせよ設置される裁判所の権限として,ヘレンキームゼー会議の結果,ヘレンキームゼー案98条においては11の権限[3],同案99条では判決の効力,同案100条では裁判官の選出方法や資

---

1) Vgl. Lechner/Zuck, Rn. 11 zu Einleitung.
2) Vgl. H. E. Bötter, in : Umbach/Clemens/Dollinger, Rn. 40 zu §1 ; Schlaich/Korioth, Rn. 3.

格についての規定が予定されていた。そして，これらの憲法裁判に関する諸規定を，基本法上，一つの章にまとめるということが考えられていた。それは，連邦議会など連邦の最高機関については独自の一章が割かれており，この裁判所を他の連邦の最高機関と同等に位置づけるためには，それらの機関に対するのと同様に独自の一章を設けて規定することが望ましいと考えられたからであった[4]。しかし，同時に，基本法では，最も重要な規定のみにするという方針も採用された。

　基本法制定会議は，ヘレンキームゼーの会議の成果であるヘレンキームゼー案を出発点とした。ヘレンキームゼーの会議で未決定のままにしておかれた，裁判所の形態について多少の議論はあったものの，最終的には，連邦憲法裁判所と連邦の最高裁判所との制度上の分離ということで見解の一致をみた。しかしながら，憲法裁判権については，独自の一章を割くことなく「裁判」の章の中で規定することにされた。また，編集上の都合から，連邦憲法裁判所に関する事項は，基本法93条以外にも分散されて規定されることになった。

　このように，ヘレンキームゼー案と基本法制定会議との最も大きな相違は，連邦憲法裁判所に関する規定を基本法上どのように配置するかということである。ヘレンキームゼー案では，独自の一章にまとめられていたが，基本法制定会議では，他の裁判権についての規定も存在する「裁判」の章の冒頭で連邦憲法裁判所を規定した。これは，連邦憲法裁判所が，あくまでも裁判機関であることを強調するためである。と同時に，「裁判」の章で規定することにより生

---

3)　①連邦大統領に対する訴追，②連邦最高機関の間またはこれらの機関のうち基本法により固有の権限を与えられた機関の間での憲法争議，③連邦とラントおよび異なるラントの間での公法上の争い，④裁判所の申立てに基づき，連邦法律もしくはラント法律と基本法との一致，またはラント法律と連邦法律との一致問題，⑤法律が基本法に従って成立したかどうか，⑥政党の違憲性，⑦連邦議会の選挙の効力および連邦議会議員の資格得喪，⑧基本権侵害に対する異議，⑨基本権の喪失，⑩調査委員会に対する異議，⑪連邦法律で与えられた事項である。

4)　Stern II S. 332.（I 388頁以下。）

じる他の連邦の最高裁判所との関係の明確化や国家機関の中における連邦憲法裁判所の尊厳を確保するためである。つまり，連邦憲法裁判所を，国法上どのように位置づけるかという問題であった[5]。

しかし，基本法制定会議におけるヘレンキームゼー案の変更の理由は，この点に関し十分に説明されたとはいえないし，それゆえ，基本法による連邦憲法裁判所の国法上の位置づけは必ずしも明確とはならなかった。このことが，後の連邦憲法裁判所の地位をめぐる争い（「地位論争」）を生み出す原因の一つになっていると思われる。

1.1.2 連邦憲法裁判所法1条1項による位置づけ

1949年5月24日に基本法が発効し，同年9月には連邦の憲法機関の設立が完了し，基本法体制が出発した。基本法制定時の，連邦憲法裁判所に関する基本方針，すなわち，憲法裁判の重要事項だけを基本法で規定するという方針のため，連邦憲法裁判所を創設し，活動を開始するには，さらに法律が必要であった。ワイマールの国事裁判所の轍を踏まないためにも，法律の整備は早急の課題とされた。

まず，社会民主党が1949年12月14日に独自の法案を提出したが，この案では，憲法裁判所の地位については言及されていなかった（Vgl. BT-Drucks, 1/328）。連邦政府も，連邦司法省が中心となり法案の作成に着手した。そして，1950年2月，法律案が連邦政府によって，連邦参議院に提出された。2月24日の政府案では，独自の憲法裁判所を設置するのではなく，通常の裁判領域における連邦最高裁判所の中に設置することが予定されていた。すなわち，「連邦憲法裁判所は連邦の裁判所（通常裁判権の領域における連邦最高裁判所）の中に設置される」（法案1条1項），「連邦憲法裁判所は，連邦司法大臣の管轄領域に属する」（法案1条2項）とされていた[6]。審議の過程で，この連邦政府案は批判

---

[5] Stern II S. 335.（I 372 頁以下。）

[6] Vgl. Lechner/Zuck, Rn. 3f. zu Einl.

を受け，1950年5月1日の新政府案では「連邦憲法裁判所は，すべての憲法機関に対し自律の連邦の裁判所である」とされた。また，「連邦憲法裁判所は，連邦の自律の憲法機関である」という連邦参議院案も，連邦憲法裁判所の憲法機関としての性格は明らかになるが，裁判所としての性格づけが不明確であるという理由で退けられた[7]。結局，1951年3月12日に連邦政府案が修正を受けた後，「連邦憲法裁判所は，他のすべての憲法機関に対して自律かつ独立の連邦の裁判所である」という1条1項の文言から始まる，連邦憲法裁判所法として制定され，同年4月16日に公布され，翌17日に発効した（BGBl I S. 243, BT-Drucks. 1/1724 S. 1 ff.）。

1.1.3 「憲法機関」概念

法1条1項は「連邦憲法裁判所は，他のすべての憲法機関に対して自律かつ独立の連邦の裁判所である」と規定している。この1条1項では，連邦憲法裁判所が，単に連邦の裁判所であるだけでなく，同時に憲法機関であることをも示している。

憲法機関は，このように法で用いられている実定法上の用語であるが，基本法上の用語ではない。基本法は，国家機関をあらわす用語として，単に「機関（Organ）」（基本法20条2項）や「連邦最高機関（oberstes Bundesorgan）」（基本法93条1項1号）を用いているにすぎない。しかし，憲法機関という概念が，一法律上の用語としてだけでなく，今日，ドイツの国法学上の重要な概念として定着していることには疑念の余地がない[8]。

---

7) Vgl. Böttcher, in : Umbach/Clemens/Döllinger, Rn. 3 zu §1.
8) Ch. シュタルクも連邦憲法裁判所創設50周年記念論文集第1巻の中で，連邦憲法裁判所の憲法機関性について論じている。Vgl. Ch. Stark, Das Bundesverfssungsgericht in der Verfassungsordnung und im politischen Prozeß, in : Badura/Dreier (Hrsg.), Festschrift 50 Jahre Bundesverfassungsgericht, Bd. I, 2001, S. 4 f. このことは，この概念の連邦憲法裁判所やドイツ国法学にとっての重要性を物語る証となろう。

連邦憲法裁判所を特徴づけるのに従来の用語と異なる「憲法機関」という用語を用いた理由は，「司法」から「裁判」へという概念の拡大以上の意味をもつ。わが国の「司法権」の範囲（日本国憲法 76 条）をめぐる議論において，「司法」と「裁判」との異同を論じるに際して，ボン基本法の「裁判（Rechtsprechung）」の概念の成立に言及し，これを参考として議論が進められている[9]。基本法制定時に，ワイマール憲法 7 章で用いられた「司法（Rechtspflege）」ではなく，「裁判（Rechtsprechung）」を用いたこと，「憲法裁判（Verfassungsgerichtsbarkeit）」という独立の一章を設けるのではなく「裁判」の中で憲法裁判権についても規定したことは，連邦憲法裁判所も裁判権の一つであることを意味している。「司法」では，行政裁判など，わが国の司法権の範囲をめぐる問題と同じ問題が生じる疑念があり，憲法裁判をも含めた上位概念である「裁判」を用いる必要があった。

このように「司法」ではなく，「裁判」という用語を用いることによって，裁判権の管轄権という点では，従来から司法権に付随した疑念は，一応，払拭されたといえよう。それにもかかわらず，それを担う機関の国法上の位置づけという点では，必ずしも十分な解決がなされたわけではなかった。とくに，裁判所が司法大臣の広範な管轄権の下にあったワイマールの伝統を引き継ぐドイツの司法権概念と，何らかの点で訣別する必要もあったといえよう。重要な点のみを基本法で規定するという方針のため，このような点についての議論が十分でなかった。そして，この点に関し，新たな強力な権限を有する機関の創設とそれに伴う様々な不備の噴出という形で問題があらわれたのが，連邦憲法裁判所法の制定時であり，またそれに続く「地位をめぐる論争」においてである。

法制定時の政府案の姿勢はまさにこのことを示している。結局，連邦参議院

---

[9] 樋口陽一『比較憲法（全訂第 3 版）』（青林書院, 1992 年）304 頁, 佐藤幸治「現代司法権の観念と機能について」公法研究 46 号（1984 年）24 頁以下, 芦部信喜「司法における権力性」『岩波講座基本法学(6)—権力』（岩波書店, 1983 年）228 頁参照。

をはじめとする修正の結果，今日のような文言になるが，その背景には司法から裁判へと衣替えする必要と，それに伴う後始末の必要性が存在していたのである。

このことを象徴するのが「憲法機関（Verfassungsorgan）」という用語である。「憲法機関」の示す機関自体は，そのほとんどの点で，従来の「最高機関（oberstes Organ）」，「直接機関（unmitterbares Organ）」とほぼ相違はないが，ワイマール憲法時代の最高裁判所が含まれていなかったという点で，決定的な相違が存在する。この点にこそ，最高機関ではなく憲法機関という新しい用語を用いる理由があり，また，連邦憲法裁判所の国法上の地位を明確にする意義があったのである[10]。それゆえ，「憲法機関という概念は，その伸張を理論的概念形成にではなく，むしろ政治的実践に負っている」[11]といわれるゆえんもまさにこの点にあったといえよう。

O. ギールケや H. フロイスに始まり，G. イェリネックにより体系化された機関論では，機関を様々に分類し，特徴づけてきた。しかし，憲法機関という用語は，一部の例外を除き[12]，連邦憲法裁判所法の制定まで，ほぼ用いられることはなかった。この概念について本格的に議論されるようになったのは，連邦憲法裁判所がその裁判官からなる委員会を設置し，連邦憲法裁判所の地位問題について検討を始めたのを契機として行われた論争「連邦憲法裁判所の地位を

---

10) Vgl. H. Laufer, Typus und Status des Bundesverfassungsgerichts, in : Bracher (Hrsg.) Di moclerne Demokratie und ihr Recht, Festschrift für Gerhard heibholz zum 65, Geburtstug, Bd. 2, 1966, S. 443. G. イェリネック（芦部信喜ほか訳）『一般国家学』（学陽書房，1974年）447頁参照。

11) A. Sattler, Die Rechtsstelung des Bundesverfassungsgerichts als Verfassungsorgan und Gericht, 1955, S. 5.

12) 憲法機関という用語がドイツの国法学上はじめて用いられたのは，この概念によってワイマールの国事裁判所を大統領，政府，ライヒ議会，ライヒ参議院と同等の地位に置こうとした E. カウフマンによってである。しかし，議論の進展もなく，忘れ去られることとなった。そして，その後，連邦憲法裁判所法の制定まで，人々の口頭に上ることはもはやなかった。Vgl. Sattler (N11), S. 5. Anm. 5 ; E. Kaufmann, Verfassungsausschuß und Staatsgerichthof, 1920, S. 46.

めぐる論争」においてである[13]。

　1952年6月27日に長官H. アショッフは「連邦憲法裁判所の地位」と題する「覚書」を連邦最高機関に送付した。アショッフは,「覚書で用いられた『憲法機関』を, 最高の, かつ基本法でとくに言及された機関で, 立法, 行政, 司法に共通であり, 司法内部では連邦憲法裁判所, 連邦最高裁判所, 基本法第96条で予定されている裁判所」と解し,「第三権力において, 連邦憲法裁判所のみが憲法機関と主張することは誤りである」とした[14]。1953年3月15日に連邦司法大臣の委託により「連邦憲法裁判所の地位に関する鑑定」を報告したR. トーマは, 憲法制定者が憲法典の中で予定している機関を「憲法の直接機関」もしくは「直接の憲法機関」と名づけ, これらの機関が最近「憲法機関」と呼ばれているとした[15]。しかし, 彼のいう「直接の憲法機関」と今日用いられている「憲法機関」とは概念上異なるものがある。すなわち, 彼のいう「直接の憲法機関」は形式的側面からしか考察されていないため, 会計検査院のような「憲法上の機関 (verfassungsrechtliches Organ)」と十分区別されえなかった。

　連邦憲法裁判所による「トーマに対する反論」は,「憲法機関という表現はドイツの国法学によって発展させられた機関論の中でも, 比較的新しいものである」とし, それは, 以前の「直接国家機関」, あるいは「主要機関」であるとしていた。さらに, 憲法機関の基準を形式的側面と, 実質的側面から示した。ここに, 憲法機関という概念は, 最も明確に示されることとなった[16]。

(1) **形式的基準**　国家と機関の関係についていえば, 国家が複雑化するにつ

---

13) 議論の経緯やその内容の詳細に立ち入る余裕はないので, ここではこの論争の結果明らかにされた憲法機関性についての確認にとどめる。この論争の経緯やその内容については, 光田督良「『憲法機関』概念の意義と基準」駒沢女子短期大学研究紀要23号 (1990年) 2頁以下, とくに3頁註14参照。
14) Vgl. JöR Der Status des Bundesverfassungsgerichts, 1952, S. 149.
15) Vgl. JöR (N14), S. 166.
16) Vgl. JöR (N14), S. 196 f.

れ，憲法においてすべての機関を列挙することは不可能となる。憲法では若干の国家機関しか規定しえないがゆえ，憲法に予定される機関は，国家にとっての意味合いが大きなものとなる。したがって，まず，憲法による設置ということが，ある機関を憲法機関と呼ぶための基準となる。

現代国家における国家機関は，単に他の国家機関から独立して活動するだけでなく，同時に他の国家機関との協働も必要とされる。他の憲法機関による干渉の排除とその協働を実現するため，憲法は，憲法機関の権限を規定することが必要である。

このように，憲法機関の基準として，憲法による直接の設置，および憲法によるその権限の規定ということが考えられる。しかし，トーマが肯定したように，このような形式的基準を満たす機関をすべて憲法機関と名づけうるかどうかは疑問が残る[17]。

(2) **実質的基準**　形式上憲法機関の基準を満たす機関にも，憲法上，そのもつ意味（重要性）の異なる機関が混在する。ラウファーによれば，「ある機関を憲法機関と特徴づけるためには形式的基準だけでは十分ではない。これ以外に，さらに，実質的な基準が必要である」[18]。

連邦憲法裁判所は「トーマに対する反論」において，最終的に，「その成立，存在および憲法に適合した活動が国家を形成し，かつ，その統一を確保するような機関が憲法機関である」と定義した[19]。A. ザトラーやラウファー同様，この定義では機能面からしか憲法上の重要性を考察していない。これに対し，K. エンゲルマンは，「憲法機関としての属性にとっての重要な特性，および他の機関から区別される基準は，憲法秩序に対するこの機関の意義である」として，「もし，そのような機関が欠如しているならば，設立された国家が根本か

---

17) H. ラウファーはこれらの機関を「憲法上の制度（verfassungsrechtliche Institution）」と呼んで区別した。Vgl. H. Laufer, Verfassungsgerichtsbarkeit und politischer Prozeß, 1966, S. 29 f.
18) Laufer (N17), S. 300.
19) Vgl. JöR (N14), S. 198.

ら変形するであろう機関」が憲法機関であることを付け加える[20]。

　このようなことから，憲法機関の実質的基準として，憲法秩序における重要性ということがあげられよう。それは，機関の存在という点では，その不存在が憲法の性質を変えるということになり，機関の機能という点では，その機能が国家を形成し，統一を保つための最高の意思形成に参加するということである。

1.1.4　憲法機関性からの帰結

(1)　一　　般　通常，憲法機関の設置，組織・権限および手続については憲法で規定されている。また，これらに関する不十分な点についての必要な補充ということについても，規則制定権という形で憲法に規定されている[21]。しかし，連邦憲法裁判所の場合，基本法94条2項が，法律で連邦憲法裁判所の構成と手続を定めると規定しているだけである。ここに，連邦憲法裁判所が，自らを憲法機関と位置づけ，他の憲法機関との同等性を入手しようとした原因がある。

　連邦憲法裁判所が憲法機関であると位置づけるということが広く認められているとしても，このことからどのような帰結が導き出されるかについては見解が分かれている。すなわち，一方で，憲法裁判所の裁判所性を考慮して，憲法機関の概念をもっぱら，通常の実定法規範の個別権限の配分により根拠づけられた，憲法レベルでの法的地位にとっての単なる言葉の上での包括的表現と捉え，規則制定権以外いかなる権限をも導き出そうとはせず[22]，この性格づけからは，単に，国家儀礼上，連邦大統領，連邦議会議長，連邦参議院議長，連邦首相に次ぐ5番目の席次を連邦憲法裁判所長官が占めていることを示すのにすぎない，との見解が存在する。今日，連邦憲法裁判所の権限，手続についても，実務上，争いは一段落し，国法学上も論争の重要なテーマとなっていない

---

20)　K. Engelmann, Prozeßgrundsätze in Verfassungsprozeßrecht, 1977, S. 102.
21)　Vgl. Starck (N8), S. 6.
22)　Vgl. Schlaich/Korioth, Rn. 26 ff.

がゆえに，憲法機関性についても，このように，国家儀礼上の地位を示しているにすぎないという言い方もされよう。

　しかし，基本法制定過程および連邦憲法裁判所設置当時，連邦憲法裁判所をめぐっては，その地位，権限，手続などについて多くの問題が存在していた。ライヒ司法大臣の管轄下に置かれていた当時のワイマールの裁判所，また，憲法上は規定されたが，国事裁判所法以外その具体化を推進する法律等が十分整備されないままに置かれていた国事裁判所の失敗の轍を踏まないがためにも，新たに設けられる連邦憲法裁判所には，国法上，確固たる地位と権限並びにそのための手続の整備が要請されていた。この点は，連邦憲法裁判所の設立後すぐに始まった「地位論争」の中でも具体化されたことである。

　安定している今日の連邦憲法裁判所の地位から，連邦憲法裁判所の憲法機関性を過小評価することは，ドイツの国法秩序の中で有している連邦憲法裁判所の任務と重要性を見誤ることになるであろう。

　他方で，連邦憲法裁判所の憲法機関性を，原則的に，直接憲法上の権利や義務が導き出されることとなる形成的要素と捉える立場もある[23]。

　もっとも，連邦憲法裁判所が憲法機関であることは，このことを根拠にして，ここから，基本法に予定されていないような権限を付与し，また「手続の主人」として，そのための手続を自由にしうるということを意味するものではない。

　連邦憲法裁判所は，あくまでも，基本法により設置され，そこで権限を与えられているにすぎないし，その手続の大綱は法によって定められなければならないのである。憲法機関としての連邦憲法裁判所に認められている自律性と独立性は，他の憲法機関による（政治的）影響を排除するためのものでこそあれ，連邦憲法裁判所が独善的に振る舞うための根拠を与えたものでないことはいうまでもない。

　(2) 個　　別　基本法は97条1項で「裁判官は独立であって，ただ，法

---

　23) Vgl. Umbach, in : Umbach/Clemens/Dollinger, Rn. 33 zu §1.

律のみに従う」と規定している。法1条1項が「連邦憲法裁判所は，他のすべての憲法機関に対して自律かつ独立の連邦の裁判所である」と規定しているのとは趣を異にする。すなわち，連邦憲法裁判所が自律的（selbständig）で独立的（unabhängig）であるのは，他のすべての憲法機関に対してである。基本法97条1項による裁判官の独立は，職権行使のための裁判官の職務の独立を保障し，2項においては，そのための身分の保障をしている。これは，従来の司法権の独立と，その内容としての裁判官の独立を規定するという点で，何ら新しいものではない。法1条が，基本法97条の裁判官の独立の規定を再確認したものでないことは，その規定の仕方からも明白である。ここでは，あくまでも，連邦憲法裁判所が憲法機関として，他の憲法機関との関係において，自律的であり，独立的であることを意味しているのである。

連邦憲法裁判所が憲法機関であるとしても，それは，あくまでも，憲法問題に携わる裁判所としてである。それゆえ，連邦憲法裁判所が裁判所であることと憲法機関であることとは矛盾しないということは，すでに，異論の余地なく認められているところである。

すでに何度も議論されてきたように，連邦憲法裁判所は，その本質において，政治機関ではなく裁判所である，と同時に，単なる裁判所ではなく，憲法機関として位置づけられる憲法問題に特殊な裁判所である。憲法機関という用語を用いた法1条は，このことを明確にしたのである。このような規定の仕方は，憲法裁判権を連邦議会などの他の憲法機関と同様に，独立の一章として規定しようとしていたヘレンキームゼー案と，従来の司法の概念を拡張的に改めた裁判の章の中で規定した基本法制定会議との最大の相違点について，連邦憲法裁判所の地位を再確認するという意味をもっていたといえよう。

もっとも，この法制定時においてすら，憲法裁判権を特別の独立の裁判所としてではなく，連邦の裁判権の中の一つに位置づけようとした連邦政府のような考え方が存在していたこと自体の中に，連邦憲法裁判所を，従来のドイツ国法学の概念にない，Verfassungsorganと位置づけることの意義が窺い知れよう。

このように「他のすべての憲法機関に対して，自律かつ独立の連邦の裁判所である」とされた連邦憲法裁判所であるが，その憲法機関性あるいはまた憲法機関としての自律性と独立性が，具体的には何を意味するかについては，最初から明確な解答があったわけではない。

連邦憲法裁判所内部における見解の相違をも示しながら行われた「地位論争」や「覚書」をはじめとして今日に至るまでの議論から，連邦憲法裁判所の憲法機関性と，そのことから生じる帰結については，①連邦憲法裁判所に規則制定権を認める，②連邦予算の中に個別項目を立て独自に編成する，③学術助手を含め，連邦憲法裁判所の職員を独自に採用する，④職務上の最高官庁として長官が連邦憲法裁判所職員を監督する，⑤他の国家機関の仲介なしに他の憲法機関や裁判所と交渉をもつなどの点が確認された[24]。

一時は，「連邦憲法裁判所は自分自身を『最高の権威を認められた憲法機関』であると定義した。このような自己評価によって，連邦憲法裁判所は奇襲攻撃的に基本法の国家機能の機構の中へ侵入した」[25]といった批判も存在した。しかし，連邦憲法裁判所には，その憲法機関性を根拠として，他の憲法機関の権限を侵襲する，あるいは自らの権限を伸張するといった態度が見受けられなかった。また，連邦憲法裁判所は，基本法と連邦憲法裁判所法の下で活動し，憲法機関としての規則制定権も，これらが規定する手続の不備を補うという手続補充的権能の形でしか行使しなかった。このような連邦憲法裁判所の憲法擁護の任務以外で，憲法機関としての謙抑的，自制的な努力の結果，一裁判所であると同時に憲法機関である連邦憲法裁判所には，この点で，ほぼ批判は存在しない[26]。

---

24) Vgl. Bethge, in : Maunz/Schmidt-Bleibtreu/Klein, Rn. 38f.
25) K. Schleich, Die Verfassungsgerichtsbarkeit im Gefüge der Staatsfunktion, VVDStRL 39, 1981, S. 101.
26) 代表的な批判者であるシュライヒも，「連邦憲法裁判所が憲法機関とされることから導き出される連邦憲法裁判所の特別の地位については今日もはや争いはない」(Schlaich, 1985, S. 20.) としている。さらに第4版（1997年）では，この

連邦憲法裁判所に対する高い評価を前提としつつも，「連邦憲法裁判所を憲法機関として特殊化せず，しかも現在の連邦憲法裁判所に付与されている種々の特別の地位を他の裁判所にも付与すべきである」[27]というような議論は，連邦憲法裁判所と連邦の最高裁判所との本質的関係のみならず，連邦憲法裁判所がドイツの国家機構の中で果たすべき役割を見誤っているといえよう。

1.2　裁判所としての連邦憲法裁判所

1.2.1　他の憲法機関との関係

　憲法を擁護し，実現するといっても，連邦憲法裁判所の活動は，常に裁判所としての性格と制約がつきまとう。すなわち，事後的な，訴え（申立て）に基づき，憲法という法的基準に従わなければならないのである。他の憲法機関のような方法で政治的判断をなすことは許されないのである。連邦憲法裁判所が政治的影響をもたらすことがあるとしても，それは，法的判断に付随する政治的な影響にすぎず，決して，政治的判断そのものではない。逆に，多少の政治的影響が懸念されるとしても，憲法を擁護するという連邦憲法裁判所の本来の任務からすれば，連邦憲法裁判所は，このような多分に政治性を有する問題についても，憲法を基準として，法的判断を下さなければならない。1990年代半ばの連邦憲法裁判所批判に対して連邦憲法裁判所が，まさにこのような観点から毅然とした態度をとりえたのも，このような理由によると思われる[28]。

　もっとも，連邦憲法裁判所が「憲法の番人」として活動する場合であって

　　　点に対する批判を「ここでも（auch hier!）」（Schlaich, 4. Aufl. Rn. 29.）と強調することにより，その度合いを強めてきている。もっとも，コリオートの加わった第5版では，再び，この強調部分が削除されている。Vgl. Schlaich/Korioth, Rn. 26 ff. においてもこのことに変わりはない。

27)　Vgl. Schlaich/Korioth, Rn. 30.
28)　畑尻剛「批判にさらされるドイツの連邦憲法裁判所（上）（下）」ジュリスト1106号74頁，1107号79頁以下（1997年），およびそこにあげられている文献参照。

も，常に，他の憲法機関の存在とそれらとの協働を念頭に置いている。このことが，他の憲法機関に違憲の疑いのある憲法問題に対処する活動の余地を認めることにつながっている。連邦憲法裁判所が違憲確認判決や違憲警告判決などの判決形式を用いてきたことは，そのあらわれといえよう[29]。

このように連邦憲法裁判所は，国家機構の中で，憲法機関の一つとして，常に，他の憲法機関との協働において活動しており，それが，また，連邦憲法裁判所に対する期待と信頼を高める原因となっている。

1.2.2 他の裁判所との関係

憲法機関である連邦憲法裁判所が他の裁判所との相違を広く認められるとしても，裁判機関としての機能という点では，連邦憲法裁判所も他の裁判所と本質的に異なるものではない。

ドイツ連邦共和国では五つの通常の裁判系列とは別に連邦憲法裁判所が設けられ，これらの裁判所と連邦憲法裁判所とは，組織上の関係がないことはいうまでもない。

このような連邦憲法裁判所が一般の裁判所との関係において問題となるのは，具体的規範統制手続における一般の裁判所の移送にかかわる問題と，判決に対する憲法異議手続における一般の裁判所の判決の審査の問題である。

具体的規範統制手続においてであれ，判決に対する憲法異議手続においてであれ，連邦憲法裁判所の権限は，問題となっている法律や判決などの憲法適合性についての審査権である。これらの手続においては，連邦憲法裁判所の手続の前提となる一般の裁判所での手続における事実認定や通常の法律解釈については，一般の裁判所の権限であり，連邦憲法裁判所は，その見解に服さなければならない[30]（もっとも，その見解自体が憲法解釈に直結する場合には別である）。

---

29) 判決形式については，多く紹介されているが，例えば，有澤知子「西ドイツ連邦憲法裁判所における具体的規範統制と新しい判決形式」比較法雑誌 16 巻 4 号（1983 年）71 頁以下参照。またⅣ 4 参照。
30) 畑尻剛「西ドイツの具体的規範統制における一般の裁判所の手続」比較法雑

実際には，具体的規範統制手続については Entscheidungserheblichkeit を審査するため[31]，判決に対する憲法異議手続については判決の基礎となる通常の法律の解釈を検討するため，連邦憲法裁判所は，これら一般の裁判所の権限とされている分野に踏み込むこととなる。これらの現象が，連邦憲法裁判所による「一般の裁判所支配」，あるいは「超上告審」化といわれる問題であり，批判されている[32]。

　この点については，連邦憲法裁判所による一般の裁判権の尊重ということだけでなく，一般の裁判所による法問題と憲法問題との精査といった姿勢も要求されよう。

　　　誌 15 巻 4 号（1982 年）145 頁以下参照。
31)　光田督良「具体的規範統制における Entscheidungserheblichkeit の意義と問題性」法学新報 103 巻 2・3 号（1997 年）525 頁以下参照。
32)　渡辺康行「ドイツの連邦憲法裁判所とドイツの憲法政治」栗木壽夫ほか編集代表『ドイツの憲法裁判 I』（信山社，2003 年）12 頁参照。

2. 連邦憲法裁判所の裁判官

　連邦憲法裁判所の裁判官は，連邦憲法裁判所という憲法機関の構成員であり，連邦憲法裁判所の地位の特殊性に応じて，他の連邦の裁判官とは異なる特殊な地位にある（本書 II 1 参照）。また，資格要件や選任方法についても，その地位に応じた配慮がなされている。

2.1　員数および任期

　連邦憲法裁判所を構成する裁判官について，基本法は「連邦裁判官，及びその他の裁判官で構成される」（94条1項）と定めるのみである。員数や任期については，法が定める。

　現在，連邦憲法裁判所は，各部それぞれ8人の裁判官で構成されている。しかし，当初の員数は，各部12人であった。これがその後の法改正により，56年に10人，63年に現在の8人となった（I 2.3 参照）。このうち3人は，連邦裁判官として，最上級の連邦各裁判所の裁判官で，3年以上その職にあった者から任命される（法2条3項）。その他の裁判官は，後述の資格を有する者から任命される。最上級の連邦各裁判所から選出される3名について，通説は最低数と解し，さらに選出することは妨げられていないとする。しかし，これに対して，最大数と解する有力説がある[33]。この説は，基本法94条1項が「その他の裁判官」と定めているのは，職業裁判官以外の職業経験や人生経験を少なくとも職業裁判官と同程度に憲法裁判に反映させる趣旨であるということを理由とし，後述の職業裁判官としての資格を全ての裁判官に要求することも疑問視する。実務では，ほぼ3名で推移している。任命される裁判官は，あらかじめ所

---

[33]　Voßkuhle, in : Mangoldt/Klein/Starck, Rn. 5 zu Art. 94 Abs. 1.

属する部が指定され，忌避による補充（Ⅲ 4. 2 参照）などの例外を除いて，他の部の職務に関与しない。これらの裁判官は，いずれも「連邦憲法裁判所の裁判官（Richter des Bundesverfassungsgerichts）」と称される[34]。

連邦憲法裁判所の裁判官の任期は一律に 12 年であり，再任は認められていない（法 4 条 1，2 項）[35]。ただし，その任期中であっても，定年である年齢 68 年に達した日を含む月の末日に退官する（同 3 項）。退官すべき裁判官は，後任裁判官の選任が遅延した場合，後任裁判官が任命されるまで，その職務を行う（同 4 項）。また，連邦憲法裁判所の裁判官は，いつでも辞職を申し出ることができ，連邦大統領はこれを公表しなければならない（法 12 条）。このほか，死亡や継続的な職務不能も失職の原因となる。連邦憲法裁判所の合同部は，継続的な職務不能と判断された裁判官について，その罷免を連邦大統領に授権できる（法 105 条 1 項 1 号，2 項）。裁判官が，威信を失うべき非行により有罪が確定したとき，6 ヵ月以上の自由刑の確定判決を受けたとき，または職に留まることが許されない重大な義務違反を行ったときも，連邦憲法裁判所の合同部は，その罷免を連邦大統領に授権できる（法 105 条 1 項 2 号，2 項）。これらの場合，連邦大統領は，重大な理由のない限り罷免権を行使しなければならない。

2.2　資格および兼職の禁止

基本法は，連邦憲法裁判所裁判官の資格について，一部の裁判官が連邦裁判官でなければならないと定めるのみで，詳細は法に委ねている。これを受けて法は，年齢 40 歳以上であること，連邦議会の被選挙権を有すること，連邦憲

---

34)　一般に流布している呼称として「連邦憲法裁判官（Bundesverfassungsrichter）」があり（Vgl. Lechner/Zuck, Rn. 1 zu § 3），連邦憲法裁判所の裁判官自身も用いている。しかし，シュライヒ／コリオートは，きれいな表現ではなくまた正確でもないとして批判的である（Schlaich/Korioth Rn. 41）。

35)　裁判官の再任をめぐる議論については，初宿正典「最高裁判所裁判官の定年制―ドイツにおける議論とも関連させつつ」園部逸夫先生古稀記念『憲法裁判と行政訴訟』（有斐閣，1999 年）85 頁（とくに 108 頁以下）を参照。

法裁判所の裁判官となる用意のある旨を文書で表明していること，およびドイツ裁判官法の定めるところによる職業裁判官（Berufsrichter）としての資格を有していることをあげる（3条1項，2項）。この職業裁判官資格を獲得するためには，ドイツの大学において最低7学期の法学教育を受け，第1次国家試験に合格し，2年間の実務修習を経て，第2次国家試験に合格しなければならない（ドイツ裁判官法5条）[36]。ただし，ドイツの大学における法律学の正教授となった者は，裁判官資格を与えられる（ドイツ裁判官法7条）ので，第2次国家試験を経る必要はない。

　基本法は，連邦憲法裁判所の構成員として，連邦裁判官とその他の裁判官という二つのグループを定めるにとどまっている。このため，職業裁判官としての資格を連邦憲法裁判所の裁判官全員に必要とすべきかについては，1950年から翌年における法制定のための審議，および58年のドイツ裁判官法制定のための審議において議論された。まず，法制定の際には，職業裁判官としての資格を有しない，いわゆる素人裁判官（Laienrichter）の導入が検討された。導入論の根拠は，連邦憲法裁判所の判断は，その性質上政治性を有することは免れないから，政治的バランス感覚を素人裁判官に期待しようというものであった。しかし，法的な素養は不可欠であるという意見が強く，結局妥協の産物として，「職業裁判官もしくは上級行政官の資格，および公法の特別な知識と公的生活における経験」という要件が，いずれの裁判官についても課されること

---

[36]　ドイツ統一条約によって，連邦憲法裁判所裁判官に任命されるまで旧東ドイツの領域で職業に従事している者は，法学士（Diplomjurist）の資格を有しているときは，連邦憲法裁判所の裁判官に任命されうるとされた（vgl. Einigungsvertrag vom 31. 8. 1990 Anlage I Kapitel III, Sachgebiet F, Abschnitt III）。その後，2007年に法3条2項が改正され，1990年10月3日までに旧東ドイツで法学士号を取得し，統一条約の措置により法律の定める法律職に従事することのできるとされている者も連邦憲法裁判所の裁判官に選ばれる資格のあることが，法律上明文で定められた。これは，統一条約の基準を法という恒常法に導入したものである（vgl. Lechner/Zuck, Rn. 7a zu §3）。なお，1990年10月3日以降の法学士は，第一次国家試験合格と位置づけられている。

になった。つまり純粋な素人裁判官は否定されたが、判断の政治性に配慮して「公法の特別な知識と公的生活における経験」が、すべての裁判官に求められることになったのであった。その後、ドイツ裁判官法制定における議論で、裁判権の他の権力からの独立の強化と統一的裁判官像とが問題とされ、この結果、上級行政官としての資格が削除された。また、公法の特別な知識と公的生活における経験の要件も、連邦憲法裁判所の裁判官選出にあたっては当然に配慮すべきことであって、法律で定めるにはなじまないとして削除された。こうして、職業裁判官の資格のみが要件となった。このような連邦憲法裁判所裁判官の資格要件は、連邦憲法裁判所を「純粋な法的機関としての裁判所」あるいは「法律家による裁判所（Juristengericht）」と性格づける意味を有している[37]。

　連邦憲法裁判所の裁判官は、在任中、原則として一切の兼職が禁じられている。連邦議会、連邦参議院、連邦政府またはこれらに相当するラントの機関に所属することは許されない。裁判官に任命されると同時に、これらの機関での籍を失う（法3条3項）。それ以外の官職にあった場合も、任命によってその職を離れる（法101条1項）。もっとも、この離職の法的性格については、任命によって前職を失うものではなく、裁判官以外の職を行うことが懲戒の対象となるということであり、前職に基づく官吏法上の権利義務は裁判官在任中停止し

---

37) 連邦憲法裁判所の裁判官の資格要件をめぐる議論の背景には、連邦憲法裁判所を政治的機関と理解するか法的機関と理解するかの対立があった。これについては、川又伸彦「ドイツ連邦憲法裁判所の性格と裁判官像」法学新報98巻9・10号（1992年）37頁以下を参照。また、Schlaich/Korioth, Rn. 41. 憲法裁判権の本質と裁判官との関係については、ヴェルナー・ホイン（岡田俊幸訳）「憲法裁判所裁判官の選出」栗城・戸波・畑尻編『憲法裁判の国際的発展』（信山社、2004年）151頁、工藤達朗「憲法裁判における裁判官」同書179頁。このような法律家による裁判所として連邦憲法裁判所を構成することを批判するものとして、Voßkuhle（N33）Rn. 6. 要件をめぐる議論の結果、職業裁判官出身者が比較的多くなっている。裁判官の直前歴については、「判例Ⅰ」、「判例Ⅱ」、「判例Ⅲ」附録「連邦憲法裁判所裁判官の一覧表および変遷表」（川又伸彦・作成）を参照。

ているにすぎないと説明されている[38]。弁護士や公証人が任命されたときは，免許期間の経過は停止し，退官後に，新たな免許の申請をすることなしに，再び職に戻ることができる（法104条）。裁判官が，例外的に兼職が認められているのは，ドイツの大学（Hochschule）における法律学の教員のみである（法3条4項，101条3項）。この場合でも，裁判官としての職務が優先する。

2.3 選　　出

連邦憲法裁判所の裁判官は，連邦議会および連邦参議院が，各部それぞれにつき，半数ずつ選出する（基本法94条1項，法5条1項）。連邦憲法裁判所は，連邦議会による選出によって議会制民主主義的正当性を与えられ，連邦参議院による選出によって連邦制民主主義的正当性を与えられる。選出された裁判官は，連邦大統領によって任命される（法10条）。選出する裁判官の員数の配分について，法は，最上級の連邦各裁判所から選出すべき連邦裁判官，連邦議会または連邦参議院の一方が1人，他方が2人を選出し，その他の裁判官は，連邦議会または連邦参議院の一方が3人，他方が2人を選出すると定める（5条1項）[39]。このように半数ずつ選出させるのは，連邦憲法裁判所が連邦とラントとの争訟を管轄することから，連邦国家原理に基づき，両者を同権にするよ

---

38) Lechner/Zuck, Rn. 2 zu §101.
39) 連邦憲法裁判所発足当時は，各部の員数は12人でこのうち職業裁判官は4人であったため，配分に問題はなかった。すなわち，連邦議会と連邦参議院が，職業裁判官を2人ずつ，その他の裁判官を4人ずつ選出すれば良かったのである。しかし，56年の改正による員数の削減によって，配分方法が問題となった。議論の結果，連邦議会，連邦参議院はそれぞれが選出した職業裁判官が退官するときに，職業裁判官がその部で3人になるようにその他の裁判官を選出することにした。そして，現在の実務では，連邦参議院がそれぞれの部について，1人の職業裁判官を選出するようになっている（Lechner/Zuck, Rn. 2 Zu §5; Benda, in: Benda/Klein, Rn. 131 f.）。選出に関する日本の文献として，例えば，野中俊彦「憲法裁判官の選任方法(1)～(3)」金沢法学16巻1・2号（1971年）103頁，17巻1号（1972年）28頁，2号34頁，永田秀樹「連邦憲法裁判所の地位，組織および裁判官の選任」大分大学経済論集33巻（1982年）5号383頁がある。

う配慮したためである。

　裁判官の選出は，前任の裁判官が定年で退官する3ヵ月より前に行うことはできない。連邦議会は，この期間に解散されていたときは，総選挙後最初の招集の日から1ヵ月以内に，後任の裁判官を選出する。前任の裁判官が定年となる前に退官したときは，この裁判官を選出した機関が，1ヵ月以内に後任の裁判官を選出する（法5条2項，3項）。

　連邦司法大臣は，選出のための候補者提案名簿を作成する（法8条）。この名簿は，法3条1項および2項の要件を満たす全ての連邦裁判官を掲載した名簿と，連邦議会会派，連邦政府，ラント政府が推薦した者の名簿とからなる。これは随時更新され，遅くとも選出の1週間前までに，連邦議会，連邦参議院の議長に提出される。もっとも，選出対象はこの名簿に掲載された者に限定されないため，この名簿はさほど大きな意味をもたないという指摘がある[40]。

　選出の方法は，連邦議会と連邦参議院とで異なる。

　連邦議会は，間接選出方法を採用し，連邦憲法裁判所裁判官の選出委員会を設置し，これを通じて裁判官を選出する（法6条）。選出委員会は，比例選挙によって選ばれた12人の委員で構成される。この委員の任期は，当該立法期の期間であり，期間中解任されない。また，委員は，委託や指示などに拘束されることもない。裁判官選出の必要が生じたときは，年長の委員が[41]，遅滞なく，1週間の期間を以って委員会を招集し，必要な員数の裁判官の選出が終了するまで委員会を主宰する。委員会は非公開である。候補者を裁判官として選出するためには，少なくとも8人の委員の賛成，すなわち3分の2の特別多数を必要とする。連邦議会の間接選出方式については，基本法には連邦議会が選出するとだけ定められていることと整合しない，という批判もないわけではない。

---

40)　Geck, Wahl und Status der Bundesverfassungsrichter, in : Isensee/Kirchhof II, Rn. 5 zu § 55.

41)　年長とは年齢によって決まるのであり，選任順という意味ではない。欠員を補うために後に選ばれた委員が，年長として委員会を主宰することもありうる（Lechner/Zuck, Rn. 3 zu § 6）。

しかし，少人数の合議体の方が合意形成が容易であり，また秘密保持もより堅固であることや，これまでの運用実績を評価して，現行制度を支持する立場が有力である[42]。判例も一貫して合憲としている（BVerfGE 40, 356 ; 65, 152 ; 130, 318 ; Beschl. v. 19. Juni 2012）。

　連邦参議院は，直接選出方式を採用し，基本法 51 条 2 項の定める法定議員数の 3 分の 2 の特別多数によって選出する。

　裁判官の選出において，連邦議会，連邦参議院ともに特別多数で決することとされているのは，連邦憲法裁判所の裁判官の政治的中立性を確保するためである。法制定当初は，4 分の 3 の特別多数であったが，56 年の改正で，裁判官選出が困難になる危険性に配慮して，憲法改正の特別多数に合わせて 3 分の 2 となった[43]。特別多数を要求することによって，議会の多数派が 3 分の 2 以上にならない限り，少数派を配慮せざるを得なくなり，その意味で「連立与党と野党との同権」が生じる。このため，裁判官の選出にあたって，多数派は自らの意思を一方的に実現することはできなくなり，少数派との合意を形成する必要に迫られることになる。立法者は，この合意によって裁判官の政治的中立が確保されることを期待したのであった。ところが，これまでの慣行は，候補者について合意を形成するのではなく，いずれの部についても裁判官席を政党間で分け合い，退官する裁判官を推薦した政党が後任を推薦し，これに他の政党が同意するという「世襲領地制（Erbhof）」となっている[44]。このような状況に

---

42) Lechner/Zuck, Rn. 2 zu § 6 ; Schlaich/Korioth, Rn. 43，また E. クラインは，間接選挙の方法が定着しており，憲法上の疑義を論じる意義は乏しいとする（E. Klein, in Benda/Klein, Rn. 132）。
43) Lechner/Zuck, Rn. 8 zu § 6.
44) これについて，特別多数を要求することは，結局二大政党の既得権保護の制度に堕してしまうという危険はあるものの，行きすぎた人選をすれば批判が強くなるので，実際には，二大政党も裁判官の政治的中立性に配慮してきたとされる。また，二大政党のそれぞれによって，どちらかといえば保守的あるいは進歩的な裁判官が選出されてきたことが，部の政治的均衡を形成し，これによって連邦憲法裁判所の判決が政治的に中道で控えめとなり，結果として連邦憲

対する評価は，連邦憲法裁判所の性格をどう理解するかによって分かれている。他の裁判所と同じように，連邦憲法裁判所を純粋に法的判断を行う機関とみる立場は，裁判官の構成が議会の政治的勢力関係を反映するものであってはならず，すべての裁判官がいずれの政治的勢力とも一線を画していなければならないとして，現在の慣行を批判している。これに対して，連邦憲法裁判所を政治過程の中に位置づける立場は，裁判官の構成も社会の多元的状況を可能な限り反映すべきであるとして，現在の方法をむしろ妥当であるとしている[45]。また，連邦憲法裁判所の裁判官が特定の政党に所属していることや特定の政党に近い立場をとっていることは，裁判官としての活動にほとんど影響していないという指摘もある。なお，こういった議論と関連して，選出方法を改正すべきという提案も様々になされている[46]が，議会では取り上げられていない。

2.4 調　査　官

連邦憲法裁判所の裁判官には，それぞれに4人までの調査官 (Wissenschaftlicher Mitarbeiter) を付すことができ，裁判官は自ら調査官を選ぶことができる。これらの調査官は，多くの場合，他の裁判所ないしは行政庁の代表から選任されている。法にはこの調査官について規定がなく，連邦憲法裁判所規則によって定められている (13条1項)。それによれば，調査官は，裁判官の指示に基づいて裁判官の職務活動を補助する。補助の内容は裁判官が決める。もっとも，規則によって定められた補助の内容が不透明であり，裁判官の判断に強い影響を及ぼしているとして，調査官は事実上「第3部 (dritter Senat)」を形成

　　　法裁判所の判決が概ね受け入れられることにつながったとして，肯定的に評価する見解が多数である (vgl. Schlaich/Korioth, Rn. 43 ; E. Klein, in : Benda/Klein, Rn. 139 f.)。
45)　シュライヒ／コリオートは，前者の例としてベターマンをあげ，後者の例としてヘーベルレを紹介している (Schlaich/Korioth, Rn. 46 f.)。なお，Pestalozza, §2 Rn. 26 も参照。
46)　E. Klein, in : Benda/Klein, Rn. 139.

しているといった批判もある。しかし，判断を最終的に形成するのが連邦憲法裁判所の裁判官であることを理由に，調査官を設置し補助的業務を行わせることは，一般に違憲ではないとされている[47]。

この他に，各部の長の職務を補助するものとして，首席補佐官（Präsidialrat）が置かれている（規則12条）。これも法に根拠はなく，規則によって設置されているものである。首席補佐官の主な任務に，部の長に代わって憲法異議を一般登録簿（V 2.3.5(5)参照）に登録することがある（規則60条，61条）。一般登録簿には，連邦憲法裁判所への申請のうち，裁判手続上不適法なものが収録される。しかし，この中には，明らかに不適法であるか，連邦憲法裁判所の判例に照らして明らかに成功の見込みがないために，受理が問題になりえない憲法異議も含まれる。この処理は，通常，理由の付された文書で通知される。この通知を受けた異議申立人のほとんどは，そこで申立てを取り下げてしまっている。このため，この登録手続を通じて，首席補佐官が憲法異議を事前に審査してしまっているという疑義・批判がないわけではない。しかし，異議申立人が裁判官による裁判を求めたときは，当該申立てが，一般登録簿から，裁判の対象を収録した訴訟手続登録簿に移され，部会または部が審査することになっている。このため，何人に対しても裁判官の裁判を受ける途が閉ざされてはいないので，問題はないと解されている[48]。

---

47) Vgl. Schlaich/Korioth, Rn. 48 ; O. Klein, in : Benda/Klein, Rn. 184 f. 調査官に関する日本の文献として，例えば，岡田俊幸「ドイツ連邦憲法裁判所調査官の制度と実務」法と民主主義277号（1993年）36頁がある。

48) O. Klein, in : Benda/Klein, Rn. 181 f.

3. 連邦憲法裁判所の組織

　連邦憲法裁判所には部 (Senat), 合同部 (Plenum), 部会 (Kammer), 異議部会 (Beschwerdekammer) がある。基本法93条1項1号から4b号および100条で連邦憲法裁判所に与えられている抽象的規範統制, 憲法異議, 具体的規範統制などの裁判権は部の権限であり (法14条), 合同部等の役割は補助的な役割にとどまる。連邦憲法裁判所の中心機関は部なのであり, 合同部等は我が国の最高裁判所大法廷, 小法廷とは全く異なる独自の機関である。

3.1　部

3.1.1　地位・構成

　連邦憲法裁判所には二つの部 (Senat) が設置されている (法2条1項)。各部は独立, 対等の裁判所であり, 一方の部の裁判を他方の部が審査することは許されない (Vgl. BVerfGE 7, 17 [18] ; 18, 88 [90])。それぞれの部は「連邦憲法裁判所」である (Vgl. BVerfGE 1, 14 [29] ; 2, 79 [95] ―後者は, 現在では廃止されている勧告意見手続における決定)。つまり, 連邦憲法裁判所は「双子の裁判所」(Zwillingsgericht) なのである。

　各部は, 長官または副長官を含む8人 (当初は12人, 56年の法改正で10人, 63年の法改正で8人) の裁判官により構成される (法2条2項および15条1項1文)。長官と副長官は同じ部に属してはならず (法9条1項2文), 長官または副長官が自己の属する部の長となる (法15条1項1文)。連邦憲法裁判所の裁判官は (長官, 副長官も含め) どちらか一方の部の裁判官として選任されるのであり, 一定の場合に他の部の裁判官が一方の部の裁判官の職務を代行することはあるが (法15条2項, 19条4項参照), 一方の部の裁判官が他方の部に移籍すること

はない。このように，人的構成にも連邦憲法裁判所が「双子の裁判所」であることが反映されている[49]。

部の評議の定足数は 6 人であり（法 15 条 2 項 1 文），評決数は，基本権喪失，政党の違憲性，連邦大統領に対する訴追，裁判官の訴追において被申立人に不利な裁判を行う場合は法定裁判官数の 3 分の 2，その他の場合は，特別の規定がない限り，出席裁判官の過半数である（法 15 条 4 項 1 文，2 文）。ただし，可否同数の場合は，基本法またはその他の連邦法違反とする判決・決定を下すことはできない（同条項 3 文）。

3.1.2 権 限 配 分

基本法 93 条 1 項 1 号から 4b 号および 100 条の裁判権は部の権限である。しかし，連邦憲法裁判所は「双子の裁判所」であり，各部は権限においても独立・対等でなければならない。そこで，これらの権限を各部にどのように配分するかが重要な問題となる。

連邦憲法裁判所法の制定者は，第 1 部は「基本権部」，第 2 部は「国事裁判部」という基本構想により，憲法異議と抽象的規範統制，具体的規範統制等を第 1 部，連邦機関争訟，連邦・ラント間の争訟等を第 2 部の権限とした（法旧 14 条 1 項，2 項）。しかし，連邦憲法裁判所への申立てのほとんどは憲法異議と規範統制で占められたため[50]，第 1 部と第 2 部の負担に極端な不均衡が生じた。

---

49) 以上 Lechner/Zuck, Rn. 2 zu §2 ; D. Hömig, in : Maunz u. a., Rn. 4-8 zu §2 (Lfg. 36, 2 ; O. Klein, in : Benda/Klein, Rn. 144) 参照。このような 2 部制は，基本法で規定されているわけではなく，1951 年の連邦憲法裁判所法で設けられた制度である。ベンダによれば，立法者の意図では，この制度は予想される過重負担に対処するための「一時的な応急措置」であったが，連邦憲法裁判所の負担は立法者の予測とは裏腹に増加し続けたため，一部制への移行は実現せずに現在にいたっているとのことである（vgl. E. Benda, in : Benda/Klein, Rn. 97 (2. Aufl. 2001)）。なお，O. クラインによれば，このような制度は世界に唯一とのことである（vgl. O. Klein, in : Benda/Klein, Rn. 145）。

50) この状況は，現在も変わっていない。このことは，国事裁判から基本権裁判

そこで，56年の法改正で合同部に「一の部に継続的な過重負担が避けられない場合」に法14条1項から3項の規定と異なる権限配分決定を行う権限が与えられた（法14条4項）。この決定はこれまで12回行われており，その結果，現在では各部への権限配分は前記基本構想とはかけ離れたものとなっている[51]。

ちなみに，法14条1項から3項によれば，各部の権限は以下のとおりである。

第1部は，① 基本法の基本権および基本法33条，101条，103条，104条の諸権利の侵害が主たる問題となっている法13条6号の抽象的規範統制および11号の具体的規範統制，② 自治体の憲法異議と選挙異議を除く憲法異議，③ ①の抽象的規範統制に関連してラント政府が行った法6a号または6b号による申立ての裁判権（14条1項参照）。

第2部は，① 法13条1号から5号まで，すなわち，基本権喪失，政党の違憲性，選挙の効力や議員資格に関する連邦議会の決定に対する抗告，大統領に対する訴追，機関争訟，② 6a号から9号まで，すなわち，競合的立法に対する抽象的規範統制，6b号の申立て，連邦・ラント間争訟（連邦法の執行），連邦・ラント間，ラント間のその他の公法上の争い，連邦裁判官およびラント裁判官の訴追，③ 11a号，12号および14号，すなわち，調査委員会設置についての連邦議会の決定の基本法適合性，国際法の連邦法としての効力，連邦法としての継続的効力，④ 第1部の権限に属さない憲法異議と規範統制の裁判権（同条2項参照）。

10号すなわちラント内の憲法争議と13号すなわちラント憲法裁判所が基本法について連邦憲法裁判所と異なる裁判をした場合については，14条1項と2

への憲法裁判の本質の変化を示している。この点について詳しくは，宍戸常寿『憲法裁判権の動態』（弘文堂，2005年）117頁以下参照。

51) Vgl. O. Klein, in : Benda/Klein, Rn. 147 ff. なお，クラインのテキストでは権限配分変更の合同部決定の回数は11回となっているが，その後2011年にも行われた。

項の原則に従い各部に配分される（同条3項）。

しかし，現在では，2011年11月22日の合同部決定により以下の憲法異議，抽象的規範統制，具体的規範統制も第2部の権限となっている[52]。

① 以下の法分野からの抽象的規範統制（13条6号），具体的規範統制（同条11号）および憲法異議

　　a庇護権，b外国人法，刑事事件における国際司法共助，c国籍法，d公勤務関係についての法およびこれにならって形成されている宗教団体の勤務関係についての法，e軍務およびその代替役務についての法，f基本法5条または8条の解釈・適用が中心を占める場合を除く，刑法，刑事訴訟法，g勾留，拘留，矯正および保安処分の執行並びにその他の自由剥奪の命令とその執行，h過料賦課手続についての法，i所得税法，教会法。

② 2009年から2012年に提起された抽象的規範統制，具体的規範統制および憲法異議のうち以下の法分野からのもの

　　a難民法，b武器法，c請願法，d強制競売法および強制執行法（ただし，裁判手続が問題となっていない限り），e法人税法および法人形態変更税法（Umwandlungssteuerrecht），f破産法（ただし，基本法12条の基本権侵害が主張されている手続きは除く），g住居所有権法，h使用賃貸借法。

③ その他，以下の抽象的規範統制，具体的規範統制および憲法異議

　　a　国際法または基本法第23条，24条もしくは25条の解釈・適用が主要問題となっているもの。ただし，個々の人権保障が主要問題となっているを除く。

　　b　基本法1条から17条，19条，101条および103条1項（法治国家原理と結合したものも含む）の解釈・適用の問題以外の問題が主要問題となっているもの。

　　c　基本法101条1項または103条1項の権利の侵害が主要問題となって

---

52) Beschluss des Plenums des Bundesverfassungsgerichts vom 15. November 1993 gemäß § 14 Abs. 4 des Gesetzes über das Bundesverfassungsgericht in der Fassung vom 22. November 2011.

いる．イニシャルIからZまでの申立人による，民事裁判所の裁判に対する憲法異議（ただし，親族法，相続法は除く）。

3.1.3 部の管轄についての疑義——「6人委員会」

申立てが，どちらの部の管轄に属するのかについて疑義がある場合は，いわゆる「6人委員会」(Sechserausschuss) が決定する（法14条5項1文）。当初は，この決定は合同部の権限であった（旧16条3項）。しかし，56年の法改正により合同部に部の権限配分変更権が与えられることになり，それにより管轄権の疑義が増加することが予想された。そこで，合同部の負担増に備えて，この改正で14条5項を追加し「6人委員会」が設けられた。

委員会は，常任委員である長官，副長官および1職務年の任期で各部から2人ずつ選出される裁判官により構成される（法14条5項1文）。また，非常任委員選出の際に各部から2人ずつ職務代行も選出される（規則43条1文）。誰が委員会の議長になるかについては法にも規則にも明文規定はないが，規則43条2文で「長官は，議長の職務を，副長官によって代行され……」と規定されていることなどから，通常は長官が議長となると解されている[53]。

首席補佐官は，自己が属する部の長に，裁判が開始されるすべての申立てを報告し，その際，管轄の疑義がある場合には，これを指摘することが義務付けられている（規則44条1項1文，2文）。この段階で疑義が指摘され，部の長が必要と判断した場合は，その部の論議に付される（同条項3文）。その結果，問題が解決すれば委員会は招集されない。また，両部の長と担当裁判官が合意した場合にも，事件は直ちに他の部に移送される（規則44条2項）。この場合も委員会は招集されない。しかし，委員会の招集を求める権限をもつのは連邦憲法裁判所の各裁判官である（同条3項）。したがって，いずれの場合も1人の裁判官でも委員会の招集を求めた場合には委員会が招集される。ただし，事件の評議が開始された後は，その段階ではじめて管轄権の疑義の存在が判明した場

---

53) 以上，G. Ulsamer, in : Maunz u. a., Rn. 35 zu § 14 (Lfg. 18, 1999) 参照。

合でも，委員会は招集されない（同条4項参照）。委員会の招集権限が駆け引きの道具として濫用されること，訴訟遅延により訴訟当事者が不利益を受けることを回避するためである[54]。

委員会が招集された場合，長官により，委員の中から各部1名の担当裁判官が任命される（規則45条1文）。担当裁判官には，会議の前に書面で意見を示す権限が与えられている（同条2文）。委員会の定足数について規則にも明文規定はないが，ウルザマーは，委員会は連邦憲法裁判所が「双子の裁判所」であることを反映する機関であるので，各部から3人の裁判官（委員が執務不能の場合は職務代行の裁判官）が出席していなければならないとしている。評決が可否同数の場合は，議長の決するところによる（法14条5項2文）が，通常は長官が議長となるのであるから，長官が属する部が優位に立つことになる。この点について，ウルザマーは各部の対等性という点で問題があるとして，長官，副長官が交互に議長となるべきとしている[55]。委員会の決定は，部の長が記録し，全ての裁判官に通知され，訴訟記録に加えられる（規則46条1文，3文）。委員会の決定には，理由は付されない（同条2文）。委員会の決定により管轄が認められた場合，部は裁判において当該決定を指摘しなければならない（規則47条）。

委員会の決定は各部を拘束し，その結果，当事者もこの決定に拘束されることになる。また，委員会の決定は委員会自身も拘束する。したがって，委員会の決定が間違いであったとしても委員会がこれを変更することはできない。委員会の決定を変更するためには合同部が法14条4項による権限配分変更決定を行わなければならない[56]。

---

54) Vgl. E. Klein, in : Benda/Klein, Rn. 143f. (2. Aufl. 2001). これに対して，ウルザマーは，事件の評議を行っている部の照会に対して他方の部が自己の管轄に属することを否定した場合には委員会を召集すべきとしている（Ulsamer, in : Maunz u. a., Rn. 36, S. 26 zu § 14 (Lfg. 14, 1995))。

55) 以上，Ulsamer, in : Maunz u. a., Rn. 35 zu § 14 (Lfg. 18, 1999) 参照。

56) Vgl. Ulsamer, in : Maunz u. a., Rn. 38 zu § 14 (Lfg. 14, 1995). 但し，実務の扱い

3.2 合同部

3.2.1 地位・構成

合同部 (Plenum) は，連邦憲法裁判所の第 1 部と第 2 部のすべての裁判官 (16 人) により構成される機関である。連邦憲法裁判所によれば，合同部は「連邦憲法裁判所の最高権威 (die höchste Autorität)」(BVerfGE 2, 79 [90]) であり，また，自己の権限においては「連邦憲法裁判所」である (BVerfGE 2, 79 [95])[57]。合同部には，「一の部が法問題について他の部の裁判に含まれる法見解と異なった見解を採ろうとするとき」に，その法問題について決定する権限が与えられている (法 16 条 1 項)。しかし，このことは合同部が各部の上級審であることを意味しない[58]。また，合同部の実質的意味の裁判権はこの権限のみであり，しかも，後述のようにこの決定には対外的効力はない。つまり，正確には，合同部は「判決言渡機関 (Spruchkörper)」ではない。この点で，合同部は，我が国の最高裁判所大法廷とは全く異なる機関である。また，連邦憲法裁判所合同部は人的構成という点などで，連邦通常裁判所民事大部 (Großer Senat für Zivilsachen)，刑事大部 (Großer Senat für Strafsachen)，連合大部 (Vereinigten Großer Senate) や連邦行政裁判所の大部 (Großer Senat) とも異なる。これらは，連邦憲法裁判所合同部とは異なり，全ての裁判官により構成される機関ではなく，また，長官以外の構成員は各職務年ごとに裁判所の幹部会 (Präsidium) により任命される (GVG 132 条 5 項以下，VwGO 11 条 5 項以下参照)。

合同部は，必要に応じて長官が招集するが，少なくとも春と秋に各 1 回は招集しなければならない (規則 2 条 1 項)。また，副長官，委員会または 3 人以上の裁判官が，議題を示して求めた場合にも招集される (同条 2 項)。「合同部は，

　　は異なるようである。この点について Lechner/Zuck, Rn. 10 zu § 14 参照。
57) Vgl. Ulsamer, in: Maunz u. a., Rn. 3 zu § 16 (Lfg. 16, 1998).
58) Vgl. Ulsamer, in: Maunz u. a., Rn. 3 zu § 16 (Lfg. 16, 1998); Lechner/Zuck, Rn. 2 zu § 16.

裁判官の3分の2以上の出席がなければ，決することができない」（同条4項）。合同部の会議は長官が主宰する（同条7項1文）。なお，合同部には以下の常任委員会が設置されている。規則委員会，儀典委員会，予算・人事委員会，図書館委員会（規則3条1項）。各常任委員会には各部から選出された2人の裁判官が所属するが，図書館委員会を除く常任委員会には長官・副長官も所属する（同条2項）。

3.2.2 権　　　限

(1)　**連邦憲法裁判所規則制定権**　合同部には，連邦憲法裁判所規則制定権が与えられている（法1条3項参照）。連邦憲法裁判所の規則制定権を認める明文規定は，基本法はもちろん連邦憲法裁判所法にも存在しなかった。しかし，連邦憲法裁判所は，同裁判所が「憲法機関」であり，他の憲法機関と同様に内部事項についての規則制定の自律権（Geschäftsordnungsautonomie）を有するとして，1971年には少数意見制の具体的手続について規定する規則（現規則56条）を，また，1975年には連邦憲法裁判所規則を制定した。その後，1985年の法改正により「連邦憲法裁判所は，合同部が決定した規則に服する」とする法1条3項が追加され，規則制定権に明文の根拠が与えられた。この規定に基づき，合同部決定により，1986年に連邦憲法裁判所規則が制定された（同年12月15日公布　BGBl. I 1986, S. 2529）。この規則は，その後，1989年，1995年，2002年に合同部決定により改正されている（それぞれ，1989年7月11日公布 BGBl. I 1989, S. 1571, 1995年12月18日公布 BGBl. I 1996 S. 474, 2002年1月7日公布 BGBl. I S. 1171）[59]。

(2)　**後任裁判官候補の推薦**　連邦憲法裁判所の裁判官は，連邦議会の連邦憲法裁判所裁判官選出委員会と連邦参議院が各部につきそれぞれ半数ずつ選出し（基本法94条1項，法5条1項），連邦大統領により任命される（法10条）。裁判官に欠員が生じた後2ヵ月をすぎても，選出委員会または連邦参議院が後任裁

---

59)　Vgl. H. Bethge, in: Maunz u. a., Rn. 60-63 zu § 1 (Lfg. 36, 2011).

判官を選出しない場合には，選出委員会の長または連邦参議院議長の要請に基づき，連邦憲法裁判所合同部が後任裁判官の候補者を推薦する（法7a条1項，2項1文，3項）。合同部は，欠員が1人の場合は3人の，複数の場合はその2倍の候補者を推薦しなければならない（同条2項2文）。候補者の決定は出席裁判官の単純多数決で行われる（法7a条2項1文）。しかし，各部から部の法定裁判官数の3分の2以上の裁判官が出席しない限り，この決定を行うことはできない（法16条2項と結びついた7a条2項3文。なお，手続の詳細は規則57条から59条参照）。

(3) **各部への権限配分変更権** 合同部は，「一の部に継続的な過重負担が避けられない場合」に，決定により，法14条1項から3項の規定とは異なる権限配分を行うことができる（法14条4項）。

法14条には権限配分変更決定の定足数の規定はないが，規則2条4項（「裁判官の3分の2」）は連邦憲法裁判所の行政事務についての規定であるため適用されず，裁判についての規定である法16条2項が準用され，各部から部の法定裁判官数の3分の2以上の裁判官（6人）が出席していなければ決定を行うことはできないと解されている。また，評決数の規定もないが，出席裁判官の過半数であり，可否同数の場合は決定を行うことはできないと解されている[60]。決定は，翌職務年の初日を以って発効する（法14条4項1文）。しかし，その事件での未済事件にも，当該事件で口頭弁論または評議が一度も行われていない場合にはこの決定が適用される（同条4項2文）。この決定は連邦官報で公布される（同条4項3文）。

(4) **連邦憲法裁判所の裁判の統一性確保** 合同部には，「一の部が法問題について他の部の裁判に含まれる法見解と異なった見解を採ろうとするとき」に，その法問題について決定する権限が与えられている（法16条1項参照）。部は自己の部の先例を変更することができる（vgl. BVerfGE 2, 79 [92]; 4, 31 [38f.]; 20, 56 [86f.]）[61]。しかし，部が，ある法問題について，他方の部の先例と異なる

---

60) 以上，Ulsamer, in : Maunz u. a., Rn. 26 zu § 14 (Lfg. 13, 1993) 参照。

見解を採ろうとする場合には，裁判手続を停止して，当該法問題についての合同部の決定を待たねばならない。部は，合同部の決定に拘束され，合同部が示した法解釈に従って裁判を行わなければならない。つまり，この手続は「中間手続（Zwischenverfahren）」なのである[62]。

合同部にこの権限が与えられたのは，同じ法問題について各部が異なる解釈を採ることにより連邦憲法裁判所の裁判の統一性が損なわれ，同裁判所の威信が低下することを防ぐためである。この権限は，すでに51年の連邦憲法裁判所法により規定されていた。しかし，当時は第1部と第2部の権限が重なり合うことはなかったため，この権限の存在意義はそれほど大きなものではなかった。しかし，56年の法改正により合同部に権限配分変更権が与えられ，その後第2部も「基本権部」としての役割を担うようになった。そのため，裁判の不統一という事態が生じる危険性が増し，この権限の重要性も増した[63]。

この手続において合同部の招集を求める権限を有するのは，他方の部の先例と異なる法見解を示そうとしている部である（規則48条1項参照）。合同部招集の請求は部の決定により行う（規則48条1項）。

学説では，合同部招集を求めることは義務であり，合同部の招集を請求せずに裁判を行い，他方の部の先例と異なる法的見解を示すことは許されないと解されている[64]。しかし，実務では，後述のように，傍論中の見解にすぎないと

---

61) Vgl. Benda, in : Benda/Klein, Rn. 150 (2. Aufl. 2001).
62) Vgl. Ulsamer, in : Maunz u. a., Rn. 11 zu § 16 (Lfg. 16, 1998) ; Lechner/Zuck, Rn. 6 zu § 16. 連邦通常裁判所の民事大部，刑事大部，連合大部並びに連邦行政裁判所の大部にも同様の権限が与えられている（GVG § 132, VwGO § 11）。しかし，連邦憲法裁判所の合同部はすべての裁判官により構成されるという点および「双子の裁判所」であり，かつ，「憲法の最高の番人」である連邦憲法裁判所の裁判の統一性を保つための権限であるという点で連合大部等の権限とは異なる（vgl. Ulsamer, in : Maunz u. a., Rn. 3 zu § 16 (Lfg. 16, 1998)）。
63) Vgl. Ulsamer, in : Maunz u. a., Rn. 3 zu § 16, S. 4 (Lfg. 16, 1998).
64) Vgl. Ulsamer, in : Maunz u. a., Rn. 7 zu § 16 (Lfg. 16, 1998). なお，部が他の部の部会の決定において示されている見解と異なる見解を示そうとする場合および部会が他の部の部会の決定において示されている見解と異なる見解を示そうと

して，合同部の招集を求めずに，他方の部の先例と異なる法的見解が裁判において示されている。なお，異なる法的見解を示そうとしている部の照会に対して他方の部が自己の法的見解を維持しないと回答した場合は，合同部招集の請求は行われない（規則48条2項）。

 それでは，部が合同部の招集を請求すべきであるにもかかわらず請求しない場合，他方の部すなわち異なる法解釈を示されようとしている部は合同部の招集を求めることができるのであろうか。換言すれば，この部に合同部招集請求権があるのであろうか。この点について明文規定はない。ウルザマーは，裁判の統一性の確保は各部の義務であることを根拠に肯定しているが，シュライヒ／コリオート，O. クラインは否定している[65]。連邦憲法裁判所は，否定説を前提としているようである。すなわち，「子は損害」事件決定（BVerfGE 96, 375［判例Ⅲ：嶋崎健太郎］）において第1部は，不妊手術の失敗などにより望まれずに生まれた子も債務不履行に基づく損害賠償における損害であることを認めたが，その際，第1部は，第2部の見解（第2部は「第2次堕胎判決」（BVerfGE 88, 203［判例Ⅱ：小山剛］）において子を損害とする解釈を否定していた）は傍論中の見解にすぎないとして，合同部の招集を請求すべきとの第2部の要請を無視し，裁判を行った。

 合同部が招集された場合，各部の長がそれぞれ1人の担当裁判官を任命する（規則49条1項1文）。各担当裁判官（2人）は，合同部会議の10日前までに意見書を提出しなければならない（同条項2文）。この決定は，各部からそれぞれの部の法定裁判官数の3分の2以上の裁判官が出席していなければ行うことはできない（法16条2項）。評決数は法15条4項2文が準用され，出席裁判官の

　する場合にも合同部の招集が義務付けられるかという問題もある。ウルザマー，O. クラインは不要としている。この点について，詳しくは，Ulsamer, in : Maunz u. a., Rn. 8 zu §16 (Lfg. 16, 1998) ; O. Klein, in : Benda/Klein, Rn. 166, Anm. 47 参照。

65)　Vgl. Ulsamer, in : Maunz u. a., Rn. 9f. zu §16 (Lfg. 16, 1998) ; Schlaich/Korioth, Rn. 39 ; O. Klein, in : Benda/Klein, Rn. 166.

過半数と解されている。可否同数の場合の規定はないが，法15条4項3文を適用し，違憲または違法とならない見解を採用すべきと解されている。この決定は書面審理で行われる[66]。この決定には理由を付記しなければならない（規則49条2項1文）。この決定は，公式判例集への登載，裁判書への署名など，形式において，部の裁判と同様に取り扱われなければならない（同条項2文，28条，31条1項参照）。

この決定は，当該事件で部を拘束する（vgl. BVerfGE 2, 79 [90]）。すなわち，他方の部の先例と異なる見解を示そうとする部は，当該法問題について合同部が示した見解を前提として，事件について判決・決定を下さなければならない。しかし，合同部の決定にそれ以上の効力があるわけではない。すなわち，合同部の決定が別の事件でも部の裁判を拘束するわけではない。この場合は，部が合同部の決定で示された見解と異なる見解を採ろうとする場合に，あらためて合同部の招集を求めることが義務付けられるに止まる。また，合同部自身も過去の合同部の決定に拘束されるわけではなく，過去の合同部の決定を変更できる（vgl. BVerfGE 2, 79 [92]）。さらに，合同部の決定には既判力も，法31条1項の拘束力も，同条2項の法律としての効力もない（拘束力，法律としての効力について，BVerfGE 2, 79 [91] 参照）[67]。

以上のように，合同部には連邦憲法裁判所の裁判の統一性確保という役割が期待されている。しかし，この決定は現在まで5回しか行われていない[68]。こ

---

66) 以上，Ulsamer, in : Maunz u. a., Rn. 12 zu § 16 (Lfg. 16, 1998) 参照。
67) 以上，Ulsamer, in : Maunz u. a., Rn. 13f. zu § 16 (Lfg. 16, 1998) ; Lechner/Zuck, Rn. 7f. zu § 16 参照。
68) ① 第2部の請求（請求決定の年月日は判例集未記載）に基づく1954年7月20日の合同部決定（BVerfGE 4, 27）。この決定では，政党が選挙法の改正により憲法上の地位（平等権）を侵害された場合，憲法異議，連邦機関争訟どちらの手続を申し立てるべきかが問題となった。第1部の先例では，憲法異議を提起することができるとされていたが，第2部は連邦機関争訟に拠るべきと判断したため合同部の招集を求めた。合同部は，連邦機関争訟を提起すべきとし，同時に，政党の申立適格も認めた（BVerfGE 4, 27 [30]）。

のような状況は「合同部恐怖症（horror pleni）」と呼ばれている[69]。しかし，合同部決定が少ないことは，連邦憲法裁判所の裁判の統一性が確保されていることを意味しているわけではない。むしろ，各部は他の部の見解を「傍論中の判

---

② 第1部の請求（1979年1月16日）に基づく80年6月11日合同部決定（BVerfGE 54, 177）。この決定では，「上告裁判所は，不服額が4万マルクを越える財産権上の請求に関する訴訟においては，事案が基本的意義を有せざる場合は，上告の受理を拒否することができる」とする民事訴訟法554b条1項（訳は，小室直人「西ドイツ民事上告法の改正」ジュリスト646号（1977年）138頁（140頁）を参考にした）の上告受理制度の憲法適合的解釈が争点であった。第1部は，第2部の先例（BVerfGE 50, 115）における，「事案が基本的意義を有せざる場合」に上告を不受理とすることが許されるのは，成功の見込みが全く存在しない場合に限られるとの解釈に反対し，仮に第2部の解釈が正しいとするならば，合憲限定解釈ではなく違憲無効判決を下すべきと判断して合同部の招集を求めた。合同部は第2部の解釈は合憲限定解釈の限界を越えてはいないとしてこの解釈を支持した（BVerfGE 54, 277 [285]）。なお，この決定について詳しくは，片野三郎「西ドイツ民事上告法の展開（下）──一九六九年八月一五日の負担軽減法以降」愛知大学法経論集法律編114号（1987年）73頁以下参照。

③ 第1部の請求（1995年8月10日）に基づく97年4月8日の合同部決定（BVerfGE 95, 322）［判例Ⅲ 79：片山智彦］。このケースでは，基本法101条1項2文（「法律上の裁判官」の裁判を受ける権利）は，法定数を越えた人数の裁判官により構成される判決言渡機関（本件の場合，連邦税務裁判所第2部──連邦税務裁判所法（FGO）10条3項では5人，口頭弁論を経ない手続では3人と規定されているが，幹部会により94職務年においては第2部に部長のほか5人の裁判官が配属された）における事務分配，担当裁判官，副担当裁判官があらかじめ定められた一般的基準（事件の登録番号，登録日，法分野など）に従って決定されることを命じているかが争点となった。第1部は，第2部の先例（BVerfGE 18, 344 [351 f.]；69, 112 [120 f.]）とは異なり，基本法101条1項2文はこのことも命じていると判断したため合同部の招集を求めた。合同部は第1部の見解を採用し（BVerfGE 95, 322 [329 ff.]），各一般の裁判所には，遅くとも1997年7月1日までに，基本法101条1項2文の要求を満たすための是正措置をとる義務があるとした（BVerfGE 95, 322 [334 f.]）。

④ 第1部の請求（2002年1月16日）に基づく2003年4月30日の合同部決定（BVerfGE 107, 395）［判例Ⅲ 81：玉蟲由樹］。このケースでは，基本法は，基本法103条1項の「法的審問請求権」の重大な侵害に対して一般の裁判所

断」であるとして，合同部の招集を求めないまま，他の部の先例と異なる見解をしばしば示しているといわれている[70]。

(5) **異議部会の設置** これについて詳しくは，3.4 参照。

の審級系列内に救済制度を設けることを要求しているかが問題となった。第1部は，「法的審問請求権」の重大な侵害が問題となっている限りにおいて，基本法は裁判官による権利侵害に対する保障を含まないとの連邦憲法裁判所第1部，第2部の確立した先例を放棄すべきと判断し，第2部に規則48条2項に基づき第2部の先例（BVerfGE 11, 263 [265]；42, 243 [248]；49, 329 [340 f.]）を放棄するか否か照会したが，維持するとの回答を受けたため合同部の招集を求めた。合同部は，第1部の見解を採用し，「法的聴聞を受ける権利」の重大な侵害に対して，一般の裁判所の審級系列内に救済制度が設けられていないことは基本法103条1項と結びついた法治国家原理に反するとして，2004年12月31日までに解決策を採ることを立法者に義務付けた。

⑤ 第2部の請求（2010年5月19日）に基づく2012年7月3日の合同部決定（Pressemitteilung Nr. 63/2012 vom 17. August 2012 (BVerfG HP)）。このケースでは，i）航空安全法13条から15条の規定のための連邦立法権の基本法上の根拠は基本法35条2項2文および3項か，（旧）73条1号または6号（現73条1項6号）か，ii) 基本法35条2項2文および3項は，大災害・大事故に際して，「軍固有の武器を備えた兵力（Streitkräfte mit spezifisch militärischen Waffen)」を投入することを否定しているか，iii）航空安全法13条3項2文および3項は基本法35条3項に適合しているか，が問題となった。

第2部は，航空安全法13条，14条1項，4項および15条の合憲性が問題となった抽象的規範統制の手続において，第1部と異なる法的見解を採ることが必要と判断したため，第1部に自己の法見解を維持するか問い合わせた。第1部は2006年2月15日の第1部の判決（BVerfGE 115, 118）（テロリストにハイジャックされた旅客機を撃墜することを認めた航空安全法14条3項を違憲無効とした判決）において示した法見解——i）連邦の立法権の根拠は，基本法35条2項2文および3項のみである，ii）基本法のこれらの条項は軍固有の武器を備えた兵力を，大災害・大事故の際に出動させることを許していない，iii）航空安全法13条3項2文および3項において規定されている，2以上のラントにまたがる大災害・大事故に際しての連邦国防大臣の緊急権限は基本法35条3項1

(6) **その他の権限**　その他，合同部には，連邦憲法裁判所裁判官の罷免・停職の審理・実質的決定権（法105条，規則50条から55条），連邦憲法裁判所の予算の作成，同裁判所の裁判官の地位および労働条件に直接関係するすべての問題について，並びに，必要な場合に，連邦憲法裁判所の行政の一般原則について審議・決定する権限（規則1条2項）も与えられている。

3.3　部　　会

3.3.1　地位・構成

　各部には，連邦憲法裁判所（部）の過重負担を解消するために，部会（Kammer）が設置されている。部会も，自己の権限においては「連邦憲法裁判所」である。部会の前身は，憲法異議の「予備審査委員会（Vorprüfungsausschuss）」，いわゆる「3人委員会（Dreierausschuss）」であるが，85年の法改正により「部会」と改称され，一定の場合には憲法異議の認容決定をも下す権限を与えられ

　　　文に反する―を維持すると回答した。そこで，第2部は合同部の招集を求めた。
　　　合同部は第1部の見解を否定し次の見解を示した。i）連邦の立法権限の根拠は基本法35条2項2文および3項ではなく，（旧）73条6号（現行73条1項6号）である。ii）基本法35条2項2文および3項は「軍固有の武器を備えた兵力」を出動させることを原則として排除していないが，それは厳格な要件の下においてのみ許されるのであり，特に基本法87a条4項により国防軍の出動に課された厳格な要件が骨抜きにされないようにしなければならない。iii）基本法35条3項1文の，2以上のラントにまたがる大災害・大事故の際の軍隊の出動は，緊急の場合であっても，連邦政府の決定に基づいてのみ許される。なお，ガイアー裁判官はii）について反対意見を述べている。
69)　Vgl. Ulsamer, in: Maunz u. a., Rn. 5 zu §16 (Lfg. 16, 1998); O. Klein, in: Benda/ Klein, Rn. 170.
70)　Vgl. Ulsamer, in: Maunz u. a., Rn. 5f zu §16 (Lfg. 16, 1998).; O. Klein, in: Benda/Klein, Rn. 170. ウルザマーは前出の「子は損害」事件決定を最近の例としてあげている。

た（法93c条）。これにより部会も「判決言渡機関」となった。しかし，部会の権限は部の権限の派生物であり，部のような独立性はない[71]。したがって，連邦憲法裁判所の部会は他の裁判所の部会（例えば，ラント裁判所の民事部会は，区裁判所の管轄に属さないすべての民事事件の第1審であり，また，区裁判所の控訴審でもある[GVG§§71f.]）とも，わが国最高裁の小法廷とも異なる独自の機関である。

　部会を設置する権限は部にあり，部が職務年の開始前に，その職務年のための部会を複数設置する（法15a条1項1文，2項参照）。つまり，部会の任用期間は1職務年に限られ，部は各職務年ごとに部会を設置しなければならないのである。部会の数については連邦憲法裁判所法は「複数の」と規定するにとどまるが，各部に三つの部会が設置されている[72]。

　各部は部の3人の裁判官により構成される（法15a条1項2文）。すなわち，各部の裁判官のうち1人は二つの部会に所属するのである[73]。部会の長は，長官が所属する部会では長官が，副長官が所属する部会では副長官が，その他の部会では在任中先任の裁判官が，在職期間が同じ場合は年長の裁判官が務める（規則39条）。部会の人的構成は，職務代行も含めて，部が職務年度開始前に決定する（法15a条2項）が，3職務年度を超えて同じであってはならない（法15a条1項3文）。このような規定が設けられたのは，部会の審議を活性化するためである[74]。ところで，部会の人的構成の政治的・思想的多様性ないし党派

---

71) Vgl. Ulsamer, in : Maunz u. a., Rn. 3 zu §15a (Lfg. 19, 2000); Lechner/Zuck, Rn. 3 zu §15a ; O. Klein, in : Benda/Klein, Rn. 157. なお，レヒナー／ツックは部会を「特別の判決言渡機関（besondere Spruchkörper）」と呼んでいる。これに対して，ウルザマーの場合は，従来の三人委員会との違いの面を強調したためか，部会が「連邦憲法裁判所」，「判決言渡機関」であることの意義が部の場合とは異なることには特に触れられていない。

72) Vgl. Ulsamer, in : Maunz u. a., Rn. 5 zu §15a (Lfg. 19, 2000).

73) ウルザマーによれば，長官と副長官が複数の部会に所属することが86年以来の確立した慣行であったとのことである（Vgl. Ulsamer, in : Maunz u. a., Rn. 6 zu §15a (Lfg. 19, 2000)）。

的均衡を保つためには，人的構成の決定に際して，選出母体（連邦議会か連邦参議院か）や前職（裁判官出身か否か）などを考慮することが望ましい。しかし，連邦憲法裁判所法の規則も，この点について何ら規定していない。また，実際の決定においてもこれらは考慮されていないとのことである[75]。しかし，これに対しては批判もある[76]。

各部会の事務分担および担当裁判官も，職務年度開始前に部が決定する（法15a条2項）。複数の部会に属している裁判官については，その裁判官が担当する手続がどの部会の担当となるのかを職務年度開始前に部が決定する（規則40条1項2文）。

部会の決定は全て全員一致で行われる（法93d条3項1文，81a条）。全員一致が得られない場合は部が裁判を行う（規則40条2項）。

3.3.2 権　　　限

部会は部の過重負担を解消するために設けられた機関であり，その権限は以下に限られている。憲法異議の受理手続において不受理決定を下すこと（法93b条），一定の場合に憲法異議の認容決定を下すこと（法93c条），および，これらに付随する裁判，例えば，濫用料の賦課決定や仮命令を行うこと（法93d条2項）（V 2.3.5(5) b）参照）。ラントの憲法裁判所または連邦の最上級裁判所による移送の場合を除き，具体的規範統制における不適法な移送を却下すること（法81a条）（V 3.3.2参照）。

3.3.3　部会の地位と機能の現実

連邦憲法裁判所の中心機関は部であり，憲法・基本権規定の意味を解明することは部の役割である。確かに，部会も憲法異議の不受理決定や認容決定において憲法解釈を示すことがある。しかし，部会の憲法解釈は部の先例の枠内に

74）　Vgl. Ulsamer, in : Maunz u. a., Rn. 6 zu § 15a (Lfg. 19, 2000).

75）　Vgl. Ulsamer, in : Maunz u. a., Rn. 6 zu § 15a (Lfg. 19, 2000).

76）　例えば，Schlaich/Korioth, Rn. 270.

とどまらねばならず，新しい憲法問題について憲法解釈を示す権限はない[77]。

だが，実際には，部会がそのような憲法解釈を示すことが稀ではなく[78]，部会が憲法・基本権規定の意味の解明に重要な役割を果たしている。そのため，部会の決定が学説や実務などで連邦憲法裁判所の判例として扱われている[79],[80]。

また，連邦憲法裁判所の裁判のほとんどは部会の裁判（憲法異議の不受理決定が大半である）であり，部の裁判はむしろ例外である[81]。連邦憲法裁判所の日々の活動の中心は，部会による憲法異議の受理審査であり，その中で「連邦憲法裁判所」の憲法解釈が示されている（憲法異議の受理手続について詳しくは，V. 2. 3 参照）。

このように現実には，部会が連邦憲法裁判所の中心機関となり，部会が憲法・基本権規定の意味の解明に重要な役割を果たしている[82]。このような現象

---

77) Vgl. O. Klein, in : Benda/Klein, Rn. 160.
78) 実例は，G. Hermes, Senat und Kammern, in : Badura/Dreier (N8), S. 725ff. (732ff.) 参照。
79) 連邦憲法裁判所は，このような状況を前提として，各一般の裁判所に自己の憲法解釈を「示唆」するためにあえて不受理決定において憲法判断を示すことがある。この点について，小野寺邦広「ドイツ憲法判例研究（一四三）『シュタージ非公式協力員名簿公開事件』決定」自治研究 85 巻 2 号（2009 年）148 頁以下（155 頁注 8）参照。
80) Vgl. Lechner/Zuck, Rn. 22 zu Vor §§ 93a ff. Anm. 18 ; Schlaich/Korioth, Rn. 268. シュライヒ / コリオートは，このような現実の是正策として不受理決定に理由を付記することを禁止すべきとする H. H. クラインの提案を引用してこれを支持している。
81) 2011 年の場合，憲法異議 6,036 件のうち部の裁判は 26（棄却 10，認容 16），部会の裁判は 5,718（不受理 5,641，認容 77）（取下げ等は除く）（なお，憲法異議その他の申立総数は 6,208）。詳しくは，Jahresstatistik 2011 (BVerfG HP) 参照。
82) ヘルメスは，このような状況と，部会が，特に，具体的規範統制における移送の適法性の審査（法 81a 条）において，各裁判所による単純法律の解釈の妥当性を審査することにより部会が各裁判所の「上告審（Revisionsinstanz）」と化しているという現象を合わせて，連邦憲法裁判所の「部会化（Verkammerung）」と呼んでいる（vgl. Hermes (N78), S. 748.）このような状況を批判する最近の文

は以前から問題となっており，批判が多い。解決の提案もいくつか行われてきた[83]が，憲法異議についての部会の権限を廃止してサーシオレイライを導入するという提案もその一つであった[84]。しかし，現在では，部が部会決定を先例としてあげることが普通のこととなり，部会決定をあげるのみで論証に替える部の裁判も珍しくはないという状況にある[85]。また，2004年以降は重要な部会裁判を集めた公式判例集も刊行されている。

3.4 異議部会

3.4.1 地位・構成

ドイツの訴訟遅延は以前からEU圏内でも問題となっていたが，2006年にはヨーロッパ人権裁判所がドイツを名指しして訴訟遅延対策を要請するという事態にまでなり，その後も繰り返し同様の要請が行われた。そこで――連邦憲法裁判所の合同部が決議（内容は公表されていないとのこと）を行ったこともあり――連邦立法者は，ドイツのすべての裁判手続を対象とする，2011年11月24日の「遅延した裁判手続及び刑事起訴手続における法的救済に関する法律（Das Gesetz über den Rechtsschutz bei überlangen Gerichtsverfahren und strafrechtlichen Ermittlungsverfahren）」を制定した[86]。

献として，C. Hillgruber, Ohne rechtes Maß? Eine Kritik der Rechtsprechung des Bundesverfassungsgerichts nach 60 Jahren, JZ 2011, S. 861 (867ff.)。なお，毛利透『表現の自由――その公共性ともろさについて』（岩波書店，2008年）286頁以下も参照。

83) 理由付記の禁止については注80参照。
84) たとえば，「連邦憲法裁判所の過重負担解消委員会」報告書（この報告書については，小野寺邦広「ドイツ『連邦憲法裁判所の過重負担解消委員会』報告書（1998年）について」比較法雑誌43巻3号(2009年)199頁），Hermes (N78), S. 749; ders, Verfassungsrecht und einfaches Recht - Verfassungsgerichtbarkeit und Fachgerichtsbarkeit, in : VVDStRL61 (2002), S. 119 (150)。
85) Vgl. K. Graßhof, in : Maunz u. a., Rn. 52 zu § 93a (Lfg. 25, 2006).
86) 以上，O. Klein, in : Benda/Klein, Rn. 1288参照。

この法律により連邦憲法裁判所法も改正され，同裁判所の裁判の遅延により被った不利益の補償，回復についての裁判を担当する機関として「異議部会（Beschwerdekammer）」が設けられた。これは，このような裁判を部や部会の管轄とすることは各部の対等性を保つなどの点で問題があるとして設けられた新たな機関であり，「合同部の内部委員会」（O. クライン）である[87]。

異議部会は，合同部により任命される各部の 2 人の裁判官により構成される（法 97c 条 1 項 1 文）。その任期は通常は 2 年である（同条項 2 文）が，裁判官の負担の程度によっては短縮されうる。異議部会の一員である裁判官が，異議を申し立てられた裁判の担当裁判官（Berichterstatter）であった場合には当該裁判に対する異議手続から除斥される（法 97c 条 2 項）。しかし，法 97c 条 2 項の反対解釈により，当該裁判を行った部ないし部会の裁判官であっても担当裁判官以外の裁判官には除斥や忌避の規定（法 18 条，19 条）は適用されないとされている[88]。異議部会の長の規定および除斥された構成員の継続的後任ならびに部会における代表などは連邦憲法裁判所規則で定める（法 97c 条 3 項）。

3.4.2　権限——遅延異議の審査

異議部会は，「遅延異議（Verzögerungsbeschwerde）」の申立てについて裁判を行う。この手続は，連邦憲法裁判所の裁判の遅延により不利益を受けた者の申立てに基づき不利益の補償または回復について決定を下す手続である。

法 97a 条 1 項 1 文は「連邦憲法裁判所の裁判を入手するために中断した手続において［契機となった手続の］訴訟関係人又は関係人として連邦憲法裁判所の裁判での手続の不適切な期間の結果不利益を被った者は，適切に補償される」として補償請求権を保障している。この手続は権利保護のための手続であり，連邦憲法裁判所の訴訟遅延の減少などは反射的効果にすぎない[89]。

この手続は連邦憲法裁判所のすべての裁判を対象とする（法 97a 条 1 項 1 文参

87）　Vgl. O. Klein, in : Benda/KLein, Rn. 172 f.
88）　Vgl. O. Klein, in : Benda/Klein, Rn. 175.
89）　Vgl. O. Klein, in : Benda/Klein, Rn. 1291.

照)。部の裁判か部会のそれか，憲法異議や具体的規範統制かそれとも自治体の憲法異議や選挙抗告などかも，また仮命令などの従たる手続における裁判かどうかも関係ない。

　連邦憲法裁判所の裁判の「関係人（Beteiligte）」はすべてこの手続の申立適格をもつ。具体的規範統制，ドイツ連邦議会調査委員会法36条2項の手続（調査委員会法による訴訟において連邦通常裁判所が調査委員会の設置を違憲と考えるときにこの点について連邦憲法裁判所の決定を求める手続）における移送裁判の訴訟当事者も申立適格をもつ。また，国家機関にも連邦憲法裁判所の裁判の「関係人」である限り遅延異議の申立適格がある[90]。

　遅延異議の申立ては，あらかじめ異議申立人が遅延している手続を担当している裁判官ないし部・部会に対して手続の期間を問責した場合に限り許される（遅延問責（Verzögerungsrüge））（法97b条1項2文）。遅延問責は，手続期間の不適切性を理由づける状況を記載した書面により行われなければならない（同条項3文）。この問責は，連邦憲法裁判所の手続が開始されてから12ヵ月を経過したのちでなければ許されない（同条項4文）。遅延問責に対しての回答は必要ない（同条項5文）。さらなる遅延を防ぐためである[91]。

　遅延異議の申立ては，遅延問責の申立てから6ヵ月を経過したのちでなければ提起することができない（法97b条2項1文前段）。この待機期間は遅延問責を受けた裁判官が手続の遅延を解消するための猶予期間である。連邦憲法裁判所の手続が判決・決定または他の方法で処理された場合，遅延異議はその後3ヵ月以内に提起されなければならない（同条項1文後段）。遅延異議の申立ては

---

90)　以上，O. Klein, in : Benda/Klein, Rn. 1289参照。「関係人」について詳しくはⅢ3参照。

91)　Vgl. O. Klein, in : Benda/Klein, Rn. 1298 ff. 12ヵ月という待機期間は連邦憲法裁判所の特別の地位を考慮したものであるが，これにより連邦憲法裁判所の裁判の場合1年という期間は訴訟遅延とはならないことになった。しかし，このことについて，O. クラインは仮の命令などの場合にもこの期間をあてはめるのが妥当かという疑問を提起している。

書面でかつ理由を付して行わなければならない（同条項2文）。遅延異議について確定力のある決定が下されるまで請求権を譲渡することはできない（同条項3文）[92]。「請求にともなう，司法（Rechtspflege）を妨げる行為」を防ぐためである[93]。

異議を申し立てられた手続の担当裁判官は，遅延異議の理由書を受理したのち1ヵ月以内に見解を提出しなければならない（法97d条1項）。手続期間の適切性は，連邦憲法裁判所の任務と立場を考慮して個別事件の状況に応じて判断される（法97a条1項2文）。なお，適切性が問われるのは連邦憲法裁判所の手続の期間に限られる（法97a条1項1文）[94]。

異議申立てが適法かつ理由がある場合，異議部会は期間の不適切性を確認し，不利益の補償を命じる。不利益が非財産的なものである場合は補償の額は原則として遅延一年につき1,200ユーロである（法97a条2項3文，4文）。ただし，非財産的不利益の補償の請求は，個別事件の状況により，他の方法，特に手続期間の不適切性の確認による回復では不十分な場合でなければ行うことができない（同項2文）。

異議部会は多数決で決する（法97d条2項1文）。可否同数の場合は異議は棄却とみなされる（同項2文）。異議部会は口頭弁論を経ずに決定を下す（同条項3文）。遅延異議についての決定には理由を付す必要はない（同項4文）。異議申立ての裁判は上訴することができない（法97d条3項）。

---

92) 以上，O. Klein, in : Benda/Klein, Rn. 1301f. 参照。
93) Vgl. O. Klein, in : Benda/Klein, Rn. 1302 ; BT-Drucks. 17/3802 S. 36. 民事訴訟法851条1項では，譲渡可能な請求のみが差押えの対象となる旨規定されている。そのため，補償請求権についても譲渡を制限する規定を設けなければ，差押えが可能ということになる。そこで，差押えなど「司法を妨げる行為」を防止するために2項3文が規定された（詳しくは，BT-Drucks. 17/7217 ; 17/3802, S. 36, 42参照）。
94) 判決に対する憲法異議の場合「原審」の期間も含めて遅延の有無を判断することも考えうるが，「原審」の遅延については別途補償請求が可能であるため，このように限定された（vgl. O. Klein, in : Benda/Klein, Rn. 1297）。

遅延異議手続は,「2011年12年3日に係属していた手続,並びに終結した手続であるが2011年12月3日ヨーロッパ人権裁判所での異議の対象である若しくは対象となりうる手続にも適用される」(法97e条1文)。

III 連邦憲法裁判所の手続原理

1. 総　　　説

1.1　連邦憲法裁判所法と連邦憲法裁判所規則

　基本法 94 条 2 項は，連邦憲法裁判所の手続に関する規律を連邦立法者の権限としている。これを受けて，連邦憲法裁判所法は，第 2 章「憲法裁判所の手続 (Verfassungsgerichtliches Verfahren)」(17 条から 35c 条) において共通の手続規定を，第 3 章「個別手続様式 (Einzelne Verfahrensarten)」(36 条から 97e 条) において個々の権限における個別の手続規定を定める。

　また，手続は，連邦憲法裁判所合同部によって制定される連邦憲法裁判所規則によっても定められる。すなわち，連邦憲法裁判所規則には，20 条から「手続補充規定」が置かれ，20 条から 37 条に共通の一般手続が，38 条から個別手続が定められている。

1.2　連邦憲法裁判所の手続の自律性

　連邦憲法裁判所の手続法については，必ずしも十分ではない点が指摘されている[1]。手続法の空白の補充は，刑事訴訟法や民事訴訟法を一般的に準用するという形ではなく，部分的な事項についてのみ他の法を準用するという形で行われている (17 条，28 条 1 項，38 条 1 項，61 条 1，2 項)。そして，例えば，申立ての取下げ，予備的申立ての位置づけ，和解の許容性，期間の計算，手続の合同あるいは分離など，数多くの問題に関する規定がないというのが現状である。これについては，立法者が，詳細な手続すべてを自ら規定するのではなく，連邦憲法裁判所に手続の性格に応じた規律を自らなすことを委ねていることが窺われ，連邦憲法裁判所自身もその判決の中で，自らを「手続の統括者

---

[1]　Vgl. E. Klein, in : Benda/Klein, Rn. 191 ; Schlaich/Korioth, Rn. 54.

(Herr)」と呼び，その手続の形成に関して広範な裁量権をもつことを表明している[2]。このような，「手続の自律性（Verfahrensautomomie）」については評価が分かれる。

例えば，ヘーベルレはこれを積極的に評価し，「連邦憲法裁判所は（1975年の連邦憲法裁判所規則の施行後も），連邦憲法裁判所法が十全の手続規定を欠いている場合には，憲法裁判所の手続を『発展させる』任務を負っている。いかなる基準によるかといえば，それは，憲法，すなわちその実体的－訴訟的な理解により，そしてこのように理解された基本法に照らした――調整された――他の裁判所の一般的な手続規定により，ということになる。すなわち，ここに憲法訴訟法の独自性がある」[3]。

これに対して，クラインは，この問題は法の欠缺に関する一般原則から解決されるべき問題であり，とくに連邦憲法裁判所に固有のそして特殊な問題でないとして，「連邦憲法裁判所の手続の自律性」を積極的に評価することに疑問を提示している[4]。また，シュライヒ／コリオートは，「正当性および説得力を生み出すのは連邦憲法裁判所によって多かれ少なかれ自由に選択された手続ではなく，事前に立法者によって可能な限り厳密に定められた手続である」。とくに憲法のように適用されるべき規範が開かれており，不確定で，広範であればあるほど，その判決が拘束力をもつためには，連邦憲法裁判所は「完結した手続規則を必要とする。したがって，『開かれた』憲法秩序にふさわしいのは開かれた手続規則ではなく，厳密な手続規則である」として，ヘーベルレを批判する[5]。

---

2) Vgl. E. Klein, in : Benda/Klein, Rn. 191f.; Schlaich/Korioth, Rn. 56.
3) P. Häberle, Grundprobleme der Verfassungsgerichtsbarkeit, in : P. Häberle (Hrsg.), Verfassungsgerichtsbarkeit, 1976, S. 33.（翻訳として，ペーター・ヘーベルレ（畑尻剛／土屋武訳）「憲法裁判の基本問題」比較法雑誌45巻4号（2012年）109頁参照）
4) Vgl. E. Klein, in : Benda/Klein, Rn. 193 ff.
5) Vgl. Schlaich/Korioth, Rn. 57.

1.3 憲法訴訟法の独自性

　連邦憲法裁判所の手続の自律性をどのように評価するかという問題は，その議論から明らかのように，他の訴訟法とは異なった憲法訴訟法の独自性（Eigenständigkeit）をどのように評価するかという問題と不可分の関係にある。すなわち，「憲法訴訟法は実体憲法を具体化するものである」というテーゼを展開するヘーベルレによれば，憲法訴訟法は手続法ではあるが，実体的に憲法によって解釈・説明されなければならない。憲法の諸原理は，憲法訴訟法の諸原理にあらわれている。憲法訴訟法には，単なる技術的な，それだけを取り出して扱いうるような個別的問題などはほとんど存在しない。憲法原理を憲法訴訟法の中に最適の形で移しかえそして具体化することは，立法者と憲法裁判官の任務である[6]。したがって，「憲法訴訟法は，他の訴訟法と比べて実定憲法に固有の，それゆえに独自なものとして捉えなければならない」[7]。

　このような，憲法訴訟法の他の訴訟法に対する独自性を強調する見解に対しては批判も多い[8]。例えば，シュライヒ／コリオートによれば，憲法訴訟法が具体化された憲法であるという主張それ自体は正当なものであるとしても，そこから「憲法裁判の特殊性は導きだせない。なぜならば，あらゆる手続規則や訴訟規則が，程度の差こそあれ，憲法を具体化するものだからである」[9]。

　また，より根本的な批判としては，クラインのそれがある。クラインによれば，ヘーベルレの立論は2つの観点から問題がある。一つは，その基礎にある憲法理解に関わる。すなわち，ヘーベルレは，公的プロセスとしての憲法，多元主義的憲法，憲法解釈者の開かれた社会などのテーゼによって憲法が開かれていることを強調し，これを憲法訴訟法に移しかえることによって，実体法を

---

　[6]　Vgl. Häberle (N3), S. 23f.（翻訳99頁以下参照）
　[7]　Häberle (N3), S. 24.（翻訳100頁参照）
　[8]　高見勝利「西ドイツの憲法裁判―憲法訴訟手続を中心に」芦部信喜編『講座憲法訴訟第1巻』（有斐閣，1987年）103頁参照。
　[9]　Schlaich/Korioth, Rn. 56.

具体化するという訴訟法の道具としての機能をはるかに超えて，憲法訴訟法の構造が憲法の開かれた構造に対して開かれなければならないことが要求される。その結果，連邦憲法裁判所は必然的に従来の国家性を失うことになる。あらゆる種類の多元的な意見のコンセンサスを形成するという任務が連邦憲法裁判所に割り当てられ，裁判は，準議会的な議論の場となる。「このような見解に従うならば，憲法だけではなく憲法訴訟からも，連邦憲法裁判所とその訴訟を現実に『形成している』その正当化機能が失われる。『整序された』訴訟手続はバラバラとなり，連邦憲法裁判所の活動に対する唯一の制約であるがゆえに連邦憲法裁判所にとって不可欠の本質的なコントロール機能が失われてしまう。学説による批判的な助力もその基盤を失うことになる，なぜならその基になる基準が奪われ，拡散してしまうからである」[10]。

　第二の批判は，憲法訴訟法の独自性というテーゼは憲法を具体化するという機能と並んで存在する他の機能を過小評価しているというものである。「憲法訴訟法は，法的平和と法的安定性に寄与するという権限分配上の機能および任務が排除されないように取り扱われなければならない。……連邦憲法裁判所は，整序された訴訟手続によってその判決に合理性を与え，それによって承認をえることを断念してはならない。連邦憲法裁判所が求める信頼は，……手続の明確性と予見可能性によってもたらされるものである。手続法のこのような『機能的な固有性（Eigenwert）』は，まさに憲法訴訟法でもまた維持されなければならないし，そしてこのことは，連邦憲法裁判所がその優越的地位ゆえにコントロールを広範に免れているだけに一層重要である」[11]。

---

10) Vgl. E. Klein, in : Benda/Klein, Rn. 199.
11) Vgl. E. Klein, in : Benda/Klein, Rn. 200.

2. 手続の進行

2.1 申　立　て

　法23条は「訴訟を開始する申立て」について定める。これは，連邦憲法裁判所のすべての手続にあてはまる[12]。連邦憲法裁判所法が，それぞれの手続において，「申立て（Antrag）」という語を用いているかどうかにかかわらない。詳しくは，Vの各手続を参照。

　(1)　形　　式　申立ては，「書面」で行わなければならない（法23条1項1文）。テレックスやテレファックスも認められるが，口頭やEメールでの申立ては認められない[13]。申立てはドイツ語で書くことが必要である。

　(2)　名　宛　人　申立ては，連邦憲法裁判所に対して行う。ただし，部を指名する必要はないし，しても拘束力はない。

　(3)　内　　容　申立ては，一定の要求（Begehren）を認識させるものでなければならない。また，申立てには，「理由」を付さなければならない（法23条1項2文）。憲法異議の場合にはさらに，異議申立人が侵害された権利，それを侵害している機関もしくは行政庁の作為または不作為を明記しなければならない（法92条）。

　(4)　効　　果　不適法な申立て，または明らかに理由のない申立ては，裁判官の全員一致で却下される（法24条）。ただし，法律の定める期間内に補正する可能性が認められるのが普通である。

　(5)　送　　達　申立て（訴状）は，被申立人およびその他の関係人等に，遅滞なく送達される（法23条2項）。この送達は，担当裁判官の提案に基づい

---

　12)　Vgl. Lechner/Zuck, Rn.1 ff. zu §23 ; A. Puttler, in : Umbach/Clemens/Dollinger, Rn. 3 zu §23.

　13)　E. Klein, in : Benda/Klein, Rn. 206 ; Lechner/Zuck, Rn. 3 zu §23.

て部の長が行う（規則22条2項）。なお，不適法または明らかに理由のない申立てを全員一致で却下または棄却する場合など，一定の場合には送達を要しない（規則22条1項）。

(6) **写しの提出** 訴状は，一通が連邦憲法裁判所に到着すれば，適法性の要件を満たすことになるが，連邦憲法裁判所は申立人に対し，書類等の写しを必要な部数提出するよう命じることができる（法23条3項）。申立人がこの命令に従わない場合，連邦憲法裁判所は申立てを不適法として却下することができる。

2.2　申立ての取下げ

申立ての取下げ（Antragsrücknahme）は，原則として認められる。しかし，連邦憲法裁判所の同意を要する場合もある。また，公共の利益が問題となっている場合には，申立てが取り下げられたにもかかわらず，手続が続行されることもある。最近では，正書法改革訴訟[14]（BVerfGE 98, 218［判例Ⅲ6：斎藤一久］［判例Ⅲ86：根森健］）において，連邦憲法裁判所は申立ての取下げにもかかわらず判決を下した[15]。

2.3　和　　解

連邦憲法裁判所法は，民事訴訟法や行政裁判所法とは異なり，和解（Vergleich）について明文規定を置いていない。しかし，BVerfGE 104, 305（［判例Ⅲ85：斎藤一久］）では，ブランデンブルク州の宗教代替教育（L-E-R）を導入する州学校法の改正に対する抽象的規範統制および憲法異議手続において，裁判所自ら，立法による規律を前提とした内容の合意を提案し，和解手続を進めた[16]。

---

14) 正書法改革訴訟については，BVerfG, NJW 1996, S. 2221,［判例Ⅲ5：根森健］もある。

15) 一連の正書法改革については，［判例Ⅲ86：根森健］が詳しい。Ⅴ1.1.3も参照。

16) ただし，本件の和解案について合意しなかった当事者は，同法改正案審議・

学説においては，一部明文規定はなくとも訴訟法上の一般的な原則から和解根拠を認める学説もみられるが[17]，大勢は，連邦憲法裁判所における和解に対して，法的根拠がなく連邦憲法裁判所が恣意的に進めるおそれがあるとか，憲法異議や抽象的規範統制などの客観的手続においては訴訟当事者ではなく中立人がいるだけであり和解に適さないなどとして批判的である[18]。

2.4　手続の併合と分離

手続の併合と分離について，連邦憲法裁判所法は，機関争訟と連邦・ラント間の訴訟についてのみ継続中の手続の併合と分離について規定を置いている（法66条，69条）（本書V 4およびV 5参照）。しかし，その他の手続においても，「訴訟経済上の理由から合目的的であるとされ，本質的に同じあるいは相互に関連している問題が争われている場合に」認めている[19]。ただし，どの手続であれ，他の手続規定を満たしており，当事者の手続上の地位を侵害しないことが求められる[20]。

　　　決議を阻止するための仮命令などを申請したが，却下されている。本件和解について，H.-J. Papier, Das Bundesverfassungsgericht als Mediator?, Wann in Karlsruhe "Vergleiche" für die Integrationsfunktion sinvoll sein können, ZRP 2002, S. 134.
17)　I. Schmidt, LER-Der Vergleich vor dem BVerfgG, NVwZ 2002, S. 925.
18)　E. Klein, in : Benda/Klein, Rn. 341f ; Schlaich/Korioth, Rn. 67.
19)　Lechner/Zuck, Vor Rn. 30 zu §17 ; Pestalozza, Rn. 50 zu §2 ; BVerfGE 12, 205 [223].
20)　E. Klein, in : Benda/Klein, Rn. 280 ; BVerfGE 12, 205 ; 22, 387 ; 106, 210.

3. 関 係 人

3.1 関係人の概念

3.1.1 連邦憲法裁判所法における用語の特殊性

ドイツの法律用語では，裁判所への訴えの提起には Klage を用い，民事訴訟の場合，原告には Kläger，被告には Beklagter を，刑事訴訟では被告人には Angeklagter を用いる[21]。法は 17 条で裁判所構成法の準用を規定し，また 28 条 1 項でその手続において刑事訴訟法や民事訴訟法の準用を規定しているが，一部の例外を除き，これらの用語がそのまま用いられていない場合もある。それは，連邦憲法裁判所の権限が，様々な制度を基に構成されていることもあり，ある場合は民事訴訟や行政訴訟のような形式をとり，ある場合は刑事訴訟のような形式をとることもあり，さらには，これらの訴訟手続とは全く異なる形式をとる場合もあることによる[22]。このことは訴訟の関係人についてもあてはまる[23]。したがって，誰が，あるいはどのような機関が訴訟の関係人となりうるかについては，連邦憲法裁判所におけるすべての権限ごとにそれぞれ個別に関係人を規定している[24]。

---

21) Vgl. C. Creifelds, Rechtswörterbuch, 16. Aufl., 2000, S. 754.
22) 民事訴訟法 50 条や行政裁判所法 61 条には訴訟能力についての一般的規定が存在するし，行政裁判所法 63 条は関係人の範囲について規定している。これに対し，連邦憲法裁判所法は，関係人について，一般的規定を置いていない。Vgl. Lechner/Zuck, Rn. 37ff. zu Vor § 17.
23) 光田督良「『関係人』概念を通してみるドイツの連邦憲法裁判所」粟城壽夫先生古稀記念『日独憲法学の創造力 下巻』（信山社，2003 年）295 頁以下参照。
24) 連邦憲法裁判所法は 2 章 17 条から 35 条までにおいて一般手続規定を定めている。しかし，ここには，関係人についての一般的規定は存在しない。連邦憲

ただ，様々な規定から一般的傾向としていえることは，申立主義との関係である。連邦憲法裁判所は，一般手続規定として，裁判の開始には申立てを必要とすると規定している（法23条)[25]。一部の手続において，Anklage erheben（法49条)，Beschwerde erheben（法48条，90条)，や Entscheidung einholen（法80条1項）が用いられていることもあるが，たいていの場合，訴えの提起については，auf Antrag という用語が用いられている。

3.1.2 連邦憲法裁判所法における関係人の用語

これらの用語に対応して，原告にあたる用語は，異議申立人（Beschwerdeführer）（法98条2項）が用いられることもあるが，通常は，Antragsteller である。被告にあたる語としても，Antragsgegner が多く，被訴追人（Angeklagter）（法34a条1項）が用いられることもある。もっとも，いくつかの手続では，被告にあたる用語も内容も規定されていない[26]。さらに，いくつかの手続では，憲法機関，あるいは基本法や当該機関の規則で定められた権限を有するこれらの機関の一部が憲法裁判所での手続に参加し，参加者（Beitritter）として活動する[27]。法における訴訟の関係人（Beteiligter）は[28]，上述の Antragsteller,

---

法裁判所法13条は，基本法を受け，連邦憲法裁判所の19の権限を規定している中で，4，6，6a，6b，11，11a，12，13号に規定する権限については連邦憲法裁判所への申立権者に触れているが，それ以外の権限については言及していない。そこで，関係人については，これら個別的権限についての手続を定めている特別規定からによるしかない。

25) これは，連邦憲法裁判所が，裁判所である限り，自らは活動を開始しえず，常に，部外者からの訴えを必要とすることから，当然である。
26) 法13条3，6，6a，6b，11，11a，12，13，14号などの場合の手続。
27) 法13条5，7，8a，11，11a，12，13，14号の場合の手続。
28) 一般に Beteiligter といえば，訴訟関係人を意味することになろう。訴訟当事者という用語として Partei あるいは Prozeßpartei を用いる（Vgl. Creifelds (N21), S. 979.)。狭義の訴訟関係人という場合には，訴訟当事者よりは若干広いがほぼこれと同様の範囲を示すこともあるが，広義の訴訟関係人という場合には，訴訟当事者以外に，証人や鑑定人等も含まれることがある。通常は，当事

Beschwerdeführer, Antragsgegner, Angeklagter および Beitritter がこれにあたる[29]。

連邦憲法裁判所の手続においては，たいていの場合憲法機関がその任にあたる意見陳述権者（Äußerungsberechtigter）も重要な役割を果たしている[30]。もっとも，意見陳述者は，正式の関係人（Beteiligter）ではなく，手続上もそのように取り扱われている。

者 Partei と呼ばれる。関係人（Beteiligter）とは区別して用いられている（Vgl. Creifelds (N21), S. 220.)。法は，Beteiligter という用語を用いているが，それは，狭義の訴訟関係人の意味においてである。広義の訴訟関係人は正式の関係人ではないので，関係人が訴訟手続上有するのと同様の地位，権利を有するわけではない。

本研究会では，従来から，法の翻訳や具体的規範統制に関する論文において，Beteiligte を関係人もしくは必要に応じて訴訟関係人と訳してきた。本書でも，その訳語を基本的に継承して用いている。上記理由，およびこのような点から，本節では，狭義の訴訟関係人を意味する Beteiligte を関係人と表記する。なお，法における Beteiligter を「当事者」と訳したものに，ボード・ピエロート・ベルンハルト・シュリンク（永田秀樹・松本和彦・倉田厚志訳）『現代ドイツ基本権』（法律文化社，2001 年）461 頁以下がある。

29) わが国では，一般的に，訴訟当事者とは，裁判所の面前で行われる訴訟手続の主体であり，自己の名で裁判所に対し裁判権の行使を求めるもの，あるいはその相手方をいう。判決等は訴訟当事者を名宛人として下され，これを拘束する。訴訟には，必ず当事者が存在しておらねばならず，そうでなければ訴訟は終了する。当事者の名称は，訴訟法によって様々であるが，民事訴訟法では原告―被告，控訴人―被控訴人，上告人―被上告人を指し，刑事訴訟法では検察官―被告人と呼ばれている。これに対し，訴訟関係人とは，通常は，当事者，弁護人，補佐人などをいう。証人や鑑定人や，訴訟上正当な利害関係をもつものを含めることもある。

30) 法 13 条 6, 6a, 6b, 11, 11a, 12, 13, 14 号の場合の手続。11 号および 8a 号の場合の手続では憲法機関以外のものにも意見陳述の機会が与えられることがある。

3.2　関係人の地位

　訴えの提起（法23条1項）により，関係人には裁判官忌避（法19条），記録の閲覧（法20条），訴訟代理人の依頼（法22条），訴答書面の送達（法23条2項），口頭弁論への召喚（法25条1項），証拠調べへの関与（法29条）および判決の送達（法30条3項）などの地位が認められる。

　法は裁判官忌避の主体については規定していない。これは，裁判官の忌避の主体についての規定が欠如していても，この場合，その主体が関係人であることはいうまでもないことであるからである。

　裁判所による訴答書面の送達の相手方が（関係人ではなく）被告（Antragsgegner）と関係人と区別して規定されている。送達の相手方をこのように呼び分けたのは，対審手続（kontradiktorisches Verfahren）の場合のみを被告としたからである。規範統制をはじめとするこれ以外の客観的な手続については，他の手続の場合と同様関係人としている[31]。

　意見陳述者は，関係人には含まれないので，当然，これらの地位も認められていない。

3.3　個別手続における具体的な関係人

　すでに触れたように，連邦憲法裁判所における具体的な関係人については，法は，権限ごとにそれぞれ個別に規定している。したがって，個別手続において，誰，もしくはどの機関が関係人となりうるかについては，以下の章におけるそれぞれの個別手続に関する解説に委ね，ここでは一般的傾向についてのみ触れる。

　連邦憲法裁判所における手続は，関係人という観点から，対審手続（法13条1, 2, 4, 5, 7, 8, 9, 10号）と，それ以外の手続，すなわち，規範の効力に関する客観的な手続（法13条6, 6a, 6b, 11, 11a, 12, 13, 14号）および異議申立

---

[31]　Vgl. Lechner/Zuck, Rn. 15 zu § 23.

手続（法 13 条 3, 8a 号）とに大きく分けられる[32]。

3.3.1　対審手続における関係人

対審手続においては，訴えの提起者を一般的に表現する用語は，大統領に対する訴追（法 49 条）や，裁判官に対する訴追（法 58 条）の場合を除き，原告（Antragsteller）という用語が用いられている。訴えの相手方も，大統領訴追の場合の被訴追人（Angeklagter）（法 34a 条 1 項），裁判官訴追の場合の無規定を除き，被告（Antragsgegner）という用語が用いられている。

そして，これらの手続における具体的な関係人は，若干の例外はあるとしても，通常，連邦議会，連邦参議院，連邦政府といった連邦の憲法機関である。連邦とラントの関係やラント相互間の関係，あるいは一ラント内の問題などラントが関わってくる場合，ラント議会やラント政府といったラントの憲法機関も関係人となる[33]。

連邦大統領は連邦の憲法機関であるにもかかわらず，関係人となるのは，自らに対する訴追の場合（法 34a 条 1 項）と，連邦最高機関の間での機関争訟の場合（法 63 条 1 項）だけである。これは，基本法が徹底して連邦大統領の非政治化・形骸化をはかったことにより[34]，自らが直接関わる場合を除き，政治的影響力を多分にもつ連邦憲法裁判所における手続の関係人から連邦大統領を除

---

32)　法は 13 条でその権限を規定している。すでに言及したように，これらの権限は，様々な国の様々な制度に根拠をもつものである。このことが法における統一的な手続制定を不可能ならしめている原因となっている。連邦憲法裁判所の手続を「〈基本権の剥奪・政党の違憲確認・選挙審査の手続等の準刑事手続〉，〈機関訴訟，連邦ラント訴訟・ラント内の違憲訴訟等を含むいわゆる固有の憲法訴訟〉，〈抽象的及び具体的規範統制〉，〈憲法訴願〔憲法異議〕〉」の四つに大別する立場もある（野中俊彦「憲法裁判」公法研究 38 号（1976 年）151 頁）が，何を基準にするかにより分類内容も異なる。ここでは，関係人という観点からの分類を行うので，当然異なったものとなる。

33)　法 13 条 6, 6a, 6b, 7, 8, 10, 13, 14 号の場合の手続。

34)　基本法の規定 54 条から 61 条参照。Vgl. Jarass/Pieroth, Rn. 2 zu Art. 54.

外した結果である。

3.3.2 規範の効力に関する客観的な手続における関係人

具体的規範統制手続（法13条11号），国際法の連邦法としての効力に関する規範統制手続（同12号），基本法の解釈に関するラント憲法裁判所と連邦憲法裁判所との異なる解釈に関する規範統制手続（同13号）においては，それぞれの裁判所が連邦憲法裁判所の判断を求める権限を有しているにもかかわらず，これらの裁判所は原告としての地位を有する関係人ではなく，単に連邦憲法裁判所での手続の開始に契機を与えるだけである。さらに，被告にあたる関係人についても，法には規定がない。したがって，憲法機関の参加のない場合，手続は，正式の関係人なしで行われることになる[35]。

もっとも，これらの手続には，憲法機関の参加権（法13条11, 11a, 12, 14号）および意見陳述権（法13条11, 11a, 12, 13号），一般の裁判所で契機となった事件の当事者への意見陳述の機会の付与（法13条11, 11a, 12, 14号），連邦やラントの最高裁判所に対する当該規範の取扱いの報告や説明の要請（法13条11, 14号）などが認められており，実質的に対審主義的な性格を帯びることになる[36]。

3.3.3 異議申立手続における関係人

異議申立手続としては，選挙の効力および議員資格に関する決定に対する異議申立て（法13条3号）と，憲法異議の申立て（法13条8a号）だけである。前者の手続については，一般的な用語は用いず，具体的に異議申立人を規定している。その相手方が連邦議会であることは明らかであるが，法においては何ら規定されていない。

憲法異議手続の場合は，一般的に異議申立人（Beschwerdeführer）という用語

---

35) Vgl. Lechner/Zuck, Rn. 40 zu Vor § 17.
36) 高見（注8）112頁参照。

が用いられている。異議申立人は，国家機関だけでなく，その基本権が侵害されたもの一般を対象としている。憲法異議の相手方について法は規定していない。その結果，時には，相手方なしで手続が行われることもある[37]。もっとも，この場合においても，憲法機関による参加権や意見陳述権が認められていることにより，規範統制における場合と同様の効果をもたらしている。

3.4　訴訟参加

連邦憲法裁判所の手続においては，憲法機関に幅広く手続への参加が認められている（法13条5，7，8a，11，12，14号）。しかも，参加時期は，限定されることはなく，ほぼ手続のどの段階でも参加しうる。憲法機関はこのような参加により，関係人としての地位を得ることとなる。連邦最高機関の権限争訟，連邦法の執行をめぐる連邦・ラント間の争訟，および憲法異議の場合にも参加は認められているが，憲法機関の訴訟参加を予定しているのは，様々な規範統制手続である。もっとも，抽象的規範統制手続では，憲法機関の訴訟参加は，法律上，認められていない[38]。

規範統制手続は，その本質上，客観的な法秩序の維持を目的とする手続である。憲法の擁護・実現に権限を有し，責務を負う憲法機関が参加するのは当然といえよう。なぜなら，連邦議会や連邦参議院のような法律の制定に関与した憲法機関が法律の効力について態度表明し得ることなく無効とされるべきではないからである[39]。

また，手続のあらゆる段階で手続に関与することを認めている点をみれば，

---

37)　Vgl. Lechner/Zuck, Rn. 41 zu Vor § 17.
38)　正式な参加手続規定は存在しないが，参加を希望する憲法機関は，当該訴訟とは別に，同じ規範に対し，新たに抽象的規範統制を提起することにより，実質的には訴訟参加と同様の結果をもたらすことになる。なぜなら，同一規範に対し，複数の関係人から抽象的規範統制が提起された場合，連邦憲法裁判所は，これらを併合して審理，判決することになるからである。Vgl. G. Ulsamer, in : Maunz u. a, Rn. 18 zu § 77.
39)　Vgl. G. Ulsamer, in : Maunz u. a, Rn. 4 zu § 82.

対審手続とは異なり，訴訟手続の進行に応じた原告，被告の訴訟手続上の責務の履行との兼ね合いといった考慮は必要ではない。あくまでも，憲法擁護・憲法実現のためだけに，このような参加が認められるといえよう。

3.5 意 見 陳 述

意見陳述は，当事者の地位に付随する権利ではないが，連邦憲法裁判所の手続において，関係人の訴訟上の権利に匹敵する程の機能を果たしている。すでに概観したように，法は，訴訟手続法として，とくに関係人に関して，多くの不備を有している。対審によらない手続においては，一般の裁判における原告や被告に相当する関係人が，形式的には，存在しないことなどもその一例である[40]。関係人が存在しないような場合，原告・被告の対立する主張を基に裁判官が当該事件における真理を発見するという裁判の本質をなす機能が果たされなくなる。そこで，実質的な対立関係人として活動し得るものの存在が，その本質的機能のために，不可欠となる。意見陳述者は，このような実質的対立関係人の役割を果たすことになる[41]。

意見陳述者には，意見陳述権を有するものと，連邦憲法裁判所によってその機会を与えられるものの二通りがある。意見陳述権を有するものは，すべて憲法機関である（法13条6, 11, 12, 13号）。意見陳述は憲法機関の権利ではあるが，義務ではない。法も，その形式については定めていない。したがって，憲法機関にその機会を与えるか否か，あるいはどの機関に与えるかといった点について，連邦憲法裁判所に裁量権はない。常に，この機会を与えなければならない[42]。また，憲法機関は手続のどの段階でも意見陳述できるが，部の長はこれに一定の期間を設けることができる。しかし，この期間は，除斥期間ではないので，期限に遅れた意見陳述であっても，連邦憲法裁判所は，その評議によ

---

40) Vgl. Lechner/Zuck, Rn. 38 zu Vor § 17.
41) 高見（注8）112頁参照。
42) Vgl. G. Ulsamer, in : Maunz u. a, Rn. 1 zu § 77.

り，裁判の考慮に入れることができる[43]。

意見陳述は憲法機関の義務ではないので，その権利を行使するか否かは，憲法機関の裁量に委ねられている。権限行使の際に連邦議会では，議長がその行使名義者となるが，合議機関である連邦議会は，議決によらなければ意見陳述を決定できない。それゆえ，連邦議会はその行使に積極的ではない。また，連邦参議院も抑制的で，その権限をほとんど行使したことがない。結局，連邦法律の効力が問題となっているとき，連邦政府の権限ある大臣がこの権限行使者となって，意見陳述する[44]。

連邦憲法裁判所によって意見陳述の機会を与えられるものは，具体的規範統制手続における移送裁判所（法13条11号），国際法の連邦法としての効力に関する規範統制手続における裁判所（法13条12号），基本法の解釈に関するラント憲法裁判所と連邦憲法裁判所との異なる解釈に関する規範統制手続においては当該ラントの憲法裁判所（法13条13号）である。これらの手続においては，それぞれの裁判所が連邦憲法裁判所の判断を求める権限を有しているにもかかわらず，これらの裁判所は原告としての地位を有する関係人ではない。そこで，意見陳述の機会を与えられることにより，実質的には，原告のように規範の効力について主張できる。

憲法異議手続においては，憲法異議を申し立てられている相手方にも意見陳述の機会が与えられる（法94条1, 2号）。また，判決に対する憲法異議手続においては，当該判決により利益を得たものにも意見陳述の機会を与える（法94条3号）。憲法異議における意見陳述の機会の提供は，規範の客観的な効力の審査というためだけでなく，個人の権利保障という主観的側面も強調されている。

さらに，法（法82条）は，連邦やラントの最高裁判所に対する当該規範の取扱いの報告や説明の要請（法13条11, 14号）などを認めており，規則（規則22

---

43) Vgl. G. Ulsamer, in : Maunz u. a, Rn. 10 zu § 77.
44) Vgl. G. Ulsamer, in : Maunz u. a, Rn. 16 zu § 77.

条4項）は，連邦憲法裁判所が専門知識をもつものに対して鑑定意見の提出を求めうることを認めている。意見陳述に加えこれらの制度により連邦憲法裁判所の手続は，裁判の本質に近づきうるようにされている。

3.6 憲法裁判における関係人の特徴

　裁判は，原告・被告という対立する両当事者が，第三者である裁判官に対し，自己の立場の正当性を主張することにより，裁判官が真実を発見し，これを拘束力を伴って裁判所の判断という形で当事者に言い渡すという建前になっている。対審手続においては，原告あるいは被告が存在しなくなれば，訴訟は終了する。連邦憲法裁判所における対審によらない手続では，原告，あるいは被告といった対立する関係人が，形式上，存在しないこともあり得る。そのような場合であっても，手続は行われる[45]。対審によらない手続では，法規範の客観的な効力についての審理という側面がより強くなるので，このようになるのである[46]。そこには，対審手続に代わる，幅広い参加や意見陳述といった制度が存在している。このような関係人の不存在の場合でも，実質的な対審主義の性格をもたらす手続が存在する点に，憲法裁判の関係人といった面からの手続上の特殊性が認められる。

---

[45]　正書法に関する憲法異議手続において，憲法異議が取り下げられたことによって関係人が不存在となったにもかかわらず，連邦憲法裁判所は，正書法の違憲性を審理した。多くの批判にさらされたが，この事例は，まさに，このことを実証しているといえよう。［判例Ⅲ6：斉藤一久］，［判例Ⅲ86：根森健］，Ⅲ2.2参照。

[46]　高見（注8）104頁参照。

4. 裁判官の排除

　基本法 101 条 1 項の保障する，法律の定める裁判官による裁判を受ける権利は，裁判を行う機関が公正で非党派的な判決言渡機関であることの保障も含むと，一般に解されている（BVerfGE 23, 85）。そこで，裁判官の公正さを担保し裁判に対する信頼を確保するための制度として，裁判官の除斥（Ausschließung），忌避（Ablehnung）および回避（Selbstablehnung）が設けられている。法は，連邦憲法裁判所の裁判官について，一定の場合に除斥，忌避または回避によって，事件から排除されると定める。

4.1　除　　　斥

　除斥については，法 18 条が定める[47]。除斥の事由は，裁判官が，当該事件の関係人であるとき，関係人の配偶者であるか若しくは配偶者であったとき，関係人と生活パートナー関係にあるかもしくはあったとき[48]，裁判官または配偶者の直系血族が関係人であるとき，裁判官の 3 親等内の傍系血族または 2 親等内の傍系姻族が関係人であるとき，または裁判官が事件についてすでに職務上あるいは職業上関与したことのあるときである（1 項）。

　ここにいう関係人（Ⅲ 3. 参照）とは，自らが原手続の原告，被告（人）となる場合，憲法異議申立人，あるいは抽象的規範統制において連邦憲法裁判所裁

---

[47]　連邦憲法裁判所法の規定のみが除斥の根拠規定となり，民事訴訟法などの他の訴訟法の除斥に関する規定が補足的に適用されることはない（Lechner/Zuck §18 Rn. 3）。

[48]　この部分は，「生活パートナーシップ法の補充に関する法律」によって追加された（Ⅰ 2. 3. 2 参照）。また生活パートナーシップ法の合憲性については，BVerfGE 105, 313［判例Ⅲ 32：三宅雄彦］を参照。

判官に任命されるまでに連邦議会議員として当該規範統制の申立人の一人になっていたような場合（BVerfGE 79, 311）に加えて，訴訟法上の意味において訴訟に参加する場合も含む。これは，一方当事者の代理人となる場合，事件について直接の共同権利者，共同義務者または求償債務者（Regresspflichtige）となる場合を意味する。したがって，この限りで関係人の概念は，実体法上拡張されている[49]。しかし，家族関係（Familienstand），職業，門地，政党に所属していること，その他これに類似した一般的観点から手続の結果に利害関係を有する場合は，関係人とならない（2項）。このように，一般的観点を明文で除斥事由から排除した背景には，連邦憲法裁判所の判決は，その性質上，一般に，あるいは多かれ少なかれ一定の範囲の人々に法的な意味を有することになるが，そのような間接的なかかわりで除斥を認めるのは適当でないという，立法者の判断がある[50]。

　除斥事由とされる裁判官の職務上の関与とは，事件のいずれかの段階で関係人の代理人であったとき，事件の原審までに判決を下す裁判官としてかかわったとき，または事件の前提となる刑事手続もしくは行政行為を官吏として行ったときである。これは，当該事件に現にかかわったことのみを指し，事件にとって決定的な論点について，裁判官として別の事件で意見を述べているような場合を含まない（BVerfGE 78, 331）。学術的に意見を述べている場合も同様である（法18条3項2号）[51]。また，事件で争われている法律の制定過程にかかわったことも除斥事由とならない[52]。なお，ここでいう事件について，連邦憲法裁

---

49)　E. Klein, in : Benda/Klein, Rn. 234.
50)　Vgl. E. Klein, in : Benda/Klein 2. Aufl. 2001, Rn. 206 ff. ; Lechner/Zuck, Rn. 6ff. zu § 18.
51)　本号は，1970年の第4次改正で追加された（Ⅰ2.3.2(4)参照）。この追加は，直接には忌避が問題となった二つの連邦憲法裁判所判決（BVerfGE 20, 1 ; 20, 9）を契機としてなされた（E. Klein, in : Benda/Klein, Rn. 237）。判例は，これらの規定によって，別の事件または学術的な場で意見をすでに述べていることが，個別の事例において除斥事由となることまでは妨げられていないとする（BVerfGE 78, 331 ; BVerfGE 82, 30）。

判所は，学説の多数説と同様に，「具体的で，厳密に手続と結びついた意味」で解しており，連邦憲法裁判所に係属した事件そのもの以外は，連邦憲法裁判所への移送や憲法異議の原手続のみがこれにあたるとしている[53]。

除斥事由の有無は，いずれの手続においても，またどの段階においても審査される。除斥の裁判は，手続の管轄に応じて，部または部会が行う。審査される裁判官は，その除斥の裁判に関与することはできない。部会では，あらかじめ定められた当該裁判官の代行の裁判官（法15a条2項）が除斥の審査に加わる[54]。除斥の判決は宣言的であり，除斥された裁判官は，除斥の判決のときから，当該事件についての職務を解かれる[55]。裁判官が除斥されたとき，部では，忌避・回避のとき（法19条4項）とは異なり原則として裁判官の補充は行われない。ただし，除斥によって部が定足数を欠いたときに限り，「特に緊急を要する事件」（法15条2項）に該当するとして，抽選によって他の部から定足数を充たすために必要最小限の裁判官を補充することができる[56]。

---

52) 本項にいう「制定過程への関与」とされているものは，例えば議員として制定に直接関わること，連邦の省において学識経験者として関わること，連邦参議院の法務委員会における秘書官であったこと，連邦大統領府における参事官（Referent）であったことがある。これに対して，法律案に関して憲法上の鑑定意見を提出する行為については，明確な結論が出ていない（vgl. Lechner/Zuck, Rn. 10f. zu § 18）。この問題が争われた事件（BVerfGE 82, 30）で，連邦憲法裁判所多数意見は明言を避けたが，ベッケンフェルデとクラインの少数意見は，鑑定意見の提出は予断を根拠づけるものではないとしている（BVerfGE 82, 30 (41))。

53) E. Klein, in : Benda/Klein, Rn. 236.
54) なお，この代行裁判官は，除斥が認められた場合，当該事件の裁判にも加わる。
55) Lechner/Zuck, Rn. 13. zu § 18.
56) 1985年の法改正（Ⅰ 2. 3. 2(5)参照）によって，忌避または回避された裁判官については，他の部から抽選によって補充がなされることとなった（4項）。それ以前は，除斥と同様に忌避や回避の結果定足数を欠く危険があり，これを避けるために忌避および回避の要件は厳格に解されていた。4項の導入によってこの危険は生じなくなったのであるが，連邦憲法裁判所は，相変わらず厳格な要

4.2 忌避および回避

　忌避および回避については，法19条が定める。忌避についての裁判は，事件について裁判官に予断の疑いがあるとして，当事者がその裁判官の忌避を申し立てたときに行われる（1項）。この忌避を申し立てることのできる当事者は，原手続の原告，被告（人）および訴訟法上訴訟参加をしている者など，全ての関係人である。職権で忌避がなされることはない。忌避は個々の裁判官に対して申し立てなければならず，判決言渡機関，つまり部または部会の全体を忌避の対象とすることはできない。申立ては，裁判が下されるまでのいずれの段階でもなしうるが，口頭弁論手続がとられるときは，その開始までに申し立てなければならない（法19条2項）。

　また，忌避されていない裁判官が，自ら予断の疑いがあるとして回避を申し立てたときは，裁判所が裁判によって，当該事件の回避を決定する（3項）。この申立ては，裁判官の義務と解されており，これを怠ったときは法105条の罷免（Ⅱ2.1参照）の事由となりうる。

　忌避および回避の理由として，法は「予断の疑い（Besorgnis der Befangenheit）」をあげるにとどまっている。このため，その内容は解釈によって具体化されなければならない[57]。判例によれば，予断の疑いとは，裁判官が現に予断を有するという主観的な要件ではなく，状況を合理的に判断して裁判所の公正に疑いをもちうる事情があることという客観的な要件である（BVerfGE 73, 330）。そして，事案の個別の具体的状況と結びついた，疑いを呼び起こす要素が必要である[58]。連邦憲法裁判所は，裁判官の選任手続が極めて客観的に行わ

　　件を維持している。これについて，シュライヒ／コリオートは，忌避や回避によって政治的均衡を損ねることは，抽選によっても防ぎ得ないのであるから，厳格な要件を維持することは適当であるとして，判例を評価している（Schlaich/Korioth, Rn. 74）。

57）　除斥理由があるときは，その裁判官は除斥されるので，予断の疑いは問題とならない。忌避で問題となるのは，それ以外の事由である（E. Klein in: Benda/Klein Rn. 241）。

れていること，裁判官に対する信頼が憲法裁判手続の当事者に求められていること，および他の裁判手続に比して法18条の除斥の要件がより慎重であること，さらに忌避が政治的に利用されるおそれがあることを理由に，とくに重大な理由がある場合に限って，「予断の疑い」を認定してきている。例えば，政党や団体に単に所属していること（BVerfGE 88, 17［判例Ⅱ70：岡田俊幸］）や，政党の支持によって連邦大統領候補となること（BVerfGE 89, 359）は，予断の疑いを根拠づけるものではない。また，裁判官が一定の学術的見解や政治的主張を有し，それを一般的な集会の場で表明しても，予断を根拠づけることにはならない（BVerfG(K), NJW 2011, S. 3637）。鑑定意見は，学術的に公表された場合は根拠とはならない（BVerfGE 82, 30）が，訴訟当事者の一方の依頼によりその立場を擁護する目的で公にしている場合には根拠となる（BVerfGE 88, 1）。

　裁判官は，自分についての忌避および回避を審理する裁判に関与することはできない。部で裁判するべき場合は，残りの裁判官で忌避について裁判する。この裁判において可否が同数のときは，裁判長がこれを決する（法19条1項）。これよって裁判官が排除されたときは，抽選によって他の部から裁判官を補充する。このとき，部の長を補充要員から除外することができる（4項）。部会では，忌避を申し立てられた裁判官の代行をする裁判官（法15a条2項）が，忌避の裁判に加わる[59]。これらの手続は，回避の場合も同様である。

　忌避には理由づけを要し，また忌避された裁判官はこれに対して意見を述べることができる（法19条2項）。もっとも，申立てが権利の濫用であるときは，意見を述べる手続はとられず，また正式の忌避についての裁判もなされない[60]。忌避および回避の判決は遡及効を有しない[61]。

　なお，連邦憲法裁判所は，具体的規範統制手続について，それが原手続の裁

---

58)　E. Klein in： Benda/Klein Rn. 241.
59)　忌避が認められたときは，除斥の場合と同様に，この代行裁判官が当該事件の裁判にも加わる。
60)　Lechner/Zuck, Rn. 3 zu § 19.
61)　Lechner/Zuck, Rn. 14 zu § 19.

判官が行う客観的な手続であり（Ⅴ2.2.1参照）忌避の前提となる人的関係が欠けているとして，忌避の申立ては認めていない（BVerfGE 46, 34）。しかし，回避は認めている（BVerfGE 20, 26）。

5. 口頭弁論と書面手続

5.1 総　　説

　法25条1項によれば，連邦憲法裁判所は当事者全員の意思により放棄する場合を除き，特段の定めのない限り口頭弁論に基づいて判決を下すことになっている。これを受けて法25条2項は口頭弁論に基づく判決を「判決（Urteil）」とし，口頭弁論に基づかない判決を「決定（Beschluss）」と規定している。ここに，口頭弁論と書面主義を説明する意義が生じる[62]。このような規定の置き方からすれば，連邦憲法裁判所は原則として口頭弁論に基づいて判決を下すことになるはずである。しかしながら，実践においてはこの原則は全く反対の状況にある。2001年に出版されたE.ベンダ／E.クラインの標準的教科書においても，2011年に改訂された同書第3版においても，エッカート・クラインの指摘するところによれば口頭弁論は全体のわずか1％すら行われていないという現状が指摘されている[63]。その際，問題となるのは抽象的規範統制（abstrakte Normenkontrolle），機関訴訟および連邦・ラント間争訟（Organ-und Bund-Länder-Streit）である。その意味では，口頭弁論に代わって書面手続が原則となっている[64]。このことについては，エンゲルマンをはじめとして多くの批判が加えられている[65]。

---

62) E. Klein, in : Benda/Klein, Rn. 283 zu § 13.
63) E. Klein, in : Benda/Klein (2. Auflage, 2001), Rn zu § 13. 246.; E. Klein, in : Benda/Klein, Rn. 283 zu § 13. その統計の基になっているのは，F. Klein, in : Maunz u. a., Rn. 1 zu § 25. ただし，このF. クラインの統計の具体的根拠は示されていない（とりあえず，BVerfG HP 参照）。
64) E. Klein, in : Benda/Klein, Rn. 283 zu § 13.
65) K. Engelmann, Prozeßgrundsätze im Verfassungsprozeßrecht (1977), S. 53. エンゲルマンによれば，「憲法は本案の公開を連邦憲法裁判所に要請している」。

5.2 口頭弁論の例外

　以上のように，連邦憲法裁判所は原則として口頭弁論に基づかずに判決を下しているのが実情である。その理由の一つとして，法25条1項そのものが「特段の定め」がある場合，口頭弁論を放棄することができることを規定していることがあげられる[66]。したがって，以下若干の条文に基づき口頭弁論の例外を概観することにする。まず，憲法訴訟法の中でその数から言っても最も重要である憲法異議をとりあげる。憲法異議手続において，口頭弁論により手続の促進が期待できず，しかも意見陳述の権能を有する憲法機関がこれを放棄した場合，連邦憲法裁判所は口頭弁論を省略することができるとされている（法94条5項）。このように一定の条件の下で異議申立人の意思を無視して口頭弁論を省略することによって，大量に提起される憲法異議に対して，連邦憲法裁判所は口頭弁論に基づかずして判決（決定）を下すことで対応してきた。異議申立人は口頭弁論の遂行を要求することはできない。部会の決定は義務的に口頭弁論なしに下されるのである（法93d条1項1文）。また略式手続の一環として，連邦憲法裁判所の過重負担軽減のために，手続的理由や実質的理由によって申立人に勝訴の可能性がない申立てに対して裁判官全員一致の決定により訴えを却下することができる（法24条）。さらに，仮命令は口頭弁論なしに発することができる。特に緊急を必要とする場合においては，当事者や訴訟参加資格を有する者の態度表明の機会さえ与えなくとも良いとされる（法32条2項）。これに対応したものが，選挙審査手続にも妥当する（法48条3項）。さらに，連邦憲法裁判所法第6次改正法律（BGBl. I S. 266）によって，法66条の後に66a条が追加され「調査委員会法第2条第3項と結びついた［本法］13条第5項による手続，並びに同法第18条第3項による手続において，またこの手続が同法第19条および第23条と結びついた場合にも，連邦憲法裁判所は口頭弁

　　　また，G. Zöbeley, in ; Umbach/Clemens/Dollinger, Rn. 10 m. w. N zu §25. 参照。
66）　E. Klein, in : Benda/Klein, Rn. 284 zu §13.

論を開かずに裁判することができる」と規定された。最後に，具体的規範統制手続においては憲法機関が訴訟参加を認められなければ（法82条，77条），その訴訟には誰も手続関係人はいないことになる。なぜならば，法82条2項によれば具体的規範統制において口頭弁論を放棄する権利をもつ当事者は訴訟参加を認められた憲法機関だけであり，また法77条によれば抽象的規範統制手続において連邦議会，連邦参議院と連邦政府および関連するラントの議会と政府にのみ所定の期間内に陳述の機会が与えられているからである。このような状況から――法82条3項後段「法律審査を申し立てた裁判所における訴訟当事者の手続への参加は認められないが，その当事者には，意見陳述の機会が与えられる」ことにかかわりなく――口頭弁論をするかどうかは連邦憲法裁判所の裁量に委ねられることになった。ほんのわずかの，数の上では等閑視されてきた事例においてのみ口頭弁論に基づくことが義務とされ，そしてそれを放棄することはできないとされている（法32条3項，55条1項，58条1項）。これもまた，法第6次改正法律（BGBl. I S. 266）によって，法82条の後に，82a条が追加され，同条3項にて明文にて「連邦憲法裁判所は口頭弁論を開かずに裁判することができる」と規定された[67]。

　法23条によれば，連邦憲法裁判所への訴えの提起は必ず書面で提出されなければならない（同条1項）。その訴えの提起は理由のあるものでなければならず，必要な証拠方法が記載されなければならない。また，陳述関係者は定められた期間内に陳述しなければならない。なお，法25条1項は「特段の定めがある」場合，口頭弁論を放棄できることができることを規定しているが，口頭弁論の放棄を一旦した以上，自由に撤回することはできない[68]。ただし例えば行政訴訟法（VwGO104条3項2文）および民事訴訟法（ZPO156条）に倣って，連邦憲法裁判所はその裁量に基づき口頭弁論の再開を決定することができる。

---

67)　E. Klein, in : Benda/Klein, Rn. 284 zu §13. なお，連邦憲法裁判所法第6次改正法律については光田督良「ここ数年における連邦憲法裁判所法の改正とその注目点」比較法雑誌44巻2号（2010年）279頁以下参照。

68)　E. Klein, in : Benda/Klein, Rn. 285 zu §13.

なぜならば，口頭弁論の後に判決に重要な影響を及ぼす新たな問題点が明らかになった場合，これについてあらためて関係人と討議する必要があるからである。したがって新しい，判決の発見にとって本質的である訴訟資料の採用が期待できない場合には，口頭弁論の再開を要求する申立ては認められない[69]。

---

69) F. Klein, in ; Maunz u. a., Rn. 6 zu § 25 なお，行政裁判所法 104 条 3 項 2 文の解説については，司法研修所編『ドイツにおける行政裁判制度の研究』(法曹会，2000 年) 235-236 頁参照。また，ドイツ民事訴訟法典 (2005 年 12 月 5 日の新公布条文) によれば，同法 156 条 (弁論の再開) は以下のように規定されている。
① 裁判所は，終結した弁論の再開を命じることができる。
② 裁判所は，特に以下の場合には，弁論の再開を命じなければならない。
1 裁判上重大かつ責問しうる手続上の瑕疵 (第 295 条)，特に指摘及び釈明義務 (第 139 条) の違反又は法的審問請求権の侵害を発見したとき。
2 再審事由 (第 579 条，第 580 条) にあたる事実が事後に提出され，かつ，疎明されたとき。
3 口頭弁論の終結と評議及び評決の終結 (裁判所構成法第 192 条から第 197 条までの規定) との間に裁判官が退任したとき
法務大臣官房司法法制部の解説によれば，「憲法上の基本原則としての『法的審問請求権 (Anspruch auf rechtliches Gehör) の保障』は，基本権第 103 条第 1 項のほか，欧州人権基本・基本自由権条約規定 (EMRK) 第 6 条第 1 項によって規定されている。法的審問請求権は，すべての裁判手続において，したがって民事訴訟においても存在し，『相手方当事者も聞かせる (audiatur et altera pars)』の原則によるものである。民訴法中には，明文の規定はないが，第 118 条，第 136 条ないし第 139 条，第 141 条，第 337 条，第 404a 条第 5 項第 1 文，第 547 条第 4 号などの規定によって具体化されている。訴訟運営，口頭弁論の過程及び当事者の提出に関する諸規定は，当事者に対して，法的審問を保障し，いわゆる法的対論を通じて不意打ちを食らうことのないようにしている。また，第 139 条第 2 項により，裁判所は，当事者が認識していない又は不十分にしか認識していない法的観点について，いわゆる法的対論をする義務を負っている。法的審問の違反に対しては，一般的に上訴によって不服申立てができるほか，第 321a 条により救済されるが，憲法異議についてはこれらによって救済されない場合に限って認められる (基本法第 93 条 1 項 4a 号)。なお，法的審問請求権と密接に関連しているものとして，公正な手続を求める権利 (Anspruch auf faires Verfahren) 及び武器対等の原則 (Grundsatz der Waffengleichheit) (基本法 3 条 1 項) も存在する」として，基本法と口頭弁論の再開の結びつきを説明

5.3 口頭弁論と書面手続

前述のように法25条1項によれば、連邦憲法裁判所は「特段の定めがある」場合、口頭弁論に基づかないで判決を下すことができる。訴訟法史において本来、憲法裁判の原型となった民事裁判は無条件な口頭主義（Mundlichkeit）から発展してきた経緯がある。ちなみに、口頭主義とは口頭弁論において提出されたもののみを裁判所の判断の基礎にすることができるという考え方である。様々な法改正を通じて、口頭弁論は徐々に制約されてきた歴史をもつ。したがって、口頭弁論、およびそれと関連する手続の公開の縮小は批判にさらされることが多い[70]。なぜならば、口頭弁論が行われている限りで手続の公開性の原則が妥当しているのであり（法17条、裁判所構成法169条）、公開性はこの法律で別段の定めがない限り口頭弁論に基づいた裁判のみが公開されるべきであるからである。また、判決の公示は常に公開されなければならないとされている

している（法務大臣官房司法法制部編『ドイツ民事訴訟法典―2011年12月22日現在―』（法曹会、2012年）15-16頁参照）。

70) F. Klein in ; Maunz u. a., Rn. 3 zu §25. P. アーレンス /H. プリュッティング（吉野正三郎編訳）『ドイツ民事訴訟法』（晃洋書房、1990年）38-42頁参照。なお、現行のドイツ民事訴訟法典との関係では、「『口頭主義（Mundlichkeit）』（128条1項）も民事訴訟の基本的原則であるが、当事者が口頭弁論を書面によって準備することを予定している」としながら、「事実の提出や申立ての読み聞かせについては書面の援用による代替が許されている。また、第128条第2項により、両当事者の承諾がある場合には書面手続（Schriftliches Verfahren）が認められており、口頭主義での例外が存在している」、「判決の基礎たる弁論に関与した裁判官が判決をすることができる」とする「直接主義（Unmittelbarkeit）」（128条1項、309条、361条、362条、375条、527条2項2分）が許されているとか、訴訟遅延を防止するために、1976年の簡素化法によって「包括的に準備された口頭弁論（いわゆる主要期日 Haupttermin）において訴訟を終局的に解決することを裁判所に対して強く義務付けた、…『手続の集中・迅速主義（Konzentration- und Beschleunigsgrundsatz）』（139条、272条、273条、282条、296条、358a条）」の傾向にあることが指摘されている（法務大臣官房司法法制部編・前掲書14-15頁参照）。

（法30条1項3文）。しかしながら上述のごとく，大多数の憲法訴訟においてそうであるように口頭弁論に基づかない憲法訴訟の方が数において圧倒的に多いことに注意する必要がある。

　このような問題点があるにもかかわらず，書面主義（Schriftlichkeit）によると口頭弁論の開催に要する時間を節約することができることから，実務では，準備書面の記載から，それ以上事案解明を行う必要がなく，法律上の問題点についての主張が尽くされていると認められる場合，積極的に書面手続を利用している。F. クラインの言葉を借りるならば，「書面手続のメリットはまず提示された訴訟物が一回で確定され，そのような基礎から再び関係人が書面上，それについての自らの態度を表明することができることにある。」しかしながら書面主義を中心に進められる職権主義は，口頭弁論主義が有しているメリットを損なうことになる。なぜならば，「まさに頻繁な法における政治的理念の現実化とその憲法との一致が問題とされる憲法争訟においては，その法発見のためには強制的ではない両当事者の聴聞の保障，あるいはあらゆる裁判官と関係者の間における弁論および反対弁論の審理が必要とされる[71]」からである。敷衍するならば，基本法103条1項は「法的審問の原則」を保障しており，それによって関係人に具体的事案についての攻撃防御方法を主張する機会が与えられ，反対に裁判所は関係人に対してこれらの攻撃防御方法を知らせると共に検討させる義務を負うことになる。このことによって，口頭弁論は裁判所における法的対話を実現させることになる。基本法93条1項4号は，法的審問請求権の侵害を憲法異議において主張することを許している。旧い判例（BVerfGE 23, 17 [19f.]）ではあるが，連邦憲法裁判所は「異議申立人の聴取が行われていれば，裁判所が事実について異なる判断をし，または重要な点について異なる評価をし，あるいは異議申立人に有利な判断が下されていたであろうという可能性がなかったわけではないとき」，憲法異議が認められるとした[72]。

　ところで，物理的な限界または裁判が取り扱っている事件の性質より口頭弁

---

71) F. Klein in ; Maunz u. a., Rn. 3 zu § 25.

論の公開が全面的あるいは部分的に拒否される場合がある。「法廷の収容能力の限界による傍聴人の人数制限がある他，裁判所構成法の準用により，裁判所が公の秩序，とくに国家安全の危険，倫理の危険または会社もしくは営業の重要な秘密の危険に配慮するとき，裁判所は口頭弁論の公開を全面的または部分的に拒否することができる。この理由存否の判断は裁判所の自由裁量である。ただし，裁判所は公開拒否の決定をするとき公開の法廷で理由を示さなければならない。この場合，非公開であっても口頭弁論が行われる以上，その判決の言渡しは公開しなければならない」[73]。

最後に，憲法訴訟において書面手続に基づいて決定される手続が高いパーセンテージを占めているにもかかわらず，多くの重要な憲法訴訟，例えば国防訴訟，コンコルダート訴訟[74]，政党禁止訴訟，放送法訴訟，堕胎禁止訴訟，国会議員の弾劾訴訟および連邦・ラント間の訴訟等において口頭弁論に基づく判決が下されてきた[75]。鑑定書をはじめとする書面の準備により，口頭弁論における訴訟資料の集中的解明が可能となる。その意味で口頭弁論と書面主義はお互いに補完しあうものである。

---

72) 司法研修所編（注69），213-214頁参照。
73) 永田秀樹「西ドイツにおける憲法訴訟の手続原則」大分大学経済論集34巻3号（1982年）130-131頁。
74) 松原光宏によればコンコルダートとは「ドイツにおける政教関係は，いわゆる世俗主義ではなく，『修正された分離主義』と一般に解されている。確かに教会法は否認されるが（ヴァイマール憲法137条1項），正規授業科目としての宗教教育設置（7条3項），日曜日及び祭日の保護（ヴァイマール憲法139条），公法上の団体としての教会（同137条4・5号），教会税徴収（同条6号）といった規定に象徴されるように，国家と宗教が協働し，その遂行任務にあたることが予定されている（相互関係は，特別な形式をとる公法上の契約である，コンコルダートにより規律される）」（松原光宏「第10章 精神的自由」君塚正臣編著『比較憲法』（ミネルヴァ書房，2012年）251頁。
75) F. Klein in ; Maunz u. a., Rn. 3 zu §25.

5.4 最広義の口頭弁論

　最後に，広い意味での口頭弁論は手続に関係していない人物および官庁にまで記録の閲覧が保障されているのかどうかという問題を通じて議論される。これまでいわゆる「当事者公開の原則」に基づいて，手続関係人の記録閲覧を求める権利（記録閲覧権）のみが規定されていた（法20条）。しかしながら，それは手続の開始から終了までに限られていた。2002年の改正前において，手続外の訴訟記録閲覧の許容は連邦憲法裁判所規則に以下のように規定されていた。

　「手続関係人が正当な理由を疎明してその他の記録を申請したときには，連邦憲法裁判所は，原則として手数料を納入させてこれを認めることができる」（旧規則24条4項2文）。「公開することの公共の利益と手続関係人及び発言者の利益とを衡量して適当と認められるときは，学術的な出版物又は手続資料において発言の記録を発表又は利用することを許可することができる。記録に個人情報が含まれているときは，連邦データ保護法の研究目的での開示に関する規定（連邦データ保護法第14条第2項第9号と結びついた第15条第1項，第16条第1項第2号，第40条第4項）を適用する」（規則24条5項）。「⑴連邦憲法裁判所の訴訟記録は，他の裁判所または官庁に交付されない；特別な場合の例外については，部の長が担当裁判官の了解を得て決定する。⑵記録の閲覧は，正当な利益を疎明し，手続関係人及び訴訟において発言した第三者の利益が侵害されない場合，手続関係人以外の者にも保障される。〔前文の規定は〕手続終了後の手続関係人の記録の閲覧（法20条）に準用する。記録の閲覧については，部の長が担当裁判官の了解を得て決定する」（規則35条1項および2項）。ならびに「連邦憲法裁判所の裁判は，官庁，裁判所又は第三者たる私人に開示される前に匿名化されなければならない。詳細は，連邦憲法裁判所長官の指示により定める」（規則35 a条）。

　上記の各内容は，その際，個人情報の開示については連邦データ保護法の規定を適用することが指示されていた（規則35条3項）。しかしながら，上述の規定は連邦憲法裁判所において係争上にある記録に鑑みると一方においては十

分なものとはいえず，他方においても非常に説得力に欠けるものであった。なぜならば，それらは直接，連邦憲法裁判所の記録からの人格関連データ伝達と関係していなかったからである。このような不満を解決するため1998年，連邦憲法裁判所法第二章に新しく「手続外の訴訟記録閲覧」(35b 条および 35c 条)が挿入された。これによって，なるほどそれは連邦データ保護法の一般的妥当性の範囲にとどまったのであるが，しかし法第35b条および第35c条は若干の領域別の特殊領域と関連することになった。内容的に，それは従来の連邦憲法裁判所の運用を確認するものである[76]。

5.5 口頭弁論，あるいは公開主義の原則の例外

上述したように，連邦憲法裁判所法25条1項によれば，連邦憲法裁判所は当事者全員の意思により放棄する場合を除き，特段の定めのない限り口頭弁論に基づいて判決を下すことになっている。それは憲法上の基本原則としての「法的審問請求権（Anspruch auf rechtliches Gehör）の保障」（基本法103条1項，EMRK 6条1項），公正な手続を求める権利（Anspruch auf faires Verfahren）及び武器対等の原則（Grundsatz der Waffengleichheit）（基本法3条1項）の主観的権利を保障するとともに，「裁判の公開原則」を「公開主義（Öffentlichkeit）」（裁判所構成法169条以下）において保障している。しかしながら，これらの原則は「法治国家の要請」に即したものでありながら，家庭裁判所における弁論は非公開である他（裁判所構成法170条），私的な領域，国家の安全，公の秩序等に危険を及ぼす虞がある場合（同法171b条）や，重大な秘密の開示が求められる場合，あるいは16歳以下の者を尋問する場合（同法172条）には公開を制限することができるとされている[77]。

---

76) Vgl. Lechner/Zuck, §§ 20, 35, 35a, 35b, 35c.

77) 法務大臣官房司法法制部編・前掲書16頁参照。そこで，参考になるのが被告人の公正手続請求権と秘密捜査員である証人の保護の調整が問題になった「秘密捜査員（V-Mann）決定」（BVerfGE 57, 250,［判例 I 92：中野雅紀］）である。

6. 証拠採用手続

6.1 総　　説

　憲法裁判の申立てを受けて，連邦憲法裁判所の手続が開始される。まず，申立てが本案判断の要件（Sachentscheidungsvoraussetzungen）[78]を充たしているか否かが問題となる。この要件を欠く場合，申立ては不適法（unzulässig）として却下される。適法な（zulässig）申立てのみが実体審理の対象となり，認容されるか否か（begründet oder unbegründet）の判断を受けることとなる。このような裁判は，すべて，一定の証拠に基づいて行われねばならない。

　連邦憲法裁判所は，事実の認定に必要な証拠調べを行う（法26条1項1文）。民事訴訟と異なって，事実関係の解明に配慮するのは裁判所自身の役割である（職権主義（Inquisitionsgrundsatz）（Vgl. BVerfGE 7, 198 [213]［判例Ⅰ 24：木村俊夫]））。申立人は訴訟への協力義務を負い，訴状の提出に際して必要な証拠方法を記載しなければならないが（法23条1項2文後段），連邦憲法裁判所は，必ずしもこれに拘束されるものではない。「憲法の番人」としての役割を果たすために，連邦憲法裁判所は，職権で事実を調査することができる[79]。例えば憲法異議の

---

78)　本案判断の要件は，連邦憲法裁判所の手続（法13条）ごとに異なるが，いずれの手続においても，概ね次の点が問題となる（E. Klein, in : Benda/Klein, Rn. 262）。
　　①連邦憲法裁判所への出訴の途が開かれているか。
　　②権利者によって手続開始の申立てが提出されているか。
　　③申立ては適法に行われているか。
　　④連邦憲法裁判所の先例または現に係属中の手続によって，裁判が妨げられることはないか。
79)　規範統制の場合など，連邦憲法裁判所は，法律の基礎となる事実を調査するだけでなく，立法者の予測に対する統制を行うこともある。立法者の予測につ

場合など，申立人たる個人に，一般市民には容易に接近しえない行政庁の措置について，事実関係を解明することを義務づけるならば，その保護に欠けることになってしまうであろう。申立人の役割は，もっぱら裁判所の活動に契機を与え，これを促すことにあるのである。

もっとも実際には，連邦憲法裁判所は，必ずしも自ら積極的に証拠調べを行っているわけではない[80]。機関争訟や連邦国家的争訟，抽象的規範統制手続においては，事実関係よりも，むしろ法解釈こそが主要な問題となる。また，判決に対する憲法異議の場合など，補充性の原則から，他の裁判所による事実認定が利用されることも少なくない（法33条2項）[81]。

6.2 証 拠 方 法

憲法裁判手続にあっても，事実の認定のために，一般的な証拠方法（Beweismittel）を用いることができる。法律上は，文書（Urkunde），記録（Akte），証人（Zeuge）および鑑定人（Sachverständiger）（法26条から29条）があがっているが，これらは限定的な列挙ではなく，連邦憲法裁判所は，検証（Augenschein）や当事者尋問（Parteivernehmung）を行うこともできる[82]。のみならず，補助的にではあるが，行政庁の指定する個人の提出した行政庁や議会の実務に関する文書を用いたり[83]，資料収集のための予備的な措置として，利害関係人や職業団体等の聴聞を行ったりすることもできる。とくに近年，専門知識のある第三者に意見陳述の機会を与えることが明文化された（法27a条）。

文書の提出について，連邦憲法裁判所は，他の裁判所や行政庁の援助を受け

　　　いては，例えば，高見勝利「立法府の予測に対する裁判的統制について」芦部信喜先生還暦記念『憲法訴訟と人権の理論』（有斐閣，1985年）；岡田俊幸「立法者の予測に対する裁判的統制」法学政治学論究14号（1992年）等参照。
80) E. Klein, in : Benda/Klein, Rn. 307.
81) Schlaich/Korioth, Rn. 60.
82) E. Klein, in : Benda/Klein, Rn. 323 ; Lechner/Zuck, Rn. 8 zu § 26.
83) G. Zöbeley/F.-W. Dollinger, in : Umbach/Clemens/Dollinger, Rn. 13 zu § 26.

る（法27条1文）。かつては，職務上の最上級機関を通じて提出するものとされていたが，現在では，直接提出するように改められた（同2文）。裁判所の3分の2の多数で，文書の使用が国家の安全と合致しないと決定した場合には，提出の要請を中止することができる（法26条2項）。

証人および鑑定人の尋問は，刑事・民事の訴訟手続に準ずる（法28条1項）。証人または鑑定人は陳述義務を負い，尋問に上級機関の承認を必要とする場合であっても，原則として承認が与えられねばならない。上級機関は，連邦やラントの利益のために承認を拒むこともできるが（法28条2項1文），あくまで例外であり，その理由の有無は連邦憲法裁判所の決定に服し，3分の2の多数があれば守秘義務の主張が退けられる（同2文）。

6.3　立証手続と証拠の評価

事実の認定は，証拠による[84]。裁判官が事実関係について直接心証を形成することができるように，証拠調べは連邦憲法裁判所が自ら行う（法26条1項1文）。証拠調べを裁判官に命じて口頭弁論以外で行い，あるいは他の裁判所に嘱託することもできるが（法26条1項2文），それは例外的な場合である。他の裁判所の確定判決における事実認定を採用する場合も（法33条2項），採用の当否の判断は連邦憲法裁判所に属する。

裁判所の証拠決定は，すべて関係人に送達されねばならない（法30条3項参照）。関係人は，開廷日の通知を受け，証拠調べに立ち会うことができる（当事者公開の原則（Grundsatz der Parteiöffentlichkeit）法29条1文）。証人および鑑定人を尋問する権利も与えられており（同2文），証拠調べが口頭弁論外でなされた場合には，関係人のこの出廷権と情報権がとくに重要な意味をもつ。

裁判所が，適切な知識を有する機関や個人に照会を求めた場合，この知識も関係人に周知させねばならない。その経過は文書に記載され（規則22条6項），

84）　実務においては，連邦憲法裁判所が特別の地位を占めていることから，職権で知りうる事項も少なくない。これら裁判所に顕著な事実については，もはや形式的な証拠を提出する必要はない（E. Klein, in : Benda/Klein, Rn. 327 ff.）。

また裁判の中にも記録される（BVerfGE 73, 1 [33]）。

　いかなる証拠も，提出されただけで事実を証明するものではなく，裁判所による評価が不可欠である。この評価によってはじめて，裁判官の心証が形成されるのである。証拠の評価は，通常の訴訟と同様，裁判官の自由な確信に委ねられており（自由心証主義（Grundsatz der freien Beweiswürdigung）法30条1項1文），法律の規律に拘束されるものではない（BVerfGE 1, 299 [316]）。

6.4　挙証責任

　裁判所がある事実を確信するに至ってはじめて，当該事実が認定されたことになる。憲法裁判の事実審理には職権主義が妥当するから，当事者には訴訟への協力義務があるが，個々の事実関係について立証する責任（主観的挙証責任 subjektive Beweislast）を負うことはない。事実の認定は，あくまで裁判所の権限であり，かつ職務なのである。

　しかし，裁判所が努力を重ねたにもかかわらず，事実を確定することができず，それゆえ裁判所の心証が形成されるに至らない場合がありうる。事実が真実であるとはいえないが，他方，誤りと証明することもできない場合である。この真偽不明（non liquet）の結果を何人の負担とすべきなのかが，客観的挙証責任（objektive Beweislast）の問題である。裁判所は，事件の裁判を拒否することができないから，憲法裁判手続にとって，その答えを見出すことは不可欠である。とりわけ憲法異議の場合には，その実際上の重要性は大きい。

　しかしながら，この客観的挙証責任について，適切なルールは存在していない。例えば，連邦憲法裁判所は，公的文書は誤りと証明されない限り正しい陳述を含んでいるという，法治国家においては承認可能な前提から，官報に報告された支出データには適法性が推定されるとの結論を導き出したことがある（BVerfGE 16, 6 [17]）。だが，それを一般化して，国家の行為は常に適法であると推定することはできないであろう。

　他方，挙証責任は原則として申立人が負うというルールも，認めることはできない。具体的規範統制手続にあっては，移送の申立てを行うのは裁判所であ

り，訴訟関係人ではないから，かかるルールは全く意味をもたないし，手続の目的を考慮すると，抽象的規範統制手続の場合にも，同じく意味をもたないであろう。また，憲法異議の場合にこのルールを適用するならば，異議申立人がはじめから不利な訴訟的地位に置かれることになってしまい，実質的な自由の保障という考え方と相容れないことになる。

挙証責任の配分の問題は，危険の配分である。それは結局，期待可能性を考慮に入れて，具体的事例に則して決するほかはない。原則として，自己の権利を防禦する側に挙証責任が課されることになろうが，一定の例外が認められるべき場合もありうる。当事者の一方に客観的挙証責任を課して裁判を下す場合には，裁判所は，慎重にも，事実認定に誤りがある可能性もあるのだということを認識していなければならない[85]。

---

85) E. Klein, in : Benda/Klein, Rn. 322.

7. 少数意見制

7.1 総　　説

7.1.1 少数意見制

　法 30 条は，1 項で，「連邦憲法裁判所は，審理の内容及び証拠調べの結果から得られた自由な心証に従い，非公開の評議において裁判する。裁判は，書面をもって作成し，理由を付し，裁判に関与した裁判官が署名しなければならない。」とした上で，2 項において，「裁判官は，評議において，裁判又はその理由に関して［他の裁判官と］異なる意見を主張した場合，これを少数意見として記すことができる；少数意見は，裁判書に付記しなければならない。各部は，その裁判書において，評決の割合を示すことができる。」としている。このような制度を，少数意見制（Sondervotum）という。

　少数意見を表明することは裁判官の裁量であって義務ではない[86]。

　法 30 条 2 項においても示されているように，少数意見には，判決（主文）に関する少数意見——これは当然に判決を正当化する判決理由も異なることに

---

86)　「部の評議の際にあらわれた意見の相違が少数意見という形で明らかにされるか否かは，その意見を主張する裁判官のみが決める。当該裁判官は，少数意見を表明することなく多数意見に同意することもできる。部の多数派または部の長もまた，当該裁判官に対してその多数意見とは異なる意見を少数意見という形にすることを引き受けさせることはできない。少数意見は権利であって義務ではない。したがって，判決に少数意見が記載されないとしても，それは判決またはその理由において部の内部でいかなる意見の相違もないことを意味するものではない。」(F. Klein, in : Maunz u. a., Rn. 6. 5 zu §30)。この点に，最高裁判所の「裁判書には，各裁判官の意見を表示しなければならない」（裁判所法 11 条）とするわが国の少数意見制度との相違がある。

なる——すなわち「反対意見（dissenting opinion）」と，判決（主文）には同意するが判決理由についてのみ異なる少数意見，すなわち，「意見（concurring opinion）」がある[87]。

しかし，実際には，少数意見について，形式，スタイル，量など一定のルールはない[88]。また，例えば憲法異議手続においては，要件を欠くとする却下判決，理由がないとする棄却判決，理由はあるが当該規定は憲法に違反するとする違憲確認判決，当該規定は無効であるとする無効判決など様々な判決形式に応じて，様々な少数意見の形が考えられる[89]。

7.1.2 制　定　史

ドイツの裁判所においては，伝統的に合議の秘密制が採用されており，連邦憲法裁判所法の制定にあたっても，「連邦憲法裁判所は，審理の内容及び証拠調べの結果から得られた自由な心証に従い，非公開の評議において裁判する。」（30条1項1号）という形で，この伝統が踏襲された。

確かに，法制定過程において，少数意見制も提案された。例えば，1949年

---

[87] Vgl. F. Klein, in : Maunz u. a., Rn. 6.1 zu §30；E. Klein, in : Benda/Klein, Rn. 366；G. Zöbeley, in : Umbach/Clemens, Rn. 19 zu §30 (1. Aufl. 1992)；Pestalozza, Rn. 38 f. zu §20. わが国の少数意見制度（裁判所法11条）においても，補足意見（結論も理論構成も同じであるけれども何かをつけ加えたいという場合，裁判の結論へと導いた多数意見にしたがいつつ，それを補足する意味で書き加えられた意見），意見（結論は多数意見と同じであるが，理論の立て方が違う場合，判決主文に多数意見とは別の理由で賛成する裁判官の意見），そして，反対意見（結論，理由ともに多数意見とは異なる意見）という分け方が一般的である。

なお，諸外国の少数意見制度の採用状況については，桜田勝義「諸国における少数意見制」法政理論（新潟大学）2巻1・2合併号（1973年）84頁以下，「少数意見論序説(1)-(3)」判例タイムズ275号2頁以下，277号2頁以下，282号（1972年）2頁以下及び，P.ヘーベルレ（井上典之・畑尻剛編訳）『文化科学からみた立憲国家—1999年日本における講演集』（尚学社，2001年）176頁以下参照。

[88] Vgl. Schlaich/Korioth, Rn.. 52；F. Klein, in : Maunz u. a., Rn. 6. 6 zu §30.

[89] Vgl. F. Klein, in : Maunz u. a., Rn. 6.2 zu §30.

12 月 14 日の社会民主党案 22 条 4 項は,「少数派となった構成裁判官は,その少数意見を,理由を付した特別鑑定書に添付することができる。特別鑑定書は,判決と共に告知され公開される」として,少数意見制を主張した。これに対して,政府案は,少数意見が公開されることによって裁判所に対する信頼と権威が脅かされるとの懸念から「裁判所の構成裁判官が,少数派となった場合は,その少数意見を訴訟記録に添付される特別鑑定書に記載することができる」(26 条 3 項) とした。連邦参議院では,裁判所による法発展のために,特別鑑定書の匿名の公表を認める修正案も出されたが,結局は,政府案がそのままの形で当時の 30 条となった。

しかし,その後も学界や法曹界において再三少数意見制の導入が提唱され,結局 1970 年の法改正によって,30 条に新たに 2 項が付加され少数意見制が導入された。これと,同時に従来も行われていた評決の割合を示すことが部の権限として認められた[90]。

法は,少数意見が判決書に付記されなければならないことを規定するのみで,手続の詳細は 1971 年に定められた規則に委ねられた。

7.2　具体的な内容

法 30 条 2 項を受けた規則は 56 条において少数意見制の具体的な内容を定める。

1 項によれば,他の裁判官と意見が異なる裁判官は,少数意見を原則として

---

90)　桜田勝義「西ドイツ連邦憲法裁判所における少数意見制の成立過程」東北大法学 37 巻 1 号 (1973 年) 1 頁以下,大越康夫「西ドイツ連邦憲法裁判所における少数意見」社会科学討究 33 巻 1 号 (1987 年) 280 頁以下参照。第 4 次改正法律では,この少数意見制度の採用に伴い,12 年の任期と 68 歳という定年制が採用された (G. ヴェールマン (憲法裁判研究会訳))「連邦憲法裁判所の諸改革」比較法雑誌 22 巻 2 号 (1988 年) 161 頁以下参照)。

なお,ラントの憲法裁判所,一般の裁判所あるいは連邦の五つの最上級裁判所に少数意見制を拡大することは当時,問題にもされなかった (E. Klein in : Benda/Klein, Rn. 368)。

裁判の終了後3週間以内に，部の裁判長に提出しなければならない。2項は少数意見を表明しようとする裁判官に対して，評議がそれを可能にする段階に達した場合，すみやかにそのことを部に知らせることを義務づけている。3項によれば，「判決について少数意見が表明される場合には，部の長は，判決言渡しの際に，事件に少数意見が存在することを告げる。それに続いて，裁判官は，自己の少数意見の要旨を明らかにすることができる」。

「少数意見は，裁判とともに公示される」（4項）。また，「少数意見は，連邦憲法裁判所の判例集に，その裁判に続いて，裁判官の名とともに掲載される」（5項）。実際には，判例集ではAbweichende Meinungという名称が付されている。

7.3　連邦憲法裁判所の実務とその評価

1970年12月15日のいわゆる盗聴判決（BVerfGE 30, 1［判例Ⅰ42：西浦公］）によって連邦憲法裁判所における少数意見制は開始された。

若干の例外を除いて，少数意見は政治的にも社会的にも大きな対立点を含む訴訟に限定され，数からいって過度に行われているわけではない。制度が導入されてからしばらくはどうしてもその数は多くなり，連邦憲法裁判所判例集30巻から40巻までは少なくとも35の判決において少数意見がみられたが，その後は部の判決の約6％～7％に少数意見が付されている[91]。少数意見の質は多数意見に劣るものではなく，それゆえ，実際の運用は少数意見制の維持に疑念を投げかけるものではない[92]。

---

[91]　Vgl. G. Zöbeley, in : Umbach/Clemens, Rn. 23 zu §30 (1. Aufl. 1992). D. Hennecke in : Umbach/Clemens/Dollimger, Rn. 17 zu §30. 判例集99-100巻の23件の事件のうち4件にのみ評決関係が記載されているという報告もある（Vgl. G. Roellecke, Sondervotum, in : FS 50 Jahre BVerfG, Bd, I 2001, S. 364）。

[92]　Vgl. Pestalozza, Rn. 40 zu §20. 次のような評価もある。「今日，少数意見制の廃止を真剣に考えるものはいない。このことは理解できる。確かに，一判例をみても—そのメリットはほとんど計測できない。しかし，同様に，具体的なデメリットも認識できなかった。それゆえ，少数意見の可能性を抑制的に用いる

7.4 少数意見制の機能と効果

少数意見制の機能・メリットとして以下の点があげられている。

第一に，少数意見制は，裁判所内部における法的な対話を促進し，これによって憲法解釈上の争点（対立点）が明確になり，双方の憲法解釈が深化する。つまり，少数意見制によって多数意見も少数意見からの批判をうけることによって，意見そのものの内容と形式がすぐれたものになる[93]。

第二に，少数意見制は，裁判の動向・判例傾向の分析そして各裁判官の考え方についての分析を可能にし，憲法訴訟における論議に不可欠の資料をもたらす。また，判例の動向を予測する手がかりとなり，予見可能性が高まる。すなわち，少数意見の数が多くまたその内容が説得力に富むものであれば，後の法廷の構成の変動によって，判例が変更される可能性がある。この意味で，少数意見は，判例の安定度を測る重要な目安となる。さらに，少数意見は，下級裁判所の法形成にとって重要であるとともに，政治部門（国会・内閣）が判決に対応した措置を講じなければならない場合は，その指針ともなる[94]。

第三に，少数意見制は，法発展の大きな要因となる。少数意見は，将来の議論を喚起し，世論・研究者によって支持され，全体としてコンセンサスが形成，獲得されて多数意見となりうる[95]。たとえ，当事者あるいは下級裁判所の

べきであるという提言を付して，現今の法状況に委ねている」（E. Klein in : Benda/Klein, Rn. 370）。なお，興味深い例として，キリスト磔刑像判決（BVerfGE 93, 1 ［判例 II 16：石村修］参照）がある。

93) Vgl. Schlaich/Korioth, Rn. 52 ; E. Klein, in : Benda/Klein, Rn. 369. 大越（注90）286頁参照。

94) Vgl. Pestalozza, Rn. 41 zu § 20.

95) シュライヒ／コリオートによれば，「少数意見は連邦憲法裁判所の判例を将来，今とは違った方向に導き，そして―従来の判例の諸矛盾や間隙を含めて―このような可能性を世論に対して喚起する意図をもつのであり，私見によれば，少数意見の固有の意味はここにあるのである」。そしてその具体例として，メフィスト判決（BVerfGE 30, 173 ［判例 I 30：保木本一郎］参照），兵役拒否新規制法事件（BVerfGE 69, 1 ［判例 I 23 山内敏弘］参照），森での乗馬事件（BVerfGE

主張が，多数意見によって否定されたとしても，自己の見解が少数意見に取り上げられることによって，慰撫されまた鼓舞される[96]。このことは，少数意見制の基礎にある民主主義観に関わるものである。すなわち，民主主義においては多数決原理が支配するが，それは一定の条件の下においてのみ成立するものである。したがって条件の変化によって少数意見もまた多数意見となる可能性をもつ。次代を先取りする憲法感覚にすぐれた意見が当初は少数意見という形で現われ，それが次第に多数意見となる例が少なくない[97],[98]。

その他，多くの機能が指摘されているが[99]，まとめれば，少数意見制が憲法解釈における相対主義，多元主義のあらわれであるということである。すなわち，様々な見解や理由づけが公開されることは，裁判所の判決が確かに当該事例にとっては最終的なものではあるが，その背後にある憲法の解釈にとっても最終的なものではないことを明確にするのである[100]。

80, 137：〔判例Ⅱ2：平松毅〕参照），政党助成判決（BVerfGE 73, 40：〔判例Ⅰ67：上脇博之〕参照）があげられている（Vgl. Schlaich/Korioth, Rn. 52）。

96) Vgl. Pestalozza, Rn. 41 zu §20 ; P. Häberle, Verfassung als öffentlicher Prozeß, Materialien zu einer Verfassungstheorie der offenen Gesellschaft, 1978, 3. Aufl. 1998, S. 132. 大越（注90）284頁参照。

97) 川添利幸「憲法の進化と憲法の番人」同『憲法保障の理論』（尚学社，1986年）168頁以下，大越（注90）285頁以下参照。

98) 野中俊彦「個別的意見制の意義と役割」ジュリスト1037号（1994）31頁以下においても，少数意見制の積極的な意味について以上述べたことと同様の指摘がある。この点では，憲法裁判所型と司法裁判所型に違いはないようである。

99) 例えば，シュライヒは，「少数意見は一方では倫理的あるいは論理的，すなわち学問上—解釈論上の理由から判決に組みすることができず，そしてこの旨を公表することを望む少数派裁判官の裁判官としての矜持を保持することに役立つ」と主張して，その例として，第一次堕胎判決（BVerfGE 39, 1〔判例Ⅰ8：嶋崎健太郎〕参照）における二裁判官の少数意見をあげている。しかし，かれ自身，このような少数意見は特別の場合にのみ認められるものであるとの限定を付しているが（Schlaich/Korioth, Rn. 52），少数意見制にこのような機能を認めるべきかどうかについては，連邦憲法裁判所の裁判官像を中心に検討の余地があろう（Vgl. Pestalozza, Rn. 42 zu §20. なお，大越（注90）286頁参照）。

100) 少数意見制度は，開かれた憲法理解とそれに対応した解釈のための実定法的

これに対して，1970年の法改正過程において少数意見制の導入に反対する論者は，法的平和が脅かされることを懸念し，ドイツ法においては伝統がないことを強調した。しかし，導入されて以降，少数意見を廃止しなければならないほどの問題ある機能・デメリットを見出すことはできない[101]。

　　　　憲法訴訟法上の論拠である。また，ヘーベルレによれば，「少数意見はとりわけ，政治的共同体全体における法会話も促進することができ促進すべきである。したがって，その憲法理論上の存在価値は，憲法の継続的形成，憲法裁判所の権威の強化及び裁判官への信頼としてしばしば示される。憲法解釈の開放性と憲法の公共性（Öffentlichkeit）は最終的に少数意見制に対する憲法理論上の正当化事由である。少数意見制は 公共性において規範力を展開することができる」（P. Häberle, Verfassungsgerichtsbarkeit zwischen Politik und Rechtswissenschaft. Zwei Studien, 1980, S. 26f. なお，ders., Grundprobleme der Verfassungsgerichtsbarkeit, in : P. Häberle (Hrsg.), Verfassungsgerichtsbarkeit, 1976, S. 33.（ペーター・ヘーベルレ（畑尻剛・土屋武訳）「憲法裁判の基本問題」比較法雑誌45巻4号（2012年）107頁）も参照）。

101）　Vgl. Pestalozza, Rn. 42 zu § 20.

8. 費　　　用

8.1　費用無償の原則

　法34条1項は，費用無償の原則を定めている。この原則は憲法の番人としての連邦憲法裁判所の活動の公益性によるものである[102]。この原則は通常の手続の費用についてのみ妥当する[103]ため，当事者の不履行や懈怠などによって生じる余分の裁判所費用や，当事者自身の法的主張に際して生じる訴訟費用は，本人が負担する（自己負担の原則）(Vgl. BVerfGE 49, 70 [89]；66, 152 [154].)。

8.2　濫　用　料

　費用無償の原則は濫用料の規定（法34条2項）により限定される。連邦憲法裁判所法制定当時は，不適法あるいは理由のない憲法異議や選挙抗告の提起を抑制するため，それらが濫用となる場合には，20マルクから1,000マルクまでの濫用料を課すことができるとされた。この場合の「濫用」とは，それらの提起が個人，行政機関，またはその他の国家機関に何らかの形で損害を与えるために，あるいは不当な目的を達成するために提起された場合や，それらがあらゆる視点からみても真摯なものといえない場合をいうとされた[104]。しかし，訴訟好きな者や法律に明るくない者にとって，金銭的規制手段たる濫用料は効果をもたなかっただけでなく，それ以上に，市民にとって憲法異議は最後の審級と映っていた。したがって，濫用料の規定は憲法異議や選挙抗告の濫用的な提

---

102)　Vgl. Lechner/Zuck, Rn. 1 zu § 34.
103)　Vgl. K. Graßhof, in : Maunz u. a., Rn. 14f. zu § 34.
104)　Vgl. R. Mellinghoff, in : Umbach/Clemens/Dollinger (1. Aufl. 1992), Rn. 71 zu § 34；BVerfGE 7, 241 (244)；54, 39 (42). また，憲法裁判研究会「連邦憲法裁判所の過重負担解消への新たな試み」比較法雑誌30巻3号（1996年）60頁以下参照。

起を防ぐことはなかった。

　そこで，1985年の連邦憲法裁判所法の改正は，濫用料の上限を5,000マルクに引き上げたほかに，憲法異議の受理が拒絶された場合，選挙抗告が却下された場合，また，仮命令の申立てが却下された場合に，1,000マルク以下の敗訴料を新設した[105]。しかし，濫用料と敗訴料の2種類の手数料が規定されたにもかかわらず，一向に憲法異議の数は減少することがなかったので，1993年の法改正で敗訴料による濫訴のコントロールは放棄されることとなった。現行法では，濫用料の対象となる手続は，憲法異議，選挙抗告そして仮命令の申立ての手続である。

　連邦憲法裁判所が濫用料を課すことができるのは，法93b条1段により憲法異議の受理が部会によって拒絶された場合，法93b条2段により憲法異議の受理が部によって拒絶された場合，憲法異議または選挙抗告（基本法41条2項）が法24条により部の全員一致の決定で却下された場合，仮命令の申立てが法24条により部会または部の全員一致の決定で却下された場合，憲法異議と結びついて申し立てられた仮命令が部会によって棄却された場合である。濫用料の額は，連邦憲法裁判所が決定する。濫用料の最高額は2600ユーロとされる[106]。また，何が「濫用」となるのかについて，現行法では定められていないが，客観的な濫用をいう。過失は濫用の要件ではないが，濫用料の決定にあたり，連邦憲法裁判所において考慮される[107]。

　問題となるのが，濫用料を憲法異議の申立人など訴訟当事者だけでなく，その訴訟代理人，とりわけ弁護士にも課すことができるかという点である。1985年までは，濫用料の負担者を明文で申立人としていたが，現行法ではその点を曖昧にしている[108]。なお，濫用料の徴収には，連邦財政法59条1項を準用す

---

105)　憲法裁判研究会「憲法異議手続における連邦憲法裁判所の過重負担とその解消策」比較法雑誌23巻1号（1989年）60頁以下参照。Vgl. K. Graßhof, in : Maunz u. a., Rn. 8 zu §34.

106)　Vgl. BVerfG HP.

107)　Vgl. Lechner/Zuck, Rn. 6 zu §34.

る（法34条3項）。

8.3　費用の補償

　1985年の連邦憲法裁判所法の改正により追加された法34a条は，裁判費用の補償を定める。これは，法34条1項の費用無償の原則から引き出される。裁判費用の補償が行われる場合は三つある。第一のものは，刑事訴訟に準じる性質をもつ基本権喪失の申立て，連邦大統領または裁判官に対する訴追が理由のないものと判明した場合であり，費用の補償が義務づけられる（法34a条1項）。補償をするためには，連邦憲法裁判所が基本権喪失の申立てや連邦大統領や裁判官の訴追を口頭弁論の後に客観的に理由がないとして棄却する必要がある。したがって，それらが却下された場合には補償は行われない。補償の範囲は「要した費用」であるが，その内容については，法は「弁護費用」[109]をあげるだけである。それ以外のものについては，民事訴訟法91条，刑事訴訟法467条などの訴訟法が準用される。補償を受け取るのは，被申立人と被訴追人であり，補償費用を負担するのは当該手続を開始した機関である。文書による申立てにより，部または部会が補償額を決定する。

　第二のものは，憲法異議が容認された場合であり，この場合にも補償が義務づけられる（法34a条2項）。憲法異議に際して，仮命令が認められた場合も同様である（Vgl. BVerfGE 41, 228 [230].）。この場合，補償されるのは，要した費用の全部または一部であり，その判断には連邦憲法裁判所の裁量が認められる。

---

108)　学説においては，一方で，連邦憲法裁判所は弁護士に制裁を加えることを任務としないとする立場があり，他方で，法34条2項の文言や事件の状況から弁護士に対して濫用料の支払いを認める見解もある。前者として Lechner/Zuck, Rn. 4 zu §34，後者として A. Aderhold, in : Umbach/Clemens/Dollinger, Rn. 24 zu §34 がある。

109)　弁護費用は，2004年6月30日までは連邦弁護士手数料法（BRAGO）113条2項により，2004年7月1日以降は弁護士補償法（RVG）37条により，事件の重要性や弁護士活動の範囲・困難さなどあらゆる状況が考慮される。Vgl. W. Kunze, in : Umbach/Clemens/Dollinger, Rn. 10 zu §34a ; BVerfGE 79, 357. ; 79, 365.

原則として，憲法異議が全面的に認容された場合には，費用の補償は全て行われ，部分的に認容された場合には費用の補償も部分的に行われる（Vgl. BVerfGE 31, 275 [295]；34, 165 [200]；35, 79 [148]）。補償の対象として，弁護士費用，旅費，強制執行の費用などがある。憲法異議の前段階の訴訟手続費用は含まれない。補償を受け取るのは憲法異議の申立人であり，補償費用を負担するのは憲法異議手続により申立人の基本権を侵害したとされた機関である（Vgl. BVerfGE 11, 366 [367]；12, 9 [10]）。

第三のものは，法34a条以外の場合である（法34a条3項）。この場合，補償をするかどうか，また，補償の程度も連邦憲法裁判所の裁量に委ねられている（Vgl. BVerfGE 66, 152 [154]；49, 70 [89]）。補償の対象となる手続は法13条であげられている手続すべてである。法34a条1・2項の手続において補償されない性質の費用についても，同条3項で補償することが可能である。例えば，憲法異議の申立人が敗訴したとしても，憲法上の問題の解明に寄与した場合や，憲法異議を契機として立法者が新たな立法を行わなければならなくなった場合がある[110]。費用の補償を受けるのは原則としてそれぞれの手続の申立人である。補償を負担するのは，当該手続の原因をもたらした者である。

8.4　訴訟費用の援助

国民が経済的理由から自己の権利を裁判所において主張できないということは，民主的法治国家的原理に反するため，何らかの手当が必要とされる（Vgl. BVerfGE 1, 109 [110]）。連邦憲法裁判所法は連邦憲法裁判所における訴訟費用の援助について何ら定めていないが，連邦憲法裁判所の手続についても，民事訴訟法114条以下の訴訟費用援助規定[111]が準用される。連邦憲法裁判所は，憲

---

110)　具体的には，Lechner/Zuck, Rn. 79 zu §34a を参照。前者の例として，BVerfGE 36, 146 [173f.] が，後者の例として，BVerfGE 66, 337 [368] がある。そのような場合，費用の半額が補償された例がみられる。Vgl. BVerfGE 87, 1 [48].

111)　ドイツの訴訟費用援助法については，豊田博昭「ドイツにおける法律扶助制度」法務大臣官房司法法制調査部編『各国の法律扶助制度』（1996年）67頁以

法異議や具体的規範統制に民事訴訟法の訴訟費用援助規定の準用を認める (Vgl. BVerfGE 1, 109 [112]； 25, 256 [295])。この場合，連邦憲法裁判所は文書による申立てに基づいて，訴訟費用の援助を決定する。なお，訴訟費用の援助が行われる場合には，費用の補償の問題は生じない[112]。

下参照。
112) Vgl. Lechner/Zuck, Rn. 3 zu §34a.

9. 憲法裁判の公開

　憲法裁判の公開は，狭義では憲法裁判所の審理の公開を意味するが，広義では憲法裁判の情報の公開（開示）を含む。ここでは，前者を9.1で，後者を9.2で扱う。

9.1 裁判の公開

9.1.1 意　　義

　裁判の公開（狭義）とは，ドイツの憲法学の伝統においては，手続関係人以外の者が裁判所の審理において手続の経過を見守るために法廷へ入場を許されること，を意味する[113]。裁判の公開は，手続関係人への公開（手続関係人への他の手続関係人のすべての手続上の主張の告知）とは区別される[114]。

9.1.2 根　　拠

　裁判の公開（狭義）は，憲法上，法治国家原理や民主主義原理から導くことが可能と考えられているが[115]，憲法（基本法）には明文の規定はない。法律レベルでは，法17条が，裁判所の組織について定める裁判所構成法の規定（GVG169条から175条まで）を準用することにより，裁判の公開を保障している。準用される裁判所構成法169条1文は「裁判所における審理は，判決および決定の言渡しを含めて，公開される」と規定し，裁判の公開を明文で保障してい

---

[113]　E. Klein, in : Maunz u. a., § 17 Rn. 3.

[114]　これについては，法20条（関係人の記録閲覧権：9.2.1参照），29条（関係人の証拠調べ立会権，証人・鑑定人尋問権）等が規定する。

[115]　C. Degenhart, in : Isensee/Kirchhof III (2. Aufl), Rn. 50 zu § 76.

る。また，法 30 条 1 項 3 文は，「裁判は，口頭弁論が開かれた場合，……公開の場で言い渡されなければならない」と規定し，とくに判決の言渡しについて公開性を保障している。

9.1.3 公開の範囲と制限

公開の対象となるのは，裁判所構成法 169 条および法 30 条 1 項によれば，連邦憲法裁判所における口頭弁論（法 25 条）および（口頭弁論に基づいて下される）判決の言渡し（法 30 条 1 項 3 文）である。

したがって，口頭弁論が最初から予定されていない，簡易却下手続（法 24 条），嘱託裁判官による証拠調べ（法 26 条 1 項 2 文），憲法異議の部会決定（法 93d 条），口頭弁論準備のための予審（法 38 条 2 項 1 文, 54 条 1 項），および合同部の裁判（法 16 条, 54 条 1 項）等は公開の対象外とされる[116]。また，仮命令手続は口頭弁論なしに下すことができる（法 32 条 2 項）。その他の手続について連邦憲法裁判所法 25 条 1 項は口頭弁論を原則とし，口頭弁論の放棄を例外としているが，実務上は原則と例外とが逆転している現状である。また，口頭弁論が放棄された場合には，公開の対象外である（法 25 条 1 項）。さらに，連邦憲法裁判所の裁判官の評議（法 30 条 1 項）は非公開である（口頭弁論主義とその例外，義務的口頭弁論について，詳しくはⅢ 5 参照）。

口頭弁論が開かれる場合でも，法廷の秩序維持のために，傍聴券制をとったり，身分証明書提示義務などの制限を課すことができる[117]。また，酩酊者など法廷の権威にふさわしくない人物を排除することができる（GVG175 条）[118]。法

---

116) Lechner/Zuck, Rn. 2 zu § 17 ; F. Klein, in : Maunz u. a., Rn. 4 zu § 17.

117) E. Klein, in : Maunz u. a., Rn. 5 zu § 17 ; Lechner/Zuck, Rn. 3 zu § 17. 永田秀樹「西ドイツにおける憲法訴訟の手続原則」大分大学経済論集 34 巻 3 号（1982 年）131 頁も参照。

118) その他，法 17 条が準用する裁判所構成法によれば，家族関係事件（170 条），精神病院収容事件（171a 条）等について，全部または一部を非公開にすることができる。例えば，これらの事件の判決に対する憲法異議において，連邦憲法裁判所が口頭弁論の全部または一部を非公開にすることが考えられる。また，

9.1.4 放送メディアへの公開

(1) **総　説**　裁判の公開において議論があるのがマスメディアへの公開である[119]。とりわけ、連邦憲法裁判所の審理のテレビ・ラジオ収録・中継の可否が問題とされてきた。従来、この点について、法17条により連邦憲法裁判所の手続に準用される裁判所構成法169条2文（1964年制定）が規律してきた。同条項は、「内容を公開上映または公表することを目的とする放送用録音及びテレビ録画並びに録音及びフィルム撮影は許されない」と規定し、公開目的での開廷中（解釈上、判決の言渡しも含む）のテレビ・ラジオ・映画（要するに、視聴覚メディア）の収録・中継を例外なく禁止してきた[120]。

もっとも、実務上は、開廷中のメディア公開について裁判所構成法169条2文はゆるやかに運用され、1993年には第2部は「プレス代表及びラジオ・テレビ局のための暫定的条件」[121]を定めて、口頭弁論における手続関係人の在廷確認時および判決言渡し時の収録・中継を認めてきた[122]。裁判所構成法169条

同法172条は公の秩序の危険の場合に、審理を非公開にできるとしている。

119)　これは、従来の裁判傍聴による裁判の直接の公開（「直接公開」）に対して、メディアを通じた間接的な公開という意味で「間接公開」と呼ばれる。

120)　通常の裁判所における開廷前・開廷後および休憩中のテレビ撮影に対する法廷警察権による規制の合憲性が問題となった事件として、「ホーネッカー事件」決定（BVerfGE 91, 125［判例Ⅱ22：宮地基］）がある。同決定およびGVGによる規制につき、鈴木秀美『放送の自由』（信山社、2000年）104頁以下、同「法廷警察権に基づくテレビ・カメラ取材制限が違憲とされた事例—2007年12月19日ドイツ連邦憲法裁判所決定」阪大法学60巻6号（2011年）235頁以下参照。開廷中のメディア公開を禁止する裁判所構成法169条2文自体の合憲性につき、BVerfGE 103, 44［判例Ⅲ30：鈴木秀美］参照。

121)　Benda/Klein, Rn. 292. このインフォーマルな「暫定条件」制定のきっかけとなったのは、1993年4月連邦憲法裁判所AWACS事件判決（BVerfGE 90, 286［判例Ⅱ57：山内］）の言渡しの際に、ニュース専門放送局n-tv社が憲法裁判所の許可に反して判決言渡しを密かに生中継した事件である。

122)　例えば、「第2次堕胎判決」（BVerfGE 88, 203［判例Ⅱ7：小山剛］）の主文言

2文のこのゆるやかな運用の根拠は，法17条が裁判所構成法の規定を「準用」しているにすぎず，連邦憲法裁判所の特殊性を考慮に入れることが可能な点にあった。しかし，この運用に対しては裁判所構成法169条2文違反であるとの批判もあった[123]。そこで，従来の運用に法律の明文上の根拠を与えるべく，1998年の連邦憲法裁判所法改正において，裁判所構成法169条2文の例外を認める法17a条が新設された。

(2) **公開の範囲**　法17a条1項は，①口頭弁論における手続関係人の在廷確認時まで（同1号），および②判決言渡し時（同2号）に限り，テレビ・ラジオの収録・中継を認めている。この立法趣旨は，少なくとも古典的な憲法裁判（例えば抽象的規範統制，機関争訟，連邦・ラント間争訟）においては手続関係人は公的機関やその代理人にすぎず，テレビ・ラジオ収録・中継による人格権侵害はほとんど問題にならないこと，および連邦憲法裁判所において口頭弁論が開かれる事件は世論の重大な政治的関心事であるという憲法裁判の特殊性を考慮したことにある[124]。

(3) **公開の制限**　法17a条2項は，上述(2)①②の場合であっても，①手続関係人または第三者の権利保護，および，②秩序ある手続進行の確保（手続進行に対する妨害の排除）の目的での収録・中継の制限を認めている。前者においては，とくに手続関係人および第三者の一般的人格権（例えば肖像権）の保護が想定される。連邦憲法裁判所は，この二つの目的で，収録・中継の全部または一部を排除し，条件を付すことができる。この条件としては，テレビカメラの数や位置の指定，代表取材（「プール方式」：すべての放送局を代表する1社にのみ収録を認める方式），音声収録のみの許可などが考えられる[125]。公開の詳細については，各部が法17a条を補完する規律を定めている（規則24条1項2文）。

　　　　渡しが，テレビ中継された。
123)　鈴木（注120『放送の自由』）120頁。
124)　BT-Drucks 13/7673, S. 7. 法17a条の新設については，山口和人「海外法律事情・ドイツ」ジュリスト1147号（1998年）106頁参照。
125)　BT-Drucks (N124), S. 9 f.

(4) **口頭弁論外のメディア公開**　開廷前，閉廷後，休憩中の収録・中継は，法17a条および裁判所構成法169条2文の規律の対象外である。これについては，法17a条とは別に法廷警察権（GVG176条と結びついた法17条）により制限可能である[126]。

9.2　情報の開示

9.2.1　関係人への開示

法20条は，当該手続の「関係人」（Ⅲ3参照）に，記録の閲覧権（Recht der Akteneinsicht）を保障する。この権利は，憲法上の法的審問請求権（基本法103条1項）の具体化でもある。閲覧の対象となる記録（Akten）とは，特定の具体的事件について連邦憲法裁判所に存在する事実および情報の集合体を意味する[127]。これには，書類のみならず，録音テープも含まれる。また，これは連邦憲法裁判所で作成されたか，連邦憲法裁判所に提出されたかを問わない。ただし，規則34条によると，意見書（Voten），裁判草案，修正案および成案（Formulierungsvorschläge）ならびに担当裁判官の覚書は訴訟記録には含まれず，記録閲覧の対象外である[128]。

閲覧は，連邦憲法裁判所において，裁判所の執務時間中に，係員の立会いの下で行われる。代理人による閲覧も認められる。原則として，連邦憲法裁判所に記録の送付を要求することはできない。

関係人は，当該手続の終了までは，いつでも閲覧を求めることができる。しかし，憲法裁判所の当該手続の終了後は，（かつての）関係人も，第三者の閲覧の手続（後述）によらざるをえない（規則35条2項2文）。

---

126)　G. Ulsamer, in : Maunz u. a., Rn. 13 zu § 17a (Lfg. 17, 2006).
127)　D. Umbach/F.-W. Dollinger, in : Umbach/Clemens, Rn. 12 zu § 20 (1. Aufl. 1992); G. Ulsamer, in : Maunz u. a., Rn. 5 zu § 20.
128)　ただし，これらは装丁を別にして訴訟記録とともに保管される（規則34条）。

9.2.2 第三者への開示

(1) **総　　説**　第三者への手続記録の公開（連邦憲法裁判所に現に係属中の手続の関係人以外の者に対する連邦憲法裁判所の手続記録の公開）については，公開の対象が公的機関であると私人であるとを問わず，従来，法には規定がなかった。この点については，連邦憲法裁判所規則にはわずかな規定が置かれ，個人データの公開に関しては連邦データ保護法の規定（BDSG15条［公的機関へのデータ提供］，16条［非公的機関へのデータ提供］）が適用されてきた。この従来の規定方法は，連邦憲法裁判所規則の規定では不十分であり，とくに憲法上保障される「情報の自己決定権」への配慮が不十分であったこと，法律の留保の観点から規則による規定は疑問があったこと，連邦データ保護法の適用では憲法裁判所の特殊事情が考慮されていなかったこと，が問題であった。そこで，1998年の法改正において「第2節　手続外での記録閲覧」との標題の下，35a条から35c条までが追加され，手続関係人以外の者に対する手続記録の公開につき規定された。

　法の第三者への情報開示のためのこれらの規定は，連邦データ保護法に対して特別法的であり，法に異なった定めがない限りで，一般法である連邦データ保護法が適用される（法35a条）。

(2) **法 的 性 質**　第三者への情報開示は，上述の手続関係人の閲覧権（法20条）とは異なり，具体的な権利ではない。法（35b条1項および2項）は，保障することが「できる」と規定するにすぎないからである[129]。

(3) **開示対象および情報受領者**　開示の対象となる記録（Akten）とは，手続関係人への開示と同様に，書類のみならず，録音テープや写真等も含まれ

---

129) G. Ulsamer, in: Maunz u. a., Rn. 21 zu §35b. なお，連邦憲法裁判所への開示請求権を直接基本法5条1項の知る権利により根拠づけることもできないとされる。基本法5条1項の知る権利は「一般に近づくことができる情報源から妨げられることなく」情報を得る権利であるが，連邦憲法裁判所の手続記録は「一般に近づくことのできる情報源」ではないからである。

る[130]。情報の開示を受けることができる者は，公的機関（法35b条1項1号）および私人を含む非公的機関（法35b条1項2号）である。公的機関とは，主に他の裁判所および官庁が想定される[131]。

(4) 要　　件　個人情報の本人（手続関係人）が開示の同意をしていない場合，開示の要件は，開示の相手方が，公的機関か私人を含む非公的機関かで異なる。公的機関の場合は，司法目的のために必要な場合のほか，連邦データ保護法14条2項4号（本人の不正確な申告の疑いの調査），同6号（公共の福祉・安全の確保），同7号（犯罪等の訴追の必要），同8号（第三者権利の重大な侵害の防止），および同9号（学術研究）の各場合に限定される（法35b条1項1号）。

非公的機関の場合は，開示の請求に正当な利益（例えば学術研究のための必要性）が存在する場合である（同2号）。この場合には，連邦データ保護法（BDSG16条3項）が本人への通知を要求しているのとは異なり，本人（手続関係人）への通知は必要ない（法35b条1項2号）。これは，連邦憲法裁判所の事務負担を軽減するためである[132]。ただし，連邦憲法裁判所の記録に，開示の請求者，開示の範囲について記録が残されねばならない（同号）。

以上の各要件は，本人（すべての手続関係人）の同意がない場合である。同意がある場合には，開示の相手が公的機関であると私人を含む非公的機関であるとを問わず，無条件で情報が開示される（法35b条1項2号）。

(5) 開示の方法　開示の方法は，情報照会（Auskunft）および閲覧（Einsicht）の2種類がある。情報照会の場合には，開示されるのは，当該記録中にいかなる書類と裁判が含まれているか，当該事件についてすでに終局判決が下されているか等の抽象的な情報のみである。より詳しい情報をえるためには閲覧手続によらなければならない[133]。しかし，閲覧は，情報照会では不十分であること

---

130) G. Ulsamer, in : Maunz u. a., Rn. 8 f. zu § 35a.
131) 公的機関および私的機関の概念については，連邦データ保護法2条の概念規定を参照。条文邦訳として，藤原静雄「資料：改正データ保護法（2001年5月23日施行）」季刊行政管理研究99号（2002年）76頁以下参照。
132) BT-Drucks (N124), S. 11.

がとくに疎明された場合に限られる（閲覧の補充性：法35b条2項）。

開示された記録は，原則として，開示を受けた者に送付されない（法35b条4項）[134]。

(6) 連邦憲法裁判所自身による情報の利用 連邦憲法裁判所自身も，憲法裁判所の一の手続において記録化された個人データを，連邦憲法裁判所の他の手続のために利用することができる（法35c条）。

9.2.3 その他の情報開示（判例集等）

合同部の決定および部の裁判は原則として連邦憲法裁判所の公式判例集に掲載される（規則31条1項）。ただし，決定により例外的に，それらを掲載しないことができる（規則31条2項）。これに対して，部会（Kammer）の決定は原則として判例集に掲載されない。例外的に，とくに重要な部会決定のみ，部会の提案に基づく部の指示により公式判例集に掲載されうる（規則31条3項）。また，2004年以降，部の公式判例集とは別に，部会の重要な決定を収録した公式判例集（BVerfGK-Kammerentscheidungen des Bundesverfassungsgerichts）が編纂・出版されている。法律専門誌および一般プレス上における判決・決定（部会決定を含む）の公表は担当裁判官および部の長の承認を経て行うことができる（規則32条）[135]。判決・決定の公表に際しては，人名等が「匿名化」される（規則31条5項，35a条）。

一般の裁判所による具体的規範統制の移送決定や関係人および意見陳述権者の発言内容を知るためには，法35a条および35b条の記録閲覧手続（前述）によることになる。ただし，移送決定は，しばしば移送裁判所や手続関係人を通じて専門誌上で公表されている[136]。

---

133) G. Ulsamer, in : Maunz u. a, Rn. 18 zu §35b．

134) 例外として，公的機関に閲覧が認められた場合，私人に最寄の公的機関での閲覧が認められた場合（例えば重度の障害者の最寄の区裁判所での閲覧）には，記録が送付される。Vgl. BT-Drucks (N124), S. 12.

135) G. Ulsamer, in : Maunz u. a., Rn. 22 zu §20.

意見（評決）を含む連邦憲法裁判所の手続記録（訴訟記録）は，裁判後10年以上経過後に，連邦公文書館（Bundesarchiv）に移管することができ，30年以上経過後に利用可能となる（規則36条）。

---

136) G. Ulsamer, in : Maunz u. a., Rn. 23 Fn. 1 zu § 20.

Ⅳ 判決・決定・命令

1. 裁判の種類

1.1 総　　説

　以下において，法 25 条を中心にして裁判（Entscheidung）の種類について解説することにする。この規定は憲法裁判手続についても口頭弁論に基づく判決（Urteil）と書面手続に基づく決定（Beschluss）のために異なった名称を用意し（法 25 条 2 項），一部判決および中間判決を認め，最後に判決の核心を規定している[1]。ドイツにおいては，憲法訴訟法を民事訴訟法や行政訴訟法と比べて「特殊に憲法的であり，それゆえに独自」なものであることを強調する学説もあるが[2]，一般にドイツ憲法裁判所に関する学説および判例はこれに対して批判的であり，憲法訴訟法も訴訟法全体との関係で捉えられるべきであるとされている[3]。すなわち，憲法訴訟の特質を考慮した上で，その特色と矛盾・抵触しない限り，手続法上の一般原則が憲法訴訟手続にも適用されるべきである[4]。以上のことから，ここでいう判決とは連邦憲法裁判所が示す判断であり，決定・命令と並ぶ裁判の一種と定義することができる。講学上，まず決定との異同を

---

1) E. Klein, in : Benda/Klein, Rn. 356 zu § 16.
2) P. Häberle, Verfassungsprozessrecht als konkretisiertes Verfassungsrechts-gericht im Spiegel der Judikatur des BVerfG, in ; ders., Verfassung als Öffentlicher Prozess, 3. Aufl. 1998, S. 638.
3) N. Achterberg, Bundesverfassungsgericht und Zurückhaltungsgebote, in : Theorie und Dogmatik des Öffentlichen Rechts, 1980, S. 419 ; M. Frohlinger, Die Erleidigung der Verfassungsbeschwerde, 1983, S. 92 f.
4) 高見勝利「西ドイツの憲法裁判」芦部信喜編『講座・憲法訴訟　第 1 巻』（有斐閣，1987 年）103 頁。なお，高見は本憲法裁判研究会の連邦憲法裁判所法の邦訳（比較法雑誌 15 巻 2 号以下）を参照した上で，「連邦憲法裁判所法は，連邦憲法裁判所法 17 条および 28 条で，裁判所構成法，民事訴訟法，刑事訴訟法の規定を準用させている」と指摘する。

説明した上で，判決の特性を明らかにする。

1.2 判決と決定の異同

連邦憲法裁判所における判決と決定の違いは，前者が口頭弁論（mündliche Verhandlung）に基づいて下される裁判であるのに対して，後者が口頭弁論に基づかずに，つまり書面手続（schriftliche Verfahren）に基づいて下される裁判であるということにある[5]。法25条2項の「判決」と「決定」の違いは純粋に形式的なものでしかなく，既判力および他の法的効力において違いはない。法31条によれば，連邦憲法裁判所の判決は連邦およびラントの憲法機関ならびにすべての裁判所および行政庁を拘束し（1項），規範統制に係わる判決（2項）に対して法的効力を与えているが，それは決定にも妥当する。誤って決定を判決として特徴づけても，また反対に判決を決定として特徴づけても問題は生じない[6]。法25条1項によれば，全ての関係人が明示的に口頭弁論を放棄するときを除き特別な規定がなされていない場合，連邦憲法裁判所は口頭弁論に基づいて判決を下すことになっているが，実際の裁判においてはこの手続は全く例外的にしか用いられていない。いずれにせよ，憲法秩序の客観的保障に仕える憲法異議手続においては書面手続に基づく裁判（「決定」）が原則となっている（なお，連邦憲法裁判所法が明文上規定している例外についてはⅢ5を参照）。なお，連邦憲法裁判所法は確認判決（Feststellungsentscheidung），形成判決（Gestaltungsentscheidung）および給付判決（Leistungsentscheidung）の三種類の判決を規定している[7]。これらは判決の内容および効力からみた分類である。命令については，Ⅳ2とⅣ3参照。

---

5) O. Klein, in : Benda/Klein, Rn. 283 zu § 13 ; E. Klein, in : Benda/Klein, Rn. 356 zu § 16.

6) F. Klein, in : Maunz u. a., Rn. 10 zu § 25.

7) E. Klein, in : Benda/Klein, Rn. 358 zu § 16. なお，確認判決については Rn. 358 zu § 16, Rn. 1366 zu § 39，形成判決については Rn. 358 zu § 16, Rn. 1194 zu § 33，給付判決については Rn. 358 zu § 16, Rn. 1367 zu § 39 を参照のこと。

1.3　判決における「国民の名において」という表題

　連邦憲法裁判所法25条4項によれば，連邦憲法裁判所の判決は「国民の名において」下されなければならない。「国民の名において (im Namen des Volkes)」という表示は，最高の憲法保障者としての連邦憲法裁判所および民主制に基づく国家権力の正統性の源泉が国民に由来していることを示している（基本法20条2項1文）。このような表示は判決においてのみ必要なものとされている。以上のことが示しているのは，連邦憲法裁判所の裁判官も国民の奉仕者に過ぎず，結局，その権威は民主制においては国民に由来しなければならないということの確認である[8]。ただし，ユッタ・リンバッハが指摘するようにここで注意しなければならないのは，「国民の名において」という言葉によって連邦憲法裁判所の裁判官に望まれているのは，国民の言葉と考えに「注目す」べきであるということ以上でも，それ以下でもないということである。というのは，それは言葉の問題ばかりではなく，また内容の問題であるからである[9]。

　ここでは，リンバッハのこの表題に至るまでの判決定式の歴史的変遷およびその由来を見てみることが有益であろう。第一期の代表例として，1353年のライヒ裁判所の判決における「余，すなわち，神の恩寵を受けたカール，ローマ国王，あらゆる時代における帝国の拡大者，そしてボヘミアの国王である余

---

[8]　F. Klein, in : Maunz u. a., Rn. 15 zu §25. 当然のことながら，このことはワイマール共和国におけるナチス台頭・支配に対する反省，つまり「必要不可欠な裁判官の独立が民主主義に対して濫用されない」ようにするために憲法制定会議の協議において再燃されたものである (Vgl. Stenographischer Bericht über die Verhandlungen des Parlamentarischen Rates, 1948/1949, S. 14)。

[9]　J. Limbach, Im Namen des Volkes, 1999. ユッタ・リンバッハ（青柳幸一・栗城壽夫訳）『国民の名において─裁判官の職務倫理』（風行社，2001年）22頁参照。原則的には，原著初版の翻訳を後者の邦訳本を対比させつつ行ったので以下，後者の該当頁をあげることにする。言葉の言い回しは，本書の全体と合わせるために適宜改訳した。

は，裁判のためにシュバイヤーにあることを，この文章によって公言し，かつ公布する」という定式があげられよう。その他に，1303年の判決では「私ゴットフリット・フォン・ブリュネックは，私の主君であるローマ皇帝アルプレヒトに代わって裁判所に座する」というものもあげられる。いずれにせよ，第一期，すなわち神聖ローマ帝国の時代においては最高裁判権者として自ら裁判権を行使していた国王や皇帝は，もはやその裁判権を委譲せざるをえず，その支配者の高権から導出された権威を表題において明確な指示によって表現することで裁判官が裁判を行っていた。これは裁判所の権威として支配者の「裁判高権」を引き合いに出すというものである。しかし，フリードリッヒ大王がアーノルト事件において裁判官たちが彼の名前を濫用し，貴族である裁判官たちが平民であるアーノルトを不利益に扱ったために彼が敗訴したとして大権判決を下したことからもわかるように，このような判決定式は批判を受けるようになった。

　第二期は，19世紀初頭の憲法で判決本文から引き離される形で，判決の冒頭に「国王の名において」という言葉が置かれ，それぞれの領邦君主の名において全ての裁判が発せられるべきことがはじめて確定されたというものである。リンバッハによれば，このような判決定式において①それまでの領主裁判の終焉をもたらし，裁判所が国家の裁判所になったこと，②プロイセン憲法86条「裁判権は国王の名において，独立した法律以外の権威に服さない裁判所によって行使される」と規定されたことに代表されるように，「名において」という言葉の選択によって自ら判決を下す国王の権限が排除されたこと（これは法を語ることが独立の機関の任務になったことを意味する），③表題で各ラントを指示することで裁判高権の分野でのライヒの構築における連邦制的要素が明瞭に現されたことがこの第二期の特徴として指摘される。

　第三期は，1820年のプロイセン憲法によって創設され，今日まで維持されているテキストである「国民の名において」という判決定式である。このような判決定式は1840年代の終わりにはじめてドイツ全土に定着し始め，プロイセン国家（第二帝政）はこの表題を正統性の定式，つまり国家権力の保持者の

指示と理解した。そして，君主制が廃止された後，新しい主権者となった国民だけを指示することが当然視されるようになった。この言葉の選択は，それによって民主制と共和国への移行を象徴し，そして裁判官がその判決の任務を国民から導出することを明確にした。しかし主権者は代わっても，国民は積極的に裁判に関与するものとはされてこなかった。この第三期の判決定式は呼びかけ，つまりその裁判官の淵源となる権威が導出される主権者を呼び出すことをあらわすにすぎなかった。これに対して，彼女は仮に「国民の名において」という表題がフィードバックの任務と誤解されてはならないにしても，それは裁判官に，その裁判官の日常において私たちの国家の民主的組織，そこから帰結される彼らの行動の統制可能性および彼らが人間あるいはそれどころか預言者ではなく，国民として，そして国家の奉仕者としての職務を司るべきであるという単純な事実を彼らに指示するとする。そして，この「国民の名において」という表題は民主制原理に照らして，裁判官の独立および法律と法への拘束に照らして，人々が民主制国家における裁判官倫理として概念的に表現できる精神的態度をもつように促進するものであると評価する。

　このような判決定式の変遷を概観した上で，リンバッハは以下のような裁判官に対する注文をつける。すなわち，その偏見や先入観との対決にあたり，裁判官に「国民の名において」という判決定式を参照することを指示するのは意味のあることである。それは裁判官に，「彼が民主的公共団体の国家公務員であることを想起させる。そこから彼の行為に対する世論による統制可能性が生じる。裁判官は，喝采（acclamatio）あるいは批判を顧みずに法を語らなくてはならない。それにもかかわらず民主主義においては，裁判官は，自分たちの活動がいつでも，そして誰からも批判される可能性があることを理解しておかなければならない。裁判官は，その司法批判と対決しなければならない。そして最後に，（彼女は，）裁判官はその精神活動の産物に関しても，意見の自由とプレスの自由が自由で民主的な法治国家の命の泉(アクア・ウェイタ)であるという認識を生きいきとした状態に保つように配慮すべき」ことを指摘して締めくくる[10]。

1.4　全部判決と一部判決

まず審理を完結するか否かによって終局判決（Endentscheidung）と中間判決（Zwischenentscheidung）が区別され[11]，さらに審理を完結する範囲によって全部

---

10)　ユッタ・リンバッハ（注9）22-23頁および35頁参照。ここで注意すべきなのは，ガイガーの言うように「民主的裁判官とは，国家を，その憲法と価値秩序を肯定し，そして擁護する心構えのある人間であり，その際，彼は，国家の全ての措置との『無批判な同一視』を想定しているのではない。彼のもつべき裁判官像は，また改善の必要性がある状況と法規定を憲法の範囲内で新たに形成する努力を内包した批判的忠誠の要請によって刻印された」ものである（BVerfGE 12, 205）。この点については，1970年代の西ドイツにおける「基本価値論争」を看過してはならない（日比野勤「基本価値論争をめぐって―現代西ドイツ国法学界管見―」（芦部信喜先生還暦記念『憲法訴訟と人権の理論』（有斐閣，1985年）843頁以下）。日比野によれば，「自由な国家は，倫理的中立性を命じられているが，同時に，一定の倫理的基盤のうえに基礎づけられている。では，この倫理的基盤の存続はどのようにして保障されうるのであろうか。自由な国家は倫理的同質性を確保する権限を有するのか。この基盤が共同態の自由なコンセンサスによって支えられていない時に，自由な国家は，その確保のために諸々の支配工具を投入することができるのか。基本価値論争において争われたのは，この問題であった」（845頁）。そして，基本価値論争の論点は①自由な国家はおよそ価値の領域とかかわりをもちうるのか，②国家がかかわる価値はいかなる形体のものか，③国家がかかわる価値の内容を決定するのは誰か，の問題に集約される（852頁）。論点①に関しては，統一的道徳観に立脚する市民社会（societas civitas）が最早存在せず，しかも，論点②に関しては，「国家が確保すべき実体的価値が存在する」と主張する実体説と，「国家が確保すべき価値は価値コンセンサスであり，国家は価値コンセンサスの公証人にすぎない」と主張するコンセンサス説の対立に要約できるとする（854-855頁）。論点③に関しては，コンセンサス説によれば価値形成は政治的意思形成に委ねられることになるのに対して，政治的意思形成に対抗して守るべき実体的価値が存在するとすれば，それを守る国家機関は連邦憲法裁判所だということになるので，結局，三つ目の論点は二つ目の論点に収斂される（854頁）。であるとすれば，ガイガーもリンバッハもこの論点③についての問題を重視していることが理解できる。もうひとつ重要な点は，裁判官の誤謬性をいかに克服することができるかということであるが，争点が広がりすぎるので指摘するに止める。

判決 (Vollentscheidung) と一部判決 (Teilentscheidung) が区別される（法25条3項)[12]。ここで注意しなければならないのは，一部判決は中間判決とは異なり終局判決に区分されることである。連邦憲法裁判所法の全部判決および一部判決の概念は，民事訴訟法（ZPO 301条）および行政訴訟法（VwGO 110条）の概念に対応している。したがって，全部判決とは同一訴訟手続で審理している事件の全部を同時に完結させる判決であり，これに対して一部判決とは同一訴訟手続で審理している事件を他の部分と切り離して完結させる判決である。口頭弁論に基づいて下される判決と口頭弁論に基づかないで下される決定を区別することによって，一部判決が決定となり終局判決が判決となることや，あるいは反対に一部判決が判決になり終局判決が決定になることもある[13]。

　一部判決をするためには法的紛争にある訴訟物の一部が裁判をするのに熟したものとなっており，この訴訟物が分割可能であり，このような部分について独立した判決を下すことができるということが必要である。その他の点においては終局判決が一部判決と異なった法理解から出発することは許されているが，同一の事件に関して終局判決と一部判決が矛盾することは許されない[14]。

　同一の規範統制手続において，例えば多数の規範の合憲性を審査しなければならない場合，あるいは多数の関係人が事件について自主的な申立てを行い，そのうちのいくつかが裁判をするのに熟したものとなっている場合，一部判決を下すことが許されている。一部判決がその申立てが「不適法 (unzulässig) な」ものであり，あるいは「明らかに理由のない (offensichtlich unbegründet)」ものとして却下しても，終局判決にはまだ判決が下されていない手続部分につい

---

11) E. Klein, in : Benda/Klein, 2011, Rn. 356-357 zu §16. さらに，既判力の相違に基づき終局判決は「本案判決」と「訴訟判決」に区別することができる。本案判決においては，適法な訴えについてその理由の有無が判断される。これに対して訴訟判決においては，訴訟要件を欠くために訴えは不適法であるとして退けられる。

12) E. Klein, in : Benda/Klein, Rn. 356 zu §16.

13) F. Klein, in : Maunz u. a., S. 8.

14) F. Klein, in : Maunz u. a., S. 8 ff.

て判断する可能性が残されている[15]。

　最後に，連邦憲法裁判所が一部判決を下さなければならないという義務は存在しない。すなわち，一部判決をするかどうかは連邦憲法裁判所の裁量に委ねられており，関係者の申立てに拘束されることはない[16]。

1.5　終局判決と中間判決

　前述のように，連邦憲法裁判所の判決はまず審理を完結するか否かで終局判決と中間判決に区別される。民事訴訟法 303 条（「中間の争いが裁判をするのに熟すときは，中間判決によって裁判することができる」）にならい中間の争いが裁判をするのに熟したものになった場合，中間判決を下すことができる。このような判決を通じて「一つ以上の個別的争点のみならず，部分的ではなく訴訟物について」判決を下すのである。「中間判決は主張されている要求を全面的にも部分的にも否認したり認定したりするものではなく，それは訴訟資料の一部のみを解決し，そして常に確定判決の性質を有しているのである」[17]。

　中間判決は終局判決の一部を先取りして，例えば出訴の適法性のような事前問題を明らかにした上で，判決を下すために連邦憲法裁判所を拘束する。中間判決で最も頻繁に起こる事例は，連邦憲法裁判所への出訴が適法であるか否かが関係者間で争われるというものである（VwGO 109 条）。このような中間の争いが裁判をするのに熟したものになった限りで，連邦憲法裁判所は出訴が適法であるとみなす場合には中間判決を下すことができるし，反対に同裁判所がそれは適法でないとみなす場合には終局判決を下すのである。中間の争いについて語ることができるのは，判決が本案における訴訟の結論（実体的判決）になんら影響力を有さない場合に限られている[18]。

---

15)　F. Klein, in : Maunz u. a., S. 9.
16)　F. Klein, in : Maunz u. a., S. 9.
17)　F. Klein, in : Maunz u. a., S. 9.
18)　F. Klein, in : Maunz u. a., S. 9 f.

1.6 一部判決と中間判決の結合

　一部判決と中間判決の結合は民事訴訟において一般に行われている。そして連邦憲法裁判所判例においても，連邦憲法裁判所は一部判決と中間判決を一つの判決に結合させることを許容されたものとみなしている。例えば，連邦憲法裁判所は1964年5月6日の決定において憲法異議の適法性を一部受け入れ（中間判決），一部についてはまた憲法異議を最終的に却下したのである（一部判決）。このような一部判決と中間判決の結合は連邦憲法裁判所でよく行われているといわれている[19]。

---

19)　F. Klein, in : Maunz u. a., S. 10.

2. 執行命令

2.1 総　　説

　法35条によれば，連邦憲法裁判所はその裁判においてその執行者を指定し，場合によっては執行の種類および方法を規定することができる[20]。このことは，最高の憲法保障者としての連邦憲法裁判所は様々な裁判を下すことができるが，自らの独自の執行機関を有していないため，その執行者を別に指定しなければならないということを意味している[21]。しかしながら実際において，「憲法裁判所は，最高の憲法保障者として，本案判決（Sachentscheidungen）を履行するために必要なあらゆる命令を発する権能を保持し，判決内容を『最も適切，迅速，合目的，簡便かつ実効的な方法で達成する……完全な自由（BVerfGE 6, 300 [303f.]) を有す』る」[22]。そして，「連邦憲法裁判所は，ある法律を違憲無効とした場合生じる法的空白に対処するために，当該判決に先立って発した仮命令を維持する命令を発し（BVerfGE 48, 127 [184])，それでも対処できない著しい違憲状態が判決後においてもなお継続するときには，法35条に基づいて，憲法裁判所が，新たに合憲的法律がつくられるまで，立法者に代わり，自ら，暫定的な規律をなすこともありうるのである（BVerfGE 39, 1 [2f.]）」とされる[23]。

---

20) Lechner/Zuck, Rn. 1 ff zu § 35.
21) 永田秀樹「西ドイツにおける憲法訴訟の手続原則」大分大学経済論集34巻3号（1982年）142頁。なお，永田は Entscheidung を判決と訳しているが，本書においては全体の統一のために裁判とした。
22) 高見（注4）114頁。また，本案判決については E. Klein, in : Benda/Klein, Rn. 358 zu § 16, Rn. 1365 zu § 39 参照。なお，ここで引用されている判決は，後述の「ザール共産党・ラント解散命令事件」である（Vgl. Lechner/Zuck, Rn. 2 zu § 35)。
23) 高見（注4）115頁。なお，ここで引用されている判例のうち前者は「非軍事

執行命令（Vollstreckungsanordnung）は判決主文に示すのが原則であるが，事後に口頭弁論に基づかない特別の決定によって補充することが許されている。しかし，この補充的執行命令は本案判決の内容を変更あるいは修正するものであってはならない[24]。

2.2 歴史的沿革

　法35条の制定についてはドイツの歴史的事情が大きな影響を与えている。ワイマール憲法19条2項によれば，ライヒ大統領が国事裁判所の判決を執行すると規定されていた。したがって連邦憲法裁判所法35条の制定に際して「政府草案は，ワイマール時代の国事裁判所の例にならい，裁判の執行を連邦大統領に委ねていたが，これは大統領の権限強化につながるおそれがあるというので採用されず，結局裁判所自体の決定に委ねられたという事情がある」[25]。このように判決の執行を政治的決定機関から切り離すことによって，法35条は明らかに権限および地位規範の性格を示すものとなった[26]。なお，執行命令を発することは連邦憲法裁判所の専権に属し，それについては当事者からの申立てや聴聞を必要としない（BVerfGE 6, 300 [303ff.]）とされる。

　　　的役務延期事件」であり，後者は「第一次堕胎判決」である。
24)　Lechner/Zuck, Rn. 17 zu §35, E. Klein, in : Benda/Klein, Rn. 1495 zu §41．永田（注21）143頁，高見（注4）117頁。
25)　永田（注21）143頁。この問題について，「憲法の番人（Hüter der Verfassung）」は連邦大統領かあるいは連邦憲法裁判所であるのかということが焦点になる。E. クラインによれば「連邦大統領から裁判の執行権を剥奪することによって，連邦憲法裁判所は連邦憲法裁判所法35条を―同法31条1項と同様に―「憲法の番人」としての役割から解釈してきたのである」（E. Klein, in : Benda/Klein, Rn. 1479 zu §41）。なお，ワイマール憲法48条との関連はⅠ1.2.2 (2) を参照のこと。もちろん，この「憲法の番人」論に関してはC. シュミットを論じる必要があるが，ここではそれを論じる紙面的余裕はない（Vgl. C. Schmitt, Der Hüter der Verfassung, 1931）。
26)　E. Klein, in : Benda/Klein, 2011, Rn. 1478 zu §41.

2.3　執行命令が可能な判決の種類

連邦憲法裁判所は，法35条でいう「執行」は広範なものとして理解されなければならず，その他の訴訟法，特に民事訴訟法における「執行」よりも包括的な内容を有しているということから出発している（ZPO 704条から945条までと対比のこと）。法35条は連邦憲法裁判所を「執行の支配者（Herrn der Vollstreckung）」とし，「同裁判所に事件に応じて最も適切，迅速，合目的，簡便かつ実効的な方法で諸要請を達成する完全な自由」を与えている。また法35条はアドルフ・アルントの定式を継承して「連邦憲法裁判所にその判決の執行に必要なすべての権限を容認してきた。……このような権限を根拠にして，連邦憲法裁判所は職権により，訴訟を終結する本案判決を有効ならしめるために必要なあらゆる命令を発する。……35条の意味における執行は給付判決，受忍判決のみならず，確認判決においても可能である。この場合における執行とは，例えば連邦憲法裁判所によって発見された法の実現に必要な事実を形成するために必要なあらゆる措置の総体である」としている[27]。また，このような執行命令は「確認判決」のみならず「形成判決」にも妥当する[28]。

2.4　執行を委託される公権力機関（ラント内閣）

上述のように連邦憲法裁判所法35条の解釈において，連邦憲法裁判所の判決に広範な執行命令権を認めることになったが，このことが「既存の権限分配や訴訟手続に拘束されないことまで可能にするものかどうかについては議論が

---

27) Lechner/Zuck, Rn. 1 zu §35. レヒナー／ツックによる説明の多くは以下に紹介する「ザール共産党・ラント組織解散命令事件」の判決文によっているが，この判決において連邦憲法裁判所は連邦憲法裁判所法35条の解釈に際してアドルフ・アルント〔1904-1974年。1945年から1969年まで社会民主党（SPD）の連邦議会委員〕の見解を大幅に採り入れている（A. Arndt, DVBl, 1952, S. 3）。また，エッカート・クラインも同じアルントの説明の箇所を引用して，広範な執行概念を説明している（Vgl. E. Klein, in : Benda/Klein, Rn. 1480 zu §41）。

28) E. Klein, in : Benda/Klein, Rn. 1480 zu §41.

ある」[29]。もとより連邦憲法裁判所を司法府と考えるならば，まずその判決の執行を委託されるのは連邦およびラントの内閣ということになる。そして，その執行内容を形成してきたのは連邦憲法裁判所の判例である。したがって以下，判例を素材に執行命令を検討していくことにする。

まず，同条の解釈においてラント内閣に判決の広範な執行権が委任されたリーディング・ケースである「ザール共産党・ラント組織解散命令事件（BVerfGE 6, 300）を採りあげる。1956年8月17日，「ドイツ共産党（KPD）違憲判決（BVerfGE 5, 85［判例Ⅰ55：樋口陽一］）」において連邦憲法裁判所は「自由で民主的な基本秩序という最高の諸原則を承認しないだけではなく……原則的かつ継続的に（このような）基本秩序に対抗するように方向づけられた活動をしている」としてドイツ共産党が基本法21条2項に違反する政党であることを確認した上で，同党に対して違憲判決を下した。その判旨の中で，連邦憲法裁判所は各ラントの内務大臣にドイツ共産党の解散およびそれに代わる代替組織を禁止する任務が賦与されていることを示した。本件はこの「ドイツ共産党違憲判決」で明らかにされた各ラント内務大臣に対する権限の委託を受けて下された判決である。その内容は以下のものである。(1) ザールラント内務大臣に対して，1956年8月17日に下された連邦憲法裁判所判決主文による1および3による禁止の執行に関し，違憲確認を受けたドイツ共産党の代替組織であるザール共産党・ラント組織を解散させることを命令する。内相に対してこの目的を達成するため，すべての警察機関に対して直接指揮する権限が与えられる。(2) 裁判所はその職権により……本案判決を履行するのに必要なあらゆる権能を保持し……その内容を最も適切，迅速，合目的，簡便かつ実効的な方法で達成する完全な自由を有する。(3) 35条の意味における執行は給付判決・受忍判決のみならず，確認判決においても可能なものである。この場合における執行とは連邦憲法裁判所によって見出された法の実現に必要な事実をつくり出すために必要な措置を包摂する概念である，とした。

---

29) 永田（注21）143頁。

2.5 執行を委託される公権力機関（連邦議会）

以上のように，「ザール共産党・ラント組織解散命令事件」において連邦憲法裁判所の確認判決による各ラント内閣に対する広範な執行命令権が承認された。しかし，もしこの判決が立法府である議会を執行機関と見なし，議会になんらかの立法措置等を命令することができるとなると，それは「過度に決定権限を議会から連邦憲法裁判所へ移動させる危険性がある」(BVerfGE 39, 1 [72ff.])。したがって次に，議会に対する判決の執行委託に関して「第1次堕胎判決」(BVerfGE 39, 1 [判例Ⅰ7：嶋崎健太郎]) を採りあげる。1974年，旧西ドイツにおいて第5次刑法改革法により，それまで一律に妊娠中絶を処罰していた旧刑法218条が改正され，受胎後12週間以内であれば妊婦の同意のもとに医師が行う妊娠中絶を不可罰とする刑法218a条が制定された。これに対して1974年刑法の施行に先行してバーデン゠ヴュルテンベルクのラント政府が同法218a条の施行停止の仮命令を申請して連邦憲法裁判所に提訴し，それを受けて連邦憲法裁判所は同法の施行を停止した。これと同時に，他の四つのラントおよび連邦議会議員193名が一律禁止から妊娠12週間以内の中絶不処罰という緩和は胎児の生命権を侵害するとして連邦憲法裁判所に抽象的規範統制手続によって提起したのが本件である。その判決の内容は以下のものである。①基本法の価値秩序に照らして是認される理由づけがない場合でも中絶を処罰しない限りにおいて，1974年刑法218a条は基本法1条1項（人間の尊厳）と結びついた基本法2条2項1文（生命の権利）を侵害しており無効である。②連邦憲法裁判所はある法律を違憲無効とした場合生じる法的空白に対処するため，当該判決に先立って発した仮命令を発し，それでも対処できない甚だしい違憲状態が判決後になお継続的に存在するときは，新たに合憲的法律がつくられるまで，連邦憲法裁判所が自ら立法者に代わって暫定的な規律をなすこともできる。③国家による胎児の生命保護義務履行の方法はまず立法者によって決定されるべきであるが，……憲法の要請している保護を刑罰以外の方法では達成できないという極端な場合には，立法者には胎児の生命保護のために刑法を投入

する義務が発生する。④妊娠初期 12 週間以内の中絶について刑罰による威嚇を全く放棄し，その代替として予防的助言と教示を採用した新規定は立法者に課せられた生命保護義務を考慮せず……，多数の事例において胎児の生命保護に相反する保護の「欠缺」を発生させる。以上のように「第 1 次堕胎判決」において，連邦憲法裁判所は法律の限定的無効宣言とあわせて法 35 条の「執行命令」を用いている。

この判決の後，連邦議会は妊娠 12 週間以内に医師または相談所の十分な助言を受けたあと，妊婦本人の希望に基づけば医師が行う中絶は違法ではないという 1992 年刑法が可決され，同年 8 月 5 日に施行の運びとなった。しかし，この 1992 年刑法に対しても抽象的規範統制による訴えが提起された。これを受けて 1993 年 5 月 28 日に連邦憲法裁判所が同法 218 条を違憲無効としたのが「第 2 次堕胎判決」(BVerfGE 88, 203 [最新判例Ⅱ 5：小山剛]) である。「第 2 次堕胎判決」はその多くを「第 1 次堕胎判決」に依拠しているが，連邦憲法裁判所が「医師または相談所の助言」概念（刑法 218 条）が実践的効果を有するかどうかという立法者の評価を統制するだけではなく，法 35 条の適用の下に「助言」概念の憲法適合的形成のための詳細な基準（包括的暫定的規律）までつくり出していることが注目に値する[30]。

2.6 執行命令に対する批判

以上のように連邦憲法裁判所は判決の執行を内閣のみならず，立法機関たる議会にまで「包括的暫定的規律」というかたちで委託・命令してきた。このことは連邦憲法裁判所の権限範囲を逸脱し，立法府たる議会の権限範囲を侵害している可能性がある。すでに「第 1 次堕胎判決」において，少数意見を書いたジーモン裁判官およびブリュネック裁判官は「多数意見が基本権の自由としての性質に違反し，過度に決定権限を議会から連邦憲法裁判所に移動させる危険性を有している」(S. 72 ff.) と指摘していた。また，「裁判の執行を委託される

---

30) E. Klein, in : Benda/Klein, Rn. 1488 zu § 41. Vgl. BVerfGE 106, 62.

公権力機関は通常はその権限の範囲内での委託をうけるのが原則と考えられるから裁判所もその点を可能な限り考慮する義務があ」り，執行命令において連邦憲法裁判所が執行機関として議会になんらかの立法措置等を命じることには慎重でなければならないと考えられる[31]。

現在，連邦憲法裁判所法35条の濫用に対する批判の急先鋒に立っているのがH.-P. シュナイダーである。彼の説明によれば，法35条の濫用という「不幸の始まり」はすでに「第1次堕胎判決」に起因しているとされる。「第1次堕胎判決において，はやくも連邦憲法裁判所はもはや自らの判決の単なる法的効果を規律するだけではなく，立法者に対して将来の憲法適合的な堕胎法の新秩序についての具体的な裁判官による訓令に他ならない詳細な基準を突きつけているのである。」「このことは基本法が放棄したワイマール憲法48条2項による大統領の緊急命令権とパラレルな関係にある緊急命令権の発動である。しかし，これは連邦憲法裁判所法35条の執行命令が根本的に権力分立に違反していることを意味している。連邦憲法裁判所は立法者による将来の憲法適合的な新しい規律内容に関して態度表明を控えなければならない。さもなければ，連邦憲法裁判所による機能的ではない立法者に対する先決問題が生じることになる」。すなわち的確にも，彼はこのような連邦憲法裁判所の行為を「代替立法者（Ersatzgesetzgeber）」としての活動であると批判している[32]。

---

31)　永田（注21）143頁。
32)　H.-P. Schneider, Die Vollstreckungskompetenz nach §35 BVerfGG - ein Notverordungsrecht des BVerfGs, NJW 1994, S. 2590ff. なお，以下のシュナイダーの説明はE. Klein, in : Benda/Klein, Rn. 1489 zu §41 および Lechner/Zuck, Rn. 3．Rn. 7 zu §35 に倣った。ちなみに，ワイマール憲法48条2項とは以下の内容のものである。「ドイツ国内において公共の安全および秩序に著しい障害が生じ，またはその虞れがあるときは，ライヒ大統領は，公共の安全および秩序を回復させるために必要な措置をとることができ，必要な場合には，武装兵力を用いて介入することができる。この目的のために，ライヒ大統領は一時的に114条，115条，117条，118条，123条，124条及び153条に定められている基本法の全部または一部を停止することができる」。そして，同条5項によって「詳細は，ライヒ法律でこれを定める」としていたが，実際にはこれに関するラ

しかしながら，これまで見てきたように執行命令の具体的内容を確立してきたのは連邦憲法裁判所の判例であり，そしてこの執行命令の濫用を指摘してきたのは常に少数意見（例えば，国法学者にして元連邦憲法裁判所判事 E.-W. ベッケンフェルデ等）であるということを指摘しておく必要がある[33]。

2.7 執行命令に基づく執行措置に対する抗告の可否

最後に，連邦憲法裁判所法35条の執行命令に基づいてある機関がなした執行措置に対して抗告することが可能であるかどうか検討する。初期の判例ではあるが，連邦憲法裁判所は判決の執行をある機関に「一般的に委任した場合」と「具体的に委任した場合」とを区分し以下のような立場を示している[34]。

「連邦憲法裁判所がある機関に判決の執行を一般的に委任する場合，執行行為が同機関の本来的権限領域に属さないとき，その権限が拡張することが生じる可能性がある。しかしそうであっても，その執行行為の実施はその機関の独自の裁量で行われるわけである。したがって，その措置はこのような行為に対して一般的に承認されている法的救済手段によってのみ争うことが可能である。これに対して，連邦憲法裁判所が判決の執行を具体的に委任する場合，執行機関は連邦憲法裁判所の判決の執行機関ということになる。このとき，当該機関は独自の裁量で行動するわけではない。この場合，執行機関の措置に対して連邦憲法裁判所に直接異議を申し立てることが認められ，かつ他の法的救済

イヒ法律は制定されなかった歴史がある。執行命令に対する懐疑はこの歴史に拠る。

33) E.-W. Böckenförde, Sondervotum zum BVerfGE 93, 121 [152].「立法者は自ら，およびそれ自身から自らの立法者としての決定の合憲性について責任を有している。」

34) BVerfGE 2, 139 [142f.]．永田（注21）143頁以下参照。本文引用箇所においては，原文と永田訳を対照しつつ用語については若干の修正を加えた。ちなみに，この事件はアデナウアー内閣の下で再軍備政策を連邦議会で阻止することができなかった社会民主党（SPD）が，基本法93条1項1号に基づく機関訴訟で，連邦裁判所においてこの政策の違憲性を争ったものである。

手段は禁止される」。

3. 仮 命 令

3.1 総　　説

3.1.1 仮命令制度

法32条1項によれば,「連邦憲法裁判所は, 争訟事件において, 重大な不利益を防止するため, 急迫する暴力を阻止するため, 又は他の重大な理由により, 公共の福祉のため緊急の必要がある場合には, 仮命令により事態を暫定的に規律することができる」。これを「仮命令 (einstweilige Anordnung)」制度という[35]。

これによって連邦憲法裁判所は, 本案判決が出されるまで, 問題となる行政行為, 刑事手続を暫定的に停止し, 法規範 (法律, 命令, 規則) の執行を暫定的に停止することができる[36]。

---

35) なお, 連邦大統領に対する訴追, 裁判官に対する訴追, 連邦憲法裁判所裁判官の罷免等については, それぞれ法53条, 58条1項 (62条), 105条5項において, 個別に仮命令制度の規定が置かれている。

36) 後 (注64) に言及する法の執行を停止する仮命令以外に, 以下のような多様な仮命令の発給が求められている。例えば, 連邦政府・州政府に対して誘拐犯の要求するテロリストの解放を承諾することを義務づける仮命令 (シュライヤー決定 (BVerfGE 46, 160 [判例Ⅰ2：青柳幸一] 参照), 口頭弁論をテレビカメラで撮影することを認める仮命令 (BVerfGE 103, 44 [判例Ⅲ30：鈴木秀美] 参照), 判決 (決定) の執行を停止する仮命令 (BVerfGE 99, 145 [判例Ⅲ36：古野豊秋] 参照), ドイツ連邦政府による連邦軍のNATOの域外派遣の決定の執行を停止する仮命令 (AWACS訴訟 (BVerfGE 88, 173 [判例Ⅰ89：水島朝穂] 参照)), 連邦議会における統一条約 (基本条約) の同意法律の審議と採決を中止させる仮命令 (BVerfGE 82, 316 [判例Ⅱ55：岡田俊幸] 参照) など。

3.1.2 目　　　的

　仮命令制度は，民事訴訟法上のものであれ行政訴訟法上のものであれ，一般的には，個人の個別的な給付を確保し，法的安定性（法的平和）を確保するという二つの目的をもつ。これに対して，憲法裁判における仮命令は，連邦憲法裁判所の権限からいって，法的安定性の確保に重点が置かれている[37]。すなわち，具体的には，法32条所定の仮命令制度には，本質的に二つの目的がある。

　一つは，本案判決が下されるまで時間がかかり，その結果提起された手続が終結するまでに憲法上疑義ある状態が生じる可能性がある場合，これを暫定的措置によって阻止することである。

　二つには，争訟当事者間に憲法解釈をめぐるするどい対立があり，それが国家作用ならびに政治的統合プロセスに法的不安定と混乱をもたらす可能性がある場合，これを暫定的措置によって阻止することである。なぜなら，連邦憲法裁判所が保障すべき憲法は，まさに公的意思形成プロセスが混乱なく作用することを特に期待しているからである[38]。

　つまり，仮命令は連邦憲法裁判所の将来の本案判断を有効なものとするための手段である。それゆえ，仮命令は，本案において憲法裁判所の判決が下される前に事態が進行し，それによって重大な不利益が生じることを防止するために，急迫する暴力を阻止するために，あるいはその他の重大な理由により，公共の福祉のために争訟関係を暫定的に整序することが緊急に要請される場合にのみ発せられるのである[39]。

　行政や立法の行為を暫定的に停止させるものとしての仮命令は，それが憲法裁判の有効性にとって必要な場合にのみ許される。仮命令は，本案判決が下される以前には，裁判所が立法あるいは行政という政治過程に介入することを意

---

37)　Vgl. Lechner/Zuck, Rn. 4f. zu §32.
38)　野中俊彦「憲法裁判における仮処分―西ドイツ連邦憲法裁判所の仮命令」金沢法学14巻1号（1968年）7頁以下参照。
39)　Vgl. F. Klein, in : Maunz u. a., Rn. 5 zu §32 (Lfg. 9, 1987).

味するので，権力分立の観点からいっても，特に厳格な基準の下で行使されなければならないとされる[40]。

3.2 仮命令の形式的要件

3.2.1 仮命令の形式的要件

法32条1項によれば，連邦憲法裁判所は，「争訟事件（Streitfall）」において仮命令を下すことができる。このことは二つのことを意味する。

一つは，「連邦憲法裁判所は，連邦憲法裁判所法32条が一般手続規定として連邦憲法裁判所法の規定するすべての手続に適用されることを前提としている。連邦憲法裁判所法第2章の『一般手続規定』の中での本規定の位置からすれば，仮命令が連邦憲法裁判所法上のすべての手続において許されることが明確である」[41]。したがって，憲法異議，具体的規範統制，抽象的規範統制，機関争訟，連邦・ラント間および各ラント間の権限争議，政党の違憲確認手続など，連邦憲法裁判所が本案において権限を有するすべての争訟において仮命令を下すことができる[42]。

逆にいえば，仮命令は独立した別個の権限ではなくあくまで付随的な権限であることから，連邦憲法裁判所が仮命令を下すためには，連邦憲法裁判所が申立ての前提となる本案判決に権限を有することが必要とされる[43]。

二つには，仮命令を下すためには，連邦憲法裁判所にその争訟を対象とする手続が係争しているか，その争訟が連邦憲法裁判所に係争する可能性があるこ

---

40) Vgl. Lechner/Zuck, Rn. 19 zu §32.
41) F. Klein, in : Maunz u. a., Rn. 2. zu §32. (Lfg. 9, 1987).
42) 具体的規範統制手続ないしは機関争訟については除かれるという見解もある。これに対して，F. クラインは，これらの見解を，「連邦憲法裁判所の判例にも仮命令制度の包括的な保護目的にも合致しない」と批判している（vgl. F. Klein, in : Maunz u. a., Rn. 3 zu §32 (Lfg. 9, 1987) ; Schlaich/Korioth, Rn. 462.)。
43) Vgl. Pestalozza, Rn. 8. zu §18.

とが必要とされる[44]。

したがって，仮命令を下すためには，本案申立てが最終的に，不適法かあるいは明白に理由がないものではないことが必要である[45]。

また，仮命令は，事態を暫定的に規制するものであることから，求められた仮命令が本案における判断を先取りするものではないこと，この判断の内容に含まれている可能性のあるものを命じるものではないことも必要とされる[46]。

3.2.2　仮命令審査開始の要件

仮命令は原則として申立てに基づいて行う。申立権者となりうるのは，係争しているかそれが期待される本案手続において当事者能力をもつ者である。申立ては，法23条1項所定の要件（書面で，訴状には理由を付しこれに必要な証拠方法を記載して）にしたがって行われなければならない。申立ては，本案手続が開始されることが確実に予想される場合には，本案係争の前でも可能である。

連邦憲法裁判所の見解によれば職権でも可能である。本案が連邦憲法裁判所に係争していれば，職権で仮命令を下すことができる[47]。

3.3　仮命令の実質的要件

法32条1項によれば，連邦憲法裁判所は，「重大な不利益を防止するため」，「急迫する暴力を阻止するため」，あるいは「他の重要な理由から」，「公共の福祉のため緊急の必要がある場合」には，当該事態を仮命令によって暫定的に規律することができる。

条文では「できる」となっているが，このような実質的な要件が存在する場合，裁判所は仮命令を下すことになる。つまり，要件が満たされていると確認

---

44)　Vgl. Pestalozza, Rn. 9 zu § 18.
45)　Vgl. Pestalozza, Rn. 7 zu § 18.
46)　Vgl. Pestalozza, Rn. 10f. zu § 18.
47)　なお，職権による仮命令については，これが連邦憲法裁判所の権限システムに適合しないとする批判もある（vgl. Pestalozza, Rn. 4 zu § 18)。

した以上，裁判所に裁量権はない[48]。

3.3.1 要　　件

「公共の福祉のため緊急の必要がある」という文言は，民事訴訟法 940 条や行政裁判所法 123 条 1 項 2 号の「必要と思われる」という文言に比して，規律の必要性が「緊急の」という形で高められ，「公共の福祉のため」という形で個別化されている[49]。

さらに，解釈上，「公共の福祉のため緊急」という文言が，直前の「他の重要な理由から」のみを受けるのか，あるいは法 32 条 1 項の三つの要件すべてを受けるのかについて争いがある。前者の立場に立てば，個人の憲法上の権利侵害にも仮命令が用いられることを広く認めるのに対して[50]，後者では客観的な憲法保障のために仮命令が下されることが強調される[51]。結局のところこの解釈上の相違は，連邦憲法裁判所の手続，とくに憲法異議の本質をいかに理解するのかという問題につながる。連邦憲法裁判所自身は，これについては明確な態度をとっていないが，法 32 条 1 項所定の 3 要件が明確に区別することができずまた相互に関連していることから，法規範の執行停止が求められている場合には，通常は「公共の福祉のため緊急の必要がある」という文言が多く用いられている[52]。

3.3.2 裁判所の衡量

連邦憲法裁判所の判例によれば，仮命令が憲法裁判所の手続において生じさせる非常に広範な効果ゆえに，仮命令発給のための要件が存在するか否かの審

---

48) Vgl. Pestalozza, Rn. 13 zu § 18；Schlaich/Korioth, Rn. 462.
49) Vgl. Pestalozza, Rn. 17 zu § 18.
50) Vgl. Lechner/Zuck, Rn. 23 zu § 32；F. Klein, in：Maunz u.a., Rn. 41 zu § 32 (Lfg. 9, 1987).
51) Vgl. E.-W. Fuß, Einstweilige Anordnung im Verfassungsgerichtlichen Verfahren, DÖV 1959, S. 201ff.
52) 野中（注 38）25 頁以下参照。

査は「厳格な基準」に基づいて行われなければならない。とくにこのことは，法律の執行の停止が求められている場合に妥当する（vgl. BVerfGE 3, 41 [44]）。

具体的には，仮命令による法律の執行停止は，それが公共の福祉のため緊急の必要がある場合にのみ正当化される。そして，このような要件が存在するか否かは相対立する諸利益の適切な衡量に基づいてのみ決定されうる（vgl. BVerfGE 1, 85 [86]；BVerfGE 3, 34 [37]）。このような衡量の際には，法律が有効である場合と無効である場合の二つの可能性が考慮に入れられなければならない。なぜなら仮命令手続においては当該法律の法的効力についての判断はできないからである（vgl. BVerfGE 6, 1 [4]）。

つまり，連邦憲法裁判所は，①当該法規定が仮命令によってその効力が停止されず，後に本案手続においてその違憲性が確認された場合に生じる不利益と，②当該法規定が暫定的にその効果を停止され，後に本案手続においてその合憲性が確認された場合に生じる不利益を衡量することになる[53]。なお，この衡量においては申立人の利益だけではなく，問題となる可能性のあるあらゆる利益や相対立する利益を考慮に入れなければならない[54]。

---

53) Vgl. Pestalozza, Rn. 19 zu §18. このような連邦憲法裁判所の見解は，具体的な判決（決定）の中では以下のように定式化されている。

「本申立てには理由がある。本仮命令は公共の福祉に対する危険を回避するために緊急に要請される。

1 仮命令の発給の申立てについては，特にそれが法律の効力に関する命令である場合，厳格な基準が適用されなければならない。本件におけるように，本案手続における予告された申立てが不適法かあるいは明白に理由がないものではないと思われる場合，連邦憲法裁判所は，仮命令が下されずに後に当該法律が違憲であると宣言されることから生じる不利益と，法律が執行されなかったが後の本案手続において合憲とされた場合に生じる不利益を衡量する。

2 このような不利益を衡量する際に，部は当該規定の違憲性についての主張も合憲性についての主張も考慮しない……」（BVerfGE 86, 390 [395]）。なお，本仮命令判決（刑法218条改正法の発効を停止する仮命令）の具体的内容については，［判例Ⅱ68：畑尻剛］参照。

54) Vgl. Schlaich/Korioth, Rn. 465.

3.3.3 本案手続との関係

　連邦憲法裁判所の判例によれば，このような衡量において本案の成功可能性は原則として考慮されない。ただし，憲法異議が「不適法かあるいは明白に理由がない場合」には仮命令は発せられない。基準となるのは，不利益の重大性であって，当該措置の合憲性あるいは違憲性ではない。

　法規範の執行の停止が公共の福祉のため緊急の必要があるか否かを審査する際に，申立人が当該規定の無効を主張する理由は考慮されない。なぜなら，仮命令の発給についての手続においては法規範の有効性は審査の対象とはならないからである（vgl. BVerfGE 7, 367 [371]）。

　このような原則は必ずしも厳格に維持されているわけではない。いくつかの事件において連邦憲法裁判所は本案の概略的な審査を先取りし，それを衡量に入れている[55]。とくに憲法異議においては，法律規定の憲法適合性を支持しあるいは反対する理由が仮命令の発給に関する手続において決して考慮されないとはいえない。このような理由が意味をもつ可能性があるのは，憲法異議が不適法あるいは明確に理由がないゆえに仮命令が認められない場合，あるいは規範が明白に違憲であるがゆえにその執行を暫定的に停止するという緊急性がとくに明白である場合である（vgl. BVerfGE 7, 175 [179 f.]）。

　仮命令の認容が本案の認容に連なり，逆に仮命令の拒否が本案の拒否に連なる[56]。実際ほとんどの場合このような対応がみられるが，仮命令は拒否されたが本案は認容された例もある[57]。

　「本案が明白に成功の見込みがないわけではない」という積極的な表現が近

---

55) 例えば，シュライヤー決定（BVerfGE 46, 160：[判例 I 2：青柳幸一] 参照），基本条約事件（BVerfGE 35, 193 [判例 I 69：岡田俊幸]）がある（vgl. Schlaich/Korioth, Rn. 466）。後者は広範な政治的影響を考慮してのものである（vgl. Pestalozza, Rn. 21 zu §18）。

56) Vgl. Pestalozza, Rn. 22 zu §18.

57) 野中（注38）45頁以下参照。

年みられる。このような表現は，本案の成功の見込みは考慮されてはならないという原則を重大な形で相対化するものである。いずれにせよ，連邦憲法裁判所は仮命令を決定する際に本案における成功の可能性に広範に依拠している。なぜなら，本案における成功と仮命令の申立ての成功は相互に関連しているからである[58]。

3.4　手続と判決

3.4.1　発　給　権　者

仮命令を発給する権限をもつのは本案について権限のある部である[59]。

なお，法32条7項によれば，「部は，決定をなしえない場合であっても，特に緊急の際には仮命令を下すことができる。この場合，最低3人の裁判官が出席し，全員一致で決定しなければならない。この仮命令は，1ヵ月後に効力を失う。その部が追認した場合には，仮命令が下されてから6ヵ月後にその効力を失う」。

3.4.2　口頭弁論の要否

法32条2項によれば，「仮命令は，口頭弁論を経ずに下すことができる。特に緊急の場合には，連邦憲法裁判所は，本案に関する手続の関係人，参加の権利を有する者，又は意見陳述の権利を有する者に，態度表明の機会を与えないことができる」。

一般には，仮命令を申し立てた者あるいは本案に関する手続に参加する者には態度表明の機会が与えられなければならない。

口頭弁論を開くべきか否かは，当該争訟対象の性格に応じて連邦憲法裁判所が判断することができる。しかし，口頭弁論は，緊急の必要を考慮して，仮命

---

[58]　Vgl. Schlaich/Korioth, Rn. 466.
[59]　Vgl. F. Klein, in : Maunz u. a., Rn. 51 zu § 32 (Lfg. 9, 1987) ; Pestalozza, Rn. 8 zu § 18.

令の要件が口頭弁論によってはじめて明らかとされうるような場合には，常に要請されると考えることができる。憲法の番人としての連邦憲法裁判所の任務から，特定の仮命令の発給が必然的に立法あるいは行政への重大な介入となり，そして口頭弁論が仮命令の目的を根拠なく脅かすものでない場合には，常に口頭弁論を開く義務が生じると考えられる。

したがって，特別の緊急性がある場合のみ，関係人，参加権者，または意見陳述権者に態度表明の機会を与えないでおくことができる。ここでの緊急性は，仮命令の発給に対して一般的に必要とされる緊急性以上のものが要求される[60]。

3.4.3 判断の形式

口頭弁論に基づく場合には「判決」，口頭弁論に基づかない場合には「決定」という形で部の判断が示される。判決・決定の形式と構成は，一般的規律による。連邦憲法裁判所は法30条1項2文所定の理由について，場合によっては付さなくともよいと考えている[61]。

3.4.4 仮命令とこれに伴う措置

仮命令が下されると，法律，裁判所の判決，行政処分等が暫定的にその効力を失うか，あるいは特定の作為または不作為が命じられる。

連邦憲法裁判所は仮命令によって「事態を暫定的に規律する」ことができる。連邦憲法裁判所はその判決において申立ての目的にのみ拘束され，そこで述べられている措置に拘束されるわけではない。しかし，命令の根拠および緊急性の要請が連邦憲法裁判所の裁量を限定する。とはいえ，連邦憲法裁判所が仮命令の範囲において行うことができる措置は非常に広範なものである[62]。

---

60) Vgl. F. Klein, in : Maunz u. a., Rn. 58 zu § 32 (Lfg. 9, 1987).
61) Vgl. F. Klein, in : Maunz u. a., Rn. 62 zu § 32 (Lfg. 9, 1987) ; Pestalozza, Rn. 24 zu § 18.
62) Vgl. Schlaich/Korioth, Rn. 470.

3.4.5 仮命令の効力

仮命令はその性質上，本案判決が下された（判決が公布された）時点で効力を失う。仮命令自体の時間的効力は6ヵ月であり，仮命令は，6ヵ月後に効力を失う。ただし，3分の2の多数によりこれを更新することができる（32条6項）[63]。

3.5 仮命令に対する異議

法32条3項によれば，「決定をもって仮命令が下され又は退けられたときは，[前項に掲げる者は] 異議を申し立てることができる」。また，4項によれば，「仮命令に対する異議は，停止の効力を有しない。ただし，連邦憲法裁判所は，仮命令の執行を停止することができる」。

3.6 仮命令の機能

個別の判断の当否には検討の余地はあるが，仮命令制度の実際の運用は，全体としてみれば，その制度趣旨・目的を発揮しているといえる[64]。

---

63) Vgl. F. Klein, in: Maunz u. a., Rn. 74 zu §32 (Lfg. 9, 1987). 1985年12月19日の連邦憲法裁判所法の第5次改正法律によって，仮命令の妥当期間が3ヵ月から6ヵ月になった。これは3ヵ月という期間では実際短すぎて，しばしば32条5項但書による期間の更新をせざるをえなかったという経験による（vgl. Pestalozza, Rn. 2 zu §18）。

64) 初期の仮命令の具体例については，野中俊彦「西ドイツ連邦憲法裁判所の仮処分命令判決例」金沢法学14巻2号（1969年）123頁以下参照。前記の他，仮命令の発給が行われた著名な事例として，刑法218条（堕胎罪）改正法の発効を停止する仮命令（BVerfGE 37, 324；BVerfGE 86, 390 [判例Ⅱ68：畑尻剛] 参照），連邦国防軍核武装等についての住民アンケートに関するハンブルク法（1950年）等の執行を停止する仮命令（BVerfGE 7, 367 [判例Ⅰ59：永田秀樹] 参照），1983年国勢調査法の執行を停止する仮命令（BVerfGE 64, 67 [判例Ⅰ7：平松毅] 参照），ハンブルク市の改正選挙法に基づく区議会への外国人選挙権の導入に関する法律（1989年）の執行を停止する仮命令（BVerfGE 81, 53：[判例

また，仮命令が抽象的規範統制の前手続として発給される場合には他の機能が加わる。すなわち，法律に対する抽象的規範統制では，新法あるいは改正法の公布と同時に訴えが提起されることが多い。この場合，連邦憲法裁判所が仮命令により新法あるいは改正法の公布・執行を停止することによって，「憲法の番人」という抽象的規範統制の手続趣旨は十分に発揮される。抽象的規範統制手続は決して事前審査制度ではないが，仮命令制度と結びついて同様の機能を果たすことができる[65]。

Ⅱ 51：彼谷環］参照)，連邦に対してテレビ放送を行わないことを求める仮命令（第一次放送判決（BVerfGE 12, 36［判例Ⅰ 77：浜田純一］）参照)，集会の自由を規制するバイエルン集会法の一部規定の効力を停止させる仮命令が認められた事例（BVerfGE 122, 342）がある。

65) 畑尻剛「ドイツ連邦憲法裁判所と人工妊娠中絶」城西大学研究年報17巻（1993年）1頁以下参照。

4. 判決の手法

4.1 総　　説

　ドイツ連邦憲法裁判所が当初想定した判決類型は，審査した法律が基本法に違反するときにその法律を無効と宣言する違憲無効判決と，審査した法律が基本法と適合するときにその法律を有効とする合憲有効判決という二つの類型であった。違憲の法律は無効であるという規定は，伝統的なドイツ法の解釈から生じている。違憲の法律は「遡及的に (ex tunc)」，すなわち，憲法と抵触する「当初から (ipso jure)」無効であり，さらなる形成的な行為なくして法的効力をもたないという考えが長く支配的であった。

　しかし，違憲の法律が遡及的に無効であるという考え方は，違憲な状態を除去することとなるが，法的不安定な状態や混乱を導く法的空白をつくり出し，結果的に新たな立法をするのと同じことになるため，立法者の形成自由を侵害することになる。また，平等違反の事例において，例えば生活保護費の額を争った場合に，無効宣言が下されることによって，その給付規定自体がなくなると，かえって原告に不利益を及ぼすことにもなる。

　そこで，連邦憲法裁判所は，無効判決を下すことによる弊害を回避して法的安定性や立法者の形成自由を確保するため，違憲であっても無効としない新しい判決類型——違憲確認判決・不一致宣言（Verfassungswidrigfeststellungsurteil・Unvereinbarerklärung einer verfassungswidrigen Norm）を作り出した。また，「なお」合憲（"noch" verfassungsmässig）としながらも，将来違憲状態になる可能性を明示したり，法改正のための合理的期間を設定したりして立法者に早期に違憲状態の除去を促す新しい判決類型—違憲警告判決やアピール判決（Appellentscheidung）——を用いている。連邦憲法裁判所は，違憲無効判決か合憲有効判決かという二者択一的な考えから離れ，法現実の多様性に適合する新

しい判決類型を創設してきたのである。そして，このような新しい判決類型を用いることによって，立法者の形成自由を尊重しながら，立法者と協働して違憲状態を除去しようとする。

4.2　違憲無効判決

4.2.1　意　　義

　連邦憲法裁判所は，審査した法律（命令，規則または条例を含む）が基本法に違反すると確信したとき，当該法律を無効と宣言する。この類型の審査方法は法78条，82条1項，95条3項1文で規定されている。また，連邦憲法裁判所法31条2項は，「連邦憲法裁判所が，法律を基本法と一致する若しくは一致しない，または無効であると宣言する場合には……裁判主文は，連邦司法省が連邦官報に掲載しなければなら」ず，それによって判決は一般的な拘束力ないしは「法律としての効力」をもつことになる。

　さらに，基本法100条1項の規定する一般の裁判官の違憲な法律の憲法裁判所への移送は，違憲の法律が「無効」であることを前提にする。違憲の法律が無効であることは憲法上の原則である（基本法1条3項，20条3項，79条1項1文，100条1項，123条1項）とみなされている。

4.2.2　当初無効・遡及的無効

(1)　違憲の法律は「法上当然（ipso jure）」であれ，「遡及的に（ex tunc）」であれ，当初より無効であるとされる[66]。

---

66)　Schlaich/Korioth, Rn. 343ff.; J. Ipsen, Rechtsfolgen der Verfassungs-widrigkeit von Norm und Einzelakt. 1980, S. 69ff. 当初無効論については，畑尻剛『憲法裁判研究序説』（尚学社，1988年）183頁以下参照。例えば，ガイガーは，「無効とは，当初より（遡及的に）効力がないことを意味する。連邦憲法裁判所は，連邦法が基本法に適合しないがゆえに，当該法律が無効であることを判示するだけであるから，その判決によって確定されるのは，基本法の効力と下位規範の効力が矛盾抵触した時点での当該下位規範の無効であるとし，レヒナーは「78

この今日の支配的な見解は，19世紀前半に，付随的な裁判官の審査権を説明し，正当化する意図からつくり出された[67]。すなわち無効の法律は存在しないので，裁判官はそれを適用する必要もなく，適用することができない。裁判官による法の不適用は，権力分立に反せず，裁判官の規範服従に変わりはない。

　当初無効論の論拠としては，①基本法100条1項の文言と裁判官の審査権，②憲法の最高法規性，③憲法の下位法規に対する法効力規範性，④憲法裁判権の防衛，⑤憲法異議手続との関係，⑥基本法31条などがあげられる[68]。

① 　一般の裁判所の裁判官が違憲であると考える法律を適用できず，当該事件を連邦憲法裁判所に移送しなければならない（基本法100条1項）のは，当該法律が当初より無効であるからである。連邦憲法裁判所に廃棄権限を集中することは誤った無効確認から立法者を守り，法の統一性を確保するものであり，この無効という考え方を何ら変えるものではない。このように一般の裁判官の審査権を根拠づけるものとして違憲法律の当初無効があげられ，この考えが基本法の下でも妥当すると主張される。

② 　憲法の最高規範性の根拠としては，「法の段階構造」があげられる。基本法1条3項の「基本法の定める基本権が立法を拘束する」ことは，法律と基本権規定が抵触した場合には後者が優位することを意味する。さらに20条3項は，基本権だけでなく，より広く基本法の立法に対する拘束を規定する。そして，当然に法規定は上位にある法規範と矛盾しない限りにおいてのみ拘束力をもちうる。それゆえ，違憲法律の無効は裁判所の判決によってはじめて生じるのではなく，違憲の法規範が憲法と適合しないが

　　　条によって確認された一般規範の無効は，原則として遡及的に作用する。すなわち，当該規範に基づくすべての法律関係の法的効力は遡及的に排除される」とした。畑尻（注66）183頁。
67）　Ipsen (N66), S. 24ff ; Maunz, in ; Maunz/Dürig, Rn. 34 zu Art. 93. さらに Klein, in : Benda/Klein, Rn. 1245 ff.
68）　畑尻（注66）184頁以下参照。

ゆえに，当初より無効または矛盾抵触が生じた時点において無効となる。また，上位法と矛盾する下位規範は存在しえず，その法律効果は当初より無効である。

③ 憲法を下位の法規範の法効力規範とし，これを根拠に違憲の法律の無効を説く考えもある。法治国家においては，実定法規範は特定の規律を遵守してはじめて成立するのであり，下位規範は上位規範による規範的な権限付与なしには有効でありえない。ドイツでは，ある規範が基本法のあらゆる法効力規範を満たす場合にはじめて法規範となるということが，基本法体系の原則であるとされる。基本法の諸規定が基本法より下位の法規範に対する法効力規範であるとすれば，基本法上の要件を満たさない法律は効力をもちえず，それゆえ本来的に無効であるとされる。

④ 違憲の法律の当初無効は，憲法裁判制度を守るためにも必要であるとされる。当初無効論を採用しない限り，憲法の保障する審査権が骨抜きにされるるおそれがあるとされるからである。実際に，オーストリアでは，1933年に，憲法裁判所が合法的に機能停止されたことがある。これを踏まえて当初無効の重要性が説かれる。

⑤ 違憲の法律が無効でなくとも，公権力によって自己の権利を侵害された者は，連邦憲法裁判所に憲法異議を提起することができるが，いかに理由があろうとも，違憲の法律が当初無効でないとしたら，異議申立人の権利保障請求は容認されないことになる。このことは基本法で保障された権利保障の実効性を失わせることになる。違憲の法律は当初無効ではなく，取り消されるにすぎないという立場をとったとしても，憲法異議判決以降に法律は無効となるが，憲法異議判決以前には当該法律は有効であることから権利救済はなされないことになる。

⑥ 基本法31条の「連邦法は，ラント法を破る」という規定は，違憲の法律の当初無効という憲法の一般原則の具体化である。基本法は違憲の法律の無効が遡及的なものであることを前提としている。法律の遡及的無効という考え方はそれが基本法31条の前提とされているように，規範の無効

に関するドイツの法理論に沿うものである。

このように様々な理由によって違憲な法律の当初無効が主張されている。これらに共通していることは，ワイマール時代の裁判官の審査権をめぐる議論の流れを汲んでいることにある。そしてこの議論が憲法裁判所という制度の下でも継承されていることがわかる[69]。

(2) 連邦憲法裁判所でよく用いられる表現によれば[70]，違憲の法律は「基本法と一致しないゆえに無効」である。違憲の法律は遡及的に，あるいはさらなる形成的な行為なくして当初より法的効果をもたない。しかし，この当初無効という基本的な原則は，基本法，連邦憲法裁判所法，また現行法のどこにも規定されていない。

また，このような通説に対して批判的な見解が主張されている。例えば，「この（（連邦）憲法裁判所の判決の）結果については，それを方法上どのように捉えるのが適切かという点について，これまでのところ学説でも十分明らかにしているわけでない」という見解や，「無効宣言が遡及効をもち，当初より無効であるというテーゼを今後も堅持していくことは難しい」という見解や，「ほんの数年前までドイツにおいて違憲な法規範の当初無効・当然無効は支配的であった」というような見解はこのような状況をあらわしている。さらに，ドイツでは「学説及び判例において，違憲の法律の当初無効論から，取消論への変遷がみられる」ことも主張されている。実際に連邦憲法裁判所において，無効宣言が減少しており，法律の無効は，それが直接に合憲状態の回復を将来なしうる場合にのみ，言い渡されている[71]。

また，この原則が，法理論的に必然ではないことはオーストリア法学及び法実務が示している。オーストリア憲法裁判所は，違憲な法律を取り消す（1975

---

[69] 畑尻（注66）192頁以下参照。

[70] BVerfGE 61, 149 [151]. 宇賀克也『国家責任法の分析』（有斐閣，1988年）237頁以下参照。さらにBVerfGE 65, 1 [3]［憲法判例7：平松毅］; 67, 299 ; 68, 384 [385].

[71] 畑尻（注66）178頁以下参照。

年オーストリア連邦憲法140条)。ドイツの連邦憲法裁判所は，無効を宣言的に確認するだけである（無効論）。しかし，取消論の根拠も基本法100条1項に求められる。移送義務は違憲の法律が法律上当然に無効でないことを意味する。法的安定性の考えからも単なる取消可能性が根拠づけられる（取消論）[72]。

取消論に対しては，基本法100条1項が憲法に違反する規範の無効という法的効果を前提にもつこと，無効論の広範囲に及ぶ効果及び無効論が憂慮する法的安定性は，連邦憲法裁判所法79条の法的効果に関する規定によっても，行政決定の公定力や裁判所の判決の確定力の原則を用いても解消できるので，無効論が堅持されるべきとされる。連邦憲法裁判所には，厳格な無効論の緩和のために違憲確認判決（不一致宣言）という裁判の類型がある[73]。

4.2.3 一部無効

例えば，1981年の国家責任法は，本質的部分において，連邦に必要な立法権能が欠けているため，全体として無効とされた[74]。また，1983年の投資援助法は，基本法における権能の基礎が欠けているため，全体として無効と宣言された（BVerfGE 67, 256 [290]）。このように法律全体が無効とされる場合もあるが，法律の一つまたはいくつかの規定が違憲・無効となっても，これによって法律全体が違憲・無効となるわけではないという「一部無効宣言（Teilnichtigerklärung）」がある[75]。そして，この「一部無効」は，まず第一に，規範の文言の

[72) 取消論についても畑尻（注66）193頁以下参照。
[73) Schlaich/Korioth, Rn, 366ff.
[74) BVerfGE 61, 149 [173f., 206].　宇賀（注70）254頁。
[75) Benda/Klein Rn. 1262 ff.；Schlaich/Korioth, Rn. 384 ff.　これに関する邦語文献としては，阿部照哉「法律の合憲解釈とその限界」法学論叢90巻1・2・3号（1971年）99頁以下（同『基本的人権の法理』有斐閣，1976年218頁以下に再録），永田秀樹「西ドイツにおける法律の憲法判断の方法」大分大学経済論集33巻3号（1981年）94頁以下，青柳幸一「法令違憲・適用違憲」芦部信喜編『講座憲法訴訟第3巻』（有斐閣，1987年）7頁以下，竹下守夫「違憲判断の多様化・弾力化と違憲判決の効力」三ケ月章先生古稀祝賀『民事手続法学の革新

削除を意味する。

　例えば，1983 年 12 月 15 日の第一法廷の判決は，「1983 年の国勢調査法 9 条 1 項ないし 3 項（国勢調査の申告の利用）は基本法 1 条 1 項と結びついた 2 条 1 項（自己情報決定権）と一致せず無効であり，2 条 1 号ないし 7 号，3 条ないし 5 条は基本法と一致したが，補完する必要があった。」とした（BVerfGE 65, 1 [判例 I 7]：平松毅）。

4.2.4　意味上の一部無効

　一部無効にも，上であげた法令の文言の一部（部分）を違憲無効とする「量的一部無効（quantitative Teilnichtigkeit）」のほか，「質的一部無効（qualitative Teilnichtigkeit）」というものがある。そして，この判決形式も，確立した判例と考えられている[76]。これは，「規範テキストの縮減をともなわない一部無効宣言（Teilnichtigerklaerung ohne norm textreduzierung）」とか，「文言に言及しない無効宣言（Nichtigerklärung ohne Berühung des Wortlautes）」ともいわれているが，概ね次のように説明される。連邦憲法裁判所は，無効判断を区分可能性を文言やテキストだけではなく，規範の意味内容にも依拠させている。より重要なことは，連邦憲法裁判所が同じ文言やテキストを解釈という方法によって合憲の適用事例にも違憲の適用事例も可能にするような状況についても，一部無効を宣言することである。ここで行われているのは文言やテキストそれ自体に固定した一部無効宣言ではない。「テキストはここでは違憲の部分が縮減されたりカットされうる（量的一部無効）のではなく，規範テキストはそのままに無効の適用の選択肢がそれとして書き直されうるのである（質的一部無効）」[77]。

　例えば，1982 年 11 月 3 日の大学大綱法事件の第一部決定では，「1976 年 1

　　　中巻』（有斐閣，1991 年），674 頁以下，新正幸『憲法訴訟論（第二版）』（信山社，2010 年）440 頁以下，宍戸常寿「司法審査—『部分無効の法理』をめぐって」法律時報 81 巻 1 号（2009 年）78 頁以下。
　76）　Grasshof, in：Umbach/Clemens/Dollinger, Rn. 18 zu §78.
　77）　K. Benda/Klein, Rn. 1264.

月26日の大学大綱法（HRG）32条2項1文5号……及びベルリン（西）を除く各ラントの同意法と結びついた1978年6月23日の学生の在籍権の授与に関する各ラント間の国家条約13条1項5号における転部規則は，1974/1975年の冬学期までに，当時存在した転部の可能性をあてにして，他の専攻科目を勉強し始めた大学生に対してまで，医学部への転部に対して元の専攻科目を補充するという条件を設ける限り，基本法3条1項と結びついた12条1項及び法治国家原理に違反し，無効である」（BVerfGE 62, 117）とされた。

また，性転換法違憲事件の2008年5月27日の第一部の決定では，「性転換法8条1項2号は，出生届において届け出られた性別と異なった性別の裁判上の確認のために，同法1条1項1号から3号までの要件を充足する性転換者が性別の外的徴表を変更する手術を受け，継続的に生殖不能になっている以上に，婚姻していないことを要求し，当該法律が既婚の性転換者に法的に保障されたパートナーシップの終了なしには性別変更の法的承認を認める可能性を開いていない限りで，基本法1条1項と結びついた2条1項および6条1項に一致しない。」（BVerfGE 121, 175）とされた。

4.2.5 無効宣言の問題性

連邦憲法裁判所の判決が一般的効力をもつので，無効判決と同時に当該法律は改廃されることになる。そして，憲法に違反する規範の遡及的な無効宣言から，その間にこの違反に基づいて下されたあらゆる行為が除去されることが論理的帰結として生じる。しかし，無効宣言により遡及的に無効としたり，当初無効にするには限界がある[78]。①立法者の形成自由を侵害し，②法的空白をつくり出すからである。

(1) **立法者の形成自由** 立法者の不作為ではなく，特恵が明文で排除されている場合，あるいはその他の不平等な賦課がある場合には，連邦憲法裁判所は，法技術的にみればそれらの規定を無効とすることは十分可能であるが，こ

---

78) 畑尻（注66）204頁以下参照。

のような事例において無効宣言を回避している。無効宣言を回避するために，連邦憲法裁判所は多くの事例において「立法者の形成自由」に言及している。違憲状態を排除するための様々な可能性が立法者にある場合には，無効宣言が立法者の形成自由を侵害するゆえに，裁判所は当該法状態の違憲性を確認するにとどまる。このような理由づけによる無効宣言の回避は現在まで平等原則に関する判決で多く行われてきた。

　無効宣言の回避を立法者の形成自由を根拠にした最初の事例[79]では，次のように判示された。「連邦憲法裁判所の基本法3条1項（平等原則）を根拠とする判決は，できるだけ立法者の形成の自由を守らなければならない。この基本権を侵害して特定の集団に賦課を行う法律の場合にも，このことは可能である。すなわち連邦憲法裁判所は，当該賦課的規範を無効であると宣言し，それにより，立法者に複数の新たな形成可能性をもたせるのである。また，法律が特定の手段に特恵・優遇措置を与えることによって基本法3条1項に抵触する場合には，連邦憲法裁判所は，特恵・優遇規定を無効と宣言することも，特定の集団を配慮しないことを違憲であると確認することも，いずれも可能である。……しかし，連邦憲法裁判所が制限的に規律された規定……のみを無効であると宣言し，すべての年金受給者に規定された額と同様の年金額の請求権を直接に認めるならば，それは立法者の決定の自由を侵害することになる」。つまり，積極的な社会権の形成を行うべきなのは裁判所ではなく，立法者であり，連邦憲法裁判所は，暫定的であれ平等な状態をつくり出す機能を有しないとするものである。

　その後立法者の形成自由を根拠として無効宣言を回避した1971年の決定では「いかなる方法で法律が平等を実現するかを決定しうるのは立法者のみである」（BVerfGE 30, 292 [332]）とし，1972年の決定でも「食品小売商の義務の特例がいかなる方法によって考慮されるべきかを決定するのは，立法者である。連邦憲法裁判所がなしうるのは，当該規定が基本法に適合しないことを確認す

---

79)　BVerfGE 8, 28 [37f.]. 畑尻（注66）204頁以下参照。

ることだけである」(BVerfGE 34, 71 [81]) と述べている。

(2) **法的空白の回避**　連邦憲法裁判所は，無効宣言が好ましからざる結果をもたらす場合には，当該法規の無効宣言を回避し，違憲性の確認のみを行う。一般的に無効宣言は非常に広汎な効果をもつ。ある法規範が遡及的に無効とされた場合に，その遡及効は従来の法に亀裂を生じさせ，その方の亀裂は当該法律が長い間適用されていればされているだけ，また，個人あるいは国家によって当該法規に基づいて行われた措置が広汎であればあるだけ，破壊的に作用する。しかもこのことは，憲法抵触のあった時点から連邦憲法裁判所判決までだけでなく，無効宣言判決以降，立法者による当該違憲状態の是正まで続くことになる。この無効宣言が招来する法的空白状態よりも，違憲な法律を判決の趣旨に沿った法律が制定されるまで暫定的に適用する方がより憲法に適合すると考えられる場合に，連邦憲法裁判所は違憲な法律の無効宣言を回避する。

4.3　違憲確認判決

4.3.1　意　　　義

連邦憲法裁判所は，連邦憲法裁判所法において，当初から予定していた違憲な規範の無効宣言と並んで，法律を無効とすることなしに違憲（不一致）と宣言する判決類型をつくり出してきた[80]。

連邦憲法裁判所は，当初この裁判の類型を法律上の授権なしに，裁判実務において用いてきた。連邦憲法裁判所は，1970年までは，違憲判断と無効とを

---

80)　野中俊彦「西ドイツにおける違憲判決の効力」田中二郎先生古希記念『公法の理論(上)』（有斐閣，1977年）（同『憲法訴訟の原理と技術』（有斐閣，1995年））263頁以下，阿部照哉「西ドイツにおける違憲確認判決の効力」今村成和教授退官記念『公法と経済法の諸問題(上)』（有斐閣，1981年）197頁以下，永田（注75）95頁以下，宮地基「西ドイツ連邦憲法裁判所による規範統制判決の展開と機能─『違憲宣言判決』および『警告判決』をめぐって」神戸法学雑誌39巻4号（1990年）939頁以下，畑尻剛「違憲判断の具体的処理方法─違憲確認判決を中心に」中央ロー・ジャーナル7巻1号（2010年）65頁以下参照。

結びつけていた。法78条，82条1項，95条3項は今日なおそれらを前提にしている。しかし，今日の連邦憲法裁判所の判決は違憲確認（不一致宣言）なしには考えられない。いろいろな批判があるにもかかわらず，その必要性は十分に認められている。しかし，従来，違憲無効判決が原則とされていたため，違憲確認判決を下すには特別の理由づけを必要とする。例えば，①立法者の違憲の不作為，②明白に違憲とはいえない場合，③平等違反の場合の立法者の形成自由，④法的空白による憲法秩序の混乱を回避するにはこの判決類型が効果的であることなどである[81]。

① 立法者の違憲の不作為の場合には，法技術的理由から無効の対象とはなりえないが，違憲確認判決によって立法者に働きかけることにより，立法者への憲法委託の本来の形の実現を促進することになり，より基本法の要請に近づくことができる[82]。

② 連邦憲法裁判所は，立法手続における重大な瑕疵が存在しない場合に，法律の無効宣言を行わない[83]が，そのような瑕疵が存在して違憲状態になっているなら，その是正が必要となる。

③ 例えば，ある法律が一定のグループに特恵を与え，他のグループにその考慮をしていないか，不完全にしか考慮していない場合に，平等違反の問

---

81) 有澤知子「西ドイツ連邦憲法裁判所における具体的規範統制と新しい判決形式」比較法雑誌16巻4号（1983年）74頁以下参照。
82) BVerfGE 8, 1. 現行の給与法が，諸事情の変化により，基本法33条5項の最低限度の要請に応じられなくなっているとして，違憲を確認した。立法者が改正をしなかった不作為の違憲性を認めたのである。この憲法委託が，立法者によってのみ実現されること，不十分な規定でも全くなくなるよりは憲法に適合するという配慮がなされている。
83) BVerfGE 31, 47. 連邦憲法裁判所は，付随的にではあるが，規範が無効となる場合を次の場合に限定した。すなわち，立法手続において重大な瑕疵が存在する場合，内容的に上位法と一致しない場合，または権限のない機関によって発布された場合，である。それゆえ立法手続の重大でない瑕疵によって規範が無効になることはない。しかし何が重大でない瑕疵なのかについては未解決のままである。

題が生じる。その場合に，従来考慮されていないグループにも特恵を拡張すべきなら，無効判決は適当ではない。また，規定が全く存在しなくなるよりも，不完全な規定であっても，存在する方が憲法の要請に適合する場合がある。そのような場合に，連邦憲法裁判所は作為部分または不作為部分の違憲確認判決を下す。というのは，特恵を排除するか拡張するかといった判断は本来裁判所にはなじまず，立法者の形成自由に委ねられるべきだからである[84]。

④ 法律が適用された期間が長いほど，適用される場合が多いほど，その法律の無効宣言による法的空白は大きな影響を与える。それを回避するため，連邦憲法裁判所の判決から立法者による必要な改正までの期間に，違憲の法律の暫定的な適用が可能とされるべきである。しかし，連邦憲法裁判所は，現在では例外としてのみ暫定的な適用可能性を認めている。

1970年に，違憲確認判決（不一致宣言）が，連邦憲法裁判所法に規定された（法31条2項2文および3文，79条1項）。しかし，連邦憲法裁判所法は，この判決類型を承知しているにとどまり，効果を断片的にのみ定めている。連邦憲法裁判所は，どのような場合にこの類型を用いるかを定めておらず，法律の文言は統一的でない。

4.3.2 違憲確認判決の判例

違憲確認判決の代表的な例として，1979年11月13日連邦憲法裁判所第一部の家事労働日法違憲決定をあげる（BVerfGE 52, 369 ［判例15：光田督良］）。

ノルトライン＝ヴェストファーレンには，第二次大戦前に発せられたライヒ労働大臣命令を受け継ぐ1948年制定の「家事労働日法」が存在する。同法の1条は「すべての企業および行政法において，平均して週最低40時間以上就

---

[84] BVerfGE 33, 90. 勤労者の申告された所得税に関して，児童控除の異なる規定が争われたが，ここでも連邦憲法裁判所は平等原則違反を確認するにとどまっている。政治責任を負うことのできない裁判所が，立法と同じ効果を有する判断を下すことはその権限を越えるからである。

業する独立の所帯を営む女性は，毎月1日終日における労働の免除（家事労働日）を請求できる」と規定する。同ラントで看護師として勤務する独身男性Xは，雇用者に対し家事労働日の申請をしたが，雇用者はそれを拒否した。これに対し，Xは就労義務のない家事労働日の勤務に対し，総額120マルクの支払いを求め，ケルン労働裁判所に出訴した。労働裁判所がその訴えを棄却したので，連邦憲法裁判所に，この判決に対して，間接的には家事労働日法に対し憲法異議を申し立てた。

連邦憲法裁判所は，Xの憲法異議を認め，「家事労働日法1条は，当該規定が独立の所帯を営む独身女性のみに家事労働日の保障を規定している限りにおいて，基本法3条2項に一致しない」とした。その理由として，基本法3条2項は，一般的な平等原則を具体化し，男女の平等処遇を要請するものであるとする。したがって3条2項は性別の違いが差別的取扱いを正当化する理由として用いられることを禁止する。もっともこのことは合理的理由のある場合に，相違を考慮した取扱いを禁止するものではない。このような合理的理由として，連邦憲法裁判所は，その確立した判例から，「男性と女性のそれぞれの生活関係の性質に基づく客観的な生物学的及び機能的相違」[85]とする。家事労働日の保障により，女性労働者は職業と家事という日常的な両立においてなかなか克服できない労働を処理する機会を与えられたが，この二重負担は独身男性についても同様である。したがって「女性についてのみの有給の家事労働日の保障は性を基準とする生物学上の相違によっては正当化されない」。連邦憲法裁判所は，家事労働と女性の生物学的特徴との結びつきは否定するが，伝統的観念において，家事労働が女性の負担において行われていたことは認めている。また，両性の機能的な相違によっても正当化されないとする。しかし，そ

---

[85] BVerfGE 85, 191 ［憲法判例Ⅱ 13：青柳幸一］．この判決で，男女の異なる取扱いの正当化事由は，従来用いられてきた「男性と女性の生活関係の性質に基づく客観的な生物学的及び機能的な差異」ではなく，「それが本質的に男性あるいは女性にのみ起こりうる問題の解決のために必要不可欠である限り許される」とする必要不可欠性の基準がはじめて用いられた。

の場合であっても，少なくとも「独身女性に一方的に有利な家事労働日制度は基本法3条2項による平等取扱いの原則を侵害する」こととなる。家事労働を行っている男性労働者を不利に扱うことを正当化するものでないからである。したがって家事労働日法1条による男女の異なった処遇は生物学的相違からも，性別役割分担からも正当化することができず，合理的理由のない差別的取扱いとなる。したがって家事労働日法1条が基本法3条2項と一致しないとしたが，無効とせず，その違憲性を確認するだけにとどめた。なぜなら，平等を実現する方法が複数考えられるからであり，その選択は立法者に委ねられるべきであるからである。

4.3.3. 平等判決の特殊性と違憲確認判決

この裁判類型の出発点になったのは，基本法3条1項の平等原則であった。例えば，所得税法で，あるグループの市民を優遇し，適切な理由もなく他のグループの市民を優遇から排除する平等違反があったとする。しかし，当該法律の無効宣言は，場合によっては，致命的である。極端な場合には，国庫は，立法者による新しい規定の制定までこの規定に基づく税収入を断念しなければならなくなる。優遇されたグループも，一時的にその優遇を断念しなければならない。無効宣言を断念するのは，違法な法律であってもその適用を可能にするためである。立法者の不作為の場合にはこの形態が適切である。

また，無効宣言を断念することによって，法的空白が回避できる。さらに，立法者にとって憲法違反を除去するためにいくつかの可能性が残されている場合に，立法者の形成自由を尊重するために無効宣言が断念される。例えば，生活保護費に関する特恵[86]について，グループBがグループAのみに助成するといった平等原則に違反する規定から排除されている場合に，三つの可能性が考えられる。まず，差別されたグループBを特恵規定に含める，次に特恵を排除

---

86) BVerfGE 33, 349. また BVerfGE 93, 121 [148]. 平等原則についての違反は，単なる不一致宣言に導く。というのは平等違反は，一定の結論を強要しないからである。立法者が違憲な状態を取り除く多くの可能性をもっている。

することにより，グループAとグループBを平等にする，さらに特恵の範囲をグループAとグループBに関係なく完全に別なものにすることが可能である。この中のどれを選択すべきかは原則的に立法者の形成自由に委ねられる。無効宣言は，立法者に先んじて特恵の排除を決定することになり，その規定をもはや適用できないという結果を導く。

　違憲確認判決（不一致宣言）の特殊性は，平等違反の優遇禁止に関して次の点にある。連邦憲法裁判所は，違憲確認判決（不一致宣言）によって，憲法違反の状況を取り除く義務を立法者に言い渡す。連邦憲法裁判所は，法律の存続と存続する際の適用可能性ないし不適用可能性を区別しなければならない。判決の核心は違憲確認（不一致）であって，立法者は違憲性を取り除くため，法律を改正するなどその排除を行うために活動しなければならない。立法者の活動する期間には，違憲確認された規範は通常適用されないが，連邦憲法裁判所が暫定的な適用可能性を示すこともある。

　また，無効宣言による規範の廃止から生ずる状態が，その一時的な継続よりもなお憲法に違反していると思える理由のあるときも，違憲確認判決（不一致宣言）にとどまることもある。違憲な状態も法的空白の状態に優先するという考え方からである。

　また，ある特有の適用形態を解決するために経過期間を設定してその手段を拡大し，一定の場合にそれを具体化することもある。例えば刑の執行による基本権の制限または学校における生徒の留年といった一定の措置をするにあたって，法律上の根拠が必要である。必要な法律は暫定的であっても停止されてはならず，行政にとって暫定的であっても執行が停止されることは許されない。そこで，連邦憲法裁判所は，立法者および行政府に暫定的な経過期間を認めることがある。

4.3.4　違憲確認判決の法的効果

　違憲確認判決（不一致宣言）の法的効果は，連邦憲法裁判所の事例によって異なる。法律が基本法3条1項，2項に反する場合には，連邦憲法裁判所は通

常，不一致と宣言した法律は，いずれにせよ，もはや適用できないことを確認する。このことから連邦憲法裁判所は憲法異議の判決の際には，争われた判決を不一致と宣言し，たとえ法律が無効でないとしても法 95 条 3 項 2 文にしたがって破棄する。原審の裁判所は，立法者が違憲の規定を憲法に適合する規定に改正するまで，その手続を中止しなければならない（BVerfGE 37, 217 [261]；52, 369 [379]；88, 5 [7]）。そして最初の手続の当事者は可能な方法で有利な改正を享受することが保障される。過渡期においては，裁判が未決定のままにされる。

不一致と宣言された法律が，必要な法律の改正まで一時的に適用できるのか，適用できないのか，またどの程度適用できるかについては，長い間不明確であった。しかし，時の経過によって，連邦憲法裁判所の解釈は明白になり，それが今日の最終的な明確な理解を見いだしている[87]。

はじめは不一致宣言と無効宣言との区別は，暫定的に法律が適用されるかどうかであるとされていた。家事労働日規定は，女性にのみ適用される限りで，違憲である。しかし，その法律を男性に今後広げるのか，家事労働を女性に排除すべきかは立法者が判断すべきであり，その経過期間の間，その規定は女性に適用されるべきである。また，別の事件で，連邦憲法裁判所は，次のように判示している。「規範が基本法と不一致であると宣言されるなら，判決要旨の範囲において，裁判所および行政府によってもはや適用されてはならない（BVerfGE 37, 217 [261]；55, 100 [110]；61, 319 [356]；92, 53）。ただし，当該事件においては，法律の改正までの経過規定が示されている。それによって，法的な空白が生じることや納税義務について官庁における法的状態の不安定さが妨げられる」（Vgl. BVerfGE 37, 217 [261]）。連邦憲法裁判所は，個々の事例においては判決要旨で不一致と宣言された方のさらなる適用可能性をはっきりと示している[88]。このような例外規定が欠けているときは，不一致と宣言された法の適

---

87) Schlaich/Korioth, Rn. 405ff.

用が排除されなければならない[89]。

また，連邦憲法裁判所は，違憲の状態を除去する立法者の義務を宣言する。というのは，連邦憲法裁判所の宣言が，憲法に適合する状態を回復させるわけではないからである。違憲状態を除去するために活動しなければならないのは，立法者である。そのために，連邦憲法裁判所は，経過期間を設定することがある。不一致宣言がなされた法律が必要な法律の改正まで適用できるか，できないか，または一時的に適用できるかは裁判により異なる。連邦憲法裁判所は，違憲と宣言された規範の特殊性が，憲法上の理由から，特に法的安定性の理由から，これまでより憲法秩序からかけ離れる状態が起こらないように，憲法違反の規範を，経過期間の間，存続させることが必要な場合に，違憲の規定の全部または一部が，例外的に適用されるべきであるとしている。

4.4 違憲警告判決

4.4.1 意　　義

連邦憲法裁判所は，しばしば，違憲確認判決すら思いとどまる傾向を示している。というのは，たとえ憲法上欠陥がある法であっても，違憲無効とするといろいろな弊害が生じるのであり，違憲確認判決をしても即座の立法が期待できない場合には，新たな立法措置まで現行法の適用可能性を確保する方が法的

---

88) BVerfGE 33, 303 [305]［判例 I 46：戸波江二］では，大学法17条は基本法と一致しないが，その規定は新しい法律の公布まで，遅くとも1973年夏学期のはじめまで，その限りでなお適用される。

BVerfGE 37, 217 [218]. 親の一方がドイツ人の嫡出子はその出生によってドイツの国籍を取得する。このことは新しい法律上の規定までさらに適用する。

BVerfGE 72, 319 [333]. 立法者は遅くとも1988年会計年度に向けての法改正を行う義務を負う。新規定の発効まで連邦とラント間の財政についての法律規定はさらに適用される。

BVerfGE 61, 319 [320]；73, 40；83, 130；84, 239 も同様。

89) BVerfGE 91, 389 [404].

安定性の面からも，国家および国民の利益の面からも望ましいと考えられるからである。

　連邦憲法裁判所は，法律が「なお」憲法に適合すると確認しながらも，憲法に適合する状態をつくり出すように，または将来起こりうる違憲状態を避けるために活動するように，立法者に警告することがある。違憲確認判決（不一致宣言）は，規範について無価値判断を含むが，警告を伴いながら「なお」憲法に適合するとする違憲警告判決（アピール判決）は，合憲判決（一致宣言）の特別な類型である[90]。

　とくに立法者に形成自由が広く認められている事項に関しては，立法者に責務を課しても原則的に何ら法的義務を伴わず，立法者の裁量を尊重し，自主的な改正または新しい法律の制定を期待する違憲警告判決（アピール判決）がなじむと考えられる。

　連邦憲法裁判所は，違憲警告判決（アピール判決）を次のような理由づけで下している。①明らかな立法委託に反する立法者の不作為，②立法者の広い裁量，③許容される経過期間，④違憲の途中にある規範，⑤明白でない憲法違反，⑥合憲限定解釈などである[91]。

① 立法者に対して明らかな憲法委託があるにもかかわらず，なおそれが実現されていない場合，立法者にその義務を履行する期間が残されているときには，連邦憲法裁判所は，違憲と判断しえない。しかし，不作為による不当な遅滞は，非難しうる遅滞になるとして，立法者に警告し，立法を促進しようとする（BVerfGE 25, 167）。

② 連邦憲法裁判所は，とりわけ経済・社会法の領域で，立法者に広い活動領域を認め，その裁量をできるだけ尊重しようとして違憲確認判決を下さないできた。立法目的の選択や法の創造においても，立法府に包括的な自由を認めている。そして明白な誤りがあり，基本法の価値秩序と一致しな

---

[90] 野中（注80）263頁以下，永田（注75）106頁以下，宮地（注80）939頁以下参照。

[91] 有澤（注81）78頁以下。

い場合にのみ，当該法律が違憲であるとしている（BVerfGE 21, 12）。
③　連邦憲法裁判所は，しばしば違憲の疑いのある規定を「なお」合憲として受け入れ，法律の改正や新しい法律の制定までの猶予期間を許容している。立法者によってのみ違憲状態が除去されることが考慮されている。そして，期間が設定されている間は，立法者が改正や新しい法律を準備するための猶予期間と考えられるので，違憲判決は下されない。その期間が徒過した場合，または長い間立法者の不作為があった場合には猶予期間として認容されるかどうかが問題となる。個別的に判断するしかないが，広汎で難しい立法の準備のために猶予期間も長くなると考えられる。
④　違憲無効の法状態と合憲の法状態の間には中間的なゾーンが存在する。規範の内容および効力は，事実関係の変化やそれに関係する法規範の変化により，かつて合憲であっても今日許容されなくなる可能性がある。連邦憲法裁判所は，このような場合，なお慎重にこの問題を取り扱うのであるが，より実践的に解決するのに違憲警告判決を下している（BVerfGE 37, 217 ; 39, 109）。
⑤　連邦憲法裁判所は，明白に違憲とはいえない法規範を是正するために，立法者に，違憲警告判決を下している（BVerfGE 16, 30）。
⑥　無効宣言を回避するために，連邦憲法裁判所は，従来から疑わしい規範をなお合憲であるとする一連の技術を展開させてきた。しかし，解釈によっては違憲になりうる部分を含んでいるため，連邦憲法裁判所は従来のように合憲判決に甘んじるだけでなく，さらに一歩進んで違憲警告判決を下し，立法者に違憲状態となりうることをアピールすることが求められる。

4.4.2　違憲警告判決の判例

(1)　違憲警告判決（アピール判決）の代表的な判例として，1978 年 8 月 8 日連邦憲法裁判所第 2 部で下されたカルカー判決[92]がある。

---

92)　BVerfGE 49, 89.［判例 I 61：高田敏］

ノルトライン＝ヴェストファーレンの労働・保健・社会大臣および経済・中間層・運輸大臣は，1972年12月に，エッセン高速増殖炉原子力発電有限会社に対してカルカー・ベネベエールに，「高速増殖炉」原子力発電所を設置する第１次部分許可を与えた。計画中の原子力発電所の近くで農業を営んでいる原告は，1973年秋に行政裁判所にこの第１次部分許可の取消訴訟を提起したが，請求は棄却された。上級行政裁判所は1977年８月18日の決定で，手続を中止し，基本法100条１項によって連邦憲法裁判所にこの事件を移送した。「原子力法」７条１項および２項[93]が「高速増殖炉型」原子力発電を可能とする限りにおいて，基本法に適合するかが問題になった。

　連邦憲法裁判所は，原子力法７条１項および２項が，「高速増殖炉型」の原子力発電所の許可を許容するとしても，基本法に適合すると判示した。一般的法律の留保の原則から，市民の自由と平等の領域に本質的に関わる行為について行政府は法律の根拠を要するということが引き出される。法律の留保の原則は，憲法に明示的には定められていないが，基本法20条３項に由来する。

　「ドイツ連邦共和国の高権的領域における核エネルギーの平和利用を法的に許容する規範的決定または許容しない規範的決定は，市民に対する広汎な影響，とくに市民の自由と平等の領域に対する，また，一般的生活関係に対するその広汎な影響のゆえに，そして，それと結びついた規範の方法・強度のゆえに，法律の留保の意味における基本的で本質的な決定となる。この決定を行うことができるのは立法者のみである」。同様のことは，原子力法７条１項の意味における施設の行政庁による承認を定める規制に対しても妥当する。

　立法者は，原子力法１条において原子力エネルギーの利用について基本的決定を行い，同時に核エネルギーの危険からの最大限可能な保護が条件であることを考慮して，利用の限界として，原子力法７条１項の施設の設置・運転・維持または本質的に変更することが許容される条件を規定した。立法者は，この

---

[93]　原子力法７条１項は，核燃料施設の設置・運転所有のための許可を，２項は許可の与えられる場合について限定列挙する。高田（注103）370頁以下参照。

確定を十分な明確性をもって行った。現状の下で，法律の留保に由来する憲法上の要請は，これで充たされている。「立法者が法律制定の時点で，また予見されないような新たな展開によって，決定的にその基礎が問題とされるような決定を行った場合は，立法者は憲法により変化した事情の下でも当初の決定が維持されるべきか否かについて審査しなければならない」。しかし，立法者が再検討を必要なものとしなかった場合にも憲法上異論を申し立てることはできない。

増殖炉の使用のための決定が市民にとって利益となるか損害をもたらすことになるのかは，将来はじめて実証される。「必然的に不確実を負わされた状況においては，何よりもまず立法者および政府の政治責任が問題であって，立法者および政府はその権限の範囲内で自らが合目的と考える決定を行わなければならない」。このような事態のもとでは政治機関に代わって評価を行うことは裁判所の任務でない。

原子力法7条1項および2項は，広汎に不確定法概念を使用しているが，判例によれば，原則的には憲法上疑念のないものである。また，基本権または客観法的に基本権秩序から引き出されうる保護義務に抵触しない。「立法者が，その保護義務を考慮して技術的施設を運転の承認によって生じるかもしれない基本権への危険を，絶対的な安全性でもって排除する規制を行うよう溶融するとすれば，人間の認識能力の限界を誤認することとなり，技術的利用の国家による承認を締め出すことになってしまうであろう」。「不確実性は避け難いものであり，その限りにおいて，すべての市民によって社会的に相当な負担として，負われるべきである」。

この判決は法学界において一般には承認を得たが，事実面では大きな変化がみられた。1989年に核燃料再処理施設の建設が断念され，1991年にカルカー高速増殖炉の運転開始が断念された。1990年の法律で2項6号は改められ，1994年の法律で2a項が加えられるとともに，新規施設の許可要件の厳格化，使用済み燃料の再処理義務の解除等が定められた。さらに1998年の法律で2項2文が追加され，法律の規制密度が高まった。

(2) 違憲警告判決のもう一つの代表的な判例として，選挙区割りについての判決がある（BVerfGE 16, 30）。

立法者によって長期にわたって継続させられた選挙区割りは，人口変動のために違憲となった。選挙区の異なった大きさ（定数配分の不均衡）は投票価値の格差をもたらした。連邦憲法裁判所は，先の選挙の時点で違憲を否認したが，現在の議会の任期中に選挙区割りを是正するように立法者に警告した。すでに行われた選挙に対する選挙法の無効宣言を回避する意図は明白である。

連邦憲法裁判所は後の判決で次のように述べた。「困難でかつ複雑な事態の全面的な改正の個々の欠陥は，立法者が事態に即したより適切な解決についての十分な経験にもかかわらず，後のチェックや改正を怠る場合に，はじめて憲法裁判所が干渉するきっかけを与える」(BVerfGE 53, 25 [312f.]；55, 274 [308]；73, 118 [121]；81, 1 [31-33])。したがって規範の制定者には「拡大する複雑な事態において，時間的な適合の余地（相当な期間）」(BVerfGE 54, 173 [202]；56, 51 [81f.])が残されている。ある程度の不都合，軋轢および欠陥はそれが短期間にかつ過渡的にあらわれ，その規定があらゆる客観的な根拠を欠いてさえいなければ，また容認することができる。しかしながら，立法者は，基本法違反を将来に向けて排除する適切な解決に向けて努力する義務がある。改正のために一定の期間が設定される。無効宣言に代えて，連邦憲法裁判所は立法者の是正義務の確保を選択したのである。

4.4.3　法　的　効　果

法律が「なお」憲法に適合しているという連邦憲法裁判所の合憲確認の法的効果は，同裁判所がその判決で何を要求するかによる。連邦憲法裁判所は，立法者に対してさらなる監視をし，必要ならば改善することを求める（BVerfGE 87, 348 [358]）。連邦憲法裁判所は，その確認をするだけでなく，立法者に対して改善する活動をするよう警告するのである。その警告は，不一致宣言の場合のように憲法委託や期間設定にまで発展しうる。連邦憲法裁判所は，この事後的な改善義務の法的効果を，間違った予測の是正の必要性および変化した状況

の考慮に根拠を求める。しかし，その後いくつかの基本権から導き出された国家の保護義務を用いてこの義務の基礎を拡大した。違憲の法律と「なお」憲法に適合する法律についての判決は，連邦憲法裁判所がその判決の政治的効果をも考慮していることを示している。

4.5　憲法適合的解釈

4.5.1　意　　義

　法律の規定は，その文言の範囲内で，異なった解釈を可能にするが，これらの解釈のすべてが基本法と一致するものでない場合に，憲法に適合する解釈が必要である。連邦憲法裁判所は法律を部分的に無効と宣言するのではなくて，どの解釈において法律が基本法と一致するかまたは一致しないかを確認する。

　連邦憲法裁判所によれば，ある規範の一部が憲法違反であるが，憲法に適合する複数の解釈が可能であるならば，その規範は憲法に適合し，または，憲法に一致するように解釈されなければならない。これを憲法適合的解釈という[94]。

　連邦憲法裁判所は憲法適合的解釈を早い時期からそして頻繁に用いている。法律の制定には合憲性の推定がされるため，憲法適合的解釈は，すべての裁判官の義務である。したがって，具体的規範統制手続によって適用法律の違憲性を主張して事件を移送する裁判官も憲法適合的解釈の可能性を検討しなければならず，合憲の可能性があると憲法裁判所が判断した場合，その移送は不適法なものになる。

4.5.2　憲法適合的解釈の判例

　憲法適合的解釈の代表的な判決として，1991年10月29日の連邦憲法裁判

---

94)　この判決類型について，阿部照哉（注75）99頁以下，永田（注75）88頁以下参照。

所第 1 部の「緊急の集会」決定（BVerfGE 85, 69 ［判例Ⅱ 36：赤坂正浩］）がある。

憲法異議申立人 X は「アパルトヘイトに反対するマンハイム作業グループ」が 1966 年に公表した声明の署名者であった。この声明では警察官の南アフリカ旅行に対する抗議集会への参加が呼びかけられていて，マンハイム駅で X を含む約 20 人が参加する無届の抗議集会が催された。集会は平和的に行われ，警察官が乗った列車の出発後に解散した。しかし，X は，無届集会の主催者および指導者として，集会法 14 条および 26 条違反で起訴された。

区裁判所は，X に主催者および指導者の責任を認めて罰金刑を科し，地方裁判所は有罪判決を維持しつつ，主催者としての責任のみを認めて罰金を減額した。上級地方裁判所は X の上告を棄却した。そこで X はこれらの判決によって基本法 2 条 1 項（人格を自由に発展させる権利），8 条（集会の自由），103 条 2 項（明確性の原則，遡及処罰の禁止）の基本権が侵害されたとして憲法異議を連邦憲法裁判所に申し立てた。

連邦憲法裁判所は，「問題とされている諸判決は異議申立人の基本権を侵害していない。集会法 26 条 2 項は基本法に適合する」として，憲法異議には理由がないとした。

連邦憲法裁判所によれば，主催者あるいは指導者として無届集会を実施した者の処罰を定めた集会法 26 条 2 項の合憲性を判断するためには，屋外公開集会の届出を義務づけた同法 14 条の合憲性を審査することが前提となる。「集会法 14 条それ自体は，合憲解釈をすれば，基本法に適合しうる」。屋外集会の届出義務は，原則として，基本法 8 条に抵触しない。集会法 14 条が規定する届出期間の制限も通常のケースについては基本法 8 条に違反しない。集会法 14 条を合憲的に解釈するならば，緊急の集会は，それを届け出ることが可能となった時点で直ちに届け出なければならない。

以上のように集会法 14 条を合憲限定解釈しても，無届集会が実施された場合の刑罰規定である同法 26 条 2 項から構成要件該当性が失われるわけではない。⑴基本法 103 条 2 項は，禁止された行動の内容とそれに対する国家の制裁について，各人が予見できる程度に刑罰規範が具体的であることを要請してい

る。ただし，いかなる行動が処罰をもたらすかという点が受命者にとっても認識可能であり続けるならば，法律の限定解釈も許される。(2)集会法14条の合憲解釈は可罰的な行動の範囲を狭めている。しかしこの解釈によって，期間を遵守しなかった集会がすべて届出義務を免除されるわけでないことは，集会法26条2項から明らかである。受命者は，無届集会の実施が処罰される危険性を基本法103条2項の要求を満たす明確性を伴って認識できる。(3)本件は自然発生的集会でなく，異議申立人は届出を行うことが全く不可能だったわけではない。それゆえ刑事裁判所による集会法の適用には憲法上の疑義は生じない。

4.5.3 拘束力

　憲法適合的解釈に基づいた判決にも，連邦憲法裁判所の判決に特有の特別な拘束力が当てはまる。判決に対する憲法異議の場合に，憲法適合的判決は，通常，理由においてのみ行われ（BVerfGE 65, 132 [139]；69, 315 [352]），したがってその拘束力を受ける（BVerfGE 40, 88；42, 258 [260]）。規範審査手続の範囲内で，連邦憲法裁判所は，理由において述べられた憲法に適合する解釈を，主文に結びつける。盗聴事件（BVerfGE 30, 1［判例Ⅰ42：西浦公］）以来，主文では「……各条は理由から明らかとなる解釈の範囲内で基本法と一致する」（BVerfGE 51, 304）とされ，主文は連邦官報に記載され，連邦憲法裁判所の憲法適合的解釈に拘束力をもたせる。

　連邦憲法裁判所の見解によると，「ある法律が基本法と一致するのは，推定にとどまらず，むしろこの推定の中で表現されている原理は，疑念の中で法律の憲法に一致する解釈を要求する」（BVerfGE 64, 229 [242]；69, 1 [56]；74, 297 [299, 345, 347]）。この法律の優先原則は，審査された規範がいかなる可能な解釈をしても基本法と一致しない場合に，はじめて否定される。「憲法に一致する法律の解釈の原則は，一部憲法に違反し，一部憲法に適合する結果となるような複数の可能な規範の解釈から，基本法と一致する解釈を優先させることを定めている」。

4.5.4　憲法適合的解釈の限界

　憲法適合的解釈の出発点は，立法者に対する司法の自己抑制である。それによって規範が維持されるが，この解釈にも限界がなければならないことに関しては意見が一致している。つまり，「規範維持のための努力は，いかなる場合でも，規範の解釈を歪めてはならない」し，「規範の変更による積極的立法は，裁判所にも憲法裁判所にも禁じられている」[95]。

　連邦憲法裁判所は，憲法適合的解釈の限界を示している（BVerfGE 54, 277 [299]；71, 81 [105]）。すなわち，憲法適合的解釈は，規定の文言の範囲内にとどまらなければならない。また，価値判断およびそこに構想された法律上の規定の目的，立法者の基本決定が，侵害されてはならない。明白な法律には，相反する内容が与えられてはならないし，立法者の目的が本質的な点で間違えられてはならず，変えられてはならない。

　しかし，連邦憲法裁判所は，必ずしもこれらの限界を尊重するわけではない。

　立法者を法律の一定の解釈に固定させることは，場合によっては，無効宣言による法律の破棄よりも強く立法者の形成自由を侵害しうる。その場合に立法者の意思を最大限尊重する代わりに，連邦憲法裁判所が，立法者に代わってその意思を実現するというおそれがある。これについてはいくつかの判例で示されている[96]。

　憲法適合的解釈は，立法者を拘束しないので，立法者は新たな規定を定めなくてもよい。しかしながら，それによって時代の流れに適応した法律の制定や改正を遅らせてしまうことになる。違憲無効宣言や不一致宣言が下されれば，立法者がその本来の意図を実現するに新しい試みを行い，それとも新しい構想を立て，さもなければ規範を断念しなければならなくなる。部分的に憲法に違

---

95)　Schlaich/Korioth, Rn. 414：Pestalozza, S. 11f.
96)　Schlaich/Korioth, Rn. 438；BVerfGE 29, 342 [352]；46, 43 [55]；61, 260 [288]；85, 69；86, 288.

反する法状態を除去するに際しても，立法者の優位を認めないわけではない。憲法適合的解釈は，立法者が基本法により規範を完全に断念するか，他の規定を定めるかという自由を有する場合には行うべきではない。ただし，立法者が，憲法適合的解釈の選択肢を自らも選び，かつ意図したことが確実であればその限りではない。

5. 判決の効力

5.1 総　　説

　ドイツの連邦憲法裁判所の裁判（判決および決定）の効力としては，一般に，次の五つの効力があげられる。すなわち，①裁判の変更禁止効，②形式的確定力，③既判力（実質的確定力），④拘束力，⑤法律としての効力，である[97]。この五つを大きく分類するならば，①②③は，憲法裁判所の裁判にのみ固有の効力ではなく，他の裁判権と共通の効力である。一方，④⑤は，憲法裁判所の裁判に固有の効力である。また，前者のグループは，憲法裁判権について実定法上明文の規定が存在しない効力であるのに対して，後者のグループは，法31条に明文の規定が存在する効力である。

　さらに別の観点から分類するならば，①②③④は，原則として連邦憲法裁判所の各種の手続諸類型に共通の効力であるのに対して，⑤は法31条2項が限定列挙した手続類型（具体的・抽象的規範統制，一定の憲法異議等）にのみ認められた効力である。

　これらの効力は，判決の場合には言渡し，決定の場合には送達の時点から発生する。

97）　この五つが，法的な効力であるのに対して，連邦憲法裁判所の裁判の事実上の効力が語られることがある。例えば，連邦憲法裁判所が存在するというだけで，議員が，連邦憲法裁判所が将来下すと予想される判断に方向づけられることがある（憲法裁判の事前効果またはVorwirkuing）。これについて，渡辺康行「ドイツ連邦憲法裁判所とドイツ憲法政治」栗城壽夫ほか編集代表『ドイツの憲法判例Ⅰ』（信山社，2003年）7頁，嶋崎健太郎「憲法裁判のVorwirkung」群馬法専紀要3号（1989年）45頁以下参照。ドイツの憲法裁判の諸効力に関する邦語文献として，鵜澤毅「憲法訴訟における判決の効力に関する比較法的研究（二・完）」立教大学大学院法学研究32号（2005年）57頁以下参照。

連邦憲法裁判所の裁判の諸効力は広く認められているが，個々の効力の本質と効力相互の関係については，なお明確でなく，議論の対象となってきた。

5.2　裁判の変更禁止効[98]

5.2.1　意　　義

裁判の変更禁止効（Unwiderruflichkeit）とは，裁判が一旦下された後は，これを下した裁判所自身は，当該裁判を撤回または変更することができなくなることをいう[99]。すなわち，連邦憲法裁判所の終局判決に対して，連邦憲法裁判所自身が当該裁判を撤回・変更することが阻止される[100]。

5.2.2　根　　拠

ドイツ民事訴訟法318条は，「裁判所は自らなした終局判決及び中間判決に含まれる裁判に拘束される」と定める。一方，法には，この効力を認める明文規定は存在しないが，通常の裁判と同様に憲法裁判においても，法はこの効力を前提にしていると考えられている[101]。

5.2.3　例　　外

①　法には明文規定がないが，変更禁止効の例外として，民事訴訟法および

---

98)　ドイツにおいては，同じ意味で「手続内の拘束力（innerprozessuale Bindung）」という言葉が使われることもある。Vgl. H.-J. Cremer, Die Wikungen vefasungsgerichtlicher Entscheidungen, in : Frowein/Marauhn (Hrsg.), Grundfragen der Verfassungsgerichtsbarkeit in Mittel- und Osteuropas, 1998, S. 249.

99)　わが国で，判決の自縛力（自己拘束力，覊束力）といわれる効力に相当する。

100)　正確には，当該裁判を下した部（Senat）はその裁判を撤回・変更できなくなる。一の部が他の部の裁判を撤回・変更できるとすれば，それは正確には後述の形式的確定力の問題である。田上穣治『改訂西ドイツの憲法裁判』（信山社，1988年）64頁以下。

101)　Lechner/Zuck, Rn. 3 zu § 31.

行政裁判所法（ZPO 319 条から 321 条まで，VwGO 118 条から 120 条まで）の類推により裁判の更正（Berichtung）および補充（Ergänzung）は認められている[102]。裁判の更正とは，職権により，誤記，計算ミスおよびその他明白な誤りなどを訂正することである（ZPO 319 条以下，VwGO 118 条以下）。補充とは訴訟費用などの記載漏れを裁判後一定期間内に補うことである（ZPO 321 条，VwGO 120 条）[103]。

② 訴訟指揮に関する中間裁判のように，終局性を有しない裁判にはこの効

---

[102] E. Klein, in : Benda/Klein, Rn. 1418 ; Pestalozza, Rn. 50 zu § 20 ; A. Heusch, in : Umbach/Clemens, Rn. 24 zu § 31. ただし，クラウス・シュテルンによれば，この問題は「訴訟法的にはこれまで学説でも法実務でも注目されたことがない」という。クラウス・シュテルン（赤坂正浩訳）「連邦憲法裁判所のいわゆる十字架像決定」法学紀要 39 巻（1998 年）368 頁。

[103] Vgl. E. Klein, in : Benda/Klein, Rn. 383. 裁判それ自体（主文および理由）の更正ではないが，裁判要旨（Leitsätze）の更正が問題となった事例として，いわゆる十字架像決定（BVerfGE 93, 1 ［判例 II 16：石村修］）の後におけるヘンシェル連邦憲法裁判所第 1 部部長裁判官（連邦憲法裁判所副長官）の言動があげられる。同裁判官は，裁判後にメディアに対して，十字架を「国家の義務教育学校にかけることは……基本法 4 条 1 項と合致しない」とする要旨 1 は，十字架をかけることを「国家が命ずることは基本法 4 条 1 項を侵害する」（傍点引用者）と訂正・精密化すべきと発言し，この発言は連邦憲法裁判所のプレスリリース（Pressemitteilung des BVerfG vom 22. 8. 1995）としても発表された。この更正の試みは，同決定の根幹にかかわる内容であったこともあり議論を呼んだ。これに関して，フレーメは，ヘンシェル裁判官の発言により，十字架像決定は裁判要旨とともに主文を支える理由中判断までもが更正されることになるとして，かかる更正は ZPO 319 条に準じた更正として部自身のみが行うべきであるとする。Vgl. W. Flume, Das "Kruzifixurteil" und seine Berichtigung, NJW 1995, S. 2904. なお，後に公刊された連邦憲法裁判所判例集（BVerfGE 93, 1 [1]）では，裁判要旨はなんら更正されていない。ヘンシェル裁判官のこの発言につき，シュテルン（注 102）368 頁，小原清信「ドイツ公法判例研究：いわゆる十字架判決の研究」久留米法学 27 号（1996 年）153 頁，手塚和男「キリスト十字架像を教室に取り付けるという学校規則をめぐる判決（2 完）」三重大学教育学部研究紀要 48 巻人文・社会科学（1997 年）128 頁。

力は及ばないとされる[104]。

③　法40条は，基本権喪失の場合においては，喪失の言渡し後2年を経過したとき，連邦憲法裁判所は，原告または被告の申立てにより，喪失の全部または一部を取り消し，または喪失の期間を短縮することができるとしている。

5.3　形式的確定力

5.3.1　意　　　義

形式的確定力（formelle Rechtskraft）とは，訴訟法上予定されている通常の上訴手続によっては，終局判決の取消変更を求めて争うことができないこと（Unanfechtbarkeit）をいう。すなわち，連邦憲法裁判所の終局判決に対しては，それ以上争うことができない。

5.3.2　根　　　拠

連邦憲法裁判所の裁判の形式的確定力についても明文の規定は存在しない。しかし，連邦憲法裁判所の裁判は，当然に形式的確定力を有するとされている。なぜならば，連邦憲法裁判所の裁判に対する上訴機関は存在しないからである[105]。

連邦憲法裁判所の合同部（法16条）も，連邦憲法裁判所の二つの部の上位に位置する上訴機関ではないとされている（BVerfGE 1, 89 [90f.]）。

また，連邦憲法裁判所の裁判に対するヨーロッパ人権裁判所への個人申立て（ヨーロッパ人権条約34条）も，国内法の通常の審級外にあり，連邦憲法裁判所の裁判の形式的確定力とは無関係とされる[106]。

---

104)　Vgl. Pestalozza, Rn. 49 zu §20 ; Lechner/Zuck, Rn. 5 zu §31.
105)　K. Rennert, in : Umbach/Clemens, Rn. 24 zu §31 (1. Aufl. 1992) ; Lechner/Zuck, Rn. 9 zu §31 ; E. Klein, in : Benda/Klein, Rn. 1419 ; Pestalozza, Rn. 52 zu §20 ; Schlaich/Korioth, Rn. 476.

5.3.3 部会決定・仮命令の形式的確定力

① 部の裁判は当然に形式的確定力を有する。さらに、憲法異議の部会による不受理決定（法93b条）も形式的確定力を有し、それ以上さらに部で争うことができない（法93d条1項2文）(BVerfG(K), NJW 1990, S. 39)[107]。同様に、部会による憲法異議の認容決定（法93c条1項1文）も形式的確定力を有する。認容決定は「部の裁判と同一の効力をもつ」（同2文）からである[108]。

② 形式的確定力の例外として、仮命令に対しては、さらに異議を以って争うことができる（法32条3項）[109]。

5.4 既 判 力

5.4.1 意 義

一般的に、既判力（実質的確定力）(materielle Rechtskraft)とは、形式的確定力を有する終局判決により、当事者間の関係が確定し、その内容が尊重され、他の裁判所が拘束されることをいう。

裁判の変更禁止効により、一旦下された連邦憲法裁判所の裁判が連邦憲法裁判所自身の手で変更されることが遮断され、形式的確定力により当該事件の上訴が禁止されたとしても、新たな別の手続の中で、同一の当事者により、同一

---

106) Lechner/Zuck, Rn. 9 zu §31 ; E. Klein, in : Benda/Klein, Rn. 1419, Fn. 11.
107) Schlaich/Korioth, Rn. 478.
108) E. Klein, in : Benda/Klein, Rn. 1420. これに対し、ホイシュ (A. Heusch, in : Umbach/Clemens, Rn. 30 zu §31) は、法93d条1項2文が根拠になるとする。
109) Schlaich/Korioth, Rn. 478 ; Rennert in : Umbach/Clemens, Rn. 24 zu §31 (1.Aufl. 1992). もっとも、ペスタロッツァによれば、この異議は上訴機関ではなく部自身が判断し、異議の申立てには仮命令停止の効力がない（法34条4項）から、厳密な意味では、形式的確定力の問題ではないとされる。Pestalozza, Rn. 52 zu §20.

の訴訟物が再び取りあげられるならば，法的安定性は著しく損なわれる。そこで，実質的確定力の目的は，形式的確定力を有する終局判決の存続を，同一の当事者間の同一の訴訟物に関する新たな別の手続の中でも確保することにある。

裁判の変更禁止効（自縛力）および形式的確定力が同一の手続内部での効力であるのに対して，既判力（実質的確定力）は新たな別の手続に関する効力である。

5.4.2 根　　拠

法は，既判力（実質的確定力）についても明文の規定を置いていない。しかし，確立した判例によれば，この効力は，他の裁判所同様に，憲法裁判所の裁判にも認められている（BVerfGE 4, 31 [38 f.]；78, 320 [328]；104, 151 [196]）[110]。

5.4.3 既判力の主観的範囲

本来，既判力（実質的確定力）は，当事者間（inter partes）にのみ効力を有するのが原則である。つまり，既判力は当事者およびその承継人のみを拘束する。憲法裁判の場合，通常は，対審構造を有さないので厳密な意味での「当事者」は存在しない[111]が，「関係人」（Ⅲ3参照）がそれに相当する。申立人（Antragsteller），被申立人（Antragsgegner），異議申立人（Beschwerdeführer），被訴追人（Angeklagte）その他の手続に参加した関係人が含まれる。意見陳述権者（Äußerungsberechtigte）は既判力（実質的確定力）により拘束されない（BVerfGE 78, 320 [328]）[112], [113]。

---

110) Heusch, in : Umbach/Clemens, Rn. 33 zu §31；Lechner/Zuck, Rn. 13 zu §31；Pestalozza, Rn. 62 zu §20；E. Klein, in : Benda/Klein, Rn. 1424.
111) レナートによれば，その意味で，既判力（実質的確定力）の主観的範囲には欠缺があるという。K. Rennert, in : Umbach/Clemens, Rn. 43 zu §31 (1. Aufl. 1992).
112) Lechner/Zuck, Rn. 15 zu §31.
113) なお，「包摂」理論によって規範統制判決の既判力を否定する学説とそれに対する批判につき，工藤達朗「連邦憲法裁判所の判決の効力」比較法雑誌16巻臨

5.4.4 既判力の客観的範囲

通説・判例によれば，既判力（実質的確定力）を有するのは主文のみである（BVerfGE 33, 199 [203]）[114]。ただし，裁判理由も，主文の内容が不明確な場合[115]に補助的に援用することは許される（BVerfGE 78, 320 [328]）。

既判力（実質的確定力）の意義は，すでに裁判された訴訟物と同一の訴訟物を，新たな手続で争訟の対象にしないことにあるから，すでに裁判された訴訟物との関連で裁判が既判力を有する。例えば，規範統制の場合には，ある法律規定等の合憲性が，憲法異議の場合には，ある法規定や高権行為の合憲性とそれによる当該異議申立人の基本権侵害の有無が，訴訟物となる[116]。関係人が，新たな手続で同一の訴訟物についての手続を開始することが既判力によって阻止されることになる。したがって，一見同一であっても形式的に別の訴訟物（例えば，同一の法律であっても，先の憲法異議では争点とならなかった別の憲法上の論点）について，新たな手続を開始することは不適法ではない。訴訟物は原則として手続の申立人の申立てにより画定される[117]。

なお，レヒナー／ツックによれば，憲法異議の不受理決定（法93a条以下）および仮命令（法32条）は既判力（実質的確定力）を有しない[118]。一方，部会に

時3号（1983年）32頁以下参照。

114) A. Voßkuhle, in: v. Mangoldt/Klein/Starck, Rn. 30 zu Art. 94; Lechner/Zuck Rn. 16 zu §31; Schlaich/Korioth Rn. 479; E. Klein, in: Benda/Klein, Rn. 1425.
115) 例えば，主文では申立てが単に却下ないし棄却されているにすぎない場合である。E. Klein, in: Benda/Klein, Rn. 1425; Pestalozza, §20 Rn. 61.
116) K. Rennert, in: Umbach/Clemens, Rn. 35 zu Art. 31 (1. Aufl. 1992).
117) 例外として，法78条2文は，抽象的規範統制について「当該法律の他の規定が，同一の理由により基本法又はその他の連邦法に一致しない場合，連邦憲法裁判所は，等しく無効と宣言することができる」とし，違憲無効判決における職権による訴訟物の拡張を認める。同規定は，具体的規範統制にも準用される（法82条1項）。また，明文規定はないが，実務は憲法異議においても，違憲無効判決における職権による訴訟物の拡張を認める。Vgl. E. Klein, in: Benda/Klein, Rn. 1391.

よる憲法異議認容決定は部の裁判と同様に既判力（実質的確定力）を有する（法93c条1項2文）[119]。

5.4.5　既判力の時間的範囲

既判力（実質的確定力）は，当該裁判が下された時点を基準とする。裁判を下した裁判所の認識はその当時存在した事実関係を前提とするからである。それゆえに，その裁判以降に新しい事実関係が生じた場合には，既判力は及ばない（BVerfGE 33, 199 [204]）[120]。したがって，事実関係が変化した場合には，例えば，同一の憲法異議申立人が同一の対象（法律，具体的な国家行為・裁判）について再度異議を申し立てることができ，同一の裁判所が連邦憲法裁判所に同一の法律について再度移送を行うことができ，抽象的規範統制の同一申立権者も同一の法律の合憲性につき規範統制を申し立てることができることになる[121]。

「新しい事実」としては，法律の改正（BVerfGE 33, 199 [204]），生活状況・生活観の変化の結果としての当該法律の支配的な解釈の変化（BVerfGE 39, 169 [181ff.]; 65, 179）などがあげられる[122]。

5.5　拘　束　力

5.5.1　総　　説

法31条1項は「連邦憲法裁判所の裁判は，連邦及びラントの憲法機関，並びにすべての裁判所及び行政庁を拘束する」と規定する。これが連邦憲法裁判所の裁判の拘束力（Bindungswirkung）と呼ばれる。

---

118)　Lechner/Zuck, Rn. 13 zu §31.
119)　Lechner/Zuck, Rn. 6 zu §93c.
120)　工藤（注113）38頁。
121)　K. Rennert, in : Umbach/Clemens, Rn. 48 zu §31 (1. Aufl. 1992).
122)　その他，学説上，一般的な生活関係の根本的な変化それ自体，関係人のいずれも裁判の時点では認識していなかったゆえに裁判所も判決時に認識し得なかった事実もあげられている。Vgl. Lechner/Zuck, Rn. 17 zu §31.

この規定の原型は，ヘレンキームゼー案99条1項（「連邦憲法裁判所の裁判及び裁判執行のために発せられた命令は，すべての裁判所及びその他の行政庁を拘束する」）である。しかし，最終的には，拘束力の規定は基本法中に採用されなかった。その理由は明確ではない[123]。その後，連邦憲法裁判所法の制定に際して，憲法レベルでは採用されなかった拘束力が，法律レベル（法31条1項）で採用された。連邦政府は，同法制定に際して，法31条1項の趣旨を次のように説明していた。

　「（31条）1項に規定される，連邦およびラントのすべての機関ならびにすべての裁判所および行政庁の拘束は，単に，（手続）関係人に，具体的な裁判に従うこと，とりわけ裁判と矛盾する措置を廃棄または変更することを命ずるだけではなく，さらに，連邦憲法裁判所がその判例を変更しない限りで，連邦およびラントのすべての機関，裁判所および行政庁に，将来にわたって，その措置に際して，（連邦憲法裁判所）の具体的裁判の尊重を命ずる」[124]（カッコ内引用者）。

5.5.2　拘束力の主観的範囲

　法31条1項によれば，「連邦及びラントの憲法機関並びにすべての裁判所及び行政庁」が拘束される。

(1) すべての国家機関の拘束　前述（5.4）の既判力（実質的確定力）が，当事者（関係人）のみを拘束するのに対して，拘束力はすべての国家機関を拘束する[125]。そこで一般に，拘束力は，当事者（関係人）に限定される既判力の主

---

123)　Pestalozza, Rn. 83 zu § 20.
124)　BT-Drucks I/788, S. 27.
125)　例えば，「兵士は殺人者だ」事件判決（BVerfGE 93, 266［判例Ⅱ15：小山剛］）で，連邦憲法裁判所は，刑事裁判所の有罪判決に対する憲法異議手続において，当該有罪判決による異議申立人の基本権侵害を認定し，有罪判決を破棄し刑事裁判所に差し戻した。差し戻された刑事裁判所は，連邦憲法裁判所の示した観点に拘束されて，被告人の刑事事件の再裁判を行わなければならない。刑事裁判所は憲法異議の当事者（関係人）ではないので，（また当該憲法異議と差戻し

観的範囲を拡張または補強し，連邦憲法裁判所の裁判の効力をすべての国家機関に及ぼすものとして説明されている[126]。前述の政府説明もこのことを示しているといえよう。文言上当然に，私人は拘束されない。私人への拘束は後述(5.6)の「法律としての効力」の問題である。

連邦の憲法機関には，連邦大統領，連邦政府，連邦議会，連邦参議院が含まれる。ラントの憲法機関としてはラント政府およびラント議会があげられるが，ラントの憲法機関の正確な範囲は各ラント憲法による[127]。ただし，立法者の拘束の程度が他の機関と同じかどうかについては争いがある。これは，後述(5.5.5(1))の違憲法律の再制定（規範反復）の問題としてあらわれる。

(2) **連邦憲法裁判所自身の非拘束** 連邦憲法裁判所は，連邦の憲法機関でありかつ連邦の裁判所である（法1条1項）が，通説判例によれば，連邦憲法裁判所自身は拘束されないと解されている（BVerfGE 4, 31 [38f.]）[128]。先の政府説明も「連邦憲法裁判所がその判例を変更しない限りで」という留保をつけていたように，連邦憲法裁判所自身による判例変更可能性を前提としていた[129]。つま

の刑事裁判は異なった訴訟物を対象としているので），「同一の当事者（関係人）の同一の訴訟物」に関する既判力（実質的確定力）では，この場合の拘束は説明がつかない。なお，法31条2項の法律としての効力は，判決に対する憲法異議には適用されないので，法律としての効力によっても説明できない。Cremer (N98), S. 257；K. Rennert, in : Umbach/Clemens, Rn. 56 zu § 31 (1. Aufl. 1992).

126) K. Hesse, Verfassungsrechtsprechung im geschichtlichen Wandel, JZ 1995 S. 268；Stern II, S. 1037；Schlaich/Korioth, Rn. 482；Cremer (N98), S. 257f.；W. Löwer, in : Isensee/Kirchhof II, Rn. 91 zu § 56 (1. Aufl. 1987). Vgl. auch A. Heusch, in : Umbach/Clemens, Rn. 54 zu § 31. 既判力と拘束力とを本質的に異なるものとする見解もある。林屋礼二『憲法訴訟の手続理論』（信山社，1999年）51頁以下参照。

127) H. Bethge, in ; Maunz u. a., Rn. 20 zu § 31.

128) H. Bethge, in : Maunz u. a., Rn. 118 zu § 31；E. Klein, in : Benda/Klein, Rn. 1474；Pestalozza, Rn. 88 zu § 20；Schlaich/Korioth, Rn. 482. 反対説として，Lechner/Zuck, Rn. 29 zu § 31. 高見勝利「ドイツの憲法裁判」芦部信喜編『講座憲法訴訟（第1巻）』（有斐閣，1987年）114頁も参照。

129) また，一の部が意図的に他の部の判例と異なった法見解をとろうとする場合

り，法31条1項の拘束力は，連邦憲法裁判所の判例変更を妨げない[130]。

5.5.3 拘束力の客観的範囲

(1) **裁判理由の拘束力** 既判力（実質的確定力）は，裁判主文のみが有する。しかし，拘束力については，連邦憲法裁判所の確立した判例は，主文のみならず，主文を支える理由中判断（tragende Gründe）にも拘束力を認める（BVerfGE 1, 14 [37]；40, 88 [93f.]）。このことを前提とすると，主観的範囲のみならず，客観的範囲においても，既判力と拘束力とは異なることになる。しかし，学説は，主文のみならず理由中判断にも拘束力を認めるかについて，対立している[131]。

判例およびそれを支持する学説の根拠としては，①個別的事件を超えて，同種の事例について将来にわたって連邦とラントの諸機関を拘束することが立法者の明確な意思であり，主文と密接に関連する理由中判断なしにはそれは不可能であること，②連邦憲法裁判所の任務は，「基本法の解釈に関する意見の相違」を除去し，政治的紛争を未然に阻止することにあるから，主文の成立に不可欠な理由中判断にも既判力を認める必要があること，があげられる[132]。

には，合同部がこれについて裁判する（法16条1項）。Ⅱ 3.2.2 (4) 参照。

130) Schlaich/Korioth (Rn. 482) は，連邦憲法裁判所の明示的な判例変更の例として，「第2次政党助成判決」（BVerfGE 85, 264［判例Ⅱ 54：永田秀樹］）および「第2次座りこみデモ判決」（BVerfGE 92, 1［判例Ⅱ 72：松本和彦］）をあげている。

131) 判例の立場を支持する説として，E. Klein, in：Benda/Klein, Rn. 1450ff. Vgl. auch T. Maunz, in：Maunz/Dürig, Rn. 48 zu Art. 93. 判例の立場を批判する説として，K. Schlaich, VVDStRL 39 (1981), 138 f.；W. Hoffmann-Riem, Beharrung oder Innovation—Zur Bindungswirkung verfassungsrechtlicher Entscheidungen, Der Staat 3 (1974), S. 349ff.；Stern Ⅱ, S. 1038；W. Löwer, in：Isensee/Kirchhof Ⅱ, §56 Rn. 93f. レーヴァー (Löwer, in：Isensee/Kirchhof Ⅱ, §56 Fn. 425 (1. Aufl. 1987)) によると，後者の説が，近年「支配的」だという。なお参照，宍戸常寿『憲法裁判権の動態』（弘文堂，2005年）298頁。

132) 工藤（注113）36頁。

これに対し，判例を批判する学説の根拠としては，①「主文を支える理由中判断」の範囲画定の困難性[133]，②理由中判断の「聖典化」により憲法解釈が硬直化する危険，があげられる[134]。

両説のこの対立の背景には憲法裁判権の本質と機能をめぐる対立をみることができる[135]。判例およびそれを支持する学説の背景には，連邦憲法裁判所を権威ある憲法の有権解釈者・憲法の番人とする観念（BVerfGE 40, 88 [93]）[136]が，反対説の背景には連邦憲法裁判所の裁判所としての自己抑制と民主的立法者との協働による憲法の継続形成の思想（調整者としての憲法裁判所）がある。しかし，判例を支持する学説も，単なる通常法の解釈は原則として拘束力を有しないこと[137]，拘束力には時間的限界があること，立法者への拘束力は他の憲法機関と比べて弱いこと，および，何が主文を支える理由中判断かは連邦憲法裁判所が任意に決定できるものではないことは認める[138]。他方，判例を批判する学

---

133) 主文を支える理由中判断の範囲が問題となった事例として，「財産税判決」（BVerfGE 93, 121 [判例Ⅱ47：中島茂樹]）をめぐる論争がある。同判決多数意見が財産収入の50％を税負担の憲法上の上限としたことにつき，それは主文を支える理由中判断ではなく，単なる傍論にすぎず，したがって拘束力がないとの批判がある。

また，「損害としての子」事件（BVerfGE 96, 375 [判例Ⅲ1：嶋崎健太郎]）においては，子の養育を損害とみなすことが基本法1条1項（人間の尊厳）に反するという第2次堕胎判決の法見解（BVerfGE 88, 203 [296][判例Ⅱ：小山剛]）が同判決の主文を支える理由中判断かどうか，したがって別の部がこの法見解から逸脱するためには法16条により合同部（Plenum）の招集が必要かどうかについて連邦憲法裁判所の第1部と第2部が対立した。

134) E. Klein, in : Benda/Klein, Rn. 1451.
135) Voßkuhle, in : v. Mangold/Klein/Starck, Rn. 31 zu Art. 94.
136) Vgl. Schlaich/Korioth, Rn. 485f.
137) 憲法の解釈が連邦憲法裁判所の任務であり，通常法の解釈は一般の裁判所の任務であるとされる。ただし，連邦憲法裁判所が通常法の合憲解釈を行う場合や，通常法の解釈・適用による基本権侵害を理由とする憲法異議の場合には，理由中判断に拘束力を認めることになる。E. Klein, in : Benda/Klein, Rn. 1453.
138) E. Klein, in : Benda/Klein, Rn. 1454. Vgl. auch G. Sturm, in : Sachs, Rn. 12 zu Art. 94.

説も，理由の援用なしには主文が理解不能な場合には，理由中判断が参照されることは認めており[139]，また，理由中判断の事実上の拘束力は否定されない。このため，両説間の隔たりは，実際にはそれほど大きくはないとの指摘もある[140),141)]。

(2) **訴訟判決・部会決定・仮命令の拘束力**　拘束力を有するのは「連邦憲法裁判所の裁判」である。したがって，二つの部の裁判（判決および決定）が拘束力を有することは明らかである。

ただし，連邦憲法裁判所によれば，拘束力を有するのは本案判決であり，訴訟判決（例えば，具体的規範統制の移送を不適法として却下する裁判）は拘束力を有しない（BVerfGE 78, 320 [328]）[142]。

憲法異議の部会決定（法93b条以下）の拘束力については，少なくとも憲法異議を認容する部会決定（93c条1項1文）は，「部の判断と同一の効力をもつ」（同2文）とされており，部の裁判と同様の拘束力を有すると考えられている[143]。

仮命令は，その暫定的効力期間（長くとも本案判決の言渡しまで）において，

---

139) Pestalozza, §20 Rn. 90.
140) Lechner/Zuck, Rn. 30 zu §31 ; Pestalozza, §20 Rn. 90.
141) なお，判例（連邦憲法裁判所第1部）は，拘束力を有する，主文を支える理由中判断とは何かにつき，裁判を支える法見解とは，「その法見解を用いないと，裁判にあらわれた裁判の筋道にしたがった具体的な結論が破綻するほどの法命題である」としている（BVerfGE 96, 375 [404]（「損害としての子」事件）。嶋崎（注133）参照。

他方，行政裁判所には，主文を支える理由中判断は，つまるところ，判例集に掲載される判決要旨で明らかになるとの判例がある（BVerwGE 73, 263 [268]）。これに対しては，あまりに安易だとか，これでは裁判所が恣意的に拘束力の範囲を決定できてしまうとの批判がある。Vgl. E. Klein, in : Benda/Klein, Rn. 1452 ; A. Voßkuhle, in : v. Mangold/Klein/Starck, Rn. 32 zu Art. 94.
142) E. Klein, in : Benda/Klein, Rn. 1445 ; Bethge, in : Maunz u. a., §31 Rn. 83. 別の見解として，Pestalozza, §20 Rn. 89.
143) E. Klein, in : Benda/Klein, Rn. 1447. 反対の見解として，Voßkuhle, in : v. Mangoldt/Klein/Starck, Rn. 32 zu Art. 94.

拘束力を有する[144]。

5.5.4 拘束力の時間的範囲

拘束力は，前述（5.4）の既判力（実質的確定力）同様に事実関係の変化により効力を失う[145]。

5.5.5 拘束力の効果

拘束力は，拘束力の名宛人である国家機関に，憲法裁判所の裁判からの帰結を引き出す義務を課す。すなわち，違憲判決の場合，国家機関は，確定された違憲状態を速やかに合憲状態へと移行させる義務を負う[146]（応答義務（Reaktionspflicht），命令実施義務（Befolgungspflicht））。しかし，この義務の具体的内容は，連邦憲法裁判所の判示が明確な場合を除き，裁判の内容により個別的に判断せざるをえない[147]。この点で問題となるのが，違憲法律の再立法（規範反復）禁止，類似法の改廃義務，および合憲法律の再移送の可否である。

(1) **違憲法律の再立法禁止**　違憲法律の再立法(規範反復)（Normwiederholung）とは，連邦憲法裁判所により一旦違憲無効とされた法律と同一内容（または類似内容）の法律を立法者が再度制定することである。拘束力または既判力（実質的確定力）[148]により，違憲法律の再立法が禁止されるかが問題となる[149]。

---

144)　E. Klein, in : Benda/Klein, Rn. 1448.
145)　K. Rennert, in : Umbach/Clemens, Rn. 91 zu §31 (1. Aufl. 1992).
146)　E. Klein, in : Benda/Klein, Rn. 1457.
147)　Lechner/Zuck, §31 Rn. 33. 例えば，連邦憲法裁判所が連邦大統領の命令による連邦議会の解散と総選挙命令を違憲と判断した場合，大統領は当該命令を取り消さなければならない。また，連邦憲法裁判所がある法律を違憲と確認した場合（無効ではない），立法者は法律改正のための諸帰結を引き出さなければならない。後者の場合には立法者の形成領域は広い。Vgl. Pestalozza, §20 Rn. 84.
148)　両者を厳密に分けるならば，当該立法者が違憲判決の手続関係人であった場合には既判力（実質的確定力）の問題となり，訴訟関係人でなかった場合（例えば違憲判決の対象は連邦法律であり，再立法がラント法である場合）には拘束力の問題となる。

この点については，連邦憲法裁判所の第1部と第2部とで意見が一致していない。第2部は，早い時期に「ある法律を無効と宣言する裁判は，法律としての効力を有するのみならず，……連邦憲法裁判所法31条1項によっても……同じ内容の連邦法が再度制定できないよう連邦の立法者を拘束する」(BVerfGE 1, 14 [37]；69, 112 [115]) とし，違憲立法の再立法禁止を拘束力から導いた。

　これに対して，第1部 (BVerfGE 77, 84 [103f.]) は，連邦憲法裁判所の違憲判決の拘束力（および既判力）は違憲法律の再立法を禁止しないとしている。その根拠として，①形式的には，31条は連邦通常法律上の拘束にすぎず，それに連邦の立法者は拘束されないこと，②実質的には，法の発展の硬直化の危険の防止（法秩序を変転する社会要求に適応させるのは立法者の任務であり，連邦憲法裁判所は自己のイニシアティヴで先例を変更できないこと），をあげている。

　学説もこの点について対立している[150]。第1部の見解を支持する論者は，とくに明文の例外規定[151]が存在しない限り，同一内容の法律は禁止されていな

---

149) Schlaich/Korioth, Rn. 483f.
150) 例えば，結論として，再立法は禁止されるとする第2部の立場を支持する学説として S. Detterbeck, Gelten die Entscheidugen des Bundesverfassungsgerichs auch in Bayern?, NJW 1996, S. 431；E. Klein, in: Benda/Klein, Rn. 1464ff.；G. Sturm, in: Sachs, Rn. 13 zu Art. 94 Rn. 13；W. Löwer, in: Isensee/Kirchhof III, §70 Rn. 105. 再立法は禁止されないとする第1部の立場を支持する学説として，U. Battis, in: Isensee/Kirchhof VII Rn. 60 zu §165 (1. Aufl. 1992)；Schlaich/Korioth, Rn. 483f.；Rennert, in: Umbach/Clemens, Rn. 67 zu §31 (1. Aufl. 1992). 中間的な立場として，不文の既判力（実質的確定力）は憲法的ランクを有するが，法31条1項の拘束力は法律ランクにすぎないので，前者が問題となる場合には再立法は禁止され，後者の場合には禁止されないとの説もある。Pestalozza, §20 Rn. 85f. しかし，既判力が憲法ランクを有するかどうかについては疑問がある。Klein, in: Benda/Klein, Rn. 1468. 違憲法律の再立法（規範反復）については，栗城壽夫「はしがき」栗城壽夫ほか編集代表『ドイツの憲法裁判III』（信山社，2008年）vi頁以下，鵜澤前掲（注97）57頁以下も参照。
151) 憲法異議については，連邦憲法裁判所が同一規定の反復を阻止する規定が存在する。法95条1項は「憲法異議が認められた場合，基本法のいかなる規定が侵害されたか，及びいかなる作為又は不作為によって当該規定が侵害されたか

いとする。この対立の背景にも，判決理由の拘束力をめぐる対立などと同様に，連邦憲法裁判所の地位と機能をめぐる思想の違いをみてとることができる[152]。

もっとも，現実には，第2部の見解を支持する説に立ち，再立法が禁止されたとしても，拘束力には時間的限界があるので，事実関係が変化すれば再立法が必ずしも否定されるわけではない[153]。反対に，再立法を認める第1部も，最近の判例では，再立法が無条件に認められるわけではなく，「再立法のためには，とくに，憲法判断にとって重要な事実上または法的な関係の本質的変化，またはそれを支える観念の本質的変化から導きうる特別の理由づけが必要である」(BVerfGE 96, 260 [263]) としている[154]。

従来この論争は理論レベルにとどまっていたが，ドイツ再統一後，刑法における妊娠中絶規制の期限モデルの再導入の可否をめぐる論争を経て[155]，近年，いわゆる十字架像決定（BVerfGE93, 1 [判例Ⅱ16：石村修]）により違憲とされたバイエルン・ラント国民学校規則が，違憲判決後バイエルン・ラント法として再立法されたことにより実務レベルで問題となった[156]。

を裁判において確認しなければならない。同時に，連邦憲法裁判所は異議を申し立てられた措置の反復がいずれも基本法に違反する旨を言い渡すことができる」（傍点執筆者）とする。

152) S. Korioth, Bindungswirkung normverwerfender Entscheidungen des BVerfG, Der Staat 30, (1991), S. 562f.

153) G. Robbers, Verfassungsprozessuale Probleme in der öffentlichrech-tlichen Arbeit, 1996, S. 102.

154) E. Klein, in : Benda/Klein, Rn. 1472f.

155) R. Häußler, Der Konflikt zwischen Bundesverfassungsgericht und politischer Führung, 1994, S. 110.

156) 畑尻剛「批判にさらされるドイツの憲法裁判所（上）」ジュリスト1106号（1997）77頁以下。ただし，再立法（規範反復）の定義と関係して，立法者がラント文部省規則とラント法律とで異なること，違憲とされた規則になかった児童・親の信教の自由へ配慮規定があることなどからして，再立法といえるかという問題はある。バイエルン・ラント法による再立法に批判的な見解として，Vgl. Detterbeck (N150), S. 432, 再立法に肯定的な見解として，G. C. Biletzki,

(2) **類似法の改廃**　類似法（Parallelnorm）とは，連邦憲法裁判所が違憲と宣言した規範と文言・内容が同一または類似の規範である[157]。例えば，異なった立法者（例えば別のラント）による同内容の立法や，同一の立法者による異なった規制領域の立法などがこれにあたる[158]。連邦憲法裁判所がある法律を違憲と宣言した時点で，すでにその法律の類似法が存在していた場合，違憲判決の拘束力は，国家機関に，違憲法律の類似法を改廃または適用を中止する義務を負わせるかどうかが問題となる。前述の違憲法律の再立法の禁止が裁判後の立法の問題であるのに対して，違憲法律の類似法の改廃は裁判時にすでに存在する立法の問題である。

この点一般に，法適用機関（行政庁や裁判所）は違憲法律の類似法の適用を中止することはできないとされている[159]。法適用機関は規範の廃棄権を有しないからである[160]。また，類似法は違憲と宣言された法律とは微妙に異なった規律対象や事情を有する[161]以上，連邦憲法裁判所が別の判断をする可能性もあるからである。ただし，抽象的規範統制の申立権がある場合には，類似法の審査を連邦憲法裁判所に申し立てることはできる。一方，立法者は違憲法律の類似

　　Das Kreuz im Klassenzimmer—Zur bundesverfassungsgerichtlichen Zulässigkeit des neuen Art. 7 Ⅲ BayEUG, NJW 1996, S. 2633 f.
　　その後，このバイエルン・ラント法に関連する憲法異議は連邦憲法裁判所の部会の不受理決定により却下され（Beschluss vom 27, 10, 1997），連邦憲法裁判所は同ラント法が違憲法律の再立法として禁止されるかどうかについては判断していない（［判例Ⅱ16：石村修］参照）。一方，連邦行政裁判所は，同法を合憲解釈により合憲とした。その中で，連邦行政裁判所は，問題のラント法の規定内容は，先の違憲判決の拘束力の及ぶ範囲外にあるとして，違憲判決の「拘束力が再立法にも及ぶかどうかという問題は，本件では問題とならない」とした。BVerwG, Urteil vom 21. 4. 1999, NJW 1999, S. 3064.

157)　Pestalozza, § 20 Rn. 85 ; Cremer (N98), S. 280 f.
158)　Benda/Klein, Rn. 1458 ; Cremer (N98), S. 281f.
159)　A. Heusch, in : Umbach/Clemens, § 31 Rn. 71.
160)　Cremer (N98), S. 280 f.
161)　K. Rennert, in : Umbach/Clemens, Rn. 66 zu § 31 (1. Aufl. 1992).

法を改廃することができる。しかし，ある法律の違憲判決の拘束力は，立法者にその法律の類似法の改廃をすべき法的義務までも負わせるものではない[162]。

(3) **合憲法律の再移送禁止**　連邦憲法裁判所がある法律を違憲と宣言した場合，当初から無効な当該違憲法律は新たな規範統制の対象とはなりえない。しかし，逆に，法律が合憲と宣言された場合に，当該法律を違憲と確信する一般の裁判所が改めて具体的規範統制手続で憲法裁判所に移送することは，合憲判決の拘束力により阻止されるだろうか。

この点につき，連邦憲法裁判所は，各種の裁判の効力のうちどれを根拠にするかは明確にしてはいないものの[163]，原則として合憲法律に対する再度の規範統制の再移送は許されないとしている（例えば，BVerfGE 26, 44 [56]; 33, 199 [203]; 65, 179 [181]; 87, 341 [346]）。しかし，例外として，裁判の効力の時間的限界から，事態が本質的に変化した場合には，再移送をなすことは許される（例えば，BVerfGE 87, 341 [346]）[164]。ただし，再移送のためには，「連邦憲法裁判所の判例を前提にして，憲法判断にとって重要な状況がどの程度変化したかを説明する」（BVerfGE 87, 341 [346]）特別な理由づけが必要とされる。また，学説は，一般的法見解の変化の場合にも，同様に再移送が許されるとしている[165]。

(4) **拘束力の無視への対応**　連邦憲法裁判所によれば，拘束力の名宛人が連邦憲法裁判所の裁判の拘束力を無視した場合には，それ自体が基本法（20条3項「立法は憲法秩序に，執行権及び裁判は法律及び法に拘束されている」）違反となる。したがって，拘束力の無視に対して，関係人はあらためて，基本法20条3項と結びついた基本法2条1項の権利侵害または19条4項（権利の法的救済権）

---

162) U. Battis, in : Isensee/Kirchhof VII, Rn. 64 zu § 165 Rn. 64 (1. Aufl. 1992); A. Heusch, in : Umbach/Clemens, Rn. 66 zu § 31.

163) Vgl. G. Sturm, in : Sachs, Rn. 13 zu Art. 94; E. Klein, in : Benda/Klein, Rn. 1460.

164) Vgl. E. Klein. in : Benda/Klein, Rn. 1461.

165) シュトゥルムによれば，これが通説とされている。Vgl. G. Sturm, in : Sachs, Rn. 14 zu Art. 94.

違反を理由に憲法異議を提起できる[166]。憲法異議の提起がない場合でも，連邦憲法裁判所は法35条により，裁判の執行命令（Ⅳ 2. 1 参照）を発することが可能である[167]。

5.6 法律としての効力

5.6.1 総　　説

基本法94条2項1文は「連邦法律は，連邦憲法裁判所の機構及び手続を規律し，かつ，その裁判がいかなる場合に法律としての効力を有するかについて定める」と規定し，連邦憲法裁判所の裁判が「法律としての効力（Gesetzeskraft）」を有する場合の規律を連邦法律に授権している。これを受けて，法31条2項1・2文[168]は，その場合を限定列挙している。その場合とは，①抽象的規範統制（基本法93条1項2号・2a号，法13条6号・6a号），②具体的規範統制（基本法100条1項，法13条11号），③国際法の原則が連邦法の構成部分であるかに関する裁判（基本法100条2項，法13条12号），④法の連邦法としての効力に関する裁判（基本法126条，法13条14号），⑤憲法異議で法律を合憲，違憲，無効と宣言する場合，である。同3・4文は，法律としての効力を有する場合，主文は連邦官報に公示される旨規定している。

---

166) E. Klein, in : Benda/Klein, Rn. 1476.
167) E. Klein, in : Benda/Klein, Rn. 1476. 法35条の執行命令は，判決後に事後的に発することもできるとされている（例えば，BVerfGE 100, 263 [265]）。Vgl. E. Klein, in : Benda/Klein, Rn. 1495. 永田秀樹「西ドイツにおける憲法訴訟の手続原則」大分大学経済論集34巻3号（1982年）143頁も参照。
168)「第13条第6号，第6a号，第11号，第12号及び第14号の場合には，連邦憲法裁判所の裁判は法律としての効力を有する。連邦憲法裁判所が，法律を基本法に一致する若しくは一致しない，又は無効であると宣言する場合には，第13条第8a号の場合にもこれを準用する。法律が基本法若しくはその他の連邦法に一致する若しくは一致しない，又は無効であると宣言される限りにおいて，裁判主文は連邦司法省が連邦官報に掲載しなければならない。第13条第12号及び第14号の場合における裁判主文にもこれを準用する」。

5.6.2 歴　　史

法律としての効力の淵源は19世紀まで遡ることは可能であるが[169]，直接の淵源はワイマール憲法期にある。同憲法13条2項によれば，ライヒ裁判所は「ラント法の規定がライヒ法と一致しているか否かにつき疑義又は意見の相違がある場合」に裁判するが，同規定の施行法律3条3項により，「その裁判は法律としての効力を有する」とされていた。

戦後，ワイマール憲法期の思想を受け継ぎ，ヘレンキームゼー案（99条2項）は，法律の全部または一部を無効と宣言する裁判に法律としての効力を与えるとしていた。しかし，その後の憲法制定会議は，法律としての効力を採用する方針は継承したが，法律としての効力を有する場合の規定は通常法律に委任されることとなった[170]。

法31条2項は当初，上述（5.6.1）①から④までの手続にのみ法律としての効力を与え，憲法異議については規定していなかった。その後，1963年の第3次改正法律で，31条2項に「憲法異議が95条3項により法律の無効を宣言した場合にも準用する」との規定が追加され，法律を無効と宣言する憲法異議の裁判にも法律としての効力が与えられた。しかし，連邦憲法裁判所の実務は，法律を無効と宣言する憲法異議の裁判のみならず，さらに，法律を憲法と一致するまたは一致しないと宣言する憲法異議の裁判にもこの効力を与えた。そこで，1970年の第4次改正法律は，連邦憲法裁判所の実務にあわせる形で，ほぼ現在の文言となった[171]。その後，31条2項は，1993年の第5次改正法律に

---

169)　エルフルト・ライヒ同盟憲法施行法案217条・223条（1850年）は，ライヒ裁判所の一定の裁判はライヒ法律の効力を有するとする。ビスマルク憲法76条（1871年）は，憲法争議はまず連邦参議院により，さらに「帝国立法の方法によりこれを解決する」（傍点筆者）ものとされていた。A. Voßkuhle, in : v. Mangoldt/Klein/Starck, Rn. 35 zu Art. 94 ; J. Wieland, in : Dreier, Rn. 24 zu Art. 94.

170)　Pestalozza, Rn. 97 zu § 20.

171)　Lechner/Zuck, Rn. 36 zu § 31 ; Pestalozza, Rn. 97 zu § 20.

より法文の男女平等化の観点から小幅な改正を受け[172]，さらに2003年の第7次改正法律により法13条6a号の裁判（連邦・ラント間の立法管轄に関する抽象的規範統制）の場合が追加された。

5.6.3 内　　容

法律としての効力は，連邦憲法裁判所法の制定当初から，しばしば，無用だとか，アナクロだとの評価を受けてきた[173]。確かに，ワイマール期には，ライヒの裁判所がラント法を廃棄するためには，その裁判がライヒ法律の効力を有することが必要であった[174]。しかし，今日の憲法裁判所は，法律を形成的に廃棄する消極的立法者ではなく，違憲な法律の当初からの無効を確認する裁判所であると考えられている。また，法律の無効は憲法の優位（基本法1条，20条）等により説明でき，違憲判決の法律としての効力を以って説明する必要がないとされるからである[175]。

このように考えると，国家機関に対して法律としての効力の働く余地は広くはない。結局のところ，法律としての効力は，連邦憲法裁判所の特定の裁判の拘束力（または既判力〔実質的確定力〕）の主観的範囲を拡張ないし補強して，すべての私人にも効力を及ぼすものとして一般に理解されている[176]。これらの裁

---

172)　裁判主文を連邦官報に掲載する主体が男性名詞の「連邦司法大臣」から女性名詞の「連邦司法省」に改められた。しかし，1993年の連邦憲法裁判所法改正の過程で，当初，連邦政府は，合憲判決の法律としての効力を削除し，法律としての効力を法律の違憲判決および無効判決に限定する旨の31条の大幅な改正を提案した。この提案は最終的に成案とならなかった。この経緯につき，詳しくは，憲法裁判研究会「連邦憲法裁判所の過重負担解消への新たな試み―1993年の連邦憲法裁判所法改正をめぐって―」比較法雑誌30巻3号（1996年）69頁以下参照。

173)　憲法裁判研究会（注172）69頁参照。

174)　K. Rennert, in : Umbach/Clemens, Rn. 93af. zu § 31 (1. Aufl. 1992).

175)　J. Wieland, in : Dreier, Rn. 25 zu Art. 94. 工藤（注113）42頁。

176)　Schlaich/Korioth, Rn. 496 ; J. Wieland, in : Dreier, Rn. 25 zu Art. 94 ; A. Voßkuhle, in : v. Mangoldt/Klein/Starck, Rn. 36 zu Art. 94 ; W. Löwer, in :

判主文が公示を必要とされる（法31条2項2・3文）のも，法律と同様にすべての私人を拘束するためであると解される。

したがって，私人がすでに合憲だと宣言されている法律に対して再度の憲法異議を申し立てることは，拘束力により合憲法律に対する一般の裁判所による再度の具体的規範統制の移送が原則として不適法であるのと同様に，不適法である。ただし，他の効力と同様に，法律としての効力にも時間的限界があるから，事実関係が変化した場合には，再度の憲法異議の申立ては不適法ではない[177]。また，法律がすでに合憲と宣言されていても，直接法律に対する憲法異議としてではなく，当該法律を適用した一般の裁判所の裁判に対する憲法異議としてであれば，（間接的に当該法律の違憲性を攻撃したとしても）別の憲法異議の申立ては不適法ではない。

主文のみが連邦官報に公示されるので，拘束力とは異なり，法律としての効力は主文のみが有し，理由中判断は有しない[178]。

なお，法律としての効力によって，裁判それ自体が法律となるわけではない。憲法裁判所の裁判は，法律としての効力とは無関係に，あくまでも裁判であり，立法行為ではないとされる[179]。

5.6.4　主文の公示

裁判主文は，法律としての効力を有する事件においては，連邦司法省により連邦官報に公示される（法31条2項3・4文）[180]。しかし，公示は裁判の効力の発生要件ではない。法律としての効力は，裁判の言渡しまたは送付により発生する。公表の手続は，連邦憲法裁判所が，当該裁判を連邦司法省に送付するこ

　　　　Isensee/Kirchhof II, Rn. 98 zu §56 ; H. Behthge, in : Maunz u. a., Rn. 122 zu §31.
177)　E. Klein in : Benda/Klein, Rn. 1442.
178)　Lechner/Zuck, Rn. 37 zu §31 ; Pestalozza, §20 Rn. 102 ; A. Heusch, in : Umbach/Clemens, Rn. 76 f zu §31. 林屋（注126）54頁（注10）。
179)　山内敏弘「西ドイツにおける法令審査の判決の効力(1)」一橋論叢53巻3号（1965年）93頁。
180)　公示は連邦官報第1部においてなされる。

とにより開始される（規則29条）。

Ⅴ　連邦憲法裁判所の権限

1. 総　　説

(1) **多様な権限**

　多くの国々に「手本」とされているドイツの憲法裁判所も，その個々の手続・権限自体は決して独自のものではない。むしろ連邦憲法裁判所は，様々な水源をもつ，いくつもの流れが集まった一つの「湖」にたとえられる[1]。

　様々な思想，制度がドイツという一つに国に集結したという意味では，ドイツの連邦憲法裁判所はまさに独自なものであるといえる。そして，世界各国が様々な制度を創設・導入しているにもかかわらず，「ドイツは，その連邦憲法裁判所の権限を他と比較すれば，相変わらず頂点にいる」[2]と評することができる。

(2) **権限の根拠**

　連邦憲法裁判所の権限は憲法（基本法），法律（連邦憲法裁判所法）及び規則（連邦憲法裁判所規則）において定められている。法13条は，その冒頭で「基本法に定める次の事項について裁判する」と規定し，続いて14号までにおいて基本法に規定されている権限を規定していた。同時にまた，15号で「その他連邦法律で連邦憲法裁判所に与えられた事項について（基本法第93条第3項）」

---

[1] 畑尻剛『憲法裁判研究序説』（尚学社，1986年）43頁。高見教授によれば，連邦憲法裁判所は，「ドイツに固有の国事裁判権とアメリカ型の司法審査権の複合体」である（高見勝利「西ドイツの憲法裁判―憲法訴訟手続を中心に」芦部信喜編『講座 憲法訴訟第1巻』（有斐閣，1987年）97頁以下）。なお，高田篤「戦後ドイツにおける憲法観と日本におけるドイツ憲法研究」樋口陽一編『講座 憲法学 別巻 戦後憲法・憲法学と内外の環境』（日本評論社，1995年）67頁以下参照。

[2] ペーター・ヘーベルレ（井上典之・畑尻剛編訳）『文化科学の観点からみた立憲国家―1999年日本における講演』（尚学社，2002年）176頁。

と連邦法律でも連邦憲法裁判所に権限を認めうると規定している。

連邦憲法裁判所自身は，その権限に関する基本方針として，基本法に列挙されている権限に限られるとしていた。第6次改正法律によって，13条の「基本法に定める」という文言が削除され，これによって，権限に関する基本方針に変更（権限追加原則の緩和）がもたらされたと評価することもできる[3]。

(3) 権限の概観

その権限は，規範統制を中心に，機関争訟，連邦国家的争訟のほか，憲法保障手続（大統領に対する訴追・裁判官に対する訴追・基本権喪失手続・政党の違憲確認）および選挙訴訟など非常に広範かつ多様なものである。

1) 憲法裁判所の権限の中心は規範統制（憲法適合性審査）であり，三つの手続がある。

　第一に，連邦政府または連邦議会議員の4分の1は，連邦法もしくはラント法が基本法に形式的・実質的に適合するか否か，またはラント法がその他の連邦法に適合するか否かについて意見の不一致または疑義のある場合，憲法裁判所に提訴することができる（抽象的規範統制：基本法93条1項2号，法13条6号，76条以下）。具体的事件を前提としないこの手続は，付随的違憲審査制との対比において憲法裁判所に典型的なものとみることができる。

　第二に，裁判所が具体的な訴訟事件を解決するために必要な（判決にとって必要な）連邦法律もしくはラント法律が基本法に適合しない，またはラント法律もしくはその他のラント法が連邦法律に適合しないという確信に至った場合，裁判所は当該手続を中止し憲法裁判所に当該問題を移送しなければならない（具体的規範統制：法100条1項，法13条11号，80条以下）。

　第三に，何人も，公権力によって基本法が保障する基本権・基本権類似の権利が侵害されたと訴えることができる（憲法異議：基本法93条1項4a

---

[3] 光田督良「ここ数年における連邦憲法裁判所法の改正とその注目点」比較法雑誌44巻2号（2010年）277頁以下参照。

号，4b 号，法 13 条 8a 号，90 条以下）。第 19 次基本法改正（1969 年）により，憲法上の手続となった。

2) また，連邦大統領，連邦首相，連邦政府，連邦議会，連邦参議院という連邦最高機関の権利義務の範囲に関する争い等を原因とする基本法の解釈を決定する（機関争訟：基本法 93 条 1 項 1 号，法 13 条 5 号，63 条以下）。

3) さらには，連邦およびラントの権利義務に関する意見の相違を判断する。（連邦国家的争訟：基本法 93 条 1 項 3 号，4 号，法 13 条 7 号，68 条以下，71 条以下）

4) 憲法保障手続としては，大統領に対する訴追（基本法 61 条 1 項，2 項，法 13 条 4 号，49 条以下），裁判官に対する訴追（基本法 98 条 2 項，法 13 条 9 号，58 条以下）と並び基本法の「たたかう民主主義」の具体的な制度として「基本権の喪失」がある。これは，意見表明の自由，所有権など基本法が保障する基本権を自由で民主的な基本秩序に敵対するために濫用する者はこれらの基本権を喪失するとするものであり，憲法裁判所が，基本権喪失手続（基本法 18 条，法 13 条 1 号，36 条以下）を行う。また，同じく「たたかう民主主義」の具体的な制度としての「政党の違憲確認」，すなわち「自由で民主的な基本秩序を侵害しもしくは除去し，又はドイツ連邦共和国の存立を危うくする違憲政党の禁止」制度において，憲法裁判所が政党禁止手続（基本法 21 条 2 項，法 13 条 2 号，43 条以下）を行う。

5) さらには，選挙訴訟（基本法 41 条，法 13 条 3 号，48 条）も管轄する。

2. 憲 法 異 議

2.1 総　　説

2.1.1 意　　義

　公権力によって自己の基本権[4]を侵害された人は，誰でも，その救済を求めて連邦憲法裁判所に憲法異議を申し立てることができる（基本法93条1項4a号，法13条8a号・90条・92～96条）。現在，連邦憲法裁判所のあらゆる手続の中で，量的にも質的にも，最も重要なものの一つとなっているのが，この憲法異議である。まず純粋に量的にみるならば[5]，連邦憲法裁判所が1951年にその活動を開始してから2011年12月31日までの60年間に，同裁判所に係属した事件総数は195,018件であるが，憲法異議は188,187件と約96.5％を占めている。処理件数でも，191,893件中の185,172件で，これも約96.5％とほぼ同じ割合である（数字は，自治体の憲法異議を含む）。ここ数年は年6,000件を超える憲法異議が一般市民によって連邦憲法裁判所に申し立てられており，その利用頻度は

---

[4]　基本法93条1項4a号も，法90条1項も，「基本権」と「基本法第20条4項，第33条，第38条，第101条，第103条および第104条に規定された諸権利」を区別している。学説上も後者を「基本権と同等の権利（grundrechtsgleiche Rechte）」または「基本権類似の権利（grundrechtsähnliche Rechte）」と呼ぶ場合が多いが，ここで「基本権」とは両者を含む概念である。ヤラスも，両者を「広義の基本権」と呼び，それ以外は「その他の憲法上の権利」とする。Vgl. H. D. Jarass, in : Jarass/Pieroth, Rn. 1 zu Vorb. vor Art. 1〔ハンス・D. ヤラス（武市周作訳）「基本法1条の序論」同（松原光宏編）『現代ドイツ・ヨーロッパ基本権論』（中央大学出版部，2011年）73頁〕。「基本権」の用語法については，長尾一紘「人権の概念」法学新報108巻3号（2001年）115頁以下。

[5]　数字は，連邦憲法裁判所ホームページによる。Vgl. BVerfGE HP.

他の手続と比較して圧倒的である。

　また，憲法異議は質的にも重要である[6]。憲法異議があるからこそ，基本権保護が紙の上の保障にとどまらない実効的なものとなるからである。連邦憲法裁判所を「憲法の番人」と呼ぶことができるかどうか，意見は分かれるが，憲法異議が存在する限り，「基本権の番人」であることは疑問の余地がない。しかも，市民のイニシアティヴによって基本権保護が実現するのである。確かにその成功率は低い（185,172件中4,401件，2.4％）が，それだけ市民が憲法異議を頼りとし，利用しているからだということもできる。憲法異議によって，市民には国家によって保護されているという意識が醸成され，基本法の受容自体が促進されるのである。今日，憲法異議には後述するような批判[7]があるにもかかわらず，その制度自体を廃止することは考えられない[8]。それほど市民に定着し評価されているのである[9],[10]。

---

[6]　Vgl. E. Benda, in : Benda/Klein, Rn. 362.

[7]　憲法異議に対する批判——個々の判決に対する批判は別にして——は，主に，憲法異議の申立件数があまりにも多いため連邦憲法裁判所が過重負担に陥っているという点と，憲法異議の対象がほとんど裁判所の判決であり，結果として連邦憲法裁判所が超上告審化しているという点に向けられている。前者についてはV 2. 3，後者についてはV 2. 4を参照。さらに，vgl. E. Benda, in : Benda/Klein, Rn. 412 ff.

[8]　例外的に，ペスタロッツァは，「憲法異議を廃止することが……唯一の解決策だと思う」と述べている。Pestalozza, Rn. 7 zu §12.

[9]　ヴァールは，憲法異議はドイツの憲法裁判権と運命をともにするほど不可分であり，憲法異議がなければドイツの憲法裁判権は全然別のものになっていたという。Vgl. R. Wahl, Die Reformfrage, in : P. Badura/H. Dreier (Hrsg.), Festschrift 50 Jahre Bundesverfassungsgericht, Bd. I, 2001, S. 474. また，元長官（2002年4月退官）のリンバッハも，憲法異議を高く評価する。J. Limbach, Das Bundesverfassungsgericht, 2. Aufl. 2010, S. 47f.：ユッタ・リンバッハ（青柳幸一訳）「ドイツ連邦憲法裁判所の50年」ジュリスト1212号（2001年）60頁以下；同（青柳幸一・栗城壽夫訳）『国民の名において——裁判官の職務倫理』（風行社，2001年）61頁以下。

[10]　基本法の憲法異議については，それに先行する諸制度や，ドイツの各ラント（バイエルンなど）および外国（スイス，オーストリアなど）の憲法異議制度と

2.1.2　成　立　史

　現在ではきわめて重要な手続である憲法異議も，1969 年の第 19 次基本法改正[11]で 93 条 1 項に 4a 号・4b 号が追加されるまで，憲法異議は基本法上明文の根拠をもたない権限であり，いわば連邦法律によってとくに与えられた権限の一つであるにすぎなかった。すなわち，基本法 93 条 2 項（現在の 3 項）が，「さらに連邦憲法裁判所は，その他連邦法律によって〔連邦憲法裁判所の管轄として〕予め定められている場合にも活動する」[12]と定め，法律による権限創設を

　　　比較されることが多いが，B. Schmidt-Bleibtreu, in : Maunz. u. a., Rn. 1 ff., 9 ff zu §90. が詳細である。簡潔には，Stern III/2, S. 1267 ff.（シュテルン『ドイツ憲法 II』389 頁以下）。現行の憲法異議について，ドイツ，オーストリア，スイス，スペインを比較検討したものとして，永田秀樹「西ヨーロッパにおける憲法裁判と人権保障」佐藤幸治・初宿正典編『人権の現代的諸相』（有斐閣，1990 年）267 頁以下がある。

11)　1966 年から 69 年の大連立政権の期間は，1968 年の第 17 次基本法改正で「非常事態憲法（Notstandsverfassung）」（とくに，基本法 115a 〜 115l 条）がつくられたのをはじめ，重要な基本法改正が行われた時期であった。E. Benda, in : Benda/Klein, Rn. 365 は，社会民主党が憲法異議の基本法への導入を非常事態憲法に同意する条件とした点で，両者の政治的関連性を指摘する。

12)　基本法のこの規定は，日本の裁判所法 3 条 1 項の「その他法律において特に定める権限」を想起させる。裁判所法 3 条 1 項について，法律で定めるならばどんな権限を裁判所に付与することも許されるとは考えられていないように，基本法 93 条 2 項は，憲法異議という重大な権限が法律で付与されることを想定していたのか，連邦憲法裁判所法は基本法の授権の範囲を超えていないのか，という疑問が生じる。この点につき，川添利幸「西ドイツにおける憲法訴願 Verfassungsbeschwerde 制度の本質」同『憲法保障の理論』（尚学社，1986 年）186 頁以下は，憲法異議は，制度の由来を考えるならば，「基本法に形式的根拠をもつに止まらず，実質的にも，基本法によって予想されていた制度なのである」とする。また，Stern III/2, S. 1279（シュテルン『ドイツ憲法 II』400 頁）も，93 条 2 項に基づき法律で憲法異議を導入することが許されることに疑問の余地はなかった，という。それでは，授権の限界はどこにあるのか。第一は，連邦憲法裁判所の作用能力を全体として損なってはならないということであり，第二は，一般の裁判所に留保されている権限を尊重すべきことだとされている。

認めていたため可能になった制度であり，いつでも法律で廃止することのできるものであったのである。このような重大な権限を，憲法ではなく法律で付与することにしたのはなぜか。言い換えれば，制定時（1949年）の基本法はなぜ憲法異議について規定せず，連邦憲法裁判所法はなぜこれを規定したのか？

　成立史をみるならば[13]，まず，ヘレンキームゼー案98条8号は，バイエルン憲法の憲法異議と民衆訴訟の制度を参考にして[14]，「この基本法が保障する基本権の侵害を理由とする異議」についても連邦憲法裁判所が裁判するものと規定していたが，基本法制定会議はこのような制度の導入を拒否した。というのは，基本法19条4項ですでに公権力による権利侵害に対して出訴の途を保障しているのであるから，基本権侵害について特別の救済手段を付け加えるのは余計なものと思われたからである。それゆえ，成立した基本法は憲法異議を規定していない。ただし，93条2項により法律でこの制度を導入する可能性は残された。そこで議論は，連邦憲法裁判所の機構と手続を規律する法律（基本法94条2項）の審議に持ち越されたのである。

　連邦憲法裁判所法の審議において，憲法異議の目的と必要性をめぐって賛否の議論が行われた。連邦参議院では，政府や社会民主党は憲法異議の導入に積極的であったが，多数派は，包括的な権限を有する行政裁判権を設置し，19条4項で出訴の途を保障すれば十分であって，そのうえなお憲法異議を連邦憲法裁判所の権限に付け加える必要はない，と考えた。ただし，立法権による基

　　　Vgl. Voßkuhle, in : Mangoldt/Klein/Starck, Rn. 204 zu §93 ; B. Pieroth, in : Jarass/Pieroth, Rn. 1 zu Art. 93. 詳しくは，Ⅴ 11.2 参照。

13）　Vgl. B. Schmidt-Bleibtreu, in : Maunz u. a., Rn. 6 ff zu §90. ; Stern, III/2, S. 1277 ff.（シュテルン『ドイツ憲法Ⅱ』398頁以下）

14）　バイエルン憲法の該当する条文としては，「憲法裁判所は，行政庁による憲法上の権利の侵害を理由とする異議について裁判する（48条3項，120条）」（66条），「すべてのバイエルン住民（Bewohner）は，行政庁によって憲法上の権利を侵害されたと感じたときは，バイエルン憲法裁判所の保護を求める（anrufen）ことができる」（120条），「憲法裁判所は，基本権を違憲に侵害する法律及び命令を無効と宣言しなければならない」（98条4文）をあげることができる。

本権侵害に対して基本権訴訟（Grundrechtsklage）が必要であることは，多数派も肯定していた。その後，様々な考慮もあり，連邦参議院は分散的な憲法異議を提案することになる。これに対して，連邦議会では，あらゆる国家権力に対する体系的・統一的な憲法異議制度を導入する意見が次第に優勢となっていった。そして最終的に，憲法異議が国民と憲法の一体化をもたらし，市民の民主主義意識を強化すること，連邦憲法裁判所の任務は，憲法を守ることであり，その最重要の機能の一つとして基本権保護があるという理由で，憲法異議の導入が決定されたのである。その後 18 年を経て，憲法異議は基本法上の制度となった。基本法 93 条 1 項 4a 号は，法 90 条 1 項をほぼそのまま繰り返したものであるが，これによって憲法異議に憲法上のランクが与えられたことになる。その段階ではもはや反対論は存在しなかったようである。ただし，同時に，94 条 2 項に，裁判で争う途を果たしていることを適法性の要件とし，受理手続を認める第 2 文が付け加えられたのである（連邦憲法裁判所法の改正については，Ⅰ 2 を参照）。

2.1.3　機　　能

(1)　**憲法異議の二重機能**　憲法異議が公権力による侵害から個人の基本権を守るための制度であることは，基本法 93 条 1 項 4a 号の文言をみる限り，疑いがない。しかし，連邦憲法裁判所の確立した判例によれば，憲法異議の機能はこのような「主観的」機能にとどまるものではなく，憲法を維持発展させる「客観的」機能をも有するのである。

　「憲法異議は二重の機能を有する。まず第一に，憲法異議は市民の基本権と基本権類似の権利を守るために市民に認められた特別の権利救済手段（außerordentlicher Rechtsbehelf）である」。「しかし，憲法異議の意義は，市民の個人的基本権の保護につきるものではない。……さらに，客観的憲法を守り，その解釈と継続形成に役立つという機能を有する……。その点では，憲法異議は，同時に客観的憲法の特殊な法保護手段であると特徴づけることができる」（BVerfGE 33, 247 [258 f.]）。

憲法異議の機能をどのように理解するかは，理論的な意義にとどまらない実益を有する。例えば，その客観的機能を重視すると[15]，一方では，①基本権侵害があっても，侵害の程度が軽微な場合は，異議は不適法（または不受理）とされるので救済されないことになる[16]。他方では，②異議が適法であれば，連邦憲法裁判所は，異議申立人の主張する基本権侵害の審査に限られず，公権力の行為をあらゆる観点で審査できる，ということになる[17]。公権力の行為が基本法の何らかの規定に違反していれば，憲法異議は認容されるのである。

さらに，③憲法異議に客観的な意義のある問題が含まれていると判断すれば，異議申立人の利益にかかわりなく，連邦憲法裁判所はその問題を解明することができる。ドイツ語正書法改革訴訟（BVerfGE 98, 218 ［判例Ⅲ6：斎藤一久］［判例Ⅲ86：根森健］）[18]において，異議申立人が異議を取り下げたにもかかわらず，判決を下している。憲法異議が一般的意義を有する（法90条2項2文）場合には，客観的憲法を守り，その解釈と継続形成に役立つという機能が，憲法裁判所による個人の権利保護という異議申立人の利益に優先するので，異議申立人の取下げにもかかわらず判決することができる（BVerfGE 98, 218 [242 f.]），というのである[19]。

このような連邦憲法裁判所の取扱い[20]は，憲法異議の客観的機能に重点を置

---

15) Vgl. E. Benda, in : Benda/Klein, Rn. 391 ff.
16) Vgl. Schlaich/Korioth, Rn. 263f. さらに，Ⅴ.2.3参照。
17) 連邦憲法裁判所は，教会の権利が問題となった事件で，実体法上の審査の際には，主張された基本権侵害の有無に限定されることなく，攻撃された判決の憲法上の問題点をあらゆる観点で審査することができるとした。Vgl. BVerfGE 42, 312 [325f.]；70, 138 [162]［判例Ⅰ21：石川健治］．
18) あわせて，根森健「ドイツ語正書法改革の合憲性(1)」［判例Ⅲ5］参照。
19) この点について，E. Klein, in : Benda/Klein, Rn. 286；E. Benda, in : Benda/Klein, Rn. 409.；根森［判例Ⅲ86］参照。
20) ドイツの学説ではあまり指摘されることはないが，基本法2条1項から「一般的行為の自由」を導き出した上で，いかなる憲法違反もその自由の侵害として争うことができるとする解釈も，憲法異議の客観的機能を重視することと結びついていると思われる。

いた理解によって可能となっているのである。しかしながら，憲法異議から個人の権利保護の機能を奪うことが許されるわけではない。基本法の改正なしに純然たるサーシオレイライの導入が認められないのも，現行の基本法の文言から，憲法異議の主観的機能を前提としていると考えられているからである[21]。それでは，客観的機能を優先させるのは，どこまでならば可能なのか。現在はもうすでに行き過ぎではないのか。学説は分かれている[22],[23]。

(2) **二重機能の意味** このようなドイツの議論を日本からみると，当然の出発点とされる「憲法異議の二重機能」自体，必ずしも明確ではない。そもそ

---

21) V2. 3. 2. 参照。あわせて，憲法裁判研究会「連邦憲法裁判所の過重負担解消への新たな試み――1993年の連邦憲法裁判所法改正をめぐって」比較法雑誌30巻3号（1996年）57頁，小野寺邦広「ドイツ『連邦憲法裁判所の過重負担解消委員会』報告書（1998年）について」比較法雑誌43巻3号（2009年）199頁。

22) 客観的機能の重視に肯定的な学説として，P. Häberle, Grundprobleme der Verfassungsgerichtsbarkeit, in : ders. (Hrsg.), Verfassungsgerichtsbarkeit, 1976, S. 14 f.〔ペーター・ヘーベルレ（畑尻剛・土屋武訳）「憲法裁判の基本問題」比較法雑誌45巻4号（2012年）90頁〕。批判的な学説としては，H.-U. Erichsen, Verfassungsbeschwerde, Jura 1991, S. 585 ff. ; S. 638 ff., Jura 1992, S. 142 ff. (hier : Jura 1992, S. 142), ハンス゠ウーヴェ・エーリヒセン（工藤達朗訳）「ドイツにおける憲法異議による基本権保護」比較法雑誌46巻2号（2012年）52頁がある。また，憲法異議の先駆的研究である川添（注12）181頁以下は，憲法異議の制度目的が客観的な憲法秩序の保障にあるとする学説の論拠を逐一批判し，個人の主観的権利保護に制度目的を求めている。その最も重要な論拠とされているのが，自己の権利を侵害されたことが出訴の要件とされている点である。C. Gusy, Die Verfassungsbeschwerde, in : Badura/Dreier (N9), S. 644 も，憲法異議が本来，個人の権利保護のための制度であったとし，その理由としてこの点をあげている。

23) マウロ・カペレッティ（谷口安平・佐藤幸治訳）『現代憲法裁判論』（有斐閣，1974年）86頁が憲法裁判所と司法裁判所の「合一化傾向」を論じて以来，憲法裁判所における個人の権利保護を目的とした制度として憲法異議があげられることが多い。例えば，兼子一・竹下守夫『裁判法（第4版）』（有斐閣，1999年）87頁。しかし，憲法異議の目的が個人の基本権保護であるかどうかは，必ずしも自明であるわけではない。

も，憲法異議の二重機能とは何を意味しているのか。その二重機能は基本権それ自体の二重機能[24]と対応しているのか。つまり，基本権自体に主観と客観の二重の性格が存在するがゆえに，憲法異議の機能が二重になるのか，それとも，基本権とは別個に憲法異議自体が二重機能を有するのか。

連邦憲法裁判所は，1958年のリュート判決（BVerfGE 7, 198 [204 f.]〔判例Ⅰ24：木村俊夫〕）でこう述べた。

「基本権が，まず第一に，公権力の介入から個人の自由な領域を守るために規定されたものであることは疑いない。基本権は，国家に対する市民の防御権である。……立法者が，基本権を守るための特別の権利救済手段たる憲法異議を，公権力の行為に対してのみ認めたことも，このことに対応している」。「しかし，基本法は価値中立的秩序であろうとしたのではなく，その基本権の章において客観的価値秩序を樹立したこと，そしてまさにこの点に基本権の効力の原理的強化があらわれているということも，同じく正当である。この価値体系は……憲法の基本決定として，法のあらゆる領域に妥当しなければならず，立法，行政および裁判は，そこから方向性と刺激を受け取るのである」。

現在のドイツでは，この判決以降，基本権に主観的権利と客観法の二側面を

---

24) 基本権の二側面について文献は多いが，翻訳のあるものとして，コンラート・ヘッセ（栗城寿夫訳）「ドイツ連邦共和国における基本権の展開」公法研究42号（1980年）1頁；R. Alexy, Grundrechte als subjektive Rechte und als objektive Normen, Staat 1990, S. 49 ff.〔ロベルト・アレクシー（小山剛訳）「主観的権利及び客観規範としての基本権(1)(2)」名城法学43巻4号179頁，44巻1号321頁（1994年）〕；H. D. Jarass, Die Grundrechte : Abwehrrechte und objektive Grundsatznormen, in : Badura/Dreier (N9), Bd. II, S. 35 ff.〔ヤラス（土屋武訳）「基本権：防御権と客観的原則規範」松原編（注3）101頁〕など。これに批判的なのは，E.-W. Böckenförde, Zur Lage der Grundrechtsdogmatik nach 40 Jahren Grundgesetz, 1989.〔E.-W. ベッケンフェルデ（鈴木秀美訳）「基本法制定40周年を経た基本権解釈の現在」同（初宿正典編訳）『現代国家と憲法・自由・民主制』（風行社，1999年）345頁〕。この問題の研究として，井上典之「基本権の客観法的機能と主観的権利性」覚道豊治古稀『現代違憲審査論』（法律文化社，1996年）267頁がある。詳しくは，Ⅵ1参照。

認めるのが判例・通説であり，憲法異議の二重機能はこれに対応しているように思われる[25]。しかし，日本では，付随的違憲審査制であり，基本権の客観法的側面も認められてはいないが，にもかかわらず，違憲審査制が，客観的憲法秩序の維持と，個人の基本的人権の保障の二面性をもつことが指摘されている。確かに，近代的意味の憲法を問題とする限り，人権保障規定を含まない憲法は存在しないから，当事者の人権保障と憲法保障は一致するということもできるし，個別事件に対して裁判所が判決を下せば，将来同様の事件については同様の判決が下されると予測されるから，裁判を通じて法形成が行われたということもできる。それどころか，最上級審が権利救済より法令解釈の統一などの客観法機能を重視するのは当然だともいえる[26]。これらはどのような裁判手続にもあてはまる「客観的機能」だといえよう。

ドイツで議論される「憲法異議の二重機能」はこのような裁判一般にあてはまる機能を超えた意味をもっているのか，もっているとしたらその二重機能は基本権の二重機能に対応しているからか，基本権の二側面に解消しきれないものがさらに残るのか，なお検討を要すると思われる[27]。

---

25) Gusy (N22), S. 650 f. は，基本権が基本法秩序の客観的要素であることに，憲法異議の客観的機能が対応すると述べている。

26) 連邦憲法裁判所は，制度上の最上級審ではないが，判決に対する憲法異議を認めることにより，一種の最上級審として機能していることは否定できない。

日本でも，上告制度の目的について，当事者の権利救済（主観的機能）か，法令解釈の統一（客観的機能）か，という同様の議論がある。民事訴訟法では従来から後者を支持してきたのであるが，新民事訴訟法が上告受理の制度を採用したことから，議論が再燃した。この問題につき，片山智彦『裁判を受ける権利と司法制度』（大阪大学出版会，2007年）221頁以下参照。

ドイツでの議論については，さらに，ペーター・ギレス（三上威彦訳）「ドイツ連邦共和国における民事訴訟の上訴改革に関する最近の法政策的論争について」同（小島武司編訳）『西独訴訟制度の課題』（中央大学出版部，1988年）257頁以下。

27) E. Benda, in : Benda/Klein, Rn. 391 ff. は，憲法異議の二重機能の根拠を基本権の二側面理解に求めるのであるが，基本権では主観的側面と客観的側面は矛盾対立せず，両者相俟って基本権を強化するのに対して，憲法異議では客観的

2.1.4　権利救済システムにおける憲法異議の位置
　　　——基本法 19 条 4 項との関連

　基本法は，93 条 1 項 4a 号で公権力の基本権侵害に対する憲法異議を保障するだけでなく，19 条 4 項で「何人も，公権力によって自己の権利を侵害されたときは，裁判で争う途（Rechtsweg）が開かれている」と定め，公権力による権利侵害に対する司法的救済を包括的に保障している。この文言からは，93 条 1 項 4a 号の内容がすでに含まれているようにも思われる。両者はどのような関係にあるのか。19 条 4 項は，連邦憲法裁判所に憲法異議を申し立てる権利を含むのか。これは基本法制定時からの問題であった。

　学説は，基本法 19 条 4 項から憲法異議の申立権を引き出すことはできないとする。19 条 4 項は，執行権からの実効的な権利保護を保障するものではあるが，基本権侵害を理由として連邦憲法裁判所に出訴する可能性を含むものではない，というのである。

　確かに，19 条 4 項で出訴の要件とされるのは「権利」侵害であり[28]，93 条 1 項 4a 号の「基本権」侵害より広い。基本権に限られず，あらゆる権利を指す。しかし，ここに「公権力」とは，執行権のみを指し，裁判権・立法権を含まないからである。まず，立法権は 19 条 4 項の「公権力」ではない。基本法 93 条

　　機能と主観的機能が対立する点を問題視し，客観的機能重視の例とされる先の①〜③についても主観的機能から説明を試みている。ただし，かなり苦しいという印象は否めない。

28）　権利侵害が要件とされるということは，民衆訴訟は認められないことを意味する。行政裁判所法（VwGO）42 条 2 項が「法律に別段の定めのない限り，この訴え〔＝取消訴訟 Anfechtungsklage〕は，原告が行政行為またはその拒絶もしくは不作為により自己の権利を侵害されたと主張する場合にのみ，適法である」と定めるのは，これを具体化したものである。ドイツにおける団体訴訟をめぐる議論について，宮崎良夫「行政訴訟における原告適格」同『行政訴訟の法理論』（三省堂，1984 年）57 頁，土田伸也「ドイツ環境法における団体訴訟の近年の動向(1)(2)」比較法雑誌 35 巻 1 号（2001 年）105 頁，2 号（2001 年）89 頁などを参照。

1項2号に鑑みれば，法律の合憲性について裁判所に訴えを提起する権限は個人に認められていないし，また，裁判所（例えば，19条4項があげる連邦通常裁判所）も，100条1項に照らしてみれば，確かに法律の審査権は有するが，廃棄権を有するものではなく，法律を違憲と確信するときは事案を連邦憲法裁判所に移送することが義務づけられている。基本法は，法律の司法審査を一般的に認めているわけではないのである。また，19条4項は，裁判官による救済を保障するものであって，裁判官からの（に対する）救済ではない。上訴の権利さえ保障するものではないのである。とすれば，裁判権も19条4項の「公権力」に含まれない。残ったのは「執行権」だけである[29]。

結論として，「基本権侵害を理由として連邦憲法裁判所に出訴する可能性は，基本法19条4項の保障するところではない」[30]。この可能性は，基本法93条1項4a号によってはじめて開かれたのである。憲法異議は，一般の司法的救済制度の一部ではなく，「特別の権利救済手段」（BVerfGE 33, 247 [258]）である。また，こう解することで，基本法19条4項と93条1項4a号の双方に独自の意義を認めることができるのである[31],[32]。

---

29) Pieroth/Schlink, Rn. 1096 ff.（永田・松本・倉田訳373頁以下）参照。教会や宗教団体の行為もこの「公権力」に含まれるのか，という問題もある。一般には，教会や宗教団体が，国家の強制力をもってその任務を遂行する場合を除き「公権力」に含まれないと解されている。Vgl. H. D. Jarass, in: Jarass/Pieroth, Rn. 32, zu Art. 19；清水望『国家と宗教』（早稲田大学出版部，1991年）526頁。

30) Hesse, Rn. 340.（初宿・赤坂訳220頁）

31) 基本法19条4項の実効的権利保護請求権は，基本法101条から103条で，「法律の定める裁判官の裁判を受ける権利」「法的審問請求権」等に具体化されている。片山（注26）65頁以下，141頁以下のほか，ペーター・アーレンス「連邦憲法裁判所判例の民事訴訟法に及ぼす影響」同（松本博之＝吉野正三郎編訳）『ドイツ民事訴訟の理論と実務』（信山社，1991年）131頁参照。

32) 基本法19条4項の研究として，田口精一「ドイツ基本法における権利保障の一般条項について」同『基本権の理論』（信山社，1996年）405頁。

2.2 適 法 性

　異議申立人が基本権保護を求めて連邦憲法裁判所に憲法異議を申し立てた場合，裁判所は裁判をもって応答しなければならない。しかし，裁判所は，必ず主張内容の当否（基本権侵害の有無）について判断するわけではない。異議申立てが訴訟要件を具備していなければ，その異議は不適法（unzulässig）であって，裁判所は，本案の審理（基本権侵害の主張の当否の審査）に入ることなく，憲法異議を却下する。したがって，訴訟要件は，本案判決の要件（Sachentscheidungsvoraussetzungen）である。裁判所は，まず憲法異議が訴訟要件を具備しているかどうか（適法性（Zulässigkeit））を審査した上で，主張内容の当否（認容性）を審査するのである[33]。

2.2.1 当事者能力

　民事訴訟法では，訴訟の当事者となるために必要な資格を「当事者能力」という。その有無は，民法の権利能力（Rechtsfähigkeit）と連動しており，「権利能力を有する者は当事者能力を有する」（ZPO50条1項）。そして，人は誰でも出生の完了によって権利能力者となる（BGB 1条）のである[34]。

　法90条1項は，「何人も（Jedermann）」憲法異議を申し立てることができる，と定める。ここでは，憲法異議を申し立てる資格を「当事者能力（Beteiligungsfähigkeit）」と呼ぼう[35]。ここで当事者能力を有する「何人も」に含まれるため

---

33) 参照，覚道豊治「憲法訴訟の当事者適格」京都大学憲法研究会編『世界各国の憲法制度』（有信堂，1966年）355頁以下；同「憲法裁判制の理念と機能」岩波講座『現代法3 現代の立法』（岩波書店，1965年）；阿部照哉「憲法訴願制度の一考察」法学論叢106巻3号1頁（1979年）；高見勝利「西ドイツの憲法裁判」芦部信喜編『講座 憲法訴訟1』（有斐閣，1987年）97頁以下。
34) BGB1条の意義は，エーアリッヒ（川島武宜・三藤正訳）『権利能力論』（岩波書店，1975年）97頁。
35) 「当事者」という用語は，民事訴訟法から類推して理解する上でわかりやすいが，厳密には問題があることについては，Ⅲ3を参照。

には，その人が基本権享有能力（Grundrechtsfähigkeit）を有することが前提となる。ただし，基本権享有能力者の範囲と民法上の権利能力者の範囲は，必ずしもぴったり重なり合うわけではない。前者は後者より広いこともあれば，狭いこともあるからである[36]。

(1) 自 然 人

a) 外国人の基本権享有主体性　基本法の保障する基本権は，その規定の文言にしたがって[37]，ドイツ人にのみ保障される基本権（Deutschenrechte）＝公民権（Bürgerrechte）と，外国人を含む「何人」にも保障される基本権（Jedermannsrechte）＝人権（Menschenrechte）とに区別される。前者の基本権（基本法8条，9条，11条，12条，16条）は，外国人はこれを享有することができない。それゆえ，例えば，外国人が，集会や結社の自由の侵害を理由に憲法異議を提起することはできないのである[38]。この側面では，基本権享有能力は民法の権利能力より狭い。

b) 胎児と死者　民法上の権利能力の始期と終期は，出生の完了から死亡までである（もちろん，相続に関して，胎児はすでに生まれたものとみなされる。BGB 1923条2項）。現に生きている人間だけが，権利義務の主体たりうるのである。これに対して，連邦憲法裁判所は，基本権享有能力について，始期と終期のいずれについても，民法上の権利能力の範囲を拡張した[39]。

---

36) Vgl. I. v. Münch, in : Münch/Kunig I, Rn. 28 zu Vorb. Art. 1-19.
37) 日本国憲法の解釈論のいわゆる「文言説」がドイツの判例・通説である。
38) しかし他方で，基本法第2条1項から一般的行為の自由（allgemeine Handlungsfreiheit）が取り出され，個別基本権の保障からこぼれ落ちた権利を受け止める権利（Auffanggrundrecht）と解されるために，ドイツ人にのみ保障される権利が2条1項を経由して外国人に保障される場合がある。判例・通説はこれを認めるが，異説もある。Vgl. BVerfGE 78, 179［判例 I 47：宮地基］；工藤達朗「幸福追求権の保護領域」法学新報103巻2・3号201頁（1997年）（同『憲法学研究』（尚学社，2009年）所収）。
39) 簡単には，工藤達朗「生まれる前の人権，死んだ後の人権」同『憲法の勉強』（尚学社，1999年）144頁。

まず，始期に関して，第1次堕胎判決（BVerfGE 39, 1 ［判例Ⅰ8：嶋崎健太郎］），第2次堕胎判決（BVerfGE 88, 203 ［判例Ⅱ7：小山剛］）は，出生前の胎児も基本権の享有主体たりうることを承認した[40]。もちろん胎児は，自己の意見を表明することも，集会することも，職業を選択することもできないが，基本法2条2項の「生命への権利」はこれを享有するとした。この胎児の生命権は，基本法2条1項から引き出される女性の妊娠中絶の権利に優位する。国家は，人間の生命を，胎児の生命を含め，保護するよう，基本法によって義務づけられているから，国家は女性の妊娠中絶から胎児の生命を守らなければならないとしたのである（これらの事件についてはさらにⅥ 1.2）。

また，終期に関して，メフィスト決定（BVerfGE 30, 173 ［判例Ⅰ30：保木本一郎］）は，人間の尊厳（基本法1条1項）は死者に対しても保障されるとして，死者の名誉権が芸術の自由（基本法5条3項）の制約根拠になるとした。人間の尊厳に対する攻撃から個人を守る国家の義務は，人間の死亡によって終わるものではないというのである[41]。

これらの判決は，直接には基本権の客観的内容（Ⅵ 1.1）について述べたもので，胎児や死者が基本権の主体であると断言したものといえるか微妙であるが，学説は一般に肯定的に解している。したがって，これら2点では，基本権享有能力は民法の権利能力より広い。

(2) **法　人**　日本国憲法とは異なり，基本法は，法人の基本権享有主体性について，「基本権は，その本質上内国法人に適用しうる限りにおいて，これにも適用する」（基本法19条3項）と，明文で規定している。したがって，法人の基本権は，ドイツでは日本よりも広く認められているように思われるが，

---

40) 嶋崎健太郎「憲法における生命権の再検討」法学新報108巻3号（2001年）31頁；同「未出生の生命の憲法上の地位と人工生殖・生命操作技術」ドイツ憲法判例研究会編『未来志向の憲法論』（信山社，2001年）499頁。
41) ただし，基本法2条1項の人格権が死後も継続的に作用するという見解は否定された（BVerfGE 30, 173 [194]）。この点については，BVerfG, NJW 2001, S. 2957 ［判例Ⅲ2：押久保倫夫］も参照。

必ずしもそうではない。というのは，法人が基本権を享有するのは，その法人が「人的基礎」を認識させる場合に限られると解されているからである。すなわち，基本権は人間の尊厳に根ざすものであり，個人の自由な領域を公権力の介入から守ることにその意義があるのであるから，法人の形成と活動が自然人の自由な発展の表現といえる限りで，また，法人の背後にいる自然人を保護する意味がある限りで，法人の基本権享有主体性が認められる（BVerfGE 21, 362［判例Ⅰ55：芹澤齊］）。つまり，法人の社会的実在性を強調する日本の判例・通説よりも限定的だともいえるのである[42]。

a）私　法　人　人的基礎を有する限り，私法人が基本権享有能力を有し，したがって憲法異議の当事者能力を有することは，問題がない（例．投資助成判決（BVerfGE 4, 7［判例Ⅰ3：根森健］））。政党や労働組合などの権利能力のない団体の場合も同様である[43]。

b）公　法　人　これに対して，公法人は基本権享有能力を有せず，したがって当事者能力を有しない，というのが確立した判例である。基本権は自然人たる個人の人間の尊厳から発しているのであり，公的任務を遂行している公法人は，基本権の名宛人であって，基本権享有能力を有しない。それゆえ，基本

---

[42]　法人の基本権享有主体性に関する日本の理解は，芦部信喜「人権の享有主体」同編『憲法Ⅱ人権(1)』（有斐閣大学双書，1978年）28頁以下；同『憲法学Ⅱ人権総論』（有斐閣，1994年）159頁以下；芹澤齊「法人と『人権』」憲法理論研究会編『人権保障と現代国家』（敬文堂，1995年）19頁。

[43]　当事者能力は基本権享有能力を前提とするのに，権利能力のない社団に当事者能力を認めるのは背理ではないか，という疑問のありうるところである。しかし，日本における「法人の人権」論でも，法人格を有しない団体にも人権の享有を認めているように，民事法上の権利義務の主体でないことが，基本権の享有主体であることを否定する理由にはならない。日本の民事訴訟法では，権利能力なき社団も，原告・被告の双方について当事者能力を有するが，ドイツ民事訴訟法50条2項は，権利能力なき社団には被告となる能力のみを認めている。なお，ドイツの政党法3条は，「政党は，自己の名称において，訴訟の原告または被告となることができる」と定め，政党の当事者能力を認める。政党の機関訴訟については，BVerfGE 6, 84［判例Ⅰ79：高見勝利］，Ⅴ4を参照。

権を保護するための憲法異議を申し立てる能力も有しない，というのである（BVerfGE 21, 362［判例Ⅰ55：芹澤齊］参照）。

それでは，公法人が，公的任務の主体としてではなく，私権の帰属主体としても，基本権享有能力を認められないのか。連邦憲法裁判所は，ザスバッハ事件（BVerfGE 61, 82［判例Ⅰ56：廣田全男］）において，この場合にもゲマインデには，基本権享有能力も，当事者能力も認められないとした。確かに，ゲマインデは私法上所有権を認められてはいるが，基本権として保護されているわけではない。その理由としてあげられるのは，基本権の中心は，私的自然人としての個人であり，基本法14条も，「私有財産ではなく，私人の財産」を保護するものだ，というのである（BVerfGE 61, 82 [108 f.]）。したがって，ゲマインデは，自治権侵害を理由とする憲法異議（基本法93条1項4b号）を除けば，所有権侵害を主張して憲法異議を申し立てることもできないのである。ただし，学説の多くは批判的である[44]。

しかし，連邦憲法裁判所は，「公法人が基本権によって保護された生活領域に直接組み込まれている場合」には，例外的に，公法人の基本権享有能力を肯定する場合がある（Vgl. BVerfGE 21, 362 [373]［判例Ⅰ55：芹澤齊］; 31, 314 [322]）。このような理由から，連邦憲法裁判所は，①大学と学部には基本法5条3項1文の学問の自由に限って[45]，②放送協会には基本法5条1項の報道の自由に限

---

44) Vgl. Erichsen (N22), Jura 1991, S. 586；Lechner/Zuck, Rn. 49 zu § 90. なお，Ⅴ 1. 6. 1。

45) Vgl. BVerfGE 15, 256；高柳信一「学問の自由」『ドイツ判例百選』（有斐閣，1969年）58頁。日本と異なり，ドイツの大学はほとんど国立（ラント立）であり，公法上の社団（Körperschaft des öffentlichen Rechts）である。大学は，教官の人事権を有しないが，推薦リストを提出することができる（現在は，バーデン・ヴュルテンベルク州や，ノルトライン・ヴェストファーレン州などで，教授招聘について個々の学長が責任を有する制度を採用する州もみられる）。この事件は，新しい大学教授の任命につき，大学の学部が提出したリストに載っていない人物が任命された事件である。

　大学の法的性格について，H.-U.・エーリヒゼン（石川敏行訳）「ドイツ連邦共和国における国家と大学」中西又三編訳『西ドイツにおける自治団体』（中央大

って[46]，基本権享有能力を，したがって憲法異議の当事者能力を認めた。①②は限定的に肯定されるにすぎないが，これに対して，③宗教団体は包括的な基本権享有能力が認められる[47]。

c) 外国法人 基本法は「内国法人」にのみ言及しており，外国法人をはっきりと排除している。外国法人は憲法異議で実体的基本権を主張することはできない。ただし，連邦憲法裁判所は，手続的基本権（基本法101条1項2文，103条1項）を外国法人にも承認した[48]。なお，EU加盟の外国法人については，学説は，基本法19条3項の内国概念をヨーロッパ法に合わせて拡張し含めて考えているが，連邦憲法裁判所もそれと同じ立場である[49]。

2.2.2 訴訟能力

民事訴訟法では，訴訟当事者として自分が単独で，または自分で任命した代

学出版部，1991年）109頁，大学の基本権については，同106頁，120頁。なお，基本法第5条3項の学問の自由の研究として，阿部照哉『基本的人権の法理』（有斐閣，1976年），石村修「教授の自由と忠誠条項」同『憲法の保障』（尚学社，1987年），保木本一郎『遺伝子操作と法』（日本評論社，1994年）。

46) Vgl. BVerfGE 31, 314 [322]；鈴木秀美『放送の自由』（信山社，2000年）206頁；西土彰一郎『放送の自由の基層』（信山社，2011年）57頁；Pieroth/Schlink, Rn. 620.

47) 基本法140条は，ワイマール憲法137条を基本法の構成部分だと定めた。その5項は，これまで公法上の団体であった宗教団体をこれからも公法上の社団とする。この規定について，清水（注29）78頁；石川健治『自由と特権の距離［増補版］』（日本評論社，2007年）128頁。宗教団体の基本権享有主体性については，清水（注29）491頁以下；Pieroth/Schlink, Rn. 175, 563, 682；BVerfGE 70, 138［判例Ⅰ21：石川健治］；BVerfGE 102, 370［判例Ⅲ84：須賀博志］；塩津徹『ドイツにおける国家と宗教』（成文堂，2010年）109頁を参照。さらに，井上典之「ドイツのJugendreligionをめぐる憲法問題」宗教法14号（1995年）105頁が最近の問題まで含めて扱っている。

48) BVerfGE 21, 362 [373]［判例Ⅰ55：芹澤齊］. Vgl. E. Benda, in: Benda/Klein, Rn. 520；Pieroth/Schlink, Rn. 164.

49) E. Benda, in: Benda/Klein, Rn. 521. BVerfGE 129, 78.

理人を通して有効に訴訟を追行するために必要な能力を「訴訟能力」（Prozeß-fähigkeit）と呼ぶ。訴訟能力は訴訟法上の行為能力であると説明されるように，自分の利益を自分自身で守ることのできない者を保護するという点で民法上の行為能力と同趣旨の制度である。そこで，民法上行為能力者であればすべて訴訟能力者であり，行為無能力者であれば訴訟無能力者であるのが原則である。民法では，1975年から，「満18歳をもって成年とする」とされている（BGB 2条。それ以前は21歳であった）。

これに対して，「連邦憲法裁判所法には，訴訟能力に関する総則的規定が存在しない。憲法裁判所の手続の特殊性に鑑みれば，訴訟能力と行為能力を結びつける他の手続法の規定を一般的に類推適用することはできない。したがって，憲法異議では，必要な訴訟行為を追行する能力は，要求されている基本権の内容形成（Ausgestaltung）と，原手続で争われている法関係との関連性に従わなければならない」（BVerfGE 28, 243 [254]）。このように述べて，連邦憲法裁判所は，兵役義務に関し，未成年の兵士の行為能力と訴訟能力を肯定した。つまり，「憲法異議を提起する能力は個々の基本権の内容形成によって決定される」（BVerfGE 1, 87 [89]）のである。

学説も同様で，基本権についても行為能力（Grundrechtsmündigkeit）を考慮すべきだというのは少数説にとどまる[50]。多数説は，憲法異議には民法上の権利能力と行為能力の区別は妥当しない，とする。すべての基本権について一定の年齢でその行為能力を画すことはできず，個々の基本権ごとに考えていかざるを得ないのである。そうすると，法律による内容形成が重要であって，例えば，信教の自由について，子どもの宗教教育に関する法律では14歳から宗派に属する決定権を認めている（なお，オーストリアも同様）ので，その年齢から訴訟能力も有するのである。

訴訟能力を有しない未成年者は両親によって代理される。利益が相反する場

---

50) Vgl. I. v. Münch, in : Münch/Kunig I, Rn. 31 zu Vorb. Art. 1-19. この概念の研究として，横田守弘「未成年者の『基本権上の行為能力（Grundrechtsmündigkeit）』について」佐藤・初宿編（注10）63頁。

合には，特別代理人（Ergänzungspfleger）が選任される場合もある[51]。

2.2.3 弁論能力

裁判所における訴訟手続に関与して訴訟行為（とくに弁論）をするために必要な資格を「弁論能力（Postulationsfähigkeit）」という。弁護士強制があるときは，弁護士だけが弁論能力を有する。ドイツの民事訴訟では弁護士強制が原則である（ZPO78条）のに対して，憲法異議は弁護士によらずに申立て可能であるから，訴訟能力があれば弁論能力もあるのが原則である[52]。ただし，口頭弁論は，「ドイツの裁判所における公認の弁護士又はドイツの大学の法律学の教員」が代理しなければならない（法22条1項）。

2.2.4 異議の対象——公権力

憲法異議の申立ては，「公権力」による基本権侵害を主張しなければならない。基本法1条3項によって基本権に拘束される権力が，憲法異議の対象たる「公権力」である。

(1) **ドイツの公権力**　「ドイツの」公権力が憲法異議の対象である。①ヨーロッパ連合（EU）の機関の措置や，②外国の公権力の行為は，「ドイツで」行使された権力であっても，「ドイツの」公権力ではないから，異議の対象にならない[53]。

(2) **すべての公権力**　「すべての」公権力が憲法異議の対象である。基本権は，「立法，執行権及び裁判」を直接拘束する。「憲法異議という制度の意味は，立法権，執行権および裁判権のすべての行為が，その『基本権適合性』を

---

51) Erichsen (N22), Jura 1991, S. 587.
52) 憲法異議に弁護士強制を導入することが検討されたが，実現しなかった。参照，憲法異議研究会「憲法異議手続における連邦憲法裁判所の過重負担とその解消策」比較法雑誌23巻1号（1989年）74頁。
53) ①についてこのように断定できるか，議論のあるところである。詳しくは，Ⅰ4.1，②については，BVerfGE 84, 90［判例Ⅰ94：中島茂樹］を参照。

審査されるべきだ、という点にある」（BVerfGE 7, 198 [207]［判例Ⅰ24：木村俊夫］）のである。すなわち、①法律に対する憲法異議が適法なことは、連邦憲法裁判所法93条3項、94条4項、95条3項の文言から明らかである。また、②日本では、内閣が締結し国会が承認した条約は、天皇が公布することによって、自動的に国内法として効力を有するが、これに対してドイツでは、条約が国内の法規範によって国内法に転換された場合（変型理論）か、国内の領域で適用するよう命じられた場合（執行理論）にのみ、国内法の領域で効力を有する。この条約同意法律（基本法59条2項1文）に対しても憲法異議は可能である（例えば、マーストリヒト判決（BVerfGE 89, 155［判例Ⅰ71：川添利幸］［判例Ⅱ62：西原博史］））。③連邦憲法裁判所は、法規命令や規則に対する憲法異議も認めてきた。④行政行為はもちろん、事実行為によって基本権が侵害された場合には、それに対する憲法異議も認められる。⑤憲法異議の大多数は、裁判所の判決に対して提起されている。ただし、連邦憲法裁判所の部や部会の裁判を除く。したがって、第1部の判決に対する憲法異議を第2部に、部会の不受理決定に対する憲法異議を部に申し立てることはできない。

　さらに、憲法改正に対しても、憲法異議を申し立てることができる。基本法79条3項は、「第1条および第20条にうたわれている基本原則」に触れる改正を禁止している。この禁止に反して成立した規定は「違憲の憲法規範」[54]であり、無効であるから、連邦憲法裁判所が決定することができる、というわけである。連邦憲法裁判所は、1970年のいわゆる盗聴判決（BVerfGE 30, 1 [1 ff.]［判例Ⅰ42：西浦公]）で基本法10条2項を79条3項に反するものではないとしたが[55]、その後も、1991年には基本法143条（BVerfGE 84, 90 [120 f.]［判例Ⅰ94：中島茂樹]）を、1996年には基本法16a条（BVerfGE 94, 49 [102 f.]［判例Ⅲ

---

54) この概念については、O. Bachof, Verfassungswidrige Verfassungsnormen? (1951), in: ders., Wege zum Rechtsstaat, 1979, S. 1 ff.；川添利幸「バッホォフ《違憲の憲法規範？》（紹介）」同（注12）109頁；大隈義和『憲法制定権の法理』（九州大学出版会、1988年）183頁を参照。

55) 石村修「憲法保障としての憲法改正限界論」同（注45）240頁参照。

59：川又伸彦］）を，2004年には盗聴による住居監視を認めた基本法13条（［判例Ⅲ53：平松毅］）を審査し，いずれも合憲としている。連邦憲法裁判所が憲法改正に対する審査権を有することは，学説もこれを疑っていない[56]。

しかし，ここで「公権力」とは，国家以外の「公」権力の措置を含まない。教会は公法人である（基本法140条が基本法の構成部分とするワイマール憲法137条5項）。「教会の権力は，確かに公権力であるが，国家権力ではない」（BVerfGE 18, 385 [387]）。教会が国家の権力を行使する場合は別にして，教会には自己決定権が認めら，教会の内部事項について国の裁判権は及ばないのである。

(3) **不 作 為** 公権力による不作為も憲法異議の対象になることは，法92・94・95条の「作為又は不作為」という規定からも明らかであるが，立法不作為については議論がある[57]。一般的に，立法不作為については，真正の（echt）不作為と不真正（unecht）の不作為に区別される。議論となるのは，立法義務があるにもかかわらず立法者の行為が全く存在しないような真正の不作為についてである。これに対して，不真正の不作為は，立法の内容が不十分・不完全である場合にその立法を問題にする場面を指し，このような場合は，むしろ立法の作為あるいは立法の内容そのものを問題とすればよいとされる[58]。

---

56) Vgl. E. Benda, in : Benda/Klein, Rn. 493 ; P. Badura, Verfassungsänderung, Verfassungswandel, Verfassungsgewohnheitsrecht, in : Isensee/Kirchhof Ⅶ, Rn. 29 zu §16 ; F. Ossenbühl, Bundesverfassungsgericht und Gesetzgebung, in : Badura/Dreier (N9), S. 48f. ; 工藤達朗「憲法改正の違憲審査」同（注38）196頁。

57) Lechner/Zuck, Rn. 107 zu §90 ; A. Scherzberg, Individualverfassungsbeschwerde, in : Ehlers/Schoch (Hrsg.), Rechtsschutz im Öffenltichen Recht, Rn. 49 zu §13. さらに，部分的不作為や相対的不作為という概念もあるが，一般的ではない。

58) 不真正の立法不作為は，立法者の改善義務と関連する。共同決定判決（BVerfGE 50, 290［判例Ⅰ49：栗城壽夫］）において，連邦憲法裁判所は，法令の合憲性審査にあたって，法令が将来の状況を踏まえて違憲の効果をもたらすことがないかについても審査に含めることを示唆した。Lechner/Zuck, Rn. 111 zu §90は，改善義務は立法不作為とは異なり，法律の基礎の本質的変更があったか，立法

立法不作為に対する憲法異議は，立法義務の内容と範囲が基本法上明らかである場合にのみ認められる。立法義務は，基本法に明文の立法委託がある場合に導かれる。明文の立法委託の例は，基本法 6 条 5 項[59]（「嫡出でない子に対しては，法律制定によって，……嫡出子に対すると同様の条件が作られなければならない。」）や，基本法 12a 条 2 項 3 文（良心的兵役拒否について「詳細は法律でこれを規律する」）[60]のほか，33 条 5 項，101 条 1 項 2 文，104 条 2 項 2 文，134 条 4 項などもこれに含めて考えることができる[61]。連邦憲法裁判所は基本法制定当初，立法不作為に対する法的救済に対して否定的な立場を示していたものの[62]，その後，1957 年には立法不作為による基本権侵害の可能性を認めた[63]。すなわち，「異議申立人が立法義務の内容と範囲をその本質において規定する基本法の明文の委託を援用することができる」条件の下であれば，「立法者がその憲法委託を不当に解釈し，その結果，自らの立法義務を不十分にしか果たさず，必要十分の規律の不作為によって同時に基本権を侵害した場合には，この立法不作為に対する憲法異議は認められる」[64]。

　基本法上明文の立法委託がない場合でも，立法義務が導き出されないわけではない。連邦憲法裁判所は，明文の委託という立法義務の要件を基本権の客観的内容から緩和してきた[65]。航空機騒音決定（BVerfGE 56, 54 [判例Ⅰ10：松本和

　　者はその審査義務を果たしたか，そもそも改善を義務付けられているかという三段階で審査すべきであると指摘する。改善義務については，Ⅵ1. 2. 2, Ⅵ3. 4. 2。

59)　基本法 6 条 5 項に立法者に対する拘束力をもった明文の委託であることを認めた事例として，非嫡出子決定（BVerfGE 25, 167 [判例Ⅰ37：渡辺中]）があげられる。

60)　Lechner/Zuck, Rn. 107 zu §90 ; D. C. Umbach, in : Umbach/Clemens/Dollinger, Rn. 54 zu §90 ; Bethge in : Maunz u. a. Rn. 218 f. zu §90.

61)　Benda/Klein, Rn. 209 ; Pestalozza, Rn. 34 Fn. 117 zu §12.

62)　BVerfGE 1, 97 [100f] ; Benda/Klein, Rn. 496 ; Stern Ⅲ/1, S. 1284 f.

63)　この時期のドイツの立法不作為に関する考察として長尾一紘「立法不作為に対する憲法訴願」法学新報 79 巻 1 号（1972 年）111 頁。

64)　BVerfGE 6, 257 [264] ; Stern Ⅲ/1, S. 1285.

彦])において，連邦憲法裁判所は次のように述べて，基本権の客観的内容から憲法解釈上導かれる行為義務あるいは保護義務に違反する場合にも憲法異議を認めうることを示した。すなわち，立法者の不作為に対する憲法異議については，「例外的な場合にのみ」認められており，「立法義務の内容と範囲をその本質において規定する基本法の明文の委託を異議申立人が援用することができる場合に限られていた。本件ではこの要件は明らかに満たされていない。もっとも異議申立人の主眼は，立法者には基本権に体現された根本決定から憲法解釈の手法によって導くことができる行為義務・保護義務が課されているにもかかわらず，立法者がこれらの義務に従わなかったという点にある」(BVerfGE 56, 54 [71])。その上で連邦憲法裁判所は，そもそも法律が制定されるべきか，どのような内容の法律が制定されるべきかについて，経済的・政治的・財政的事情によって立法者が判断しなければならないから，国民は連邦憲法裁判所に対して直ちに憲法異議を提起できると考えることはできないとした。「一般に，少なくとも立法者が行為義務・保護義務の存在を無視して全く何もしないでいたという事実」を，立法不作為に対する憲法異議の要件としている。したがって，立法者に何らかの作為があり，あるいは，何らかの規律がある場合には，「全く何もしないでいた」とは評価されず，憲法上の規律改善義務に違反しているかどうかの問題となる[66]。ただし，このように基本法2条2項から導かれる保護義務の履行との関連で規律改善義務が立法に課されること自体は認められうるとしたものの，結論としては，立法者がこのような義務に明白に違反したとはいえないとした。

これ以降，立法不作為の問題は，とりわけ保護義務と関連して展開されていく（保護義務については，Ⅵ1.1）。ただし，保護義務自体に言及するケースは少なくないものの，保護義務違反による立法不作為を認めた事例はない。一例と

---

65) 基本権の客観的内容については，Ⅵ1。R. Zuck, Das Recht der Verfassungsbeschwerde, 3. Aufl. 2006, Rn. 606 は，「明白な前提条件」があるか否かを立法不作為の要件として，それが拡張されていることを指摘する。

66) Stern III/1, S. 1286 f.

してエイズ決定（BVerfG (K), EuGRZ 1987, S. 353 [354]）においても，エイズ撲滅に関する立法措置の導入について，保護義務自体は肯定するものの，立法不作為に関する「全くの不作為と明らかに不十分な措置」という要件にはあてはまらず，結論として憲法異議は理由のないものとして斥けている[67]。明文上の立法委託の場合も，保護義務の場合も，連邦憲法裁判所は，立法者が義務を明白に侵害しているというきわめて例外的な場合を要件としてきたが，一般的に立法義務についてどのような条件が整えば不作為違反となるかは明らかではない[68]。

(4) **国の私法的行為** 基本法1条3項が国家機関に対する基本権拘束を規定しているが，これには国家の私法上の行為も原則として含まれると考えられる[69]。いわゆる私法上の行為といっても，調達（Bedarfdeckung），行政の経済活動（erwerbswirtschaftlicher Betätigung）などに区分できる[70]。行政私法において基本権効力を認めることについては争いがないとされるが[71]，これらの区分にかかわらず，国家の行為である限り，基本権に拘束されると考える学説が多い[72]。調達と行政の経済活動について，連邦通常裁判所の判例は，私法上の行為や司法的取引の当事者となる公権力の基本権拘束を否定してきた[73]。連邦憲法裁判所は，公務員の年金・恩給に関する連邦とラントによる受給機構（Versorgungsanstalt des Bundes und der Länder：VBL）による団体保険契約につい

---

67) Zuck (N65), Rn. 612；Lechner/Zuck, Rn. 111 zu §90.
68) Zuck (N65), Rn. 610 は，立法不作為を問題にしうるとしても，実際には立法の具体的な条件や内容に立ち入ることはできず，行為義務があることを示すことにすぎないことを踏まえて，「立法不作為に関する議論は，現実の憲法問題を示していない」と指摘する。
69) K. Stern III/1, S. 1412.
70) Pieroth/Schlink, Rn186；Stern III/1, S. 1411 ff.
71) Pieroth/Schlink, Rn. 187.
72) H.-U. Erichsen (N22), Jura 1991, S. 588；B. Pieroth, in：Jarass/Pieroth, Rn. 38 zu Art. 1.
73) BGHZ 52, 325. これに対して，Pieroth/Schlink, Rn. 187 は批判している。

て，基本法3条1項の一般的平等原則に拘束されることを認めた（BVerfGE 124, 199 [218]）。また，フランクフルト空港にある過半数を公的部門が所有する株式会社として組織された企業（私法上の組織）に関する事例で，「公権力の概念が広く捉えられ，命令的な処分のみを対象としているわけではない」ことを指摘し，直接的に基本法1条3項に拘束されることを認めている（BVerfGE 128, 226 [244]）。しかし，これらが国の私法的行為が憲法異議の対象となることの一般的な基準となっているかは明確ではない。

(5) **規律内容・決定内容を欠いている措置**　このような措置に対する憲法異議は，不適法である。なぜなら，これらの措置は直接的な外部効果を欠いているために，基本権侵害の可能性が存在しないからである。

2.2.5　当事者適格または訴訟追行権

(1) **基本権侵害**　異議申立人は自己の基本権侵害を主張しなければならない。ここで「基本権」とは，基本法93条1項4a号，法90条1項にあげられた権利のことである。すなわち，狭義（形式的意味）の基本権（基本法第1章に規定されている諸権利）と，基本権と同等の権利，20条4項（抵抗権），33条（公民としての権利，公務就任権，職業管理制度の尊重など），38条（選挙権・被選挙権），101条（裁判を受ける権利など），103条（法律的審問請求権など），104条（自由剥奪の際の保障）の諸権利をさす。

ヨーロッパ人権条約（EMRK）の侵害の主張は，憲法異議では認められない[74]。

基本法19条4項が概括的であるのに対して，93条1項4a号は限定列挙であるようにみえる。しかし，連邦憲法裁判所は，1957年のエルフェス事件（BVerfGE 6, 32 ［判例Ⅰ4：田口精一］）で，基本法2条1項から一般的行為の自由（allgemeine Handlungsfreiheit）を引き出したため，限定は撤廃された。なぜなら，

---

74)　Vgl. Lechner/Zuck, Rn. 113 zu Einl.

この権利の保護領域には限界がないからである[75]。2条1項は,「人格」の文言にもかかわらず,あらゆる形式の人間行為を保護するものであり,その活動が人格の発展にとっていかなる意味があるかを問わないのである。一般的行為の自由を広く認めることに懐疑的な学説もなかったわけではないが,連邦憲法裁判所は,1989年の森での乗馬事件(BVerfGE 80, 137 [判例Ⅱ2:平松毅])と,1994年のハシシ決定(BVerfGE 90, 145 [判例Ⅱ4:工藤達朗])で,保護領域に限定を加える学説を意識的に排斥した[76]。

もちろん,一般的行為の自由は——その核心領域を除けば——無制限に保障されているわけではなく,他人の権利,憲法的秩序,道徳律の留保のもとにある。とくに憲法的秩序は形式的かつ実質的に憲法と一致するあらゆる法規範をさすと解されるため,あらゆる憲法違反が基本法2条1項の権利侵害となりうるのである[77]。

(2) 自分自身,現在かつ直接に betroffen であること 連邦憲法裁判所は,法律に対する憲法異議の適法性を審査するにあたって,異議申立人が,「自分自身,現在かつ直接に」基本権を侵害されている(betroffen)ことを要件とした。学説は,この要件は行政や裁判に対する憲法異議にもあてはまるものとし

---

[75] 保護領域に本当にあらゆる行為が含まれるかどうかは,必ずしも明確ではない。例えば,日本で議論される「自殺の権利」について,ブレックマンははっきりと否定する。Vgl. A. Bleckmann, Staatsrecht II-Die Grundrechte, 4. Aufl. 1997, Rn. 1 zu §23. この問題につき,詳しくは,山本悦夫「ドイツにおける安楽死」ドイツ憲法判例研究会編(注40)559頁以下。

[76] さらに,2002年に公道で自動車を運転することを基本法2条1項の保護領域に含めた例もある(BVerfGE, NJW 2002, S 2378 [判例Ⅲ4:實原隆志])。基本法2条1項の保護領域に限定を加える学説として,Hesse, Rn. 428. また,連邦憲法裁判所内部でも,森での乗馬判決におけるグリム裁判官の少数意見(BVerfGE 80, 137 [164 ff.])が有名である。これについて,[判例Ⅱ2:平松毅]のほか,戸波江二「自己決定権の意義と射程」芦部古稀『現代立憲主義の展開(上)』(有斐閣,1993年)348頁。

[77] 基本法2条1項の手続法的意義については,H.-U. Erichsen, Allgemeine Handlungsfreiheit, in: Isensee/Kirchhof VI, 1. Aufl., 1989, Rn. 43 ff. zu §153.

ている[78]。

　a)　「自分自身」の侵害（**Eigene Betroffenheit/Selbstbetroffenheit**）　憲法異議を申し立てることができるのは，自分自身の基本権を侵害された人だけである。民衆訴訟は認められない。他人の権利に関し自己の名で訴訟を遂行する権利，すなわち第三者の訴訟担当（Prozeßstandschaft）は存在しない（連邦国家争訟にはあり）。政党や弁護士会のような団体は，構成員の基本権侵害を主張することもできない。

　問題となるのは，間接的な基本権侵害である。基本権侵害は，市民の自由に対する直接の命令・禁止という手段に限られないが，基本権に何らかの影響があれば常に基本権侵害（grundrechtserheblich）であるとすることもできない。連邦憲法裁判所は，「直接」の侵害の問題として処理する場合があるが，侵害の強度を考慮する必要が説かれている[79]。

　b)　「現在」の侵害（**Gegenwärtige Betroffenheit**）　異議申立人は，今現在，基本権を侵害されていなければならない。将来，いつかあるとき，基本権を侵害されるかもしれないという仮想の侵害は不適法である。法律の場合には，執行行為があってはじめて基本権侵害が発生し，その場合には行政裁判所への出訴の途が開かれているのが原則であるが，「法律が規範の名宛人に対し後からではもはや修正することのできない決定を強制し，あるいは，後の法律執行後では回復することのできない処分をしているという，特別の事情のある場合には，連邦憲法裁判所は，例外的に，直接法律に対する憲法異議を執行行為の前に肯定してきた（国勢調査判決（BVerfGE 65, 1［判例Ⅰ7：平松毅］））。また，異議の途中で侵害が失われた場合にも，憲法異議の適法性を肯定している（進路指導学年制判決（BVerfGE 34, 165［判例Ⅰ38：飯田稔］）。

　c)　「直接」の侵害（**Unmittelbare Betroffenheit**）　異議申立人は，自己の基本権を「直接」侵害されていると主張することが必要である。この「直接」侵害

---

78)　Vgl. Schlaich/Korioth, Rn. 231 ; Erichsen (N22), Jura 1991, S. 640 ; E. Klein, in : Benda/Klein, Rn. 551 f.

79)　Vgl. Erichsen (N22), S. 639.

の要件は，法律その他の法規範に対する憲法異議の場合に問題となる。なぜなら，執行行為に対しては裁判で争う途が開かれており，それを使い果たすことが適法性の要件の一つだからである[80]。法律がある行為の命令および禁止を定めている場合には，直接的な効果を有するから，それ以上の執行行為を必要としない。そのようなものであれば，条約同意法律や，法規命令に対する憲法異議も適法である。

2.2.6 裁判で争う途を果たしていること

法90条2項1文によれば，裁判で争う途を果たしていること（Rechtswegerschöpfung）が適法性の要件である。連邦憲法裁判所は，憲法異議が「特別の権利救済手段」であることを強調してきた。通常裁判所や行政裁判所による包括的権利保護に鑑みれば，憲法異議は，他の訴訟方法とならんで選択可能な権利救済手段なのではなく，通常の手続法上の可能性を使い果たしたにもかかわらず基本権侵害を阻止するために必要とされる場合にのみ，適法とされるのである（Vgl. BVerfGE 1, 97 [103]）。これは，「憲法異議の補充性（Subsidiarität）の一般原則」から生じる（Vgl. BVerfGE 70, 180 [185 f.]）。

この要件の意義としてあげられるのは，連邦憲法裁判所の負担軽減を別にすれば，①基本権保護はすべての裁判所の任務であり，審級制の中で審級裁判所による自己修正を可能とすること，②一般の裁判所が争点を明確化することにより，連邦憲法裁判所の事件選択権が保障されることである[81]。

裁判で争う途は，使い果たしていなければならない。すなわち，現行の訴訟法で認められた「すべて」の可能性を利用しなければならない[82]。ただし，裁判所の判例が確立しており，明らかに見込みがない場合には，一般の裁判所による基本権保護が期待できないので，出訴は不要である。

また，「憲法異議が仮の権利保護手続における，異議決定に対して向けられ

---

[80] 例外については，Schlaich/Korioth, Rn. 239 ff.
[81] Vgl. Erichsen (N22), Jura 1991, S. 641 ; Schlaich/Korioth, Rn. 244.
[82] Vgl. Erichsen (N22), Jura 1991, S. 641.

ている場合，補充性の原則に従えば，その憲法異議の適法性は，手続対象の特殊性を考慮して，否定されるべきである」。ただし，本案手続の実施を期待することができない場合には，例外を認める余地はある (BVerfGE 51, 130 [130 f.])。連邦憲法裁判所は，ブロックドルフ決定 (BVerfGE 69, 315 [339 f.] ［判例Ⅰ 40：赤坂正浩］) で，憲法異議の適法性を認めた。

法90条2項2文によれば，この要件には例外が認められている。①憲法異議が一般的意義を有する場合，および，②出訴の方法をとるときは異議申立人が重大かつ不可避の損害を被るおそれがある場合である。

2.2.7　既判力による再異議の遮断

連邦憲法裁判所がすでに判決を下した事項について，同じ異議申立人が再度憲法異議を申し立てるのは不適法である。既判力（実質的確定力）の客観的範囲は主文にとどまり，理由は含まない。詳しくは，Ⅳ 5.を参照。

2.2.8　権利保護の必要性

このほかに，一般的な権利保護の必要性が要件としてあげられる。裁判が権利保護の必要性を前提にするのは当然であるが，この要件は，これまでの諸要件に具体化されているところから漏れたものを拾い上げる受け止め構成要件 (Auffangtatbestand) としての意味を有するのである[83]。ただし，その意義はそれほど大きいものではない[84]。

2.2.9　異議申立ての方式と期間

① 申立ては「書面」でなさなければならない（法23条1項1文）。テレックス・テレファックスによる申立ても認められる。

② 申立てには「理由」を付さなければならない（法23条1項2文）。理由に

---

83) Vgl. Erichsen (N22), Jura 1991, S. 643.
84) この要件を不要とするのは，Pieroth/Schlink, Rn. 1254.

は，侵害されたとする権利，異議申立人が侵害を受けたとする機関または行政庁の作為または不作為が明示されていなければならない（法92条）。
③　申立ては1ヵ月以内になさなければならない（法93条1項1文）。期間の始期は，判決の送達，通知，言渡しまたは告知である（法93条1項2・3文）。ただし，法律その他の高権行為に対する憲法異議の場合には，期間は1年である（法93条3項）。なお，不作為に対する憲法異議は，不作為が継続している限り，適法である（Vgl. BVerfGE 56, 54 [70]［判例Ⅰ 10：松本和彦］）。

その他，Ⅲ 2. を参照。

2.3　憲法異議の受理手続

2.3.1　意　　義

基本法93条1項4a号では，公権力により自己の基本権またはこれと同等の権利（以下基本権とする）を侵害された者は，他の裁判で争う途を尽くした後に，「何人も」連邦憲法裁判所に憲法異議を申し立てることができる旨規定されている。この規定は，憲法異議申立人に適法な申立てについて連邦憲法裁判所の裁判を受ける権利を保障している[85]。

---

85) Vgl. E. Benda, in : Benda/Klein, Rn. 367, 383 (2. Aufl. 2001)（ベンダはこの権利を「手続的基本権類似の権利としている」）; C. Goos, in : C. Hillgruber/C. Goos, Verfassungsprozessrecht, Rn. 77 zu §3 (3. Aufl. 2011)（グースは，「連邦憲法裁判所による効果的な基本権保障を求める憲法上の効力をもった権利」としている）; Bundesministerium der Justiz (Hrsg.), Entlastung des Bundesverfassungsgerichts. Bericht der Kommission, 1998（以下，BMJまたは委員会報告とする。なお，この報告書については，小野寺邦広「『ドイツ連邦憲法裁判所の過重負担解消委員会』報告書（1998年）について──サーシオレイライ導入の試みとその挫折」比較法雑誌43巻3号（2009年）199頁参照）; A. Voßkuhle, in : Mangoldt/Klein/Starck, Rn. 164 zu Art. 93 Abs. 1 Nr. 4a ; K. Graßhof, in : Maunz u. a., Rn. 30 zu § 93a (Lfg. 25, 2006). 否定説として，M. Kau, Zur grundgesetzlichen Zulässigkeit einer Annahme nach Ermessen bei Verfassungsbeschwerde, ZRP 1999, S. 319 ff.

しかし，文字通りすべての申立人が同裁判所の裁判を受けることができるわけではない。そのためには，憲法異議の「受理手続」(Annahmeverfahren)（法93a 条から 93d 条および基本法 94 条 2 項 2 文）という関門を通過しなければならない。この手続は連邦憲法裁判所の過重負担とその弊害に対処するための手続であるが，憲法異議が基本法上の制度となった1969 年以降は，申立人の連邦憲法裁判所の裁判を受ける権利を制限する制度という意味も持っている。

なお，明文規定はないが，憲法異議の受理手続は自治体の憲法異議（基本法 93 条 1 項 4b 号および法 91 条）にも適用されると解されている[86]。

2.3.2 法 的 性 格

憲法異議の受理手続は，申立ての適法性や理由の有無とは関係なく，申立ての「客観的意義」——憲法・基本権規定の保障や継続形成にとっての重要性，「主観的意義」——申立人の基本権の保障（申立人の救済）にとっての重要性のみを基準として，連邦憲法裁判所の裁判に値する憲法異議を連邦憲法裁判所が略式手続により選別する手続である。

確かに，不適法または明らかに理由がない憲法異議は客観的意義も主観的意義もないため，56 年および現行 93 年の制度を除き，適法性・理由の有無も要件として規定されていた（ただし，それ以外の制度でも部の受理要件は憲法異議の客観的意義と主観的意義のみであった）。また，憲法異議の客観的意義・主観的意義のみが要件となっている現行制度においても，連邦憲法裁判所は依然として受理手続の段階で適法性や理由の有無の審査を行っている。

しかし，憲法異議の受理手続は裁判に値する憲法異議をその客観的意義・主

(321ff.) があるが肯定説が多数説と思われる。なお，ベトゲおよびピエロートは，この権利の基本権性を否定しているが，彼らも，憲法上の権利であることを否定しているわけではない (vgl. H. Bethge, in: Maunz u. a., Rn. 6 f. zu §90 (Lfg. 31, 2009); B. Pieroth, in: Jarass/Pieroth, Rn. 45 zu Art. 93)。

86) Vgl. Lechner/Zuck, Rn. 59 zu §91; BVerfGE 50, 50. なお，B. Schmidt-Bleibtreu/ K. Winter, in: Maunz u. a., Rn. 16 zu §93a (Lfg. 13, 1993) も参照。

観的意義のみを基準にして裁判に先立って選別する事前審査手続であり，裁判の一環をなす手続ではない。つまり，憲法異議が受理されてはじめて適法性・理由の有無の裁判が行われるのである。したがって，憲法異議の不受理決定は裁判拒否決定であり，却下決定でも棄却決定でもない[87]。この点において，憲法異議の受理手続は法24条の「簡易却下手続」とは異なる手続である[88]。

　また，憲法異議の受理手続はサーシオレイライ（certiorari）とも異なる手続である。もともと，憲法異議の受理手続はアメリカ合衆国最高裁判所のサーシオレイライをモデルとした事前審査手続を設けるべきとの連邦憲法裁判所の要請により設けられた。しかし，憲法異議の受理手続は主に以下の点においてサーシオレイライと異なっている。

① 　サーシオレイライの場合，上告人には連邦最高裁判所の裁判を受ける権利はなく，上告を取り上げるかどうかは同裁判所の裁量問題である。これに対して憲法異議の受理手続の場合，受理・不受理は裁量問題ではなく権利問題であり，受理要件を満たす憲法異議を受理する義務がある。

② 　サーシオレイライは主に判例の統一性の確保や基本的意義のある法問題

---

[87] Vgl. P. Sperlich, in : Umbach/Clemens/Dollinger, Rn. 18 zu §93b ; K. Graßhof, in : Maunz u. a., Rn. 40, 47 zu §93a (Lfg. 25, 2006) ; Lechner/Zuck, Rn. 4 ff. zu Vor §§93a ff. ; Schlaich/Korioth, Rn. 268 ; D. Hömig, Grundrechtschutz durch Annahme und Nichtannahme von Verfassungsbeschwerden im Verfahren vor dem Bundesverfassungsgericht, C. Hohmann-Dennhardt/P. Masuch/M. Villiger (Hrsg.), Festschrift für Renate Jaeger, 2011, S. 767 f. (775 f.). なお，Ⅰ3.1注89も参照。

[88] 「簡易却下手続」は，部の裁判官の全員一致の決定により，不適法または明らかに理由がない訴えを，口頭弁論を経ることなくかつ詳しい理由を付記することなく退ける手続である。この手続は，連邦憲法裁判所のすべての手続に適用される。この手続の主体は部のみである。この手続における決定は「不受理決定」とは異なり「完全な裁判」であり，既判力，拘束力，法律としての効力をもつ（vgl. Schlaich/Korioth, Rn. 70f.）。憲法異議の受理手続は，論理的には，「簡易却下手続」に先行する手続であり，憲法異議が受理されていなければ，法24条の決定を下すことはできない（vgl. B. Schmidt-Bleibtreu/K. Winter, in : Maunz u. a., Rn. 24 zu §93a (Lfg. 13, 1993)）。

の解明という上告審の客観的機能にふさわしい上告を取り上げる手続であり，訴訟当事者の利益ないし個別の正義は原則として考慮されない。憲法異議の受理手続の場合は申立人の利益ないし個別の正義を軽視することは許されない。

③　サーシオレイライは9人の裁判官全員により審査されるが，憲法異議の受理手続の場合は，主に，部の3人の裁判官よりなる部会により審査される[89]。

2.3.3　目　　　的

(1)　**過重負担の状況**　憲法異議受理手続の目的は，連邦憲法裁判所の過重負担を解消し，過重負担のもたらす弊害を是正することにある。同裁判所の過重負担は設立間もない時期から問題となっているが，その主な原因は憲法異議があまりにも多すぎることにある。すなわち，連邦憲法裁判所が活動を開始した1951年9月7日以来各職務年度に提起された訴えのほとんどを憲法異議が占めており，その数も以下のように増加している。51年，憲法異議423件（申立て総数478件），61年993（1,056），71年1,453（1,542），81年2,984（3,098），91年3,904（4,077），2001年4,483（4,620），2011年6,208（6,036）[90]。

また，単に数が多いというだけでなく申立ての中身も問題である。連邦憲法裁判所の統計によれば，1951年9月7日から2011年12月31日までに同裁判所に提起された申立総数の195,018件のうち96.50％（188,187件）が憲法異議

---

[89]　Vgl. BMJ (N85), S. 37ff. (38); K. Graßhof, in: Maunz u. a., Rn 24ff., 30ff. zu §93a (Lfg. 25, 2006). なお，BT-Drucks. 12/3628, S. 8; B. Gehle, in: Umbach/Clemens/Dollinger, Rn. 34 zu Vor §§93a ff.; O. Klain, in: Benda/Klein, Rn. 444; Schlaich/Korioth, Rn. 262, Anm. 298 も参照。

[90]　Vgl. Jahresstatistik 2011 (BVerfG HP); BMJ (N85), S. 151f.; E. Blankenburg, Unsinn und Sinn des Annahmeverfahrens bei Verfassungsbeschwerden, Zeitschrift für Rechtssoziologie 19 (1998), S. 37ff. なお，ここでは10年ごとの数値のみをあげるにとどめた。

で占められているが，憲法異議が認容されたのは4,401件，憲法異議の処理件数185,172件のわずか2.4％にすぎない[91]。この認容率は，ほとんどの憲法異議が不適法または明らかに理由がない申立て，つまりもともと連邦憲法裁判所の裁判に値しない申立てであったことを意味しているが[92]，別の資料によれば，実はその多くは訴訟マニア的申立てや基本権侵害を理由としてはいるものの実質的には一般の裁判所による単純法律の解釈・適用を争うにすぎない申立てで占められている。例えば，ブランケンブルクは55年は憲法異議の18％，65年13％，75年11％，85年12％，90年16％，95年は12％が訴訟マニア的申立てであったとしている。また，ベンダ／クラインは，憲法異議の10～20％は「申立て内容が不明確又は混乱，端的にいって全く理解不能なもの」であり，また，憲法異議全体の3分の2近くが実質的には一般の裁判所による単純法律の解釈・適用を争っているにすぎないものであり「まじめに扱う価値のある憲法論」を提起している憲法異議は適法な憲法異議の4分の1，多く見積もって3分の1にすぎないとしている[93]。

(2) **その弊害** この様な状況は，裁判官個人の過重負担，訴訟遅延，連邦憲法裁判所の機能不全の危機だけでなく[94]，連邦憲法裁判所の地位ないし機能

---

91) Vgl. Jahresstatistik 2011 (BVerfG HP).
92) E.クラインは，1986年から92年末までの期間についてではあるが，約97％の憲法異議が不適法または明らかに理由がないものであったとしている（vgl. E. Klein, Konzentration durch Entlastung?. Das Fünfte Gesetz zur Änderung des Gesetzes über das Bundesverfassungsgericht, NJW1993, S. 2073 ff. (2073))。この状況は，憲法異議の認容率にそれほど差がない（クライン上掲では約2.7％）ことから現在でもさほど変わっていないと思われる。
93) Vgl. Blankenburg (N90), S. 47, Tabelle 2；E. Benda, in：Benda/Klein, Rn. 360 (2. Aufl. 2001). なお，BMJ (N85), S. 29；E. Benda, Entlastung des Bundesverfassungsgerichts：Vorschläge der Entlastungskommission；Vortrag vor der Potsdamer Gesellschaft am 28. Januar 1998 in Potsdam, 1998, S. 13 f. も参照。
94) 詳しくは，BMJ (N85), S. 24 ff. 参照。また，裁判官個人の過重負担については，畑尻剛「批判にさらされるドイツの連邦憲法裁判所（下）」ジュリスト1107号（1997年）85頁（注50）も参照。

の変質すなわち連邦憲法裁判所の「超上告審」化の原因にもなっている。連邦憲法裁判所は，一般の裁判所の上告審ではなく憲法問題のみを扱う特別の裁判所すなわち「憲法裁判所」である。したがって，同裁判所は一般の裁判所による通常法律の解釈・適用や事実認定の問題は本来は扱わない。しかし，憲法異議のほとんどは一般の裁判所の裁判に対する憲法異議で占められており[95]，しかもその多くは実質的には憲法問題を含まない申立てである。そのため連邦憲法裁判所は，実際上は「憲法裁判所」ではなく一般の裁判所の「超上告審」となっている[96]。そこで，これらの弊害を是正するために憲法異議の受理手続が

95) 2011年は，憲法異議の申立件数 6.036件中 5.553件が判決に対する憲法異議（民事裁判第 1部 1,654件，第 2部 771件，刑事裁判 59件，1,412件，行政裁判 439件，280件その他）。詳しくは，Jahresstatistik2011 (BVerfG HP) を参照。

96) ヴァール／ヴィーラントは「言葉の本来の，辞書的意味における超上告審と化している」としている (vgl. R. Wahl/J. Wieland, Verfassungsrechtsprechung als knappes Gut : Der Zugang zum Bundesverfassungsgericht, JZ 1996, S. 1137 ff. (1138))。彼らは，連邦憲法裁判所の裁判，特に，一般的行為の自由を認めた「エルフェス」判決，基本権を全法秩序の「客観的価値秩序」として基本権の法律への「照射効」を認めた「リュート」判決により憲法問題と法律問題の境界が不明確になったことが判決に対する憲法異議の増加とそれによる連邦憲法裁判所の「超上告審化」の原因としている (Wahl/Wieland, a. a. O., S. 1138 f. また，畑尻（注94）79頁以下も参照。なお，ここで取り上げた部分の執筆者はヴァールである。かれは，すでに1991年の論文— Der Zugang zum Bundesverfassungsgericht : Aktuelle Probleme der Verfassungsgerichtsbarkeit unter besonderer Berücksichitigung der neuen einheitsbedingten Herausforderungen : in : Friedrich-Ebert-Stiftung-Forschungsinstitut (Hrsg.), Probleme der Verfassungsgerichtsbarkeit in Deutschland gestern und heute ; Veranstaltung des Gesprächskreises Politik und Wissenschaft des Forschungsinstitutus der Friedrich-Ebert-Stiftung am 13. November 1991 in Bonn, 1991 —において同様の指摘を行っている）。E. クラインは，訴訟好きというドイツ人の気質と連邦憲法裁判所の基本権解釈（「客観的価値」としての基本権理解，基本権保護義務の肯定，マーストリヒト判決による外国人の基本権保障の拡張）をあげている (vgl. E. Klein, Die Zukunft der Verfassungsbeschwerde, in : Piazolo (Hrsg.), Das Bundesverfassungsgericht : Ein Gericht im Schnittpunkut von Recht und Politik, 1995, S. 227 ff. (230 f.)。委員会報告では，エルフェス判決とリュート判決の影響

設けられている。

2.3.4　沿　　革

憲法異議の受理手続は，56年の連邦憲法裁判所法改正によりはじめて設けられた制度であり，その後63年，70年，85年，93年に改正されている[97]。

(1)　**56年の制度**　51年9月に連邦憲法裁判所が活動を開始して間もなく，憲法異議の「洪水」による同裁判所の過重負担が問題となった。連邦憲法裁判所の過重負担に備えた手続としては，不適法または明らかに理由がない申立てを口頭弁論を経ず，かつ，詳しい理由を付さずに却下する「簡易却下手続」（法24条）がある。しかし，この手続きにおける決定は部（Senat）の裁判官の全員一致が要件とされているため過重負担解消には役立たなかった。そこで，

　　（vgl. MBJ (N85), S. 134 f.）に加えて，90年代の憲法異議申立ての増加原因として，各一般の裁判所への訴え自体の増加，上訴要件の厳格化により上訴が認められなかったものがその裁判による基本権侵害を主張して憲法異議を申し立てる事案が増加していること，東西ドイツ統合があげられている（vgl. BMJ (N85), S. 27 f.）。

[97]　沿革について，以下の文献を参照。W. G. Vitzhum, Das Vorprüfungsverfahren für Verfassungsbeschwerden, in : Püttner (Hrsg.), Festschrift für Otto Bachof zum 70. Geburstag, 1984, S. 293 ff.（この論文の翻訳として，牧野忠則訳「憲法異議の受理に際して行われる予備審査手続」北大法学論集37巻3号（1986年）381頁）。D. C. Umbach, in : Umbach/Clemens, Rn. 1-12 zu § 93a (1. Aufl. 1992) ; B. Schmidt-Bleibtreu/K. Winter, Rn. 1 ff. zu § 93a (Lfg. 13, 1993) ; Schmidt-Bleibtreu, in : Maunz u. a., Rn. 8, 8a zu § 90 (Lfg. 1993) ; K. Stern III/2, S. 1281 ff.（井上典之ほか編訳『シュテルン　ドイツ憲法 II　基本権編』401頁以下（鈴木秀美訳）; H. J. Faller, Das Ringen um die Entlastung des Bundesverfassungsgerichts : Versuche seit mehr als 40 Jahren ohne Erfolg?, in : E. Klein (Hrsg.), Festschrift für Ernst Benda zum 70. Geb., 1995, S. 43 ff. ; BMJ (N85), S. 33 f. ; E. Benda, in : Benda/Klein, Rn. 328 ff. (2. Aufl. 2001) ; Gehle, in : Umbach/Clemens/Dollinger, Rn. 2 ff. zu Vor §§ 93a ff. ; K. Graßhof, in : Maunz u. a., Rn. 3 ff. zu § 93a (Lfg. 25, 2006) ; O. Klein, in : Benda/Klein, Rn. 424 ff. なお，連邦憲法裁判所法の各改正の概要についてはⅠ 2.3を参照。

連邦憲法裁判所は，54年12月31日付の書簡を連邦政府に送り，アメリカ合衆国最高裁判所のサーシオレイライをモデルとした「許可手続」（Zulassungsverfahren）の設置を求めた。同裁判所が求めたのは，憲法異議の適法性や理由の有無ではなく，憲法異議の「客観的意義」と「主観的意義」（のみ）を基準として裁判の「許可」（Zulassung）について連邦憲法裁判所が略式手続で決定する制度である。

連邦憲法裁判所はこの書簡で次のように述べている。「これまでの経験は，現在もなお増加傾向を示している憲法異議の大部分は不適法または明らかに理由のないものであること，および，この法的手段は……しばしば，訴訟マニアにより濫用されていることを証明している。この状況を改善するには，さほど重要でない憲法異議を略式手続により排除し，憲法裁判所の裁判にふさわしい事件に労力を集中することを可能とする，アメリカのサーシオレイライをモデルとした事前審査手続を設けるしかないと当裁判所は確信している。この許可手続では，もはや，憲法異議の適法性や理由の有無は審査されない。一般的・客観的観点からであれ，申立人自身の観点からであれ，手続法的に，または，場合によっては実体法的に，当該憲法異議を取り上げる意義があるか否かのみが審査される」[98]。

これを受けて，56年7月21日の連邦憲法裁判所法改正法律により「予備審査手続」（Vorprüfungsverfahren）が設けられた。連邦憲法裁判所の3人の裁判官からなる委員会が憲法異議を事前に審査し（法91a条1項），「裁判により憲法

---

98) 書簡の該当部分は，H.-J. Rinck, Die Vorprüfung der Verfassungsbeschwerde : Ein Beitrag zur Interpretation des §91a BVerfG, NJW 1959, S. 169 ff. (170)。サーシオレイライと同じく受理判断を連邦憲法裁判所の裁量に委ねるべきとの提案はその後も，連邦憲法裁判所や同裁判所の現職，元職の裁判官などにより行われたが実現していない（vgl. B. Schmidt-Bleibtreu/K. Winter, in : Maunz u. a., Rn. 6 f., 7 zu §93a (Lfg. 1993) ; BMJ (N85), S. 40 ; Gehle, in : Umbach/Clemens/Dollinger, Rn. 33 zu Vor §§93a ff. なお，この書簡は，シュテルンによれば連邦憲法裁判所法改正法律の政府案に添付されていたとのことである（vgl. Stern III/2, S. 1281）。

問題の解明が期待できず，かつ，裁判を拒否することにより申立人に重大かつ不可避の不利益が発生しない場合」には委員会が全員一致により，また，委員会の意見が一致しなかった場合には同じ理由により部が単純多数決により（2項），いずれの場合も詳細な理由を付すことなく（法24条2文と結びついた3項），申立てを「退ける」(verwerfen) 手続である。

しかし，この手続でも過重負担を解消できなかった。なぜなら，この手続でも「簡易却下手続」と同じく，決定に詳細な理由を付さない場合には担当裁判官があらかじめ申立人に不許可理由を文書（「指導書」(Belehrungsschreiben)）で説明しなければならないとされたからである。また，不適法または明らかに理由がない憲法異議には主観的意義も客観的意義もないため委員会はこの手続の段階で申立ての適法性や理由の有無を審査した。しかし，これに対しては，このような審査を委員会が行うことは部の権限の簒奪ではないかという批判や憲法異議の「主観的意義」や「客観的意義」の判定は部に留保すべきではないかという批判があった[99]。

(2) **63年の改正** そこで，この制度は63年8月3日の連邦憲法裁判所法改正で改められた。この改正で，「憲法異議は裁判のため受理を要する」（法93a条1項）として，この手続が一般の裁判所における上告手続とは異なる手続であることが条文により明確にされるとともに，委員会と部の権限およびそれぞれの受理要件も以下のように区別された。すなわち，委員会の権限は「形式不備，不適法，期間徒過または明らかに理由がない申立て，もしくは，明らかに資格がない者による申立て」の受理を全員一致の決定により拒否すること（3項）であり，部の権限は委員会が受理を拒否しなかった場合に，受理・不受理の審査を行い，部の2人以上の裁判官が「裁判により憲法問題の解明が期待でき，又は，裁判を拒否することにより申立人に重大かつ不可避の不利益が発生するとの見解を有する場合」に申立てを受理すること（4項）とされた。また，この改正により，この手続には口頭弁論を要しないこと，および，不受理決定

---

99) このような批判として，Vitzhum (N97), S. 298 f.

には不受理の理由となる主要な法的観点を伝えるのみでよいことも認められた（5項）（なお，2項は旧91a条1項に該当する規定）。

(3) **69年の基本法改正** ところで，委員会は連邦憲法裁判所の裁判官とはいえ3人の裁判官により構成されるにすぎない機関である。そこで，このような機関が憲法異議の適法性や理由の有無を審査し不受理決定を行うことは，「法律上の裁判官」の裁判を受ける権利（基本法101条1項2文）および「法律上的審問請求権」（基本法103条1項）の侵害となるとして，委員会の不受理決定に対する憲法異議が部に提起された。連邦憲法裁判所（部）は，裁判所の組織・手続の定めを連邦法律に委任している基本法94条2項を根拠として受理手続を合憲とし，また，不受理決定に対する憲法異議は許されないとした（vgl. BVerfGE 18, 440 [441]；19, 88 [91]）。しかし，このような制度の合憲性に疑義が付きまとうことは否定できない。そこで，69年1月29日の第19次基本法改正法律により憲法異議が憲法上の制度とされたのと同時に，「連邦法律は……特別の受理手続を規定することができる」とする基本法94条2項2文が追加され，憲法異議受理手続に憲法上の根拠が与えられた。

(4) **70年の改正** その後，受理手続は70年12月21日の連邦憲法裁判所法改正でも改められ，委員会の不受理決定の要件が「憲法異議が不適法または他の理由から成功の十分な見込みがない場合」（法93a条3項）に改められた。従来の「明らかに理由がない」が「成功の十分な見込み」に改められた主な理由は，「明らかに理由がない」とするだけで，その詳しい理由を説明することなく不受理とした場合の申立人や弁護士の反発を考慮して委員会が詳細な理由を不受理決定に付記し，その結果，委員会の決定が連邦憲法裁判所の「先例」として機能しているという状況をなくすことであった[100]。

(5) **85年の改正** しかし，この間にも憲法異議は増加し80年代に入ると毎年の申立件数は70年代の倍すなわち平均3,000件に達し，従来の制度では過重負担を解消できないことが明らかになった。そこで，85年12月12日の連

---

100) Vgl. B. Schmidt-Bleibtreu/K. Winter, in: Maunz u. a., Rn. 6 zu §93a (Lfg. 13, 1993).

邦憲法裁判所法改正により受理制度がさらに改正された。この改正の特徴は以下の点にある。第一は，(3人) 委員会が部会 (Kammer) と改称され，部会に一定の場合に認容決定を下す権限が与えられたことである (法93b条2項)。これにより，部会も判決言渡機関であり「連邦憲法裁判所」であることが法律上明確にされた。第二は手数料，濫用料の導入である。第三は受理要件の改正である。部会は，申立人が手数料を前納していない場合，「憲法異議が不適法または他の理由から成功の十分な見込みがない場合」，「部が第93c条2文による憲法異議の受理を行わないことが予期される場合」のいずれかの場合に全員一致の決定により憲法異議を不受理とする (法93b条1項1号から3号)。これに対して，部は部会が不受理決定も認容決定も下さない場合に受理・不受理について審査し，「部の2人以上の裁判官が，裁判により憲法問題の解明が期待でき，または，裁判を拒否することにより申立人に重大かつ不可避の不利益が発生するとの見解を有する場合」に憲法異議を受理する (93c条2文)。

　この改正で重要な意味をもつのは，法93b条1項3号である。56年の制度を除き従来の制度では，憲法異議の「客観的意義」，「主観的意義」を基準とする受理審査は部に留保され，委員会の場合は適法性や理由の有無 (ないし成功の見込み) を基準とする審査に限られていた。従来の立法者は，このような二本立ての要件規定により憲法異議の大半を占める不適法または明らかに理由がない憲法異議を効率的に排除できると考えたのであろう。しかし，適法性や理由の有無の審査 (特に後者) には多くの時間と労力を要する。そのため，このような要件規定は過重負担解消に役立たなかった。そこで，立法者は，法93b条1項3号により，一定の場合に部会にも憲法異議の客観的，主観的意義のみを基準とする審査を認めることにより部会の受理審査を効率化しようとした。しかし，この改正によっても事態は改善できなかった。なぜなら，部会がこのような理由から不受理決定を下せるのは部の判断も同じであることが予期できる場合に限られるからである。そのため，部会は不確実な予測により決定を下すことを避け，適法性・理由の有無の審査に時間と労力を消費し続けた[101]。

〔6〕 **93年の改正** 85年の改正後も憲法異議は増加し，92年には4,000件を突破した（4,214件）。また，東西ドイツ統合により憲法異議がさらに増加することが予想された。そこで，93年8月2日の連邦憲法裁判所法改正により憲法異議の受理手続はさらに改正された。

既述のように，従来の二本立ての要件規定では連邦憲法裁判所の裁判に値しない憲法異議を効率的に排除できなかった。そこで，今回の改正で，受理要件が憲法異議の客観的，主観的意義に一本化され，しかも，後述のように，その内容も連邦憲法裁判所が客観的意義のある憲法異議の審理に集中できるように変更された。受理要件の内容変更の前提には，憲法裁判所の本来の役割は憲法の保障と継続形成であり，したがって，憲法異議の本質的機能も憲法・基本権規定の保障と継続形成という「客観的機能」にあるという立法者の憲法異議観がある。すなわち，政府は連邦議会法務委員会での法案の趣旨説明で次のように述べている。「この規定（法93a条2項a））は，基本法93条1項4a号の憲法異議の本質（Element）が，憲法の保障および憲法の解釈と継続形成に寄与することにあるという認識を前提としている。この規定により，連邦憲法裁判所の本来の機能が，行政，裁判だけでなく立法に対しても基本法の意味を解釈し，これらの機関の活動に拘束力のある指針を示すことにあることが明白にされる」(BT-Drucks. 12/3628, S. 13)。

また，この改正で不受理決定の理由付記義務がなくなり，理由を付すか否か，どの程度の理由を付すかは連邦憲法裁判所の判断に委ねられた（法93d条1項3文）。

2.3.5 現行制度の内容

〔1〕 **受 理 義 務** 現行法93a条は，1項で「憲法異議は，裁判のため受理を要する」とし，申立人が連邦憲法裁判所の裁判を受けるためには，憲法異議の

---

101) Vgl. B. Schmidt-Bleibtreu/K. Winter, in : Maunz u. a., Rn. 6 zu §93a (Lfg. 13, 1993).

受理手続において申立てが同裁判所に受理されなければならないことを定め，2項で以下のように受理要件を規定している。

「憲法異議は，次の場合には裁判のために受理しなければならない。a）憲法異議に基本的な憲法上の意義が存する限り，b）第90条第1項に列挙されている権利を実現するために望ましい（angezeigt）場合；裁判を拒絶（versagung）することにより異議申立人に特に重大な不利益が発生する場合も同様とすることができる」。

2項は，「受理しなければならない」という文言から明らかなように，受理要件を満たしている憲法異議を受理する義務を連邦憲法裁判所に課し，同時に，受理要件を満たしている申立人に「受理請求権」ないし連邦憲法裁判所の裁判を受ける権利を保障している。したがって，受理・不受理の判断は権利事項であり裁量事項ではない。後述のように，「望ましい」などの文言により連邦憲法裁判所に広い判断余地が与えられているが，それは自由裁量を認めるものではない[102]。

(2) **受理要件の具体的意味**　憲法異議が受理されるためには，受理要件aまたはbのいずれかが満たされていなければならない。

a) 「**基本的な憲法上の意義**」（**受理要件a**）　これは憲法異議の「客観的機能」に対応する要件である。学説・判例では憲法異議がこの要件を満たすためには，第一に，憲法異議が未解明の一般的意義をもつ憲法問題を提起している場合でなければならないと解している。しかし，学説と判例では，その具体的意味の理解は若干異なっている。学説では，旧制度下と同じく，①連邦憲法裁判所の先例により解明されていない憲法問題が提起されている場合，②連邦憲法裁判所が先例変更を必要と判断した場合，③状況を安定させるために連邦憲法裁判所の裁判が必要な場合，例えば，連邦憲法裁判所の先例で示されている法

---

[102]　Vgl. BMJ (N85), S. 35 ; K. Graßhof, in : Maunz u. a., Rn. 70 § zu 93a (Lfg. 25, 2006). また，この規定が権利保障規定か否か明言していないが，シュライヒ／コリオートもこの規定は「裁量」を認める規定ではないとしている（vgl. Schlaich/Korioth, Rn. 262）。

理論が一般的，抽象的すぎて実務の判断がまちまちになり，法的安定性が損なわれている場合のいずれかでありかつ当該憲法問題について判断を示すことに申立人のケースにとどまらない一般的意義がなければならないとされている[103]。

これに対して，連邦憲法裁判所（第1部）は，現行受理要件の具体的意味をはじめて示した1994年2月8日の憲法異議不受理決定（BVerfGE 90, 22）において次のように述べている[104]。

「基本的な憲法上の意義が認められるのは，基本法の明文規定が存在しない，または，連邦憲法裁判所の先例によって解明されていない，状況の変化により再検討が必要となった憲法問題が提起されている場合に限られる。それゆえ，憲法問題の解答に重大な疑義が存在していなければならない。当該問題が学界で論争の対象となっていること，または，一般の裁判所の見解が対立していることは，この意味での基本的な意義の手掛かりでありうる。さらに，その問題を解明することに，個別事例を越えた利益がなければならない。例えば，その問題を解明することが，相当数の紛争の解決にとって重要である場合，あるいは，将来の事件で改めて問題となりうる場合がそうである」(BVerfGE 90, 22 [24 f.])。

---

[103] Vgl. B. Schmidt-Bleibtreu/K. Winter, in : Maunz u. a., Rn. 18 f. zu § 93a (Lfg. 13, 1993) ; Klein (N92), S. 2074. K. Graßhof, in : Maunz u. a., Rn. 38 ff. zu § 93a (Lfg. 19, 2000).

[104] この決定は，未払いの家賃・雑費の支払い請求の裁判において敗訴した賃借人が申し立てた憲法異議の不受理決定である。申立人の主張はおおよそ以下の通り。住居の賃貸借に関する基本的な法問題が争われていたにもかかわらず，上級ラント裁判所は民事訴訟法（旧）541条による法問題の移送を行わなかった。これにより，「法律上の裁判官」の裁判を受ける権利（基本法101条1項）が侵害された。また，十分な証拠調べをせずに雑費の金額についての申立人の主張が退けられたことにより「法的審問請求権」（同103条1項）が侵害された。さらに，当該地域の同程度の家賃の平均値上げ額プラスその20％までの値上げは経済刑法5条に違反しないとの解釈により「平等権」（基本法3条1項）も侵害された。なお，この決定について，R. Seegmüller, Praktische Probleme des Verfassungsbeschwerdeverfahrens, DVBl 1999, S. 738 ff. も参照。

この引用からわかるように，連邦憲法裁判所は上述の③の場合については明言していない。しかし，このことは，この場合に連邦憲法裁判所が何の判断も示さないということを意味するわけではない。連邦憲法裁判所第2部の裁判官であったグラスホフによれば，このような場合は部会が詳細な理由を付した不受理決定や認容決定によって，法的安定性を回復するために，具体的法理論を示しているとのことである[105]。

ところで，EUレベルでの人権保障の進展に伴い，ヨーロッパ人権裁判所の裁判がドイツの基本権問題にも大きな影響を与えるようになっている。そこで，当該基本権問題についてヨーロッパ人権裁判所の裁判がすでに存在する場合，受理要件aが満たされないということになるのかが問題となる。この問題を取り上げている教科書・注釈書は少ないが，グラスホフは，「憲法異議の基本的意義は認められないという解釈は，憲法異議において侵害されたと主張されている基本法上の権利がヨーロッパ人権規約において保障されている人権および基本的自由と——疑う余地なく——一致しており，かつ，すでに連邦共和国を拘束する裁判が存在する場合には主張可能であろう。」と述べている[106]。

aの要件を満たすためには，第二に，申立人の事例において，一般的意義を有する未解明の憲法問題を取り上げることが必要不可欠でなければならない。したがって，異議の対象となっている法律がすでに廃止または改正されている場合，あるいは，申立人のケースが当該問題を解明するための適切な事例といえない場合には，aの要件は満たされない[107]。連邦憲法裁判所も先の引用箇所

---

105) Vgl. K. Graßhof, in: Maunz u. a., Rn. 38-58 zu §93a (Lfg. 19, 2000). なお，K. Graßhof, in: Maunz u. a., Rn. 81-99 zu §92a (Lfg. 25, 2006) では，94年決定が示した解釈は旧規定のそれよりも狭いとの記述は削除されている。

106) Vgl. K. Graßhof, in: Maunz u. a., Rn. 88 zu §93a (Lfg. 25, 2006). より慎重な立場として，B. Gehle, in: Umbach/Clemens/Dollinger, Rn. 25 zu §93a.

107) Vgl. K. Graßhof, in: Maunz u. a., Rn. 86 f. zu §93a (Lfg. 25, 2006). しかし，Schlaich/ Korioth, Rn. 263 ではこの要件は特に言及されていない。

に続けて次のように述べている。「連邦憲法裁判所が，当該憲法異議の裁判でその基本的な憲法問題を取り上げなければならないことが，受理審査の段階においてすでに明らかでなければならない。これに対して，その問題を取り上げることが裁判のために必要不可欠といえない場合には，法93a条2項aによる受理は命じられていない」(BVerfGE 90, 22 [25]))。

ところで，連邦憲法裁判所は一般の裁判所の上告審ではなく憲法裁判所である。したがって，当然のことながら，憲法異議で提起される問題は法律問題や事実認定の問題ではなく「憲法問題」でなければならない[108]。しかし，「憲法問題」とは何か。形式的意味の憲法つまり基本法の条文解釈の問題に限定されるのか，それとも実質的意味の憲法，例えば，憲法異議の申立適格などの「憲法裁判手続法上の問題」も含むのか。否定説もあるが，肯定説が支配的見解とされている[109]。また，憲法問題とは基本権問題に限るのかも問題となるが，従来から連邦憲法裁判所は憲法異議が適法に提起されている限り，基本権以外の憲法問題，例えば，連邦とラントの権限配分なども審査している。もっとも，これについては，憲法異議の抽象的規範統制化との批判もある[110]。

---

108) 例えば，庇護権の要件である政治的迫害の有無の認定が当該事案においてどれほど重要な問題となっていたとしても，政治的迫害の有無は単なる事実認定の問題であり，「憲法問題」には含まれない (vgl. B. Schmidt-Bleibtreu/K. Winter, in : Maunz u. a., Rn. 18 zu §93a (Lfg. 13, 1993); B. Gehle, in : Umbach/Clemens/Dollinger, Rn. 15 Anm. 54 zu §93a; K. Graßhof, in : Maunz u. a., Rn. 82 zu §93a (Lfg. 25, 2006).)。

109) 否定説として，B. Schmidt-Bleibtreu/K. Winter, in : Maunz u. a., Rn. 18 zu §93a, S. 26, Rn. 19 zu §93a, S. 28 (Lfg. 13, 1993); B. Gehle, in : Umbach/Clemens/Dollinger, Rn. 14 zu §93a。肯定説として，K. Graßhof, in : Maunz u. a., Rn. 84 zu §93a (Lfg. 25, 2006); Lechner/Zuck, Rn. 8 zu §93a（ゲーレによれば肯定説が支配的見解とのことである）。

110) このような批判として，旧制度についての文献であるが，E. Franßen, Verfassungsbeschwerde eine verkappte Normenkontrolle?, in : E. Franßen, u.a. (Hrsg.), Festschrift für Horst Sendler zum Abschied aus seinem Amt, 1991, S. 81 ff.。

b）基本権を実現するために「望ましい」場合（受理要件 b 前段）　a の要件を満たさない憲法異議が受理されるためには，裁判を行うことが基本権を実現するために「望ましい」（angezeigt）場合，という要件が満たされていなければならない。「望ましい」という法律用語としては異例の文言が用いられたのは連邦憲法裁判所に「判断余地」（Entscheidungsraum）を与えるためであるが，連邦政府の意図は連邦憲法裁判所の活動の重点を憲法・基本権規定の保障と継続形成に移行させることであった。連邦政府は法案の趣旨説明において次のように述べている。

「裁判の望ましさというこの基準は，個々の場合において審査ないし活動の浪費を相当程度減らし，同時に，連邦憲法裁判所の裁判の重点を——数的には少ないのであるが——基本的な意義を持つ申立ての裁判に移行するための十分な自由余地（Freiraum）を与えることができる」(BT-Drucks. 12/3628 S. 9)。

これに対して，連邦議会法務委員会の審議において，当時の連邦憲法裁判所長官ヘルツォークは，望ましいという文言について，連邦憲法裁判所合同部での協議でもただちに同意を得ることはできなかったが，この文言は erforderlich, notwendig, geboten という文言よりも「親市民的傾向」をより強く持っている，つまり，他の文言よりも受理の範囲を広げることも可能であり，適切な比較衡量を可能とするため同意した旨述べている（vgl. BT-Drucks. 12/4842, S. 12）。

それでは，基本権を実現するために「望ましい」場合とはどのような場合であろうか。

連邦政府は，法案趣旨説明において，具体例として以下の四つをあげている（vgl. BT-Drucks. 12/3628 S. 14）。

① 憲法異議の裁判が「申立人にとって存在に関わる意義（existentielle Bedeutung）をもつ場合。裁判を拒否することにより申立人に特に重大な不利益が生じる場合（法93a条2項b後段），または，問題となっている基本権の性質から存在にかかわる意義があることが明らかである場合は，通常（regelmäßig），申立人にとって存在にかかわる意義が認められる」。

② 「一般の裁判所が基本権規定に反する裁判を慣行的に行っている場合」。
③ 「裁判官の極端な怠慢または理解不能な行為」が基本権侵害の原因である場合。
④ 「裁判官が基本権またはこれと同等の権利の解釈に不慣れであること」が基本権侵害の原因である場合。

これに対して，連邦憲法裁判所は先の決定において，①「基本権もしくはこれと同等の権利の侵害が特に重大な場合」と，②「申立人が存在に関わる打撃を受ける場合」を区別し，①の例として，以下の三つをあげている。

ⅰ）「基本権の侵害が当該事件だけでなく一般的に行われていることを申立てが示唆している場合，または，異議の対象となっている国家行為が一般的に基本権行使を萎縮させる効果をもつ場合」

ⅱ）「基本権侵害の原因が基本権の保障内容についてのひどい誤解や基本権で保障されている地位についてのあまりにも粗雑な取り扱いにある場合」

ⅲ）「法治国家原理が著しく侵されている場合」（BVerfGE 90, 22 [25]）。

これらのうち，連邦政府の場合の②から④，連邦憲法裁判所の場合のⅰからⅲはいずれも基本権秩序ないし客観法としての基本権の重大な侵害，デュヴェルの言葉を借りれば「基本権の構造的な侵害」（struktuellen Grundrechtsgefährungen）[111]の例であり，憲法異議の客観的機能（客観法としての基本権の保障）に対応する。

c）「異議申立人に特に重大な不利益が発生する場合」（受理要件ｂ後段）　受理要件ａもｂ前段も満たさない憲法異議が受理されるためには，ｂ後段の要件が満たされなければならない。すなわち，裁判を拒絶することにより申立人に「特に重大な不利益」が発生する場合でなければならない。

この要件は，上記法案趣旨説明の①，連邦憲法裁判所判例の②に該当する要

---

111) デュヴェルは，直接には，政府があげた②から④をこう呼んでいる。Vgl. M. Düwel, Kontrollbefugnisse des Bundesverfassungsgerichts bei Verfassungsbeschwerden gegen gerichtliche Entscheidungen : Zu einen Kooperationsverhältnis von Fach- und Verfassungsgerichtsbarkeit, 2000, S. 252.

件であり，憲法異議の主観的機能（申立人の基本権の保障）に対応する要件である。

憲法異議の客観的機能と主観的機能のどちらを憲法異議の中心的機能とみるかについては争いがあるが，立法者は客観的機能が主たる機能であるとの立場をとっている（詳しくは，V 2.1.1，V 2.1.3 および V 2.3.4(6)参照）。また，基本権保障における一般の裁判所と連邦憲法裁判所の役割分担については，個別の事案における基本権保障は一般の裁判所の役割であり，連邦憲法裁判所の役割は一般の裁判所による基本権の解釈・適用の基準の提示および特に重大な基本権侵害の是正に限られるとの立場をとっている。

すなわち，連邦政府は法案の趣旨説明において次のように述べている。「個人の権利保障の客観的，そしてまた主観的重要性という基準の導入の意図は，負担を軽減し，連邦憲法裁判所が活動の重点を，これまでよりも一層強く，憲法，特に基本権の発展に集中することができるようにすることにある。しかし，同裁判所が違憲審査を客観的または主観的に重要な事件に集中することにより，同時に，個人の権利保障を効果的に実現することも可能になる。かくして，連邦憲法裁判所は，行政の適切な活動や一般の裁判所の効果的な基本権保障に基づき，一般的には，すでに，連邦憲法裁判所が関与しなくとも基本権侵害を是正することが可能な領域において，指導的役割または特に重大な不利益の矯正に自己の活動を集中することが可能となる」(BT-Drucks. 12/3628, S. 7)。

そこで，立法者は，憲法・基本権の継続形成や特に重大な基本権侵害の事案は通常の基本権侵害の事案よりもはるかに少ないこともあり，前者の事案のみを取り上げることができるように受理要件を工夫した（vgl. BT-Drucks. 12/3628, S. 9)。すなわち，現行法では主観的機能に対応する要件 b 後段は基本権を実現するために裁判を行うことが「望ましい」場合の一例としてあげられているにとどまり，しかも，「特に」という要件が加重され，この要件により受理される可能性は従来よりも限定されたのである[112]。

---

112) 連邦参議院は，「特に」という文言について，基本的な憲法上の意義がなく，

それはともかく、それでは、この要件を満たすのはどのような場合か。連邦憲法裁判所は、前述の94年2月4日の決定において、憲法異議を不受理とすることにより申立人が「存在に関わる打撃」を受ける場合であるとし、次のように述べている。

　「異議申立人が存在に関わる打撃を受けるか否かは、異議が申し立てられている裁判の内容や裁判から生じる負担により判断される。しかし、憲法異議が成功する十分な見込みがない場合や連邦憲法裁判所が裁判のやり直しを命じても申立人が勝訴する見込みがないことが明白な場合にも特に重大な不利益を認めることはできない」(BVerfGE 90, 22 [25 f.])。また、97年7月9日の決定において、連邦憲法裁判所第2部も第1部の見解を支持した上で、有罪判決の場合は原則として「特に重大な不利益」が認められるのであり、この場合さらに憲法異議の成功の見込みが審査されなければならないとした (BVerfGE 96, 245 [249 f.])[113], [114]。

　要するに、b後段の要件を充足しているか否かは、例えば異議が申し立てら

　　　また、特に重大な不利益も発生しないが、しかし、重大な不利益は生じる憲法異議が、明らかに理由がある場合であっても、不受理とされるという点で法治国家原理に照らして厳しすぎるとして、この文言の削除を求めた。しかし、連邦政府はこれに応じなかった (vgl. BT-Drucks. 12/3628, S. 16)。

113) 本件決定は、96年3月18日のブラウンシュバイク区裁判所および96年5月20日の同ラント裁判所の判決に対する憲法異議の受理手続における不受理決定である。異議申立人は集合住宅の所有者であるが、駐車違反捜査のために集合住宅へ立ち入ろうとした警官を妨害したとして公務執行妨害罪として10日間の日割り罰金刑、1日当たり70マルクを区裁判所により宣告された。ラント裁判所は控訴を不適法として却下した。そこで、申立人はこれらの裁判により基本法2条1項、13条、103条1項の各権利が侵害されたとして憲法異議を申し立てた。

114) 立法者は、憲法異議の受理要件を憲法異議の客観的、主観的重要性に限定し、適法性・理由の有無の審査を不要とすることにより受理審査の効率性を高めようとした。したがって、立法者の意図では、受理審査の流れは、まず、憲法異議の重要性を審査し、これが認められない場合は適法性・理由の有無を審査することなく不受理とするというものであった (vgl. BT-Druchs. 12/3628, S. 14)。

れている裁判によって申立人が負う金銭的負担が申立人の経済状態に照らして「特に重大」といえるか，憲法異議の適法性や理由の有無（成功の見込み）などを考慮して，個別に判断されるのである[115]。

「特に重大な不利益」が認められない場合には，憲法異議に理由がある場合であっても，つまり，問題の国家行為が基本権侵害であり憲法違反であっても憲法異議は受理されない（他の要件を満たしている場合は別である）。いわゆる「軽微事例（Bagatellfälle）」である。連邦憲法裁判所は，すでに，1959年の決定において次のように述べている。

「裁判により憲法問題を解明することが期待できず——提出されている書類

しかし，連邦憲法裁判所は，現行法においても適法性・理由の有無の審査を行っている。同裁判所第1部の裁判官であったヘミヒによれば，実務では適法性・理由の有無の審査が中心となっているとのことであるが，彼は，その理由として，適法性審査の容易さ，および，理由のある可能性がある憲法異議を不成功にすることが裁判官の「正義感情」に適合しないということをあげている（vgl. D. Hömig, Die Verfassungsbeschwerde im Kammerverfahren vor dem Bundesverfassungsgericht. in, Birk, Kunig/Sailer (Hrsg), Hans-Joachim Driehaus zum 65. Geburstag, 2005, S. 463 ff. (470))．このような実務には肯定的評価もある（例えば，P. Sperlich, in：Umbach/Clemens/Dollinger, §93b Rn. 18 ff.）が，過重負担解消を妨げる原因であるとの批判もある（例えば，Wahl/Wiealnd (N85), S. 1140, BMJ (N85), S. 36 ff., Benda (N93), S. 11 f. このような批判について詳しくは，小野寺邦広 (N85), 210-211頁参照）。

ところで，わが国の最高裁判所も，個別事件の当事者の救済を重視し，裁量上告制（上告受理制度）を立法者の意図どおりに運用していないようである（この点について，詳しくは，滝井繁男『最高裁判所は変わったか—裁判官の自己検証』（岩波書店，2009年）39頁以下参照）。大陸法系裁判官の共通の心理であろうか。

[115] b後段の要件該当性の判断について詳しくは，以下の文献を参照。K. Graßhof, in：Maunz u. a., Rn. 122 ff. zu §93a (Lfg. 25, 2006)；Lechner/Zuck, Rn. 30 ff. zu §93a；Stern III/2 1298 ff.（井上典之ほか (N97), 417頁以下（鈴木秀美訳）参照。ちなみに，(N104)の94年決定では，b後段該当性について，連邦憲法裁判所は約1,500マルクという金額が申立人にとって特に重大な不利益であることを証明する手掛かりが申立てにより示されていないとして否定している（vgl.

によれば本件の場合憲法問題の解明を期待することはできない——，また，裁判を拒否しても申立人に重大かつ不可避の不利益が発生しない場合には，理由のある，それどころか，明らかに理由のある憲法異議であっても法91a条により裁判を拒否することができる」(BVerfGE 9, 120 [121])[116]。

現行法の場合，90年代後半は増加傾向を示したように思われる[117]が，その後は連邦憲法裁判所は消極的姿勢に転じたようである[118]。学説では，否定説も

BVerfGE 90, 22 [27])。
    なお，申立人は，申立てにおいて，自己の申立てが受理要件(aの場合も含む)を満たしていることを説明しなければならず(vgl. K. Graßhof, Maunz u. a., Rn. 100, 142 zu §93a (Lfg. 25, 2006); Lechner/Zuck, Rn. 30 zu §93a)。経済的負担については自己の収入や資産を示すことが申立人に義務づけられる(vgl. Lechner/Zuck, Rn. 34 zu §93a)。

116) 本件は，告知・聴聞の機会を与えずに申立人が支払うべき弁護士費用を63.86マルクから95マルクに増額した58年10月3日のリューネブルク・ラント裁判所の決定に対する憲法異議の許可手続における不許可決定である。連邦憲法裁判所第1部は，「法的審問請求権」が侵害されたという主張は認めたものの，31.14マルクの増額は週70マルクの収入があるトラック運転手である申立人にとって重大な負担ということはできない(vgl. BVerfGE 9,120 [122 f.])として不許可とした。他の事例としては，BVerfGE 19, 148 [149]; 46, 313 [314]; 47, 102 [104] などがある。サイテーションは，B. Schmidt-Bleibtreu/K. Winter, in: Maunz u. a., Rn. 22, S. 36 Anm. 2 zu §93a (Lfg. 13, 1993); T. Clemens, in: Umbach/Clemens, Rn. 42 f. zu §93cを参照。

117) 例えば，1998年9月11日の部会決定，1998年11月25日の第2部第2部会決定(NJW 1999, S. 1176 f.)，1999年2月25日の第1部第1部会決定(NJW 1999, S. 3404 ff.)，2000年2月23日の第1部第1部会決定(EuGRZ 2000, S. 242 ff.) (vgl. K. Graßhof, in: Maunz u. a., Rn. 65 Anm. 5 zu §93a (Lfg.19,2000); R. Uerpman, Annahme der Verfassungsbeschwerde zur Entscheidung, in: Badura/Dreier (N9), S. 673 ff. (686 f.)。2000年の決定について詳しくは，小野寺邦広「『シュタージ非公式協力員名簿公開事件』決定—「意見の自由」の侵害が認定されたにもかかわらず憲法異議が受理されなかった事例」自治研究85巻2号(2009年) 148頁以下参照)。なお，K. Graßhof, in: Maunz u. a., Rn. 68 Anm. 2 zu §93a (Lfg. 25, 2006)では，98年9月11日決定と2003年7月16日の第1部第2部会決定(BVerfGK 1, 235 [237 f.])が例としてあげられている。

あるが，多くの学説は憲法異議が「特別の権利救済手段」であることなどを理由として肯定している[119]。

ところで，現行法では，「……特に重大な不利益が発生する場合も同様とすることができる（kann）。」としている。この「できる」という文言が連邦憲法裁判所に裁量を与えているか，つまり，b後段の要件を満たす憲法異議であっても不受理とすることが許されるのかが問題となる。立法者は肯定しているが，連邦憲法裁判所は，先の説明をみる限り否定しているように思われる[120]。学説でも否定説が多いように思われる[121]。

---

118) ヴィットゥムは，2005年の論文において，軽微事例の不受理決定は稀であり，このことは憲法異議の主観的機能を後退させることを連邦憲法裁判所が拒否したことを示しているとしている（vgl. W. Graf Vitzthum, Annahme nach Ermessen bei Verfassungsbeschwerden? Das writ of certiorari-Verfahren des US Supreme Court als ein systemfremdes Entlastungsmodell, JöR 53, (2005). S. 319ff. (327)）。同様の指摘として，K. Graßhof, in : Maunz u. a., Rn. 74 zu § 93a (Lfg. 25, 2006)；Hömig (N114), S. 470. Goos (N85), Rn. 260.

119) 否定説として，特に，W. Roth, Die Überprüfung fachgerichtlicher Urteil durch das Bundesverfassungsgericht und die Entscheidung über die Annahme einer Verfassungsbeschwerde, AöR 121 (1996), S. 544 ff. (557 ff.)。その他，B. Schmidt-Bleibtreu/K. Winter, in : Maunz u. a., Rn. 25 zu § 93a (Lfg. 13, 1993)；Goos (N85), Sperlich, in : Umbach/Clemens/Dollinger, Rn. 20；Uerpmann (N117). 肯定説として，注115の諸文献（グースは除く）のほか，E. Benda, in : Benda/Klein, Rn. 375 (2. Aufl. 2001)；B. Gehle, in : Umbach/Clemens/Dollinger, Rn. 35 zu § 93a；O. Klein, in : Benda/Klein, Rn. 453；Schlaich/Korioth, Rn. 272f. など。なお，小野寺（注85）221頁注18も参照。

120) E.クラインは，立法者は不受理とすることが許されるとの解釈を明らかに支持しているとしている。彼は，連邦政府による法案の趣旨説明——前述の①，および，「93a条2項b後段は，決して完結した規定を行うものではなく，90条1項に列挙されている権利を実現するために憲法異議を受理することが望ましいとされうる特に重要な例をあげたものである。」(BT-Drucks. S. 18) という説明を根拠としている（vgl. E. Klein (N92), S. 2074 Anm. 15）。なお，クライン自身は，「この要件を満たしている場合であっても不受理とすることが許されるとなると，憲法異議の主観的権利保障という要素は完全に無意味になる。」(E. Klein, a. a. O., S. 2074) として否定説を主張している。

(3) **一部受理** 憲法異議において，ある一つの法律のそれぞれ関連がない複数の規定や複数の高権的行為（Hoheitakte）が攻撃されている場合，あるいは，一つの裁判が攻撃されている場合であっても，複数の基本権の侵害が主張されている場合は，それらのうちの受理要件を満たしているもののみを受理し，他を不受理とすることは許されるかが問題となる。いわゆる「一部受理」（Teilannahme）の問題である。実務は，一部受理を行っており，学説も，法25条3項において，一部判決が認められていることなどを理由としてこれを認めている[122]。

(4) **部会の認容決定** 部会には，「第93a条第2項bの要件が存在し，かつ，憲法異議の審査にとって基準となる憲法問題が連邦憲法裁判所によりすでに裁判されている場合，憲法異議に明らかに理由があるとき，部会は憲法異議を認容することができる」（法93c条1項1文）として，認容決定を行う権限が与えられている[123]。

この権限は，部の負担を軽減するために85年の改正により認められた。しかし，わずか3名の裁判官に憲法の継続形成という役割を委ねることは好ましいことではない。そこで，受理要件aの場合を除外することにより，新しい憲

---

121) 肯定説として，B. Schmidt-Bleibtreu/K. Winter, in : Maunz u. a., Rn. 22 zu §93a S. 36 (Lfg. 13, 1993) ; Sclhaich/Korioth, Rn. 264. 否定説として，E. Klein (N92), S. 2074 ; B. Gehle, in : Umbach/Clemens/Dollinger, Rn. 48 zu §93a ; Lechner/Zuck, Rn. 32 zu §93a など。

122) Vgl. B. Gehle, Umbach/Clemens/Dollinger, Rn. 27 zu §93a ; K. Graßhof, in : Maunz u. a., Rn. 79f. zu §93a (Lfg. 25, 2006) ; ただし，レヒナー／ツックは，複数の攻撃対象（例えば複数の判決）の中の一部を受理し，一部は受理しないことは認めるものの，一つの攻撃対象についての一部受理は否定している（vgl. Lechner/Zuck, Rn. 15 zu §93a）。

123) 要件について詳しくは，以下の文献を参照。K. Graßhof, in : Maunz u. a., Rn. 2 ff. zu §93c. (Lfg. 20, 2001) ; F. Schemmer, in : Umbach/Clemens/Dollinger, Rn. 3 ff. zu §93c ; Lechner/Zuck, Rn. 8 ff. zu §93c なお，実務においては「明らか」という要件について言及しない決定が多いようである。これを批判するものとして，Graßhof, a. a. O., Rn. 9. これに対する反論として，Hömig (N114), S. 471。

法問題の判断権は部に留保され，部会の認容決定は受理要件 b が満たされており，かつ，当該基本権問題についての部の先例に照らせば当該基本権侵害の主張に理由があることが明らかな場合に限定された。つまり，部会の認容決定は部の先例の「執行」（シュライヒ／コリオート）であり，憲法・基本権の継続形成機能は部に留保されているのである[124]。しかし，「先例」の意味については英米法のように厳密な意味で理解されているわけではなく，当該憲法問題についての法理論であればよく，同種の事案か否かは関係ないとされている[125]。そのため，実際には，厳密には部の先例があるとはいえない事件においても認容決定が下され，それにより部会が憲法の継続形成や憲法保障において重要な役割を果たすにいたっている。これについて肯定的評価もあるが批判が多い[126]。

(5) 受理審査——部会と部の権限配分を含めて

a) 一般登録簿手続　憲法異議の申立てが行われても，直ちに受理審査が開始されるわけではない。そのためには，首席補佐官が部の長の一般的委任を受けて行う「一般登録簿（allgemeine Register）手続」（規則 60 条から 62 条）におい

---

[124] Vgl. Schlaich/Korioth, Rn. 266. この点について K. Graßhof, in: Maunz u. a., Rn. 10 zu §93c (Lfg. 20, 2001); O. Klein, Benda/Klein, Rn. 160 ff. も参照。

[125] Vgl. F. Schemmer, in: Umbach/Clemens/Dollinger, Rn. 6 zu §93c; Lechner/Zuck, Rn. 10 zu §93c. シェマーは，傍論か否かも関係ないとしている。

[126] 肯定的立場として，Hömig (N114), S. 471; Lechner/Zuck, Rn. 20 ff. zu §93c. 否定的立場として，H. Sendler, Kammermusik II, NJW 1995, S. 3291 ff (3291 f); BMJ (N85), S. 28 f.; G. Hermes, Senat und Kammern, in: Badura/Dreier (N9), S. 725 ff. (729 f., 736); O. Klein, Benda/Klein, Rn. 160 ff. これに対して，グラスホフは，部会の認容決定の要件について，部会の実務がとる広い解釈とこれを批判する立場がとる立法者意図に忠実な狭い解釈の中間の解釈が妥当としている（部会の解釈も含め詳しくは，K. Graßhof, in: Maunz u. a., Rn. 5 ff. zu §93c (Lfg. 20, 2001)）。

なお，部会の認容決定には，部の先例の「化石化」という問題も指摘されている（E. Benda, Kammermusik, NJW 1995, S. 429 ff. (430 f.)）。彼は，その例として「第 1 次『兵士は殺人者』決定」（BVerfG, NJW 1994, S. 2943）をあげている）。

て申立てが訴訟手続登録簿に登録されなければならない。「明らかに不適法であり，若しくは連邦憲法裁判所の判例を考慮すれば明らかに成功の見込みがないが故に，裁判のための受理（連邦憲法裁判所法第92a条）が問題になりえない憲法異議」（規則60条2項a号）は，連邦憲法裁判所に対する請願などが登録される「一般登録簿」に登録され，裁判が行われないことが申立人に「指導書」を付して通知される。しかし，一般登録簿に登録するか否かの決定には拘束力はなく，申立人が訴訟手続登録簿への登録を求めた場合にはこれに登録され（規則61条2項参照），受理手続の対象となる[127]。

b） 受理審査 一般登録簿手続を通過した憲法異議については，各部の長が職務年開始時に各部会の担当事件および担当裁判官を決定し（規則20条），これに基づき，部会の受理審査が開始される[128]。

まず，担当裁判官が，調査官の協力の下（調査官制度について詳しくはⅡ2.4参照），決定原案を作成する。その後，同じ部会に属する他の裁判官に決定原案が回覧される。受理手続における審理はすべて書面審理であり，口頭弁論は開かれない（法93d条1項1文）。部会の決定はすべて全員一致で行われる（法93d条3項1文）[129]。不受理相当と全員が判断した場合は不受理決定が下される。不

---

127) 一般登録簿手続について，詳しくは，K. Graßhof, in : Maunz u. a., Rn. 7 f. zu § 93b (Lfg. 20, 2001) ; O. Klein, in : Benda/Klein Rn. 182 f. を参照。この手続には，裁判官資格を有するとはいえ，連邦憲法裁判所の事務官である首席補佐官がこのような決定を行うことや連邦憲法裁判所法に明文規定がないことなどに批判もある（vgl. Lechner/Zuck, Rn. 7 f. zu Vor §§ 93a ff. ; Schlaich/Korioth, Rn. 261. なお，Ⅱ2.4も参照）。なお，2011年の場合，9,128件中「請願および憲法異議」が5,983件，そのうちの26％（1,549件）が憲法異議手続簿に登録された。詳しくは，Jahresstatistik 2011 (BVerfG HP) 参照。

128) 受理審査の流れについては，K. Winter, in : Maunz u. a., Rn. 4 ff., 12 ff. zu § 93b (Lfg. 13, 1993) ; Lechner/Zuck, Rn. 13 ff., 22 ff, 40 ff. zu Vor §§ 93a ff. を参照。

129) 認容決定は，正式の裁判であり，主たる理由中の判断には法31条の拘束力がある。それゆえ，認容決定では，結論のみならず，理由についても全員の意見の一致が要求される。しかし，正式裁判ではない不受理決定の場合，全員一致が必要なのは受理・不受理についての結論に限られる（vgl. K. Graßhof, in :

受理決定には理由を付記する必要はない（法93d条1項3文）。不受理決定に異議を申し立てることは許されない（同条項2文）。不受理とすべきか否かについて意見が対立した場合または受理相当と全員が判断した場合は部に送付される（ただし，93c条の場合は除く）。部会には，実質的受理権限はないからである（法93c条と結びついた93b条）[130]。

ところで，不受理決定の理由付記義務は過重負担を解消するために93年の改正により完全になくなったのであるが，これは理由付記を禁止するものではない[131]。したがって，連邦憲法裁判所は不受理決定に一切理由を付記しない，または，先例のサイテーションの引用あるいは法93a条2項の文言の引用にとどめ詳しい理由は付記しないこともできるし，逆に，必要と判断した事項について詳細な理由を付すこともできる。例えば，先に引用した94年2月8日の第1部の決定では，受理要件の具体的内容や申立てがbの要件を満たしていないという点については比較的詳細な説明が行われていたが，申立てが受理要件aに該当しないという点については先例のサイテーションをあげるにとどめ具体的な説明は全く行われていない（vgl. BVerfGE 90, 22 [25]）[132]。

Maunz u. a., Rn. 15 zu §93b (Lfg. 20, 2001))。なお，元連邦憲法裁判所長官ベンダは，部会において全員一致を得ることは比較的容易であるとし，その要因として，決定原案に対する信頼，部会の裁判官の一体感の高さ，「お互いの敬譲に対する（暗黙の）期待」をあげている（vgl. Benda (N126), S. 430）。周知のように，伊藤正巳元最高裁判事は，わが国最高裁の司法消極主義の一因として，「和の精神」をあげている（伊藤正巳『裁判官と学者の間』（有斐閣，1993年）116頁以下参照）。しかし，同様の精神は連邦憲法裁判所の裁判官にもあるようである。

130) Vgl. BT-Drucks. 12/3628, S. 14 ; K. Graßhof, in : Maunz u. a., Rn. 4 zu §93b (Lfg. 20, 2001) ; Lechner/Zuck, Rn. 23f. zu Vor §§93a ff. ; Sperlich, in : Umbach/Clemens/Dollinger, Rn. 24 zu §93b。これに対して，ペスタロッツァは受理要件bの場合には部会にも実質的受理権限があるとしている（vgl. C. Pestalozza, Änderung des Bundesverfassungsgerichtsgesetzes, DWiR 1992, S. 426 ff. (431)）。しかし，これは少数説である。

131) Vgl. BT-Drucks. 12/3628, S. 14.

132) ちなみに，2011年の場合，部会の不受理決定のうち，第1部の部会の場合，理由が付されたものは309，理由つき主文が1,286，一切理由が付されていない

このように，不受理決定の理由付記は連邦憲法裁判所の判断に委ねられているのであるが，詳しい理由を付記しないことに対しては，法治国家原理に反する，他の裁判官を説得するために決定原案には理由を付さざるを得ないのであるから，過重負担解消効果は期待できないなどの批判がある[133]。他方，詳細な理由を付記することについては，部会が部に代わって憲法保障・憲法の継続形成を行っているという問題が指摘されている[134]。

既述のように，法93c条により部会にも認容決定を下す権限が与えられている。申立てが，その要件を満たしているか否かは担当裁判官による決定原案作成の段階において審査される。この審査でも口頭弁論は開かれない（法93d条1項1文）。ただし，担当裁判官がこの要件を満たしていると判断した場合は，関係人に意見を述べる文書を提出すべきことを通知する（法94条2項，4項と結びついた93c条2項）。担当裁判官は，それらの意見も考慮した上で，調査官の協力の下，決定原案を作成し他の裁判官に回覧する。全員の意見が一致した場

ものは1,540 (49%)，第2部の部会の場合，それぞれ，158，116，2,207 (89%)。詳しくは，Jahresstatistik 2011 (BVerfG HP) 参照。

[133] Vgl. Lechner/Zuck, Rn. 7 zu §93d (4. Aufl. 1996)；R. Zuck, Zugang zum BVerfG：Was läßt das 5. Änderungsgesetz zum Gesetz über das BVerfG von der Verfassungsbeschwerde noch übrig?, NJW 1993, S. 2641 (2646)；ders, Vom Winde verweht：§93d BVerfGG und menschliche Schicksale, NJW 1997, S. 29 f.；E. Klein (N89), S. 2075. このような批判に対してグラスホフは，基本法94条2項2文の「特別の受理手続」という文言などを根拠として，法93d条1項3文を合憲とし，また，不受理決定の場合全員一致を要するのは受理・不受理の結論のみであることを理由として過重負担解消効果を認めている（vgl. Graßhof, in：Maunz u. a., Rn. 8 f. zu §93d (Lfg. 20, 2001)。ツックは上記注釈書の第5版以降，改説したようである（vgl. Lechner/Zuck, Rn. 7 zu §93d (5. Aufl. 2006)；Lechner/Zuck, Rn. 7 zu §93d (6. Aufl. 2011)）。

[134] Vgl. Hermes (N126), S. 732ff.；O. Klein, in：Benda/Klein, Rn. 160ff.；Schlaich/Korioth, Rn. 265；C. Hillgruber, Ohne rechtes Maß? Eine Kritik der Rechtsprechung des Bundesverfassungsgerichts nach 60 Jahren, JZ 2011, S. 861ff (867ff)。これに対して，積極的に評価するものとして，Hömig (N87), S. 781ff。なお，II 3.3. も参照。

合は認容決定が下される。この決定には理由を付記しなければならない（法93d条1項3文の反対解釈および法30条1項2文）。部会の認容決定にも異議を申し立てることは許されない（法93d条1項2文）。部会の裁判官の意見が一致しなかった場合は部に送付される。

　部会が不受理決定も認容決定も下さない場合に，はじめて部が受理審査を行う（法93b条）[135]。つまり，受理手続における中心機関は部会であり，部は補充的な役割を果たすにとどまる。すなわち，部会には，これまで述べた権限の他，「部が憲法異議の受理について裁判しない限り」憲法異議について仮命令その他の付帯裁判を行う権限も与えられている（法93d条2項1文）。ただし，「法31条2項の効力をもって言い渡された法律が基本法又は他の連邦法律と一

---

[135]　連邦憲法裁判所法上，部が受理審査を行うのは，部会が不受理決定も認容決定も行わない場合である。こうした事態が生じるのは，不受理とすること，または，認容することについて部会の裁判官の意見が一致しなかった場合あるいは受理すべきことについて全員の意見が一致した場合である。したがって，部会の他の裁判官に回覧せずに，担当裁判官の判断で事件を部に移送することは連邦憲法裁判所法上は許されないことになる（このような立場として注128）。しかし，実際には時間と労力を節約するために，異なる運用が行われているとのことである。例えば，担当裁判官が受理要件は満たしているものの，認容決定の要件は満たしていないと判断した場合に，部会の他の裁判官に回覧することなく，直接部に送付する（vgl. K. Graßhof, in : Maunz u. a., Rn. 42 zu§93a (Lfg. 25, 2006)）（部会には実質的受理権限はないので，申立てを受理して棄却決定を下すことはできない。したがって，この場合，他の裁判官に回覧しても，他の裁判官が同じ見解ならば，部に送付するしかない。また，他の裁判官が異なる見解の場合は，部会の決定は全員一致でなければならないのであるから，不受理決定も認容決定もできず，この場合も，部に送付される），あるいは，担当裁判官の不受理相当との意見に同意するか否か他の裁判官が迷っている場合に，部に送付した場合に受理される可能性があるかどうか知るために部の意見を聞く（vgl. K. Graßhof, Maunz u. a., Rn. 43 zu§93a (Lfg. 25, 2006) ; Hömig (N114), S. 466）などである。このような慣行は，後者について「法律上の裁判官の裁判を受ける権利」（基本法第101条1項2文）違反との批判もあるが，現在では，ほぼ異論なく認められているようである（詳しくは，グラスホフ，ヘミヒ前掲参照）。

致しない若しくは無効であるとする裁判」,「法律の適用の全部又は一部を停止する仮命令」, 仮命令に対する不服申立ての裁判および緊急の仮命令を発する権限は部に留保されている (法93c条1項3文, 法32条3項, 7項と結びついた法93d条2項3文, 4文)[136]。

部の審査においても口頭弁論は開かれない (法93d条1項1文)。部の3人の裁判官が同意した場合, 憲法異議が受理される (法93d条3項2文)。もっとも, 部の受理決定が本案の判決・決定と別に下されるわけではない。却下判決・決定または棄却あるいは認容判決・決定が下されるのであり受理決定が付記されるわけではない。3名の裁判官の同意が得られなかった場合は不受理決定が下される。不受理決定に理由を付記する必要がないこと, 異議を申し立てることができないことは部会の不受理決定の場合と同じである (法93d条1項)。

(6) **決定の効力** 憲法異議の不受理決定は, 裁判の拒否決定であり, 却下決定でも棄却決定でもない (注87参照)。それゆえ, 本来は, 憲法異議の不受理決定には, 形式的確定力, 自縛力 (変更禁止効), 既判力, 拘束力, 法律としての効力はない。しかし, 不受理決定に対する異議申立が連邦憲法裁判所法により禁止されていることにより不受理決定にも形式的確定力が与えられている。さらに, 支配的見解は法的安定性を保つため自縛力も認めている。これに対して部会の認容決定は本案決定であり, 形式的確定力, 既判力, 自縛力, 拘束力がある。しかし, 法律としての効力はない (法93c条1項2文, 3文参照)[137]。

---

136) 規範統制機能について, 部に留保されているのは「法31条2項の効力を持って」つまり「法律としての効力」をもって, 法律を違憲・無効とする, あるいは, 違憲性を宣言することであり, 部会が認容決定において「付随的」(inzident) に違憲審査 (法律の憲法適合的解釈も含めて) を行うことまで否定されているわけではない。また, 法93c条1項3文は「法律」について規定するのみであるが, 命令 (Verordnung) の連邦法律または基本法適合性についても付随的である限り審査を部会が行うことができるとされ, 実際にも行われている (vgl. K. Graßhof, in: Maunz u. a., Rn. 20-31 zu §93c (Lfg. 20, 2001))。

137) Vgl. K. Graßhof, in: Maunz u. a., Rn. 17 ff. zu §93b (Lfg. 20, 2001), Rn. 33 ff. zu §93c (Lfg. 20, 2001); Lechner/Zuck, Rn. 27-39a zu Vor §§93a ff., Rn. 6 zu §93c;

(7) **現行制度の合憲性** (2)の b)，c) でみたように現行受理制度の場合，憲法異議の主観的機能は大幅に後退している。ツックは，現行受理制度により憲法異議は市民の基本権保障のための制度から基本法の解釈と継続形成のための制度へと変質したとして「憲法異議の黙示的憲法変遷」としているほどである[138]。

そこで，現行制度が基本法93条1項4a号，93条2項2文に反しないかが問題となる。連邦憲法裁判所は97年2月13日の第2部第2部会の不受理決定において，憲法異議には基本法19条4項は適用されないとした上で，「基本法93条1項4a号により規定されている個人の権利保障の手段としての憲法異議の性格が根本的に脅かされているとはいえない」などの理由から合憲としている。なお，現行受理要件の具体的意味を示した前述の第1部決定，第2部決定は，現行受理制度の合憲性について明言していないが，部会は，これらの決定は，現行制度が合憲であることを前提としていると述べている (vgl. NJW1997, S. 2229 f. [2229])。学説も合憲としている[139]が，立法者の意図 ((2) c) 参照) どおりに運用することは違憲とする見解もある[140]。

Schlaich/Korioth, Rn. 268 f. なお，レヒナー / ツックは，自縛力について，事情が変わった場合は，変更の余地もありうるとしている (vgl. Lechner/Zuck, Rn. 39a zu Vor §§ 93a ff.)。

138) Vgl. Zuck (N133), S. 2646.

139) 例えば，K. Graßhof, Maunz u. a., Rn. 34 zu § 93a (Lfg. 25, 2006); Schlaich/Korioth, Rn. 272 ff.

140) そのような見解として Roth, (N119), S. 555 ff. B. Schmidt-Bleibtreu/K. Winter, in: Maunz u. a., Rn. 25 S. 49 zu § 93a (Lfg. 13, 1993) も同旨と思われる。なお，ツックは1996年の，レヒナーとの共著の連邦憲法裁判所法の注釈書では「93a条には憲法上の正当性はない」と述べていた (Lechner/Zuck, Rn. 3 zu Vor § 93a (4. Aufl. 1996) が2006年の第5版以降合憲説に与している (vgl. Lechner/Zuck, Rn. 3 zu Vor § 93a (5. Aufl. 2006); Lechner/Zuck, Rn. 3 zu Vor §§ 93a ff. (6. Aufl. 2011)。

2.4 判決に対する憲法異議

2.4.1 総　　説

　連邦憲法裁判所は，憲法異議手続において，一般の裁判所の判決および決定（本節では以下両者を一括して「判決」と表記する）に対する憲法異議の審査[141]も行う。憲法異議は，救済の途を尽くしてはじめて申し立てることができる（V 2.2.6参照）ので，実際には，大半が判決，とりわけ審級系列の最上級審判決に対する憲法異議である[142]。

　憲法異議の対象となる判決には，連邦の裁判所の判決に加えて，ラントの裁判所の判決も，それが基本法上の基本権を侵害している限りにおいて含まれる（V 1.2.4参照）。連邦憲法裁判所（部，合同部，部会）の判決に対しては，認めると際限なく異議が繰り返されることになるので，申し立てることができない。一方の部または部会の判決を，他方の部で争うこともできない。また，このことは，実体法問題のみならず，手続法問題についてもあてはまる。ただし，憲法異議とは別のインフォーマルな苦情申立て（Gegenvorstellung）は，許される[143]。一般の裁判所により終局判決に先立って行われる中間的判断で訴訟法上異議を申し立てることのできないものに対しては，原則として憲法異議を申し立てることもできない。ただし，訴訟手続がなお完了していない場合であっても，裁判所の中間的判断による法的不利益が当事者に継続的に発生しており，そこにとりわけ保護に値する法的利益があるときは，憲法異議を申し立て

---

[141] ドイツ語では，Nachprüfungの語がつかわれることもある。このため憲法異議での判決の審査を，「再審査」とする日本の文献も少なくない。しかし，審級系列における上訴審の行う再審査とは異なり，連邦憲法裁判所の審査は，争われている判決を全面的に審査するものではなく，独立した裁判所が憲法問題に限定して行うのであるから，単に「審査」とする方が適当であるように思う。

[142] 判例Ⅲ附録④連邦憲法裁判所の事案受理件数一覧表，⑤連邦憲法裁判所の事案処理件数一覧表，およびBVerfG HPを参照。

[143] O. Klein, in：Benda/Klein, Rn. 554.

ることができる。

　裁判官の排除に関する決定に対しては，その事件の終局判決に対する攻撃方法では憲法侵害を主張しえないときに認められる。この他に，訴訟費用に関する判決，強制執行手続における決定，仮処分決定などについても認められる。

　判決において憲法異議の対象となるのは，通常は法的効果が宣言されている判決主文である。しかし，判決理由中の個別判断が対象となることもありうる。これは，例えば，刑事裁判で無罪の判断が出ても，理由中に被告人の名誉を毀損するような記述がなされている場合などである。また，訴訟当事者以外の第三者も，理由中の判断に対し憲法異議を申し立てることができる。これは，例えば，離婚訴訟において，婚姻破綻の原因とされた第三者が名誉毀損を主張するなどである。もっとも，この第三者の申立てによる憲法異議が成功しても，異議が認められたのは理由中の判断であって，判決主文の内容ではないので，法95条2項に基づく差戻しとはならない。

　さらに，著しく裁判が長期化するなどして，裁判による実効的な権利保護がなされないときは，裁判の不作為に対する憲法異議の申立ても認められる[144]。

2.4.2　判決の実体に関する審査基準

　判決に対する憲法異議は，大半が一般の裁判権の最終審判決に対して行われる。そこで，連邦憲法裁判所による審査の範囲あるいは密度が問題とされる。言い換えれば，憲法裁判権がどこまで一般の裁判権に踏み込むことができるか，すなわち確定したはずの紛争をどこまで再び連邦憲法裁判所で争えるのかという問題である。これは，連邦憲法裁判所と一般の裁判所との権限画定の問

144）　例えば，BVerfGK 5, 144. もっとも，連邦憲法裁判所は，このような憲法異議では，これまで基本権侵害の確認判決を下すのみであった。欧州人権裁判所は，このような状況に対し改善を促すようドイツに勧告し，これをうけて2011年に裁判迅速化のための法改正がなされた。これについては，Ⅰ 2.3.2，Ⅱ 3.4を参照。また，川又伸彦「迅速な民事裁判を受ける権利」笠原俊宏編『日本法の論点2』（文眞堂，2012年）11頁も参照。

344 V 連邦憲法裁判所の権限

題として論じられている[145]。連邦憲法裁判所の本来の任務は，憲法問題の解明であって，通常法律の解釈適用ではない。しかし，通常法律の解釈適用も憲法問題となりうる。この場合に，連邦憲法裁判所の任務と一般の裁判所の任務とが交差するのである。もちろん，このように通常法律の解釈適用が連邦憲法裁判所で問題となりうるのは，判決に対する憲法異議手続に限らない。けれども，実務上は，判決に対する憲法異議に集中している[146]。

　判決に対する憲法異議における連邦憲法裁判所の審査は，基本法や法律による規律ではなく，連邦憲法裁判所自身の判例によって，範囲あるいは密度を拡張する方向で展開されてきた。今日では，一般の裁判所による法律の解釈適用の合憲性という法問題のみならず，個別の事件についての司法事実の認定と評価にまで，連邦憲法裁判所の審査が及ぶようになっている。このような拡大傾向に対して，学説では，連邦憲法裁判所は「超上告審」ないし「超事実審」化している，つまり，審級系列において上告審の上に位置し，しかも法律審査を超えて事実審査まで行っているので権限の点でも上告審を超えているとして，批判がなされている[147]。もっとも，連邦憲法裁判所は，判決の実体を審査する場合と，判決の手続を審査する場合とでは，審査範囲の画定について異なった基準を用いている[148]。このため，憲法異議手続の目的に応じて考察する必要が

---

145) この背後には，争われるのが，そもそも憲法問題なのかそれとも通常法の問題なのかという，憲法と通常法の関係がある。そして，連邦憲法裁判所が，通常法上の紛争であっても，憲法レベルの争いを含んでいるときは，審査できるのかが問題となるのである。例えば，S. Korioth, Bundesverfassungsgericht und Rechtsprechung („Fachgerichte"), in：Badura/Dreier (N9), S. 55 ff. を参照。

146) E. Benda, in：Benda/Klein, 2. Aufl. Rn. 653.

147) Schlaich/Korioth Rn. 283 ff. 連邦憲法裁判所自身は，繰り返し超上告審ではないと述べているが (Vgl. BVerfGE 21, 209)，実際にはそのような機能を果たしている。なお，超上告審的機能を果たしているのは，著しく誤った一般の裁判所に対して緊急避難的に審査権を行使する場合であるという指摘もある (E. Benda, in：Benda/Klein, 2. Aufl. Rn. 596)。

148) 学説でも，判決に対する憲法異議を連邦憲法裁判所が認容する理由づけを類型化し，それぞれについて検討しようとする試みがなされている。ここでは，

ある。

連邦憲法裁判所の判例は，提唱される基準およびその適用の仕方の変遷によっていくつかの時期に区分することができる[149]。以下，時間的に判例の展開を概観する。

(1) 判例による審査範囲の展開

a) ヘックの定式の成立　連邦憲法裁判所は，すでに1952年の決定 (BVerfGE 1, 418) において，憲法異議は通常の審級系列の上に設置された手続ではないとして，次のように述べていた。「手続の形成，事実の認定と評価，法律の解釈とその具体的事件への適用は，刑事裁判所の任務であって，憲法固有の部分 (spezifisches Verfassungsrecht) が侵害されている場合を除いて，連邦憲法裁判所の審査には服さない」。つまり，通常法の問題は，原則として一般の裁判所が判断する問題であり，連邦憲法裁判所の審査は及ばないとしたのである。しかし，通常法レベルでの誤りが「憲法固有の部分」に対する侵害となる場合に

標準的な類型化と思われる Schlaich/Korioth Rn. 286 ff., O.Klein in : Benda/Klein Rn. 477 ff. の整理を参考に，連邦憲法裁判所の判例を概観する。

149)　シュライヒ／コリオートは，連邦憲法裁判所の実体審査において異議を認容している理由づけを，さらに次のように細分類している。すなわち，①通常法の解釈・適用において基本権にとって重大な誤りがある場合，②判決の結果によって基本権が侵害されている場合，③判決の理由づけが客観的に支持できず恣意的である場合，④裁判官の法形成が憲法上の限界を超えている場合，⑤判決によって強度の基本権侵害が生じている場合，である (Rn. 292 ff.)。ただ，これらの理由づけは，シュライヒ／コリオートも認めるように，時間的に相互に関係しつつ展開してきている。ここでは，こういった関連性を示すために，時間的に判例の展開を追って記述する。なお，判例の時間的展開を整理したものとして，ほかに例えば，Korioth (N145), R. Alleweldt, Bundesverfassungsgericht und Fachgerichtsbarkeit, 2006, S. 84 ff. がある。また，川又伸彦「憲法裁判における法律審の事実審査―ドイツ連邦憲法裁判所の判例を中心に」法学新報103巻2・3号 (1997年) 547頁 (以下「事実審査」)，同「ドイツ連邦憲法裁判所による司法事実審査について―最近の判例の動向を中心に」栗城壽夫先生古稀記念『日独憲法学の創造力　下巻』(信山社，2003年) 271頁 (以下「司法事実」) も参照。

は，連邦憲法裁判所の審査に服することが示唆されていた[150]。

　52年の「憲法固有の部分」という定式は，58年のリュート判決（BVerfGE 7, 198 [第 1 部]［判例Ⅰ24：木村俊夫］）によって基本権と結びつけられた。判決は基本権の客観法的意味を前提にして，次のように述べる。「憲法裁判所は，一般の裁判所が，基本権の射程と影響力を民事法の領域において正しく評価しているかを，審査しなければならない。しかし，このことから同時に，審査の限界も導かれる。すなわち，民事裁判官の判決を，法的な誤りに関して，全面的に審査することは連邦憲法裁判所の任務ではない。憲法裁判所が行わなければならないのは，民事法の領域に対する，基本権のいわゆる『照射効（Ausstrahlungswirkung）』を判断すること，そして憲法規定の価値内容をこの領域においても妥当させることのみである」。一般の裁判所の判決は，それによって「基本権の妥当性が具体的事件において不当に制限される場合」連邦憲法裁判所の審査に服する。つまり，一般の裁判所の判決による基本権侵害が，連邦憲法裁判所の審査を根拠づけるというのである[151]。

　リュート判決において示された，憲法固有の部分と基本権侵害との結びつきを明確に定式化し，審査範囲確定についてのリーディングケースとなったのが，64 年の特許決定（Patent Beschluß）（BVerfGE 18, 85 [第 1 部]［判例Ⅰ90：片山智彦］）である。一般の「裁判所による憲法固有の部分の侵害があったときに

---

150)　シュライヒ／コリオートは，「憲法固有の部分」という定式は，第 1 部では次第に「黙示的に」用いなくなったが，第 2 部ではなお用いていると指摘している（Rn. 282）。しかし，これは，後にみるヘックの定式が「憲法固有の部分」を解釈し展開したものであるから，「憲法固有の部分」という表現を改めて用いる必要がなくなったとみるべきであろう。「憲法固有の部分」以外にも審査範囲が広がった，あるいは限定したということではない。後でみるように，ヘックの定式は相変わらず用いられているのである（2(1)d））。なお，第 1 部が基本権部として構成されているため，基本権の照射効理論との関わりで，とくにこの問題を扱っていることも，影響があろう。

151)　この基準と，基本権そのものの解釈とが密接に結びついている点も重要である。例えば，一般的行為自由は審査の拡張に大きく貢献している。

のみ，連邦憲法裁判所は憲法異議に基づいて介入する。……〔介入を根拠づける判決の〕誤りは，基本権を尊重しないという，まさにその点になければならない」。このような「誤りとは，基本権の意義，とりわけその保護領域の範囲についての基本的に正しくない見解に基づいており，しかも実質的に具体的事件に対して一定の意味をもつような誤りである」。この基準は，定式化に中心的役割を果たした裁判官にちなんで，一般に「ヘックの定式（Hecksche Formel）」と呼ばれている。ここで示された，基本権の意義についての基本的に正しくない見解，および具体的事件に一定の意味をもつという要件が，この後の判例で展開される[152]。

b)　ヘックの定式の展開　71年のいわゆるメフィスト決定（BVerfGE 30, 173 ［第1部］［判例Ⅰ30：保木本一郎］）は，ヘックの定式において必ずしも明らかでなかった基本権の照射効と審査範囲とを結びつけて，定式を展開した。「連邦憲法裁判所は，攻撃されている裁判所の判決が，民事法規範の適用にあたって，異議申立人が侵害されたと主張する基本権の意義についての基本的に正しくない見解に基づいていないか，あるいは解釈の結果自体が現行の基本権を侵害しているのではないかについて，審査しなければならない。……こういった憲法の照射効が問題となる限りにおいて，異議申立人の主張する，憲法上保障された芸術の自由の射程が争われているのである」。そして，基本権侵害があるとされるのは，一般の裁判所の裁判官が「衝突している基本権領域の利益衡量が問題となっていることを認識していない場合，あるいは判決が，当事者どちら

---

[152]　この要件が基本権侵害を仲立ちにして具体的な判決結果の評価にまで及ぶ可能性をはらんでいたことについては，川又（注149）事実審査551頁。また，ドイツにおいて同旨の指摘をするものとして，例えばDüwel (N111), S. 50 f. また，シュライヒ／コリオートは，連邦憲法裁判所が立てた「基本権の意義についての基本的に正しくない見解」という基準について，この「基本的に」という言葉は「コロンブスの卵」であり，結局この意味は開かれたままであり，それを決するのは連邦憲法裁判所自身に他ならないと批判する。しかも，本来なら通常法の解釈適用で結論の出るはずの問題が，憲法問題にされるという危険も指摘する（Rn. 296 f.）。

かの基本権の意義，とりわけその保護領域の範囲についての基本的に正しくない見解に基づいている場合である」。この決定は，利益衡量の内容も審査の対象となりうることを示唆している点でも重要である。

　メフィスト決定による，解釈の結果による基本権侵害という基準は，その後，例えばソラヤ決定（BVerfGE 34, 269［第１部］［判例Ⅰ63：渡辺康行］）にみられるように「判決の結果自体が訴訟当事者の基本権侵害を引き起こす場合」とされ，73年のレーバッハ決定（BVerfGE 35, 202［第１部］［判例Ⅰ29：小山剛］）において明確に表現された。この決定はヘックの定式を引用し，さらに判決の結果自体によって基本権侵害が生じているかについても審査しなければならないとして，次のように述べた。すなわち「一般の裁判所が，本件のような事件を判断するための，基本権の照射効から明らかとなる典型的な基準を適用すれば，現に下したのとは別の結論に至ったであろうような場合，攻撃されている判決は，異議が唱えられねばならない。この場合，連邦憲法裁判所が，信頼しうる憲法判断の基盤を創造するために，学識経験者に鑑定を求めるなどの，独自の認定をする必要があると判断することは排除されていない」。さらに維持しうる憲法的評価の基盤を形成するために，自ら事実認定を行うこともできるとした[153]。つまり，連邦憲法裁判所は，一般の裁判所の判決を全面的包括的に審査できると判断したのである。

　c)　「基本権侵害の程度」の基準　レーバッハ決定の基準が抽象的であったため，連邦憲法裁判所は，この基準をより詳細に説明しようと試みた。その具体的基準を示したのが，76年のDGB決定（BVerfGE 42, 143［第１部］）である[154]。「重要なことは，とりわけ基本権侵害の程度（die Intensität der Grundrechtsbeeinträchtigung）である。……連邦憲法裁判所が統制すべき客観的憲法に対する違反が始まるのは，民事裁判所の判決が次のような解釈の誤りを認識させる場合

---

[153]　もともと法26条以下には，事実認定についての定めがある（Ⅲ6.参照）。しかし，この決定も示すように，司法事実を自ら調べるということは，庇護権の場合を別にすれば，極めて例外である（vgl. Schlaich/Korioth, Rn. 60 ; E. Klein in : Benda/Klein, Rn. 308 f.）。

である。その誤りとは，基本権の意義，とりわけその保護領域の範囲についての基本的に誤った見解に基づいており，しかも実質的に具体的事件に対して一定の意味をもつような誤りである。民事裁判所の判決が，結果において敗訴者の基本権領域をより持続的により長く侵害すればするほど，この侵害の理由づけにはより厳格な要件が求められるのであり，この結果，連邦憲法裁判所の審査の可能性もより広範になるのである。そして，最も侵害の程度の高い場合（例えばBVerfGE 35, 202—レーバッハ—）には，民事裁判所による評価に代えて自らのそれを置くことも十分可能である」。

　この「基本権侵害の程度」の基準は，レーバッハ決定を排除していないことからも窺われるように，審査範囲を限定する機能を果たすものではなかった。基本権侵害が軽微であれば，確かに連邦憲法裁判所の審査は緩やかになり，審査範囲は狭くなる。しかし，強度の侵害が認められれば，厳格な審査が行われ，審査範囲は広がることになる。しかも，基本権侵害の程度を判断するのは，他ならぬ連邦憲法裁判所自身である。このため，「基本権侵害の程度」の基準は，むしろ，より立ち入った審査としての個別の事実認定に対する審査を開始する端緒となったのである。

　d）　事実認定に対する審査　76年の政治ビラ事件決定（BVerfGE 43, 130〔第1部〕）で，連邦憲法裁判所は，刑事事件において，一般の裁判所の事実認定についても審査しうると判示した。特許決定では，排他的に一般の裁判所に委ねられるとされていた「手続の形成，事実の認定と評価，通常法律の解釈と具体的事件への適用は，原則として，連邦憲法裁判所の審査を受けない」とされた。そして，DGB決定による基本権侵害の程度の基準を示し，被告人が敗訴することで刑事制裁を受ける場合には，民事事件で敗訴した場合よりも強い基本権侵害の虞があるとする。しかも「異議申立人が，地方裁判所の『底意のある』事実の認定により，行っていない意見表明を行ったとされ，これによって

154）　同じ日に下されたエヒターナッハ決定（BVerfGE 42, 163〔第1部〕）も，同旨である。

直ちに刑罰を受けるような場合，このことは，基本権によって保護された人格領域の中核を侵す，きわめて程度の高い侵害となろう」。したがって，連邦憲法裁判所は，一般の裁判所による事実認定についても，それが基本権を侵すかどうか審査できるとしたのである。この考えは，80年の芸術批評事件決定（BVerfGE 54, 129［第1部］）で，民事事件にも用いられた。もっとも，おなじく80年のエップラー事件決定（BVerfGE 54, 148［第1部］［判例Ⅰ6：押久保倫夫］）では，事実認定の問題までは連邦憲法裁判所の審査が及ばないとしている。このため，政治ビラ事件決定で，一般の裁判所による事実認定にも連邦憲法裁判所の審査が及ぶことが認められたとはいえ，なお，この判断が定着したわけではなかった。

　連邦憲法裁判所は，84年の「時代錯誤行列（Anachronistischer Zug）」事件決定（BVerfGE 67, 213［第1部］）で，76年決定に全面的に依拠して，連邦憲法裁判所の審査が一般の裁判所の事実認定まで及ぶことを述べた。「憲法異議は刑事判決に向けられており，この判決が事実認定および刑法の解釈適用の観点から連邦憲法裁判所によって審査されることは，原則としてない。……連邦憲法裁判所の介入の可能性は，まさに基本権侵害の程度に依存している。連邦憲法裁判所が修正すべき，客観的憲法に対する強度の侵害が発生するのは，刑事裁判所の判決が，基本権の意義，とりわけ保護領域についての基本的に正しくない見解に基づく，しかも実質的に具体的事件に一定の重要性を有する事実認定もしくは解釈によって，誤りを露呈する場合である。結果として，判決が有罪とされた被告人の基本権領域をより持続的により長く侵害すればそれだけ，判決による侵害はより厳格な理由づけが必要であり，連邦憲法裁判所による審査の範囲は広範に及ぶことになる。……芸術の自由が問題となる行為に対して刑事制裁を課す場合，特別な意義のゆえに法律の留保なしに保障されている芸術の自由の行使に対するネガティヴな影響が，当該事件を超えて及ぶという危険が生じる。こういった場合，連邦憲法裁判所は，その審査範囲を，攻撃されている判決が基本法5条3項1文の意義，とりわけ保護領域の範囲についての基本的に正しくない見解に基づいているかという〔法〕問題に限定することはで

きない」のであって，事実認定の当否にまで及ぶ。芸術作品は多様な解釈が可能なのであるから，様々な意味を探るべきである。そして，芸術の自由の行使に対して刑罰を課すときは，その判断が当該事件を超えて芸術家の活動を萎縮させる危険[155]があることに配慮しなければならない，と判断した。

　この決定によって示された判断基準は，90年代になっても繰り返されている。例えば90年の連邦国旗事件決定（BVerfGE 81, 278［第1部］［判例Ⅰ31：西原博史］）は，「通常法律の解釈の誤りないしは……芸術作品の理解の誤りは，基本権評価の誤りをもたらしうる。少なくともこういった場合は，刑事手続におけるそのような誤りを帰結しうる重大な影響があるために，連邦憲法裁判所によるより厳密な統制は不可欠である」とした。また95年の「兵士は殺人者」事件決定（BVerfGE 93, 266［第1部］［判例Ⅱ25：小山剛］）も，「基本法5条1項1文は，意見表明を制約する法律の〔適切な〕解釈適用を要請しているのみならず，意見表明自体の〔適切な〕理解と評価も要請している。このため，裁判所が有罪と判断するにあたって依拠した意味内容が，〔有罪とされた〕意見表明に含意されていなかったり，多義的な意見表明の場合に，有罪を導くような解釈が根拠とされ，しかもその他の同じように成り立ちうる解釈が十分な理由づけなしに退けられているときは，すでにそれだけで，有罪判断は基本法5条1項1文に違反する」。このように基準を示した後，いずれの決定も，攻撃さ

---

[155] この問題については，毛利透『表現の自由　その公共性ともろさについて』（岩波書店，2008年）243頁以下を参照。なお，同書309頁の注（35）にあげられている二つの判例（BVerfGE 82, 43 ; 82, 272）は，連邦憲法裁判所の一般の裁判所の判決に対する審査範囲・密度という問題については，従来の判例の枠にとどまっていて，とくに理論的に重要な判断をしてはいない。そして，この問題に関する記述において，例えばシュライヒ／コリオートも，ベンダ／クラインもこれらの判決を注にもあげていない。したがって，他の問題関心からはともかく，判決に対する審査範囲・密度という問題関心（毛利が前掲書309頁の注（35）であげている川又の論文は，いずれもこの観点から書かれている）において，これらの判決を取り上げないことは「奇妙」ではなく，また本節で取り上げる必要もないであろう。

れている判決の事実認定は審査に耐えないと結論づけた。

　96年のDGHS事件決定（BVerfGE 94, 1［第1部］［判例Ⅲ23：柳眞弘］（根森健［追補］））は，一般の裁判所による表現の法的評価は，基本権保障に対して有する意義のゆえに連邦憲法裁判所の審査に服するとして，次のように述べる。「表現を法的に評価する場合は常に，表現が裁判所によって正当に理解されていなければならない。表現を不法行為であるとして〔表現した側に〕敗訴判決を下すときにこれが欠けていた場合，結果として本来許容されるはずの表現を制約すること，つまり基本法5条1項が発生させてはならないと規定している結果が生じることになる。さらに，こういった敗訴判決は，基本権によって保障された自由の行使一般に対し，将来的に影響を及ぼす。というのは，表現しようとする者に，自己の表現の〔過度に〕広範な，あるいは支持し得ない解釈がなされることで制裁を受けるリスクがあるときは，表現をしようとする意欲が萎縮してしまうからである（vgl. BVerfGE 43, 130 [136]）。……裁判所は，文言から見て表現が客観的に有し得ない意味を，表現に付与してはならない。複数の解釈が可能な表現にあっては，支持可能な理由のある解釈をあらかじめ排除することなしに，敗訴を導く意味に解釈を決定してはならない」。決定はこのように述べたうえで，攻撃されている判決は，表現の多義性をふまえていくつかの可能な解釈から一つを選択して判断しているので問題はないとした。なお，この決定でヘックの定式は直接には引用されていない。しかし，判決文中で政治ビラ事件決定を引用しているため，それを前提しているといえる[156]。

---

156)　この決定は，結果として一般の裁判所の判決を支持して憲法異議を退けたため，従来の判例を審査を限定する正しい方向へ修正したものと，学説では評価されている（vgl. z. B. C. Starck, Bundesverfassungsgericht und Fachgerichtsbarkeit JZ 1996 S. 1040）。しかし，本文に引用した部分から明らかなように，相変わらず，事実認定は連邦憲法裁判所の審査に服するとしている。本件は，一般の裁判所が「基本権の意義」を正しく理解しきちんと事実認定を行ったために，たまたま連邦憲法裁判所が事実認定を「再審査」する必要がなかったというべきである。このことは，次のベネトン・ショック広告事件判決と比較して検討すれば明らかであろう。なお，川又（注149）司法事実を参照。

広告による人間の尊厳侵害などが争われた，ベネトン・ショック広告事件についての 2000 年の判決（BVerfGE 102, 347［第 1 部］［判例Ⅲ 22：川又伸彦］）で，連邦憲法裁判所は，次のように判示した上で，一般の裁判所が事実認定を正当に行っていないとして，破棄差し戻した。本件で問題となっている民事法規定を「個別の事件において解釈適用することは，民事裁判所の任務である。連邦憲法裁判所が介入するのは，基本権の意義，とりわけ保護領域の範囲についての基本的に正しくない見解に基づいており，しかも実質的に具体的事件に対して一定の意味をもつ誤りが明白な場合である（vgl. BVerfGE 18, 85 [92 f.]）。……争われている表現の意味を最終的に確定したり，基本権の要請を尊重して導かれた一つの解釈をより適当と自ら考える別の解釈で置き換えることは，連邦憲法裁判所の任務ではない。しかし，基本権の要請には，表現がコンテクストに関連づけて解釈されること，および客観的に有し得ない意味を付与されないことが含まれる。多義的な表現においては，裁判所は，多義性を自覚し，様々な解釈可能性を検討し，見いだした結論に検証可能な理由を付さなければならない」。そして，十分な理由を付さずに表現者にとって不利な解釈を選択することは，表現の自由に対する侵害となりうると判断した。つまりここでも，事実の認定方法に対して連邦憲法裁判所の審査が及ぶことが認められた。なお，この判決では，改めてヘックの定式を示した特許決定が，確立した先例として引用されている[157]。

私小説の形をとったモデル小説「エスラ」の公表や販売などの差止めを認めた民事裁判所の判決に対して憲法異議が申し立てられたエスラ事件でも，連邦憲法裁判所は，2007 年の決定（BVerfGE 119, 1［第 1 部］）で，次のように述べて，一般の裁判所の事実の評価にまで立ち入って審査している。「小説の〔公表や販売などの〕禁止は，芸術の自由に対する，とりわけ強度の介入である。したがって，連邦憲法裁判所は，審査を，攻撃されている判決が，基本法 5 条

---

[157] 連邦憲法裁判所の差戻しを受けた連邦通常裁判所は，2001 年 12 月 6 日の判決で，再び人間の尊厳侵害を認めた（BGHZ 149, 247）。

3項の意義について，とりわけ保護領域の範囲について基本的に誤った見解に基づいているかという問題に限定することはできない。むしろ，連邦憲法裁判所は，攻撃されている判決が憲法上の芸術の自由の保護と一致するかを，当該事案の具体的状況に基づいて審査しなければならない。」そして，連邦憲法裁判所は，モデルとされた人物と作中人物との同定可能性についての一般の裁判所の認定の当否を具体的かつ詳細に検討している。

　このように最近の判例においても，一般の裁判所の事実認定が連邦憲法裁判所によって審査されているのであり，こういった傾向は定着していると見られる[158]。すなわち，連邦憲法裁判所は，一般の裁判所の判決に対する審査の程度を自ら決定し，場合によっては，司法事実の認定についてまで審査を行っているのである。もっとも，連邦憲法裁判所は，事実認定そのものを行う権限はない。このため，事件が差し戻されても，一般の裁判所は事実問題は自由に判断しうる。連邦憲法裁判所の示唆した事実解釈に拘束されることはない。しかし，実際には，連邦憲法裁判所が「憲法上許容される」事実解釈の範囲を絞り込んでしまっているため，決して単純に自由とはいえない状況である。こういった判断方法に対しても，学説には批判がある。

　e）　**実体問題と審査範囲・密度の関係**　以上のような概観をふまえて判例を整理すると，連邦憲法裁判所は，次のように実体問題によって審査範囲・密度を

---

158) この他，例えば，2001年5月16日の部会（第1部）決定は，ベネトン判決と同様の基準を用いて連邦通常裁判所の判決（NJW 2001, S. 1138）を支持し憲法異議の受理を認めなかった（NJW 2001, S. 2461）。事案は，弁護士が，事務所の封筒に用いた専門領域をあらわす表現（"Schwerpunkt"）が誤解を招き弁護士法違反になると連邦通常裁判所によって判断されたため，この判決に対して，憲法異議を申し立てたものである。連邦憲法裁判所は，連邦通常裁判所による表現解釈は理由づけられているのに対して，異議申立人はこの表現解釈に対して十分に反論していないとして，異議を退けた。この態度がDGHS決定と同じものであることは，注意を要しよう。連邦憲法裁判所が本件を部会で処理していることも，従来の立場と変更がないことを示している。

使い分けているということができる[159]。①5条1項の意見表明の自由と16a条の庇護権が争われているときは，これらの基本権の性質のゆえに審査範囲・密度が高められている。②刑事裁判の場合は，裁判が客観的に恣意的ではないかという，恣意性の審査が行われる[160]。③民事裁判の場合は，基本権侵害の程度に審査範囲・密度が比例する。もっとも，この侵害の程度の原則は民事裁判に限らず，いずれの場合にも「横断的に」[161]使われている。

(2) **判例の展開に対する学説の批判**　学説は，連邦憲法裁判所のこのような審査権限拡大傾向を批判し，これに限定を加えようと試みている点では，ほぼ一致している。そして，概ね，連邦憲法裁判所が介入すべき基本権侵害が，およそ次のような四つのグループに分けられるとしている。すなわち，①一般の裁判所が，訴訟当事者または参加人の，憲法上保障された手続的権利を侵害しているとき，②一般の裁判所が違憲の法律を適用しているとき，③通常法律の解釈適用にあたって一般の裁判所が基本権を侵害しているとき，そして，④一般の裁判所が判決に際して恣意的であるときである。このうち最も争いのあるのは，すでに判例の展開において明らかなように③のグループである。学説も，とりわけこれをめぐって議論している。しかし，その限定方法や提案されている審査範囲画定の基準は，様々であり，決定的な多数説といえる立場は形成されていない。そして，学説の中には，結局「最良の処方箋」はおよそ見いだしえないと，自ら結論づけているものもある[162]。

---

159)　Vgl. O. Klein, in：Benda/Klein, Rn. 478 ff.；Lechner/Zuck, Rn. 92 zu Einl.
160)　一般の裁判所の刑法解釈について，連邦憲法裁判所は，2010年の決定（BVerfGE 126, 170）で新たな傾向をみせている。この決定は，ある行為の可罰性を決定するのは立法者の任務であるから，一般の裁判所が解釈によって可罰性の範囲を立法者のコンセプトを超えて拡張することは立法者の権限領域に踏み込むことであるとする。そして，基本法103条2項の厳格な法律の留保のゆえに，連邦憲法裁判所による統制密度は引き上げられ，主張可能性の審査に限定されないとして，より立ち入った審査を行うとしている。
161)　Korioth (N145), S. 70.
162)　E. Benda, in：Benda/Klein, 2. Aufl, Rn. 656. ただ，同書は，万能薬のないこと

こういった学説の試みは，一般に実体法的アプローチと機能法的アプローチとに分類される。もっとも，最近では，実体法的アプローチでは解決を図ることはできないとして，機能法的アプローチをとる立場が有力であるとされている[163]。

a)　実体法的アプローチ　このアプローチは，連邦憲法裁判所が「憲法固有の領域」を審査範囲の基準としたことに対する批判を契機として，比較的早い段階で提唱された。このアプローチはおよそ，「憲法固有の領域」を基本権などの実体法解釈を通じて限定し，これによって連邦憲法裁判所の審査範囲を画定しようとする試みである。

これには，例えば，憲法固有の領域に対する侵害をさらに，直接的憲法侵害と間接的憲法侵害とに分け，基本権的地位の衡量，基本権の内在的制約ないし

が，かえって柔軟な対応を可能にし，連邦憲法裁判所の機能能力を維持するという見方があることも指摘する。なお，学説の立場が様々に分かれていることについては，例えば，Schlaich/Korioth, Rn. 310 ff. 同書が指摘するように，学説全体を見渡すことは不可能であり，また生産的でもない。以下では，学説のおよその傾向を示すために代表的と思われるものを——同書以上に——限定して，紹介するにとどめる。連邦憲法裁判所による一般の裁判所の判決に対する審査の範囲を画定するという問題は，今日のドイツ憲法学会における主要なテーマの一つとなっている。それは，憲法裁判権と一般の裁判所との関係が，1996年のドイツ法律家大会における「緊急フォーラム憲法」のテーマとして選ばれ，また2001年のドイツ国法学者大会の第一テーマともなったことからも，見て取ることができる（なお，1996年の法律家大会については Verhandlungen des einundsechzigsten Deutschen Juristentages Bd. II/1, 1996 を参照。また，2001年の国法学者大会については VVDStRL 61, 2002 を参照）。

163)　Vgl. Düwel (N111), S. 210 ff.; M. Jestaedt, Verfassungsrecht und einfaches Recht, DVBl. 2001, S. 1312.; デュヴェルは，連邦憲法裁判所も機能法的アプローチをとっているとする。ただし，機能法的アプローチだけでは，実のところ，問題解決にはならないのであって，両者が相補い合うというべきであろう（なお，渡辺康行「ドイツ連邦憲法裁判所とドイツの憲法政治」栗城壽夫ほか編集代表『ドイツの憲法判例Ⅰ』（信山社、2003年）3頁以下参照）。イェシュテットは，従来の二つのアプローチはいずれも，統制基準と統制密度の問題を混同していると指摘し，両者とは異なった新たな立場を展開する。

は比例原則の適用という観点からみて判決が誤っているときは，法律適合性が問題になるだけであって，直接に憲法が侵害されているとはいえないので，憲法異議の対象とすべきではないとする考えがある。

また，法適用が必然的に基本権と他の法益との衡量になる場合と，通常法における法適用が結果として基本権領域にかかわる場合とを区別し，前者の場合は直接的な基本権侵害が問題となるので連邦憲法裁判所の審査に服するが，後者の場合は間接的な基本権侵害でしかないので，連邦憲法裁判所の審査は及ばないとするものもある。

基本法19条2項に着目し，一般の裁判所による通常法の解釈適用が基本権の本質的内容を侵害している場合に限って，連邦憲法裁判所の審査を認めるという立場も，実体法的アプローチである。

こういったアプローチに対しては，およそ次のような批判がある[164]。このアプローチによれば，統制権限の範囲の問題は，通常法律に対する基本権の拘束力の範囲の問題となる。この拘束力の範囲は，基本権の有する規範内容によって決まるが，その内容を決するのは，法適用機関の任務である。連邦憲法裁判所の統制権能の範囲が基本権の規範的拘束力の範囲でのみ決まるとすれば，連邦憲法裁判所はその範囲を基本権具体化の程度に応じて絶えず決定しなければならない。しかし，裁判所の解釈権は，裁判所自身がもたらす基準によっては拘束されえない。しかも，憲法規定の開放性に鑑みると，憲法の具体化は，方法論的には法形成であって，認識ではない。基本権が具体化を要する開かれた規範であるならば，結局，そこから連邦憲法裁判所の統制権能を画定するに十分な程に確定的で，しかも一般的に妥当する内容を導くことはできない。

b) 機能法的アプローチ このアプローチは，憲法裁判権と一般の裁判権の果たすべき機能を区別することで，連邦憲法裁判所の審査権限の範囲を画定しようとするものである。

このアプローチには，例えば，憲法裁判は，対審構造ではない特別な手続で

---

164) 詳細なものとして，Düwel (N 111), S. 210 ff.

あるから，事実を解明し事案の多様性に応じて法律を適用するための道具が備わっていないとして，この限定された機能から連邦憲法裁判所の審査範囲を画定する必要があるとする主張がある。これによれば，連邦憲法裁判所が審査すべきは，事実認定が恣意的か，事案への法律適用の結果が合憲か，裁判官の法形成の限界が踰越されていないかという点のみである。個別事案の具体的解決は，事実認定などを通じて事案に接近し，しかも専門的な知見を有する一般の裁判所に委ねるべきであることになる。

また，法93a条の受理要件と対応させて，憲法異議の目的を客観的目的と主観的目的に分け，それぞれの機能に応じて審査範囲を検討すべきであるとする主張もある[165]。こういった見解の一つによれば，連邦憲法裁判所の裁判の本質的な作用は，客観的憲法を擁護し，その解釈と展開に貢献することである。憲法異議手続において審査の基準となる基本権は，基本権を実効的に保護するための適正な手続形成とそれに対応する裁判所手続の形成の要請を含んでいる。しかし，基本権を保護するためのこういった手続形成は，一般の裁判所の任務である。連邦憲法裁判所の任務は，一般の裁判所が手続を形成するにあたって，基本権的基準を正当に評価しているかの統制のみである。また，基本権的基準を配慮しつつ具体的な事案の解決を図ることも，一般の裁判所の任務である。もっとも，この見解は，法93a条2項が例外的に主観的権利保護を憲法異議の対象としていることを理由に，例外的に個別事件の内容について包括的に審査しうることを認める。そして，主観的権利保護を目的とする憲法異議における審査範囲確定の基準として，連邦憲法裁判所の採用する基本権侵害の程度の基準を積極的に評価する。また，きわめて強度の権利侵害の場合には，連邦憲法裁判所が，異議申立人と同様の状況にある第三者の権利保護についても，権利侵害の国家行為の萎縮効果に言及して配慮することによって，客観的憲法保障機能も同時に果たしていることを指摘している。なお，この考えと同様に受理手続を手がかりに連邦憲法裁判所の機能を考察しても，基本権保護を例外

---

165) Düwel (N111), S. 210 ff.

ととらえず,客観的憲法秩序の保護と同じようなウェイトを置くべきだとする立場もある[166]。さらに最近,基本権そのものの侵害が問題となる場合(「直接の基本権統制」)と,一般の裁判所の通常法解釈適用の誤りを3条1項や20条3項と結びつけることで憲法問題として憲法異議で争う場合(「法拘束統制」)とを分けて,審査範囲・密度を画定しようとする考えが提唱されている[167]。この考え方は,直接の基本権統制の場合は全面的な審査も許されるが,法拘束統制の場合は例外的にのみ審査ができるのであるから審査の範囲・密度は限定され,基本的に恣意性審査にとどめるべきであるとする。

このような機能法的アプローチに対しては,例えば次のような批判がある[168]。まず,機能法的アプローチは,連邦憲法裁判所の判例を分析し,それを記述的に理解しようとしているのか,つまり連邦憲法裁判所が現に果たしている機能を明らかにしようとしているのか,それともそれを超えて果たすべき機能を規範的に解釈しようとしているのかが曖昧である。そして,もし前者であるとすれば,それは連邦憲法裁判所の審査範囲の限定には必ずしもつながらない。また後者であるとするならば,果たすべき機能の憲法上の根拠が明らかでない。機能的正当性が,憲法内在的基準として連邦憲法裁判所の憲法解釈を統制するとしても,この基準自体がその内容にせよ根拠にせよ憲法解釈によって明らかになるものであるから,結局循環論に陥ってしまっている。さらに,基本権の侵害の強度の基準は,権利侵害の実質と審査の密度とを結びつけるものであり,機能法的に説明されるのかについて疑問がある。また,直接の基本権統制と法拘束統制とに分ける考えについては,それは憲法問題と通常法問題との区別を前提にするが,この両者をどう区別するかがまさに問題であるという批判がある[169]。

---

166) E. Benda, in : Benda/Klein, 2. Aufl. Rn. 655.
167) Alleweldt (N149), S. 139 ff.
168) Jestaedt (N163), S. 1313 ff.
169) Schlaich/Korioth, Rn. 320.

2.4.3　判決の手続に関する審査基準

　一般の裁判所の手続が，いわゆる手続的基本権を侵害する場合にも，憲法異議を申し立てることができる。判決に対する憲法異議においてこの基本権侵害が主張された場合，連邦憲法裁判所は広範な範囲で審査権限を行使している[170]。

　基本法103条1項の法的審問請求権に関しては，連邦憲法裁判所は，他の基本権とは異なった理論構成をとる。すなわち，同条は手続法が保障していることを「法的審問」として保障している。したがって，一般の裁判所の手続法律適合性が，直ちに基本権にとって重大な問題となるのである。このため，連邦憲法裁判所は，広範で個別問題に立ち入った審査を行い，また通常法上の衡量を行わなければならない。もっとも，連邦憲法裁判所は，後に，一般の裁判所の手続法律に違反することが「同時に，憲法で保障された法的審問を無視し得ない（unabdingbar）程度に侵害していること」，あるいは「法的審問のうちで憲法固有の部分」が侵害していることを要件として付加し，審査範囲に絞りをかけている。

　基本法101条1項2文の裁判を受ける権利に関しては，連邦憲法裁判所は，一般の裁判所が法律上の権限を踰越しただけで直ちに権利侵害となるのではなく，通常法の誤った解釈適用自体が維持し得ないものであるために，それに基づく裁判所の行為が違法となる場合に，連邦憲法裁判所が介入するとしている。

　なお，法的審問請求権侵害に関しては，連邦憲法裁判所の過重負担軽減の観点から，一般の裁判所の審級系列の中に，「聴聞異議（Anhörungsrüge）」ないしは「手続的基本権異議（Verfahrensgrundrechtsbeschwerde）」といった手続を設け，憲法異議の対象から外すべきだという主張もある。

---

[170]　これについては，シュライヒ／コリオートが適切に整理しているので，それに依拠して紹介するにとどめる（Schlaich/Korioth, Rn. 321 ff.）。

2.4.4 法拘束統制

この法拘束統制（Rechtsbindungskontrolle）は，通常法律の解釈適用が基本権侵害を結果として生じさせているとして，憲法問題として憲法異議で争うものである。具体的には，通常法律の適用が恣意的であるとして争う場合，争われている公権力の介入は当該通常法律によって根拠を与えられていないとして法律の留保の問題を争う場合，そして裁判官の法形成が通常法律（立法者）の予定した展開の範囲を超えることが20条3項の法と法律への拘束に反するものであり，その結果，この形成によって介入を受ける基本権の侵害にあたるとして争う場合である[171]。

このうち，裁判官の法形成の統制について，最近，統制範囲を拡張する傾向を示す判例が出された。連邦憲法裁判所は，裁判官の法形成について，ソラヤ事件（BVerfGE 34, 269［判例 I 63：渡辺康行］）以来，一般の裁判所が法発見の際に立法者の基本決定を尊重しているか，そして法解釈の承認された方法を用いているかという審査に限定し，またこれに基づいて行う実際の審査範囲・密度も限定していた。ところが，公判調書の訂正の可否についての連邦通常裁判所刑事合同部の判例変更が問題となった上訴理由縮減（Rügeverkümmerung）事件（BVerfGE［第2部］122, 248）で，連邦憲法裁判所は，一般論としては，確かに従来の立場をくりかえし，いわゆる主張可能性審査に限定されるとした。しかし，実際の審査では，連邦通常裁判所の論証を逐一検討するという方法で詳細に立ち入って広範に審査を行った。この決定は，審査密度については従来どおり主張可能性の審査にとどめるとしたが，審査の範囲を拡張することで，従来より立ち入った審査を行ったとみることができる。裁判官の法形成の審査についてこのような審査の拡張が定着するかは，今後の判例の展開によろう。

---

[171] O. Klein, in : Benda/Klein Rn. 475 f., 484 ff.

2.5　自治体の憲法異議

2.5.1　総　　説

⑴　**沿　　革**　1949年に制定された基本法は，自治体の憲法異議（Kommunalverfassungsbeschwerde, kommunale Verfassungsbeschwerde）について規定しなかったが，1951年に制定された連邦憲法裁判所法は「ゲマインデ及びゲマインデ連合は，連邦又はラントの法律が基本法第28条の規定に違反することを理由として，憲法異議を申し立てることができる。自治権侵害を理由とする憲法異議がラントの法によりラントの憲法裁判所に申し立てられることができる場合，連邦憲法裁判所への憲法異議は許されない」(91条) と定めた。その後基本法も，69年の改正により「連邦憲法裁判所が決定するのは，次の場合である：……4b. ある法律によって第28条の自治権が侵害されたことを理由とする，ゲマインデおよびゲマインデ連合の憲法異議について：ただしラントの法律による侵害の場合には，ラントの憲法裁判所に異議を申し立てることができない場合に限る」(93条1項4b号) と定める。

このように基本法および連邦憲法裁判所法により認められた自治体の憲法異議とは，基本法93条1項4a号および法90条に基づく憲法異議（Individualverfassungsbeschwerde：Grundrechtsklage）とは別のものであり，ゲマインデおよびゲマインデ連合に認められた連邦憲法裁判所による法的救済の手続である[172]。この申立ての件数は，後者の憲法異議と比較するならば，多くないと思われる。

なお，この憲法異議は東西ドイツの統一までは西ドイツのいくつかのラントで採用されていたにすぎないが，統一後は新たにドイツ連邦共和国に編入されたラントにおいても採用されている[173]。

---

172)　Vgl. Schlaich/Korioth, Rn. 191.
173)　自治体の憲法異議にかかわる各ラントの憲法および憲法裁判所法（国事裁判所法）の条文については，vgl. Maunz u. a., Teil A Gesetzestexte, A20-A35.

(2) **連邦憲法裁判権の補充性**　上述から明らかなように，連邦憲法裁判所は，法90条の一般的な憲法異議（3項）とは異なり，自治体の憲法異議については補充的な審査権をもつ[174]。すなわち連邦憲法裁判所は，ラント法が自治権を侵害するとの異議がラント憲法裁判所に申し立てられることができないときに限り，違憲審査権をもつ。したがってゲマインデおよびゲマインデ連合がラント法による自治権の侵害について訴えるときは，ラント憲法裁判権が優位する。なおラント憲法裁判所はラント憲法の侵害についてのみ判決するのであり，連邦法がラント（憲）法に優先すること（基本法31条）からも，ゲマインデまたはゲマインデ連合が連邦法に対して憲法異議を申し立てるときは，連邦憲法裁判所が審査権をもつ。

補充性に関しては，ラントの自治保障の憲法上の保護水準は基本法28条2項の自治保障よりも下回ってはならないといわれる。したがって自治保障が連邦憲法により保障された最低水準を下回る場合およびその限りで，連邦憲法裁判所への自治体の憲法異議は同様に容認される。それは，保障規範の文言における相違のためばかりでなく，連邦憲法裁判所が基本法28条2項の保障を解釈するよりも狭くラント憲法裁判所がラントの同一にまたは似たように定められた自治保障を解釈する場合にも，当てはまるとされる。ラントの憲法裁判所により基礎づけられる自治の憲法的基準は，連邦憲法裁判所により展開されたその基準を下回ってはならない[175]。

ちなみに連邦憲法裁判所は，ラント憲法裁判所が規範の審査の申立てを棄却したとき，その棄却判決を審査する第二審裁判所になることはない[176]。つまりラント憲法またはラント憲法訴訟法の解釈についてはラント憲法裁判所が最終

---

174)　Vgl. Schlaich/Korioth, Rn. 193 ; B. Pieroth, in : Jarass/Pieroth Rn. 76 zu Art. 93.
175)　Vgl. S. Magen, in : Umbach/Clemens/Dollinger, Rn. 73 zu §91.
176)　Vgl. W. Hoppe, Die kommunale Verfassungsbeschwerde vor Landesverfassungsgerichten, in : Starck/Stern (Hrsg.), Landesverfassungsverfassungsgerichtsbarkeit II, 1983, S. 169.

的に判断する[177]。

(3) **自治体の憲法異議の法的性格**　自治体の憲法異議の法的性格については，(a)対象の限定された申立権をともなう抽象的規範統制とみる見解，(b)法90条の憲法異議に組み込む見解，(c)連邦・ラント間の争訟のカテゴリーに含ませる見解などがある。

(a)　まず抽象的規範統制と関連づける見解についてみると，抽象的規範統制は，自治体の憲法異議と同様に，連邦法またはラント法が基本法28条の規定を侵害するとの主張をもって行われるが，両者は申立人や審査の前提・範囲などについて異にし，さらに両者には重要な構造上の相異が指摘される。すなわち，抽象的規範統制は「憲法の番人」としての連邦憲法裁判所に客観法の維持を託すものであるが，自治体の憲法異議は，異議申立人の自治権を連邦およびラントの立法による侵害から保護するものである。このことから，自治体の憲法異議は抽象的規範統制に含まれないといわれる。

(b)　次に法90条の憲法異議と関連づける見解についてみると，国民の憲法異議は，基本権の侵害があるとき当該個人により申し立てられるが，自治体の憲法異議は，基本法28条2項の侵害があるときにのみ申し立てられる。また自治体の憲法異議は，ゲマインデおよびゲマインデ連合にのみ申立権が認められ，さらに法律のみが攻撃対象になるものである。このことから，自治体の憲法異議を国民の憲法異議に含ませることは適切でないといわれる。

(c)　さらに連邦・ラント間の紛争と関連づける見解についてみると，確かにこの紛争において連邦およびラントの立法者による自治権侵害が訴えられることがある。しかし，これは偶然なことであり，また自治体の憲法異議は，憲法の規定上「法律」についてのみ行われるのであり，さらにゲマインデの法的救済は法90条の憲法異議と同様異議申立人の単独（einseitige）手続をあらわすが，基本法93条1項3号による連邦・ラント間の争訟においては，一定の被告に向けられなければならない対審手続が問題となる。これらのことから，自

---

177) Vgl. S. Magen, in : Umbach/Clemens/Dollinger, Rn. zu § 91.

治体の憲法異議を連邦・ラント間の争訟に含ませるのは正しくないといわれる。

　以上のことから自治体の憲法異議は，その法的性格上憲法裁判所の手続におけるその他の法的救済手続に対応しないといえる。むしろそれは，憲法裁判所の手続形態の体系の中で，他の救済手続から区別された固有の性格をもつものであり，したがって固有の異議申立権をあらわすものである[178),179)]。

2.5.2 各　　説

(1)　**異議当事者**　憲法異議を申し立てる資格があるのは，基本法93条1項4b号と法91条によると，ゲマインデとゲマインデ連合である。いかなる申立人がそれらに数えられるのかは——法90条の憲法異議における場合とは異なり——その貫徹に憲法異議を有効なものと定める憲法による。基本的に，異議当事者は基本法28条2項1文（ゲマインデ）または2文（ゲマインデ連合）の自治の担い手なりうる公法上の団体である[180)]。

　a)　ゲマインデ　ゲマインデとは，民主的に組織され，法的に独立した，そして行政的自律性を備えた行政の最下級の地域団体である。それゆえに，市区や地区のようなゲマインデの非独立的な下部組織並びに独立したゲマインデの結合は，ゲマインデではない。さらにハンブルクとベルリンは，都市国家と同時にラントである限り，ゲマインデではない。それらにおいては，自治体の憲法異議により防禦すべき，基本法28条2項に基づく法的地位（自治権）が必要ないほどに国家と地方が統合されている。都市国家の下部組織は，〔国家から〕独立したゲマインデとして形成される場合にしか異議の資格をもたない。ゆえ

---

178)　Vgl. Hoppe, (N176) S. 260.
179)　その他の学説によっても「自治体の憲法異議は，……憲法訴訟法の体系に組み難い。」(S. Mager, in：Umbach/Clemens/Dollinger, Rn. 12 zu §91) と指摘される。さらに，vgl. Schlaich/Korioth, Rn. 192.
180)　Vgl. B. Pieroth, in：Jarass/Pieroth, Rn. 74 zu Art. 93.

に自由ハンザ同盟都市ブレーメンとブレーマーハーフェン市は異議の資格をもつが，ハンブルクとベルリン〔地区〕は異議の資格をもたない。

b)　ゲマインデ連合　ゲマインデ連合の概念は，いずれにせよ基本法 28 条 1 項 2 文に定められたクライスを包括し，さらに地方自治法による新たな創設についても開かれている集合概念である。その他のどのような団体が具体的に含まれるのかは争われている。ゲマインデ連合に含まれるのは，ゲマインデとラントの間に存し，自治権をもつすべての地域団体である。ゲマインデ連合はゲマインデと比較されうる全権を自由に行使できないし，できる必要もない。行政共同体や自治体の目的団体，機能的自治の団体はゲマインデ連合ではない。

c)　そ　の　他　自治体が解散され，またはそれが独立のゲマインデまたはゲマインデ連合の地位を喪失した場合，それは基本法 28 条 2 項に基づく自治権をも喪失し，そしてそれゆえにもはや異議の資格をもたない。もちろん，地位を変更する行為が基本法 28 条 2 項と適合したのかについて憲法裁判所が審査できるためには，解散させられた自治体がこの行為に対する自治体の憲法異議について手続法上異議の資格があるとして行動することができる[181]。

(2)　異議申立権　法 91 条 1 文の規定によると，自治体の憲法異議は法 90 条の憲法異議のように権利——ここでは基本法 28 条 2 項に基づく自治権——の侵害の「主張」によって申し立てることができる。それゆえに連邦憲法裁判所は，自治体の憲法異議は申立人の異議申立権を前提とすること，およびこの異議申立権は原則的に，それが法 90 条の憲法異議のために発展させられたと同じ基準に従って判定されることから出発する。申立ての自治体の申立理由から，その自治保障の侵害の可能性が明らかにされなければならないし，および自治体は攻撃する法律それ自体に現実にかつ直接に関係させられなければならない[182]。

---

181)　Vgl. S. Mager, in : Umbach/Clemens/Dollinger, Rn. 14 ff. zu § 91.
182)　Vgl. B. Pieroth, in : Jarass/Pieroth, Rn. 75 zu Art. 93.

a) 侵害の可能性 最も頻繁に用いられる定式によると,「基本法 28 条 2 項の保護領域が関係させられる基となる何らかの状態」を説明しなければならない。この定式は,連邦憲法裁判所が実際に提示する条件を適切にあらわすものではない。法 90 条の憲法異議におけるように,自治保障の侵害の可能性が,そしてその保護領域の関係性ばかりでなく,説明されなければならない。このことは,法 91 条 1 文が理由付けの負担 (Begründungslast) について要求する内容的な基準である。

b) 侵害の直接性 法 90 条の憲法異議と比較できるが,自治体の憲法異議は,基本法 28 条 2 項に基づく自己の自治権の侵害を主張し,かつこの意味において,攻撃する措置(法律など)によりそれ自体が〔具体的に〕関係させられる自治体しか申立てできない。このことによって,自治体の憲法異議が他の自治体の利益または公共の利益のために申し立てられることは阻止される。連邦憲法裁判所は,法規範の実現が特別の執行行為を前提とすることを法的に不可欠とするか,または行政実務に依ってしか特別の執行行為を前提としない場合,異議申立人は法律により直接的に関係させられるものではない(補充性原則)とするが,直接的な自己関係性はあらゆる補充性の考慮に論理的に先だって存在するとの指摘がある。

c) 侵害の現実性 連邦憲法裁判所は法 90 条の憲法異議の基準に従って異議者の現実性を判断する。しかしこれは,典型的な規範を対象とする法規の個別的憲法異議の特徴を正当に評価しない。その典型的な規範はその具体化と現実化がその制定時期より時間的に必ず遅れてなされるものである。ゆえに連邦憲法裁判所が連邦憲法裁判所への入り口(機会)を制度に反して制限するならば,異議申立権は,ゲマインデの法的地位がすでに現実的に変更されていることに依存させられることになる。もちろん,ゲマインデが単に規範の潜在的名宛人であることは十分でもない。むしろ,申立て(時)においてすでに予測可能であること,同時に規範の現実化が異議を申し立てるゲマインデと事実上関係することが異議申立てのための必要かつ十分な前提である[183]。

(3) 異議対象

a) 連邦とラントの法律　基本法93条1項4b号，法91条1文によると，自治体の憲法異議は連邦とラントの法律に対してのみ行われる。その「法律」について連邦憲法裁判所は形式的意味の法律ばかりではなく，法律より下位であるが，対外効をもつすべての法規範をも含める。例えば法規命令や，他の自治体により制定された，上位の法（法律など）を含む法令（Satzungsrecht）などがある。法規範の形式で発せられた措置は，それが規律内容によって個別的措置または個別的措置の要素をもつ場合にも異議対象になる。

b) 立法府の不作為　自治体の憲法異議によって立法者の不作為も攻撃できるのかどうかという争われる問題を，連邦憲法裁判所はこれまで未決定のままにする。もちろんその問題はなおいわゆる不真正不作為の場合生じない。その不真正不作為においては問題が積極的な規定により最終的に定められる。この点では自治体は，当該規範が自治保障の義務の背後にあるとの論拠づけにより規範を攻撃できる。それに対し，真正不作為の攻撃可能性に対してはとりわけ法91条1文の文言が引用されうる。この「連邦又はラントの法律」という言い回しには，許容される異議対象を制定法に限定することが容易に想起される。

c) 不文法　同様に連邦憲法裁判所はこれまで慣習法と裁判官による法形成の攻撃可能性を未決定のままにする。これに対し，裁判所による法律の（最高裁判所によるものであろうと）解釈は，攻撃対象として認められない[184]。

(4) 審査基準

a) 基本法28条2項　連邦憲法裁判所の審査基準は，自治体の憲法異議において，基本法93条1項4a号，法91条1文にあげられた基本法28条2項の自治権である。

b) 自治のための特徴的な規定　連邦憲法裁判所が法90条の憲法異議において行ったところの審査基準の拡張を，連邦憲法裁判所はこの形式においては自治

---

183) Vgl. S. Mager, in : Umbach/Clemens/Dollinger, Rn. 18 ff zu §91.

184) Vgl. S. Mager, in : Umbach/Clemens/Dollinger, Rn. 29 ff zu §91. さらに vgl. B. Pieroth, in : Jarass/Pieroth, Rn. 74 zu Art. 93.

体の憲法異議に転用しなかった。これに代わって連邦憲法裁判所は——すでにその判決集の第 1 巻において——自治体の憲法異議の審査基準の特徴的な拡張を必要なものと見なした。それによると，連邦憲法裁判所は 91 条による手続において，攻撃される法律が基本法の諸規範と適合するのかどうかについても審査しなければならないのである。その諸規範とは，その内容が憲法上の自治像を共に決定するに有効なもの（恣意の禁止，平等原則，民主制の原理など）である。

c) 基 本 権 自治体が基本権の担い手でありうる限り，自治体は基本権——とりわけ司法的基本権——を自治体の憲法異議によってではなく，連邦憲法裁判所法 90 条 1 項による憲法異議の方法によってのみ申し立てることができる。しかし，自治体がそれらと類似した申立規定に基づいて基本権と自治保障の侵害を攻撃するならば，連邦憲法裁判所は——申立てが解釈に馴じむ限り——いずれへの攻撃がいずれの手続により容認されるのか審査する[185]。

2.5.3 ラントの法状況

連邦法について争う場合は別として，自治体の憲法異議は，ラントの憲法および憲法裁判所法（国事裁判所法）の規定によると，ラント憲法裁判所（国事裁判所）または連邦憲法裁判所に申し立てられ，さらにその主体や対象などについても各ラントごとに異なっている。自治体の憲法異議の具体的な形態については，各ラントごとに詳しく明らかにする必要があるが，ここでは自治体の憲法異議に関する各ラントの法状況——とくに異議申立ての当事者——について，各ラントの憲法および憲法裁判所法（国事裁判所法）を手がかりに簡単に紹介する[186]。

① バーデン ＝ ヴュルテンベルク　ゲマインデとゲマインデ連合が自治権を保障する憲法規定の侵害を理由に国事裁判所に申し立てることができる

---

185) Vgl. S. Mager, in : Umbach/Clemens/Dollinger, Rn. 52 ff zu § 91. さらに vgl. B. Pieroth, in : Jarass/Pieroth, Rn. 78 zu Art 93.
186) Vgl. H. Bethge, in : Maunz u. a., Rn. 72 f zu § 91.

（憲法76条，国事裁判所法8条1項8号，54条：規範統制の特徴を有する）。

② バイエルン　ゲマインデが自治権の侵害を理由に憲法裁判所に申し立てることができる（憲法98条4文，憲法11条と結びついた憲法裁判所法2条7号，55条：民衆訴訟の特徴を有する）。

③ ブランデンブルク　ゲマインデとゲマインデ連合がその自治権の侵害を理由に憲法裁判所に申し立てることができる（憲法100条，憲法裁判所法12条5号，51条：憲法異議の特徴を有する）。

④ ブレーメン　公法上の団体（ゲマインデ）が憲法上の疑義を理由に国事裁判所に申し立てることができる（憲法140条，国事裁判所法10条2号，24条：規範統制の特徴を有する）。

⑤ ヘッセン　ゲマインデとゲマインデ連合が自治権を保障する憲法規定の侵害を理由に国事裁判所に申し立てることができる（憲法131条1項・3項，国事裁判所法15条5号，46条，43条以下：基本権訴訟の特徴を有する）。

⑥ メクレンブルク゠フォアポメルン　ゲマインデとクライス・地方行政組合が自治権の侵害を理由に憲法裁判所に申し立てることができる（憲法53条8号，憲法裁判所法11条1項10号，52条以下：憲法異議の特徴を有する）。

⑦ ニーダーザクセン　ゲマインデとゲマインデ連合がその自治権の侵害を理由に憲法裁判所に申し立てることができる（憲法54条5号，国事裁判所法8条10号，36条：憲法異議の特徴を有する）。

⑧ ノルトライン゠ヴェストファーレン　ゲマインデとゲマインデ連合が自治権を保障する憲法規定の侵害を理由に憲法裁判所に申し立てることができる（憲法75条4号，憲法裁判所法12条8号，52条：憲法異議の特徴を有する）。

⑨ ラインラント゠プファルツ　公法上の団体（ゲマインデ）が憲法違反を理由に憲法裁判所に申し立てることができる（憲法130a条135条1項4号，憲法裁判所法2条1号(a)，23条以下：憲法異議や規範統制ではなく申立権と特徴づけられる）

⑩ ザールラント　ゲマインデとゲマインデ連合がその自治権の侵害を理由に憲法裁判所に申し立てることができる（憲法97条4号，123条，憲法裁判

所法9条13号，55条以下：憲法異議の特徴を有する)。

⑪　ザクセン　地方自治の担い手（ゲマインデと思われる）がその自治権の侵害を理由に憲法裁判所に申し立てることができる（憲法81条1項5号，90条憲法裁判所法7条8号，36条：憲法異議の特徴を有する)。

⑫　ザクセン゠アンハルト　ゲマインデとゲマインデ連合が自治権の侵害を理由に憲法裁判所に申し立てることができる（憲法75条7号，憲法裁判所法2条8号，51条：憲法異議の特徴を有する)。

⑬　シュレースヴィヒ゠ホルシュタイン　ゲマインデとゲマインデ連合が自治権の侵害を理由に憲法裁判所に申し立てることができる（憲法44条，憲法裁判所法3条4号，47条以下：憲法異議の特徴を有する)。

⑭　テューリンゲン　ゲマインデとゲマインデ連合が自治権の侵害を理由に憲法裁判所に申し立てることができる（憲法80条1項2号，憲法裁判所法11条2号，31条以下：憲法異議の特徴を有する)。

⑮　その他　ハンブルクとベルリンでは，自治体（ゲマインデ）が存在しないため，自治体の憲法異議は問題にならない。

3. 具体的規範統制

3.1 総　　説

3.1.1　具体的規範統制

　基本法100条1項および法13条11号，11a号，80条以下によれば，一般の裁判所は，具体的事件に適用すべき後憲法的法律（nachkonstitutionelles Gesetz）が違憲であると確信し，そのことが判決の結果に影響を及ぼす場合には手続を中止して，当該法律が憲法に適合するか否かの問題を連邦憲法裁判所に移送しなければならない。移送を受けた連邦憲法裁判所は，移送の形式的要件について審査した上で，移送内容つまり法律が憲法に違反するという移送内容が理由のあるものであるか否かを審査する。このような一連の手続を「具体的規範統制（konkrete Normenkontrolle）」という[187],[188],[189]。

---

187)　「憲法裁判所のこの手続は，『具体的』あるいは『付随的』規範統制（„inzidente" Normenkontrolle），また『裁判官の移送（Richtervorlage）』と呼ばれている。このような名称はすべて，移送裁判所を指すものであって憲法裁判所ではない。すなわち，憲法裁判所の規範統制は，それが―抽象的な法問題との対比において―『具体的な』規範に関するから，『具体的』なのではない。いわれているのは，問題が『具体的な』争訟（原審）において一般の裁判所に提起されたということである。『付随的』なのは，―すなわち前提問題は―憲法裁判所での規範統制ではなく一般の裁判所での規範統制である。憲法裁判所は逆に規範を主要問題として審査するのである。そしてまた，『裁判官の移送』という言葉は一般の裁判所による具体的規範統制手続の開始を指している」（Pestalozza, Rn. 2 zu §13）。

188)　第6次改正法律では，具体的規範統制の対象として，「調査委員会法36条2項による移送に基づく，調査委員会の設置に関する連邦議会の決定と基本法との一致について」（13条11a号）が新規に追加された。調査委員会法によれば，

3.1.2 各国の例

憲法裁判所制度を採用する国々においても、規範統制をどのような手続で行うか、つまり、抽象的規範統制、具体的規範統制、憲法異議などの具体的な手続のうちどれを採用するかについては、様々な組合せがある。その中では具体的規範統制をとる国が多い[190]。

連邦議会の調査委員会の設置に関する争いは通常裁判所の権限であるが、通常裁判所が調査委員会の設置を違憲と考えるときその手続を中止して、連邦憲法裁判所の判断を求めなければならない。これが具体的規範統制と位置付けられたのは、通常の裁判所の裁判官が立法者の意思を無視するということを阻止するという具体的規範統制の趣旨が、この手続にも妥当すると考えられたからである（光田（注3）277頁以下［281, 294頁］参照）。

189) 具体的規範統制は、申立件数および処理件数において連邦憲法裁判所の全手続の中で圧倒的多数を占める憲法異議（2011年末までの総申立件数は、188,187件（96.5％））に次いで多く、年によって件数にかなりの幅がある（基本法100条1項関係で最近5年間では、2006年（74件）、07年（27件）、08年（33件）、09年（47件）、10年（19件）、11年（35件））が、総申立件数は約3,500件にのぼる。そして、委員会・部会ではなく部で処理された件数は、憲法異議では4,034件にすぎないのに対して、具体的規範統制は1,043件とその割合は高い。なお、抽象的規範統制は総申立件数145件に対して83件である（60 Jahre Bundesverfassungsgericht – Bilanz und Ausblick BVerfG HP参照）。ちなみに、連邦憲法裁判所の重要判例を網羅する『ドイツの憲法判例』の3巻中、具体的規範統制はⅠでは紹介判例94件中18件、Ⅱでは74件中10件、Ⅲでは85件中10件となっている。

190) L.ファヴォルーはヨーロッパ型憲法裁判、いわゆる憲法裁判所型の主要な例としてオーストリア、ドイツ、イタリア、フランス、スペイン、ポルトガル、ベルギーをあげ紹介しているが、このうち、フランスの憲法院以外のすべての国で具体的規範統制が採用されている（L.ファヴォルー（山元一訳）『憲法裁判所』（敬文堂、1999年）42, 65, 86, 118, 127, 132頁参照）。なお、フランスでも、ミッテラン大統領による「基本的権利を侵害されたと考えるとき、すべてのフランス人が憲法院に提訴を行えるようにする憲法改正」案（1989年）が憲法院の改革を提唱したが成立には至らなかった。これによれば、第一審・控訴審で市民が基本的権利の侵害を理由に違憲の抗弁を提起した場合、裁判所は、①当

例えば，イタリアの憲法裁判所の法律の憲法適合性審査手続は，具体的規範統制であると考えてよい。憲法裁判所の構成および機能に関する規定（1990年3月10日法律87号）26条によれば，「裁判手続の進行中に，当事者の一方または検察官は，特定の申立てにより規範の合憲性の問題を提起することができる」。この申立てには以下の内容が含まれなければならない。「a) 違憲とされる国もしくは州の法律または法律の効力を有する決定の規定，b) 侵害されたとされる憲法または憲法的法律の規定」（1項）。「裁判所は，手続が合憲性の問題を決定することなしには終結させることができないと判断したとき，または適用規範の合憲性に対する疑念が明白に理由のないものではないと判断したときは，申立ての事実および理由を記載した命令を発し，憲法裁判所に直接に移送し裁判手続を停止する」（2項）。この手続は，「基本的構造において，基本法100条1項において定められた手続によく似ている。これは，裁判手続から発生し，憲法裁判所に集中された『付随的規範統制』体系である。すなわち（審級にかかわりなく）通常または行政裁判所の手続において，判決がその合憲性に疑念がある法律の規範の適用に依拠する場合には，裁判所はその手続を中止し，適用規範が憲法と適合するか否かの問題を憲法裁判所に提示しなければならない（強調は引用者）」[191]。

　　　該規定が，手続の有効性を条件づけるものか，訴追の基礎を構成するものか，もしくは係争の解決に不可欠であるか，②当該規定について憲法院の先例があるか否か，③明らかに理由のないものであるか否かを審査し，コンセイユ・デタまたは破毀院への移送の是非を決定する。コンセイユ・デタまたは破毀院は，下級審からの移送を受け，あるいは直接にコンセイユ・デタまたは破毀院で提起された違憲の抗弁の「重大性」を審査する。そして，この審査を経て憲法院に移送される（今関源成「挫折した憲法院改革――フランスにおける法治国家（État de droit）論」高柳信一先生古稀記念論集『現代憲法の諸相』（専修大学出版局，1992年）363頁以下，辻村みよ子『市民主権の可能性――21世紀の憲法・デモクラシー・ジェンダー』（有信堂，2002年）130頁参照）。

191) T. Ritterspach, Die Verfssungsgerichtsbarkeit in Italien, in : C. Starck/A. Weber (Hrsg.), Verfassungsgerichtsbarkeit in Westeuropa, Teilband 1 : Berichte, 1986, S. 231 f. なお，条文については，Teilband 2, Dokumentation, S. 13（邦訳について，

また，韓国の憲法裁判所では，具体的規範統制と（限定された）憲法異議が採用され，抽象的規範統制は導入されていない。大韓民国憲法11条1項1号および韓国憲法裁判所法41条1項によれば，法律が憲法に違反するか否かが裁判の前提となったときには，当該事件を担当する法院（裁判所）は職権または当事者の申立てによる決定で憲法裁判所に憲法適合性の審査を要請する。各法院は，憲法裁判所に提訴する場合，違憲と解釈される理由を付記しなければならない（裁判所法43条）[192]。

井口文男「試訳・イタリア憲法院関連法規」岡山大学法学会雑誌41巻1号（1991年）245頁以下）参照。この「集中された『付随的規範統制』」という表現は大変示唆的である。なぜなら，具体的規範統制の本質は，まさに集中された付随的規範統制であるからである（井口文男「イタリア共和国（解説）」初宿正典・辻村みよ子編『新解説世界憲法集』（三省堂，2006年）113頁参照）。なお，イタリアの憲法裁判所については，和田英夫『大陸型違憲審査制』（有斐閣，1979年）44頁以下参照。これとは異なった見解として，永田（注10）256頁以下参照。

[192] 韓国憲法裁判所では本手続は，「違憲法律審判（権）」と呼ばれている。これについては，韓国憲法裁判所編（翻訳者代表：徐元宇）『韓国憲法裁判所10年史』（信山社，2000年）75頁以下，金哲洙『韓国憲法の50年—分断の現実と統一への展望』（敬文堂，1998年）178頁以下，趙柄倫「韓国の憲法裁判の意義と構造」法律時報63巻7号（1991年）28頁以下，黃祕呂「韓国憲法裁判所の運営の実状」，龍揮訳「韓国憲法裁判所法（1988年8月5日法律4017号）」同37頁以下，45頁以下，李東洽「韓国民主主義の発展における憲法裁判所の貢献」法律時報82巻5号（2010年）72頁以下（同書73頁によれば，1988年9月1日から2011年10月31日までの本手続の受付は770件である。），在日コリアン弁護士協会編『韓国憲法裁判所 社会を変えた違憲判決・憲法不合致判決—重要判例44—』（日本加除出版，2010年）39頁以下（ちなみに同書であげられている憲法裁判所の重要判例44件のうち，「違憲法律審判（権）」（「違憲提請」）事案は，17件である），鄭柱白「韓国の違憲審査制度」國分典子・申平・戸波江二編『日韓憲法学の対話Ⅰ総論・統治機構』（尚学社，2012年）210頁以下（同書によれば，法院が違憲提訴した違憲法律審判中違憲決定率は47％に上る。）参照。さらに，Y. Huh, Probleme der Konkreten Normenkontrolle — insbesondere die Zuständigkeit zur Verwerfung verfassungswidriger Gesetz nach dem Grundgesetz der Bundesrepublik Deutschland und nach der Verfassung der Republik Korea,

なお，わが国でも，かつて，具体的規範統制類似の制度の導入が実際に検討されたことがあった[193]。

3.1.3　前　　　史

ドイツの憲法裁判所制度，とくに規範統制の根底には，1世紀以上にわたる裁判官の審査権をめぐる議論の歴史がある。そして，ワイマール時代末期には，一般の裁判官の審査権は判例および学界の多数によって原則的に承認されていたが，同時にその欠陥も指摘されていた。

一般の裁判官の審査権を無条件に承認すれば，裁判官は裁判の際に自己の任意の見解により，違憲の法律を適用しないでおくことができる。そして，判決にとって必要な法規定の違憲性判断と当該規範の個別事件への適用可能性という問題はすべて，個々の裁判官に委ねられることになってしまう。そこで，「法的安定性，判例の統一および法律の確実かつ専門的な審査を保障するためには，審査権の集中，少なくとも一般的に無効とする権限の集中という要請がなされ」[194]，このような要請は具体的にはキュルツ草案・政府案という形であ

1971 参照。

193)　1954年5月29日の第19回国会法務委員会の会議で，刑事訴訟法・民事訴訟法の改正作業の一環として，最高裁をはじめとする裁判所の機構改革，最高裁の未決件数の解消など，訴訟法全体について実際上生じた様々な問題を解決するために，上訴などにつき小委員会を設置することが承認され，「上訴制度に関する調査小委員会」と「違憲訴訟に関する小委員会」が設置された。両委員会は，最高裁に抽象的審査権を認めるべきか，憲法問題については最高裁に移送するような制度を認めるべきかなどについて検討し，その結果は「違憲訴訟及び上訴制度に関する衆議院法務委員会小委員会改正要綱試案」にまとめられた。その中で，「違憲事件につき最高裁判所への移送（職権移送，命令移送）を認め，かつ，憲法解釈の点のみの移送をも認めること。」という形で，下級裁判所からの憲法問題あるいは事件の最高裁への移送が提唱された（畑尻剛「憲法裁判所案の系譜と問題点」憲法理論研究会編『憲法理論叢書⑤憲法50年の人権と憲法裁判』（敬文堂，1997年）35頁以下，笹田栄司『裁判制度―やわらかな司法の試み』（信山社，1997年）38頁以下参照）。

194)　G. Ulsamer, in：Maunz u. a., Rn. 4 zu §78 (Lfg. 5, 1978).

らわされたが，結局ナチスの台頭とともにこれらの議論も消滅した[195]。

　戦後（西）ドイツにおける法治国家の再建は，まさにワイマール時代の審査権をめぐる議論のこの段階から出発したのである。すなわち，ヘレンキームゼーの基本法制定会議における審議の際にも，ワイマール末期の一般の裁判官の審査権が前提とされており，当時すでに認識されていたその欠陥を排除することに努力が払われたのである[196]。この結果成立した基本法100条1項は，法規範の憲法適合性審査に関する権限を一般的に裁判所に認めたうえで，前憲法的法律を無効とする権限は従来通り裁判所に委ね，後憲法的法律の場合にも形式的意味の法律に限って，一般的に無効とする権限を連邦憲法裁判所に独占させたのである[197]。

3.1.4　前提としての裁判官の審査権

　学説・判例が一致して指摘するように，具体的規範統制は，一般の裁判所が適用法律の効力について審査する権限と義務をもつこと，すなわちいわゆる裁判官の審査権をもつことを暗黙の前提としている。

　具体的規範統制の基礎には，「上位法，例えば憲法と抵触するすべての重要な法規範に関する裁判官の審査権および（当該事件に適用しない権限という意味での）無効とする権限の承認がある。したがって，憲法解釈も審査基準として憲法を援用することも決して憲法裁判所だけの権限ではない。本法100条1項の意味は，特定の事案状況を配慮して——審査権限ではなく——無効とする権限が一般の裁判所から排除され，そしてそれに代わって連邦憲法裁判所あるいはラント憲法裁判所の『決定権あるいは無効とする権限の独占』が確立されることである。当該裁判所にとってこのことは，判決にとって必要な前提問題の終局的な解明が裁判所に禁じられ，当該裁判所はその問題を連邦憲法裁判所ある

---

[195]　畑尻（注2）107頁以下参照。
[196]　Vgl. G. Ulsamer, in：Maunz u. a., Rn. 5 zu §78 (Lfg. 5, 1978). 光田督良「具体的規範統制の由来」比較法雑誌15巻2号（1981年）80頁以下参照。
[197]　Vgl. G. Ulsamer, in：Maunz u. a., Rn. 6 zu §78 (Lfg. 5, 1978).

いはラント裁判所に提示して判断を仰がなければならない（移送）ということを意味する」[198]。

また，具体的規範統制が一般の裁判官の審査権を前提とすることは，本手続の憲法上の位置によっても確認される。すなわち，抽象的規範統制を含む他の連邦憲法裁判所の権限のほとんどが基本法93条にまとめて列挙されているのに対して，具体的規範統制は，93条ではなく，連邦憲法裁判所を含む連邦の各裁判所の組織・権限，裁判官の独立に関する諸規定の後の100条において独立して規定されているのである。

さらには，次のような指摘もある。「一般には次のようにいわれる，裁判官は審査権をもつが無効とする権限をもたない。すなわち，無効とする権限は，連邦憲法裁判所が独占する，と。この表現は，十分なものとはいえない。裁判官が暫定的にすぎないとはいえ，規範を無効とする権限，より正確にいえば，規範を適用しないという権限を完全に有するのである。なぜなら，裁判官がその法律を無効と考える場合にのみ，裁判官は移送をなすことができるからである。ただ，連邦憲法裁判所が規範の一般的な効力に関して拘束力をもって決定するから，この無効は暫定的なものにすぎないだけである」[199]。

3.1.5 目　　　的

具体的規範統制の目的は，①連邦およびラントの議会立法者の保護と，②法的混乱および法的安定性の確保である。このことは，すでに述べたように，ドイツの各裁判官は違憲審査権をもち，また（不適用という意味で）暫定的である

---

198)　E. Klein, in : Benda/Klein, Rn. 753. 同様の趣旨のものとして，Pestalozza, Rn. 2f. zu § 13 ; Schlaich/Korioth, Rn. 134, ゲオルグ・レス（栗田陸雄訳）「ドイツ連邦共和国における法律の合憲性の統制」法学研究63巻9号（1990年）53頁以下，「〈インタヴュー〉コンラート・ヘッセ氏に聞く—ドイツの違憲審査制」ジュリスト1037号（1994年）114頁以下）参照。なお，畑尻（注2）160頁以下参照。

199)　Schlaich/Korioth, Rn. 135.

とはいえ無効とする権限すらもつことに由来する[200]。

連邦憲法裁判所によれば，具体的規範統制の目的は，「あらゆる個々の裁判所が，連邦立法者やラント立法者が議決した法律を，それらが基本法あるいは連邦法とラント法の連邦国家的段階秩序を侵害したという見解に基づき適用しないことによって，連邦およびラント立法者の意思を無視することを阻止することである」[201]。さらに同様の観点から，この手続のもう一つの目的である法的混乱の回避・法的安定性の確保も明らかである。すなわち，「基本法100条1項による手続にとって重要なのは，唯一の裁判所に法規範の一般的効力に関する拘束力のある決定を集中するという観点である。つまり，法の統一および法的安定性である。連邦憲法裁判所は，この機能を立法者の擁護という機能とならんであげる。すなわち，『具体的規範統制手続は……憲法問題を一般的に拘束力をもって解明することによって，各裁判所のバラバラな判断，法的不安定および法の分裂を避けるという本質的な機能を果たすのである』。連邦の諸裁判所が……規範の憲法適合性について一致するまでには手数のかかるプロセスを踏まなければならない『分散的な裁判官の審査権ゆえの不一致』は，避けられるべきである」[202]。

200) 毛利によれば，合憲解釈，適用違憲という形で，一般の裁判所（専門裁判所）による合憲性審査が一般化している現状からみると，「ドイツの憲法裁判制度が規範統制による憲法秩序維持を主任務とした「抽象的審査制」であるという命題は，現状と大きく乖離してきている。付随的違憲審査権を「法律の適用が憲法違反となる場合には，その適用を排除する権能」と考えるなら，ドイツの全専門裁判所はそれを有していると述べる方が，実態に即しているのである」（毛利透「『法治国家』から『法の支配』へードイツ憲法裁判所の機能変化についての一仮説」法学論叢156巻5・6号（2005年）337頁以下（346頁）。
201) BVerfGE 1, 184 [197 f.]［判例 I 91：畑尻剛］. Schlaich/Korioth, Rn. 136 参照。
202) Schlaich/Korioth, Rn. 138.「あらゆる裁判所がそれぞれに憲法判断をなす現状は，具体的規範統制で法律の合憲性審査についての確定的判断を連邦憲法裁判所に集中させた基本法の趣旨と合致しない」（毛利（注200）342頁）。

3.2 具体的規範統制の手続

3.2.1 移送の主体（移送権限）

(1) **裁判機関** 移送を行うのはすべての裁判機関，すなわち，立法権および執行権から区別され，独立で法律のみに服し，裁判権を行使する国家機関である。連邦憲法裁判所自身の言葉でいえば，「事実上独立しており，有効な形式的法律において裁判所の任務を委ねられ，裁判所という名称で呼ばれるすべての判決言渡機関（Spruchkörper）で，基本法の意味での裁判所と認められ，その裁判活動が基本法 19 条 4 項の権利保障に役立つもの」（BVerfGE 6, 55 [63]）が，基本法 100 条 1 項の意味での裁判所ということになる。

基本法 92 条によれば，「裁判権は，……連邦憲法裁判所，この基本法に予め規定されている連邦裁判所及びラントの裁判所によって，行使される」。最上級の連邦裁判所として設置されている，通常，行政，労働，社会，財政の五裁判所，連邦懲戒裁判所および連邦特許裁判所等，さらに，ラントの憲法裁判所（ラントの憲法裁判所が主要問題として規範の有効性を扱う場合には移送できない）を含む各ラントの裁判所が移送主体である[203]。

ちなみに，連邦憲法裁判所が，自己の判決にとって必要であるラント法がラント憲法にのみ適合しないと考えるときは，ラント憲法裁判所に移送しなければならず，したがって連邦憲法裁判所自身，移送主体たる裁判所であるといえ

---

[203] ドイツでは参審制が採用されているので，職業裁判官ではない素人裁判官（Laienrichter）が関与している裁判所が移送主体となるか否かが問題となる。「法律が決定について他の構成を規定していない限り，素人裁判官は，移送決定に関与しなければならない」。「それぞれの訴訟法に応じて，個々の決定が素人裁判官の関与なしに行われうるが，ここでは素人裁判官は移送決定にも関与しない。このことはとくに刑事訴訟において公判手続以外で下される決定について妥当する。決定が公判手続以外で下されるか，あるいは素人裁判官の関与なしに下されるかは，連邦憲法裁判所法 80 条ではなく，それぞれの決定にとって基準となる訴訟法によって決まる」（G. Ulsamer, in : Maunz u. a., Rn. 209 zu § 80）。

る。基本法が連邦裁判所を予定していない範囲で，裁判権はラントの裁判所によって行使されるが[204]，これらのラント裁判所も各々移送主体たる裁判所である。また，ラント法律が基本法または連邦法に違反すると考えるラントの憲法裁判所は，連邦憲法裁判所に当該憲法問題を移送しなければならず，この場合には，ラントの憲法裁判所も，100条1項の意味における裁判所ということになる。

(2) **移送方法** 法80条1項によれば，「基本法100条1項の要件が存在する場合，裁判所は直接に連邦憲法裁判所の裁判を求めることができる」。

連邦憲法裁判所法制定当時，80条1項は，「基本法100条1項の要件が存在する場合，連邦の最上級裁判所は直接に，その他の裁判所は権限を有する連邦の最上級裁判所を経由し，……連邦憲法裁判所に裁判を求める」という形で，最上級裁判所以外の裁判所が連邦憲法裁判所に移送する場合には最上級裁判所を経由することが必要とされた。しかし，この場合の最上級裁判所の権限が曖昧なこともあって，連邦憲法裁判所法1956年の法改正によってすべての裁判所が直接に連邦憲法裁判所に裁判を求めるという形に改正された[205]。なお，改正では同時に，連邦憲法裁判所がすべての最上級の連邦裁判所に対して移送決定について報告し，最上級の連邦裁判所は包括的な意見表明の権限をもつことが規定された（80条4項）。1963年の法改正ではこの点を改め，最上級の連邦裁判所に移送決定を通知し従来の判例についての報告を求めることを連邦憲法裁判所の裁量としたが，後の改正によってこの点も削除された[206]。これにより制度本来の趣旨が明確になった。

(3) **審　級** 以上からも明らかなように，移送権限は審級には関係がな

---

204) Vgl. G. Ulsamer, in : Maunz u. a., Rn. 172 f. zu § 80.
205) 光田（注196）94頁以下，G. ヴェールマン（憲法裁判研究会訳）「連邦憲法裁判所手続の諸改革」比較法雑誌22巻2号（1988年）159頁以下参照。
206) ちなみに，韓国の憲法裁判所における具体的規範統制では，大法院以外の法院が違憲法律審判の要請を行う場合は大法院を経由しなければならない（韓国憲法裁判所法41条5項）が，拒否権はないとされる（金（注192）179頁参照）。

い。実際には、下級裁判所からの移送件数が非常に多く、約85％を占める。1999年から2008年までの最上級裁判所の移送は47件であるのに対して、下級裁判所からのものは280件を数える[207]。「そこで、日常生活の多くの（「非政治的な」）事件も、連邦憲法裁判所にもたらされる。区裁判所裁判官も、時には正義についての自己の見解を連邦憲法裁判所に移送する機会を行使する。連邦憲法裁判所はこれを『明白に理由がない』として退ける。しかしまた抽象的規範統制の途が政治的配慮から権限ある機関によって取られない場合、高度に政治的な事件もまた、具体的規範統制によって連邦憲法裁判所に到達する」[208]。移送決定に対する連邦憲法裁判所の取扱いが厳格の度を増すにしたがい、移送全体の半数以上が不適法となっているが、その割合は、第一審裁判所からの移送が特に高い[209]。

そこで、かつて移送裁判所を限定しようとする案が出されたこともあったが、このような試みは、裁判官の審査権を認めている基本法の改正なしには実施しえないという理由で拒否された[210]。1993年の法改正によって具体的規範統制についても3名の裁判官から構成される部会による不適法な移送の処理が可能になった（3.3.2参照）。

(4) **訴訟関係人の主張**　「裁判所の申立ては、訴訟関係人による当該法規無効の主張に拘束されない」（法80条3項）。そのため、裁判官が自己の見解を形成する際に、訴訟関係人の見解は基準とはならない[211]。

---

207) Vgl. Ulsamer/Müller-Terpitz, in : Maunz u. a., Rn. 32 zu §81. 審級別の移送状況については、嶋崎健太郎「西ドイツにおける具体的規範統制の現実的機能（具体的規範統制手続の処理状況）」比較法雑誌16巻3号（1983年）56頁も参照。
208) Schlaich/Korioth, Rn. 139.
209) Ulsamer/Müller-Terpitz, in : Maunz u. a., Rn. 32 zu §81.
210) Vgl. E. Friesenhahn, Die Verfassungsgerichtsbarkeit in der Bundesrepublik Deutschland, in : H. Mosler (Hrsg.), Verfassungsgerichtsbarkeit in der Gegenwart, 1962, S. 138 ; D. Grimm, Die Verfassung und die Politik Einsprüche in Störfällen, 2001, S. 210.
211) 韓国では、当事者が裁判の係争中に違憲法律提訴を裁判所に請求し、裁判所

3.2.2　移送の対象

具体的規範統制の移送の対象は，学説・判例によれば，①公布された，②形式的意味の，③後憲法的法律である。この要件を満たさない移送は不適法となる。

① 移送の対象となるのは，制定された，すなわち可決し認証されかつ公布された連邦法律およびラント法律である。なぜならこのような法が，裁判所によってその判決の基礎とされうるからである。具体的規範統制では，当該法律が具体的な争訟事件において判決にとって必要となった時点において移送可能となるから，公布される以前の法が一般の裁判所において問題となることは考えられない。

　制定された法が，憲法の規定する立法手続を遵守したか否かについては，一般の裁判所が形式的審査権を有し，裁判所自ら審査することができる。

② 移送の対象となるのは，形式的法律，すなわち憲法が規定する手続において立法機関によって行われた立法行為であって，その内容の如何を問わず，通常「法律」という名称で呼ばれるものである。これについて基本法も連邦憲法裁判所法も必ずしも明確ではなかったが，移送の対象となるのは形式的法律か実質的法律かが問題となった事件で連邦憲法裁判所は，移送対象を明確に形式的法律に限定した（BVerfGE 1, 184［判例 I 91：畑尻剛］）。

　したがって，ラント憲法，基本法81条の緊急立法を含む連邦法律，ラント法律，基本法59条2項およびラント憲法の同旨の規定による条約法などがこれにあたる。形式的意味の法律であっても，予算法律（基本110条）のように，その内容が通常，「判決にとっての必要性」を有しないものは，抽象的規範統制と違って移送の対象とはならない。これに対して，

がこれを退けた場合には，その決定に対して憲法異議を提起することができる（いわゆる「違憲法律審査型憲法異議」裁判所法68条2項）。これについて，金（注192）180頁，趙（注192）32頁参照。

法規命令，労働協約，憲法機関の規則，慣習法など，形式的意味の法律ではないものは移送の対象にはならず，したがって，一般の裁判所がこれらを違憲であると考えたときは，自己の権限においてこれを適用しないことができる。

③　移送の対象となるのは，後憲法的法律，すなわち基本法の下で制定された法律である。基本法145条2項によれば，基本法の公布の日（1949年5月23日）より後に制定されたものが，後憲法的法律である。したがって，24日午前0時前に制定された法律はすべて前憲法的法律（vorkonstitutionelles Gesetz）であって，移送問題は生じない。前憲法的法律については，一般の裁判所が無効とする権限を含めた審査権を有する[212),213)]。

3.2.3　移 送 決 定

⑴　**付随的問題としての移送問題**　法律の有効・無効は判決発見（Urteilfindung）のための一要素であって，その内容ではない。法律の有効・無効は，裁判所によって行われる判決の前提問題（Vorfrage）であって，判決それ自体

---

212)　例えば，1931年の租税法（RAO）401条が脱税・密輸の場合，没収する旨の規定を置いていたが，たばこ40マルクの事件に1万マルク相当の車を没収した。これについては，相当性の問題から疑義が出されたが，連邦憲法裁判所は1960年5月12日の判決において，基本法以前の立法については審査権がないとした（BVerfGE 11, 16）。ちなみに，イタリア憲法裁判所における具体的規範統制では，現行憲法制定以前の法律も審査できる。これは，「イタリアにおける憲法裁判所への集中は民法典や刑法典など重要な実定法の大部分がファシズム期に制定されたという事情があり，その審査の政治的重要性が考慮されたためである」（永田（注10）261頁以下）。

213)　なお，資料は若干古いが，審査対象に関して却下された移送は1951年から1980年末までで31件あり，却下された移送の25％を占める。この中には前憲法的法律の移送の他，命令の移送（BVerfGE 1, 184；1, 202；1, 261；17, 208），占領法規の移送（BVerfGE 4, 45），単なる法律公布の公示の移送（BVerfGE 18, 389），国際法上の条約の移送（BVerfGE 29, 348），予算の移送（BVerfGE 38, 121）などがある（嶋崎（注207）57頁）。

の内容ではない。基本法100条1項，法80条1項の意味における移送問題は，移送裁判所にとって，具体的争訟を法適用して解決するという本来の任務に付随する問題（Inzidentfrage）でなければならない。そうでなければ「判決の際に法律の効力が問題となる」（100条1項1文）という要件が満たされなくなる。

基本法によれば，基本法の下で制定された法律の憲法適合性を主要問題（Hauptfrage）として決定しうるのは，連邦とラントの憲法裁判所だけである。

(2) **違憲という確信**　基本法100条1項によれば，憲法裁判所に判断を求めるためには移送裁判所が法律を憲法違反または連邦法違反であると「考える（halten）」ことが必要である。この「考える」ということは，単なる疑念あるいは懸念ではない。基本法93条1項2号の抽象的規範統制と違って，具体的規範統制においては，法律の憲法適合性，ラント法律の連邦法適合性に対する単なる疑念あるいは懸念では十分ではない。憲法裁判所に移送するためには，当該訴訟を担当する裁判官の違憲または連邦法違反という確信（Überzeugung）が必要である（Vgl. BVerfGE 2, 406 [411]）。

オーストリアの場合，単なる「疑念」（Bedenken）で十分であるのに対して[214]，ドイツでは「確信」という要素が必要である。これは，具体的規範統制では，一般の裁判所の裁判官の審査権が前提とされており，審査権を有する移送裁判所が法発見の過程において，適用法律を違憲，連邦法違反とみなすためには当然「確信」という要素が必要とされるからである[215]。

---

214)　古野豊秋『違憲の憲法解釈』（尚学社，1990年）274頁以下参照。ちなみに，イタリアの憲法裁判所の具体的規範統制においても，「確信」は必要とされない。「法律の合憲性が疑いのないものではない場合すでに，移送義務が存在する。ドイツ法との対比においてこの基準のフィルター効果は少ない」（M. Dietrich, Der italienische Verfassungsgerichtshof—Status und Funktionen—, 1995, S 149）。

215)　この「確信」という要件は具体的規範統制における一般の裁判官の審査権の存在を明示するものである。すなわち，「審査権限はいずれの場合でも完全な形で残っている。このことはとくに，基本法100条1項による移送が法律の無効についての裁判所の『確信』を前提としていることから明らかである」（E. Klein, in : Benda/Klein, Rn 753）。

むろん，この確信という要素は形式的なことではなく，「確信が移送決定との関連において明らかな場合には，たとえ裁判所が『懸念』という言葉を用いていても，これで十分である」(BVerfGE 9, 237 [240 f.])。

しかし，いずれにせよ具体的事件に適用する法律を違憲であると確信することが必要なのである。

連邦憲法裁判所はこの「確信」という要件に関して厳格な審査を行っている。たとえば，「当該法律規範が単に部分的に無効であるときには原手続の原告には適用される可能性はあるが，そのような検討を行わなかった場合には，連邦憲法裁判所は，法律上の規定が違憲であるとする移送裁判所の評価を受け入れることはない。また，複数の解釈可能性のうちただ一つだけが基本法に合致するものである場合，このような解釈が選択されなければならない。このことは立法者を尊重することにも有益である。なぜなら，そうでなければ規範は無効（違憲）と宣言されることになるからである。それゆえ連邦憲法裁判所は，一般の裁判所が，いずれにせよ容易に可能であるにもかかわらず，このような問題に取り組まなかった場合には移送を不適法なものとみなすのである。さらに言えば，裁判所は憲法適合的解釈が不可能であることを確信しなければならない。なぜならそうでなければ裁判所は規範の違憲性を確信することはできないからである」[216]。

---

216) E. Klein, in : Benda/Klein, Rn 812.「裁判所は，判決にとって重要な規範の憲法適合的解釈が可能であり，その結果規範の違憲性の確認を回避することができる場合には移送することができない。裁判所は法律のこのような憲法適合的解釈を自ら探求しその判決の基礎としなければならない。」(Schlaich/Korioth, Rn. 145)。この点は，毛利（注200）によっても指摘されている（338頁以下参照）。Vgl. Schlaich/Korioth, Rn. 145 ; F.-W. Dollimger, in : Umbach/Clemens/Dollimger, Rn. 55 zu §80 ; Lechner/Zuck, Rn. 40 zu §80. 結局，これは，「個別において問題となる解釈を排除しながら一般的には規範の法的有効性を認めるという形の解釈として，憲法適合的解釈はあらゆる一般の裁判所に義務付けられている」(H. Sodan, Staat und Verfassungsgerichtsbarkeit, 2010, S. 56) からである。

また先に述べたように，規範審査は裁判所にとって権限であるとともに義務である。したがって，第一審の裁判官が様々な理由から，その審級系列上，上位にある裁判所の見解を最初から考慮に入れることは原則的に認められるが，これは「裁判官が規範の憲法適合性の審査を行う際に，自己の確信に反して行動する根拠とはならない。むしろ，法律上規定されている拘束を除いて，裁判官は上級裁判所の判断とは関係なく，裁判官自らの責任において規範の合憲性審査をなさなければならない」(BVerfGE 22, 373 [379]) のである。確かに，以上あげた連邦憲法裁判所の見解は，決して十分に根拠づけられているわけではない。しかし，「基本法100条2項ならびに93条1項2号と比較した場合，基本法100条1項から直ちにこのような解釈が明らかになる。なぜなら，『違憲であると考える』ということは，規範の無効についての確固たる見解を含んでいるからである」[217]。

そして裁判官の確信は，単に法律の無効だけでなく，後述する法律の判決にとっての必要性および基本法100条1項の他の移送要件についても必要とされる。

(3) **移送決定の内容（移送の理由）** 裁判所はこの確信を移送決定において明らかにしなければならない。通常，手続の中止と移送は「決定」という形式で行われる。決定は裁判所に係属している手続の手続規定に応じた形で，公示され，当事者に送達されるかあるいは略式で通知される[218]。

---

217) K. Stern, in : Dolzer, Rn. 168 zu Art. 100.
218) わが国では下級裁判所でも違憲判決が下ると新聞，TV等で大々的に取り上げられるが，ドイツでは，下級裁判所を含めて，違憲判断はめずらしくないので，一般のマスコミが移送決定を報じることはまれである。FAZ, SZ, FR などの高級紙は，特別に重要な問題について報道することはあるかもしれないが，きわめてまれである。重要な移送については，法律専門誌に載る。全文を入手するには，以前は，連邦憲法裁判所の判決後であれば連邦憲法裁判所判例集で，判決前であれば法律専門誌のレジスターで，移送番号を調べて，移送裁判所に請求することになる。連邦憲法裁判所は移送決定を管理していない。最近では，インターネットの情報サイト (juris) を通して簡単に入手できるようになった。

388　V　連邦憲法裁判所の権限

　移送決定では，裁判所の判決がどの範囲まで法規定の効力に依拠するのかおよびその法規定がいかなる上位規定に一致しないのかという理由が示されなければならない（法80条2項）。これは，軽率な移送および不必要な移送を防止するために，移送裁判所に対して，判決を下す上で当該法問題がいかに必要であるか，そして適用法律が違憲（違法）であるとの確信を明確に説明することを要求するものである。

　移送決定の形式についてはとくに定めはないが，一般には，決定の「主文」にあたる部分（「……が基本法（連邦法）に適合しないゆえに無効かどうかについての連邦憲法裁判所の判断が求められる」）と決定の「理由」にあたる部分に分かれる。「理由」はさらに，①事実の叙述（移送裁判所に係属している具体的な個々の法律上の争訟の事実の解明。なお，移送裁判所によって違憲であるとされた法律の基礎にある一般的事実（立法事実）の解明は連邦憲法裁判所の任務である）と，②法規の無効の考察（抵触する法規の解釈・憲法解釈）に分かれる[219]。連邦憲法裁判所によれば，「移送裁判所は移送決定中の理由において，裁判所が判決を下すにつき必要な範囲で事実関係を示さなければならず，また下される判決にとって当該法規定の効力が問題とされるに至った法的考察を示さなければならない」（BVerfGE 23, 175 [177]）。

　したがって「一般の裁判所は，その裁判所自身が判決を下さなければならない程度までその手続を促進させたものでなければならない」[220]。つまり，移送決定において必要とされる違憲であるとの確信とその理由づけは，一般の裁判所が自ら違憲判決を下す場合と同等のものが要求されるのである[221]。

---

219)　Vgl. G. Ulsamer, in : Maunz u. a., Rn. 288 f. zu § 80.
220)　Pestalozza, Rn. 6 zu § 13.
221)　畑尻（注2）169頁．Vgl. Ulsamer, in : Maunz u. a., Rn. 282f zu § 80. 移送決定が詳細に分析・紹介されている例として，井上亜紀「割当制（Quote）と平等原則—ボン基本法下の議論を中心として—」九大法学67号（1993年）52頁以下参照。また，最近の例でいえば，「ハルツ法Ⅳ」に関する2010年2月9日第1法廷判決（BVerfGE 125, 174 [175 ff.]）をあげることができる。この判決では，連邦憲法裁判所によって，「社会保障法典第2編—求職者のための基礎保障—に

(4) **中止義務** 具体的規範統制においては，裁判所は必要な適用法律が違憲であると確信した場合には，手続を中止し，連邦憲法裁判所に移送することが義務づけられている。法80条3項によれば，申立ては，訴訟関係人による法規範の無効の主張には拘束されない。このことは，訴訟関係人が要求するか否かにかかわりなく，裁判所は移送することができ，また，しなければならないことを意味する。しかし，もし仮に移送しなければならないと考えられるにもかかわらず移送しなかった場合，つまり，訴訟関係人が当該法律の違憲性を根拠に移送することを望んだにもかかわらず裁判所が移送しなかった場合には，訴訟関係人は，恣意的に移送しないことによって「法律の定める裁判官の裁判を受ける権利」（基本法101条1項2段）が侵害されたとして，裁判所の判決に対する憲法異議を連邦憲法裁判所に提起することができる[222]。

司法審査制では，一般の裁判所が当該法律を自己の権限で適用しないでおくことができるのに対して，具体的規範統制の場合，移送裁判所は憲法裁判所が当該移送問題を審査している間，手続を中止しなければならない。憲法裁判所が移送された法律を違憲（違法）であると判断し無効とした場合には，移送裁判所は当該法律を具体的争訟事件に適用しなくてよい。これに対して，憲法裁判所が合憲（合法）としてその法律の有効性を認めた場合には，移送裁判所は自己の確信に反して，当該法律をその裁判の基礎としなければならない。

(5) **移送決定を取り消す義務** 以下の場合には決定は取り消されなければならない。すなわち，連邦憲法裁判所に移送された後，①原手続が適法な訴訟処

よる基本給付（Regelleistung）の額は，人間の尊厳にふさわしい最低限度の生活の保障を求める基本権（基本法20条1項と結びついた1条1項）を侵害している」とされたが，この手続は，2008年10月29日のヘッセン・ラント裁判所の中止および移送決定と2009年1月27日の連邦社会裁判所の二つの中止および移送決定に基づく具体的規範統制である。このうち，ヘッセン・ラント裁判所の移送決定は非常に大部のものである（嶋田佳広「保護基準に対する司法審査の視座・ヘッセン州社会裁判所決定解題—日本の加算廃止訴訟を視野に」賃金と社会保障1489号（2009年）29頁以下参照）。

[222] Vlg. Pestalozza, Rn. 7 zu §13.

理によって終結した場合，②裁判所が法律の有効性が問題となるいかなる決定も下す必要がなくなった場合，③法状況が変化した結果，法律の効力の問題を未決定のままにしておくことができる場合，④連邦憲法裁判所の他の判決によって法律の効力の問題が確定力をもって解明された場合，⑤新たに明らかとなった事実が法律の効力を未決定なままにすることを許す場合，あるいは，⑥移送された規範の判決にとっての必要性が，後発的な状況によって疑念あるものとなり，そして裁判所がその不確実性を適切な期間内に排除することができなくなった場合である[223]。

3.2.4　判決にとっての必要性

(1)　**必要性の原則の趣旨**　基本法100条1項によれば，判決の際にその効力が問題となる法律のみが移送の対象となる。したがって，一般の裁判所の移送は，申立てを行う裁判所が，当該規範が有効である場合と無効である場合とでは訴えについて異なった判決を下すという事実およびその理由を明確に示す場合にのみ適法なものである[224]。

この「判決にとっての必要性（Entscheidungserheblichkeit）」という移送要件は，「『具体的』規範統制を抽象的規範統制と区別する。両手続は……審査された規範の憲法適合性に関して，（抽象的な）一般的に拘束力のある決定に至る。抽象的規範統制においては，申立てを行う機関は，多かれ少なかれ自由にその対象を定めることができるが，具体的規範統制においては，移送対象は，完全に一般の裁判所に係属中の原手続の状況から明らかになる。すなわち，連邦憲法裁判所は，裁判所が判決にとって必要な規範を憲法違反と確信している係属

---

223)　G. Ulsamer, in：Maunz u. a., Rn. 318 zu § 80.
224)　光田督良「具体的規範統制における Entscheidungserheblichkeit の意義と問題性」法学新報103巻2・3号（1997年）525頁以下参照。このような考え方は，具体的規範統制における移送裁判所に固有のものではなく，広く一般の裁判所の審査権に共通のものであり，例えば，アメリカの違憲審査制（司法審査制）では，「必要の原則」といわれている（畑尻（注2）170頁以下参照）。

中の（第一審，控訴審または上告審の）手続にとって，具体的に必要である範囲においてのみ当該規範を審査すべきである。具体的規範統制は，『原手続の範囲において，一連の訴訟の一部分，すなわち，中間手続である……。原手続と同様に，具体的規範統制は，原審に係属中の手続の対象について決定するためにある』」[225]。

(2) 必要性の原則の諸問題

a) Entscheidung の概念 基本法100条1項の「判決の際にその効力が問題となる法律」という文言の「判決」は，訴訟関係人にとってあまり重要でない決定または処分については移送義務が生じないという形で，限定的に解釈されてはならない。本条の意味における「判決」は，本案手続における訴訟物についての最終的な判断だけではない。あらゆる裁判所が後憲法的立法者の客観的意思を無視する可能性を排除するという基本法100条1項の目的からみて，「判決」の中には，裁判所によって違憲であるとみなされた後憲法的法律の効力が問題となりうるような，あらゆる裁判官の意思表示が含まれる。したがって，判決の形式は問題とはならない。例えば，民事訴訟においては，終局判決，一部判決，中間判決，欠席判決，留保判決，請求の原因に関する判決等の判決のみならず，原則として諸種の決定や処分も「判決」に含まれる[226]。

b) 異なった判決 移送される規範が有効な場合と無効の場合とでは，裁判所が異なった判決を下す場合にのみ，「判決の際に規範の効力が問題となる」といえる (Vgl. BVerfGE 11, 330 [334 f.])。すなわち原則として，判決主文自体が規範の有効・無効に左右される場合にのみ「判決にとっての必要性」があることになる。それゆえ，規範の合憲性の問題が当該判決の理由づけの方法や内容にとって重要な意味をもつだけでは十分ではない (BVerfGE 13, 97[103f.])[227]。

---

225) Schlaich/Korioth, Rn. 147.
226) Vgl. Ulsamer, in : Maunz u. a., Rn. 220 f zu § 80.
227) しかし，連邦憲法裁判所はこのような原則を常に厳格に維持しているわけではない。連邦憲法裁判所は，判決の理由のみが規範の有効・無効と関連する場合にも，個別的に「判決にとっての必要性」を認めている（畑尻（注2）172頁

c) 移送できる段階　原則として，裁判官によって行われる上記の「判決」にとって必要な場合に基本法100条1項および法80条1項による移送が許される。しかし，このことは最終的な判決を下す時にはじめてその効力が問題となる法律の移送が，手続のあらゆる段階において許されることを意味しない。規範統制の手続は聴聞義務（法77条，82条）によって，また判決の一般的な意義によって，通常十分な時間を必要とする。それゆえ，連邦憲法裁判所への移送は，「それが具体的な裁判手続の判決にとって不可欠な場合にのみ許される。裁判所ができるだけ証拠調べ……を省くために規範統制を申し立てることは，連邦憲法裁判所の地位からみても，また100条1項の手続の目的からいっても許されない」（BVerfGE 11, 330 [335]）のである。一般的にいえば，裁判所が争訟の進度からいって「判決の際にその規範の効力が問題になる」か否かについていかなる見解も形成できない限り，移送は不適法となる（vgl. BVerfGE 15, 211 [213]）。一般の裁判所は裁判機構におけるその地位によって，法発見にとって重要な事実を探究する任務をもち，またそのための手段を利用することができる。よって，連邦憲法裁判所に対して憲法判断のための一連の事実を提出する場合，裁判所は事実の解明が不十分なまま，自由心証主義から形成された裁判官の確信を引き合いに出すことはできない。

確かに，このような事実の解明は連邦憲法裁判所によって補われる。しかし，「連邦憲法裁判所に何より要請されるのは，憲法問題の解明であって，事実の探究ではないのである」（BVerfGE 18, 186 [192]）。裁判所の事実探究義務に対する，移送権限のこのような二次的性格は原則としてあらゆる手続に妥当する[228]。

d) 移送問題の限定　裁判所による移送は，当該規範が実質的にも形式的にも可分の場合には，審査されるべき規範の「判決にとっての必要性」をもつ部分に限定されなければならない（vgl. BVerfGE 18, 52 [58]）。

　　　以下参照）。
[228]　G. Ulsamer, in : Maunz u. a., Rn. 259 ff. zu § 80.

移送問題が規範の「判決にとっての必要性」のある部分に限定されるためには，規範が部分内容に分離される，つまり可分性をもつことが必要である。例えば，語，文，項，章などが独立した意味内容をもつ場合には，移送もその部分に限定されなければならない。逆に不可分の場合には，移送は多くの関連する法規範，様々な内的関連性をもつ規範等に拡大されることもある。審査される規範が，その文言からすれば全く不可分であるように思われる場合であっても，当該規範をそこから直接にではなく間接的に把握されるような事実状況に関連づけることによって，または他の規範との関連において限定が可能なとき，移送問題を「判決にとっての必要性」のある部分に限定することが要請される[229]。

ただ，連邦憲法裁判所における審査においてはこの限定は緩和されている（3.3.1参照）。

3.3 連邦憲法裁判所の審査

3.3.1 連邦憲法裁判所の審査とその範囲

移送を受けた連邦憲法裁判所は，まずそれが法24条所定の「明らかに理由のない申立て」であるか否かを審査した上で，移送に要求される手続的要件を満たしているか否か，そして移送の内容，すなわちある法律が憲法に違反するか否かについて判断する[230]。

---

229) G. Ulsamer, in : Maunz u. a., Rn. 254 ff. zu § 80.
230) 移送決定を受理してから審査を開始するまでの期間にはとくに定めはない。どの移送決定から処理するかについては，連邦憲法裁判所の裁量に委ねられている。一般の裁判所からの移送については，受付け順に処理されるわけではなく，連邦憲法裁判所の判断で重要であると思われるものを優先的に判断する。移送がなされてから連邦憲法裁判所の判断が下されるまで4～5年かかった例もある。ちなみに，韓国の憲法裁判所では審理は事件を受理してから180日以内に行わなければならないとされているが，憲法裁判所はこの規定を訓示的規定とし，事実上無視している（金（注192）179頁）。

適法性を欠く移送，理由のない移送は退けられる。不適法な移送は，「移送は不適法である」という定式で却下される。連邦憲法裁判所が当該規範の上位規範に対するいかなる侵害も認めないときには，主文は，「……は……に適合する」となり，場合によっては限定が付されることもある。

移送に理由があるときには，連邦憲法裁判所は移送された規範が基準となる規範と適合しないことを確定し，その違憲あるいは無効を宣言する（法78条）。この判決は法律としての効力を有し，各国家機関を拘束する（法31条）[231]。

具体的規範統制において，連邦憲法裁判所は法問題のみを判断する（法81条）。すなわち，移送の対象となった法律上の規定の基本法適合性のみを判断する。したがって，この手続では連邦憲法裁判所は原手続の対象について判断するのではなく，移送問題のみを判断する。移送問題の定式化は原則として移送裁判所に義務づけられるが，移送問題は当該事件の判決にとって必要な法規定に限定される。連邦憲法裁判所は一般の裁判所の移送に対してこの「判決にとっての必要性」の原則を厳格に要求するが，連邦憲法裁判所自身は，一旦受理した移送問題についてかなり自由に判断している。つまり，移送裁判所により違憲とされた規範と他の規律あるいは規範部分が内容的に密接に結びついている場合には審査をこのような——当該事件の判決にとって必要ではない——規範複合体に拡大することができると考えている。また，移送問題の適切な判断のために必要な場合には，連邦憲法裁判所は移送問題を移送決定の補充的解釈によって拡張している[232]。しかし，このように移送問題を拡張した上で重要な憲法解釈上の問題についての判断が示された場合，立法者に対する過度の介入という問題が生じることになる[233]。

---

231) なお，先にあげた「判決にとっての必要性」という要件から明らかな，「具体的規範統制の移送の適法性および範囲における原審との結びつきは，これに続く判決が一般的効力をもつことと著しく対照的である」（Schlaich/Korioth, Rn. 147）という指摘は注目される。

232) Vgl. G. UIsamer/R. Müller-Terpitz, in: Maunz u. a., Rn. 5ff. zu §81; F.-W. Dollinger, in: Umbach/Clemens/Dollinger, Rn. 11 zu §81.

3.3.2 部会の権限

すでに述べたように，具体的規範統制は憲法異議について申立件数が多い。このことは，一方では連邦憲法裁判所の諸手続における具体的規範統制の重要

---

233) 例えば，財産税判決において，ラントの財政裁判所が具体的規範統制において連邦憲法裁判所の判断を求めたのは，「財産税法10条1号が統一価額に拘束された財産と統一価額に拘束されない財産に対する課税について統一税率を定めているがゆえに，当該規定は基本法3条1項の平等原則に合致しないのではないか」という問題であった（vgl. BVerfGE 93, 121 [128f.]）。したがって，「連邦憲法裁判所は，統一価額に拘束された土地所有にかかわる1974年4月17日の財産税法10条1号が基本法3条1項の平等原則に違反することを確認し，あわせて立法者に新規定ないし移行規定のための期限を定めたことで満足できたはずである」。しかし，多数意見は，「財産税を期待収益税とみることが憲法上の要請であること，さらに税負担の憲法上の上限が財産収益の約50％であることまでも判示するに及んでいる」（［判例Ⅱ47：中島茂樹］，中島茂樹・三木義一「所有権の保障と課税権の限界―ドイツ連邦憲法裁判所の財産税・相続税違憲決定」法律時報68巻9号（1996年）54頁）。その理由として多数意見の判示するところによれば，当該規定の憲法上の問題は平等原則違反という点にとどまらない。連邦憲法裁判所による規範の憲法適合性審査は，移送した裁判所が指摘した憲法上の疑義に限定されず，むしろ，当該規範は，あらゆる考えうる憲法上の観点から審査される。このような包括的な憲法裁判所の審査は，移送裁判所が税法上の規定の当該集団に対する差別的効果ゆえに違憲であるとみなす場合には要請される。なぜなら，特定の税の基本法3条1項（平等原則）によって把握される領域以外の憲法上の評価も，それが様々な集団の不平等な取扱いについての実質的な根拠の有無を解明することによって，平等原則の審査に影響を与えるからである（vgl. BVerfGE 93, 121 [133f.]）。

これに対して，ベッケンフェルデは，移送によっては求められていない非常に広範かつ詳細な憲法問題の説示によって立法者の権限領域を侵害したと多数意見を批判する。その少数意見によれば，多数意見は立法者との関係において憲法裁判所に課せられる司法の自己抑制という要請を無視した。連邦憲法裁判所は立法者の決定について，それが適法な手続で裁判所に提訴された場合にそしてその限りでその合憲性を審査する権限があるだけである。基本法は，「連邦憲法裁判所による憲法の保障を明確に裁判という形式で裁判官によって行われることに結びつけ，これによって一定の構造を与え，そして限界づけた。その

性を明らかにすると同時に，他方では「具体的規範統制が憲法異議の次に連邦憲法裁判所に負担をかけている手続である」[234]ことも示している。連邦憲法裁判所法の幾次にもわたる改正の主たる目的が連邦憲法裁判所の過重負担の軽減による機能回復であり，そのために憲法異議の手続の簡素化が繰り返し試みられているのに対して，具体的規範統制については，従来の法改正ではこのような試みは一度としてなされていなかった。しかし，具体的規範統制に起因する連邦憲法裁判所の過重負担を軽減する必要性が従来より高まり，1998年の改正となった。

98年の法改正によって追加された法81a条によれば，「部会は，全員一致の決定によって第80条による申立てを不適法とすることができる。申立てがラントの憲法裁判所又は連邦の最上級裁判所によってなされた場合には，その裁判は部に留保される」。

すでに述べたように，1985年の法改正によって，憲法異議手続に関して部の負担軽減のための「裁判官委員会」が，特定の要件の下で明らかに理由のある憲法異議を認容する権限をもつ連邦憲法裁判所の独立した判決言渡機関としての「部会」に改組された（法15a条）。この当時学界では，部のより一層の負担軽減のために部会の権限を憲法異議だけではなく具体的規範統制の形式審査にも拡大しようとする提案がなされたが，今回の改正によってこれが実現されたのである。

この法81a条によって，部会の権限が，従来部の専権的な権限であった裁判

中にはいうまでもなく，判決はそのときどきに提訴された事件とその─訴えまたは申立てによって示された─訴訟物に限定されるということが含まれている。その際，求められてもいない重要な問題に判断権限を拡大することは司法の自己抑制という要請に反することになる。この場合には，裁判所は前もって抽象的で大胆な方法で，具体的事件に関係なく，またこれに限定することなく立法者の判断を限定し拘束するのである」(vgl. BVerfGE 93, 121 [151f.])。なお，畑尻剛「批判にさらされるドイツの連邦憲法裁判所（上）」ジュリスト1106号（1997年）76頁以下参照。

234) G. Ulsamer/R. Müller-Terpitz, in : Maunz u. a., Rn. 1 zu §81a.

官の移送の適法性審査に拡大され，不適法な移送（裁判官の申立て）については部会が判断できることとなった。これにより，非常に数の多い不適法な移送を部会でくい止めることによって，部の一層の負担軽減が目指された[235]。

　部会の権限は不適法な移送（連邦憲法裁判所の実体判断のための手続要件の不存在）についてのみであり，したがって，法82条の聴聞は必要ない。部会は移送の到達後直ちにその適法性について判断すべきであるし，またすることができる。部会の全員一致（一致が得られなければ部が判断することになる）の決定という形式で，口頭弁論（法25条2項）なしに下される。部の判決のような書面による理由づけ（法30条1項2段）は必要ない。移送が不適法であるとの部会の全員一致の決定の効力は，部の判決の効力と全く同等である[236]。

　今回の改正では，ラントの憲法裁判所ならびに連邦の最上級裁判所による移送の場合には，その適法性判断について従来と同様に部の権限としている。これは，具体的規範統制における過重負担の要因が下級裁判所からの移送件数の多さであり，連邦の各最上級裁判所が，憲法裁判以外のそれぞれの審級系列における最上級裁判所であることおよびラントの憲法裁判所がラントの憲法問題を専権とする裁判所であることに由来する「連邦憲法裁判所との特別の関係による」（BT-Drucks 12/3628 S. 12 f.）とされている。

　しかし，すでに指摘したように，この具体的規範統制は，一般の裁判所が適用法律の効力について審査する権限と義務をもつこと，すなわちいわゆる裁判官の審査権をもつことを前提としている。したがって，今回の改正が，適法性の判断についてのみとはいえ，最上級裁判所等の移送については部の権限，そ

---

[235]　部会の活動が開始された1993年から2011年末までに部会で処理された件数は218件であるのに対して，同時期に部で処理された件数は130件である（60 Jahre Bundesverfassungsgericht – Bilanz und Ausblick – BVerfG HP 参照）。このような統計からは，「部会が部の過重負担を軽減するというその機能を果たしているように見える」（G. Ulsamer/R. Müller-Terpitz, in : Maunz u. a., Rn. 1 zu § 81a）。

[236]　Vgl. G. Ulsamer/R. Müller-Terpitz, in : Maunz u. a., Rn. 9 zu § 81a.

れ以外の裁判所の移送については部会の権限としたことは，両者の審査権を区別することになるのではないかという疑問が提起される。したがって，移送の適法性審査をすべて部会の権限とした方が一貫していたのではないかと思われる[237]。

今回の改正以上の措置，たとえば，移送権限を最上級の連邦とラントの裁判所に限定することは，認められない。なぜなら，この具体的規範統制は，一般の裁判所が適用法律の効力について審査する権限と義務をもつこと，すなわち，いわゆる裁判官の審査権をもつことを前提としているからである。すなわち，「裁判所の通常業務の領域におけるその広汎な経験に基づいて，日々の生活における法律の内容や影響力を確定することに特に才を発揮するのは一般の裁判官であるからである」。

また，下級裁判所の移送に上級裁判所を経由することを義務付けたりすることも同様の理由で認められない。

さらには，法93a条による憲法異議手続における受理手続に倣って裁量受理制度を構築することも，一般の裁判所はあらゆる判決において憲法に拘束されており自己が違憲であるとみなされた法を適用することを強制されてはならないという理由で認められないであろう。それゆえ，すでに連邦憲法裁判所によって行われている「違憲という確信」，「判決にとっての必要性」など，移送のための「適法要件の厳格化が，その機能能力を守る連邦憲法裁判所の唯一の可能性を示すことができる」[238]。

---

237) 憲法裁判研究会（注21）61頁以下参照。
238) G. UIsamer/R. Müller-Terpitz, in : Maunz u. a., Rn. 3 zu §81a.

4. 抽象的規範統制

4.1 総　　　説

4.1.1 意　　　義

　基本法93条1項2号，2a号，2項並びに連邦憲法裁判所法13条6号，6a号，6b号，76条から79条および96条は，法律が基本法と一致しないと考えられる場合に，連邦政府，ラント政府，連邦議会議員の4分の1など[239]，一定の連邦もしくはラントの機関が連邦憲法裁判所に対して審査を申し立てる手続を規定している。この手続は，抽象的規範統制（abstrakte Normenkontrolle）と呼ばれる。

　この手続は，申立権者の権利・利益や権限と関係なく法律の憲法適合性審査が行われるという意味において「抽象的」と称され，規範統制という連邦憲法裁判所の権限の範疇において，具体的事件を前提として，一般の裁判所の裁判官による移送手続に基づいて審査の行われる具体的規範統制と，また個人の基本権侵害を前提にして行われる憲法異議と区別される。

　このように，抽象的規範統制手続は，政治機関の申立てによって手続が開始される点，また，具体的な法的紛争とは無関係に手続が進められる点において，他の規範統制手続と大きく異なった特徴をもつ。この特徴ゆえに，この手続に対しては，議会における政治論争に敗れた少数派が，いわゆる「延長戦」として連邦憲法裁判所に政治論争をもち込み，連邦憲法裁判所が政治論争に巻き込まれてしまう「司法の政治化」という危惧が指摘される[240]。また，この手

239）基本法93条1項2号の手続において，この三者が申立権者として規定されているほか，基本法93条1項2a号，2項の手続においては，連邦参議院，ラント政府，ラント議会が申立権者として規定される。

続が存在することによって，政治部門の政策決定が連邦裁判所による合憲・違憲という法的判断を意識して萎縮したり（事前効果），議会の少数派が多数派との合意形成の努力をすることなく，安易に連邦憲法裁判所の判断を求めたりする「政治の司法化」をまねくという批判を受けることもある[241]。それゆえ，抽象的規範統制手続については，その廃止を主張する論者もいる[242]。

　連邦憲法裁判所に対する抽象的規範統制の申立件数は，憲法異議や具体的規範統制と比較すれば，ごく少数である[243]。しかしながら，この手続きによって申し立てられ，処理される事件には，60年にわたる連邦憲法裁判所の実績の中で，ドイツの政治や社会に大きな影響を与えるものも多く含まれている。抽象的規範統制手続で合憲性が争われた事例としては，1975年に妊娠中絶の一律禁止から，一定の条件の下に受胎後12週以内の妊娠中絶を不処罰とする刑法の改正が，バーデン・ヴュルテンベルクなど5ラントのラント政府の申立てにより争われ，改正法が無効とされた事例（BVerfGE 39, 1［判例Ⅰ8：嶋崎健太郎］），1985年に良心的兵役拒否者の代替義務期間を基礎兵役の期間より3分の1延長する「兵役拒否権及び非軍事的役務に関する法律」が，ブレーメンなど5ラントのラント政府および連邦議会議員196名の申立てによって争われ，

---

241) 「司法の政治化」，「政治の司法化」について詳しくは，杉原泰雄（編）『新版体系憲法辞典』（青林書院，2008年）251頁（畑尻剛執筆）を参照。

242) ユッタ・リンバッハ（青柳幸一訳）（注9）63頁，〈訳者あとがき〉において，リンバッハ長官自身が，抽象的規範統制によって政治的問題が連邦憲法裁判所に持ち込まれること，解決困難な問題が多いこと，判決に時間がかかること，を理由に，抽象的規範統制手続は廃止したほうがよい，との考えをもっている旨が示されている。

243) 連邦憲法裁判所における事案の総係属件数は，2010年までで188,810件であるのに対して，抽象的規範統制手続における係属件数は，わずか165件にすぎない。Benda/Klein, Anlage II, S. 598 ff. を参照。最新の統計については，BVerfG HP も参照。

当該法律が合憲とされた事例（BVerfGE 69, 1［判例Ⅰ 23：山内敏弘］），1997 年にいわゆる超過議席を認める連邦選挙法の規定が，ニーダーザクセンのラント政府の申立てによって争われ，合憲とされた事例（BVerfGE 95, 335［判例Ⅲ 69：永田秀樹］），2002 年に同性カップルに婚姻と同等の権利義務関係を認める，いわゆる「生活パートナーシップ法」が，バイエルンなど 3 ラントのラント政府の申立てによって争われ，合憲とされた事例（BVerfGE 105, 313［判例Ⅲ 32：三宅雄彦］）などがある[244]。

4.1.2 目的と性格

抽象的規範統制手続の目的は，申立権者やその他の者の主観的権利・利益の保護ではなく，憲法の保護である。すなわち，この手続は，他の規範に対する憲法の優位の確保や，ラント立法による連邦法の侵害の回避を目的として行なわれるのである。この意味において，抽象的規範統制手続は，連邦憲法裁判所の「憲法の番人」としての性格を最も顕著に特徴づける手続であるということができる[245]。

抽象的規範統制手続の対象は，一般的な規範の，上位の規範との一致もしくは不一致であり，申立権者の利害関係や申立てそのものが対象となるのではない。申立権者の申立ては，手続開始の契機にすぎず，したがって，この手続は対審構造をもたない客観的手続である。連邦憲法裁判所は，手続の継続について公の利益が存する場合には，申立権者が申立てを取下げた場合でも，なお本案に対して裁判をすることができるとしている（BVerfGE 25, 308；77, 345；87, 152）。

抽象的規範統制手続における裁判は，規範の公布に遡って規範の有効無効を確定するものであり，その本質において常に宣言的性質をもつ。裁判は，連邦憲法裁判所法 31 条 2 項により，法律と同一の効力をもつが，裁判それ自体は

---

[244] 抽象的規範統制手続に依るその他の重要判例について，Schlaich/Korioth, Rn. 124 参照。

[245] E. Klein, in: Benda/Klein, Rn. 662.

立法ではなく，裁判所による認識手続（gerichtliches Erkenntnisverfahren）[246]である。しかし，とくに憲法の一般的な概念の解釈や補充が問題となる場合には，判決が立法に近づくことになり，判決と立法の区別が論争となる[247]。

4.1.3　沿　　革

抽象的規範統制手続は，その起源をワイマール憲法13条の規定に見出すことができる。ワイマール憲法13条2項は，「ラントの法の規定がライヒの法と両立するかどうかについて，疑義又は意見の相違があるときは，ライヒ又はラントの管轄中央官庁は，ライヒ法律の詳細な規定に基づき，ライヒ最高裁判所の決定を訴求することができる」と規定し，ライヒ最高裁判所による抽象的規範統制の可能性を示唆した。しかし，この権限は，ラント法のライヒ法に対する関係に限られており，連邦憲法裁判所の抽象的規範統制の権限とはほど遠いものであった。

ライヒ国事裁判所においても，ライヒ法の憲法適合性を審査する可能性が閉ざされ，この状態を克服する努力は，ワイマール時代には成功しなかった。

ヘレンキームゼー案98条では，立法手続に参加する機関間での憲法争議の解決策として，連邦法の抽象的規範統制が，また，連邦・ラント間の争議の解決策として，ラント法の抽象的規範統制が予定された（Ⅰ1.2.1参照）。

後に，1948年6月2日の基本法制定会議の司法委員会会議において，連邦およびラント政府の申立てによる連邦法およびラント法の抽象的規範統制が規定され，さらに連邦議会議員の3分の1にも申立権が付与されるべきとされた。その後の審議の経過の中で，連邦の最高裁判所もしくは連邦憲法裁判所のどちらかに抽象的規範統制の権限が付与されるべきかという問題が，連邦憲法裁判所に権限を付与するというかたちで決着し，現在の抽象的規範統制手続が完成された（Ⅰ1.2.2参照）。

246）　Lechner/Zuck, Rn. 5. zu Vor § 76 ff.
247）　例えば，Schlaich/Korioth, Rn. 119.

基本法制定以後は，1994年の基本法改正において，93条1項2a号が追加された。また，2006年の基本法改正において，93条2項が変更[248]され，この変更にともない，法13条6b号，97条（後に96条に変更）が追加されている。さらに2008年の基本法改正において，93条1項2号の申立権者のうち，申立てに必要な連邦議会議員の数が，法定議員数の3分の1から4分の1に変更された[249]（Ⅰ2.3参照）。

4.1.4 比　較　法

オーストリア，イタリア，スペイン，ポルトガル，ベルギー等の国において抽象的規範統制手続が採用されている。しかしながら，申立権者や審理の手続，対象等は，それぞれの国において様々であり，共通点は少ない。また，いずれの国においても，憲法裁判所が行使する権限全体における抽象的規範統制手続の比率は，ごくわずかである[250]。

また，フランスにおいても，一定の政治機関の申立てに基づいて，憲法院という機関が憲法適合性の審査を行うという類似の制度が存する。しかし，フランスでは，審査機関である憲法院が，司法権に属する機関ではなく，また審査対象が公布前の法律に限られているなど，ドイツとは若干異なった制度が採用されている[251]。

---

[248] 2006年の基本法改正では，基本法93条2項が新たに追加され，旧2項が3項に変更された。

[249] 2008年基本法改正におけるこの変更の経緯について，初宿正典「ドイツ連邦共和国基本法の最近五回の改正—二〇〇六年八月以降の状況」自治研究85巻12号（2009年）6頁を参照。

[250] 詳しくは，L. ファヴォルー（注190）（山元一訳）26頁を参照。

[251] フランス憲法院による規範統制が裁判作用であるかどうかについては，フランス国内でも論争がある。審査機関や審査対象の点から，フランスの制度を「抽象的規範統制」と断言することには躊躇せざるをえない。しかしながら，一定の申立権者の申立てに基づいて，個人の権利・利益と無関係に審査が行われるという点では，手続の性格の類似性はある。

4.2 申　立　て

4.2.1 基本法93条1項2号の手続

(1) **申立権者**　基本法93条1項2号の手続においては，申立権者は，連邦政府，ラント政府または連邦議会議員の4分の1とされる。連邦参議院や会派には，申立権は認められていない。また，抽象的規範統制手続には，申立ての相手方も，申立期間も存在しない。

連邦政府とは，基本法62条による連邦首相と連邦大臣の合議体である。したがって，連邦憲法裁判所への申立ては，閣議決定に基づくものでなければならず，閣議決定に基づかない場合には，申立ては許されない[252]。

ラント政府は，各ラント憲法において定義される。ラント政府による申立てについても，閣議決定に基づくことが必要とされる[253]。

連邦議会議員の4分の1の算出は，連邦議会議員の法定議員数を基礎とする。申立権を認められるのは連邦議会議員であって，連邦議会それ自体には申立権は認められていない。

抽象的規範統制手続の申立権者となる連邦議会議員の4分の1は，一体となって行動し，同一の目標を追求するものでなければならず，その見解は統一的に，かつ代理人によってのみ表明される（BVerfGE 68, 346）。また，それぞれの申立権者は，共同して申し立てを行うことも認められる（BVerfGE 61, 149）。しかし，基本法93条1項2号に規定する申立権者は限定列挙であり，列挙された者以外には申立権は認められない（BVerfGE 21, 52；68, 346）。

(2) **申立要件**　基本法93条1項2号によれば，抽象的規範統制手続は，連邦法もしくはラント法がこの基本法と形式上もしくは実質上一致するかどう

---

[252]　E. Klein, in : Benda/Klein, Rn. 666.
[253]　E. Klein, in : Benda/Klein, Rn. 666.

か，または，ラント法がその他の連邦法と一致するかどうか，について，「意見の相違または疑義がある場合」に申し立てることができるとされる。ここにいう「意見の相違または疑義」とは，法問題について意見の対立があることで十分であり，また規範が上位の法と一致するかどうかについての疑義であればよいとされる[254]。しかし，学問上の論争，または政治的な議論における利害関係では，十分ではない[255]。

一方，基本法93条1項2号を具体化している法76条1項1号および2号は，抽象的規範統制手続の申立てが許容される要件を，基本法93条1項2号よりも狭く規定している。この点について，法76条1項の規定の憲法適合性が問題とされ[256]，同条は少なくとも一部無効であるとする主張もある[257]が，連邦憲法裁判所は違憲であるとはしていない（BVerfGE 96, 133 [137]）。

法76条1項1号は，申立権者の一が，連邦法もしくはラント法が，「基本法若しくはその他の連邦法と形式上・実質上一致しないことを理由に無効であると主張」する場合に，基本法93条1項2号による申立てが許容されると規定する。この要件によれば，問題となる法律の憲法または連邦法との適合性について，申立人が単なる疑義をもつことでは不十分であり，申立人は，当該法律の無効を主張しなければならない。

また法76条1項2号は，申立権者の一が，連邦法もしくはラント法が，「連邦若しくはラントの裁判所，行政庁若しくは機関が基本法若しくはその他の連邦法に一致しないものとして適用しなかったときに，これを有効であると主張した場合」に申立てが許容されるとする。この要件は，基本法93条1項2号にいう「意見の相違または疑義」の第二の出現形態について規定するもので，この要件によって開始される手続は，「規範確認手続（Normbestätigungsverfahren）」と呼ばれる。

---

254) Vgl. G. Babel, Problem der abstrakten Normankontrolle, 1965, S. 16 ff.
255) Schlaich/Korioth, Rn. 122 (5. Aufl. 2001).
256) 例えば，Babel (N254), S. 62 ff.,；E. Klein, in : Benda/Klein, Rn. 687 ff. など。
257) Schlaich/Korioth, Rn. 130.

法の規定では，法適用者が法を「適用しなかった」ことが要件とされているが，連邦憲法裁判所は，この「適用しなかった」という文言を広く解し，規範が，権限を有する機関によって「適用されず，執行されず，または重大な方法で無視され，これによってその有効性が，その実際の効力が侵害されるような方法で問題とされる」（BVerGE 96, 133 [137 f.]）場合に抽象的規範統制の申立てが許容される，とする。また，この要件においては，法適用者，とくに裁判所による合憲解釈が法を「適用しなかった」場合にあたるかどうかも問題となる。この点については，合憲解釈は実際には規範の部分的な無効宣言であり，合憲解釈を行うことはまさに「一致しないものとして適用しなかった」場合にあたるとして，抽象的規範統制の申立ての許容性を肯定する立場[258]と，合憲解釈は，規範の正しい解釈をめぐる争いにすぎず，規範を「適用しなかった」場合には当たらない，として，申立ての許容性を否定する立場[259]とが対立する。連邦憲法裁判所は，合憲解釈に対する申立ての許容性を肯定している（BVerfGE 119, 247）。

さらに，抽象的規範統制手続の申立てが許容されるためには，「客観的な明確化の利益（objektives Klarstellungsinteresse）」が必要であるとされる。この要件は，連邦憲法裁判所の判例（BVerfGE 6, 104 [110]；39, 96 [106]［判例Ⅰ93：神橋一彦］；52, 63 [80]；88, 203 [334]［判例Ⅱ7：小山剛］；96, 133 [137]；100, 249 [257]［判例Ⅲ78：門田孝］；101, 1 [30]［判例Ⅲ77：石村修］；103, 111 [124]［判例Ⅲ68：栗城壽夫］；106, 244 [251]；108, 169 [178]）によって形成された付加的な要件で，基本法93条1項2号および法76条1項全体の趣旨から派生するものとされる[260]。連邦憲法裁判所は，実体的な規範内容が新法に採用されることで，規範が効力を失ってもなお規定の法的効力が展開する場合など（BVerGE 5, 25 [28]；97, 198

---

258) W. Roth, Die verfassungsgerichtliche Überprüfung verfassungskonformer Auslegung im Wege abstrakter Normenkontrolle, NVwZ 1998, S. 563 ff.; Schlaich/Korioth, Rn. 130; M. Graßhof, in: Umbach/Clemens/Dollinger, Rn. 28 zu § 76.

259) S. Mückl, Die abstrakte Normenkontrolle vor dem Bundesverfassungsgericht gemäß Art. 93 I Nr. 2, 2a, §§ 13 Nr. 6, 6a, 76 ff. BVerfGG, Jura 2005, S. 467 f.

[213]）において，この利益を肯定する。一方，当該規範が法規命令への授権を含んでいるが，法の執行者がこれを用いず，将来にわたっても用いられないと考えられる場合などには，この利益を否定している（BVerfGE 113, 167 [193]）。

この要件は，申立人が自己の権利や利益に言及しなければならないとするものではなく（BVerfGE 100, 249 [257]［判例Ⅲ 78：門田孝］; 103, 111 [124]［判例Ⅲ 68：栗城壽夫］），抽象的規範統制手続の客観的性格を変更するものではない。また，この要件は，すべての申立人に一様に，関係人とは無関係に認められている申立権を制限するものではない。たとえば，連邦政府や連邦議会議員は，ラント法の審査を申し立てることが可能であり（BVerfGE 73, 118 [150]），また，ラント政府が他のラントのラント法の審査を申し立てることが妨げられるわけではない[261]。

4.2.2 基本法93条1項2a号の手続

基本法93条1項2a号は，法律が基本法72条2項の要件に合致しているかどうかについて意見の相違がある場合に，連邦参議院，ラント政府またはラント議会が，連邦憲法裁判所に対して申立てをすることができると規定する。この規定は，1994年10月27日の基本法改正において追加されたものである。この手続は，基本法72条2項の改正および第75条2号の追加により，連邦の競合的もしくは大綱的立法権が強化されたことにともない，連邦の立法権からラントの立法権を保護することを目的として，新たに創設された手続であり，従来の抽象的規範統制手続と区別して，権限統制手続（Konpetenzkontrolleverfahren）と呼ばれることもある[262]。

この手続の性格をめぐっては，抽象的規範統制か，連邦国家的争訟かで論争

---

260) M. Graßhof, in : Umbach/Clemens/Dollinger, Rn. 31 zu § 76.
261) M. Graßhof, in : Umbach/Clemens/Dollinger, Rn. 32 zu § 76.; E. Klein, in: Benda/Klein, Rn. 694.
262) G. Robbers, Verfassungsprozessuale Probleme in der öffentlich-rechtlichen Arbeit, 1996, S. 54.

があるが[263]，一般的には抽象的規範統制手続の特別な拡大と理解されている[264]。

(1) **申立権者** 基本法93条1項2a号の手続においては，申立権者は，連邦参議院，ラント政府およびラント議会とされる。この手続は，上に述べたように，連邦立法権に対するラント立法権の保護を目的としたものである。したがって，申立権者は限定列挙であり，連邦政府や一定数の連邦議会議員には，申立権は認められていない。

(2) **申立要件** 基本法93条1項2a号によれば，「法律が基本法第72条第2項の要件に合致しているかどうかについて意見の相違がある」ことが，この手続の要件とされる。基本法72条2項の要件とは，競合的立法の領域において，「連邦領域における等価的な生活関係をつくり出し，又は，国家全体の利益のための法的若しくは経済的統一を維持するために，連邦法律による規律を必要とする」ことをさす。

この手続の申立要件は，基本法93条1項2号の場合と異なり，「意見の相違」に限定されている。すなわち，法律が基本法72条2項の要件に合致しているかどうかが「疑わしい」だけでは申立ては認められず，具体的な反対意見（konkretisierter Dissens）が必要とされる[265]。

また，基本法93条1項2号の手続の場合と同様，基本法のこの手続を具体化する法76条2項は，申立てが認められる場合を，「申立権者が，連邦法律を，基本法72条2項の要件を満たしていないことを理由に無効と主張した場合」に限定しており，この規定についても，その憲法適合性が問題とされる[266]。

---

263) Vgl. J. Aulehner, Art. 93 I Nr. 2a GG – abstrakte Normenkontrolle oder föderative Streitigkeit?, DVBl. 1997, S. 982 ff.
264) E. Klein, in : Benda/Klein, Rn. 663, 699, Schlaich/Korioth, Rn. 117 (5. Aufl. 2001).
265) E. Klein, in : Benda/Klein, Rn. 744.

4.2.3　基本法93条2項の手続

　基本法72条2項は，連邦が74条1項4号（外国人の滞在及び居住の権利），7号（公的扶助），11号（経済法，ただし閉店時間，飲食店，興業，見本市，展示会及び市場に関する法を除く），13号（職業教育補助の規律及び学術研究の助成），15号（土地，天然資源及び生産手段の，公有又はその他の公共経済への形態への移行），19a号（病院の経済的安定及び病院支給基準額の規律），20号（食料を得るのに役立つ動物を含む食料品の法，嗜好品，生活必需品及び飼料の法，並びに農林業の種苗取引の保護，植物の病害虫に対する保護，並びに動物保護），22号（道路交通，自動車交通制度，及び遠距離交通に供する陸路の建設及び維持，並びに自動車による公道の利用に対する手数料又は料金の徴収及び分配），25号（国家賠償責任）および26号（医学的裏づけのある，人の生命の発生，遺伝情報の研究およびその人工的変更，並びに臓器，組織および細胞の移植に関する規律）の領域において，立法権を有するのは，連邦領域における等価な生活関係をつくり出し，または，国家全体の利益のための法的若しくは経済的統一を維持するために，連邦法律による規律を必要とする場合であり，かつその限度においてであると規定し，ラントの立法権に対して連邦の立法権が優位する場合を限定している。同条4項はこれを承けて「連邦法律上の規律について第2項にいう必要性がもはや存しないときは，ラント法によってこれを代えることができる旨を，連邦法律によって規定することができる」とする。これらの規定は，2006年に改正されたものである。また，基本法125a条2項は，「1994年11月15日まで効力を有していた文言における第72条第2項の根拠に基づいて制定されていた法であって，第72条第2項の変更によってもはや連邦法として制定することができなくなるものは，引き続き連邦法として効力を有する。かかる法は，ラント法によってこれを代えることができる旨を，連邦法律によって規定することができる」と規定し，2006年基本法改正による連邦法の効力に関する経過を定めている。基本法72条4項

---

266)　E. Klein, in : Benda/Klein, Rn. 704.

の「必要性がもはや存在しない」かどうか,および基本法125a条2項に定める「もはや連邦法律として制定することができなくな」ったかどうかを審査するのが,基本法93条2項の手続である。この手続において,「必要性がもはや存在しない」こと,または「もはや連邦法律として制定することができなくなった」ことが確定された場合には,「ラント法によってこれを代えることができる」ことが確定される。この手続は,2008年10月8日の基本法改正において追加されたもので,基本法93条1項2a号の手続を補充し,同手続同様,連邦の立法権に対してラントの立法権を保護しようとするものである。この手続は,「権限返還手続(Kompetenzfreigabeverfahren)」と呼ばれることもある[267]。

手続の詳細は,法13条6b号,96条,76-79条に規定される。

(1) **申立権者** 基本法93条2項の手続においては,申立権者は,連邦参議院,ラント政府およびラント議会とされている。これは基本法93条1項2a号の手続と同様である。なお,連邦参議院の申立権は,当該法律を連邦参議院が否決したか否かに関係なく認められる[268]。

(2) **申立要件** 基本法93条2項3文によれば,この申立ては,「〔基本法〕第72条第4項又は第125a条第2項第2文による法律案が連邦議会において否決され,又はこれについて1年以内に審議されず若しくは議決されなかった場合,又はこれに対応する法律案が連邦参議院において否決された場合」に限られる。この規定は,ラント法に代えることができる旨を,第一次的には連邦法律によって定めることとし,連邦法律が否決されるか,あるいは連邦議会が審議しないときに限って連邦憲法裁判所の審査を申し立てることができるという,いわゆる補充性の原則に基づくもので,これによって,立法者の判断が尊重されている[269]。

---

267) W. Meyer, in : Münch/Kunig II, Rn. 40 zu Art. 93, ; Pieroth, in : Jarass/Pieroth, Rn. 79 ff. zu Art. 93.
268) B. Pieroth, in : Jarass/Pieroth, Rn. 79 ff. zu Art. 93.
269) B. Pieroth, in : Jarass/Pieroth, Rn. 81 zu Art. 93, ; Lechner/Zuck, Rn. 5 zu § 97.

4.3 抽象的規範統制の審理

4.3.1 審査の対象

基本法93条1項2号の手続の審査対象は，すべての連邦法およびラント法である。どのランクの法であるか，成文法か不文法か，形式的か実質的か，後憲法的か前憲法的かといった問題は重要ではなく[270]，あらゆる法が審査の対象となりうる。しかし，審査の対象となる規範は，施行されていないとしても公布されていることが前提とされ，公布前の規範について予防的に審査することは，原則として許されない[271]。また，すでに失効した規範は，例えば，実体的な規範内容が新法に採用されている場合のように，その規定の法的効力が展開する限りにおいて審査の対象となりうる（BVerfGE 5, 25；20, 56；6, 104.）。

典型的なものはもちろん，個別的には，一般的拘束力をもつ労働協約（BVerfGE 44, 322；55, 7），第一次的ヨーロッパ共同体法（BVerfGE 52, 187），憲法機関の規則，予算法律（BVerfGE 20, 56［判例Ⅰ64：加藤一彦］；79, 311），法規命令（BVerfGE 1, 184［判例Ⅰ91：畑尻剛］；2, 307），条例（BVerfGE 10, 20），憲法改正法律（BVerfGE 30, 1［判例Ⅰ42：西浦公］），州憲法条約および国際取極めの同意法律（BVerfGE 12, 205［判例Ⅰ77：浜田純一］；1, 396；6, 290）などが，審査の対象とされる。また，単なる議会決定であっても，Staatsvertragに関する議会の同意など，それが法律に代替する性質を有する場合に限り，審査対象となりうる（vgl. BVerfGE 90, 60 [84 ff.]）一方，占領法規，統一条約の基準によって継続的に適用されない東ドイツ法，第二次的ヨーロッパ共同体法，教会法，行政規則，基本法25条に基づく連邦法でない国際法などは，審査の対象とならない。

---

270) B. Pieroth, in : Jarass/Pieroth, Rn. 21 zu Art. 93.
271) 例外として，連邦大統領による認証および公布がなく，国際法上の施行に先立って判断され，国際法上および憲法上の義務の崩壊が回避されうるような場合に，国際取極めの同意法律が審査の対象とされる。Vgl. BVerfGE 1, 396.

基本法 93 条 1 項 2a 号の手続の審査対象は，連邦法律に限られる。

4.3.2　審査の基準

基本法 93 条 1 項 2 号の手続において，連邦法が審査の対象となる場合の審査の基準は，同号の文言から，基本法である。

連邦法律が基本法のみを基準として審査されることについては，異論のないところである。しかしながら，法 76 条 1 項は，「連邦法が，……基本法またはその他の連邦法と一致しないことを理由として……」と規定し，この規定からは，連邦法律よりも下位の連邦法については，基本法だけでなく連邦法律も審査の基準とされるという解釈も可能である。この点において，基本法 93 条 1 項 2 号と法 76 条 1 項との齟齬が指摘されている[272]が，基本法 80 条 1 項によれば，連邦法律より下位の連邦法には連邦法律の授権が必要であり，連邦法律より下位の連邦法は，最終的には基本法 80 条 1 項を基準として審査されることになる。したがって，両者の齟齬は結果的には重要な意義をもたない。連邦憲法裁判所は，連邦の法規命令の効力が抽象的規範統制手続で争われた事例において，法規命令が連邦法と一致するか否かの審査がまず行われるべきである，としている（BVerfGE 101, 1［判例Ⅲ 77：石村修］）。

なお，ラント法が審査の対象となる場合には，連邦法全体が審査の基準とされる。

---

272)　Schlaich/Korioth, Rn. 123.

5. 連邦機関争訟

5.1 総　　説

5.1.1　機関争訟の意義

　連邦憲法裁判所は，連邦最高機関（oberstes Bundesorgan）の権利および義務の範囲に関する紛争，または，基本法もしくは連邦最高機関の規則（Geschäftsordnung）によって固有の権利を与えられた他の関係機関（Beteiligte）の権利および義務の範囲に関する紛争に際して，基本法の解釈について裁判する（基本法93条1項1号，法13条5号）。これらを，連邦機関争訟（Bundesorganstreit）という。

　国家機関はすべて，基本法を尊重し擁護しなければならない。この憲法尊重義務の遵守を確保するため，基本法は，義務違反の生じた場合に，各国家機関が自ら裁判所の審査を求める途を開いた。憲法上の関係にある法主体間の争訟が，「憲法争訟」として，連邦憲法裁判所により裁判されることとなったのである。これに対し，憲法争訟の性格を有しない機関争訟は，行政裁判所の管轄に属する（VwGO 40条1項参照）。

5.1.2　沿革と現状

　機関争訟は，歴史的にみると，憲法裁判の端緒ともいうべき重要な意味をもっていた。19世紀初頭の立憲主義の展開の中，各邦憲法に，憲法領域に属する主体間の争訟を国事裁判所（Staatsgerichtshof）に委ねる例があらわれる[273]。

---

273)　その先駆的一例であるザクセン憲法（1831年）は，「憲法の個別条項の解釈について疑義が生じた場合に，政府と議会（Stände）との合意によってこれを取り除くことができないときは，政府の側からも議会の側からも，賛否の対立す

憲法の内容と解釈に関する紛争が法律上の争訟と捉えられ，国事裁判所が，調停という手段でこれを解決する可能性が認められたのである。1849年のフランクフルト憲法も，各邦とライヒとの間の憲法争訟を想定していた[274]。

ところが，1850年代以降に成立した邦憲法（とくにプロイセン憲法）は，憲法争訟に関する規定をもたなかった。君主と邦議会間等，国家機関の権限配分をめぐっては政治的な問題も多く，裁判官によって解決されるに適しないものと考えられたからである。1871年のビスマルク憲法もまた同様であった。

20世紀になると，ワイマール憲法（1919年）が国事裁判所を設置し（同憲法108条），これにラント内の憲法争訟を管轄させることとした（同19条）。だが，この権限は，ラント内に当該紛争を管轄する裁判所が存しない限りで行使される，補充的な性格にとどまっていたし，ライヒの憲法機関相互間の憲法争訟に関する管轄権が与えられていなかった点に大きな限界があった[275]。基本法の本手続によってはじめて，連邦レベルで強制管轄権をもつ機関争訟が実現されたのである。

基本法は，連邦の憲法機関相互間の争訟を連邦憲法裁判所の管轄に属せしめ，統治機構の構成についても法規範性を確保することを図った。国家機関の権限をめぐる政治的闘争も，基本法93条1項1号の定めるように，相互の「権利・義務」の形を取って訴訟となった場合には，裁判所によって決定され

　　　る理由が，決定のため国事裁判所に提起されるものとする」と定めていた（同憲法153条）。

274)　「紛争の当事者がライヒ裁判所の決定を求めることで意見が一致したとき，ライヒ憲法の解釈に関する諸邦院（上院：Staatenhaus）と国民院（下院：Volkshaus）の相互間の紛争，および各院とライヒ政府の間の紛争」は，ライヒ裁判所の管轄に属する（フランクフルト憲法126条b号）。この管轄権は，紛争両当事者がライヒ裁判所の決定を求めることに合意した場合に限られており，なお調停の性格を残すものであった。

275)　これに対して，学説は概ね，国事裁判所の管轄権をライヒの憲法争訟にまで拡大することが必要だと考えていた。ドイツ国法学者大会でも，議論がたたかわされている。Vgl. VVDStRL 2 (1925).

る。これまで，連邦議会や連邦参議院，連邦政府の間で，いくつか基本法の解釈をめぐる紛争を生じ，連邦憲法裁判所がこれに判断を下してきた[276]。のみならず，本来の国家機関とは異なる政党や政党類似団体の資金等の効力が問題となった場合にも，連邦憲法裁判所が本手続によって憲法適合性を審査している[277]。

比較法的にみて，憲法裁判所が国家機関の権限争議を管轄する例はしばしばあるが，事件の数自体は多くないようである[278]。ドイツにおいても，本手続が連邦憲法裁判所の裁判全体の中で占める役割は，必ずしも中心的なものではない[279]。

5.1.3 機関争訟の目的

基本法93条1項1号および法13条5号の文言からすれば，機関争訟手続の目的は，「権利（Rechte）」を保護しその侵害を排除するという主観的側面に向けられているように見える。実際，機関争訟にあっては，権利・義務をめぐって対立する憲法機関が，対審手続における申立人と被申立人として相互に対峙することになる。しかし，争訟の当事者は機関ないし機関の一部であり，それは本来の意味における主観的権利（subjektive Rechte）の担い手ではない。そこ

---

276) 例えば，選挙時における政府の広報活動（BVerfGE 44, 125），基本法112条による連邦大蔵大臣の緊急権限（BVerfGE 45, 1），連邦議会の解散（BVerfGE 62, 1）［判例Ⅰ88：吉田栄司］，追加装備（BVerfGE 68, 1），連邦軍の域外派兵（BVerfGE 90, 286）［判例Ⅱ57：山内敏弘］等の効力をめぐる事件がある。

277) 前者について BVerfGE 20, 119；24, 300；85, 264［判例Ⅰ67：上脇博之］；後者について BVerfGE 73, 1。

278) オーストリア，イタリア，スペインなどの例が知られている。ファヴォルー（注190）39, 83, 114頁等参照。

279) 1951年以降の数十年間に連邦憲法裁判所に係属した全手続18万余件のうち，機関争訟の占める割合は0.1％程度である。Benda/Klein, Anlage II (S. 598). 近年では，年間の受理件数が数件，処理件数が2〜4件程度にすぎない。『判例Ⅱ』付録②連邦憲法裁判所の事案受理件数一覧表，③同処理件数一覧表（1951-2004年）も参照。

で問題となっているのは，厳密にいえば「権限 (Kompetenzen, Zuständigkeiten)」である。

だが，この機関争訟が制度化されてはじめて，憲法機関相互間の関係が真に法的なものとなったことに疑いはない。それは，個々の機関に自己の権限を防禦する法的な力を付与するとともに，権限構造の総体を保持し，そのことを通じて政治過程を保護する機能をもつ。とりわけ，この機関争訟の機能が少数派保護の側面に向けられると，基本法の追求する自由な秩序（自由で民主的な基本秩序（基本法18条，20条2項，91条1項等参照）のうちの前段）の確保に仕えるものとなる。したがって，本手続の目的は，むしろ客観的側面が中心である。連邦憲法裁判所もまた，この手続が「憲法の客観的保護の役割に仕える」ことを認めた（BVerfGE 2, 143 [152]）。

このようにして，機関争訟手続は，その対象が主観的に規定されているのに対し，その目的は主として客観面に置かれている。これらが相俟って，本手続の運用のあり方を規定することになるであろう。

5.1.4 基本法と連邦憲法裁判所法

基本法93条1項1号の定める機関争訟は，法13条5号および63条ないし67条によってその手続が具体化されている。だが，基本法の規定と法律の規定との間には少なからぬ相違があり，それはとりわけ，当事者の範囲と手続の対象に顕著にあらわれている。

この相違は，裁判所がどの程度積極的に政治過程に介入すべきかという問題について，態度の異なることから生ずるものである。基本法によれば，連邦憲法裁判所は機関争訟において，憲法機関相互の争いをすべて裁判するのではなく，ただ，紛争に際して基本法の解釈につき裁判するにとどまる。それはむしろ，機関争訟の伝統的な形式といってよい。そこでは，連邦憲法裁判所の役割は，当該事件にかかわる抽象的な憲法原則を，具体的な事件に照らして拘束力をもって宣言することだけである。そこからいかなる政治的結論を引き出すかは，政治部門の判断に委ねようとするのである。

しかし，法律が連邦憲法裁判所に付与した役割は，このような抽象的な憲法解釈にとどまらない。法67条1文によれば，連邦憲法裁判所は，機関争訟において，紛争自体について裁判する。すなわち，異議を唱えられた被申立人の作為または不作為が，基本法の規定に違反するか否かを判断するのである。このとき，憲法解釈は訴訟手続の主要問題でなく，前提問題・予備的問題になっており，むしろ紛争そのものが手続の対象となっている。こうした点からすれば，連邦憲法裁判所法自体の合憲性が問題となりうるが，連邦憲法裁判所は，法律の規定を違憲とすることなく，むしろ初期からこれに従って活動している（BVerfGE 1, 208 [231]；2, 143 [157]；3, 12 [17], usw.）。

5.2 機関争訟の手続

5.2.1 当事者能力

(1) **総　　説**　基本法93条1項1号の意義と目的は，連邦レベルにおける権力分立的な権限構造を保持し，それによって客観的な憲法秩序を確保することにある。だが，連邦憲法裁判所への出訴の途は，すべての機関に開かれているわけではない。機関争訟手続の当事者となりうるのは，憲法上の関係にある法主体に限られている。基本法によれば，機関争訟の当事者能力（Parteifähigkeit：申立人または被申立人となりうる資格）をもつのは，「連邦最高機関」および「他の関係機関」である（基本法93条1項1号）。法13条5号はこの規定に従っているが，法63条は，申立人および被申立人となりうるものを列挙するにあたって，基本法とは異なる定めを置いている。

同条の規定は，基本法よりも広い点と狭い点とがある。まず，連邦最高機関として，連邦大統領，連邦議会，連邦参議院および連邦政府があがっているが，基本法上の最高機関はこれらにとどまらない。

他の関係機関についても，法律の規定が基本法よりも広い場合と狭い場合とがある。基本法によれば，当事者能力を有するのは，基本法または連邦最高機

関の規則により固有の権利を付与された関係機関であるが，法63条は，連邦最高機関の一部で，基本法または連邦議会規則および連邦参議院規則によって固有の権利を付与されたものと定めている。すなわち，法律は，基本法にはない「機関の一部（Teile der Organe：Organteile）」を当事者の一つとしているが，他方で，当事者能力を有する主体を「機関（Organe）」に限っており，基本法のいう「他の関係機関（anderen Beteiligten）」の方が広い。さらに，法律は，固有の権利・義務を付与しうる規則を，連邦議会および連邦参議院のそれに限定している。

これらの場合，基本法の方が上位規範であるから，法律に規定がなくとも，基本法の定める諸機関は当然に当事者能力をもつ。他方，法律中の基本法を超える部分について，憲法違反の議論もありえようが，連邦憲法裁判所はこれを支持している。

(2) **連邦最高機関** 機関争訟の当事者は，まず第一に，連邦最高機関である。連邦最高機関は，しばしば「憲法機関（Verfassungsorgane）」という概念でその範囲が画される。憲法機関とは，憲法によって存在，地位および本質的権限が規定されており，かつその存在と機能によって国家に特定の形態を付与し，その活動によって最高の国家指導に参与する点に特徴を有する国家機関である。法63条は，このような連邦最高機関として，連邦大統領，連邦議会，連邦参議院および連邦政府をあげている。同条には列挙されていないが，合同委員会（Gemeinsamer Ausschuß）（基本法53a条）と連邦会議（Bundesversammlung）（基本法54条）も憲法機関とみることができよう。連邦参議院議長は，基本法57条によって連邦大統領の権能を代理行使するとき，その限りで基本法93条1項1号の意味における連邦最高機関である。したがって，連邦大統領は，基本法57条に基づく権能が主張された場合，連邦参議院議長を相手取って機関争訟を提起し，事故の不存在を主張してその権能行使を争うことができる。

連邦首相（Bundeskanzler）や連邦大臣（Bundesminister）が連邦最高機関に含まれるのか，それとも連邦最高機関の一部，すなわち他の関係機関にすぎないのかという点は，必ずしも明確ではない。機関争訟における当事者能力の有無

に相違を生じないため，あまり問題とされなかったが，連邦憲法裁判所は，固有の基本法上の権限に関する限りで，これらも最高機関であるとした（BVerfGE 90, 286 [336 ff.]）。

連邦会計検査院（Bundesrechnungshof）（基本法114条2項），連邦銀行（Bundesbank）（基本法88条），および連邦議会の国防委員（Wehrbeauftragte）（基本法45a条）が機関争訟の当事者能力をもつか否かについては争いがある。だが，会計検査院は，国家指導的な活動という憲法機関の要請を満たしていないし，その権限も憲法機関のそれと同等ではない。連邦銀行も連邦最高機関ではない。それは国家指導的な活動を担っておらず，そもそも基本法88条は，連邦銀行に特定の権限を保障してはいないからである。また，国防委員は連邦議会の補助機関にすぎないから，連邦最高機関ではない。もっとも，これらの機関も，93条1項1号の意味における「他の関係機関」となることはありえよう。

市民の総体としての国民（Staatsvolk, Bundesvolk）にも，当事者能力は認められない（BVerfGE 13, 54 [85, 95]）。国民を憲法機関とみなすことがありえないわけではないが，組織的に行為する統一体としての固有性をもたないからである。個々の市民も，国民の一部ないし関係機関として機関争訟を提起することはできない。国民は，基本権の主体として，憲法異議という手段により保護を求めることができるにとどまる。

なお，連邦憲法裁判所自体は最高の憲法機関であるが，裁判を行う主体であるから，同時に本手続の当事者となることはできない。

(3) **他の関係機関** 連邦最高機関のほかに機関争訟の当事者能力をもつのは，基本法または連邦最高機関の規則によって固有の権利を付与された，他の関係機関である。この関係機関は，ランクと機能において，連邦最高機関と同等であることが必要である。同等性を認めるための基準は「固有の権利」を備えていることであるが，関係機関が際限なく拡張されることを防ぐため，当該権利が基本法または連邦最高機関の規則によって与えられたものに限られている。

a) **連邦最高機関の一部** 基本法または連邦議会もしくは連邦参議院の規則に

よって，固有の権利を与えられている限り，連邦最高機関（憲法機関）の一部が「他の関係機関」となる（法63条）。これには，以下のものがある。

① 連邦議会：議長（基本法39条3項2文・3文，40条2項，54条4項2文，連邦議会規則7条，24条，25条，34条，42条1項・2項，44条，128条），委員会（基本法43条1項，連邦議会規則60条2項2文），および，重要な常設の機関の一部としての会派[280]。

連邦議会の議長は，議会という機関の一部として関係機関となるほか，自己の責任において，議会内で秩序維持権および懲戒権を憲法機関としての議員に対して行使するときは，基本法93条1項1号の意味における「他の関係機関」である。

② 連邦参議院：議長（基本法52条2項，57条，連邦参議院規則6条，15条，20条，22条，36条，39条2項），議長職（同規則8条），委員会（基本法53条1文），議員（基本法43条2項），連邦参議院のラントの代理人（基本法51条3項2文）。

③ 調整委員会（両院協議会 Vermittlungsausschuß）（基本法77条2項）。

④ 連邦政府の一部としての連邦首相（基本法64条1項，65条1文および4文）および連邦大臣（基本法65条3文）。これらはそれ自身が連邦最高機関であるが，同時に他の関係機関でもありうる。機関の一部としての当事者能力は，基本法によって固有の権限が配分されていることから直接生ずるのである。

⑤ 合同委員会の一部（基本法53a条）

会派に当事者能力が認められたため，機関争訟は，野党が政府与党を抑制する手段となりうる。その時々の投票ごとに形成される多数派や少数派といったものには当事者能力がないが，基本法（例えば42条1項2段）または議院規則（例えば，連邦議会規則85条：連邦議会議員の5パーセントによ

---

[280] 連邦憲法裁判所は，早くから，憲法生活の不可欠の要素として会派の意義を認めてきた（BVerfGE 2, 143 [152 ff., 160]）。

る法律の第三読会における申立て）にあげられている一定の少数派は当事者能力をもつ。

　会派だけでなく，個々の議員も機関争訟の関係機関となりうる。各議員は，憲法上保障された議員たる法的地位を侵害する行為に対して，連邦憲法裁判所に訴えを提起する権利があり，連邦議会議員は固有の機関的地位により申立人となるのである（BVerfGE 10, 4 [10]）。連邦議会規則が議事に一定の定足数を設け，また議員団という考え方をとっているため，個々の議員の地位が徐々に低下する傾向にあることを考慮すると，議員が機関争訟を提起しうることはとくに重要な意味をもつ。例えば，議員は機関争訟において，本会議における自己の発言権の侵害を争い（BVerfGE 10, 4），また連邦議会の早期解散が議員の地位と結びついた権利の侵害であり，もしくは憲法に違反する地位の剥奪であるということを主張することができる（BVerfGE 62, 1 [判例Ⅰ88：吉田栄司]）。その際議員は，その固有の地位を自己の名で主張している。単に，法63条の意味における機関の一部としてではない。これに対して，連邦議会の権利を主張しようとする場合には，議員は当該機関の一部として活動していることになる。

　ただし，議員が独立の憲法機関として機関争訟を提起することができるのは，議員たる地位から生ずる固有の身分に関する諸権利を主張する場合に限られる（BVerfGE 2, 143 [166]；4, 144 [149]；6, 445 [449]；10, 4 [10 ff.]）。議員が候補者として，基本法38条1項より生ずる被選挙権を，連邦政府の広報活動の措置に対して主張する場合（BVerfGE 63, 230 [241]），また，前議員として老齢年金を請求するような場合（BVerfGE 64, 301 [313]）には，機関争訟でこれを争うことはできない。その場合に問題となっているのは市民の基本権であり，憲法異議の手段をとって争うべきである。

　b)　その他の「他の関係機関」　「他の関係機関」は，まず第一に，基本法93条1項1号の要求する権利を満たしている限りで，連邦最高機関の一部である。しかし，「他の関係機関」という概念には，「機関の一部」には含まれないところがある。ここに，最高連邦機関でもその機関の一部でもない，他の関係機関が問題となる。

すでに述べたように，法63条のいう「機関の一部」は，基本法93条1項1号のいう「他の関係機関」のすべてを含むものではない。議員や調停委員会は，機関の一部というよりもむしろ，他の関係機関とみることもできよう。

連邦憲法裁判所が確立した判例で認めているように，政党（politische Partei）は，この「他の関係機関」に含まれる（BVerfGE 4, 27）[281]。基本法21条1項1文によって，政党は国民の政治的な意思形成に協力するからである。もっとも，それは「政党が，その特別な憲法上の地位から生ずる権利のために闘う場合に，かつその限り」（BVerfGE 44, 125 [137]）においてのみである。そのような場合には，政党は，その「特別な，すなわち，基本法21条に規定された憲法上の地位」に基づいて，地位と機能において連邦最高機関と対等な準憲法機関とみなされる。まさにそのゆえに，この場合，憲法異議は適当な訴訟手段ではないというのである（BVerfGE 66, 107 [115 f.]）。

政党が，その憲法上の地位を他の憲法機関に対して主張する限り，政党は機関争訟を提起することができるし，提起しなければならない。ただし，機関争訟は，被申立人も憲法機関である場合にのみ可能である。それゆえ，例えば政党が放送局（Rundfunkanstalt）に対してその憲法上の地位を主張したいならば，憲法異議を提起しなければならない。放送局は憲法機関ではなく，機関争訟における被申立人としての当事者能力がないからである（BVerfGE 7, 99 [103]）。憲法上の特別な地位ではなく，例えば市のホールの賃借人または納税義務者として基本権を主張しようとするならば，政党には憲法異議だけが許される。政党は，放送局の評議会（Rundfunkrat）において代表される権利も，機関争訟で主張することはできないし，これは政党が（ラント）政府や立法者に対して機

---

[281] シュレスヴィヒ・ホルシュタインの選挙法に関する最初の争訟で，連邦憲法裁判所は，政党を州の最高機関の中にあげていたが，同時に，同ラント憲法37条の意味における，その他の関係機関の中にもこれを入れていた（BVerfGE 1, 208）。まず，選挙法に関する争訟の際に，政党の主体性が承認されたのである。実際には，機関争訟による連邦憲法裁判所の裁判の相当数が，こうした選挙争訟に関連するものである。

関争訟を提起する場合にもできない。政党がこのような権利を有するとしても，それは憲法およびその特別な憲法上の地位から生ずるのではなく，団体としての一般的社会的地位から生ずるにすぎないからである[282]。

5.2.2 申立ての対象

　機関争訟手続の対象は，被申立人の作為または不作為が，基本法の規定に違反しているか否か，および当該規定が申立人に有効な権利を付与しているか否か（BVerfGE 68, 1 [73]）に関する憲法機関の紛争である（法64条1項参照）。

　この作為・不作為は，法的な重要性をもつ（rechtserheblich）ものでなければならない。議会で口頭の質問に対してなされた連邦政府の単なる回答や（BVerfGE 13, 123 [125]），ある法案が憲法違反であるとの少数派の主張は（BVerfGE 2, 143 [168]），それだけでは法的重要性をもたない。しかし，単なる意見表明でも，例えば，連邦憲法裁判所の禁止を受けていない政党の目的の憲法適合性について，連邦政府が否定的な価値判断を下した場合などは，法的重要性をもつ行為となりうる（BVerfGE 40, 287）。本会議における連邦議会議員の発言に対して，議長が秩序維持のための措置をとりうるか否かという問題も，機関争訟の対象となる。ただし，秩序維持の手段のうち最も緩やかな戒告は，警告的性格にとどまるから，それだけでは「法的効果」をもつとはいえない（BVerfGE 60, 374 [381 f.]）。なお，国家機関の不作為も，被告が憲法上，疑問の余地なくある作為を行うよう義務づけられている場合には，法的な重要性をもちうる（BVerfGE 96, 264 [277]）。

　ある法律が，申立人の憲法上の地位にとって法的な重要性をもつ限り，法律の公布ないし立法行為も法64条の意味における作為にあたる（BVerfGE 4, 85 [122]；24, 300 [329]）。このとき機関争訟は，実際には，規範審査を行うのと変わらないことになる。そのほか，連邦最高機関の規則も，侵害的な作為が規則だけをその基礎としている場合には，機関争訟の対象となることができる

---

[282] Schlaich/Korioth Rn. 92.

(BVerfGE 80, 188 [209])。

5.2.3　申　立　権

　機関争訟を申し立てるためには，申立人は，申立人またはその所属する機関が基本法によって与えられた権利・義務を，被申立人の作為または不作為により侵害され，または直接に脅かされていると主張しなければならない（法64条1項）。憲法から権利・義務が導かれるというだけでは足りず，侵害またはその直接の危険があって，関係機関相互に，憲法上の関係をめぐる争いが生じていなければならないのである（BVerfGE 68, 1 [63 ff.]）。この点は，行政裁判所に対する申立権と同様である（VwGO 42条2項参照）。

　訴訟当事者の法的関係は，憲法によって形成されたものであり，したがって憲法機関相互の権利・義務は憲法上の関係から生じなければならない（BVerfGE 2, 143 [152]）。機関の一部（部分機関）は，たとえ機関の多数派がその権利を侵害されたとみなしていなくとも，機関全体に代わって，機関それ自体の憲法に基づく権利を機関のために主張することができる（BVerfGE 1, 351 [359 f.]）。

5.2.4　期　　　間

　機関争訟の申立期間は，原則として6ヵ月である（法64条3項）。法施行時にこの期間が経過していた場合のため，経過措置として，施行後3ヵ月以内の申立てが認められていた（同4項）。期間の開始は，申立人が，本手続によって争うべき作為・不作為を知ったときであって，作為・不作為の生じた時点ではない。

5.3　機関争訟の審査

5.3.1　審査の対象と範囲

　機関争訟手続は，憲法機関相互間の権利・義務をめぐる紛争を契機に開始されるが，その場合に連邦憲法裁判所が何を審査の対象とするかは，また一つ別

の問題である。それは抽象的な合憲性の決定にとどまるのか，それとも具体的な紛争全体の法的判断にまで及ぶのか。

基本法93条1項1号および法13条5号によれば，機関争訟は，当事者の「権利・義務」の範囲に関する紛争を前提としながら，基本法の解釈について裁判する手続である。だが，連邦憲法裁判所は，その裁判において，申立ての原因となった被申立人の作為または不作為が，基本法の規定に違反するか否かを確認する（法67条1文）ため，審査権の範囲は，当事者の行った特定の行為にまで及ぶことになる。のみならず，連邦憲法裁判所は，法64条，67条の文言と意味を超えて，機関争訟の裁判主文の中で，当該憲法機関の権利侵害を認定したこともある（BVerfGE 45, 1 [3]）。

連邦憲法裁判所は，同時に，裁判主文において，基本法の規定の解釈にとって重大であり，かつ法67条1文の確定の基礎となる法問題を判断することができる（法67条3文）。

5.3.2 審査基準

本手続における審査基準は，憲法すなわち基本法であり，そこには不文憲法も含まれる（BVerfGE 6, 309 [328]）。連邦最高機関の規則は，関係機関に申立ての契機となる権利・義務を付与することはできるが，それ自体は憲法の下位法であり，審査基準にはならない。その他の下位法も同様である。連邦憲法裁判所の管轄する機関争訟は，「憲法争訟」に限られるのである。

5.3.3 裁判の効果

連邦憲法裁判所は，その裁判において，申立ての原因となった被申立人の作為または不作為が，基本法の規定に違反するか否かを確認する（法67条1文）。この規定は，裁判の中に明示されねばならない（同2文）。法律の文言は基本法よりも広いが，それにもかかわらず，連邦憲法裁判所の役割は，異議を申し立てられた行為の合憲・違憲の確認にとどめられている。連邦憲法裁判所は，一定の作為または不作為を義務づけるものではないし，また原則として，当該確

認を執行することもない[283]。この点で，機関争訟は，被申立人に処分の中止，取消，実施または受忍，さらには給付を義務づけることもある連邦国家的争訟と異なっている（法72条1項2号，3号参照）。しかしながら，たとえそうであれ，機関争訟手続の当事者が，何ら裁判への対応を義務づけられていないわけではない。憲法機関が連邦憲法裁判所の裁判で要求された事柄を行い，または行わないのは，法律の前提とするところである。連邦憲法裁判所の裁判は，確かに，争われた行為をいかにすべきかに触れるものではないが，機関争訟が認容された場合，その判断は被申立人を義務づける。被申立人は，何らかの形で，憲法に適合する状態をもたらさねばならないのである[284]。

基本法93条1項1号，法67条1文の規定は，憲法機関相互の関係において，当該憲法機関が，ある措置が憲法違反であることを認めるよう義務づけ，またその執行の言渡しを必要とせずに尊重することを前提としている。それが，基本法20条3項による法治国家原理に一致するであろう。

したがって，法67条1文は決して，憲法違反の状態が生じたままに黙認することを意味するものではない。同条は，違憲状態を解消すること自体に関して，被申立人たる憲法機関に裁量を認めているのではなく，解消の仕方に関して裁量を認めるにすぎない。それゆえ，例えば連邦憲法裁判所が，連邦大統領による連邦議会の解散（基本法68条）の憲法違反を確認するような事件が起これば，大統領は，その解散命令を取り消すよう義務づけられることになる。

機関争訟手続においても，仮命令を発することができる。仮命令が発せられると，後の本案裁判は単なる確認的意味しかもたなくなるが，裁判の実効性を確保するために認められるのである（仮命令については，Ⅳ3参照）。

---

283) 例外は，執行命令である。Ⅳ2参照。
284) D. C. Umbach, in: Umbach/Clemens/Dollinger, Rn. 17 zu §67 ; Schlaich/Korioth, Rn. 97.

6. 連邦国家的争訟

6.1 総　　　説

6.1.1　連邦国家的争訟の意義

　ドイツは連邦国家であり（基本法 20 条 1 項），国家の権能の行使と国家の任務の遂行が，連邦とラントに分かって行われている。それらは，基本法が別段の定めをせず，または許していない限度でラントの任務に属するが（基本法 30 条），ひとたび連邦が権限を行使した場合，これと抵触するラントの行為は無効となり（基本法 31 条，72 条 1 項参照），またラントが連邦法上の義務を履行しないときは，連邦政府が連邦強制（Bundeszwang）の措置をとる（基本法 37 条）。このような場合に，連邦とラントの間で——あるいは各ラント相互間で——権限の帰属や権限行使の適法性をめぐって意見の相違が生じえよう。その解決は連邦憲法裁判所に委ねられており，これを連邦国家的争訟（föderative Streitigkeiten）という。

　基本法によれば，連邦憲法裁判所は，連邦およびラントの権利および義務について意見の相違がある場合（基本法 93 条 1 項 3 号），ならびに，連邦とラントとの間，異なるラントの間，または，1 ラント内部におけるその他の公法上の紛争において（同 4 号）裁判する。これらの紛争は相互に異なった性質を有しており，連邦憲法裁判所法では，それぞれに応じた別個の手続が定められた（法 71 条 1 項 1 号ないし 3 号）。かくて，連邦国家的争訟は全部で 4 種の手続からなる。中でも最も重要なのが，連邦・ラント間争訟（Bund-Länder Streitigkeiten）である[285]。

---

285)　F. Schorkopf, in : Umbach/Clemens/Dollinger, Rn. 1 f. zu Vor § 68 ff.

6.1.2 沿革と現状

連邦国家的争訟もまた，歴史的にみると，ドイツにおける「憲法裁判の原型」[286]をなしたとしてよい。邦またはラントに対するライヒの統治権行使や監督が，国事裁判ないし憲法裁判の淵源の一つであった。例えばフランクフルト憲法は，ライヒ憲法の侵犯をめぐる各邦とライヒ権力との紛争や各邦間の紛争を，ライヒ裁判所の管轄としていた（126条1項a号，c号）。ビスマルク憲法には憲法裁判権の定めがなく，諸邦間の争訟および各邦内の憲法争訟の解決は連邦参議院に委ねられたが（76条），ワイマール憲法は改めて国事裁判所を設け，ライヒ・ラント関係にかかわる各種の権限をこれに付与した（15条3項，19条1項，90条2文，170条2項および171条2項）[287]。中でも，同憲法19条1項の概括的規定が，基本法93条1項3号の直接の起源となったものである[288]。

連邦憲法裁判所は，1950年代から60年代初頭にかけて，連邦国家的争訟を通じていくつか重要な判断を下してきた[289]。これらの裁判は，産業が大規模化

---

286) T. Maunz, in : Maunz/Dürig Rn. 69 zu §13 ; Schlaich/Korioth, Rn. 103.
287) 国事裁判所では，例えば1932年7月20日のパーペン・クーデタをめぐるプロイセン対ライヒ事件（RGZ 138 Anhang S.1.）など，重要な連邦国家的争訟が審理された。同事件については，山下威士『クーデタを裁く』（尚学社，2004年）に詳細な検討がある。
288) M. Wenkstern, in Umbach/Clemens, Rn. 2 zu Vor §68ff. (1. Aufl. 1992). 同条は，「あるラント内の憲法紛争について，そのラントにこれを解決すべき裁判所が存在しないとき，および，異なるラント間またはライヒとラントとの間の非私法的な性質の紛争については，紛争当事者の一方の申立てにより，ライヒの他の裁判所が管轄を有しない限りにおいて，ドイツ国事裁判所がこれを裁判する」（ワイマール憲法19条1項）と定めていた。ワイマール憲法下の国事裁判所については，林田和博『憲法保障制度論』（九州大学出版会，1985年）第2編とりわけ第3章，第4章参照。
289) 例えば，南西諸ラント新編成事件（BVerfGE 1, 14），ライヒ政教条約事件（BVerfGE 6, 309），核兵器に関する住民投票事件（BVerfGE 8, 122），第1次放送判決（BVerfGE 12, 205 [判例I 77：浜田純一]，[ドイツ百選5：阿部照哉]（一連のドイツ放送判決については，鈴木秀美『放送の自由』（信山社，2000年）第

する時代の中で生じた中央集権的傾向に対し，ラントの重要性を強化するのに寄与したという評価もある[290]。だが，全体としてみれば，本手続による事件の取扱いは，受理件数も処理件数も決して多くはない[291]。というのも，連邦とラントの紛争は主として法律に関して生ずるため，その解決には抽象的規範統制手続（基本法93条1項2号）の方が適しているからである。当該手続には期限の定めがなく，申立権者の範囲が広く，かつ裁判の効果も広範囲に及ぶ（V4参照）。さらに，1994年の基本法改正で，連邦の競合的立法権の要件（基本法72条2項）をめぐる意見の相違がある場合のために，特別の規範統制手続が設けられた（基本法93条1項2a号）。かくて現在では，連邦国家的争訟の意義は必ずしも大きなものではなくなっている[292]。

6.2 連邦・ラント間の憲法争訟

6.2.1 手続の概要

連邦国家的争訟には，まず第一に，連邦とラントとの間の憲法争訟がある。

連邦憲法裁判所は，「連邦及びラントの権利義務に関する意見の相違がある場合」に裁判する（基本法93条1項3号，法13条7号前段）。明文の規定はないが，この権利・義務は憲法上のものでなければならない。法律その他に基づく

  2部が詳しい），および連邦領域新編成事件（BVerfGE 13, 54）などがある。
290) H. Simon, in : Benda/Meihofer/Vogel, Rn. 20 zu § 34.
291) 1951年以降の数十年間に連邦憲法裁判所に係属した18万余件の手続のうち，連邦国家的争訟の占める割合は0.1％に満たない。Benda/Klein, Anlage II (S. 598). 近年では，年間受理件数も処理件数も，数件にすぎない。『判例II』付録②連邦憲法裁判所の事案受理件数一覧表，③同処理件数一覧表（1951-2004年）も参照。
292) もちろん，規範統制手続が，連邦国家的争訟に対して特別法の関係にあるわけではない。Schlaich/Korioth, Rn. 104. 両者は本来，その意義を異にする全く別の手続であって，連邦国家的争訟固有の意義が失われるものではないのである。

権利・義務については，別の手続が設けられているからである（基本法93条1項4号）。

連邦・ラント間争訟は，形式的には独立の法主体たる「国家」間の紛争だが，実際の意見の相違は各憲法機関の間で生ずるため，機関争訟の性質をも帯びることになる。そこで，その手続は，概ね連邦機関争訟に準ずるものとされた（法64条ないし67条と結びついた69条）。

基本法は，本手続によるべき事案として，とくにラントによる連邦法の執行（基本法83条）および連邦監督（Bundesaufsicht）の実行（基本法84条3項，4項，85条4項）の際に意見の相違がある場合をあげている（基本法93条1項3号後段，法13条7号後段参照）。だが，現在ではもはや，形式的意味における連邦監督はあまり行われておらず，この手続はほとんど意義を失ってしまった[293]。

6.2.2　当事者および申立ての要件

申立人および被申立人となりうるのは，連邦の代表としては連邦政府，州の代表としては州政府である（法68条）。機関争訟や抽象的規範統制とは異なって，議会は当事者となることができない[294]。

申立てのためには，単に「意見の相違」（基本法93条1項3号）があるだけでは足りず，申立人の憲法上の権利・義務が，被申立人の作為または不作為によって侵害され，または侵害されるおそれがあると主張しなければならない（法64条1項と結びついた69条）。本手続は，機関争訟と同様，憲法機関相互の具体的紛争を前提とする対審手続なのである。

6.2.3　審査の対象と審査基準

審査の対象は，基本法上は，連邦とラントの権利・義務に関する「意見の相

---

293)　Schlaich/Korioth, Rn. 104 ; J. Wieland, in : Dreier, Rn. 64 zu Art. 93.
294)　Klein, in : Benda/Klein, Rn. 1072 f. ペスタロッツァは，連邦法律の執行など議会が利害関係をもつ場合もありうるので，議会も当事者とすべきだという。Pestalozza, Rn. 9 zu § 9.

違」であるが，申立人に対する具体的侵害が申立ての要件であることに対応して，連邦憲法裁判所の審査は，申立ての原因となった被申立人の作為または不作為が，基本法に違反するか否かの決定にまで及ぶ（法67条と結びついた69条）。このとき，権利侵害を生ずる行為は，個別の措置のほか，法律の場合もありうる（BVerfGE 1, 14 [30]；4, 115 [123]；6, 84 [88f]；6, 99 [103]）。連邦憲法裁判所が法律の基本法適合性を審査する限りで，本手続は規範統制類似の機能をもつのである。また連邦憲法裁判所は，申し立てられた権利侵害の有無を超えて，事件にとって重大な法問題を裁判することもできる（法67条3文と結びついた69条）。

本手続の審査基準は基本法であり，実際には，権限規定であることが多い。申立人は，申立てに際して，被申立人によって侵害された基本法の規定を明示しなければならず（法64条2項と結びついた69条），連邦憲法裁判所は，その裁判において，被申立人の行為の審査基準となった基本法の規定を明示しなければならない（法67条2文と結びついた69条）。連邦忠誠（Bundestreue）という法原則が基準として用いられることもあるが，単独でその違反が問題となるのではなく，特定の憲法関係の中で援用されるにとどまる（BVerfGE 42, 103 [117]）。基本権が審査基準となるか否かは，必ずしも明確ではない（Vgl. BVerfGE 12, 205 [259]）。

ラントによる連邦法律の執行や連邦強制の場合など，憲法以下の法が憲法判断の不可欠の要素をなす場合に限って，例外的に，それらもまた審査基準となることがある[295]。

6.2.4 出 訴 期 間

原告は，申立ての原因となった作為または不作為を知ったときから6ヵ月以内に提訴しなければならない（法64条3項と結びついた法69条）。

---

295) E. Klein, in : Benda/Klein, Rn. 1071 ff.

6.2.5　連邦監督における憲法争訟

　基本法は，ラントによる連邦法の執行および連邦監督の実行の際に，連邦とラントの権利・義務について意見の相違がある場合のため（基本法93条1項3号後段），他の憲法争訟とは異なった規律を与えた。

　連邦法律の執行は，原則としてラント固有の事務であるが（基本法83条），連邦政府の監督に服する（基本法84条3項1文。連邦の委託を受けたラントの連邦法律執行に対する連邦監督については，同85条3項，4項）。連邦政府が，ラントによる連邦法律の執行に瑕疵を確認し，その瑕疵が除去されない場合，連邦政府またはラントの申立てに基づき，まず，連邦参議院がラントの違法の存否を決定する（基本法83条4項1文）。連邦憲法裁判所への出訴は，連邦参議院の決定に対してのみ行うことができる（同2文）。

　この出訴は，連邦参議院の決定後1ヵ月以内に限られる（法70条）。ただし，すでに述べたように，現在この手続はほとんど用いられていない。

6.3　連邦・ラント間の非憲法的争訟

6.3.1　手続の概要

　連邦憲法裁判所は，次に，「連邦とラントとの間の……その他の公法上の争訟において」裁判する（基本法93条1項4号，法13条8号）。本手続が及ぶのは，憲法争訟以外の連邦・ラント間の公法上の争訟であり，例えば，法律や条約に基づく争訟がこれにあたる。しかし，連邦憲法裁判所の管轄権は「他に出訴の方法がない限り」で認められるにとどまる。通常の場合，憲法的性格をもたない公法上の争訟は，行政裁判所に出訴することができるため（VwGO 40条1項および50条1項1号），本手続は，当初からほとんど意味をもたなかった。実際，これまで連邦憲法裁判所が本手続によって下した裁判は，わずか1件にすぎない[296]。

　逆に，行政裁判所が受理した連邦・ラント間争訟（およびラント間争訟）に憲

法上の争点が含まれるときは，同裁判所は事件を連邦憲法裁判所に移送しなければならない（VwGO 50条3項）。この場合，連邦憲法裁判所が当該紛争の憲法的性格を否定したならば，行政裁判所が引き続き事件を審理する。憲法的性格を認めた場合には，行政裁判所は訴えを不適法として却下し，当事者が改めて連邦憲法裁判所に出訴することになる。憲法的性格をもたない社会法の領域では，社会裁判所が同様の手続をとるものとされている（SGG 39条2項）[297]。

6.3.2 当事者および審査基準

憲法争訟の場合と同様に，連邦政府とラント政府が当事者となる（法71条1項1号）。審査の基準は基本法以外の公法であるが，事案に応じてそれぞれ異なる。

6.3.3 裁　　判

連邦憲法裁判所は，本手続において，単なる「意見の相違」を裁判するだけでなく，被申立人に対して処分の中止，取消，実施または受忍のほか，給付をも義務づけることができる（法72条1項）。それは，単なる処分の適法・不適法の確認にとどまらない点で，基本法による連邦・ラント間争訟（基本法93条1項3号）および機関争訟（同1号）の規定を超えている。

---

[296] BVerfGE 1, 299. 本件は，住宅建設法（Wohnungsbaugesetz）の下，社会福祉住宅建設を促進するための費用の配分について，バイエルンと連邦との間に生じた紛争であった。当時は連邦行政裁判所の管轄権が及ばなかったためであるが，今日では，かかる事件も行政裁判所によって裁判されることになっている。Schlaich/Korioth, Rn. 106.

[297] Pestalozza, Rn. 24 f. zu § 9.

6.4 ラント間の公法上の争訟

6.4.1 手続の概要

　連邦憲法裁判所は,「異なるラントの間の……公法上の紛争において」裁判する（基本法93条1項4号,法13条8号)。本手続は,ひとまず,憲法および行政法を含むあらゆる公法上の争訟に及ぶ。「その他の」という文言は,ラント間争訟に関する限り意味をもたない。ラントの国事裁判権や憲法裁判権と競合する場合があっても,本手続から当然に憲法争訟が除外されるものではない。

　他方で,本手続もまた「他に出訴の方法のない限り」で補充的に適用されるにとどまる。ラント間の公法上の争訟のうち,憲法的性質をもたないものは行政裁判所に出訴することができるから（VwGO 40条1項1文,50条1項1号),結局,連邦憲法裁判所の管轄権に属するのは,ラント間の憲法争訟のみである。各ラントの憲法裁判所は,原則として,かかる紛争について裁判することはできない。それらは,ラントの領域を超えて権限を行使することができないからである。ただし,一定の仲裁協定（Schiedsvereinbarung）の存する場合はこの限りでない[298]。

　紛争が憲法的性格をもつか否かは,請求が基礎を置いている法律関係がいかなる性格をもつかによって決定される。ラント間の条約であっても,その内容によっては憲法的性格をもたないとされることもある[299]。

---

298) Klein, in : Benda/Klein, Rn. 1101 ; Pestalozza, Rn. 1 zu § 10.
299) 学生の地位の付与に関するバイエルンとノルトライン゠ヴェストファーレン間の条約は,憲法的性格をもたず,行政法上のものであり,本手続により連邦憲法裁判所に出訴することはできないとされた（BVerfGE 42, 103)。また,旧ヴァルデック゠ピルモント侯国（Fürstentum Waldeck-Pyrmont)とその侯爵家との間の財産分割条約は,憲法の領域に属さず,これに基づく紛争は私法的性格であるとした事件がある（BVerfGE 62, 295)。

6.4.2 当事者および申立ての要件

申立人および被申立人は，関係するラントの政府である（法71条1項2号）。消滅したラントも，その消滅と直接に関係する権利を主張することができる。この場合，現在存続している自治体の行政機関が，代わって当事者となる[300]。

申立ての要件については，基本法も連邦憲法裁判所法も明文の規定を置いていない。しかし，連邦憲法裁判所がその裁判で，争われた処分の適法・不適法のみならず，処分の中止または取消，実施または受忍，さらに給付を義務づけることができる（法72条1項）点からみると，申立人の権利に対する侵害または侵害のおそれを主張することが必要となるであろう[301]。

6.4.3 出訴期間

出訴の期間は，6ヵ月である（法64条3項と結びついた法71条2項）。

6.5 ラント内の公法上の争訟

6.5.1 手続の概要

連邦憲法裁判所は，最後に，「一のラント内部における……公法上の紛争において」裁判する（基本法93条1項4号。同99条参照）。基本法からは，包括的な管轄権が付与されているかのようであるが，連邦憲法裁判所法の規律はより限定的であり，ほぼラント内の機関争訟に限られている。

---

[300] 例えば，連邦憲法裁判所は，1920年2月14日の旧コーブルクとバイエルンとの統一条約が全体として憲法的性格を有するものと認め，本手続による審理を認めた。その際，旧コーブルクに代わってコーブルク市が申立人となっている（BVerfGE 22, 221）。

[301] Pestalozza, Rn. 3 zu § 10.

6.5.2 当事者および申立ての要件

申立人および被申立人は，ラントの最高機関およびその機関の一部で，ラント憲法またはラントの最高機関の規則が固有の権利を与えたものである（法71条1項3号）。申立てが許されるのは，ラント機関の権利または権限が，紛争の対象によって直接に侵害された場合に限られる（同但書）。その結果，本手続は，ラント憲法上の争訟に限定されることとなった。かくて，本手続は，実質的にはラント憲法上の機関争訟とみなすことができ，裁判の内容も，連邦機関争訟による規定に準じて，ラント憲法上の違反を確認することとされている（法71条2項）。

6.5.3 手続の補充性

本手続も，「他に出訴の方法のない限り」補充的に適用されるにすぎない。他の方法として，おもに各ラントの国事裁判所ないし憲法裁判所が考えられるが，具体的な事件につき出訴が認められるか否かは，当事者や事案によって異なる。本手続は，ラント法上の憲法争訟と見なされる限りで，法的保護を欠缺なく保障しようとするにとどまるのであって，基本法93条1項4号が，ラント法を超えた新たな保護を与えているわけではない[302]。

本手続を利用したのは，圧倒的に，独自の憲法裁判所をもたなかったシュレスヴィッヒ・ホルシュタインであった。その他は，わずかにドイツ統一前のベルリンがこれに依拠した例があるにとどまる（BVerfGE 7, 190）。しかし，2008年3月，シュレスヴィヒ＝ホルシュタイン州憲法が改正され，州憲法裁判所が設置されたため（同憲法44条），本手続の意義はいっそう限られたものとなる

---

302) 例えば，ラント議会における少数派は，ラント法それ自体が保護を与えていない場合には，本手続を援用することはできない。Schlaich/Korioth, Rn. 108. また，地域団体（Gebietskörperschaft）は，基本法93条1項4号の意味におけるラント内の憲法争訟において当事者適格を有しないとした例がある（BVerfGE 27, 240）。

であろう。

6.5.4 出訴期間

出訴の期間は，6ヵ月である（法64条3項と結びついた法71条2項）。

6.5.5 ラント法律による管轄権

そのほか，連邦憲法裁判所は，ラントの法律の規定に基づいて，1ラント内の憲法紛争を裁判することがある（基本法99条前段，法13条10号）。本来，各ラントの国事裁判所ないし憲法裁判所が取り扱うべき事件であるが，ラントがとくに認めた場合に限り，連邦憲法裁判所に排他的管轄権が与えられるのである。

連邦憲法裁判所法は，本手続をラント内の機関争訟とみなし，当事者および裁判の効力について，連邦機関争訟に準ずる規律を与えた（法73条ないし75条）。この場合，連邦憲法裁判所は，もっぱらラント憲法を審査基準として用いることになる。

長らく，シュレスヴィヒ゠ホルシュタインのみがかかる手続を設けてきた[303]。そこでは，ラント機関争訟のほか，規範統制のための手続も定められていたが，現在では，これらはみなラント憲法裁判所の権限に属するものと改められている[304]。

---

303) Pestalozza, Rn. 3 zu § 11.
304) 機関争訟については，同ラント憲法44条2項1号，抽象的および具体的規範統制については，それぞれ同項2号，3号参照。そのほか，自治体の憲法異議や選挙の効力に関する異議などが，ラント憲法裁判所の権限とされている（同項4号，5号）。

7. 連邦法としての国際法の確認手続

7.1 総　　説

　基本法 25 条は，連邦法の構成部分としての国際法について定めている。すなわち，「国際法の一般原則 (die allgemeinen Regeln des Völkerrechts) は連邦法の構成部分である。それらは，法律に優先し，連邦領域の住民に対して直接に権利・義務を生ぜしめる」。

　一方，基本法 100 条 2 項によれば，ある法的紛争において，国際法上のある「原則 (Regel)」が連邦法の構成部分であるかどうか，およびそれが個々人に対して直接に権利・義務を生ずるものであるかどうかについて疑義があるときは，裁判所は連邦憲法裁判所の決定を求めなければならない。そして，連邦憲法裁判所の決定を通じて十分な普遍性が認められた場合，本原則は優先的な連邦法として，領域住民に直接的な権利・義務を生み出す[305]。この意味で 100 条 2 項と 25 条は「訴訟手続上の対応 (prozessuale Gegenstück)」を成しているといわれる[306]。

　原審裁判所の移送に従い，連邦憲法裁判所は 100 条 2 項に基づいて，疑義のある「国際法のある原則」が連邦法の構成部分であるかどうかについて決定する。

---

305) Pieroth, in : Jarass/Pieroth, Rn. 19 ff. zu Art. 100.
306) Schlaich/Korioth, Rn. 166.

7.2 ドイツ国内への国際法の受容

7.2.1 基本法と「国際法に対する友好性」原則

　国際法は，一般に国家間関係を規律する規則の総体として理解されている。近代以降の市民社会の発展に伴い，特に19世紀後半以降から今日に至るまで，一般国際法の分野においても主権国家の独立性を前提に法実証主義理論が展開されてきた。通説たる実定国際法学の立場によって，国際法の構成要素には社会事実に沿った形式上の合理性と客観性が求められてきたのである。その結論として，「条約（Völkervertragsrecht）」と「慣習国際法（Völkergewohnheitsrecht）」が実定国際法の形式的法源として認められてきた（国際司法裁判所規程38条1項a, b）[307]。そして，ドイツは法実証主義に依拠する国として中心的な役割を担ってきたとされる。

　このように，今日に至るまで国家間は互いに独立であることを前提として，形式的には平等な関係が成り立っている。ゆえに，独立した主権国家が並存する国際社会は，基本的に当事国の合意または共通の意思の合致に基づく限りで保たれているといえよう。しかし，国家間関係が緊密さを増すとともに，協力と共存のための規範もより必要とされてきている。つまり，強制力を本質としながらも，国家関係の調整を図る「相互交流の法」としての国際法の重要性は一層高まってきているのである[308]。

　こうした要請を受けて，ドイツは，基本法25条1文において「国際法の一般原則（die allgemeinen Regeln des Völkerrechts）」を連邦法の構成部分であると

---

307) したがって，ここでは従来の実定国際法学の立場から，法の発現様式または法定立の方法および手続という意味で，国際法の法源を形式的法源として捉える（經塚作太郎『現代国際法要論(補訂版)』(中央大学出版部，1992年) 71頁)。
308) 「相互交流の法」は，シュバルツェンバーガーによれば，(the law of reciprocity) と表現されている（經塚（注307), 97頁；G. Schwarzenberger, Three Types of Law, Current Legal Problems vol. 2, 1949, pp. 114-115)。

規定する。また，同条2文によれば，国際法の一般原則はドイツの国内法律に優先し，連邦領域の住民を直接的に規律する。そして，国内憲法たる基本法との効力関係について，国際法の一般原則は下位に位置することになる。これらは，ドイツが第二次大戦後にその憲政史上はじめて国際法に対して国内法を開こうとした姿勢のあらわれだといえる。このような開かれた基本法の姿勢は，「国際法に対する友好性 (Völkerrechtsfreundlichkeit)」と称されている[309]。この点について連邦憲法裁判所は，基本法25条や100条2項が国際法の一般原則を直接的に規定するにあたって，「基本法が組織する当該国家の国際法秩序への編入」を前提としている，と判示する (vgl. BVerfGE 75, 1 [17])。そのことからまた，基本法は25条が規定する国際法の一般原則，とりわけ条約に関するものについては，特別の「国際法に対する友好性」への責務を負っているとする (Vgl. BVerfGE 18, 112 [121])。同様の観点から，国際法に対する友好性の原則は，24条の「国際的な協働 (internationale Zusammenarbeit)」原則および26条の「諸国民の平和的共存 (das friedliche Zusammenleben)」の原則と密接に関わっているといえる。

7.2.2　優先的連邦法としての「国際法の一般原則」

一般国際法上，条約と慣習国際法という二つの法源の間に効力の優劣は存在しない。ただし，一般的な法律関係における「後法は先法に勝る (lex posterior derogat priori)」原則，および「特別法は一般法に勝る (lex specialis derogat lege generali)」原則は国際法においても当てはまる。今日までの国際法実務を通じて，条約は特別法や後法として少なからず優先的に適用されてきた[310]。ただし，条約は個別主権国家間の明示的な合意であり，一般的な効力が欠けている。そのため，仮に多数国間条約であったとしても，条約自体は国際法の一般原則には属さない[311]。したがって，その限りにおいて第59条第2項は特別法として

---

309)　H. D. Jarass, in : Jarass/Pieroth (N305), Rn. 4 zu Art. 25.
310)　經塚（注307）87頁。
311)　H. D. Jarass, in : Jarass/Pieroth (N305), Rn. 6 zu Art. 25. ; vgl. BVerfGE 100, 266

位置づけられる。

　一方，慣習国際法は一般法として，条約以上の普遍性を有している。基本法において慣習国際法を直接的に規定した文言は存在しない。しかし，それは決して消極的な意味としてではなく，むしろ，慣習国際法が国際法の一般原則としてすでに理解されているという意味で捉えられるべきであろう[312]。

　国際法の一般原則とは，例えば過半数の国家に一般的に適用されたり，さらに「圧倒的に大多数の国家」が認めたりするようなものを意味する。この場合，ドイツによる明示的な承認は問題とならない。しかし，当初から一貫して承認を拒否している場合には，ドイツは国際法上拘束されることはない[313]。国際法の一般原則としては，以下の適用例があげられている。まず，主に国家に関する裁判で適用された原則としては，「属地主義原則（Territorialitätsprinzip）」，「治外法権（Immunität）」，「外交官（Diplomaten）」の接受などがあげられる[314]。

---

　　[269].
　　　しかし，多数国間条約は 25 条に当てはまるような慣習法的原則を含みうる，とも指摘される。その際に前提となるのは，当該原則が条約として適用されているのみならず，慣習法としても一般的に適用されているということである。さらに，双方が衝突した場合に条約は慣習法に対して優先するが（Vgl. BVerfGE 18, 441 [448]），それは慣習法が例外的に強行的な国際法としては位置づけられない限りにおいてである。

312)　H. D. Jarass, in : Jarass/Pieroth (N305), Rn. 7 zu Art. 25 ; vgl. BVerfGE 96, 68 [86f.].
　　　国際法の一般原則に例外なく数えられるのが，慣習国際法である。重要なのは，「十分な国家実行，すなわち平和裡にかつ一貫した慣行が，広く普及しかつ国家代表の関与の下で行われることであり」，さらにその背景には「国際法が要請しおよび許容または必要とする範囲において行わねばない」という解釈が存在していることである。

313)　H. D. Jarass, in : Jarass/Pieroth (N305), Rn. 5 zu Art. 25. ; vgl. BVerfGE 46, 342 [389].

314)　H. D. Jarass, in : Jarass/Pieroth (N305), Rn. 9 zu Art. 25 .
　　　「属地主義」原則について，他国の領域に向けた国家の「高権的行為（Hoheitsakte）」は対象国の同意によってのみ実現できる。ただし，国家による給付の場合は別である（Vgl. BVerfGE 14, 221 [237]）。国内法は対外的な事情に対しては事実に基づくきっかけがなければ適用できない。
　　　「治外法権」原則について，外国およびその実施機関は自国の高権的活動に関

次に，主として私人の裁判で適用された原則としては，「権利保護（Rechtsschutz）」，「犯罪人引渡し（Auslieferung）」などがあげられる[315]。なお後述するように，ヨーロッパ人権条約は国際法の一般原則としてではなく，効力上は連邦法律の地位を継承して適用される（vgl. BVerfGE 74, 358 [370]）。

7.2.3　条約の国内受容

次に，基本法59条2項によれば，「連邦の政治的関係を規律し，または，連邦の立法の対象に関わる条約は，それぞれの連邦の立法について権限を有する機関の，連邦法律の形式での同意又は協力を必要とする」。したがって，慣習法宣言的な内容を除けば，個々の条約法規自体を国際法の一般原則の類型に当てはめることはできない[316]。一般に条約の受容形態は，新たな国内立法措置を必要とする「変型（Transformation）」体制と，それを必要としない「受容（Reze-

---

しては他国の高権的行為に服さないが，他国の領域において自国の高権的活動は行えない（vgl. BVerfGE 16, 27 [60 ff.]）。他国によって高権的に利用される財産については強制執行をすることはできない（vgl. BVerfGE 46, 342 [364]）。

「外交官」原則について，外交使節に対して外交的交流上の形式平等取扱いが必要とされており（vgl. BVerfGE 46, 342 [402 f.]），平和条約に反してはならない（vgl. BVerwGE 37, 116 [120 ff.]）。ウィーン条約の範囲を越えた治外法権は第三国に対しては生じない（BVerfGE 96, 68 [86 ff.]）。

315)　Jarass, in : Jarass/Pieroth (N305), Rn. 10 f. zu Art. 25.
　　「権利保護」原則について，保障されているのは外国人のための適切な権利保護である（vgl. BVerfGE 60, 253 [303 ff.]）。特に，刑事訴訟において通訳を求めることが，被告人がドイツ語に熟達していない場合に保障されている。
　　「犯罪人引渡し」原則について，認められているのは「特定主義（Spezialität）」の原則である。同原則によれば，刑事訴訟手続は外国による犯罪引渡しの許可により制限を受ける（vgl. BVerfGE 57, 9 [28]）。反対に，犯罪人引渡しが他国によって唯一可能になるのは，公正な裁判手続の本質的核心が保障される場合である（vgl. BVerfGE 63, 332 [338]）。

316)　この意味で，条約法に関するウィーン条約（1969）は，一般国際法上の原則を多く含んでおり，いわば慣習法宣言条約として位置づけることができる（Jarass, in : Jarass/Pieroth (N305), Rn. 6 zu Art. 25）。

ption)」体制に分かれているとされる。後者の場合，国内において実際に実施されるのは新たに制定された国内法であって当該条約そのものではない（Ⅰ 4. 2参照）。

　一方，国際法のドイツ国内への受容形態については，従来から議論が分かれてきた。もっとも，基本法25条によれば国際法の一般原則は連邦法の構成部分であり，それらは法律に優先して連邦の住民に直接的な権利と義務を生じさせる。したがって，この意味では連邦憲法裁判所の見解に示されたとおり，一般国際法としての慣習国際法は直接的に優先的な国内法となる。さらに条約についても，例えば「条約法（Vertragsrecht）」のような慣習法規則を明文として宣言した条約は，直接的な国内法的効力を有すると解せる。これらを踏まえると，手続面からはドイツにおける国際法の受容形態が直ちに「変型」体制であるとはいえない[317]。

　条約を国内法として受容する場合の多くは，連邦衆議院および参議院の関与の下に新しく国内法の形式で規定されることになる。これを「条約法律（Vertragsgesetz）」と呼ぶ[318]。また一部において，誤解されやすい内容を含む条約については77条を考慮して，「同意法律（Zustimmungsgesetz）」の形で発せられる[319]。これらの条約を受容するにあたって，はじめに立法機関の同意を必要とするのは，当該条約が本質的に連邦の政治的関係を規律するからである。したがって，59条2項に該当する条約とは，「国家の存立，国家領域の不可侵性，国家の独立性，国家の地位および重要な影響力」を扱うものとされる[320]。

---

[317]　国際法学会編『国際関係法辞典』（三省堂，1995年）423頁。

[318]　Jarass, in : Jarass/Pieroth (N305), Rn. 8 zu Art. 59.

[319]　Vgl. BVerfGE 73, 339 [375]. なぜならば，「長期間解消できない国際法的性質をもつ拘束力」には，議会による補強が必要であると解されているからである（vgl. BVerfGE 68, 1 [88]）。

[320]　Jarass, in : Jarass/Pieroth (N305), Rn. 12 zu Art. 59 ; vgl. BVerfGE 1, 372 [381]. 例えばその意味で当てはまるのは，平和条約，同盟，中立または軍縮条約，政治的協力に関する協定，仲裁条約並びに安全保障条約（vgl. BVerfGE 1, 372 [381]）またはいわゆる対東欧条約（vgl. BVerfGE 40, 141 [164 f.]）などである。

7.2.4 「文明国が認めた法の一般原則」について

(1) **裁判準則としての沿革**　厳密な実定国際法学の立場からは，国際法の形式的法源は条約と慣習国際法に限定される。ただし，ここで問題となるのが「文明国が認めた法の一般原則 (die von den Kulturvölkern anerkannten allgemeinen Rechtsgrundsätze)」である。同原則は基本法 25 条の国際法の一般原則とは異なる。その明文上の根拠は，国際司法裁判所 (IGH) 規程 38 条 1 項 c である。最近では，実定国際法学の中からも「文明国が認めた法の一般原則」を国際法の第三の法源として積極的に位置づけようとする見解が示されつつある。しかし，同原則は，従来から実定国際法の形式的法源とは区別されてきた。

「文明国が認めた法の一般原則」がはじめて国際司法裁判上の裁判基準として明文化されたのは，1920 年の常設国際司法裁判所規程においてである。もっとも，近代以降の国際仲裁裁判を通じて，同原則は条約および慣習国際法に次ぐ第三の判決の淵源として柔軟に用いられて来ていた[321]。一方で，複雑化する国際紛争に対処すべく，一般国際法の分野でも法実務の予測可能性と合理性を確保することがより一層必要とされた。このため 19 世紀後半以降には，法実証主義の高まりを背景として厳密な実定国際法に基づく国際司法裁判が求め

---

321) Hersch Lauterpacht, Private Law Sources and Analogies of International Law, 1927, pp. 38 f.
　一般に近代の国際裁判は，1794 年の「英米友好通商航海条約 (Jay Treaty)」およびこれに基づく「英米仲裁委員会 (the British-American arbitration commissions)」に始まるといわれる。この委員会では「損害賠償の測定方法や裁判所の自己管轄の決定権」が中心的な争点となり，ここでの解決策がやがて国際法上認められたものとして確立されていくこととなった。特に，アメリカ南北戦争時におけるイギリスの中立義務違反が争われた，1872 年のアラバマ号事件では，国際的な中立義務が国際法上の義務であることが確認された。これを契機とした「19 世紀の莫大な件数の仲裁裁判は，問題解決に際して私法の適用に依拠していた」とされる。

られてきたのである。ここで実定国際法学は，国際社会が独立した主権国家間の合意社会であることを前提に，条約と慣習国際法のみを国際法の形式的法源として把握するに至った[322]。

しかし，国際社会の変遷につれて，実定国際法学は現実の社会に理論的にも実務面でも対応できなくなる。ここにおいて，実定国際法の欠缺による「裁判不能（non liquet）」を回避するため，いわば妥協的に導入されたのが「文明国が認めた法の一般原則」概念である。本原則は国際連盟の要請に基づく「法律家諮問委員会（der beratende Juristenausschuss）」の審議を経て常設国際司法裁判所規程38条の3に明文化された。これが現在の国際司法裁判所規程38条1項cとして受け継がれている[323]。

ここで本来予定された「文明国が認めた法の一般原則」とは，およそ「ヨーロッパ・キリスト教文明国の国内法に共通の原則」であり，その起源を主にかつてローマ帝国内の市民を規律していた国内法である，「ローマ市民法（jus civile）」に求めることができる。これらの根拠は国際仲裁裁判の歴史と，法律

---

[322] 国内社会において，国家の構成要素としての国民の行為は一般に憲法によって規律されている。ゆえに，国内法上は社会規範（行為規範）のうち裁判を通じてその利益を実現できるものを，強制規範（裁判規範）と理解することができる。このように，形式的法源としての国内法規範とは基本的に双方の規範が一体となったものとして理解されている（国内法の集権的性質）。

これに対して，今日までの国際社会は依然として主権国家間の合意を前提としており，国際社会の上位に立つ憲法は存在せず，統一的な権力機関は存在しない（国際法の分権的性質）。したがって，実定国際法学においては裁判規範が必ずしも行為規範とはいえないため，結果的に両者の性質を備えた規範は条約と慣習国際法に限定されるといえる（田畑茂二郎『国際法新講（上）』（東信堂，1990年），26頁以下；松井芳郎ほか『国際法（新版）』（有斐閣，1993年）16頁以下）。

[323] 法律家諮問委員会の設立経緯については，牧田幸人『国際司法裁判所の組織原理』（有信堂，1986年）49頁以下参照。委員会における具体的な審議過程については，Procès-Verbaux of the Proceedings of the Advisory Committee of Jurists, 1920, pp. 318 ff. 参照。常設国際司法裁判所規程第38条の3としての「文明国が認めた法の一般原則」については，PCIJ Series D (No. 1), 1931, p. 20.

家諮問委員会の審議過程に求められる。近代以降の国際法は，ヨーロッパ公法を中心として発達してきた。このため，19世紀から20世紀における「文明国」とは，キリスト教とともに普及したローマ市民法を背景とする，ヨーロッパ諸国を主に意味してきたのである[324]。

(2) 形式的法源としての問題点と適用範囲の拡大　しかし，「文明国が認めた法の一般原則」については，一般国際法上の裁判を通じて同原則自体が直接の判決の淵源とされたことはない[325]。その原因としては主に以下のことが考えられる。

第一に，実定国際法学が同原則概念を厳格に実定法上の原則として捉えようとしてきたことがあげられる[326]。旧キリスト教文明諸国の国内法に共通する法原則の背景には，ローマ市民法が存在する。そして市民法とは基本的に平等な私人間を規律する私法であって，そこには自然法の要素が少なからず含まれていることが指摘されてきた[327]。したがって，そこには理論上の矛盾が内在している。

第二に，常設国際司法裁判所規程設置当時における「文明国」の定義が，今

---

[324] 福王守「『法の一般原則』の今日的意義と問題点(二)」法学新報103巻10号（1997年）115頁。

[325] 国際仲裁裁判時代から第二次世界大戦後の復興期までにおける，「法の一般原則」をめぐる法実務の分析についてはチェンが詳細に試みている（B. Cheng, General Principles of Law as Applied by International Courts and Tribunals, 1953, pp. 29 ff.）。

[326] 法律家諮問委員会におけるデカンの原案をそのまま受け入れることに対しては，複数の反対意見が出た。当初，ルート（アメリカ）は適用法規を条約と慣習国際法に限定すべきと主張した。またフィリモーア（イギリス）は，両法規不在の場合には「すべての国家によって国内裁判上（in foro domestico）認められているもの」として捉えようとした。その結果，両者による修正案が「文明国が認めた法の一般原則（the general principles of law recognized by civilized nations）」として承認された（住吉良人「文明国が認めた法の一般原則」法律論叢48巻4・5・6号（1976年）265頁）。

[327] Lauterpacht (N321), pp. 11 ff., 297.

日の国際社会の基準に合わないことがあげられる。今日の文明国の範囲が「キリスト教的ヨーロッパ諸国」に留まらないことは明らかである。これまでも外国人の人権保障に関する「相当の注意義務（nötige Sorgfalt）」の程度をめぐっては，西欧を中心とする「国際（文明国）標準主義」と非西欧諸国の「国内標準主義」が対立してきた。各国における政治経済の状況に照らすならば，開発途上国内でヨーロッパ先進国内の人権保障水準を当てはめることは，極めて難しい。事実，第二次世界大戦後の非西欧諸国の独立と国際社会への参加の増大とともに，自国民の取扱いと同一の注意義務内容をもつ国内標準主義が，一般国際法における相当の注意義務の範囲とされるに至っている[328]。今日における「文明国」概念とは，あらゆる国家を含むものでなければならない[329]。

このような理由から，特に国際司法裁判所設置後の賠償責任をめぐる国際裁判については，国際司法裁判所規程38条1項cの明示的な適用を回避する傾向が見受けられる。いわゆる途上国が訴訟当事国である場合，自国に不利となる本原則の適用を恐れて，裁判付託を躊躇する傾向にあることが指摘されてきた。また，審理する裁判官の側についても，両当事国に対する裁判の予測可能性と公平性を確保するために，抽象的な「文明国が認めた法の一般原則」をあえて明示的には援用してこなかったともいわれる[330]。

ただし，地域的な国際法実務に着目するならば本原則の有効性はむしろ高まってきている。例えば，旧文明国からそれ以外の文明国へと適用範囲が拡大された場面としては，コンセッション（経済開発協定）があげられる[331]。また，旧文明諸国間での発展的な適用場面としては，EUにおけるヨーロッパ司法裁判所（EuGH），およびヨーロッパ人権条約の実施機関であるヨーロッパ人権裁

---

328) 經塚（注307）250-251頁。
329) 筒井若水「現代国際法における文明の地位」国際法外交雑誌66巻5号（1968年）41頁。
330) 小川芳彦「国際裁判所と法の創造」法と政治15巻4号（1964年）19頁。
331) L. McNair, The General Principles of Law Recognized by Civilized Nations, BYIL vol. 33, 1957, pp. 2 ff.

所（EGMR）の実務などがあげられよう。

　一方，ドイツにおいても「文明国が認めた法の一般原則」は比較的柔軟な受容がなされているようである。連邦憲法裁判所の判決や概説書においても，「一般国際法上の一般原則 (die allgemeinen Regeln des Völkerrechts)」の範疇に「文明国の国内法に共通な一般原則 (die von den Kulturvölkern anerkannten allgemeinen Rechtsgrundsätze)」を入れて解釈する姿勢も見受けられる[332]。

7.3　適　格　要　件

7.3.1　「国際法の一般原則」への疑義と審査手続

⑴　**適 格 要 件**　原審裁判所裁判官の移送に従い，連邦憲法裁判所は基本法100条2項に基づいて，国際法上のある原則が連邦法の構成部分であるかどうかの問題について決定する。

　ただし，2項による手続を連邦憲法裁判所に提起するためには，具体的な法的紛争が必要とされる[333]。ゆえに，国際法の効力問題を提訴する権限は原審裁

---

[332]　H. D. Jarass, in, : Jarass/Pieroth (N305), Rn. 8 zu Art. 25. 同書によれば，「文明国が認めた法の一般原則」は国際法において「一般的に認められた法原則（Die allgemein anerkannten Rechtsgrundsätze)」として把握されている。同原則は25条に属する (vgl. BVerfGE 96, 68 [86])。したがって，それらは諸国内法秩序において一致して見出されなければならず，また国家間交流に向けて委譲が可能でなければならない。当該法原則は補充的な性格をもつが，それは特に解釈と欠缺の補充のためである。

[333]　B. Pieroth, in, : Jarass/Pieroth (N305), Rn. 20 zu Art. 100. 移送の適格性の要件としては，以下のことが主にあげられている。⑴法的紛争，すなわち裁判所手続の存在 (vgl. BVerfGE 75, 1 [11])。⑵原審裁判所の疑義または当該裁判所外における一層重大な疑義 (Vgl. BVerfGE 64, 1 [14 ff.])。⑶移送対象が，国際法の一般原則上の存在，法的性格，効力の範囲および拘束力であること (vgl. BVerfGE 64, 1 [13])。⑷法84条，80条2項に基づく疑義が裁判にとって重要であること (vgl. BVerfGE 75, 1 [12 ff.])。⑸形式，根拠。法84条，80条2項に基づいて，連

判所に限定される。最上級の憲法機関とされる連邦議会や連邦政府は，2項の問題を自ら直接に連邦憲法裁判所に提訴することはできない。これらの措置に関する具体的な法律紛争の範囲内で，疑義はいわば間接的に裁判所によって提起されるに留まる。法83条2項2段に基づいて，最上級の憲法機関はいずれの場合においても諸手続には関与することができる[334]。

さらに，100条2項を通じて連邦憲法裁判所が審査できるのは，一定の国際法の原則が連邦法として存在するかどうか，また，それが個人に対する権利および義務を生ずるかだけである[335]。ゆえに，ある具体的な法的紛争において，すでに国内法律として受容された国際法規（条約）が国際法の一般原則と一致するかどうかを審査する場合，この問題は「具体的規範統制」（基本法100条1項）の手続を経ることとなる。なぜならば，当該事件はもはや国際法ではなく，国内法をめぐる問題となっているからである。本質的に具体的事件を介した基本法と国内法の問題は，1項の手続を経て審査されることになる。これに対して，2項によっては優先的な連邦法としての国際法優位の問題が扱われるにすぎない。

したがって，2項の手続により国際法の一般原則としての審査の対象となるためには，はじめに当該法的紛争に国際法上の疑義があらわれることが要件とされる。換言すれば，行政，立法手続上の疑義および具体的な法的紛争を介さない学問的な論争については，これらを連邦憲法裁判所に移送することはできない[336]。

   邦憲法裁判所は移送を具体的規範統制の場合のように根拠付けなければならない。

334) 法83条2項は，「連邦憲法裁判所はあらかじめ，連邦議会，連邦参議院及び連邦政府に対して，所定の期間内に意見陳述の機会を与えなければならない。これらの機関は手続のあらゆる段階において，これに参加することができる」と規定する。

335) Schlaich/Korioth (N306), Rn. 169.

336) 100条2項による手続における移送義務を根拠づけるためには，疑義があれば足りるとされる。この点において，裁判所の十分な確信を必要とする100条1

(2) **決定の形式とこれまでの動向**　決定の主文は法83条1項に従って下される。すなわち基本法100条2項の問題について，連邦憲法裁判所は「国際法の原則が連邦法の構成部分であるかどうか，及び，それが個人に対して直接に権利・義務を生ずるかどうかを，その裁判において確定する」[337]。

例えば，肯定的な決定の場合は「以下の国際法の一般原則が存在する。この原則は，連邦法の構成部分である」と判示される。また否定的な決定の場合には，連邦憲法裁判所は連邦法の性質についての言い渡しを控えた上で，「……と定める国際法の一般原則は存在しない」と判示する[338]。連邦憲法裁判所の決定主文は「法律としての効力（Gesetzeskraft）」を有する。この決定主文は連邦法務大臣により連邦官報に公布される（法31条第2項）。

これまで，この手続を通じて下された重要な決定はわずかである。この点において，国際法を尊重してきたドイツの基本姿勢が窺える。100条2項に基づく移送手続の初期段階では，ほとんどの場合でドイツ法主体と外国法主体との法律関係から生ずる条約上の請求権認容問題が生じている[339]。

　　項の具体的規範統制とは異なる（Schlaich/Korioth (N306), Rn. 172）。また，この疑義については必ずしも当該裁判所自身が抱く必要はなく，裁判所以外において，「根拠のある疑義（ernstzunehmende Zweifel）」が存在する場合でも十分であるとされる。この点でも100条1項1段による手続とは異なる。このことから，連邦憲法裁判所は根拠のある疑義が「裁判所の見解が憲法機関の見解，又はドイツ，外国，もしくは国際的な上級裁判所の決定または国際法学の定評ある著者の学説と異なる場合」に存在すると判示している（Vgl. BVerfGE 64, 1 [14]；クラウス・シュライヒ（名雪健二訳）「ドイツ連邦憲法裁判所論(四)」東洋法学37巻2号（1994年）242頁）。

337)　畑尻剛「西ドイツの具体的規範統制における連邦憲法裁判所の手続」比較法雑誌16巻1号（1982年）153頁。

338)　Schlaich/Korioth (N306), Rn. 178.

339)　この点が争われた最初の裁判例としては，アメリカの軍法会議によって死刑を宣告され，1945年に処刑された捕虜の曹長に関する，遺族年金支払いの事例があげられる。また，2007年の判決によれば，期日に達している私法上の支払請求の履行につき，支払能力を論拠に「国家避難（Staatsnotstand）」を主張して

7.3.2 規範統制手続による条約審査

これに対して，国内法として受容された条約法律の効力については次のことが当てはまる。ドイツ国内法上，国際法の継承規定は変型または執行命令を経た，「法律（Gesetz）」としての地位をもつ。ここにおいて，条約法律は既存の国内法律に対する新法として位置づけられるため，後法原則に基づく効力上の優位性を有することになる。同様のことは，ヨーロッパ人権条約についても当てはまる。また，解釈の際には国際法上の原則に考慮すると同時に，国内憲法上の原則についても考慮が必要となる[340]。

このような形態で国内法に受容されることで，個々の条約は連邦法律としての地位を有することとなる。上述のとおり，具体的争訟を契機として基本法に対する条約の効力が問題となる場合，これは基本法と国内法律の問題となるため，基本法100条1項に従って「具体的規範統制」の手続を経なければならない。すなわち，原審裁判所は審理を一時中断し，基本法に対する当該法律の違憲性のみを独立して判断するように，連邦憲法裁判所に事件を移送するのである[341]。

また，具体的な争訟を経ずに連邦法律としての条約の違憲性が問題となる場合には，基本法93条1項2号に従って，「抽象的規範統制」の手続が必要となる[342]。すなわち本件は「連邦政府，ラント政府，又は連邦議会構成員の4分の1の申立てに基づき，連邦法律若しくはラント法が形式上及び実質上この基本

　　　一時的に拒否する権限を私人に対して国家に付与することは，国際法の一般原則としては確認することができない（Schlaich/Korioth (N306), Rn. 166; vgl. BVerfGE 118, 124)。

340) H. D. Jarass, in : Jarass/Pieroth (N305), Rn. 19 zu Art. 59.
341) B. Pieroth, in : Jarass/Pieroth (N305), Rn. 7 zu Art. 100.; vgl. Frank Burmeister, Gutachten des Bundesverfassungsgerichts zu Völkerrechtlichen Verträgen, 1998, S. 50 ff.
342) Burmeister (N341), S. 38 ff.; B. Pieroth in : Jarass/Pieroth (N305), Rn. 22 ff. zu Art. 93.

法と一致するかどうか，又は，ラントの法がその他の連邦法と一致するかどうかについて意見の相違又は疑義がある場合」として，連邦憲法裁判所の管轄権に属する。抽象的規範統制手続を経て，当該条約が基本法に違反すると判断された場合，この条約は手続上連邦法律としての効力を失うことになる。しかし，実際には条約締結権者の意思は優先的に尊重される傾向にあり，問題の法律について即時には全部無効と判断されない場合が多い。例えば，旧 EG に西ドイツが加盟する際に，基本権規定が欠如している点などの問題点を抱えつつも，違憲部分の確認に留まったことなどがあげられる[343]。

7.4 今後の課題

基本法はドイツの憲政史上はじめて，国際法に対して国内法を開く努力を明文上規定した。国際法に対する友好性原則に基づく国際法の一般原則の実効性は，訴訟上の対応規定である基本法 25 条と 100 条 2 項を通じて確保されてきた。その一方で，個々の条約規定については，締約国と条約締結権者への配慮が窺えるものの，国内実施の際には慎重な手続姿勢がとられてきた[344]。国際機構に対する高権的権利の委譲問題に加え，人権条約のような一般性をもつ条約の自動的な国内執行性の問題などが，今後とも検討される必要がある。

---

[343] 田上譲治『改訂 西ドイツの憲法裁判』(信山社出版, 1988 年) 120 頁以下。また，無効の内容についても法律全体の場合と一部の場合とがあり，さらに法律制定当初から無効の場合（宣言的意味）と将来に向かって効力を失う場合（形成的意味）がある。

[344] 連邦憲法裁判所への 2010 年までの申立件数は, 28 件である (BVerfG HP)。

8. 基本法の異なる解釈を理由とする移送手続

8.1 総　　説

　ラントの憲法裁判所が基本法を解釈するに際して，連邦憲法裁判所または他のラントの憲法裁判所と異なる裁判をしようとする場合，当該ラントの憲法裁判所は連邦憲法裁判所の裁判を求めなければならない（基本法100条3項，法13条13号）。

8.1.1 制　定　史

　基本法100条3項の手続は憲法史上例を見ないものである。一般の裁判所に対してさらに上級の裁判所あるいはその合同部と異なる裁判をする場合に移送を義務づける，一般の裁判所の手続規則にならったものである[345]。当該移送手続を連邦の憲法で採用したのは，連邦憲法裁判所はラントにある他の裁判所とは異なり，連邦の憲法機関である以上，連邦の通常法律による規律では不十分だと考えられたからである[346]。

　100条3項の旧後段には，ラント憲法裁判所が連邦通常法律の解釈に際して，連邦最高裁判所あるいは連邦上級裁判所と異なる決定をする場合には連邦最高裁判所に移送しなければならないという規定が置かれていた。しかしながら1968年に当該規定は削除された。

8.1.2 目　　的

　基本法100条3項に基づくこの手続は，ラント憲法裁判所が連邦憲法裁判所

---

[345]　J. Rühmann, in : Umbach/Clemens, Rn. 4 zu § 85.

[346]　J. Rühmann, in : Umbach/Clemens, Rn. 4 f. zu § 85.

へ移送することにより開始される中間手続[347]であり，この点で100条1項[348]および2項の手続と類似の性格を有している。しかしながら，100条3項は1項のような規範統制手続としての性格も2項のような規範の性格付け手続（Normenqualifizierungsverfahren）としての性格ももっていない。100条3項に基づく移送手続の直接の目的は，基本法の解釈の統一性を担保することにある[349]。出発点となる手続で決定を下す前に，移送したラントの憲法裁判所に対して拘束力をもつ連邦憲法裁判所の手続を経ることで，基本法の解釈をめぐって複数の憲法裁判所でとられる意見の相違を調整することができるのである[350]。すなわち，ラントが憲法裁判権を有することは，ラントが憲法高権や国家性を有することに由来する。にもかかわらず，基本法100条3項がラント機関に対して連邦憲法裁判所が直接的な影響力を及ぼすことは，連邦国家原理と抵触しない。というのも基本法100条3項の手続は，ラントの本来的憲法裁判権に触れずに，連邦法が適用される限度で法適用の統一性を保障することを目的とするからである[351]。

　この直接の目的と並んで，基本法100条3項はラント憲法裁判所と連邦憲法裁判所の関係を定め，そして憲法のさらなる発展に寄与する規範[352]としての機能ももっている。連邦憲法裁判所およびラント憲法裁判所は，それぞれ異なる権限を有しており，上下関係にあるわけではない。したがって，当該移送手続を連邦憲法裁判所とラント憲法裁判所間の権限紛争を解決する手続と理解す

347）　Schlaich/Korioth, Rn. 180.
348）　連邦憲法裁判所の判例は，ラント憲法裁判所は，100条1項と同3項の手続から選択する権利をもつとしている。BVerfGE 36, 342 [356]．基本法100条1項，100条3項の関係については，Vgl. Rühmann, in : Umbach/Clemens, Rn. 73 ff. zu §85.
349）　Vgl. Schlaich/Korioth, Rn. 181；Lechner/Zuck, Rn. 2 zu Vor §85；Pestalozza, Rn. 8 zu §15．など。
350）　Schlaich/Korioth, Rn. 181.
351）　T. Maunz, in : Maunz/Dürig, Rn. 48 zu Art. 100.
352）　T. Maunz, in : Maunz/Dürig, Rn. 49 zu Art. 100．

ることは適当ではない[353]。むしろ，ラント憲法裁判所と連邦憲法裁判所は，原則として互いに独立した関係にある。通常ではラント憲法裁判所はラント高権をラント憲法に照らし合わせて審査することに限定されている。その一方で，連邦憲法裁判所の効力範囲は連邦とラント双方の権力行為に及ぶ。しかしながら連邦制をとる以上，連邦の法秩序と支分国家の法秩序が互いに作用・交差することは避けがたい。その結果，ラント憲法裁判所が，例外的に基本法の規範を付随的に審査しなければならない可能性も出てくる[354]。このことを前提として，100条3項の手続では連邦の憲法が排他的に審査基準とされることになるのである[355]。当該規定は，ラント憲法裁判所が自己に認められた管轄権内で，連邦憲法裁判所の「裁判」における基本法の解釈とは異なる裁判を行う場合に備えて定められた手続なのである[356]。そしてこの手続を通じて，ラント憲法裁判所は限定的な範囲内ではあるものの，連邦憲法裁判所に刺激を与えて，その法的見解を再検討するように促すことができる[357]。その結果，ラント憲法裁判所も法形成に寄与することになるのである[358]。

そのほか，当該手続の果たす機能として，基本法の解釈もラント憲法裁判所の法発見の対象となることから，ラント内の憲法訴訟を解決するうえで一定の役割を果たす[359]という点があげられている。

もっとも，これまでこの手続による決定は5例[360]しか存在しない。ラント憲法裁判所の審査基準は，あくまでも基本法や連邦法律ではなく，ラント憲法である。ラントの憲法裁判所は例外的にしか基本法の解釈に取り組まず，通常

---

353) Lechner/Zuck, Rn. 3 zu Vor § 85 (4. Aufl. 1999).
354) Lechner/Zuck, Rn. 3 zu Vor § 85 (4. Aufl. 1999).
355) T. Maunz, in : Maunz/Dürig, Rn. 49 zu Art. 100.
356) Lechner/Zuck, Rn. 3 zu Vor § 85 (4. Aufl. 1999).
357) Schlaich/Korioth, Rn. 181 ; T. Maunz, in : Maunz u. a., Rn. 49 zu Art. 100.
358) Schlaich/Korioth, Rn. 181.
359) Schmidt-Bleibtreu, in : Maunz u. a., S. 1120 ; Benda in : E. Benda/Klein, Rn. 1181 ; BVerfGE 60, 15 [206 f.] ; 69, 112 [117].
360) BVerfGE 3, 261 ; 13, 265 ; 18, 407 ; 36, 342 ; 96, 345.

はラント法を適用しているのである[361]。

8.1.3　移送義務違反の効果

基本法100条3項の手続の中で，基本法の解釈をめぐる意見の相違について裁判する連邦憲法裁判所は，法律上の裁判官である。したがって，ラント憲法裁判所が連邦憲法裁判所に移送しなければ，出発点となった手続の関係人から法律の定める裁判官による裁判を受ける権利を奪うことになる。もしも恣意的に移送を怠るならば，基本法101条1項後段に基づく，関係人の手続的基本権の侵害が生じる。関係人は，ラント憲法裁判所の裁判がこの基本法101条1項後段の基本権を侵害したとして，連邦憲法裁判所に憲法異議を提起することができる。この憲法異議が基本法100条3項の手続を管轄する連邦憲法裁判所の部に係属しており，当該部が憲法異議の手続の中で問題となっている基本法を解釈することによって移送の欠缺を補塡し，その結果基本権侵害が事実上存在しなくなったとしても，この憲法異議を棄却することは否定される。そのような場合，連邦憲法裁判所は移送義務に違反したラント憲法裁判所の裁判を破棄し，事案を法95条2項に基づきラント憲法裁判所に差し戻すのである[362]。

8.1.4　基本法100条3項と法31条1項との関係

従来，法31条1項の拘束力が基本法100条3項によって破られるか否かが争われてきた。

まず，法31条1項によってすべての憲法機関すなわち連邦憲法裁判所の裁判と同様にラント憲法裁判所までもが，判決主文のみならず「理由中判断」にも拘束されるという連邦憲法裁判所（BVerfGE 1, 14 [37] ; 40, 88 [93 f.]）の見解に

---

361) Schlaich/Korioth, Rn. 181. 同旨として，E. Benda, in : Benda/Klein Rn. 1180. シュライヒは，「ラント憲法裁判所が基本法を解釈する状況を基本法100条3項が想定することは，理解しがたく，ほとんど奇異なもののように一見思われた」と述べている。

362) J. Rühmann, in : Umbach/Clemens, Rn. 81 zu §86.

よると，基本法100条3項は，まず第一にラント憲法裁判所に特権を与える規定と解される。すなわち，新たな裁判のためにラント憲法裁判所に対して，(従来の)連邦憲法裁判所とは異なる見解を連邦憲法裁判所に移送することを許すことになる[363]。そして第二に，法31項1条の「裁判」概念を広く捉えると，基本法100条3項によって法31条1項の拘束力は破られることになるから，基本法100条3項に例外規定としての性格を認めることになる。

この立場に対しては，(法31条1項と直接の関係はないが)基本法100条3項が，ラント憲法裁判所が他のラント憲法裁判所の法的意見と異なっている場合にも，移送を義務づけている点を見落としているという反論がなされている[364]。

次に，シュライヒのように基本法31条1項の「裁判」概念を判決主文という意味に限定する立場からは，基本法100条3項と法31条1項の抵触は否定されることになる。そして，この立場によると，基本法100条3項は法31条1項から独立した機能をもつことになり，解釈の相違をめぐる手続が他にも認められている事実とも合致する[365]という。すなわち，ラント憲法裁判所が連邦憲法裁判所と異なった見解をとるときは移送しなければならず，その後では基本法の解釈に関する連邦憲法裁判所の裁判に拘束されるという100条3項の手続は，他の解釈の相違をめぐる手続と異ならないとするのである。また，この立場は基本法100条3項が，「理由中判断」における連邦憲法裁判所との意見の相違ではなく，一般的な「基本法の解釈における」意見の相違に基づく移

---

[363] もっとも，その後，ラント憲法裁判所は出発点となった事件の裁判において，連邦憲法裁判所による基本法の解釈に拘束されることになる。Schlaich/Korioth, Rn. 183.

[364] Schlaich/Korioth, Rn. 184.

[365] シュライヒは例として，「上級行政裁判所が他の上級行政裁判所や連邦行政裁判所の裁判と異なった決定を下す場合には，法解釈問題を連邦行政裁判所に移送しなければならない。」という行政裁判所法47条の規定をあげ，また裁判所構成法121条2項にも，このような意見の相違をめぐる手続が認められるとしている。Schlaich/Korioth, Rn. 184.

送義務を規定しているから，その限りでは少なくとも法31条1項よりは広範囲をカバーするという点で妥当だとする。そればかりか，ラント憲法裁判所側からの基本法解釈に関する移送手続義務は，以下の点で真に存在意義をもっていると述べる。すなわち，ラント憲法裁判所の最終審であり，そこでの判断は連邦裁判所によっても審査されえない。したがって，このラント憲法裁判所による連邦憲法裁判所への移送手続という方法でのみ，基本法の解釈における一定の統一性が担保されるというのである[366]。

基本法100条3項をめぐるこの解釈は法31条1項の「裁判」概念をめぐる議論において，限定的な捉え方をする少数説に立つものである。したがって，この説に対する反論その他詳細についてはⅣの5.5.3参照のこと。

もっとも，法31条1項の拘束力の問題と100条3項の解釈とを切り離して考える立場もある。ペスタロッツァによれば，基本法100条3項と法31条1項の抵触については論じるべきではないとされる。すなわち，このように論じることは基本法と通常法の上下関係を見誤っており，また，ラント憲法裁判所も，結局連邦憲法裁判所の同意なしには異なった見解をとることはできないから意味がないと考えるのである[367]。

8.2 手　　　続

基本法100条3項，法13条13号に基づくラント憲法裁判所の移送の手続については，法85条に規定されている。

8.2.1 移送権限のある裁判所

移送権限および義務をもつのは，「ラント憲法裁判所」である。100条1項，2項ではすべての裁判所が移送の主体として認められるのに対して，3項では

---

[366] これに対して他の裁判所の中で連邦通常裁判所がこの統一性を担保するとシュライヒは述べる。Schlaich/Korioth, Rn. 184.

[367] Pestalozza, Rn. 10 zu § 15.

ラント憲法裁判所のみが主体となるという点で違いがある[368]。基本法100条3項の意味におけるラント憲法裁判所は，必ずしも各ラントの「憲法裁判所」ないし国事裁判所だけではない[369]。ここにいうラント憲法裁判所とは，名称にかかわらず憲法問題についてラント内で最終的拘束力をもって決定するという特別の任務を連邦・ラント法律により与えられた実質的な意味での憲法裁判所のことである。したがって，例えば同じラント上級行政裁判所の手続の中でも，行政裁判所法47条の規範統制手続はこの意味での「裁判所」ではないが，同法193条の手続[370]の場合には憲法裁判権を委託されているので，憲法裁判所ということができる。

8.2.2 訴訟要件

(1) 「裁判」の存在　基本法100条3項は，あるラント憲法裁判所のものとは異なった，連邦憲法裁判所または他のラント憲法裁判所の裁判が存在することを前提としている。

憲法に関する法解釈の統一性を保障するという当該規定の目的を重視すると，「裁判」の概念を広く解釈することが要求されてくる[371]。したがって「判決 (Urteil)」にせよ，「決定 (Beschluss)」にせよ，ラントおよび連邦の憲法裁判所のあらゆる裁判形式がこれに含まれる[372]ことに争いはない。これについて連邦憲法裁判所の判例 (BVerfGE 3, 261) によれば，基本法100条3項における「裁判」とは，少なくとも判決主文のみならず，連邦憲法裁判所（またはラ

---

[368] T. Maunz, in : Maunz u. a., Rn. 45 ff. zu Art. 100.
[369] Schlaich/Korioth. Rn. 185.
[370] もっとも，この規定は，憲法裁判所を置いていない，ベルリンに対してしか意味をもたない。
[371] シュライヒも「ここでは，例外的に主文も加えて理由も含む」とする。Schlaich/Korioth, Rn. 186.
[372] T. Maunz, in : Maunz/Dürig Rn. 51 zu Art. 100. もっとも，法93b条に基づく部会および部の不受理決定は，基本法100条3項，法13条13号の意味における裁判ではない。Lechner/Zuck, Rn. 4 zu Vor § 85 (4. Aufl. 1999).

ント憲法裁判所の）判決の根底にある「それなしには判決主文が成り立たないような，判決理由から明らかになる基本法解釈」と理解しなければならないとされている。すなわち，「裁判」には「判決主文」と「主文を支える理由中判断」の双方が含まれるというのである。主文を支える理由中判断か否かの区別は，判例で一般的に慣例となっている方法にしたがって行われる[373]。もっとも，連邦憲法裁判所は間接的に主文を支える理由中判断もまたここにいう「裁判」に含まれるのかどうかについて未解決のままにしている。すなわち，連邦憲法裁判所の上述の判例において，「法13条13号の意味における裁判たりうる」と述べるにとどまっているのである。これに対して，傍論（obiter dictum）は連邦憲法裁判所によって明示的に法31条1項による拘束力を認められた場合にのみ，ここにいう「裁判」に含まれるとされているが，どの程度の移送義務が生ずるかについて疑問がもたれている[374]。純粋な傍論は確かに裁判の構成要素ではあるが，「主文を支える」とはいえないので「裁判」には含まれない[375]と考えるのが妥当であろう。

(2)　**「異なる」裁判**　基本法100条3項の手続はラント憲法裁判所が基本法解釈に際して，連邦憲法裁判所や他のラント憲法裁判所の裁判と異なった裁判をしようとしている場合のみに問題となる。ここにいう「異なる裁判」の意味は，基本法の解釈をめぐり，ラント憲法裁判所が連邦憲法裁判所もしくは他のラント憲法裁判所によりそれまでに下された裁判と異なる見解をとるということである[376]。これに対して，ラント憲法裁判所がある規範を基本法（またはその他の連邦法律）に「不適合」だと考えた場合には，基本法100条1項（法80条から82条）の手続規定が適用されることになる[377]。

---

373)　J. Rühmann, in : Umbach/Clemens, Rn. 45 zu §85.
374)　Schlaich/Korioth, Rn. 186.
375)　T. Maunz, in : Maunz/Dürig, Rn. 51 zu Art. 100.
376)　T. Maunz, in : Maunz/Dürig, Rn. 52 zu Art. 100. リューマンは，基本法の解釈において結論ではなく理由づけが異なっているだけでは「異なっている」とはいえないと述べる。J. Rühmann, in : Umbach/Clemens, Rn. 56 zu §85.

(3) **裁判にとっての必要性** 基本法100条3項の移送手続もまた裁判にとっての必要性を前提としている。この「必要性」の存在が認められるのは，ラント憲法裁判所が採用しようとしている連邦憲法裁判所や他のラント裁判所とは異なった見解が，これからしようとする裁判の根拠となる理由を構成すると考える場合である[378]。

(4) **移送の形式** 移送裁判所は，連邦憲法裁判所に自己の法的見解を付した記録を提出する（法85条1項）。

8.2.3　意見陳述権および審問権

　法85条2項は，連邦参議院，連邦政府および移送裁判所以外のラント憲法裁判所に意見陳述権を認めている[379]。当該移送手続に関係人は存在しない。すなわち，移送裁判所も法85条2項にあげられている機関も，手続に参加する資格をもっていない[380]。また，出発点となった手続の関係人もこの手続では関係人ではないのである[381]。ただし，移送を行うラント憲法裁判所には，基本法103条1項で保障されている法的審問請求権が認められる。もっとも連邦憲法裁判所が移送された法的問題について本案に関する判断を下さない場合には審問は不要である[382]。意見を陳述することは義務ではないが，連邦憲法裁判所が他のラント憲法裁判所の陳述に基づき自己の法的見解を明らかにし，そうすることで二つのラント憲法裁判所の間に意見の相違が存在するか否かという問題を解決する場合には，他のラント憲法裁判所の意見陳述権は放棄されるべきではない[383]。

---

377) Lechner/Zuck, Rn. 2 zu § 85 (4. Aufl. 1999).
378) T. Maunz, in : Maunz/Dürig, Rn. 53 zu Art. 100 ; Schlaich/Korioth, Rn. 188.
379) ここにあげられている機関に，連邦議会が入っていないことについては，vgl. J. Rühmann, in : Umbach/Clemens,Rn. 85 zu § 85.
380) この点については，基本法100条1項の手続とは異なる。
381) したがって，口頭弁論を経ずに決定をするとしても，関係人の口頭弁論を放棄する宣言は不要である。J. Rühmann, in : Umbach/Clemens, Rn. 84 zu § 85.
382) BVerfGE 3, 261 [264] ; Rühmann, in : Umbach/Clemens,Rn. 89 zu § 85.

8.2.4　連邦憲法裁判所の裁判の対象

「連邦憲法裁判所は，法問題についてのみ裁判する」（法85条3項）。連邦憲法裁判所は，まず，係属中の訴訟における法問題が重大であるか，そして他のラント憲法裁判所や連邦憲法裁判所とは異なった判断を当該ラント憲法裁判所が下そうとしているかどうかを審査しなければならない。審査の結果これらが否定された場合には，移送は却下されねばならない。連邦憲法裁判所の裁判は，法31条1項に基づく拘束力をもつが，法律としての効力はもたない（法31条2項）。手続の進行中に移送の前提が失われた場合には，連邦憲法裁判所は，「当該移送は不適法となった。」と確認する（BVerfGE 13, 165 [167]）。

---

383)　J. Rühmann, in : Umbach/Clemens, Rn. 89 zu § 85.

9. 従来の法の効力に関する規範統制手続

9.1 総　　説

法が連邦法として効力を引き続き有するかどうかについて意見の相違は，連邦憲法裁判所がこれを決定する。(基本法126条，法13条14号)

9.1.1 制　定　史

1945年から1949年の間に国法の大改革が行われたが，連邦議会の集会 (1949年9月7日) 以前に公布された旧法が，果たして引き続き効力をもつのか，そしてそれが肯定されるとして，連邦法とみなされるのかそれともラント法とみなされるのかについて，基本法の条文で明らかにすることが必要とされていた。それを受けて当該規定が設けられたのである。

ヘレンキームゼー案140条では，法律あるいは命令が連邦法として性格付けられるのかそれともラント法として性格付けられるのかについての決定が，簡略化された手続を経たうえで連邦司法大臣に委任されるとしていた。その後審議を経て，司法大臣ではなく，連邦憲法裁判所が決定を行うことになった[384]。この基本法126条，法13条14号による手続は従来重要視されてこなかったし，実際に19件と決定件数も少ない[385]。

9.1.2 目　　的

基本法123条1項によれば，連邦議会の集会以前に効力をもっていた法は，それが基本法に抵触しない限り，引き続き適用される。そして，そのような旧

---

384) Lechner/Zuck, Rn. 1 zu Vor §86. 審議過程については，J. Rühmann, in : Umbach/Clemens, Rn. 1 ff. zu §86.
385) 最も新しいもので，1972年5月30日の決定 (BVerfGE 33, 206) がある。

法がどのような場合に連邦法として引き続き適用されるのかは 124 条および 125 条によって定められている。これに対して，基本法 126 条は，いわば，規範の性格づけ手続として，基本法 124 条および 125 条を手続的に補充する規定である[386]。126 条の目的は，基本法の施行前に制定された規範が連邦法としての性格を有するか否かを連邦憲法裁判所が確認することである。それゆえ，規範の有効性や基本法との適合性を確認することは目的ではない[387]。すなわち，前提となるのは，移送裁判所がある法律を有効であると解しつつも，当該法律の連邦法としての性格に疑いがもたれているか否かということである。もっとも問題となっている法律の効力は，基本法 126 条，法 86 条 2 項の手続の中で前提問題として決定されうる[388]。これに関連して，基本法 126 条の手続の中で，移送された法規範を基本法に不適合であるがゆえに連邦憲法裁判所が連邦法でもなくラント法でもないと判断する場合，この手続の中で付随的にその違憲性を審査できるのかという問題がある。これについて，通説・判例は肯定的立場に立っている[389]。しかしながら，問題となる規範が連邦法の中で具体的にどのような地位を有するのか，すなわち憲法，法律，命令，またはその他のいずれの法に格付けされるのかを審査することはできない[390]。ちなみに，旧ドイツ国が締結した条約に関する基本法 123 条 2 項については，連邦憲法裁判所はドイツの条約同意法律のみならず，国際条約それ自体について「法の一般原則に照らして」有効でありかつ引き続き効力を有するかを審査する[391]。しかしながら，もし意見の相違が同意法律の効力の問題のみに限定されるならば，基本法 126

---

386) Schlaich/Korioth, Rn. 190 ; Maunz, in : T. Maunz/Dürig, Rn. 1 zu Art. 126. これに対して，規範統制手続の特殊な類型と捉える立場もある。W. Geiger, Gesetz über das Bundesverfassungsgericht, 1952, Anm. 1 zu § 89.
387) BVerfGE 1, 162 [164] ; 2, 341 [345] ; 3, 354 [356] ; 3, 368 [373] ; 4, 214 [216] ; 16, 82 [89] ; 16, 329 [331], Lechner/Zuck, Rn. 2 zu Vor § 86.
388) Lechner/Zuck, Rn. 2 zu Vor § 86.
389) この問題については, Vgl. T. Maunz, in : Maunz/Dürig, Rn. 13 ff zu Art. 126.
390) Schlaich/Korioth, Rn. 190.
391) Vgl. O. Kimmnich, AöR 93 (1968) S. 485 (489).

条，法86条1項の手続は問題とはならない（BVerfGE 4, 214 [216]；16, 82 [89]）。

9.1.3　審査の対象

　まず，審査の対象となる「法」が何を意味するのかをここで問題としなければならない。基本法と連邦憲法裁判所法では，以下のような文言上の不統一が存在する。すなわち，基本法126条および法13条14号は審査の対象として「法」という文言を用いている。その一方で，法89条は「法律」という文言を用い，法86条2項の移送手続も文言上形式的法律に限定されているのである。これに対して，通説によれば，審査の対象は実質的法律であり，それゆえ法規命令に含まれる規範も統制の対象となりうるとされている[392]。というのも，法86条2項の「法律」概念は憲法適合的に解釈しなければならず，このように解することが，裁判官による移送の趣旨に合致しているからである。基本法94条2項があるにしても，根本的な権限開放規定（Kompetenzeröffeiungsnorm）である基本法126条に反して，立法者が手続の対象を制限する根拠は与えられてはいないのである[393]。

　次に，連邦憲法裁判所の審査の対象となる規範に，基本法124条および125条であげられている要件が備わっているかが問題となる。具体的には以下について，審査しなければならない。

① 「ドイツの」法が問題となっているか。ここには旧ライヒ法およびラント法が含まれるが，旧ドイツ民主共和国の法が含まれるのかについては争いがある[394]。

② 問題となっている規定が連邦の専属的立法（基本法73条）ないしは競合

392）　BVerfGE 28, 119 [132]．しかしながら，ペスタロッツアは，法86条2項に基づく移送手続については，訴訟の対象としての「法」を，形式的意味の法律として限定的に解すべきだとの立場をとる。Pestalozza, §16 Rn. 6.
393）　E. Klein, in : Benda/Klein, Rn. 900.
394）　とくに，統一条約9条により引き続き効力を有するとされたドイツ民主共和国の法について争いがある。M. Kirn, in : Münch/Kunig, Rn. 1 zu Art. 126.

的立法（74条），および大綱的立法（基本法75条）の対象となっているか。

③ 競合的立法において，基本法125条1号ないしは2号の要件を備えているか[395]。

基本法72条2項が基本法125条の場合にも適用されるのかについては，通説，連邦憲法裁判所判例（BVerfGE 1, 283）ともに，否定している[396]。

9.2 手続

基本法126条は，従来の法の連邦法としての効力を審査する手続について，申立権者等の規定を置いていない。これを受けた立法者は，連邦憲法裁判所法86条で2種類の手続を置いた。その一つは，連邦およびラントの憲法機関の申立てに基づく審査（法86条1項），そしてもう一つは，裁判所の移送に基づく，訴訟に付随する審査（法86条2項）である。そこで以下では二つに分けて概説する。

9.2.1 申立てに基づく手続

(1) **申立権者** 法86条1項の手続は，基本法93条1項2号，法13条6号の抽象的規範統制手続に類似しており[397]憲法機関の申立てに基づく抽象的な確認に関する規定である。（当事者能力ある）申立権者は，1項にあげられた憲法機関すなわち連邦議会，連邦参議院，連邦政府およびラント政府のみであるが，ラント議会は申立権者ではない[398]。裁判所には法86条1項に基づく直接の申立権は認められない（BVerfGE 3, 354 [356]；3, 357 [358]）。

---

395) これと関連して，125条1号の統一的適用の要件を満たすには，規範の「内容的同一性」を備えていることで足りるのか，それとも法源の同一性が求められねばならないのかという問題がある。Lechner/Zuck, Rn. 7 zu Vor §86.

396) Lechner/Zuck, Rn. 7 zu Vor §86.

397) ペスタロッツアは，当該手続が基本法93条1項1号および4号の機関争訟手続にも類似していると述べている。Pestalozza, Rn. 2 zu §16.

398) Lechner/Zuck, Rn. 2 zu §86. ここではさらに，法13条6号による連邦議会議員の3分の1の申立てもこの場合から除外されると述べられている。

(2) 訴訟要件

a) 意見の相違　基本法で必要とされる「意見の相違」がどのような場合に存在するのかについて，法86条2項の移送に基づく審査とは異なり，法86条1項は申立てに基づく手続のためには明らかにしていない。これに対してリューマンは，ある見解に対して「疑念」をいだくこととは異なり，意見の「相違」が存在するには「1人のみならず少なくとも2人の意見の持ち主が関与していなければならず，自己の見解をただ心中にとどめておくのではなくそれを表明しなければならない」と述べている[399]。

ここでいう意見の持ち主とは，86条1項にあげられた申立権者に限定されない。それ以外の行政庁，裁判所，研究機関，あるいは著述者そして個人も意見の対立に参加する者として十分資格がある。というのも，ここで重要なのは申立権者の権利の保障ではなく，客観的な法に関する問題の解明なのである。この点は基本法93条1項2号の手続と同じである。結局，本質は連邦法としての性格の有無をめぐる意見の対立を申立権者が申立権を行使するためのきっかけにすることにある[400]。

b) 必要性　法87条1項によれば，当該申立ては連邦の機関，連邦の行政庁またはラント機関もしくは行政庁がすでになし，またはこれからなさんとする措置の適法性が，その根拠となる法の効力の有無を決めるこの裁判に左右される場合にのみ許される[401]。また，必要性の要件の内容として，申立権者が特別な権利保障を必要としていなければならないのかについては争いがある[402]。当該手続の目的を客観的な法秩序の保障と理解する立場からは，不要説

---

399) J. Rühmann, in : Umbach/Clemens, Rn. 25 zu § 86.

400) J. Rühmann, in : Umbach/Clemens, Rn. 26 zu § 86.

401) ここに連邦議会の名があげられていないことから，連邦議会による申立てにも必要性の要件が要求されるのか否かについて争いがある。リューマンは，連邦議会をとくに区別して取り扱う理由がないことから，単なる編集のミスであり，要件の充足が必要だとの立場に立っている。J. Rühmann, in : Umbach/Clemens, Rn. 3 zu § 87. これに対して，マウンツは，不要説に立っている。T. Maunz, in : Maunz/Dürig, Rn. 1 zu § 87.

がとられることになる[403]。また，法87条1項に連邦議会についての言及がないことから，連邦議会にも必要性の要件が要求されるのかについても争いがある[404]。87条1項にあげられている憲法機関の中で，きっかけとなる「措置」としてどれをまず前提とすべきかということは重要ではない。したがって，ラント行政庁でも地方行政庁でも十分資格を満たすのである。当該規定の意味における「措置」は，すべての高権的行為を含むのである[405]。

c) 申立ての形式 法23条1項，87条2項の要式規定に違反すると，実際にはたとえ前提要件が満たされていたとしても申立ては却下される。

(3) 参加権者および意見陳述権者 法88条は，法82条の準用を規定しており，そこからさらに77条から79条までの規定が準用されることになる。

まず，法77条にあげられた憲法機関に対して意見陳述の機会が与えられねばならない。具体的には，連邦議会，連邦参議院，連邦政府，すべてのラント政府，そして（ラント法に間接的に関する場合）関係ラントのラント議会である。

法78条前段の適用は，法89条が直接適用されることにより除外される。これに対して，法78条後段は準用され，連邦憲法裁判所が連邦法としての効力を引き続き有するかどうかの審査権を，移送決定に直接的に関係をもたない同

---

402) 権利保障を必要とする立場として，Lechner/Zuck, Rn. 1 zu § 87 ; Pestalozza, Rn. 3 zu § 16.

403) E. Klein, in : Benda/Klein, Rn. 904.

404) 単に立法者の見落としにすぎず，連邦議会を特別に扱う理由がないとする立場（リューマン）と，連邦議会の申立ての適法性は基本法126条に含まれる準則に従うのみだとする立場（クライン）がある。J. Rühmann, in : Umbach/Clemens, Rn. 3 zu § 87 ; Klein, in : E. Benda/Klein, Rn. 905.

405) これには不作為も含まれる。J. Rühmann, in : Umbach/Clemens, § 87 Rn. 4. また，権利保障が必要とされていることを必要性の要件の内容とする立場からは，すでになされた処分に裁判が影響を与える場合問題となる。レヒナー/ツックは，これについて，賠償請求権が生じるか，あるいは当該処分が取り消された場合のみに限り権利保障の必要性が生じるとしている。Lechner/Zuck, Rn. 1 zu § 87.

じ法律の他の規定まで拡大することができる（Vgl. BVerfGE 8, 186 [195]）。

　法79条は，その内容によれば準用することができない[406]。

　意見陳述権を有する憲法機関は当該手続に参加できる。裁判所の移送に基づく手続においては，原手続の当事者も陳述の機会を与えられる（法82条3項）。彼らは場合によっては口頭弁論の責任を負うこともある[407]。

9.2.2　裁判所移送に基づく手続

　法86条2項は基本法126条では明示されていない，基本法100条1項，法13条11号の具体的規範統制に対応する道を開いている。旧法の連邦法としての性格の有無をめぐる問題に関するこの法86条2項の手続においても，連邦憲法裁判所は基本法101条1項後段にいう法律上の裁判官に該当する。移送が恣意的に行われない場合には，基本法101条1項後段違反となる。その結果，原手続の関係人は憲法異議を提起することができる[408]。

　(1)　**移送の主体**　法86条2項によれば，移送権限はあらゆる種類のドイツの裁判所に存在する。これに対して，非国家的な仲裁裁判所には権限がない[409]。

　(2)　**訴訟要件**

　a)　**意見の相違**　裁判所による移送手続において，基本法126条の「意見の相違」は原手続の解決に必要な範囲内に限定される[410]。126条の手続に関する意見の相違の意味は，法86条2項によりある程度明らかである。すなわち，ある法規範が連邦法として引き続き効力をもっているかが手続において「争われている」ということである。そして，移送裁判所が，ある規範の連邦法としての性格の有無に関して特定の見解をもっており，そしてそれが少なくとも訴

---

　406)　Lechner/Zuck, Rn. 1 zu §88.
　407)　Lechner/Zuck, Rn. 2 zu §88.
　408)　J. Rühmann, in : Umbach/Clemens, Rn. 47 zu §86.
　409)　Lechner/Zuck, Rn. 4 zu §86.
　410)　E. Klein, in : Benda/Klein, Rn. 906 zu §23.

訟当事者の 1 人の意見と対立している場合に，「争われている」の要件は満たされるのである[411]。したがって，訴訟当事者の間で意見の相違をめぐって争われているだけでは不十分である。また，学問的意見の対立も，たとえそれが裁判所内で援用されたうえでその法的問題に疑いがもたれ，それをめぐって様々な見解が主張されたとしても，同様にそれだけでは不十分なのである[412]。しかしながら，連邦憲法裁判所は「争われている」の要件を非常に緩やかに解しており[413]，批判の対象となっている[414]。

b) 必 要 性 連邦憲法裁判所の確認が係属中の訴訟にとって必要でなければならないということは，法86条 2 項により明らかである。すなわち，一般の裁判所の決定の主文が，移送された問題への回答しだいで変わる可能性がある時，すなわちこの問題への回答が裁判所の下す主文を支える理由中判断に含まれる場合移送されねばならない。また，ここにいう決定の主文が変わる場合とは，係争問題への回答しだいでは，一般の裁判所が訴訟判決（Prozessentscheidung）ではなく本案判決を下さなければならない場合をいう[415]。したがって訴訟の結果が，適用すべき規範が連邦法かそれともラント法であるかに左右されない場合は移送は成立しない（BVerfGE 3, 368）。当該法律がなお有効であるかが考慮されないまま，基本法125条の要件が満たされたかが問題となる場合，裁判所は決定を下すために，問題となっている規定が連邦法秩序に属する

---

411) Vgl. E. Klein, in : Benda/Klein, Rn. 906 zu § 23 ; J. Rühmann, in : Umbach/Clemens, Rn. 32 zu § 86.

412) Lechner/Zuck, Rn, 6 zu § 86.

413) 例えば，連邦憲法裁判所は，自らがある規範が連邦法であるか重大な疑いを抱いた場合（BVerfGE 11, 89 [92 f.]）．他の裁判所，例えばラント憲法裁判所（BVerfGE 7, 18 [23 f.]），連邦最高裁判所（BVerfGE 8, 186 [191 f.] ; 17, 287 [291]）の見解，ならびに連邦およびラントの憲法機関（BVerfGE 13, 367 [371] ; 28, 119 [137] ; 33, 206 [214]）の見解に対立する意見をもった場合にも，「争われている」の要件を満たすとしている。

414) E. Klein, in : Benda/Klein, Rn. 906 zu § 23 ; J. Rühmann, in : Umbach/Clemens, Rn. 33 zu § 86.

415) J. Rühmann, in : Umbach/Clemens, Rn. 34 zu § 86.

のか，ラント法秩序に属するのかという問題をも，連邦憲法裁判所に移送しなければならないという法 86 条 2 項の（文理）解釈を要求する（BVerfGE 8, 186）。ここでも，連邦憲法裁判所は，明白に根拠がないといえない限りは，法的必要性の審査において移送裁判所の解釈を出発点としなければならない（BVerfGE 28, 119 [138]）。前提が満たされたと裁判所が判断すれば，連邦憲法裁判所の裁判を求めることは，法 86 条 2 項の文言によれば正当であるばかりか，義務づけられているのである。中間手続の導入は，当事者の申立てとは無関係である。法 86 条 2 項が，憲法制定前の法に，連邦憲法裁判所の（規範の順位に関する）規範統制を受けさせる規定だということは注目に値する[416]。

c) 移送決定の内容と形式 中止決定や移送裁判所の権利および義務，移送の内容と形式については，法 80 条に関する部分を（V 3.2.3）参照のこと。

(3) **参加権者，意見陳述権者** 9.2.1(3)を参照のこと。

9.2.3 連邦憲法裁判所決定の内容と効果

連邦憲法裁判所は法問題についてのみ決定を下す。そして，法 89 条に従い「法律の全部又は一部が連邦の領土の全部又は一部の地域において，連邦法として引き続き効力を有する」と確認しなければならない。決定は実体的な法的状況に応じて，法律全体あるいは，それが別々の判断を許容し必要とする限りで法律の個別の規定に及ぶ。当然のことながら，連邦憲法裁判所が当該規範を基本法ないしはその他の連邦法に適合すると認めたとしても，連邦法ではないという見解に至ったのであれば，ラント法として引き続き効力を有すると宣告することはできない。このような確認にはなお事実審が必要である。このことを見落とすと，法 13 条 14 号に基づく連邦憲法裁判所の管轄権を逸脱することになるのである[417]。

法がいつから連邦法として引き続き効力をもつかについては，連邦憲法裁判所は決定を下すことができない（BVerfGE 4, 358）。決定は宣言的効果すなわち，

---

416) Lechner/Zuck, Rn. 7 zu § 86.

法31条2項によれば法律としての効力をもっている。ある規範がラント法として引き続き効力を有するかどうかの問題は，連邦憲法裁判所によって明示的には決定され得ない[418]。

決定は法31条2項4文により，連邦官報に掲載される。

---

417) Lechner/Zuck, Rn. 10 zu Vor § 86.
418) Vgl. BVerfGE 1, 162.

10. その他の基本法上の手続

10.1 総　　説

　これまで述べてきた連邦憲法裁判所の権限の他に，基本法はいくつかの手続を定めている。それらは大きく二つに分けることができる。第一の手続は，いわゆる憲法保障[419]のための手続である。これには，①基本法18条，法13条1号・36条以下による基本権の喪失手続，②基本法21条2項，法13条2号・43条以下，政党法33条による政党の違憲確認手続，③基本法61条，法13条4号・49条以下による連邦大統領に対する訴追手続，④基本法98条2項および5項，法13条9号・58条以下による連邦裁判官およびラント裁判官に対する訴追手続がある。また，第二の手続は，基本法41条2項，法13条3号・48条以下による選挙抗告手続である。

　前者の憲法保障の四つの手続を連邦憲法裁判所に配分したことの意味は，一方で，憲法の保障を，堅固な民主主義の観点から最大限に可能にすることにあり，他方で，最上級の裁判所の介入を通じて，手続を法治国家的に遂行し，これに異議を差し挟む余地のないものとすることにある[420]。後者については，一種の法適用である選挙審査を法的統制に服させることが要請されるため，連邦議会による選挙審査の終審として，選挙抗告手続が連邦憲法裁判所に委ねられている[421]。

---

419)　憲法保障一般については，石村修『憲法の保障』（尚学社，1987年）を参照。
420)　Vgl. Stern. II, S. 1005.
421)　A. Aderhold, in : Umbach/Clemens/Dollinger, Rn. 6 zu § 48 ; B. Schmidt-Bleibtreu, in : Maunz u. a., Rn. 6 zu § 48.

10.2　基本権の喪失手続

10.2.1　意　　義

　ナチスによる全体主義の経験により，ドイツでは民主主義の敵に対する寛容さが否定されることになった。すなわち，民主主義が侵害されないこと，または，侵害されても，直ちに抵抗権（基本法20条4項）によって民主主義が有効に護られるということを，基本法は期待していない。基本法は，敵を識別し，排除するための手続として，①結社の禁止（基本法9条2項）[422]，②政党の違憲の確認（基本法21条2項）と並んで，③基本権の喪失（基本法18条）を定めている。これら三つの制度は，それぞれ内容を異にする。第一に，①と②は団体に対するものであるのに対して，③は個人に対するものである。第二に，②と③は判断を連邦憲法裁判所に委ねるのに対して，①は連邦憲法裁判所のような特別な機関を必要とせずに，行政機関が判断することができる。第三に，①は基本法に対する敵対を直接的に禁止するのに対して，②と③はそれぞれ，違憲性の確認や基本権の喪失によって基本法に対する敵対を間接的に禁止する。第四に，③は「自由で民主的な基本秩序」だけを保障するのに対して，①と②はそれ以外のものも保障する[423]。

　基本法18条は，「意見表明の自由，特に出版の自由（5条1項），教授の自由（5条3項），集会の自由（8条），結社の自由（9条），信書，郵便及び電信電話の秘密（10条），所有権（14条）又は庇護権（16a条）を，自由で民主的な基本秩序に敵対するために濫用する者は，これらの基本権を喪失する。それらの喪失とその程度については，連邦憲法裁判所によって言い渡される。」と定める。

---

422)　基本法9条2項によれば，「団体のうちで，その目的若しくはその活動が刑事法律に違反するもの，又は，憲法的秩序若しくは解散処分を受けて諸国民の間の協調の思想に反するものは，禁止される」。その結果，結社法に基づいて，権限ある官庁によって団体が禁止される。

423)　Vgl. Pestalozza, Rn. 1 zu §3.

この基本権の喪失は，民主的秩序を否定して政治権力を求める者の「基本権によるテロリズム」[424]に対抗するために，基本権としての自由に正当性を要求するものである（たたかう民主主義）。これにより，民主主義の自壊を阻止するために，憲法秩序における自由とその前提条件を排除しようとする者から，いくつかの基本権の保護が奪われることになる。この制度は，ワイマール憲法時代にはみられなかったが，戦後，ヘッセン憲法 18 条，ラインラント＝プファルツ憲法 133 条 1 項，バーデン憲法 123 条，そして，ザールラント憲法 10 条にその原型を見いだすことができる。基本権の喪失手続は，連邦憲法裁判所による民主主義の侵害に対する予防的な憲法保障である[425]。

喪失の対象となる基本権は，民主的秩序を否定する者が，政治権力をめぐる争いに際して利用できる重要な権利である。これには，意見表明の権利，とくに出版の自由（基本法 5 条 1 項），教授の自由（基本法 5 条 3 項），集会の自由（基本法 8 条），結社の自由（基本法 9 条），郵便および電信電話の秘密（基本法 10 条），所有権（基本法 14 条），そして，庇護権（基本法 16a 条）が含まれる。これらの権利の一部だけが濫用される場合には，その一部だけが失われる[426]。喪失した基本権以外のその他の基本権は，依然として保障される。

2010 年 12 月末までに，連邦憲法裁判所には四つの基本権喪失の手続が係属した。当初の第一の事件では，基本法 21 条 2 項の規定によって禁止された社会主義ライヒ党（SRP）の党首が，選挙宣伝において，自由で民主的な基本秩序に敵対するために意見表明の自由と集会・結社の自由を濫用したとして，連邦政府により基本格喪失を申し立てられたが，連邦憲法裁判所は，国家に敵対する継続的活動が証明されていないとして，申立てを棄却した（Vgl. BVerfGE 11, 282 [283]）。第二の事件では，民族主義的反ユダヤ主義的な出版社が，その出版活動において，自由で民主的な法治国家に敵対するために意見表明の自由と出版の自由を濫用したとして，連邦政府により基本権喪失を申し立てられた

---

424) Vgl. W. Löwer, in : Isensee/Kirchhof II, Rn. 132 zu § 56.
425) 山岸喜久治『ドイツの憲法忠誠』（信山社，1998 年）83 頁以下参照。
426) Vgl. Lechner/Zuck, Vor § 36 Rn. 3.

が，連邦憲法裁判所は，基本権喪失を正当化できる危険性が証明されていないとして，申立てを棄却した[427]。

10.2.2 要　　件

基本権の喪失の要件は，人が「自由で民主的な基本秩序」に「敵対」するために，基本法18条であげられた基本権を「濫用」することである。「自由で民主的な基本秩序」という概念は，連邦憲法裁判所の判決によれば，「すべての権力的および恣意的支配を排除して，その時々の多数者の意思による国民の自己決定と自由・平等に基づいた，法治国家的な支配をあらわす。この秩序の基礎的な諸原理には，少なくとも，……基本法に具体化された人間の権利の尊重，国民主権，権力分立，責任政府，法律による行政，裁判所の独立，多数政党制，そして，野党の合憲的な形成と活動の権利を伴う政党の機会均等が含まれる」[428]。次に，「敵対」とは，攻撃的な行為を意味するが，可罰的な行為までも必要としない。作為のみならず不作為も考慮される。おもに，敵対の精神的側面が重要である[429]。また，「濫用」とは，自由で民主的な法秩序に敵対することを目的として基本権が利用されることである。しかし，正しい利用とそうでない濫用との区別がどこにあるのかを決定することは非常に困難である。この点を曖昧にしたままで基本権を喪失させることは，恣意的な基本権の剝奪を認めることになりかねない。

---

427) Vgl. BVerfGE 38, 23 [25]. その他に，1992年には連邦憲法裁判所に2件が申し立てられ，そのうち1件は1996年に判決が下されている［憲法判例Ⅰ付録②連邦憲法裁判所の事案受理件数一覧表（1951-1999年），③連邦憲法裁判所の事案処理件数一覧表：岡田俊幸・川又伸彦］。近年のものについては，Vgl. BVerfG HP.

428) BVerfGE 2, 1 (2). この概念について述べたものとして，水島朝穂「ボン基本法における『自由な民主主義的基本秩序』」早稲田法学会誌29巻（1979年）318頁以下，渡辺洋『「たたかう民主制」と『過去の克服』』早稲田大学大学院法研論集82号（1997年）271頁以下がある。

429) Vgl. Stern, I, S. 202.

10.2.3 手　　続

(1) **申　立　て**　基本権の喪失を申し立てることができるのは，連邦議会，連邦政府，ラント政府である（法36条）。連邦議会が申立てをなすためには，投票の過半数の議決を必要とする（基本法42条2項）。連邦議会議員の基本権を喪失させる申立てをなすためには，連邦議会の許諾を必要とする（基本法46条3項）。連邦参議院は申立権をもたない[430]。連邦政府の申立てには，大臣の過半数の出席と多数決による閣議決定を必要とする（連邦政府規則（GeschOBReg）24条1・2項）。ラント政府の申立てには，住所要件の他に被申立人との特別な関係は必要とされない。政党禁止の場合のような，住所要件を必要とするかについては争いがある。なお，自然人だけでなく法人も被申立人となる（法39条2項）。

同一人に対して複数の申立権者から申立てがなされる場合，管轄権を有する連邦憲法裁判所の第2部は手続を併合することができる。なお，申立ては申立権者の裁量に委ねられる。また，予備審査において審理を開始するかの判断が行われるまでは，申立てを取り下げることができる[431]。

(2) **審　査　手　続**　基本権喪失手続は，刑事訴訟手続に類似していることから，被申立人の利益のために，連邦憲法裁判所は，自らの定める期間内に，被申立人に意見陳述の機会を与えなければならない（予備審査）。そのうえで，連邦憲法裁判所は申立てを不適法あるいは理由不備として退けるか，あるいは審理を開始するかを判断する（法37条）。この事前審査は，手続要件の調査と，申立ての内容と期限内の否認に基づく事実関係の評価に限定される。手続の開始についての本条の理由づけは，一般法としての法24条の却下のための理由

---

[430] 政府案は，国家を守ることを義務づけられた最上級の国家機関（連邦議会，連邦参議院，連邦政府，ラント政府）に申立権を与えるとしつつも，連邦参議院には申立権を与えなかった。しかし，連邦議会の審理でも，その矛盾は認識されないままとなった。Vgl. Pestalozza, Rn. 5 zu §3.

[431] U. Vgl. Storost, in：Umbach/Clemens/Dollinger, Rn. 11 zu §36.

づけよりも高度の論理性を必要とする。この判断は，被申立人に不利であることから，部の3分の2以上（6人以上）の賛成により（法15条3項），決定の形式で下される。

申立てが適法かつ十分に理由があるとして受理された後，連邦憲法裁判所は刑事訴訟法94条から111条までの定めにより，比例原則を考慮しつつ，押収または捜索を命じることができる（法38条1項）。その命令は連邦憲法裁判所が職権または申立てに基づいて，決定により下す。決定には，押収・捜索の対象を詳細に定めなければならない。連邦憲法裁判所は口頭弁論の準備のために予審を命ずることができる。予審は本案の裁判に管轄権を有しない第1部の1人の裁判官に嘱託される（法38条2項）。予審の後に，第2部で口頭弁論が行われる。

連邦憲法裁判所が申立てについて実体的に判断した場合，同一の被申立人に対する申立ては，新たな事実に基づく限り許される（法41条）。本手続と刑事訴訟手続との類似性から，同一事実によって重ねて処罰されないという原則（二重処罰の禁止）（基本法103条3項）が適用されるからである[432]。連邦憲法裁判所が審理を行った場合には「実体的に判断」したといえるが，法37条により不適法として退けられた場合には「実体的に判断」したといえないことでは学説上争いはない。争いがあるのは，法37条により理由不備として退けられた場合である[433]。

10.2.4　判決とその効果

申立てに理由がある場合，連邦憲法裁判所が基本権の喪失とその程度を判決

---

432)　Vgl. F. Klein, in : Maunz u. a., Rn. 1 zu §41.
433)　Vgl. U. Storost, in : Umbach/Clemens/Dollinger, Rn. 5 zu §41. 実体的な判断があったとするのが，K. Stern, Verfahrensrechtliche Problem der Grundrechtsverwirkung und des Parteiverbots, in : Starck (Hrsg.), Bundesverfassungsgericht und Grundgesetz, Festgabe Anlaß des 25 järigen Bestehens des Bundesverfassungsgerichts, 1976, S. 214.

により確定する（基本法18条2項）。具体的には，連邦憲法裁判所は部の3分の2以上の賛成により（法15条2項2段），喪失する基本権の範囲，手段，程度を確認する（法39条1項1段）。その判決は形成的作用をもつ。喪失の効果は原則として将来に向かって生じるが，申立ての原因となった事実については過去に遡っても生じる[434]。基本権の喪失を受けると，被申立人は基本法の自由で民主的な法秩序に敵対する闘いのために，その基本権を利用することができなくなる。すなわち，立法，行政，そして裁判を拘束する基本権の保障が排除される。とはいえ，喪失によって，被申立人がアウトロー状態になるわけではない[435]。行政は依然として通常の法律に拘束されるのであり，被告は行政法上争うことができる。なお，連邦憲法裁判所は基本権の喪失に少なくとも1年以上の期間を定めることができる（法39条1項2段）。

　連邦憲法裁判所は被申立人に対し，喪失した基本権以外の基本権を侵害しない範囲で，喪失した基本権について態様および期間を厳格に定めた制約を課すことができる。これにより，行政庁は特別な法律の根拠なしに処分をなすことができる（法39条1項3・4段）。しかし，この権限については，基本法18条2項による連邦憲法裁判所の権限を超えるとの批判がある[436]。特定の基本権の保護を失ったとはいえ，被申立人は依然として，法律の留保を含めたその他の法秩序により保護されるからである。したがって，連邦憲法裁判所は制約に際して，通常法律の規律がある場合は，それを超えてはならない。また，通常法律の規定がないときは，法39条1項3段により連邦憲法裁判所の判決が基本権の制約の根拠になるが，その場合でも，連邦憲法裁判所は憲法適合的解釈の方法により，制約を限定的に定める義務が生じる[437]。

　また，連邦憲法裁判所は，被申立人の基本権の喪失期間中，その選挙権，被選挙権そして公職就任権を剥奪し，被申立人が法人の場合には，法人の解散を

---

434) Vgl. Pestalozza, Rn. 15 zu §3.
435) Vgl. Pestalozza, Rn. 2 zu §3.
436) Vgl. Pestalozza, Rn. 14 zu §3.
437) Vgl. Pestalozza, Rn. 14 zu §3.

命じることができる（法39条2項）。前者の権限の合憲性について学説上争いがみられる。通説は、憲法の敵に政治的な権利を与えることができないとして、この権限を合憲とする[438]。また、通説は後者の権限を基本法9条2項の反憲法的な団体の禁止から導く。

基本権の喪失に期間が付されていない場合，または，1年以上の期間が付されている場合において，喪失の言渡し後2年を経過しているときは，申立人または被申立人の申立てにより，連邦憲法裁判所は基本権の喪失の全部または一部の取消，あるいは，喪失の期間の短縮を行うことができる（法40条1段）。その手続は口頭弁論を必要とし（法25条），被申立人に不利な判断をするためには部の3分の2以上の多数決（6名以上）を要する（法15条2項）。当事者が口頭弁論を望まない場合を除き，連邦憲法裁判所の判断は判決の形式で下される。申立てが認められなかった場合，判決の1年後に被申立人は再び喪失の取消や期間の短縮についての申立てをなすことができる（法40条2段）。

10.2.5　ラント憲法の基本権喪失制度との関係

ラント憲法が基本権の喪失を定めている場合，基本法18条の基本権の喪失とラント憲法における基本権の喪失とは競合しうる。というのは，原則として，連邦法はラント法に優位する（基本法31条）が，基本法142条の「ラント憲法の諸規定も，この基本法1条ないし18条に合致して基本権を保障している限りにおいて，その効力を保持する」という文言によって，両者の併存が可能となるからである。基本法142条によって効力を有するラント憲法上の基本権の法的内容が，基本法上の基本権と同一である場合，また，さらに進んだものである場合，ラントの基本権は効力を有する。

基本法上の基本権よりも内容上進んだラント憲法上の基本権が，ラント憲法上の手続で基本権喪失が行われる場合，基本法上の基本権を超えた部分だけが

---

438)　Vgl. Lechner/Zuck, Rn. 10 zu §39; Klein, in: Maunz u. a., Rn. 17ff. zu §39. 連邦憲法裁判所も、個々の基本権の剝奪は、他の基本権にも及ぼされるべきとする。

喪失することになる。これに対して，両者が同一の場合に，ラント憲法上の基本権喪失がラントの憲法裁判所の手続によらないでも生じることは，基本法18条の保障を否定することになり，基本法142条違反として許されない[439]。

10.3 政党の違憲確認手続

10.3.1 意　義

　政党は，社会において自由に結成された組織である（基本法9条1項）が，連邦議会またはラント議会の選挙に参加し，議員を議会に送り出すことによって，国家の意思形成に参加する点で，国家の構成要素である。政党法2条1項によれば，政党とは「永続的または長期間にわたって，連邦またはラントの領域での政治的意思形成に影響を与え，かつドイツ連邦議会またはラント議会における国民の代表に協力する市民の結社」である。基本法21条1項は，このような政党が「国民の政治的意思形成に協力する」と定めて，選挙への参加，政治的指導者の養成，政治的目標の設定，そして，統合といった政党の憲法上の任務を認める[440]。

　同時に，同条2項1段は，「政党のうちで，その目的またはその党員の行動により，自由で民主的な基本秩序を侵害もしくは除去し，またはドイツ連邦共和国の存立を危うくすることを目指すものは，違憲である。その違憲の問題については，連邦憲法裁判所がこれを決定する」と定める。この政党の違憲確認

---

[439]　Vgl. Pestalozza, Rn. 22 zu §3.
[440]　選挙のために候補者を擁立することを目的とする選挙人団体は永続性を欠くことから，基本法21条の政党にあたらない。しかし，市町村などの自治体における政党（自治体政党）や国家の枠を超えて活動する政党が，政党法2条1項の定義によって除外されている点については批判がみられる。イェルン・イプセン（山本悦夫訳）「政党の憲法上の地位」自治研究72巻6号（1996年）110頁参照。

手続は，基本法18条の基本権喪失手続と同様に，「たたかう民主主義」のあらわれである。とはいえ，本手続は，組織化された憲法の敵対者に対するものである点で，また，基本権喪失の手続が目的とする「自由で民主的な基本秩序」のほかに，「ドイツ連邦共和国の存立」をも保護の目的とする点で，基本権喪失手続と異なる。確かに，ワイマール憲法下の経験が示すように，自由で民主的な基本秩序に対する組織化された挑戦が個人の憲法敵対的な活動と比べて，より危険なものであることから，本手続は予防的な憲法保障にとってより一層の重要性を有する[441]。しかし，ヘッセは，政党の違憲確認手続によって「政治的自由，すなわち，基本法における民主主義の基本的前提が縮減する犠牲を伴う」[442]ため，基本法21条2項を限定的に解釈することが必要だとする。

本来，政党も基本法9条の団体に含まれる以上，9条2項の結社の禁止が及ぶはずであるが，基本法21条2項1段により，政党の違憲性は連邦憲法裁判所によってのみ言い渡される（政党特権）。したがって，ある政党が連邦憲法裁判所によって違憲であるとされることにより，その政党は政党特権を失い，基本法21条1項の意味での政党でなくなる。その結果，一つの結社としての当該団体に基本法9条2項が適用され，権限ある行政官庁により結社自体が禁止されることになる（結社法3条）。なお，この連邦憲法裁判所の言渡しは，形成的作用を有する。違憲の政党や政治団体を選挙から排除したり，これについての決定をラント憲法裁判所に求めるといった，ラントの手続は，基本法制定前に，バイエルン憲法15条，ヘッセン憲法146条，ラインラント＝プファルツ憲法133条2項に，また，基本法制定後も，ノルトライン＝ヴェストファーレン憲法32条にみられた[443]。しかし，これらの規定は，政党を含めた政治団体を選挙から排除することを目的としている点で，基本法21条2項の制度とは異なるが，基本法21条2項が連邦レベルだけでなく，ラントのレベルにも直接的に妥当するため，効力を失っている。

---

441) Stern I, S. 206.
442) K. Hesse, Rn. 175.
443) H. Maurer, Das politischer Parteien, AöR 96 (1971), S. 205 f.

この政党の違憲確認手続に，2011年までに8件が係属している[444]。連邦政府は1951年に社会主義ライヒ党（SRP）の違憲確認を，また同年に共産党（KPD）の違憲確認を連邦憲法裁判所に申し立てた。連邦憲法裁判所は，1952年10月23日にSRPは多数のナチス党の元党員で構成され，その綱領にはライヒ思想が貫徹し，自由で民主的な基本秩序に対する敵対性が認識されるとして，SRPを違憲と判断した[445]。また，連邦憲法裁判所は1956年8月17日に，KPDのマルクス・レーニン主義路線が自由で民主的な基本秩序と両立できないことを理由に，KPDを違憲と判断した[446]。これら二つの判決はナチズムと共産主義が自由で民主的な基本秩序の敵とみなし，ドイツのたたかう民主主義を示したのであった。その後，久しく政党違憲確認手続が用いられることはなかったが，冷戦の終了とドイツ統一後の1994年には，自由ドイツ労働者党（FDA）と国民リスト（NL）というラントに基盤をおいた極右政党に対する違憲確認訴訟において，両党がいずれも基本法21条2項の意味での政党ではないとして訴えは却下された。連邦憲法裁判所は，NLが継続的に政治的意思形成に影響を及ぼし，ハンブルク議会における国民の代表に参加しようとする団体ではあるが，その組織の範囲や安定性，党員数，社会の認知度からいって，その目的を実行する十分な意思が担保されていないため，基本法21条の政党ではないとした（Vgl. BVerfGE 91, 262. [273]）。また，極右政党でありながら，2004年にはザクセン議会に議席を獲得するまでになったドイツ国家民主党（NPD）に対して，2001年1月に連邦政府，3月に連邦議会と連邦参議院の三者から違憲確認訴訟が申し立てられた。しかし，申し立て後の口頭弁論において，NPDは，憲法擁護庁による情報提供者を通じてのNPDに対する広範な監視活動のため，自身の自由な自己決定が侵害されたとして，手続違反を理由に違憲確認訴訟の中止を申し立てた。この申立てに対して，連邦憲法裁判所の4

---

444) Vgl. BVerfG HP.
445) Vgl. BVerfGE 2, 1. 78. 山岸（N 425）35頁以下参照。
446) Vgl. BVerfGE 5, 85. 139.［判例Ⅰ 68：樋口陽一］．また，山岸（N 425）35頁以下参照。

名の裁判官は手続違反がないとして手続の続行を主張し，3名の裁判官は手続違反があるとして手続の中止を主張した。連邦憲法裁判所は 2003 年 3 月 18 日に，NPD による中止の申立てに対して，違憲確認手続を続行するという NPD に対する不利益な判断（法 15 条 4 項）をするために必要な 3 分の 2 の要件を充たしえないとして，手続を中止するとの決定を下した[447]。

10.3.2　要　　　件

基本法 21 条 2 項 1 段の政党の違憲確認の要件は，政党がその目的や党員などの行動から，自由で民主的な基本秩序を侵害・除去し，あるいは，ドイツ連邦共和国の存立を危うくすることを目指すことである。まず，ここでの「政党」とは，21 条 1 項の「政党」概念と重なり合う[448]。ラント議会に議員を有する政党もこれに含まれる（Vgl. BVerfGE 2, 1 [76]；5, 85 [129]）。

次に，違憲と判断する材料としてあげられる当該政党の「目的」について，連邦憲法裁判所は次のように述べている。「ある政党の目的設定は，通例，綱領やその他の政党機関による宣言，政党自らが決定的と承認した著者による，その政治的イデオロギーについての文書，政党幹部による発言，党内で用いられた教育宣伝文書，政党によって編集され，または影響を受けた新聞・雑誌か

---

447)　Vgl. BVerfGE 107, 341. ここでは，手続の続行が法 15 条 4 項の「不利益」にあたるのか，そして，その判断のために「3 分の 2 以上の同意」が必要とされるべきかが問題となった。これを肯定する連邦憲法裁判所の決定に対して，手続の中止の申立てと政党違憲確認の申立てとは性質が異なるのであり，手続の中止の申立てについての判断には，政党違憲確認に必要な「3 分の 2 以上の同意」は必要でないとの批判がある。この事件については，加藤一彦「NPD 違憲政党訴訟と憲法裁判」現代法学 10 号（2005 年）119 頁以下参照。

448)　概念的には，基本法 21 条 2 項および法 43 条の「政党」概念と，その部分（下部）組織（Teil- (Unter-) organisationen），それとは独立してはいるが，緩やかな関係がある併存組織（Nebenorganisationen），違憲と確認された政党の代替組織（Ersatzorganisationen），その政党と同一の目的をもつが，政党とはいえない組織（Tarnorganisationen）は区別される。Vgl. F. Klein, in：Maunz u. a., Rn. 19 ff. zu § 46.

ら明らかとなる」(BVerfGE 5, 85 [144])。また，もう一つの違憲と判断する材料である「党員の行動」は，党員の他に，支持者，党組織の被傭者の客観的な作為・不作為を意味する。いずれにしても，ある政党の目的設定と党員の行動の間には相互作用がみられる (Vgl. BVerfGE 2, 1 [22])。

さらに，侵害の対象としての「自由で民主的な基本秩序」と「ドイツ連邦共和国の存立」は，前者が「すべての権力的および恣意的支配を排除して，その時々の多数者の意思による国民の自己決定と自由・平等に基づいた，法治国家的な支配」を意味するのに対して，後者は「外から」の侵害との関係で，ドイツの領土不可侵や政治的独立を意味する。

最終的には，自由で民主的な基本秩序の「侵害もしくは除去」と，ドイツ連邦共和国の存立を「危うくすることを目指している」ことが認定されなければならない。連邦憲法裁判所は，KPD 違憲判決において，政党の違憲性の構成要件について次のように述べている。すなわち，「政党の政治方針は，原則的かつ継続的に，自由で民主的な基本秩序に対する敵対に向けられる意図によって決定されなければならない。さらにその意図は，その政党の計画的に追求された政治的活動として認識されるほど，行動において広くあらわれなければならない」(BVerfGE 5, 85 [142])。しかし，この認定にあたっては，政党の違憲確認手続が内包する，基本法の民主主義に対する危険性を認識する必要がある。たとえ，憲法に対する政党の敵対的な行動があるとしても，それだけでその政党を違憲とするのではなく，その行動によって基本法の基本秩序に対する侵害・除去の具体的な危険性が必要とされなければならない (Vgl. Hesse, Rn. 717)。

10.3.3　手　　続

(1)　**申　立　て**　連邦議会，連邦参議院，連邦政府は，あらゆる政党に対する違憲確認の申立てをなすことができる (法43条1項)。連邦議会が申立てをなすには投票の過半数の賛成 (基本法42条2項) を，連邦政府が申立てをなすには大臣の過半数の出席と過半数の賛成を，連邦参議院がなすにはその表決の過半数の賛成を必要とする (基本法52条3項)。学説上問題となったのは，連邦

政府がある政党の違憲性を確信した場合，連邦憲法裁判所への申立ての義務があるかどうかということである。連邦憲法裁判所は，申立人に政治的裁量権を認めている[449]。政党の組織が一つのラントの領域を超えない場合には，当該ラント政府も違憲確認の申立てをなしうる（法43条2項）。申立ての期間に制限はない。

政党に代表がいないことにより裁判が行えない場合，政党の代表は政党法など法律上の規定により，さらに，補助的には党規約により定まる（法44条1段）。この規定により，政党に代表がいないことを理由にして，政党が政党違憲確認手続から免れることを防ぐことができる。また，政党の代表が確認できない場合，いない場合，あるいは，連邦憲法裁判所の手続開始後に代表が代わった場合には，申立ての理由となった活動を事実上最後に指導した者が政党の代表であるとみなされる（法44条2段）。この者には裁判上のあらゆる権限が認められる。

(2) **審査手続** 連邦憲法裁判所は法44条による政党の代表者に一定期間内に，意見陳述の機会を与えなければならない（予備審査）。そのうえで，連邦憲法裁判所は申立てを不適法または理由不備として退けるか，審理を開始するかを判断する（法45条）。連邦憲法裁判所は仮命令を下すことができる（法32条）。

実質的な審査については，基本権喪失手続についての法38条の規定が準用される（法47条）。すなわち，申立てが適法かつ十分に理由があるとして受理された後，連邦憲法裁判所は刑事訴訟法の定めにより，押収または捜索を命じることができる。その命令は連邦憲法裁判所が職権または申立てに基づいて，決定の形式で下される。決定には，押収・捜索の対象を詳細に定めなければならない。また，連邦憲法裁判所は口頭弁論の準備のために予審を命ずることができる。予審は本案の裁判に管轄権を有しない第1部の1名の裁判官に嘱託される。口頭弁論についての規定はないが，口頭弁論が行われている。

同一の政党に対する新たな申立てについても，法41条の規定が準用される

---

449) Vgl. BVerfGE 5, 85 [129]. 学説については，山岸（N 425) 35頁以下参照。

（法47条）。すなわち，連邦憲法裁判所が申立てについて実体的に判断した場合，同一の政党に対するさらなる申立ては，新たな事実に基づく限り許される。

10.3.4 判決とその効果

申立てに理由がある場合，連邦憲法裁判所は当該政党が違憲であることを確認する（法46条1項）。審査において口頭弁論が行われた場合，判決の形式で言い渡される。違憲の確認には，部の3分の2以上の多数決（6名以上）を必要とする（法15条3項）。この確認とともに，政党の地位に伴うあらゆる特権が失われ，基本法9条2項の適用が生じる。したがって，連邦憲法裁判所の判決は，基本法21条2項の政党にあたるかという点については宣言的であるが，違憲の確認から生じる法的効果については形成的である。

長い間，違憲確認の効果が構成要件の充足の時点に遡及するか，判決の時点からはじめて生じるかが問題となっていた。前者の意味において，反憲法的団体の幹部に刑事罰を科する刑法90a条3項は，そのような団体が政党である場合には，政党の違憲性を連邦憲法裁判所が確認した後にはじめて，その幹部が訴追の対象となることを定めていた。このことは，違憲政党の首謀者（Radelsführer）や黒幕（Hintermann）の処罰について，基本法21条2項の違憲確認判決に手続的前提としての意味だけを認めるものであった。このような解釈は，民事訴訟法636a条の純粋な無効判決の作用に合致するだけではなく，基本法21条2項1段の文言にも適合するものであった。しかし，連邦憲法裁判所は，基本法21条の政党特権を引き合いに出して，理由づけにおける法解釈学的な観点からではなく，法政策的な観点から，刑法90a条を違憲とし，法46条1項による連邦憲法裁判所の違憲確認に遡及効を認めなかった[450]。この結果，政党の特権は，連邦憲法裁判所による違憲判決までは違憲政党であって

---

[450] Vgl. Lechner/Zuck, Rn. 2 zu §46; BVerGE 12, 296 [306f.]. この事件については，山岸（N 425）55頁以下参照。

も，存在することになった。

　違憲確認の判決は，本来的には政党全体に対するものであるが，その確認を法的または組織的に独立した部分に限定することができる（法46条2項）。この規定により，政党の一部組織だけが基本法21条2項の要件を満たす場合に対応が可能となる。なお，政党の一部に対する違憲確認の申立ては認められない[451]。

　連邦憲法裁判所は，政党の違憲確認に加えて，政党およびその独立した部分を解散させ，代替組織の結成を禁止しなければならない（法46条3項1段）。政党の解散は，基本法21条2項には定められていない。しかし，政党の違憲が確認された以上，その政党はもはや基本法21条の政党の特権を享有することができなくなり，単なる団体として基本法9条により規律される。基本法9条2項により禁止されることになれば，その解散も必然的に認められる。法46条3項1段の規定は，連邦憲法裁判所に禁止権限を授権したものとして理解される[452]。代替組織の結成の禁止は，元の政党が違憲と確認されたことによって，その代替組織には基本法21条の政党特権が及ばなくなる以上，憲法上許容される。現在，代替組織の結成の禁止が政党法33条1項で定められていることから，連邦憲法裁判所の判決は宣言的な意味しかもちえない。違憲確認の効果として，連邦憲法裁判所は違憲と確認された政党に所属する連邦議会議員とラント議会議員の地位が必然的に失われるとした[453]。議席の喪失は連邦選挙法46条4項で明文化されている。

　その他に，連邦憲法裁判所は違憲政党およびその独立した部分から連邦また

---

451) Vgl. Lechner/Zuck, Rn. 3 zu § 46.
452) Vgl. Pestalozza, Rn. 18 zu § 4. 連邦憲法裁判所はKPD判決で，この権限を「憲法違反の確認から生じる通常で，典型的かつ適切な効果」とした。Vgl. BVerfGE 5, 85 [391].
453) BVerfGE 2, 1 [73ff.]. これに対して，ゲマインデなどの地方議会においては，地方議会の行政機関としての性質から，議席喪失は必然的には生じないとされる。Vgl. BVerfGE 2, 1 [76].

はラントが財産を没収することができる（法46条3項2段，政党法32条5項）。財産の没収は連邦憲法裁判所の裁量に委ねられ，没収しないこともできる。通例，財産の没収を行うのは連邦であり，ラントが没収を行うのは違憲確認の申立てが一つのラントによる場合に限られる。

　違憲政党の解散，代替組織の禁止，議席喪失，財産の没収といった措置は，違憲確認判決によって，連邦とラントの機関を義務づける。連邦憲法裁判所はそのための執行者を指名し，場合によっては執行の方法を定めることができる（法35条）。これまでの二つの違憲確認判決では，違憲政党の解散と代替組織の禁止はラントの内務大臣を，財産の没収は連邦内務大臣を執行者としている[454]。

　違憲と確認された政党の復権については，法律上の規定はない。違憲確認の判決は，連邦およびラントの憲法機関，すべての裁判所と官庁を拘束するからである（法31条1項）。これに対して，基本権の喪失の廃棄が認められていることを理由として，禁止政党の復権・再審の手続を設けるべきとの主張もみられる[455]。

10.4　連邦大統領に対する訴追手続

10.4.1　意　　義

　基本法61条の大統領に対する訴追制度は，ライヒ大統領に対する訴追が制度化されていたワイマール憲法59条に源がある。ワイマール憲法時代には，ライヒ大統領やライヒ大臣に対する訴追制度や，ラント憲法のレベルでラント議会議員に対する訴追制度がみられた。ヘレンキームゼー会議では，大臣に対

---

454)　Vgl. Lechner/Zuck, Rn. 9 zu §46. SRP判決での議席喪失は，判決主文で言い渡された。また，政党法32条はラント政府と連邦政府による執行について定めている。

455)　R. Schuster, Über die Grenzen über die abwehrbereiten Demokratie, JZ 1968, S. 257.

しては連邦議会に対する政治責任の追及が可能であること，議員については国民による選挙があることから，それらに対する訴追手続を採用する必要性を認めなかった。これに対して，憲法制定議会での審議において，ライヒ大統領と連邦大統領の憲法上の地位に差異があるにもかかわらず，十分な審議のないままに，連邦大統領に対する訴追制度が認められた。

この手続の法的性質について，ヘレンキームゼー会議では，この手続がワイマール時代と同様に，連邦大統領の刑事責任または民事責任を追及するものではないとされた。それにもかかわらず，この制度に 19 世紀からの刑法上の用語である訴追（Anklage）という文言が用いられていることに対して，この制度が憲法保障という意味を有することから不適切だとの批判がある。なお，ラント憲法の中には首相や大臣に対する訴追制度がみられる。

大統領に対する訴追制度の必要性について，大統領が固有の権限をもたず，基本法 58 条の連署によって政治的責任を免除されている一方で，固有の責任を負うはずの連邦首相や大臣が法的責任を負わないことがありうるにもかかわらず，連邦大統領だけが訴追による法的責任を負うことは不合理であるとの批判がある。しかし，容認することのできない元首をその職務から引き離すための制度が必要とされた[456]。また，連邦憲法裁判所に多くの機関訴訟が認められたことから，大統領に対する訴追手続が不要となっているとの批判もある。しかし，連邦大統領が基本法 63 条 1 項による連邦首相の選挙の提案を拒否するように，自らの権限を濫用するような場合には，機関訴訟では争えない。また，機関訴訟では，大統領の地位を失わせることができない。とはいえ，連邦憲法裁判所に，大統領に対する訴追が申し立てられた事例はこれまでない[457]。

10.4.2　要　　件

訴追の要件は，基本法または形式的意味における連邦法律の故意による違反

---

456) Stern II, S. 1005.
457) Vgl. BVerfG HP.

である（法49条1項）。故意には，違反の意識が必要である。連邦法律の違反は，国家政策的な重要性のある法律の違反を意味する[458]。また，私的行為による法律違反は，訴追の理由とならない。

10.4.3 手　　　続

(1) **訴追の請求**　訴追を請求できるのは，連邦議会と連邦参議院である。連邦議会または連邦参議院は訴追事由を知った日から3ヵ月以内に訴追請求をすることができる（法50条）。この期間は除斥期間（Ausschlußfrist）であり，これを超える場合の訴追請求は不適法である（法24条）。訴追の提起を求める動議には，連邦議会の議員定数の4分の1，または，連邦参議院の表決数の4分の1以上の賛成を必要とする。訴追を請求する議決は，連邦議会の議員定数の3分の2，または，連邦参議院の投票数の3分の2以上の賛成を必要とする。議決後，訴追を請求する議院の議長は，1ヵ月以内に訴追状を作成して，連邦憲法裁判所に提出しなければならない（法49条2項）。なお，この1ヵ月という期間は，法50条の期間とは異なり，秩序期間（Ordnungsfrist）として1ヵ月を超えることができる。両議院が訴追を議決する場合，両議院はそれぞれ訴追状を提出する。同一事実が両議院による訴追請求の理由となっている場合，手続は併合される。

　訴追状には，刑事訴訟法200条にならって，訴追の理由となった行為または不作為，証拠，違反したとされる基本法の基本原則や個々の規定または連邦法律の規定を記載しなければならない（法49条3項）。記載もれがある場合には，請求は不適法となりうるが，連邦憲法裁判所は補充のために訴追状を返却することができる[459]。

　訴追は，判決の言渡しがあるまでは，訴追請求を行った議院の議決により取り下げることができる。この議決には，連邦議会の議員または連邦参議院の投

---

458)　Vgl. W. Löwer, in : I sensee/Kirchhof II, Rn. 128 zu § 56.
459)　Vgl. Lechner/Zuck, Rn. 3 zu § 49.

票数の過半数の賛成を必要とする。訴追請求を行った議院の議長は，議決の正本を連邦憲法裁判所に送付する（法52条1・2項）。訴追の取下げに対して連邦大統領が1ヵ月以内に異議を申し立てる場合，取下げは効力を失う（法52条3項）。この異議は口頭弁論において，または，文書により行う。

(2) **審査手続** 連邦憲法裁判所における訴追手続の開始と進行は，連邦大統領の辞職や在任期間の終了による離職，または，連邦議会の解散や任期満了により妨げられない（法51条）。このことは，一方で，連邦大統領に対する訴追手続が連邦大統領の地位についての憲法問題の解明のために存在し，他方で，連邦大統領の人物性が背景に退くことを意味する。しかし，連邦大統領が死亡した場合には，手続は中止される[460]。

連邦憲法裁判所は，訴追が行われた後に，仮命令によって，連邦大統領の職務執行を停止することができる（法53条）。この仮命令は，法32条による仮命令の特別制度であって，法32条1項の仮命令のための要件は不要であり，法32条6項の期限の定めも適用されない。その決定は口頭弁論を経ることなしに下すことができる。この決定に対して，異議を申し立てることはできない[461]。

連邦憲法裁判所は，職権で口頭弁論の準備のために予審を命ずることができる。また，連邦憲法裁判所は，訴追請求者または連邦大統領が要求する場合には，予審を命じなければならない（法54条1項）。予審は刑事訴訟法における予審とは異なり，ただ口頭弁論の準備のためだけに開かれる。予審は本案の裁判に管轄権を有しない第1部の1名の裁判官に嘱託される（法54条2項）。その手続は，裁判所の自律性に委ねられる[462]。

連邦憲法裁判所は口頭弁論に基づいて裁判する（法55条1項）。関係人すべ

---

[460] Vgl. Lechner/Zuck, Rn. 3 zu § 51.
[461] Vgl. B. Schmidt-Bleibtreu, in : Maunz u. a., Rn. 4 zu § 53.
[462] Vgl. Lechner/Zuck, Rn. 3 zu § 54. 刑事訴訟法（Strafprozessordnung）184条，187条，192条，196条が準用される。Vgl. B. Schmidt-Bleibtreu, in : Maunz u. a., Rn. 2 zu § 54.

てが口頭弁論を不要とする場合でも（法25条1項），口頭弁論が義務づけられる。連邦大統領は審理に召喚される。連邦大統領が正当な理由を述べて欠席または中途退席しない限り，審理は連邦大統領なしに進められる旨が召喚状に記載される（法55条2項）。

口頭弁論においては訴追を行った議院の受託者が陳述を行う（法55条3項）。この受託者の選出とその権限の範囲は，各議院が特別の議決によって決定しなければならない。次に，連邦大統領が意見陳述を行う（法55条4項）。この場合，連邦大統領も受託者を通じて陳述をなすこともできるが，意見陳述を義務づけられない。意見陳述の後に，証拠調べが行われる（法55条5項）。最後に，訴追を行った議院の受託者が訴追について意見を述べる。受託者は審理の結果を判断して，訴追の理由づけを修正したり，訴追に理由がないことを宣言することを連邦憲法裁判所に求めることができる。後者の場合，議院は受託者にその権限を明示的に授権しなければならない。この場合，議院に法52条による訴追の取消の議決の機会を与えるために，連邦憲法裁判所が審理を停止することが最善の方法である[463]。連邦大統領は最終弁論を行う（法55条6項）。

10.4.4　判決とその効果

連邦憲法裁判所は，判決において，連邦大統領が故意に基本法または特定の連邦法律に違反したことに責任があるかどうかを確認する（法56条1項）。その判断において，連邦憲法裁判所は訴追状にない事実を判決の根拠とすることはできないが，訴追状における事実の法的判断には拘束されない。判決は責任の確認にとどまり，法的および政治的な効果については連邦大統領の判断に委ねられる[464]。連邦大統領の責任を認めるためには，部の3分の2以上の多数決（6名以上）を必要とする[465]。

連邦憲法裁判所は訴追を不適法または理由がないと考える場合，訴追は却下

---

463)　Vgl. Lechner/Zuck, Rn. 7 zu § 55.
464)　Vgl. Lechner/Zuck, Rn. 1 zu § 56.
465)　Vgl. C. Krehl, in : Umbach/Clemens/Dollinger, Rn. 4 zu § 56.

または棄却される。連邦大統領の行動が客観的には基本法または連邦法律に違反するとしても，故意がないときは，判決主文において，連邦大統領が故意に基本法または連邦法律に違反していない旨を示し，判決理由において，基本法または連邦法律の客観的な違反があるとしても，主観的な違反が立証されない旨を示す[466]。

　連邦憲法裁判所は連邦大統領の免職を宣言することができる。免職の宣言は連邦憲法裁判所の裁量に委ねられるので，免職の申立ては必要とされない。免職は判決の言渡しと同時に生じる（法56条2項）。この場合，連邦大統領の職務は連邦参議院議長により代理される（基本法57条）。免職より緩やかな措置を連邦憲法裁判所は言い渡すことはできない。退職金などの免職に伴うその他の法的効果は，法律で別途定める。再審手続は定められていない[467]。なお，理由を含め，判決の正本は連邦議会，連邦参議院および連邦政府に送付しなければならない（法57条）。

10.5　連邦裁判官およびラント裁判官に対する訴追手続

10.5.1　意　　　義

　基本法98条2項5段の裁判官訴追制度は，裁判官が基本法またはラント憲法の諸原則に違反する場合に，連邦憲法裁判所が訴追する制度である。この制度は，裁判官の権限の源であり，その名において判決を下している国民の意に沿って，裁判官が職を行うことを確保することを目的とする。したがって，この制度は，とりわけ，国家社会主義における司法の恣意的活動という経験を経て，裁判官に対して特別な憲法忠誠義務を要求するものである[468]。

　他方で，裁判官の訴追制度は，基本法97条の裁判官の独立と緊張関係に立

---

466)　Vgl. Lechner/Zuck, Rn. 2 zu §56.
467)　Vgl. Lechner/Zuck, Rn. 4 zu §56. 連邦議会の法務委員会は訴追された大統領の再選は考えられないので，審査手続は考える必要がないとする。
468)　Vgl. Stern II, S. 1008.

つ。基本法 97 条の裁判官の独立は，その職務行使における独立性と身分保障を内容とする。しかし，この裁判官の独立も，裁判官の無責任性までも意味しない。民主的法治国家原理は，あらゆる公職者がその職務行使について責任を負うことを要求する。法治国家原理の本質としての裁判官の独立も，裁判官が憲法上の責任を負うことによって限界づけられる[469]。その意味では，裁判官に対する訴追制度は，刑事的措置でも懲戒法上の措置でもなく，裁判官の法的責任追及のための特別な手段である。

元来，ドイツには裁判官の訴追制度という伝統はなかったが，戦後，ヘッセン憲法 127 条 4 項とラインラント＝プファルツ憲法 132 条などで，ラント裁判官に対する訴追制度が導入されたことにより，ヘッセンのイニシアティヴによって，連邦裁判官についても訴追制度が導入されることになった。しかし，現在まで，裁判官が訴追された事例はない[470]。

10.5.2 要　　件

訴追の対象は，第一に連邦裁判官である。これには連邦の最上級の裁判所の裁判官や懲戒裁判所の裁判官が含まれるが，連邦憲法裁判所の裁判官は含まれない。連邦憲法裁判所の裁判官については法 105 条の手続が適用される。なお，素人裁判官は訴追の対象とはならない。

訴追の要件は，「職務の内外において，基本法の諸原則またはラントの憲法秩序に違反」したことである。まず，「違反」ということは，裁判官による外にあらわれた一定の個別的行動が不可欠であることを示している。裁判官の内心の変化では不十分である。次に，「基本法の諸原則」とは，「憲法的秩序」（基本法 98 条 2 項 1 段），「自由で民主的な基本秩序」（基本法 18 条，21 条 2 項）よりも広く，「共和制的，民主的及び社会的な法治国家の諸原則」（基本法 28 条 1 項）よりも狭い[471]。

---

469) Vgl. D. C. Umbach, in : Umbach/Clemens/Dollinger, Rn. 22 zu Vor § 58.
470) Vgl. BVerfG HP.
471) Vgl. Lechner/Zuck, Rn. 7 zu Vor § 58.

ラント裁判官については，当該ラントが連邦裁判官についての規定に相当する定めを置き，あるいは独自にラント憲法で裁判官の訴追制度を定める場合に限り（基本法98条5項1段），連邦憲法裁判所による裁判官訴追手続の対象となる。また，現行のラント憲法がラント裁判官の訴追制度を定める場合，ヘッセン憲法127条による要件の拡大にみられるように，その制度が基本法の内容に一致しなくても有効となる（基本法98条5項2段）。裁判官訴追手続の統一化のために，原則としてラント裁判官に対する訴追手続には，連邦裁判官に対する訴追手続についての連邦憲法裁判所法58条から61条が用いられる（法62条）。

10.5.3 手　　続

訴追手続については，法49条3項後段，50条，52条1項後段を除き，49条から55条の連邦大統領に対する訴追手続の規定（訴追請求，執行停止の仮命令，予審，口頭弁論）を準用する（法58条1項）。

(1)　**訴 追 請 求**　連邦裁判官の訴追を請求することができるのは連邦議会である。連邦議会は訴追請求の動議に議員の4分の1以上の賛成と，訴追請求の議決にその投票数の過半数の賛成を必要とする（基本法42条2項）。訴追は連邦議会の受託者が行う（法58条4項）。訴追の取下げは，判決の言渡しまでに連邦議会の多数決により行うことができる。連邦憲法裁判所は訴追が行われた後，仮命令によって裁判官の職務の停止を定めることができる。なお，この手続は第2部が担当する。

連邦裁判官が職務上の違反を理由として責任を問われる場合，職務違反が問題となった裁判手続が確定力をもって終結するまで，または，同一の違反を理由とした懲戒手続が開始されるまでは，連邦議会は訴追請求の議決を行わない。職務違反が問題となった裁判手続が確定力をもって終結して6ヵ月を経過したときは，訴追は許されない（法58条2項）。2項以外の場合の訴追請求の除斥期間は，違反の時から2年である（法58条3項）。

(2)　**審 査 手 続**　予審は連邦議会の受託者または連邦裁判官の請求がある場合，また，職権で行われる。予審は本案を担当しない第1部の裁判官が行

う。連邦裁判官の訴追が係属する場合，訴追の原因となった職務違反の懲戒手続は停止する（法60条）。

10.5.4　判決とその効果

連邦憲法裁判所は，他の裁判官職もしくは非裁判官職への転職，退職を命じる判決，故意による違反の場合は罷免を命じる判決，または，客観的もしくは主観的な要件を満たさない場合は無罪の判決を下す（基本法98条2項，法59条1項）。不利益な判決を下すためには，部の裁判官の3分の2以上の多数決（6名以上）を必要とする（法15条2項）。罷免の判決の場合，判決の言渡しとともに，裁判官は職を失う（法59条2項）。転職または退職の判決の場合，罷免権を有する機関がその執行の義務を負う（法59条3項）。理由を含めて，判決の正本は，連邦大統領，連邦議会，連邦政府に送付しなければならない（法59条4項）。連邦憲法裁判所が訴追手続で罷免，転職，退職を命ずる判決を下した場合，懲戒手続は終了する。その他の判決の場合，懲戒手続は継続する（法60条）が，懲戒裁判所の裁判官は連邦憲法裁判所の判断に拘束されない。

10.5.5　再審手続

再審は，ただ，有罪とされた者の利益のために，また，本人またはその死亡の場合には配偶者，生活パートナー，卑属の請求により，刑事訴訟法359条および364条の要件の下で行われる。再審のための法律上の根拠と証拠が必要である。再審請求により，判決の効力は妨げられない（法61条1項）。

再審請求の形式と再審の法律上の要件の判断は，口頭弁論によらずに書面で行う（法61条2項，刑事訴訟法368条，369条1・2・4項）。要件が満たされている場合，連邦憲法裁判所は手続の再審と新たな口頭弁論（法58条1項）を命じる（刑事訴訟法370条，371条1～3項）。再審では，原判決の維持，より軽い処分，または，無罪の判決を下さなければならない（法61条3項）。

10.6　選挙抗告手続

10.6.1　意　　義

　1871年のビスマルク憲法では，帝国議会自身が選挙審査の権限を有していた。ワイマール憲法31条も，ライヒ議会に設けられた選挙審査裁判所にライヒ議会の選挙の審査と議員の資格喪失の判断を委ねていた。選挙審査は申立てなしに職権で行われ，選挙全体について及ぶものであった。戦後になると，選挙審査手続はヘッセン憲法やラインラント＝プファルツ憲法のように議会の特別な選挙審査裁判所に委ねるもの，また，バイエルンやザールラント憲法のようにラントの憲法裁判所に委ねるものがみられた。

　民主的な国民選挙を前提とする基本法41条1項は，選挙審査を特別な法的統制とみなし，「選挙の審査は，連邦議会の責務である。連邦議会は，連邦議会議員がその資格を喪失したかどうかについても決定する。」としつつも，「連邦議会の決定に対して，連邦憲法裁判所に抗告を提起することが認められる」と定めた。このことは，一方で，議会にその構成員の資格を自ら審査する伝統的な権限を認め，他方で，選挙審査が政治的な決定ではなく，一種の法適用であるとの通説的見解に従って，連邦憲法裁判所を選挙審査手続における終審として組み込んだ。この限りで，連邦憲法裁判所は議会に対する憲法の番人として権力分立の制度に組み込まれることになった[472]。この手続の目的は，主観的権利の保護ではなく，連邦議会の正当な構成を保障するための客観的な選挙法の保護にある[473]。というのは，多数の選挙権者の投票を統一的で有効な選挙結果に統合するためには，個々の主観的権利の保護は後退せざるをえないからである。

---

472)　Vgl. U. Storost, in : Umbach/Clemens/Dollinger, Rn. 10 zu §48. また，選挙抗告制度については，小林悦夫「西ドイツにおける選挙審査手続(1～5)」選挙14巻6号～10号（1961年）を参照。

473)　Vgl. BVerfGE 1, 208 [238].

10.6.2　連邦議会における選挙審査手続

　選挙審査は基本法41条1項により連邦議会に義務づけられる。基本法41条3項により選挙審査法が制定されているが、同法は手続法として存在するにすぎない。

　選挙審査は、ワイマール憲法当時は職権によって開始されたが、現行法では、選挙審査の請求権者は各選挙権者、選挙権者の各団体、ラント選挙管理委員長、連邦選挙管理委員長、そして連邦議会議長である（選挙審査法2条2項）。請求をなしうる期間は、選挙結果の公表から1ヵ月以内である（選挙審査法2条4項）。

　選挙審査に際して、連邦議会が選挙法の合憲性を審査できるかについては争いがある。通説は、選挙審査が一種の法適用であることから審査できるとする[474]。しかし、連邦議会も連邦法律に拘束されるということから、連邦議会は実務において規範統制の権限を当初から拒否してきた[475]。

　連邦議会が本会議で選挙審査についての決定を行うにあたり、通例7名からなる選挙審査委員会が前審査を行い、本会議に決定案を提出しなければならない（選挙審査法11条）。

10.6.3　要　　　件

　連邦議会の決定に対する選挙抗告手続の対象は、選挙審査手続と同様に、実施された連邦議会の選挙の有効性と連邦議会議員の資格の喪失だけである。前者では、「選挙の瑕疵（Wahlfehler）」の存在を前提として、選挙手続に関連する決定と措置だけが審査されうる。ここで瑕疵とは、単なる選挙の瑕疵ではなく、議席配分に影響力をもつような選挙の瑕疵をいう。また、連邦憲法裁判所の審査対象となる選挙には、連邦議会の選挙の他に欧州議会の選挙も含まれる

---

474) Vgl. in : Mangoldt/Klein/Starck, Rn. 1b zu Art. 41.
475) Vgl. Lechner/Zuck, Rn. 4 zu Vor § 48.

（欧州議会選挙法 26 条）。

10.6.4 手　　続

(1) **提　　起**　抗告を提起することができるのは，自己の議員資格が争われている議員，自己の選挙に対する異議が連邦議会により却下・棄却された選挙権者，会派，連邦議会の法定数の 10 分の 1 以上の議員である。議員には，候補者は含まれない。抗告の提起は，連邦議会の決定から 2 ヵ月以内に行わなければならない（法 48 条 1 項）。この期間は除斥期間である。提起の理由づけも 2 ヵ月以内に行わなければならない。連邦議会に対する選挙審査の請求に際しての理由づけでは不十分とされる[476]。また，この手続の客観的な性質により，期間内に申立てがなされても，立法期間の終了により手続は終了する。

なお，この手続の管轄を有するのは第 2 部であり，1951 年から 2011 年までに連邦憲法裁判所に 218 件が係属している[477]。

(2) **審 査 手 続**　選挙審査についての連邦議会の決定に対して，選挙抗告手続と同時に，または，この手続に代えて，憲法異議を申し立てることはできない[478]。審査は原則として口頭弁論による。口頭弁論には抗告を提起できる者だけが参加する。口頭弁論によって手続の促進が期待できない場合には，憲法異議の場合と同様に（法 94 条 5 項 2 段），連邦憲法裁判所は口頭弁論を省略することができる（法 48 条 3 項）。

選挙抗告手続には再審手続も，憲法異議の場合のような現状回復もない。理由づけのための期間の猶予も認められない。

---

476) Vgl. BVerfGE 8, 141 [142].
477) Vgl. BVerfGE HP.
478) Vgl. Lechner/Zuck, Rn. 14 zu § 48.

10.6.5 判決とその効果

選挙抗告手続において，連邦憲法裁判所は連邦議会の決定をあらゆる範囲において，客観的な正当性について審査する。その場合，審査は事実上および法的に重要なすべての視点に及ぶ。選挙抗告が不適法であれば却下，理由がなければ棄却される。しかし，選挙の有効性についての選挙抗告に理由があるというためには，主張される法違反により，選挙されるべき団体の合法的な組織が損なわれうるということが必要である。たとえ選挙の瑕疵が存在するとしても，それによって直ちに選挙が無効になるということにはならない。選挙人の意思に何らの影響を及ぼしえない選挙の瑕疵は，選挙を無効とすることはない。選挙の数値上の訂正が可能であるならば，選挙を無効とすることができない[479]。また，たとえ重大な選挙の瑕疵が存在するとしても，選挙の無効を特定の範囲についてのみ宣言することができる。さらに，選挙の瑕疵の程度に応じて，選挙の無効を連邦全体の選挙，一つのラントの選挙，選挙区域の選挙，選挙区の選挙に段階づけることや，瑕疵の生じた時期に対応して，無効を選挙手続全体，選挙結果の確定，特定の議席の獲得に段階づけることも可能である。連邦憲法裁判所が付随的に審査した選挙規範を明確に無効と宣言することができるかという点については争いがある。選挙抗告手続が規範統制手続ではないこと，選挙規範を無効と宣言することによって選出された議会が正当性を失うことから，選挙抗告手続においては，選挙規範の合憲性は付随的にのみ審査され，無効とは宣言されてはならないとされる[480]。

---

479) Vgl. B. Schmidt-Bleilatreu, in : Maunz u. a., Rn. 40 zu § 48.

480) Vgl. F. Klein, in : Maunz u. a., Rn. 43 zu § 13 b. もし，選挙法律が無効とされ，選挙自体も無効となれば，選出された連邦議会は法的な正当性を失ってもはや活動できなくなり，議員も議席を失う。Vgl. BVerfGE 1, 14 [38]. その連邦議会に代えて，選挙前の連邦議会が復活することになる。Vgl. BVerfGE 3, 41 [44] ; A. Aderhold, in : Umbach/Clemens/Dollinger, Rn. 49 zu § 48. これに対して，選挙法律の個々の規定だけが違憲とされるときは，選挙の瑕疵が生じるにすぎないとする見解もみられる。Vgl. H. P. Schneider, in : AK, Rn. 8 zu Art. 41 ; BVerfGE

選挙抗告が理由あるものとされる場合，連邦議会の決定は破棄され，それと同時に，当該選挙の効力と，議員がその地位を失うかどうかを含めて選挙の無効から生じる効果について決定されなければならない。

連邦議会は議員の選挙無効と資格喪失を審査する際に，当該議員の議会活動の停止を決定することができる。これに対して連邦憲法裁判所は，当該議員の申立てに基づいて連邦議会の決定を仮命令により破棄し，または，そのような決定がない場合には，連邦議会議員の10分の1以上の申立てに基づいて議員活動の停止を仮命令により命じることができる（選挙審査法16条3項）。仮命令についての一般規定（法32条）に基づいて，それ以外の仮命令も可能である[481]。

10.6.6　他の連邦憲法裁判所の手続との関係

連邦選挙法49条は，「選挙手続に直接関係する決定や措置は，この法律や連邦選挙規則で定められた法的救済手段によるのでなければ，また，選挙審査手続によらなければ異議を申し立てることができない」と定める。この規定は，自己の権利が侵害されたときに出訴の途を保障する基本法19条4項に違反しないかが問題となる。連邦憲法裁判所は，「広範囲にわたる広域国家における選挙は，多くの選挙機関による大量の個別的決定を必要とする。選挙期間の間，これらの個別的な決定を法的に統制することが制限され，その他は，選挙後に生じる選挙審査手続に留保される場合，選挙は同時にかつ期限内に執行できる。」[482]として，選挙抗告を含む選挙審査についての手続の排他性を肯定した。この排他性は，基本法93条1項4号のその他の公法上の紛争や同4a号の憲法異議の手続にも及ぶ。したがって，具体的な選挙が問題となっている限り，議会の決定やこれについての連邦憲法裁判所の判決に対して，憲法異議を

16, 130 [135f.].
481) Vgl. Schmidt-Bleibtreu, in : Maunz u. a., Rn. 38 zu § 48.
482) BVerfGE 14, 154 [155].

申し立てることはできない[483]。なお,連邦選挙法など選挙法律自体に対する憲法異議は可能である[484]。

---

[483] Vgl. Lechner/Zuck, Rn. 143 zu §90 ; Schmidt-Bleibtreu, in : Maunz u. a., Rn. 43 zu §48. 連邦議会の選挙審査の決定については,BVerfGE 22, 277 [281] を,連邦憲法裁判所の選挙抗告の判決については,BVerfGE 14, 154 [155] を参照。

[484] Vgl. BVerfGE 47, 253 [269f.] ; 48, 46 [79f.] ; 51, 222 [232].

11. 連邦法律による権限

11.1 総　　説

基本法93条3項によれば，連邦憲法裁判所は連邦法律によって規定されている場合にも行動する。

11.1.1 趣　　旨

基本法は，連邦憲法裁判所の管轄権を「憲法訴訟」といった一般条項の形ではなく，個別的な管轄権を列挙する形で規定している。このように，基本法によって連邦憲法裁判所に与えられる管轄権は排他的なカタログの形で規定されておらず，連邦の立法者によってそれが拡大されうるということが，基本法93条3項から明らかである[485]。

連邦法律によって連邦憲法裁判所に権限を与えることの根底には，連邦憲法裁判所への管轄権付与に際しては憲法に関係する全ての争訟，すなわち実質的な憲法争訟の領域に属する全ての訴訟が問題となるという考えがある[486]。このような意味で，形式的な限界が基本法や法13条15号によっても定められていないのである。

連邦憲法裁判所に新たな管轄権を与える権限を通常法律に対して認めるこの規定は，従来あまり利用されてこなかった[487]。かつてこの規定を適用し，連邦憲法裁判所法により権限を付与した重要な例として，法90条に基づく一般的な憲法異議，および法91条に基づく自治体の憲法異議があった。しかしなが

---

485) G. Sturm, in : Sachs, Rn. 95 zu Art. 93.
486) Lechner/Zuck, Rn. 25 zu § 13.
487) T. Maunz, in : Maunz/Dürig, Rn. 85 zu Art. 93. この手続により処理された例として，今まで5件ある（BVerfG HP）。

ら，これらは現在では基本法のそれぞれ 93 条 1 項 4a 号，同条項 4b 号によって規定されている。また，法 97 条により，裁判所の鑑定意見の陳述[488]が規定されていたが，1956 年の連邦憲法裁判所法の改正により，この規定は削除された。これに対して，基本法には一般的に直接規定されてはおらず[489]，連邦憲法裁判所法によって連邦憲法裁判所に与えられている管轄権に，一連の仮命令手続[490]がある。

11.1.2　種　　類

現在なお，基本法 93 条 3 項に基づき連邦法律によって連邦憲法裁判所に認められる管轄権としては，以下がある。

① 政党法 33 条 2 項に基づく，憲法に違反する政党の代替組織 (Ersatzorganisation) の該当性についての決定。
② 欧州議会議員選挙法 26 条 3 項に基づく，欧州議会議員選挙についての審査。
③ 行政裁判所法 50 条 3 項，および社会裁判所法 39 条 2 項 2 文，3 文に基づく，連邦・ラント間およびラント間の争訟について，連邦行政裁判所および連邦社会裁判所による移送手続[491]。
④ 連邦議会調査委員会法 36 条 2 項に基づく同委員会調査に関わる争訟の裁判。
⑤ 基本法 29 条の連邦領域の再編成についての住民請願 (Volksbegehren) および住民表決 (Volksentsheid) に関する 1979 年 7 月 30 日法律[492]の 24 条

---

488) これについては，Pestalozza, §17 Rn. 4ff. に詳しい。
489) 大統領に対する訴追後の職務執行停止に関する仮命令（法 53 条）のみ，基本法 61 条 2 項後段に規定されている。
490) もっとも，ペスタロッツアは，これらの法 53 条以外の仮命令手続にも憲法上の根拠が必要だとしている。Pestalozza, §17 Rn. 7 f.
491) Vgl. Schlaich/Korioth, Rn. 110.
492) BGBl. I. S. 1317.

に基づく管轄権[493]。

11.2 基本法93条3項による管轄権付与の限界

連邦憲法裁判所にさらに新たな管轄権を付与する際に，立法者が遵守すべき明示的かつ明白な限界は基本法上言及されていない。しかしながら，立法者が全く制限を受けず自由だというわけではない。以下ペスタロッツァによる限界論を見ていく。

11.2.1 限定的な解釈による限界[494]

ペスタロッツァは限界を考える際の注意点として以下の二点をあげている。第一に，憲法そのものを規律する多くの管轄権が連邦憲法裁判所に認められたことの背景には，立法者が台なしにしたり歪めることのできない，根本において完璧な憲法裁判所というイメージが存在する。立法者にはそのイメージを補足し，詳述する役割が期待されるが，果たせないでいる。第二に，憲法上明記された管轄権カタログも，立法者の判断に委ねられた明記されない管轄権に対して指導的・説明的機能をもたない。このことから，自由裁量は量的にはそれほど残されていないものの，明記された管轄権によってはまだ占められていない，残りわずかな領域が全く変則的に利用されかねないという結果を導くのである。

これらのことから，ペスタロッツァは基本法93条3項は以下のように限定的に解釈されねばならないとする。すなわち「さらに連邦憲法裁判所は，その他連邦法律によって指定されている特別の場合にも行動する」の「特別の」という文言は，量的制限と，変則的な権限の付与の制限という二つ意味を含んでいるのである。立法者にとってこのような専門用語的理解はなじみのものである。ヘレンキームゼー案でも「連邦法律により指定されている特別な場合」と

---

493) T. Maunz, in : Maunz/Dürig, Rn. 85 zu Art. 93 ; Lechner/Zuck, Rn. 24 zu § 13 ; Schlaich/Korioth, Rn. 109.

494) Pestalozza, § 17Rn. 11.

されていたが，この制限は後にはっきりとした理由なしに取り除かれたのである。もっとも，審議記録からはそのような変更により立法者に委ねられる範囲の拡大を図ったのだということは認識できない。

11.2.2　一般の裁判所の権限留保[495]

基本法95条1項によると「通常裁判権，行政裁判権，財政裁判権，労働裁判権，および社会裁判権の分野」に関する事件は各専門の裁判権に委ねられている。ペスタロッツァはこのことから，基本法93条3項に基づく連邦法律による管轄権の付与に際しては，常に一般の裁判所の権限の重要な核心に存在する基本的判断に抵触してはならない，とする。基本法93条1項4号の公法上の紛争に関する管轄権の補充性もこの方向で理解される。公法上の紛争に対しても，そこであげられている種類の憲法訴訟に対しても，連邦憲法裁判所は救難聖人（Nothelfer）としてのみ呼び出されるのである。同様に立法者は，安易に基本法93条3項を引き合いに出して，連邦憲法裁判所に公法上の紛争についての管轄権を与えてはならない。一方，公権力から個人の権利を保障するという特別な領域においては，基本法19条4項が慎重さを促している。すなわち当該条項によれば，一般の裁判所，必要とあれば民事裁判による権利保障が認められるのである。これに対して憲法異議は，そもそも基本権に関する一般の裁判所の権利の留保を侵すものであるが，1969年の基本法改正で93条1項4a号に規定されることになった。だからといって，基本法19条4項に基づく一般の裁判所の権限から，基本権ではない主観的権利をめぐる裁判権までも取り上げるための憲法上の根拠は立法者に対して与えられてはいないのである。

11.2.3　「行動」と「裁判」[496]

最後にペスタロッツァは，基本法93条3項の文言そのものを考慮しなけれ

---

495)　Pestalozza, Rn. 12 zu § 17.
496)　Pestalozza, Rn. 13 zu § 17.

ばならないという。連邦憲法裁判所は連邦法律によって指定された場合に裁判をするのではなく「行動する」のである。すでに述べたように，基本法は「行動する」という文言を採用することによって，争訟を裁判する権限がないという拘束から連邦憲法裁判所を解放している。それゆえ，司法的な管轄権（「非訟事件」）も，基本法93条3項と調和する。憲法裁判所ないしは連邦憲法裁判所の「本質」という限度で，場合によってはそれ以外の余地を認めようとするような方向性をもった議論は禁じられる。

11.2.4　結　　論

ペスタロッツァも，上述の基準がほぼ守られてきたと評価している。しかしながら，かつて通常法律のみにより規律されていた憲法異議については疑念を表している[497]。なぜなら，93条3項の一般的な権限付与は，通常裁判所の管轄権についての基本法19条4項という憲法の決断を制限することになり，憲法異議の根拠とすることはできないのである。

これに対して，立法者が将来的に連邦憲法裁判所の管轄権の拡大を試みるとすれば，まず鑑定権限の再導入が憲法適合的[498]だとしている。そしてもう一つ，後憲法的法律並びに，連邦および場合によってはラントの下位の法律を対象とする裁判官移送を提案している。

---

497)　Pestalozza, Rn. 14 zu § 17.
498)　Pestalozza, Rn. 4 f zu § 17.

VI 審査方法

1. 連邦憲法裁判所の基本権理解の展開

1.1 客観的規範としての基本権

　基本権が個人の主観的権利であることはいうまでもない。主観的権利であることの意味についてはそれほど明白なものではないが[1]，例えば「ある者が，基本法上の基本権規定に基づいて与えられるべき地位」[2]であるなどとされる。

　主観的権利たる基本権の中心的役割を果たしてきたのは間違いなく防御権である。防御権としての基本権は個人に自由な生活形成領域を保障し，[3]これを受けて国家はこの領域に対して介入することを控えなければならない。すなわち，個人には防御権として国家に対する介入除去・不作為請求権が認められ，これによって公権力の介入から個人の自由が守られ，公権力が防御権に対して

---

[1] 石川健治「『基本的人権』の主観性と客観性―主観法と客観憲法の間」『岩波講座憲法 2 人権論の新展開』（岩波書店，2007 年）7 頁以下，井上典之「基本権の客観法的内容と主観的権利性―ドイツ基本権解釈学の素描」覚道古稀『現代違憲審査論』（法律文化社，1996 年）269 頁以下。また，宍戸常寿『憲法裁判権の動態』（弘文堂，2005 年）199 頁以下，松本和彦「ドイツ基本権論の現状と課題」ジュリスト 1244 号（2003 年）188 頁以下，ユッタ・リンバッハ（青柳幸一訳）「ドイツ連邦憲法裁判所の 50 年」ジュリスト 1212 号（2001 年）56 頁以下，松原光宏「基本権の多元的理解をめぐって(1)～(3)」法学新報 103 巻 6 号 95 頁・103 巻 7 号 75 頁・103 巻 8 号 61 頁(1997 年)，R. Alexy, Grundrechte als subjektive Rechte und als objektive Normen, Der Staat 1990, Bd. I, S. 49（ロベルト・アレクシー（小山剛訳）「主観的権利及び客観規範としての基本権(一)(二・完)」名城法学 43 巻 4 号（1994 年）179 頁，44 巻 1 号（1994 年）321 頁），青柳幸一「基本権の多次元的機能」『個人の尊重と人間の尊厳』（信山社，1996 年）76 頁以下，戸波江二「西ドイツにおける基本権解釈の新傾向(1)～ (5・完)」自治研究 54 巻 7 号～ 11 号（1978 年）参照。

[2] Stern Ⅲ/2, S. 558.

[3] K. Stern, in : Stern/Becker (Hrsg.), Grundrechte-Kommentar, Einl. 33.

介入する場合には，それについて正当化が求められる[4]。なお，主観的権利としての基本権は，防御権にとどまらず，給付基本権（Leistungsgrundrecht）や平等基本権（Gleichheitsgrundrecht）としても機能してきた[5]。

連邦憲法裁判所は，リュート判決（BVerfGE 7, 198）において，基本権理念の精神史的発展と憲法における基本権保障の歴史的経緯から，基本権が第一に公権力の介入から個人の自由な領域を守る防御権であることは間違いなく，このことは立法者が憲法異議を公権力の行使に対してのみ認めたことに合致する，とした上で，次のように述べて，基本権に主観的権利としての役割を超えて客観的機能があることを指摘した[6]。すなわち，「しかし，そのことと同様に，基本権は，価値中立的な秩序であろうとしたのではなく，基本権規定において客観的な価値秩序を打ち立て，まさにそこに基本権の効力の原理的な強化があらわれていることも正しいのである。この価値秩序は，その核心を社会的共同体の内部において自由に発展する人間の人格とその尊厳に置き，憲法上の根本決定としてあらゆる法秩序に妥当しなければならず，立法，行政および裁判はそこから方向性と刺激を受けるのである」。

リュート判決の前年，夫婦合算決定（BVerfGE 6, 55 ［判例Ⅰ 33：小林博志］）においても，家族保護に関する基本法 6 条 1 項について，「価値決定的な原則規範である」としていたが，いずれにしてもこれ以降，連邦憲法裁判所は，客観

---

4) 防御権侵害に関する審査枠組については，Ⅵ 2。
5) Stern III/2, S. 569ff; H. D. Jarass, in : Jarass/Pieroth, Rn. 2 zu Vorb. vor Art. 1（ハンス・D. ヤラス（武市周作訳）「基本法 1 条の序論─基本権総論─」ハンス・D. ヤラス（松原光宏編）『現代ドイツ・ヨーロッパ基本権論』（中央大学出版部，2011 年）73 頁以下）。
6) Stern (N3), Einl. 36 は，この連邦憲法裁判所による基本権の客観的内容の「法的発見」は，国法学的にみれば次のように説明できるとする。すなわち，「主観的権利としての基本権が基本権規範に基づいていることを認めるのであれば，基本権を導出する基本権規定は客観法であることは当然のことであり，このことは客観法的効果が発展することにも適うものである。というのも，主観的権利は客観的法規範から導かれる法的効果の，唯一ではなく，そのひとつにすぎないからである。」石川（注 1）8 頁以下参照。

的規範としての基本権の内容を定式化し,「ほぼすべての自由権的基本権について」客観的内容を認めてきた[7]。平等権や給付権的基本権のように争いがあるものもみられるが[8], とくに制限を設けずに判例において明確な導出例はない規定もあわせてすべての基本権規定について客観的内容を認めると指摘するものもある[9]。

客観的内容自体は, ヴァイマル期以降の制度的保障, 制度(体)保障に通じるもので[10], 連邦憲法裁判所によって発見されたというよりも, 再確認されたという方がより適式的である[11]。以下でみるように, 時代が下るに従いこの客観的内容はその内容を豊富にしていく。客観的内容のもつ「柔軟さ」は恣意性と繋がるおそれもあって批判されるところであるが, 連邦憲法裁判所はその性質を踏まえ, 時代の要請に応じた内容をもたらしてきた。後にみる保護義務について学説ではその基礎づけに争いがあるものの[12], 連邦憲法裁判所は一貫して客観的内容から導き出している。

---

7) ハンス・D. ヤラス (土屋武訳)「基本権：防御権と客観的原則規範」同 (注5) 107頁。また, 同105頁以下で触れられているように, 客観法的な機能について, 連邦憲法裁判所は, 客観的原則規範, 客観的規範, 客観的秩序, 客観的な基本決定, 客観的な価値決定, 客観的意義, 客観的秩序など様々に呼んできた。この点についてはさらに, 井上 (注1) 272頁以下。

8) 主に社会国家原理と結びついた給付権と保護義務の関係について, 小山剛『基本権保護の法理』(成文堂, 1998年) 135頁以下。防御権を超えた基本権内容をすべて基本権の客観的内容と捉えるとすれば, このような給付権もまたそこから導かれるとすることもできるが, 私法への照射効, 保護義務, 組織・手続について連邦憲法裁判所が展開した論理とは大きな違いがみられるため, ここでは扱わないこととする。なお, H. Bethge, Grundrechtsverwirklichung und Grundrechtssicherung durch Organisation und Verfahren, NJW 1982, S. 1 ff.

9) Stern (N3), Einl. 65.

10) Stern (N3), Einl. 38 ff ; Stern III/1, § 68.

11) Stern (N3), Einl. 36.

12) 保護義務の憲法的基礎づけについては, 小山 (注8) 170頁以下。

1.2　基本権の客観的内容から導かれる作用

　基本権の客観的内容から導かれる作用として一般的には，私法への照射効（Ausstrahlungswirkung auf das Privatrecht），保護義務（Schutzpflicht），組織・手続などがあげられる[13]。以下ではそれぞれに区分して，連邦憲法裁判所判例の展開を整理していく。

1.2.1　私法への照射効

　リュート判決が私法への照射効に関する連邦憲法裁判所のリーディングケースであることは間違いない[14]。先に客観的内容について言及したところは触れたが，連邦憲法裁判所はそれに続いて次のように述べている。

　「それゆえ，民事法にも影響を与え，私法の規定は価値秩序に違反してはならず，あらゆる規定がその精神において解釈されねばならない。……客観的規範としての基本権の内容は，私法においては，この法領域を直接に規律している規定を媒介として展開する。新たな法が基本権の価値体系と一致していなければならないように，既存の法も，内容としてこの価値体系に基づいて執行されなければならない。すなわち，価値体系から，その法の中に，これ以降の解釈を決定する特別な憲法上の内容が浸透する。……私法が解釈適用される場合，その解釈は，公法である憲法に従わなければならないのである」。したがって，裁判官は，私法を適用するに際して基本権を侵害してはならず，もし判決において基本権に対する尊重が蔑ろにされている場合には，当該私人は連邦憲法裁判所に憲法異議を申立ることができる。その上で，連邦憲法裁判所は，「通常の裁判所が，基本権の射程と効力を私法領域において適切に判断しているかを審査しなければならない。そこから，同時に，再審査の限界が導かれる。すなわち，完全なる法の欠缺に対する私法裁判官の判断を審査することは

---

[13]　ヤラス／上屋訳（注7）109頁以下。

[14]　Vgl. Thomas Henne/Arne Riedlinger, Das Lüth-Urteil aus (rechts-) historischer Sicht, 2005.

憲法裁判所の事柄ではなく，憲法裁判所は，ただ私法に対する基本権のいわゆる『照射効』を判断しなければならず，憲法規定の価値内容がここで実効性をもたらさなければならないのである」(BVerfGE 7, 198 [206 f.])。

リュート判決自体は，良俗違反に関する民法826条の解釈について，基本法5条1項1文（意見表明の自由）の照射効を認めたものであるが，連邦憲法裁判所はその後も基本権諸規定の私法への照射効を認めている。基本法5条1項については，リュート判決の他にもブリンクフューア決定（BVerfGE 25, 256 [判例Ⅰ26：玉蟲由樹]）もあげられる。連邦憲法裁判所はこの事件において，連邦通常裁判所が，民法823条1項の解釈にあたって，企業に対するボイコットの呼びかけが基本法5条1項1文における意見表明の自由によって保護されるとし，他方で，ボイコットの呼びかけをされた側の企業の意見表明の自由の保障を受けることを見誤っていることを指摘した。さらに，ベネトン広告事件（BVerfGE 102, 347 [判例Ⅲ22：川又伸彦]）においては，「民事裁判が意見表明の自由と関わる場合，基本法5条1項1文は，裁判所が私法を解釈適用するにあたってこの基本権の意義を考慮することを要求している」としている。

代理商決定（BVerfGE 81, 242 [判例Ⅱ40：押久保倫夫]）においては，基本法12条1項の職業の自由に関連して次のように述べた。「立法者が特定の生活領域，特定の契約形式について，特定の強行法を制定していない場合であっても，とくに民法138条，242条，315条のように過剰禁止として作用する民事法上の一般条項が補充的に介入する。まさに一般条項の具体化及び適用に際して，基本権が尊重されなければならない。憲法の保護委託は，契約の対等性が阻害されている場合に私法を手段として基本権の客観的価値決定の妥当を助け，この任務を多様な方法で実現すべき裁判官に向けられている」(BVerfGE 81, 242 [256])。

基本法1条3項に基づけば，立法者は私法と公法とを問わず立法するにあたって当然に基本法に拘束され，基本法上の価値決定を私法においても具体化することになる。これに加えて，裁判所は，私法規定を適用して紛争を解決するにあたって，基本権に適合的な解釈をしなければならない。連邦憲法裁判所

は，このような基本権の効力をもって「照射効」として，この裁判所の解釈が基本権の意義に合致しているか，その適用によって基本権侵害をしていないかを審査してきたのである[15]。

1.2.2 保護義務

以上でみた照射効と保護義務は極めて密接な関係にある。両者の関係については，保護義務が照射効という「不確実な理論」に，確かな理論的な基礎を与える「失われた環」であると指摘されることもあるが[16]，ここでは両者を区別して整理する。

保護義務はこれまで基本権の客観的内容において最も大きな役割を果たしており，広がりを持って様々な場面に登場してきた。以下では，些か概略的ではあるが，保護義務に関する主要な連邦憲法裁判所判例を整理していく。

(1) **第一次堕胎判決** 連邦憲法裁判所が保護義務を認めた最初の事例が第一次堕胎判決（BVerfGE 39, 1 [判例Ⅰ8：嶋崎健太郎]）である。この判決で連邦憲法裁判所は，次のように述べて，国家に対して胎児の生命保護義務を課し，妊娠初期の中絶を不処罰とする刑法改正を基本法2条2項・1条1項に違反し無効であるとした。すなわち，「国家の保護義務は包括的である。これは生成途上の生命に対する国家による直接的介入を禁止するだけでなく，国家に対して，この生命を保護し促進することを命じる。このことはとくに胎児の生命を他者による違法な侵害から守ることを意味する。……国家に対する保護の義務づけは，問題となる権利利益のランクが基本法の価値秩序の中で高い位置を占めれば占めるほど，真摯に受け止められなければならない」。

---

15) 以上，Stern (N3), Einl. 45. なお，M. Ruffert, Die Rechtsprechung des Bundesverfassungsgerichts zum Privatrecht, JZ 8/2009, S. 389 ff. も参照。
16) C.-W. Canaris, Grundrechtswirkungen und Verhältnismäßigkeitsprinzip der richterlichen Anwendung und Fortbildung des Privatsrechts, JuS 1989, S. 163. また，小山（注8）212頁以下は，第三者効力論を保護義務的に再構成し，そこで代理商決定を検討材料として取り上げている。

連邦憲法裁判所は，女性の出産に関する自己決定権と胎児の生命が衝突することを前提に，国家に対して未出生の生命の保護義務が課される限り，たとえその義務の有効な達成手段の選択が一時的には立法者に委ねられるとしても，生命の価値を真摯に受け止めなければならず，妊娠中絶を不処罰とすることは保護義務に違反すると判断した[17]。

　(2)　**シュライヤー決定**　シュライヤー決定（BVerfGE 46, 160 ［判例Ⅰ2：青柳幸一］）は，誘拐者が被誘拐者を解放する条件として既決囚・未決囚のテロリストの釈放とドイツからの出国を求めてきたことについて，被誘拐者とその代理人が，連邦政府や州政府に対して誘拐犯の要求を認めることを義務づける仮命令を求めたものである。

　連邦憲法裁判所は，基本法1条1項2文と結びついた2条2項1文に基づいて国家の生命保護義務を導き，この保護義務の実効的な達成については各国家機関の責任で決定されなければならないとした。その上で，基本法は，保護義務を当該個人に対してばかりでなく，すべての市民全体に対してもまた根拠づけられていること，テロリストに対する国家の対応次第では予測可能となってしまい市民に対する実効的な保護が不可能となることをあげて，連邦政府・州政府に対して何らかの特定の決定を規定することはできないと結論づけた。

　第一次堕胎判決と同様，生命に至高の価値を認め，それを保護する国家の義務はとりわけ真摯に考えられなければならず，生命保護の手段の選択は，「他の方法では実効的な生命保護が達成され得ない場合には，特別の事情の場合に特定の手段の選択に収縮される」ことを指摘した。しかし，テロリストからの要求という事案の特性から，特定の手段に決定することはできないと判断し，請求自体は斥けられている。この決定では，保護義務が場合によっては複数の立場に及んだ場合，その調整が必要であることを示しており[18]，またその手段

---

17)　胎児の基本権享有主体については，（Ⅴ 2.2.1(1) b）。
18)　第一次堕胎判決でも，女性の出産に関する自己決定権と胎児の生命権の衝突があるが，連邦憲法裁判所は人工妊娠中絶は常に未出生の生命の抹殺をもたらすことになるから，胎児の生命保護の保障と，中絶の自由を認める利益衡量は

(3) **カルカー決定** さらに，カルカー決定（BVerfGE 49, 89〔判例 I 61：高田敏〕）においては，高速増殖炉型の原発建設許可に関する事案で，憲法の客観法的価値決定から導かれる「憲法上の保護義務は，基本権侵害の危険も阻止することができるように法秩序が形成されなければならないことを命じている」とし，また，原子力法が制定された当時には予見されていなかった展開があった場合には，立法者は，新たな状況下でも問題となる規定が維持されるべきかどうか，基本法に基づいて再審査し，場合によっては改善する義務を負うことを指摘した[19],[20]。

しかし，高速増殖炉の利用に対する評価は，立法者・政府の政治的責任の下でなされなければならず，裁判所が判断代置を行うことができないことを指摘し，また，絶対的な安全性に基づいて，原発などの施設の設置・運転を認めることで生じる危険性を一切排除すべく要求するのは，人間の認識能力の限界を誤認することとなり，当該技術の利用をすべて締め出すことになることを指摘して，設置許可基準を定めた原子力法の規定は基本法に違反しないと結論づけた。

(4) **ミュルハイム・ケルリッヒ決定** さらに，もうひとつ重要な原発訴訟であるミュルハイム・ケルリッヒ決定（BVerfGE 53, 30〔判例 I 9：笹田栄司〕）においては，これまでの立法者に対する保護義務とは異なり，設置許可をした行政権とその許可に関する取消訴訟の請求を斥けた行政裁判権の保護義務違反が問

　　　できないとしている。
19) 清野幾久子「ドイツにおける原子力発電廃止決定の憲法問題」法律論叢76巻1号（2003年）79頁以下も参照。
20) 立法改善義務については，P. Badura, Die verfassungsrechtliche Pflicht des gesetzgebenden Parlaments zur «Nachbesserung» von Gesetzen, in : Festschrift für Kurt Eichenberger, 1982, S. 481 ff; C. Mayer, Die Nachbesserungspflicht des Gesetzgebers, 1996 ; Zuck, Rn. 615 ff. 合原理映「立法者に対する法改正の義務づけ：ドイツ連邦憲法裁判所における改善義務論」阪大法学49巻1号（1999年）。また，V 2.2.4(3)，VI 3.4.2。

題となった。ここでは，「国家機関は，厳格な実体法上の許可規定と，許可手続の具体化といった特別に慎重な手段に基づいて，基本法2条2項から導かれた保護義務を守ることが義務づけられている」とされた[21]。

(5) **ルドルフ・ヘス決定** 基本権利益の保護のために政府が第三国に対して外交交渉すべき義務（外交的保護の義務）があることを認めたのが，ルドルフ・ヘス決定（BVerfGE 55, 349）である。この事件は，ニュルンベルク裁判で終身刑を受け，シュパンダウ刑務所に──1966年以降はただ1人──収容されたルドルフ・ヘスの早期釈放をすべく諸外国との間で連邦政府が交渉すべきことを求めたものであり，連邦憲法裁判所は，基本権保護のための外交交渉義務自体は認めたものの，政府の政治的な決定・交渉については広範な裁量を認めて請求自体は斥けた。

(6) **航空機騒音決定** 航空機騒音決定（BVerfGE 56, 54［判例Ⅰ 10：松本和彦]）では，空港周辺の住民の騒音による健康被害からの保護が問題となった。ここでは，航空機騒音自体が「健康」に対する危険をもたらすことを認め，「基本権の危殆化に関するリスク予防も国家機関の保護義務に含まれる」とした。その上で，カルカー決定を引用して，保護のための立法措置に加えて，当初の措置を改善する義務が課されていることも認めた。ただし，結論としては，保護義務が課されているといっても，その適切な達成手段を決定しうるのは権力分立の原則と民主主義原理を踏まえれば立法者にあるのであり，連邦憲法裁判所としては「立法者がこの義務に明白に違反した場合だけ」介入しうるにとどまり，本件においては保護義務に対する明白な違反はないとした[22]。

(7) **第二次堕胎判決** 第一次堕胎判決から10数年経った1992年，妊婦及び家族扶助法（Schwangeren- und Familienhilfeergänzungsgesetz）による刑法の堕胎罪等の改正が再び問題となる。いわゆる，第二次堕胎判決（BVerfGE 88, 203［判例Ⅱ 7：小山剛]）である。ここでも連邦憲法裁判所は，第一次堕胎判決の流れ

---

21) Stern (N3), Einl. 59. なお，これは後にもみるように，基本権の客観的内容から導かれる「組織・手続の要請」に関する指摘でもある。
22) 航空機騒音決定における立法義務については，Ⅴ 2.2.4.(3)。

を汲んで，基本法が未出生生命も含む人間生命の保護を義務づけていることを認めた。その「根拠は，国家に明文で人間の尊厳の尊重及び保護を義務づける基本法 1 条 1 項である」とし，さらにこの保護義務の対象と程度については「生命，身体の不可侵を保障した基本法 2 条 2 項によって詳細に画定される」[23]。

この判決で連邦憲法裁判所は，保護義務の限界を考える上でとりわけ重要な概念である過少保護の禁止（Untermaßverbot）[24]を認めた。すなわち，「事案に応じて保護の手段と範囲を決定するのは立法者の任務である。憲法は，保護を目的として設定するが，個別事例における内容までは想定していない。いずれにしても立法者は過少保護の禁止を遵守しなければならない。その限りで立法者は連邦憲法裁判所の統制に服する。そこで必要なのは——対立する利益を考慮した上での——適切な（angemessen）保護である。そこではそれ自体が効果的であることが重要である。立法者の措置は，適切で効果的な保護にとって十分であり，さらに厳格な事実認定と主張可能な評価に基づいていなければならない[25]」。

過少保護の禁止は，妊娠の全期間において中絶が原則として違法であることや，中絶を認める例外を立法者が検討するにあたって妊婦の人格権と胎児の権利という衝突する法益の比例的な調整が不可能であることを考慮することを要求する。その上で，例外的に中絶が認められるのは，医学的適応，犯罪学的適応，範囲が明確に条件付けされた胚胎病的適応に加えて，その他の緊急状態については，これらの適応事由に釣り合った社会的・個人的な精神的葛藤の重大性が明確に説明されなければならず，その際に，国家は助言と援助を通じて女

---

23) BVerfGE 88, 203 [251]. 第二次堕胎判決については，嶋崎健太郎「妊娠中絶とドイツ連邦憲法裁判所——1993 年 5 月 28 日の連邦憲法裁判所第 2 次妊娠中絶判決を中心に」国際関係学研究 20 号（1993 年）199 頁。
24) 過少保護の禁止については，M. Mayer, Untermaß, Übermaß und Wesensgehaltgarantie, 2005, S. 20 ff；J. Dietlein, Das Untermaßverbot, ZG 10, 1995, S. 131 [140]；K.-E. Hain, Der Gesetzgeber in der Klemme zwischen Übermaß-und Untermaßverbote?, DVBl 1993, S. 982 ff；小山（注 8）84 頁以下。
25) BVerfGE 88, 203 [254]. なお，主張可能性の統制については，Ⅵ 3.4.2 参照。

性が出産を認めるように努めなければならないとされた。さらに，胎児の生命保護のために刑罰を投入することを任意に断念することは過少保護の禁止に違反するが，憲法上十分な保護措置が他にある場合には，刑罰による威嚇を限定的に放棄することは認めている。本件で問題となる妊婦及び家族扶助法助言による生命保護というコンセプトに移行することは憲法上禁止されていないことは認められたものの，刑法218a条が中絶を違法ではないと宣言している点で保護義務に合致しないとし，助言について規定した刑法219条が実効的かつ十分な内容を伴っていない欠陥を有しているとし，これらの刑法改正を定めた同法を違憲無効とした[26]。

(8) **それ以降の諸事件** 第二次堕胎判決以降も連邦憲法裁判所は保護義務について言及している。とりわけ航空安全法判決において重要な判断が下されたのをみると，連邦憲法裁判所は保護義務の有用性について一貫して認めていると評価できる。

父子関係情報決定（BVerfGE 96, 56 ［判例Ⅲ 8：押久保倫夫］）では，婚外子が父子関係を明らかにする請求権が認められるかどうかについて，立法者・裁判所に人格の発展のために構成的な条件を保障する保護義務を達成するにあたって判断の余地があるにもかかわらず，地方裁判所が婚外子の母に対する情報請求権を導くにあたって，婚外子と母親（の一般的人格権と）の利益衡量が十分に尽されていなかったとして，連邦憲法裁判所は地方裁判所に差し戻した。保護義務達成のための判断の余地を裁判所に広く認めたにもかかわらず，その利益衡

---

26) この判決を受けて，連邦議会が1995年に改めて刑法218a条を改正し，妊娠12週以内の助言後の中絶について構成要件が存在しないと規定し，さらにその助言については，妊娠の葛藤状態の回避及び克服のための法律（妊娠葛藤法 Schwangerschaftskonfliktgesetz）が制定された。この連邦法とは独自に立法したのがバイエルンであった（バイエルン妊婦援助補充法 Bayerisches Schwangerenhilfeergänzungsgesetz）。これに対する連邦憲法裁判所判決が，バイエルン妊婦援助補充法判決である（BVerfGE 98, 265 ［判例Ⅲ 47：嶋崎健太郎］）。ただし，この判決においては，連邦の刑法改正や妊娠葛藤法についての保護義務に基づいた検討はなされていない。

量を統制したのが本決定の特徴である[27]。

第1次モナコ王女決定（BVerfGE 97, 125［判例Ⅲ 28：鈴木秀美］）では，プレスによる個人的な事柄への言及がもたらす危険から，個人を有効に保護する義務が一般的人格権から導かれた。また，不要請求権放棄契約事件（BVerfGE 103, 89［判例Ⅲ 40：古野豊秋］）[28]は，夫婦財産契約による行き過ぎた不利益から保護する義務を基本法6条4項と結びついた基本法2条1項から，また，子の福祉の利益を図るべき義務を基本法6条2項から導いている。

大きく注目を浴びたのが，航空安全法判決（BVerfGE 115, 118）である。この判決で連邦憲法裁判所は，ハイジャックされた航空機の撃墜を認めた同法について，航空機の自爆が行われた場合の地上にいて生命が危険にさらされる人々に対する保護義務によって正当化することはできず，他方で，ハイジャックされた航空機に閉じ込められた者の保護義務を果たさなければならないことを指摘した[29]。制定当時から大きな議論を呼び，違憲の疑いのあるとしながら大統領が署名した同法について，立法者の判断余地自体は認めるものの，保護義務達成の手段について，憲法適合的なもののみが選ばれなければならないことを求めたのである。

ベルリン・アドベント日曜日開店法違憲判決（BVerfGE 125, 39）では，連邦

---

27) BVerfGE 96, 56 [64]．ただし，本件の差戻審において地方裁判所は，連邦憲法裁判所の指摘に従って広範な判断の余地を考慮して比較衡量を行い，子どもが自らの出生を知る権利が母の権利よりも優位することを認める結果を下した。連邦憲法裁判所が保護義務に基づいて地方裁判所の判決について問題視したのが，利益衡量の結果ではなく，その判断枠組であるとするならば，地方裁判所がこのような結論を下したとしても齟齬はない。
28) なお，古野豊秋『憲法における家族』（尚学社，2010年）59頁以下も参照。
29) 航空安全法違憲判決については，玉蟲由樹「人間の尊厳の客観法的保護」福岡大学法学論叢56巻2・3号（2011年）172頁以下，アルブレヒト・ヴェーバー（杉原周治訳）「連邦憲法裁判所―その基礎と最近の発展」比較法学41巻3号（2008年）68頁以下，松浦一夫「航空テロ攻撃への武力対処と『人間の尊厳』―ドイツ航空安全法武力行使規定違憲判決（2006年2月15日連邦憲法裁判所第一法廷判決）を中心に」防衛法研究30号（2006年）119頁以下。

制度改革に伴って一定の立法権限がラントに移ったことに伴い，ベルリンがアドベント日曜日に開店を認める法律を制定したことについて，国家は，公法上の団体たる宗教団体に対して，信教の自由から導かれる保護義務を課されることを認めた。さらに，宗教的な祝日と日曜日を安息日として保護することが，立法者の保護義務の具体化において求められた[30]。

(9) **小　　括**　以上，保護義務に関する主要な連邦憲法裁判所判決を概観してきた。連邦憲法裁判所は，それぞれの事案において根拠となる条文は異なるものの，それぞれの規定で保障された基本権の客観的内容から保護義務を導き，これによって国家は私人など第三者による侵害から国民の基本権を保護しなければならないとしてきた。保護義務に関する事案では，"国家－侵害者－被侵害者"の法的三極関係（Rechtsdreieck）が内在することに注目しなければならない。国家は，一方で被侵害者の保護者としての義務を負うが，それは同時に侵害者に対する介入を正当化することを生み出す。基本権を防御権に限定して捉えれば，国家は基本権の敵対者として想定されることになるが，保護義務的思考によれば，国家は基本権の保護者としての役割を負うことになる。このような保護義務論の構造を踏まえると，先にみた私法への照射効についても保護義務と区別なく理解できる場面もある。

　保護義務を達成するためには，国家は介入の不作為ではなく，基本権を保護するための積極的な作為──その手法は，規制や，一定の経済活動に対する許可留保や告知義務などの誘導，組織・手続上の条件づけ，禁止規範，さらには刑罰規定など様々に考えられる[31]──が求められる。保護義務の第一次的な名宛人は立法者であるが，ミュルハイム・ケルリッヒ決定でもみたように，行政法上の基準や統制においても保護義務が課される場合もある[32]。その際，とり

---

30) 類似の事件として BVerfGE 111, 10 も保護義務に言及している。この事件については，倉田原志「ドイツにおける閉店時間規制の緩和と基本権・覚書」立命館法学 333・334 号（2010 年）615 頁。

31) Stern (N3), Einl. 48. Vgl. J. Isensee, Das Grundrecht auf Sicherheit, 1983, S. 39.

32) ヤラス（土屋訳）（注7）109 頁。

わけ立法者に対しては広い裁量が認められてきた[33]が，侵害を受けている者の基本権を保護するという限界がある以上，基本権の意義や保護法益の重要性を踏まえて——例外的だが，しかし第二次堕胎判決にような重要な場面で——，裁量を収縮させる例もみられる[34]。このような側面を重視して，「基本権が国家の行動・決定裁量の範囲を限定することによって，基本権は客観法的機能を有する」とされることもある[35]。

1.2.3 組織と手続に関する基本権の効果

連邦憲法裁判所は，基本権の実体的内容を保護し，強化するために，国家に対して組織・手続に関する一定の要請を求めてきた[36]。

大学判決（BVerfGE 35, 79［判例 I 32：阿部照哉］）において，基本法 5 条 3 項の学問の自由について，客観的価値秩序を認め，「文化国家を担う国家が自由な学問の理念とその実現に協力する保障を含んでおり，国家が保護と助成の両面から積極的に自由保障の空洞化の防止に努めるよう義務づける」とした。そして，これを達成するために，自由な学問を考慮した組織上の措置を講じることを求めたのが，客観的内容から導かれる組織・手続の要請の一例である。

ミュルハイム・ケルリッヒ決定においてジーモン裁判官，ホイスナー裁判官は少数意見で，この要請をより明確に示した。すなわち，「基本権が社会的現実においてその機能を果たすためには，内容についての詳細な規範化だけではなく，適切な組織形態と手続規定を必要とする。同時に，本来の手続的基本権のみならず，実体的基本権もまた，既存の組織法・手続法に影響を与える。」同決定では先にもみたように，法廷意見も，保護義務に対応して，法律上国の許可について実体的要件と手続的要件を定めていることを認めた上で，許可に

---

33) 保護義務の「構造上の余地」について，R. Alexy, Theorie der Grundrechte, 2. Aufl., 1994, S. 423.
34) Badura, Staatsrecht, 4. Aufl. S. 126.
35) ヤラス（土屋訳）（注7）122 頁。
36) K. Stern (N3) Einl. 68.

関するこれらの規定は国家の侵害事例と同じように厳格に審査されなければならず，また，行政庁においても保護義務を満たすために制定された手続規定を無視することは基本権違反となることを指摘している[37]（BVerfGE 53, 30 [66]〔判例Ⅰ9：笹田栄司〕）。

さらに，第二次堕胎判決もまた，助言による中絶への道を開いたことから，その助言に関する施設の組織や，助言の実施などに関する憲法上の要請が保護義務から導かれている。

組織・手続による基本権保護については，基本権の防御権的内容から導くことができ，それは連邦憲法裁判所がこれまでにも強調してきたとして，「基本権の客観的内容の固有の部分集合が存在するのかは疑わしい」とも指摘される[38]。

---

[37] 同様に，BVerfGE 77, 170 [229] において，「連邦憲法裁判所はこれまで，基本法16条2項2文のような手続留保の下で成立する"手続に依拠する（verfahrenabhängig）"基本権や，基本法5条1項2文のように"手続が刻印された（verfahrengeprägt）"基本権に関する場面以外では，実体的な原則規範から，その客観法的内容において，手続を用意し実現させる国家の義務が導かれるかどうか，そして，それに応じた個人の"手続参加"請求権が導かれるのかどうか，これらが導かれるとしてどのような条件の下でかについては，結論的には決定してこなかった。ミュルハイム・ケルリッヒ決定において，連邦憲法裁判所第一法廷は，許可手続において申立てしうる第三者の参加に関する原子力法上の手続規定が，基本法2条2項1文から導かれた保護義務を実現するために国家が制定した手続規定であることを出発点としている」としている。

[38] ヤラス（土屋訳）（注7）117頁。また，小山（注8）59頁も「組織・手続による基本権保護は，一見すると新しい発見のようであるが，実際には，組織・手続による防禦権保障の延長線上にあり，基本権の実体的作用が防御権から保護義務へと拡張されたことに付随して，当然に生じた発展であるとみることができる」としている。

2. 基本権の審査枠組

2.1 総　　説

　基本権の解釈および適用を制御する一般的ルールの総体としての基本権ドグマーティクは，法的素材を合理的に構造化し，それによって自由を保障し，予見可能性や計算可能性，法的安全性を確保することに意義がある[39]。この点で，特に自由権について確立した審査構造を与えるドグマーティクは，それ自体，自由保障機能をもつといえる。

　ドイツの基本権ドグマーティクにおいては一般に，ある行為が防御権を侵害するかどうかを判断する場合には，①当該行為が基本権の保護領域に触れるものであるか，②当該行為が介入ないし制約にあたるか，③当該行為は正当化されるか，という3ステップのプロセスを経るものとされる。これはしばしば三段階審査（Drei-Schritft-Prüfung）と呼ばれる[40]。以下では，防御権を中心にした

---

39) D. Murswiek, Grundrechtsdogmatik am Wendepunkt?, Der Staat 45 (2006), S. 473. また，H. D. Jarass, Bausteine einer umfassenden Grundrechtsdogmatik, AöR 120 (1995), S. 346 f.

40) 三段階審査に関する邦語文献には枚挙に暇がないが，例えば，松本和彦『基本権保障の憲法理論』（大阪大学出版会，2001年），石川健治「憲法解釈学における『論議の蓄積志向』」樋口陽一ほか編『国家と自由・再論』（日本評論社，2012年）15頁以下。なお，小山剛『「憲法上の権利」の作法（新版）』（尚学社，2011年）。

　また，保護領域（保護法益）への介入を基本権構成要件という一つの段階として，構成要件に該当する行為は原則的に違法で，これを正当化する事情があるかを基本権制限（正当化）段階で判断するという二段階に捉える見解もある。例えば，Alexy (N32), S. 272 ff. を参照。基本権構成要件は保護領域と同義で用いられることも多い。なお，M. Kloepfer, Grundrechtstatbestand und Grundrechtsschranken in der Rechtsprechung des Bundesverfassungsgerichts, in : Starck

この枠組について概観する(客観的機能についてはVI.1)。

2.2 保護領域

2.2.1 事項的保護領域

(1) 事項的保護領域の意義

事項的保護領域(sachlicher Schutzbereich)とは,当該基本権が法的な保障を与える事項的領域を指す。つまり,基本権が保護している内容が問題となる。保護領域の画定により,基本権の適用領域が画定される[41]。「領域」という表現が用いられているが,特定の空間(住居や私的領域)のみが指示されるわけではなく,生命や健康などの法益や,意見表明などの行動ももちろん,この保護領域には含まれる[42]。

この領域を明らかにするにあたってまず重要なのは,基本権が主題として関係する生活領域,現実の断片である。これを規律領域(Regelungsbereich)という[43]。もっとも,規律領域に含まれる一切の事態が憲法上の保障を受けるわけではなく,基本法が保護領域を明文で限定していることもある。例えば,基本法8条は集会を規律領域とするが,このうち保護領域に含まれるのは,平穏でありかつ参加者が武器を携帯しないような集会に限られるとされる。

(Hrsg.), Bundesverfassungsgericht und Grundgesetz, Bd. 2, 1976, S. 405 ff. 参照。

41) C. Hillgruber, Schtuzbereich, Ausgestaltung und Eingriff, in : Isensee/Kirchhof IX, Rn. 1 zu §200. H. D. Jarass, in : Jarass/Pieroth, Rn. 14 zu Vorb. vor Art. 1(第11版の翻訳として,ハンス・D.ヤラス(武市周作訳)「基本法1条の序論」ハンス・D.ヤラス(松原光宏編)『現代ドイツ・ヨーロッパ基本権論』(中央大学出版部,2011年)79頁)。

42) H. D. Jarass, in : Jarass/Pieroth, Rn. 19 zu Vorb. vor Art. 1(武市訳81頁)。「領域」という表現のもつ空間的思考様式の問題点については,さしあたりD. Merten, Grundrechtlicher Schutzbereich, in : ders./Papier (Hrsg.), Handbuch der Grundrechte, Bd. III, 2009, Rn. 26 ff. zu §56. 参照。

43) Pieroth/Schlink, Rn. 197.

(2) **保護領域の画定——広い保護領域と狭い保護領域** ここで重要なのは，どのようにして保護領域を画定するかである。この点をめぐっては，広い保護領域と狭い保護領域のいずれを採用するべきか，というかたちで論争が整理されることが多い[44]。

広い保護領域の立場からすると，保護領域に含まれる法益は一応の保護を受けるものにとどまるものであり，確定的な保護を受けるかどうかは，対抗法益との衡量によってはじめて定められることになる。それゆえ，一応の保護を受けるかどうかの判断の際にすでに対抗法益などを考慮してしまうのは，正当化段階の先取りとなり，審査・論証プロセスの合理化・構造化を阻害するものとされる[45]。基本法の自由主義的観点も，広い保護領域の擁護に持ち出されることが多い。

これに対し，狭い保護領域論にまとめられる論者は，保護領域の画定の際に，広い保護領域の論者が保護領域の画定レベルでは認めないような不文の限定要素を認める。例えば，他者加害禁止が保護領域限定の要素とされる[46]。あ

---

44) 邦語文献として，松本（注40），中野雅紀「ドイツにおける狭義の基本権構成要件理論」法学新報102巻9号（1996年）143頁以下，工藤達朗「幸福追求権の保護領域」同『憲法学研究』（尚学社，2009年）49頁以下，「内在的制約説の憲法上の意義」同『憲法学研究』（尚学社，2009年）78頁以下，新正幸「基本権の構成要件について」樋口陽一先生古稀記念『憲法論集』（創文社，2004年）173頁以下，長尾一紘「基本権制限の法理」同『基本権解釈と利益衡量の法理』（中央大学出版部，2012年）87頁以下。もっとも，このような二分法で一般論を語ることについては，否定的な立場も見られる。Merten (N42), Rn. 58 ff.; Hillgruber, Isensee/Kirchhof IX, Rn. 18 zu § 200；なお，C. Spielmann, Konkurrenz von Grundrechtsnormen, 2008. また，基本法2条1項が一般的行為の自由を保障していると解するかどうかは，特に個別基本権の保護領域を確定する際に重要な意味を持ちうる。

45) R. Alexy (N32), S. 278 ff.; W. Höfling, Grundrechtstatbestand - Grundrechtsschranken - Grundrechtsschrankenschranken, Jura 1994, S. 169 ff.; なお K.-A. Schwarz, Das Postulat lückenlosen Grundrechtsshutzes und das System grundgesetzlicher Freiheitsgewährleistung, JZ 2000, S. 126 ff. も参照。

46) J. Isensee, Das Grundrecht als Abwehrrecht und als staatliche Schutzpflicht, in:

るいはまた，当該基本権の保護目的を解明して，機能的観点を導入した上で保護領域（機能的保護領域）を画定することを主張するものもある[47]。

近年では，特にグリコール判決などの一連の判決，そして同判決と前後するE.-W. ベッケンフェルデや W. ホフマン゠リームらの見解と，これに対する W. カールらの批判により，議論が再燃した[48]。狭い保護領域を支持する近年の論者は，基本権によって保護される内容の規範的性格と非空間的性格を顧慮して，保護領域に替え「保障内容（Gewährleistungsgehalt/Gewährleistungsinhalt）」と呼ぶ。

Isensee/Kirchhof IX, §191（イーゼンゼー（松本和彦訳）「防御権としての基本権」ヨーゼフ・イーゼンゼー（栗城壽夫ほか訳）『保護義務としての基本権』（信山社，2003年）51頁）。イーゼンゼーの見解については，中野・(注44)。

47) U. Ramsauer, Die Bestimmung des Schutzbereichs von Grundrechten nach dem Normzweck, VerwArch. 72 (1981), S. 89 ; Vgl. ders., Die faktischen Beeinträchtigungen des Eigentums, 1980, S. 50.

48) E.-W. Böckenförde, Schtuzbereich, Eingriff, verfassungsimmanente Schranken (2003), in : ders., Wissenschaft, Politik, Verfassungsgericht, 2011, S. 230 ff ; W. Hoffmann-Riem, Enge oder weite Gewährleistungsgehalte der Grundrechte? (2004), in : ders., Offene Rechtswissenschaft, 2009, S. 413 ff. ; ders., Grundrechtsanwendung unter Rationalitätsanspruch, in : Der Staat 43 (2004), S. 203 ; W. Kahl, Vom weiten Schutzbereich zum engen Gewährleistungsgehalt, Der Steat 43 (2004), S. 167 ff. U. Volkmann, Veränderungen der Grundrechtsdogmatik, JZ 2005, S. 211 ff ; C. Möllers, Wandel der Grundrechtsjudikatur, NJW 2005, S. 1973 ff ; Murswiek (N39) ; R. Martins, Grundrechtsdogmatik im Gewährleistungsstaat, DÖV 2007, S. 456 R. Zuck, JZ 2008, S. 287 ff. ; なお，B. Schlink, Abschied von der Dogmatik, JZ 2007, S. 157 ff.　さらに，B. Rusterberg, Der grundrechtliche Gewährleistungsgehalt, 2009 ; M. Meister, Das System des Freiheitsschutzes im Grundgesetz, 2011. 論争に関する邦語文献として，小貫幸浩「基本権が『保障するもの』は何か」高岡法学15巻1・2合併号（2004年）225頁，同「基本権が『保障するもの』は何か・続」高岡法学16巻1・2合併号（2005年）1頁，丸山敦裕「情報提供活動の合憲性判断とその論証構造」阪大法学55巻5号（2006年）121頁，實原隆志「基本権の構成要件と保障内容」千葉大学法学論集23巻1号（2008年）155頁。

グリコール判決では，職業の自由について，自由保護の射程は，競争を可能にし，限定する法的ルールによっても規定されるとする。そして，国家による市場関連情報の提供は，競争にとって重要なファクターへの影響が一定の基準に従って，市場を歪曲することなく行われる限りでは，競争参加者の基本権保障領域 (Gewährleistungsbereich) を制約しないとした (BVerfGE 105, 252 [判例Ⅲ49：丸山敦裕])[49]。

　近年における保護領域の限定論（保障内容論）は，保護領域と介入について広い概念をとってしまうと，ほとんどの基本権問題が実質的には比例原則段階で処理されることになってしまうことに対する懸念がある。つまり，三段階審査がもともと持っていた論証の合理化・構造化機能を低下させてしまっているのではないか，という危惧である。また，広い保護領域の採用により，裁判所の判断領域が拡張することによる司法国家化に対する懸念もある。これらの危惧や懸念から，一方ではベッケンフェルデらのように，古典的なテクスト解釈方法，特に歴史・制定史的解釈をもちいて各基本権の固有の規範的指向性・目標方向を明らかにし，保障内容を精密に確定していこうとする立場が出現する。他方，同様の関心を持ちつつも，特にホフマン = リームらの見解は，国家の役割変容（「保障国家」[50]）を背景に，保障のための国家行為のもつ内容形成的性格に着目し，保護領域を機能的に限定しようとする。

　このような保障内容論に対しては広い保護領域論の論者からたとえば次のように批判される。裁判官による保護領域の限定により，比例原則を通じた柔軟な個別的正義の指向性が失われる。また限定方法についての確立した準則がな

---

[49]　なお，連邦憲法裁判所の判決において保障内容という語を用いた例として，BVerfGE 116, 202 がある。同判決には，ホフマン = リームも裁判官として参加している。また，近時の判例動向を分析するものとして，V. Hellmann, Der sogenannte Gewährleistungsgehalt, in : Emmenegger/Wiedmann (Hrsg.), Linien der Rechtsprechung des Bundesverfassungsgerichts, Bd. 2, 2011, S. 151 ff. 同論文では，最近の判例では保護領域限定の傾向は見られないとしている。

[50]　保障国家については，三宅雄彦「保障国家と公法理論」社会科学論集 126 号 (2009 年) 31 頁。

く,透明性・合理性に難がある。

　(3)　**保護領域の画定と自己理解**　また,保護領域の画定にあたり,基本権主体の自己理解が援用されることもある[51]。例えば,廃品回収業者判決において,廃品回収が収益を教会の慈善目的に使うために行われる場合に,それが信仰の行使といえるかが問題となった。そこで裁判所は,「個々の場合に何が宗教および世界観の行使とみなされるかの評価にあたり,宗教団体や世界観団体の自己理解が無視されてはならない」とした (BVerfGE 24, 236 [247])。このほか,例えば芸術の自由の保護領域の画定の際に,基本権主体の自己理解が考慮されうる。

　(4)　**基本権競合**[52]　基本権競合 (Grundrechtskonkurrenz) とは,同一の基本権主体のある一定の事態について,複数の基本権が関わるように見える場合である。この場合,事態を細分化してそれぞれに基本権を一つ割り当てたり,保護領域を厳密に解釈したりすることにより解消されることがある。また法条競合として,一般法・特別法の関係により処理したり,どの基本権との関連性が最も強いかを基準にして判断されることもある。これらに対し,以上のような

---

51)　背後には,保護領域の画定主体は誰かという問題がある。詳細は,J. Isensee, Wer definiert die Freiheite, 1980 ; M. Morlok, Selbstverständnis als Rechtskriterium, 1993 ; H. Wilms, Selbstverständnistheorie und Definitionsmacht bei Grundrechten, in : Ziemke et. al. (Hrsg.), Festschrift für Martin Kriele zum 65. Geburtstag, 1997, S. 341 ff.「憲法解釈者の開かれた社会」,広義の憲法解釈者のコンセプトとの関連で,P. Häberle, Die offene Gesellschaft der Verfassungsinterpreten, in : ders, Verfassung als öffentlicher Prozeß, 3. Aufl. 1998, S. 155 ff. (156 ff.). また保護領域が社会のコンベンションに依存する点を指摘するものとして,K.-H. Ladeur, Methodische Überlegung zur gesetzlichen Ausgestaltung der Koalitionsfreiheit, AöR 131 (2006), S. 646.

52)　基本権の競合について詳細は,杉原周治「基本権競合論(一〜二・完)」広島法学29巻3号 (2006年) 27頁,29巻4号 (2006年) 129頁。また,E. Hoffmann, Grundrechtskonkurrenz oder Schutzbereichsverstärkung?, AöR 133 (2008), S. 523 ff. ; C. Speilmann (N44) ; I. Augsberg/S. Augsberg, Kombinationsgrundrechte, AöR 132 (2007), S. 539 ff. も参照。

方法によって解決できない場合がある。それが複数の基本権が真正にかかわる観念的競合のケースである。観念的競合のケースの処理では，両方の基本権が同時に適用されるとされる。もっとも，留保規定のあり方が異なる複数の基本権が観念的競合に立った場合，どのようにして正当化がなされるべきかについて，問題が生じる。

なお，トルコ人イスラム教徒が経営する精肉店で動物の屠殺を許可なく行ったことが問題となった屠殺判決では，第一次的な審査基準を基本法2条1項に基づく職業活動の自由であるとしつつも，職業活動の宗教的関連が完全に排除されるものではないとして，宗教の自由により強化されるとした（BVerfGE 104, 337［判例Ⅲ 48：近藤敦］）。この判決は，基本権の強化（Grundrechtsverstärkung）あるいは保護領域の強化（Schutzbereichsverstärkung）を認めたものであるとして，競合問題について新たな問題を提起している。

2.2.2 人的保護領域

人的保護領域（persönlicher Schutzbereich）では，問題となっている個人や法人が，当該基本権の享有主体に含まれるかが問題となる[53]。自然人たるドイツ国民には，基本権主体性が認められる。

外国人の基本権享有主体性については，文言説がとられる。それゆえ，基本法の文言が「ドイツ人」に保障主体を限定している場合，当該基本権の保障を外国人は受けることができない。もっとも，基本法2条1項の一般的自由の保障は受けられるため，保障の強度の問題はともかく，各基本権で受けられない保障も補充的に受けることができる。例えば上記の屠殺決定では，外国人の職業活動の自由について，基本法12条1項ではなく2条1項に基づいて保障を認めている（BVerfGE 104, 337［判例Ⅲ 48：近藤敦］）。EU市民についても同様であるが，移動の自由など，一定の権利については保障規定は異なるとしても，

---

[53] メルテンは，人的保護領域には，基本権主体のほか，直接基本権主体として権利行使はできないものの当該基本権から利益を受ける受益者も含まれるとする。Merten (N42), Rn. 87 zu § 56.

同等の地位を保障する義務がある[54]。

内国法人については「その本質上，適用可能な限り」，基本権による保障を受けることができる（基本法19条3項）[55]。そのため，その性質上自然人に保障が限定されるものには，保障が認められない。また，信仰の自由や結社の自由などの一定の権利については，当該基本権自体から法人にも基本権主体性が認められる（二重の基本権）[56]。もっとも，公法人については，基本的には基本権保護が認められない（BVerfGE 45, 63）。

憲法異議の適法性要件との関連で，Ⅴ2.2.1参照。

2.3 制約的作用

2.3.1 基本権の名宛人

基本権の名宛人（Grundrechtsadressaten）については，基本法1条3項が定めている。それによれば，「基本権は立法，執行権および裁判を直接妥当する法として拘束する」。それゆえ，一切の国家権力が基本権の名宛人となる。また，連邦の国家権力のみならず，ラントの国家権力も名宛人となる（BVerfGE 97, 298 [313 f.]）。また，国家権力の態様の一切を問わない。

フランクフルト飛行場集会禁止事件では，フランクフルト飛行場を経営する混合企業（Fraport AG）による集会禁止措置に関連して，当該企業が基本権の拘束を受けるかが問題となった。連邦憲法裁判所は直接的な基本権拘束は，完全に公営の企業についてのみならず，公的機関（öffentliche Hand）により支配されている場合には，混合企業であっても及ぶとした（BVerfGE 128, 226）[57]。

---

54) Merten (N42), Rn. 92.
55) 法人，団体の基本権享有の問題については，林知更「憲法秩序における団体」西原博史編『人権の新構成』（岩波書店，2009年）227頁以下も参照。
56) 教会や宗教団体の信仰の自由について，BVerfGE 105, 279 [293 f.]［判例Ⅲ20：西原博史］，結社の自由について，BVerfGE 13, 174 [175]，団結の自由について，BVerfGE 50, 290 [373]［憲法判例Ⅰ49：栗城壽夫］。

基本権の名宛人の問題に関連して，私人間効力も問題となる。これについてはⅥ 1.を参照。また，憲法異議の対象との関連で，Ⅴ 2.2.4 参照。

2.3.2 制　　　約

(1) 介　　入　伝統的に，正当化の必要な国家行為として，介入（Eingriff）という概念が用いられてきた。この概念は侵害留保（Eingriffsvorbehalt）に由来するものである。ある国家行為が何らかの形で基本権の保護領域に関わるとしても，そのすべてについて正当化が必要となるとは限らない。そこで，正当化が必要となるような国家行為を明らかにしなければならない。三段階審査の第二段階では，この問題が扱われる[58]。

この介入概念については様々な理解が見られたが，古典的な介入概念は，しばしば目的性，直接性，命令性，法行為性という四つのメルクマールにまとめられる[59]。つまり，法形式性を備え，強制的性格を持ち，意図的にかつ直接に行われる国家活動である。今なおこのような性格をもつ国家行為が，正当化を問題とする際の中心となる。もっとも，これに対し学説は，介入不該当となれば正当化が必要なくなってしまうが，事実行為による不利益発生などの場合にも正当化が必要でないとすれば防御権の保障にとって不十分であるなどとして，古典的介入概念を批判する。そして，介入概念を拡張しようとした。具体的には，（一定以上の）基本権制約的効果が国家行為に起因するか（帰属されるか）を中心に判断する，というものである（現代的介入概念・拡張的介入概念）[60]。

---

57) 同判決については，石村修「フランクフルト飛行場における集会・デモ規制」専修ロージャーナル 8 号（2013 年）133 頁以下。

58) もっとも，そもそも基本権の制限という法現象が認められるかどうかについては，認めないとする内在説と認める外在説とで争いがある。

59) F.-J. Peine, Der Grundrechtseingriff, in : Merten/Papier (Hrsg.), Handbuch der Grundrechte, Bd. III, 2009, Rn. 20 ff. zu § 57 ; W. Cremer, Freiheitsgrundrechte, 2003, S. 187 ff.

60) 詳細は，R. Eckhoff, Grundrechtseingriff, 1992, S. 100 ff. ; Peine (N59), Rn. 29 ff. なお，近時新たに広い介入概念の支持を明らかにするものとして，M.

もっとも，これに対しては，あまりに広い介入概念を採用してしまうと，介入概念が持つ正当化の要否に関する選別機能が失われるという批判もある[61]。

　このような介入概念の拡張が議論されるなか，連邦憲法裁判所は，オショー判決において，次のように判示した。「基本権介入とは一般に，直接かつ目的的に，国家によって利用され，必要な場合には強制的に実施されるべき要請ないし禁止によって，したがって命令的に基本権上の自由の縮減となるような法形式をとった事象と解される」（BVerfGE 105, 279 [300]［判例Ⅲ 20：西原博史]）。ここでは，介入概念については，古典的概念を堅持している。それゆえ，政府による中立的とはいえない意見表明活動についても，法的形式性をもつものではないことなどを理由に介入には該当しないとする。

　介入にあたるかどうかは，法律規定の体系を考慮して判断される。禁煙法判決では，飲食店での喫煙禁止はまずは客に対して向けられているが，飲食店での喫煙禁止に関する法律規定の体系を顧慮すれば，飲食店経営者の職業遂行の自由に対する制約は単なる反射ではなく，「直接的な介入」にあたるとする（BVerfGE 121, 317 [345 f.]）。

　(2)　**その他の制約**　もっとも，連邦憲法裁判所は，古典的介入概念に含まれない不利益的な国家行為のすべてを，正当化を必要としないものとするわけではない。「介入と等価な基本権制約」であれば，正当化が必要となる（BVerfGE 105, 279 (303)［判例Ⅲ 20：西原博史]）。したがって，介入と「機能的に等価なもの」，つまり事実的ないし間接的な制約であっても，それが目標設定と効果において介入と同視されるものであれば，当該行為は正当化が必要ということになる。このような見解は，その後の第一部の判決においても継承されている（BVerfGE 113, 63；116, 202）。公共委託発注法におけるいわゆる協約賃金忠誠宣

　　　　Cornils, Von Eingriffen, Beeinträchtigungen und Reflexen, in : Detterbeck u. a. (Hrsg.), Festschtift für Herbert Bethge zum 70. Geburtstag, 2009, S. 139 ff. (158 f.).
　61）　H. Bethge, Der Grundrechtseingriff, VVDStRL 57 (1998), S. 74ff.；ders., Mittelbare Grundrechtsbeeinträchtigung, in : Merten/Papier (Hrsg.), Handbuch der Grundrechte, Bd. III, 2009, Rn. 44 ff. zu § 58.

言規定の合憲性が問題となった事件において，連邦憲法裁判所はさらに，「間接的な結果が法律上の規律の単なる反射にすぎず，そのような結果に向けて調整されたものではない場合には，基本権拘束にとって重要な，国家措置の介入と等価な効果に欠く」とする（BVerfGE 116, 202 [222]）。

以上から，判例は，不利益的な効果をもつ国家行為である制約を二分し，結果発生が法律の規律の反射（Reflex）にすぎないものについてはもはや正当化を要しないが，そのような反射にとどまらないものであれば，介入と機能的に等価なものとして，正当化が必要とされる。そのため，学説において提唱されていた広い介入概念と比べて，なお正当化の必要な国家行為の範囲を限定しているともとれる。

そこで規律の反射であるか否かをいかに判断するかが問題となるが，規律の目的に着目していると思われる[62]。例えば，協約賃金忠誠宣言規定について，直接に労働契約の内容を当事者に規範的に指定しているわけではないが，労働条件への影響が立法者の目的方向に含まれている点を考慮し，基本権と同視される制約があると認めている（BVerfGE 116, 202 [222 f.]）。

(3) **基本権の放棄**[63] 基本権の放棄（Grundrechtsverzicht）とは，「その法的効果が基本権上保護された地位の縮減をもたらすような基本権の担い手の意思表明」[64]である。国家機関による行為について基本権主体自身が当該行為に承諾を与えた場合，一定の条件を満たせば，その承諾自体が基本権行使にあたるとされる。そのため，当該国家行為に不利益的効果が帰属されることはなく（帰属の断絶），したがって制約にはあたらないとされる。

放棄の対象となるのは，特に明文の定めがない限り，基本的にはすべての基本権である。もっとも，基本権の客観的内容については，それが個人の主観的

---

62) 批判とともに，Cornils (N60), S. 147 ff. また，H. D. Jarass, in : Jarass/Pieroth, Rn. 29 zu Vorb. vor Art. 1（武市訳84頁以下）。

63) 基本権の放棄について詳細は，赤坂正浩「基本権の放棄の観念と自己決定権」同『立憲国家と憲法変遷』（信山社，2008年）287頁。

64) K. Stern, Der Grundrechtsverzicht, in : Stern. III/2, S.906.

保護ではなく他者や社会一般の客観的利益とかかわるものである場合には，放棄することができない[65]。

また承諾は，個別の行為態様，個別のケースについて，自由意思により行うものでなければならない。放棄の意思表明については，二義的でないことが求められる[66]。

2.3.3　内 容 形 成[67]

基本権の内容形成（Ausgestaltung）とは，最広義においては，基本権の事項的範囲にかかわるが，基本権の制約にはあたらないような様々なタイプの立法活動の総称であるとされる[68]。内容形成の留保規定の存在や基本権の規範構造上の理由から，立法者に対して基本権の内容形成を行う権限が認められることがある。例えば，法規範の創出を必要とする基本権（婚姻，結社，財産）やその他の一定の基本権（放送の自由，兵役拒否），また基本権の給付的機能や保護機能との関連で，そのような権限が認められる[69]。

法律が内容形成に該当する場合，一般に，基本権の制約にあたらないとされる。そのため，従来はそもそも正当化が不要とされたが，現在では正当化が行われる必要があるとする立場が多い。もっとも，その立場にあっても，比例原則の妥当範囲は限定されるとされる。また内容形成に関しては事態適合性が求められる。いずれにせよ，内容形成に関しては立法者に一定の形成余地が認められる。

もっとも，内容形成という形象を認めることに対しては，それが国家行為の

---

65)　Michael/Morlok, Rn. 535.
66)　Stern (N64), S. 914.
67)　基本権の内容形成について詳細は，小山剛『基本権の内容形成』（尚学社，2004年）。また，M. Cornils, Ausgestaltung von Grundrechte, 2005 ; C. Bumke, Ausgestaltung von Grundrechten, 2009.
68)　C. Degenhart, Grundrechtsausgestaltung und Grundrechtsbeschränkung, in : Merten/Papier (Hrsg.), Handbuch der Grundrechte, Bd. III, 2009, Rn. 9 zu § 61.
69)　H. D. Jarass, in : Jarass/Pieroth, Rn. 34 zu Vorb. vor Art. 1（武市訳86頁以下）。

制約的性格を隠蔽し，また正当化要求を軽減させてしまうとして，批判するものもある。また，その実践的意義について懐疑を示すものも存在する[70]。このような立場では，内容形成にあたるような行為であったとしても，制約的効果が認められる限り，できる限り通常の防御権の三段階審査に従うべきであるとされる。

2.4 正 当 化

　基本権の拘束（基本法1条3項）の観点からすれば，基本権の制約を安易に認めれば基本権が空転することになることから，これを防ぐ必要がある。他方，明文により制約可能性を認める規定もあり，また基本権相互の衝突を調整し，また公共の利益と調整する必要の観点から，制約が認められるべきこともまた認められうる。そこで基本権の拘束と制約の必要の相互を調和させることが求められる。

　連邦憲法裁判所によれば，ある法律が自由権を有効に制約するためには，形式，実質において憲法に適合していなければならないと考えられている（一般的行為自由について，BVerfGE 6, 32［判例Ⅰ4：田口精一］）。形式的正当化においては，憲法が課す権限や手続上の要件を満たしていること，また法律について一定の形式をとることなどが求められる。実質的正当化において重要なのは，比例原則の要求を満たすこと，また基本権の本質的内容を侵さないことなどである[71]。

---

70)　Michael/Morlok, Rn. 43.
71)　また，実質的正当化の中では，憲法適合的解釈の可能性についても検討がなされる（例えばBVerfGE 128, 326）。憲法適合的解釈についてはⅣ 4.5 参照。

2.4.1　形式的正当化

(1) 法律の留保[72]

a) 制約可能性　基本権制約が正当化されるためには，まずそもそも基本権制約の可能性が憲法により認められる必要がある。

基本権規定自体が，当該基本権の制約可能性を認めたり規律の可能性を認めて，立法者にその授権を行っている場合がある。これを基本権上の法律の留保（Gesetzesvorbehalt）という。基本権上の法律の留保には，単に「法律によりまたは法律に基づいて」制約することができるなどという形で法律への授権を行う単純な法律の留保（einfacher Gesetzesvorbehalt）と，制約可能性をさらに厳格な条件でのみ認める特別の法律の留保（qualifizierter Gesetzesvorbehalt）がある。また，法律によらず，憲法が直接に制限を設けている場合，これを特に憲法直接的制限（verfassungsunmittelbare Schranke）という。

単純留保，特別留保つきの基本権に対し，留保条項を一切設けない基本権規定もある。これを留保なき基本権（Grundrecht ohne Vorbehalt）という。制約可能性を認める留保が付されていない以上，制約が認められないようにも思われるが，判例上，衝突する憲法上の法益保護のための介入は認められると解されている。たとえば，留保なき基本権の一つである基本法4条1項が保障する信仰の自由について，「制約は憲法それ自体から生じるものでなければならない。これには，第三者の基本権ならびに憲法ランクを持った共同体の利益が含まれる」とする（BVerfGE 108, 282 [297]［判例Ⅲ 21：渡辺康行］）。留保なき基本権に認められるこのような制限を，憲法内在的制限（verfassungsimmanente Schranke）といい，これは憲法の体系的解釈から認められる。

b) 法律の根拠の要求　基本権上の法律の留保規定は，法律への制約可能性の授権であるとともに，制約が法律によりまたは法律に基づいて行われることを

---

72)　F. Ossenbühl, Vorrang und Vorbehalt des Gesetzes, in : Isensee/Kirchhof V ; P. Lerche, Vorbehalt des Gesetzes und Wesentlichkeitstheorie, in : Merten/Papier, Handbuch der Grundrechte, Bd. III, 2009.

求める。つまり，形式的法律により直接に制約されるか，または形式的法律の根拠に基づいて下位の規範や行政行為によって制約される。

　留保なき基本権について衝突する憲法規定により制約を行う場合には，法治国原理（および民主制原理）に基づき，やはり法律によりまたは法律に基づくことが必要とされる（一般的法律の留保）。

　法律の留保からは，「立法者は基本的な規範的領域においては一切の本質的決定を自ら行わなければならない」との要請が引き出される（BVerfGE 49, 89 [126]［判例Ⅰ 61：高田敏］）。これは本質性理論と呼ばれる[73]。特に，基本権領域では，基本権実現にとって重要な規律を立法者は自ら行うことが求められる（BVerfGE 98, 218 [251]［判例Ⅲ 6：斎藤一久，判例Ⅲ 86：根森健］；108, 282 [311]［判例Ⅲ 21：渡辺康行］）。

　ここで，法律の留保の要請からは，一定の事項的対象が法律により規律されなければならないことが要求されるのみならず，法律の規律密度が一定水準に達することまでが求められる（議会留保（Parlamentsvorbehalt））。規律の明確性の程度についても，本質性の程度，すなわち事物領域と規律対象の特性に応じて変化するとされ（BVerfGE 111, 191 [217]），また「基本権関連性が強ければ強いほど，公衆にとって問題が重要であればあるほど，詳細かつ厳密に法律による規定がなされなければならない」とされる[74]。

　(2)　**明確性の要請**[75]　明確性の要請（Bestimmtheitsgebot）は法文の十分な確定性を要求する。判例によれば，「執行部の行政行為に関する法律の授権が，内容，目的および範囲について十分に確定しかつ限定されており，したがって行政作用が測定可能で一定の範囲で国民にとっても予測可能で計算可能にな

---

73)　本質性理論については，大橋洋一「法律の留保学説の現代的課題」同『行政の行為形式』（弘文堂，1993年）1頁。

74)　なお，K.-H. Ladeur/T. Gostomzyk, Gesetzesvorbehalt im Gewährleistungsstaat, Die Verwaltung 36 (2003), S. 149 参照。

75)　法律の明確性については，形式的正当化と実質的正当化のいずれに位置づけるかについては争いがある。

る」ことが要求される（BVerfGE 110, 33 [53 f.]）。このような要求は，基本法80条1項2文に基づき，法規命令の授権に関する法律についても妥当する。

　明確性の要請の要求水準は，規律がもたらす影響の大きさに相関する（BVerfGE 110, 33 [55]）。

　以上のような内容は，法律の留保の要求内容と重なり合う（BVerfGE 49, 89 [126 f.]［判例Ⅰ61：高田敏］も参照）。もっとも，明確性の要請は法文すべてに要求されるものであって，その点で法律の留保の射程範囲よりも広い[76]。

　なお，規範相互の関係がはっきりとしていることが求められるという意味における明確性（Klarheit）も要求される（BVerfGE 99, 216 [243]）。

　(3)　**個別法律の禁止**[77]　基本法19条1項1文は，法律による，または法律に基づく基本権制限につき，法律が一般的であること，個別事件にのみ適用されるものではないことを要求している。これを個別法律の禁止（Verbot des Einzelfallsgesetz）という。これは，差別的な特別法により自由権が恣意的に侵害されることを防ぐためにある。また権力分立を保障するものであるとされる[78]。ここでいう法律とは，形式的法律を指す。

　法律の一般性とは，法律上の要件の定め方が抽象的であって，当該法律がどのような事件にどれだけ適用されるのかを読み取ることができず，したがって法的効果の発生が一回的なものにとどまらない可能性があることである（BVerfGE 10, 234 [242]；99, 367 [400]）。もっとも，要件が一般的な形で定められていても，立法者の意図および事態の状況から見て具体的な個別の一事件ないし一群の事件だけを射程にしている場合には，個別法律であるとされる（BVerfGE

---

76)　H. D. Jarass, in : Jarass/Pieroth, Rn. 57 zu Art. 20.
77)　個別法律の禁止が形式的正当化と実質的正当化のいずれに位置づけられるべきかについては争いがある。
78)　C. Hillgruber, Isensee/Kirchhof IX, Rn. 39 zu §201. J. Lege, Das Verbot des Einzelfallgesetzes, in : Merten/Papier, Handbuch der Grundrechte, Bd. III, 2009, Rn. 18 zu §66は権利保護の保障（19条4項）との関連で，権力分立上の意義について指摘する。

10, 234 [244 f.])。また，特定個人に対してのみ法的効果が生じることとした法律も，もちろん認められない（BVerfGE 25, 371 [396]［判例Ⅰ54：菟原明]）。

個別法律の禁止には，例外もある。事態の性質からしてその種の事件が一回的にしか発生せず，かつそのような単一的な事態について規律を行うことに実質的な理由がある場合には，例外が認められる（BVerfGE 85, 360 [374]）。

なお，判例上は，個別法律の禁止は，単純留保つき基本権に対してのみ適用しており，特別留保つき基本権や留保なき基本権にまではその適用範囲を拡張していない（BVerfGE 25, 371 [398]［判例Ⅰ54：菟原明]；83, 130 [154]［判例Ⅱ29：芹澤齊]）。これに対して，個別法律の禁止のもつ意義に鑑みて，また基本権上の留保規定の置き方が偶然の産物の部分も大きく，現にすべての基本権制約について法律の根拠が必要とされていることから，基本権全般にまで及ぼすべきとの見解も学説では有力である[79]。

(4) **挙示義務** 法律により基本権を制限する場合には，制約する基本権の条項をあげなければならない（基本法19条1項2文）。これを挙示義務（Zitiergebot）という。基本権の条項をあげる場合，単に法案理由書の中に書かれていればよいというものではなく（BVerfGE 113, 348 [367]［判例Ⅲ43：西原博史]），当該挙示が，基本権を制約する法律規定と関連があることが認識可能なものでなければならない[80]。もっとも，挙示が必要な基本権制限は，立法者が意図したもの，あるいは意図はしていなかったとしても予測可能であったものに限られ，予測できない制約はこれにあたらない。

挙示義務についても，判例上は留保つきの基本権についてのみ適用されるとされ（BVerfGE 83, 130 [154]［判例Ⅱ29：芹澤齊]），また基本権内在的制限についても適用されないとされる（BVerfGE 64, 72 [79 f.] 参照）。挙示義務の適用範囲の限定に対して，挙示義務のもつ立法手続上の慎重さの確保機能などの観点から，むしろ（一般的行為自由や平等原則を除いて）基本権制限一般に適用範囲を広

---

79) J. Lege (N78), Rn. 13, 119；G. Kirchhof, Die Allgemeinheit des Gesetzes, 2009, S. 213.

80) C. Hillgruber, in : Isensee/Kirchhof Ⅸ, Rn. 48 zu § 201.

げるべきとの見解も多い[81]。

2.4.2 実質的正当化

(1) **比例原則** 基本権制約に対する実質的正当化の中心となるのが比例原則（Verhältnismäßigkeit）の審査である。比例原則の根拠として，法治国原理や基本権の本質などがあげられる（BVerfGE 19, 342 [348 f.]）[82]。その内容については，若干の争いはあるものの，制約目的の正当性を前提に，手段の適合性，必要性，狭義の比例性（均衡性・適切性・相当性）があげられる[83]。

比例原則の審査にあたっては，審査密度も問題となる。とくに適合性や必要性の判断にあたり，立法者について予測や評価の余地が認められるからである（BVerfGE 116, 202）。これについてはⅥ．3．4を参照。そのため，領域ごとに比例原則の部分原則の具体化とその適用方式は異なりうることには注意が必要である。

a) 目的の正当性 比例原則の審査にあたっては，当該規制により追求される目的が正当なものであることが前提とされる（BVerfGE 104, 337 [347]［判例Ⅲ48：近藤敦］）[84]。それゆえ，規制目的を認定し，それが正当なものであるかが判

---

81) P. Axer, Zitiergebot, in : Merten/Papier, Handbuch der Grundrechte, Bd. III, 2009, Rn. 25 ; C. Hillgruber, in : Isensee/Kirchhof, Rn. 45 zu § 201.
82) 比例原則について文献を含めて詳細は，柴田憲司「憲法上の比例原則について（一〜二・完）」法学新報116巻9・10号（2010年）183頁，D. Merten, Verhältnismäßigkeitsgrundsatz, in : Merten/Papier (Hrsg.), Handbuch der Grundrechte Bd. III, 2009, Rn. 24 ff. zu § 68.
83) H. D. Jarass, in : Jarass/Pieroth, Rn 47 zu Vorb. vor Art. 1（武市訳91頁）; C. Hillgruber, in : Isensee/Kirchhof, Rn. 51 zu § 201 ; Alexy (N32), S. 100 ff. ; なお，B. Schlink, Der Grundsatz der Verhältnismäßigkeit, in : Badura/Dreier (Hrsg.), Festschrift 50 Jahre Bundesverfassungsgericht, Bd. II, 2001, S. 445 ff. (449 ff.) ; メルテンは，期待可能性（Zumutbarkeit）を狭義の比例性から独立した要素として，5段階での審査を要求する。Merten (N82), Rn. 52 zu § 68.
84) 目的の正当性審査の位置づけについては，比例原則の中に含めるか，それとも比例原則の外側に位置づけるかについて，争いがあるが，いずれにせよ，適

断されなければならない[85]。

　まず、規制目的の認定について、とくに法律の場合、立法者が観念した主観的な目的に依拠しなければならないのか[86]、それとも連邦憲法裁判所が立法者は観念していなかった目的を新たに確定することもできるのかについては争いがある[87]。とくに立法者の主観的目的によっては当該立法を正当化できない場合に議論となる。この点につき、連邦憲法裁判所の態度は一貫しておらず、もっぱら主観的目的に依拠するもの（平等審査に関連して、BVerfGE 93, 121 [147]［判例Ⅱ 47：中島茂樹］）、立法者が示していない客観的な目的を認定し、これに基づいて審査を行うもの（BVerfGE 75, 246 [268]）に分かれている。

　次に、認定された規制目的の正当性の判断である[88]。連邦憲法裁判所はこの点について、「基本的には、憲法上排除されない一切の公的利益は正当である。その際、いかなる目的が正当かは、介入されているそのつどの基本権にも左右される。特に、そのつどの基本権に含まれている自由の原理それ自体の廃止は、正当なものとはいえない」とする（BVerfGE 124, 300 [331]）。それゆえ、基本法が明文で禁止する目的を設定することはできない。

　また、規制目的となる公的利益は、憲法上のランクをもつことを必ずしも必要としないが、目的の正当性判断にあたっては、とくに留保規定の形式が重要となる[89]。単純留保つきの基本権では、違憲でない一切の目的が正当なものと

　　　合性・必要性・狭義の比例性の前段階で審査される。
　85）　目的の正当性の審査の詳細な研究として、柴田憲司「比例原則と目的審査」法学新報 120 巻 1・2 号（近刊）。
　86）　立法者の観念した立法目的の認定方法について詳細は、柴田（注 85）。
　87）　主観説として、R. Wernsmann, Wer bestimmt den Zweck einer grundrechtseinschränkenden Norm - BVerfG oder Gesetzgeber?, NVwZ 2000, S. 1360. 客観説として、Groß, KJ 35 (2002), S. 1 ; W. Cremer, NVwZ 2004, S. 668. さらに、連邦憲法裁判所の立法権という観点から客観説を採るものとして、J. Vollmeyer, Zweckprüfung und Zwecksetzung, DÖV 2009, S. 55.
　88）　この点については、青柳幸一「審査基準と比例原則」戸松秀典・野坂泰司編『憲法訴訟の現状分析』（有斐閣、2012 年）117 頁以下（130 頁以下）参照。
　89）　なお、C. Bumke, Grundrechtsvorbehalt, 1998 も参照。

なる。特別留保つき基本権の場合は，基本的には当該規定においてあげられた目的のみが正当な目的とされる。留保なき基本権については，他者の基本権の保護または憲法ランクをもったその他の公共の利益の保護のみが正当な目的となりうる（BVerfGE 108, 282 [297]［判例Ⅲ 21：渡辺康行]）。つまり，直接憲法に根拠をもつもののみが正当目的とされうるが，憲法上の権限規定を正当目的とすることができるかについては争いがある[90]。

さらに，規制は自由行使それ自体が害悪であることではなく，何らかの法益保護目的のために行われるものでなければならないとされる。これは自由の原理の廃止となるからである。それゆえ，パターナリスティックな保護（自分自身からの保護）には，目的の正当性が基本的には認められないとする見解もある[91]。

なお，目的の正当性の判断にあたり，立法者による目的の設定が事実や経験等に照らして合理的かどうかが判断されることもある。例えば，禁煙法判決では，受動喫煙による健康被害の危険からの保護という立法目的について，受動喫煙により健康被害の危険が生じるとの評価が専門的知見に照らして十分な事実的基礎があるとされた（BVerfGE 121, 317 [352]）。

b) 手段の適合性 基本権制約は，制約目的を達成するためにふさわしいものでなければならない（BVerfGE 109, 279 [336]［判例Ⅲ：平松毅]）。ここで，目的達成にとっての適合性（Geeignetheit）を判断するにあたっては，目的達成の可能性があれば十分であり（BVerfGE 103, 293 [307]）また，目標達成に寄与するものであればよいとされる（BVerfGE 121, 317 [354]）。実施が困難であるかも重要ではない（BVerfGE 110, 141 [164]［判例Ⅲ 50：門田孝]）。そのため，全く目的達成に役に立たないものでない限り，適合性がないとはされない。また立法者によって選択された手段のほかに他の適合的な措置が存在したかどうかについては判断されない[92]。

---

90) C. Hillgruber, in：Isensee/Kirchhof IX, Rn. 59 zu § 201.
91) C. Hillgruber, Das Schutz des Menschen vor sich selbst, 1992, S. 111 ff.; ders, in：Isensee/Kirchhof IX, Rn. 58 zu § 201；Merten (N82), Rn. 53 zu § 68.

c) **手段の必要性** ある手段が目的達成のために必要（erforderlich）であるためには，目的達成にとって同等の結果が，より深刻な制限とならないような手段によっては達成できないことが求められる（BVerfGE 80, 1 [30]）。また，より緩やかな手段は，第三者や社会に対してより強い負担を負わせるものであってはならない（BVerfGE 113, 167 [259]）。それゆえ，市民の側は，自分にとってより緩やかな手段であるようなものをあげて，国家に対して，自分に対する介入の代わりに第三者の基本権に介入するような手段の投入を指示することはできないとされる[93]。三極関係について，基本権介入の必要性がないとされるのは，より制限的な介入によっても十分な保護が与えられうる場合に限られるとされる[94]。

また，特に多極的法関係においては，そのつど様々な制約や授益の可能性を顧慮しなければならない。そのため，「衝突する法益のすべてについてよい結論となるような解決が明らかでない限り」，適合性と必要性は認められる（BVerfGE 115, 205 [233 f.]）。

d) **狭義の比例性・適切性** 狭義の比例性（Verhältnismäßigkeit in engeren Sinne）の要請（適切性の要請（Angemessenheit））によれば，問題となる基本権制約が「基本権の重要性および意義と適切な関係に立つ」ことが求められるとされ（BVerfGE 67, 157 [173, 175]），また，「介入の深刻さが全体衡量の際に，介入を正当化する根拠の重要性と釣り合いが取れないものであってはならないことを要求する」ものとされる（BVerfGE 115, 320 [345 f.]）。したがって，狭義の比例性は，①介入の重大性の判断，②目標の重要性の判断，③両者の衡量というプロセスを経て判断されることになる（BVerfGE 116, 202 参照）。介入強度の判断では，「どれだけの基本権主体がどれだけの強度の制約にさらされているか，そしていかなる要件の下でこれが行われるか」がとりわけ重要である（BVerfGE 115, 320 [347]）。また，間接的制約であることは，介入の重大性の緩和要素となりうる（BVerfGE 116, 202）。目的の重要性判断では，当該目的が憲法上の法益

---

92) Merten (N82), Rn. 65 zu § 68.
93) C. Hillgruber, in : Isensee/Kirchhof, Rn. 64 zu § 201.
94) C. Hillgruber, in : Isensee/Kirchhof, Rn. 65 zu § 201.

かどうかは考慮要素となる。なお，これらの判断にあたっても，立法者には一定の余地が認められる。

狭義の比例性は最も重要な部分要請であり[95]，連邦憲法裁判所の判例は特に近年，狭義の比例性審査を重視しているともいわれる[96]。もっとも，狭義の比例性審査，つまり衡量判断に対しては，客観的な基準がなく主観的，恣意的であるなどとして，その利用可能性について批判が提起されることも多い[97]。これに対して，衡量の構造を明らかにし，衡量プロセスを合理化・客観化しようとする試みもある[98]。

(2) **本質内容保障**　基本権の本質内容を侵すような基本権制約はいかなる場合も許されない（基本法19条2項）。この本質内容保障は，いわばすべての基本権制約の絶対的限界を設定している[99]。

本質内容保障については，個々の基本権主体との関連で捉えられるべきか（主観説），それとも具体的な基本権主体から独立に，客観的に捉えられるべきか（客観説・制度的アプローチ）が問題となる[100]。制度的保障論との関連から，本質内容保障は立法者が基本権を実質的に破棄することから保護しているとする客観説的立場もかつては主張されたが[101]，現在では基本権個人主義の観点から，主観説の立場が有力である[102]。もっとも，判例の立場は必ずしも明らかで

---

95) Jarass, in : Jarass/Pieroth, Rn. 86 zu Art. 20.
96) なお，Möllers (N48).
97) C. Hillgruber, in : Isensee/Kirchhof, Rn. 78 ff. zu § 201.
98) 例えば，R. Alexy, Die Konstruktion der Grundrechte, in : Clerico/Sieckmann (Hrsg.), Grundrechte, Prinzipien und Argumentation, 2009, S. 9 ff.
99) C. Hillgruber, in : Isensee/Kirchhof, Rn. 98 zu § 201.
100) A. Leisner-Egensperner, Wesensgehaltsgarantie, in : Merten/Papier (Hrsg.), Handbuch der Grundrechte, Bd. III, 2009, Rn. 18 ff. zu § 70 ; C. Hillgruber, in : Isensee/Kirchhof, Rn. 102 ff. zu § 201. また C. Drews, Die Wesensgehaltsgarantie des Art. 19 II GG, 2005.
101) P. Häberle, Die Wesensgehaltsgarantie des Art. 19 Abs. 2 GG, 3. Aufl. 1983 参照。
102) なお，両説を結合させる立場もある。これについては，Leisner-Egensperner (N100), Rn. 23 f. zu § 70.

はない。

　基本権の本質内容は，基本権ごとに画定されることになるが，この画定にあたり，対抗利益が考慮されるか否かにより，絶対説と相対説に分かれる[103]。相対説は対抗利益の考慮を認めることになるが，この場合，比例原則・衡量に基づいて本質内容が画定されることになる。それゆえ，本質内容保障には宣言的意味のみが認められるとされることもある。これに対し絶対説は，19条2項の文言が「いかなる場合も」としている点に着目し，また，相対説に立つと本質内容保障がもつ独自の意味が失われるとして，基本権には，いかなる制約からも保護される部分があるとする。この立場からすれば，比例原則上は合憲であるとしてもなお違憲となる部分が存在しうるとされる。もっとも，相対説からは絶対的な内容をいかに確定するのかが明らかでないとの批判がなされる。

　連邦憲法裁判所の立場の理解については争いがあり，相対説と解するものもあるが，多くは絶対説であるとみる[104]。連邦憲法裁判所は，本質内容保障と比例原則を区別して扱っている（BVerfGE 84, 212 [228]）。もっとも，航空安全法判決では，当該事件の場合には，生命権の本質内容は，「第三者の重大な保護利益が介入を正当化し比例原則を守っている限り，基本権介入によって侵害されることはない」と判断している（BVerfGE 115, 118 [165]；また，BVerfGE 109, 133 [156]［判例Ⅲ3：押久保倫夫］)。

　いずれにせよ，現在では，本質内容保障の実践的意義は乏しいとされる。ほとんどの基本権の保護作用は，比例原則によって尽くされているからである。

---

103)　R. Alexy (N32), S. 267 ff.; Leisner-Egensperner (N100), Rn. 25 ff. zu §70.
104)　Leisner-Egensperger (N100), Rn. 34 ff, 42 ff. zu §70.

3. 審査範囲・審査基準・審査密度

3.1 実体法的アプローチと機能法的アプローチ

　連邦憲法裁判所は，基本法の権限カタログに基づいて国家行為の憲法適合性を審査する。もっとも，その権限の広範性から，また憲法解釈権を自らもつことから，常に「司法国家」への危険が指摘され[105]，またその権限に一定の限界づけを行うための議論が展開されてきた（Ⅰ1.2，Ⅰ1.4，またⅤ2.4.2参照）。そして，連邦憲法裁判所の権限の限界設定について，二つのアプローチに大別されることが多い[106]。

　まず第一が実体法的アプローチ（materiell-rechtlicher Ansatz）とも呼ばれる立場である。この立場によると，憲法裁判所の審査範囲や密度については，憲法上の実体規定たる審査基準の定めがどの程度の具体的内容を持っているかに応じて異なるものとされる。つまり，憲法裁判所が解釈[107]により明らかにした

---

105) E.-W. Böckenförde, Grundrechte als Grundsatznormen (1990), in : ders., Staat, Verfassung, Demokratie, 2. Aufl. 1992, S. 159 ff. (192) のほか，例えば，M. Jestaedt, Bundesverfassungsgerichtspositivismus, in : Festschrift für J. Isensee, 2002, S. 183 ff. また，W. Knies, Auf dem Weg in den "verfassungsgerichtlichen Jurisdiktionsstaat"?, in : Festschrift für Klaus Stern zum 65. Geburtstag, 1997, S. 1155 ff. 渡辺康行「ドイツ連邦憲法裁判所とドイツの憲法政治」栗城壽夫ほか編集代表『ドイツの憲法判例Ⅰ（第2版）』(信山社，2003年) 3頁以下，宍戸（注1）225頁以下なども参照。

106) 概観として，Schloich/Korioth, Rn. 506 ff. ; A. Voßkuhle, in : Mangoldt/Klein/Starck, Rn. 38 ff. zu Art. 93 ; 宍戸（注1）236頁以下，岡田俊幸「ドイツにおける『憲法裁判権の限界』」憲法理論研究会編『法の支配の現代的課題』(敬文堂，2002年) 51頁，渡辺（注105）13頁以下。

107) 連邦憲法裁判所もまた，伝統的な解釈方法（文言解釈，論理解釈，体系的解釈，歴史的解釈）が利用できることは前提としている（BVerfGE 60, 319 [325];

憲法の実体規定の意味内容がどれだけ詳細かによって，憲法裁判所の審査範囲や密度が定まるのである。もっとも，このような議論に対しては，①連邦憲法裁判所に事実上の権限についての権限が認められ[108]，自ら審査基準や権限規定を解釈により広げたり狭めたりすることで，自らの権限を自由に規定することができ，憲法の拘束から外れてしまう[109]，②一般の裁判所の判決に対する審査範囲の問題や様々な判決の方法が認められていることなど，判例実務を十分に説明できない[110]，などの批判がなされる。

これに対して主張されたのが，機能法的アプローチ (funktionell-rechtlicher Ansatz) である[111]。機能法的アプローチは，論者によりその理論上の位置づけ[112]や「機能」理解，また射程が異なることもあり，具体的な内容については

    67, 100 [128 ff.]［判例Ⅰ 85：岩間昭道］)。もっとも，憲法解釈の際にこれらの古典的方法がどれだけ有用かについては批判もある。例えば，G. Roellecke, Aufgaben und Stellung des Bundesverfassungsgerichts im Verfassungsgefüge, in: Isensee/Kirchhof III, S. 1215. オッセンビュールは，連邦憲法裁判所は，伝統的な解釈方法のほか，憲法の性格から特に引き出される解釈論拠も用いているとする。F. Ossenbühl, Grundsätze der Grundrechtsinterpretation, in: Merten/Papier (Hrsg.), Handbuch der Grundrechte, Bd. I, 2004, Rn. 9. 連邦憲法裁判所の憲法解釈の方法については，渡辺康行「ドイツ連邦憲法裁判所の憲法解釈方法論」菅野喜八郎先生還暦記念『憲法制定と変動の法理』（木鐸社，1991年）517頁以下。また連邦憲法裁判所による法律解釈の方法については，A. Bleckmann, Zu den Methoden der Gesetzesauslegung in der Rechtsprechung des BVerfG, JuS 2002, S. 942 ff.

108)　Schlaich/Korioth, Rn. 506 参照。
109)　A. Rinken, AK, Rn. 93 zu Vor Art. 93.
110)　A. Voßkuhle, in: Mangoldt/Klein/Starck, Rn. 39 zu Art. 93.
111)　「実体法的」，「機能法的」の対置は，憲法解釈の原理について論じた H. エームケに由来する (H. Ehmke, Prinzipien der Verfassungsinterpretation, VVDStRL 20 (1963), S. 53 (72 ff.))。エームケは，機能法的解釈原理について論じる際に，当時のアメリカの議論，とくに政治問題の法理を援用している。
112)　機能法的アプローチには，一般的な法学方法論上のレベルでの議論，憲法解釈の一般的なレベルでの議論（憲法の機能法的縮小），権限分配，特に憲法裁判権の限界を画するレベルでの議論（憲法裁判所の審査権限の機能法的限定）と

様々な見解がありうる[113]。もっとも，連邦憲法裁判所の権限を限界づける際に用いられる機能法的アプローチの一般的な特徴としては，①権力分立の視点の重視（とくに機関適合的権力分立観の採用），②憲法裁判所の基本法の機能秩序への組み込み，③憲法の実体規定の解釈における機能法的観点の顧慮の要請などがあげられうる。

機関適合的権力分立観を端的に示した判決が，核兵器配備判決（BVerfGE 68, 1）である。同判決によれば，権力分立原則は，高権的権力の行使を限定し抑制するのみならず，誰が最も適切な判断ができるかという点をも指向するとする。「基本法20条2項において原則として規範化された権力の組織的および機能的な区別と分離は，特に，政治的な力と責任の配分そして権力の担い手のコントロールに役立つ。この区別と分離はまた，国家による決定が可能な限り正しく行われること，つまりその組織，構成，機能および手続方法からして，決定を行うについて最善の条件を利用できる機関によって行われることを目指しており，そして権力の抑制を全体としてもたらそうとするのである」（BVerfGE 68, 1 [86]）。このような権力分立の考え方は，学説においても広くみられるところである[114]。このような機関適合的権力分立観に照らしてみると，例えば，立法者は事前的な政治的形成者であるのに対し，連邦憲法裁判所は事後的な司法的統制者であるとされ，前者は民主的プロセスの中で開かれた形で公共の利

に分かれる。この点については，K. Chryssogonos, Verfassungsgerichtsbarkeit und Gesetzgebung, 1987, S. 151 ; O. Bryde, Verfassungsentwicklung, 1987, S. 303 ff. を参照。

113) W. Heun, Funktionell-rechtliche Schranken der Verfassungsgerichtsbarkeit, 1992, 13 ff.

114) この点については，U. Di Fabio, Gewaltenteilung, in : Isensee/Kirchhof II, Rn. 10 zu §27 ; 村西良太『執政機関としての議会』（九州大学出版会，2011年）。また，C. Möllers, Gewaltengliederung, 2005 ; ders., Dogmatik der grundgesetzlichen Gewaltengliederung, AöR 132 (2007), S. 493ff. ; ders., Die drei Gewalten, 2009 M. Cornils, Gewaltenteilung, in : Depenheuer/Grabenwarter (Hrsg.), Verfassungstheorie, 2010, S. 657ff (683ff.) も参照。

益を追求し，決定を行っていくのに対し，後者は司法形式によりを行うことが求められるとされる[115]。この場合，ある一定の事項が連邦憲法裁判所の機関特性たる司法形式性に合わず，それゆえ憲法裁判所の判断に適さないとして，憲法裁判所の審査範囲を限定し，あるいは機能的に見て他の機関により判断の適性があるとして審査密度を弱めるのである。

機能法的アプローチに対する批判も，対象自体の多様性に応じて，極めて多角的になされているが[116]，基本的な点としては，①機能法的アプローチは判例の説明のモデルなのか，あるいはあるべき指針を示すものであるのかが明らかでない，②また場合に応じて異なる権限構造の側面が前面に押し出されるため，理論的な説明としてはともかく，実務に対する指針を提供する力に乏しい点[117]，③機能法的アプローチの背後には，憲法の解釈をいわば具体化・法創造と捉える理解があるが，方法論的にみて必ずしも適切ではないこと[118]，などがあげられる。

この二つのアプローチの違い，特に機能法的アプローチの採用の可否の問題は，様々な分野の解釈論にまで影響を及ぼしうる。具体的には，判決の手法（例えば警告判決，また憲法適合的解釈），判決に対する憲法異議の審査範囲，審査基準の解釈（審査規範・行為規範の区別，基本権の解釈など），立法者の事実認定・

---

115) 司法形式性について，①受動性，②審査（統制）と廃止権，③法適用，現行法への拘束，④自らによる目的的考慮の排除，⑤自らが作りだしたわけではないケースに応答すること，⑥回顧的視点，⑦決定の当該事例限定性，⑧再審査は別の事例に際してのみ行われること，などを特質としてあげる見解がある。P. Austermann, Die rechtliche Grenzen des Bundesverfassugsegerichts im Verhältnis zum Gesetzgeber, DÖV 2011, S. 267 ff (269). 司法形式性については，Ⅰ 1. 1. 2 (3) も参照。

116) 例えば，M. Raabe, Grundrechte und Erkenntnis, 1998 ; M. Jestaedt, Grundrechtsentfaltung im Gesetz, 1999.

117) A. Voßkuhle, in : Mangolt/Klein/Stark, Rn. 41 zu Art. 93. なお，H.-P. Schneider, Verfassungsgerichtsbarkeit und Gewaltenteilung, NJW 1980, S. 2103 ff. (2104 f.).

118) M. Jestaedt (N116).

予測の審査密度,判決の効力などがあげられる[119]。

3.2 審査範囲

連邦憲法裁判所は,各手続との関連で,その審査対象を異にするところがあり,それぞれについてはすでに各所で説明がある。以下では,比較的共通点が多い立法者に対する審査および執行部に対する審査との関係で,連邦憲法裁判所の審査範囲について確認する[120]。

3.2.1 立法部に対する審査

まず,立法の結果としての規範については,当然ながら,審査が及ぶ（結果審査）[121]。

問題となるのは,立法手続・立法過程について連邦憲法裁判所の審査が及ぶかどうかである（手続審査・行為審査）。このうち,事実認定の瑕疵については審査が及ぶものと解されるが[122],その他の点についてまで審査できるかどうかには争いがある。

この議論の端緒となったのは,共同決定判決（BVerfGE 50, 290［判例Ⅰ 49：栗城壽夫］),そしてこれと同時期の一部の学説の議論である。共同決定判決では,立法者に対する手続的要求として,入手可能な資料の適正かつ主張可能な判断に定位することが求められた（主張可能性審査）。そして比較法的検討がなされたこと,共同決定委員会の詳細な報告に基づく勧告が法律の中に組み込まれていたこと,包括的な聴聞がなされたことなどをあげて,その要求を満たしたも

---

119) W. Heun (N113). 判決の手法との関連ではⅣ 4,判決に対する憲法異議の審査範囲との関連ではⅤ 1. 5. 2,基本権の解釈との関連ではⅥ 1,判決の効力との関連ではⅣ 5 をそれぞれ参照。
120) 判決に対する憲法異議との関係での連邦憲法裁判所の審査範囲と審査密度については,Ⅴ 2.1.5。
121) なお,立法不作為をめぐる問題については,Ⅴ 1.2.4 参照。
122) 例えば,BVerfGE 106, 62 (150).

のと判断した（BVerfGE 50, 290 [334]）。

　共同決定判決の前後，学説では，特に立法学や機能法的アプローチなどとも結びついて，立法の手続的・過程的な合理性を要求する立場も一部に見られた[123]。この立場によれば，十分な経験的データや経験則の知識の収集，専門的知識，法益衡量の真摯性などが立法手続・過程に対して求められる。しかし，基本法76条以下に定める立法手続に関する規定を遵守しているかどうかは憲法問題となるが，それを超えて立法過程の合理性を憲法が要求しているとみることはできないとして，消極に解する見解が多かった[124]。この立場からすれば，審査は基本的に立法過程の産物としての法律に限定されるものとなる。また，連邦とラントの間の財政調整に関する法律の合憲性が問題となった事件において，連邦憲法裁判所は，「憲法裁判所による審査に服するのは，立法者の決定それ自体に限られる」（BVerfGE 86, 148 [241]）と明言したこともあった。

　もっとも，連邦憲法裁判所が共同決定判決以外では立法手続・立法過程について審査を及ぼしていなかったわけではなく，また近時でも，立法手続・過程に着目した判決がみられる。

　例えば，企業税改革促進法3条4号aの制定手続における両院協議会の決定勧告が憲法上の権限の限界を超えるとして違憲と判断している。同判決では，

---

123) G. Schwerdtfeger, Optimale Methodik der Gesetzgebung als Verfassungspflicht, in : Festschrift für Ipsen, 1977, S. 173 ff. 同論文については，岡田俊幸「判断過程統制の可能性」法律時報83巻5号（2011年）56頁以下。また，H.-P. Schneider (N117), S. 2103 (2105)。H.-P. シュナイダーの見解について，畑尻剛「国家賠償請求訴訟における立法行為の憲法適合性」中央ロー・ジャーナル（2008年）25頁以下。A. Burghart, Die Pflicht zum guten Gesetz, 1996, S. 181, 201 ff.

124) W. Geiger, Gegenwartsprobleme der Verfassungsgerichtsbarkeit aus deutscher Sicht, in : Berberich u. a. (Hrsg.), Neue Entwicklungen im öffentlichen Recht, 1979, S. 131 (141) ; C. Gusy, Das Grundgesetz als normative Gesetzgebungslehre?, ZRP 1985, S. 291 (295 ff.) ; Schlaich/Korioth, Rn. 541 ff. ; F. Ossenbühl, Bundesverfassungsgericht und Gesetzgebung, in : Badura/Dreier (Hrsg.), Festschrift 50 Jahre Bundesverfassungsgericht, Bd I, 2001, S. 33 (50). これに対して，E. Klein, in : Benda/Klein, Rn. 265 ; Stern StR III/2, S. 1345 f.

「立法手続における瑕疵により法律が無効となるのは，法的安全性を顧慮すれば，当該瑕疵が明白な場合に限られる」（BVerfGE 120, 56 [79]）としており，立法手続の審査可能性を当然の前提としている。そして，判決によれば，両院協議会の権限と限界は憲法の明文から明らかではなく，立法手続における委員会の機能と地位から明らかになるとする。そして，両院協議会には，法案につきすでに存在している連邦議会と連邦参議院の間の意見の相違を調整する権限のみが認められるのであるが，同規定の決定勧告は，これを超えて新たな提案を行うものであるとされた（BVerfGE 120, 56 [73 ff.]）。

より直接的に立法の手続的合理性とでも呼べるものを要求しているのが，ハルツⅣ法判決（BVerfGE 125, 174）である。同判決では，社会保障法典の規定が最低限度の生活の保障を求める権利（基本法20条1項と結びついた1条1項）に反しないかが問題となった。そこでは，最低限度の生活の算定についての立法者の形成余地を認めて，実体審査については，「給付が明らかに不十分であるか」どうかの判断に限定する。その一方，この実体審査の限定性を補完する形で，最低限度の生活の算定手続についての審査を行うことができるとして，次のように述べている。「連邦憲法裁判所は，立法者が人間の尊厳にかなった生存を確保するという目的を基本法20条1項と結びついた基本法1条1項にかなった方法で把握し，そして表現していたか，立法者はその形成余地の範囲内で最低生活の算定に原則として有用な算定手続を選択したか，必要な事実を基本的に完全かつ適切に解明したか，そして最後に，算定の全段階において，追体験可能な算定作業によって，この選択された手続とその構造原理の中で，主張可能性の枠内にとどまっていたか，以上の点を審査する」（BVerfGE 125, 174 [226]）。

このような連邦憲法裁判所の最近の傾向に対しては，批判する議論も多く，例えば次のように主張される[125]。立法者（議員）は選挙により選ばれるもので

---

125) 例えば，T. Hebeler, Ist der Gesetzgeber verfassurgsrechtlich pflechtet, Gesetze zu begründen?, DÖV 2010, S. 754 ff.；P. Dann, Verfassungsgerichtliche Kontrolle gesetzgeberischer Rationalität, Der Staat 49 (2010), S. 630 ff；M. Cornils,

あって専門知識の有無は問われておらず、専門知識を要求できない。また専門知識はむしろ執行部が備えるべきものと考えられている。判断過程について問われる行政と立法とでは、そのプロセスのあり方が質的に異なる。法治国家的合理性のみならず、民主主義的合理性という観点も重要である。立法者には、基本的に法律を基礎づける憲法上の義務は存在しない。

3.2.2 執行部に対する審査

執行部との関係では、とくに統治行為の審査範囲が問題となる。連邦憲法裁判所は、いわゆる機関適合的権力分立[126]の観点から外交、防衛やその他の政治的に重要な問題について広い形成余地を認め[127]、裁判所の審査を手続審査や恣意審査に限定しているとされる[128]。

3.3 審査基準——行為規範と審査規範

連邦憲法裁判所が、審査基準 (Kontrollmaßstab) とするのは、特段の規定がない限り、基本法、つまり連邦憲法の規定である（Ⅰ1.3.2参照）。

Rationalitätsanforderungen an die parlamentarische Rechtsetzung, DVBl. 2011, S. 1053 ff (1058 ff.). C. Möllers, Legalität, Legitimität und Legitimation des Bundesverfassungsgerichts, in: Jestaedt u. a., Das entgrenzte Gericht, 2011, S. 281 ff. (303 ff., 395 ff.) A. フォスクーレは、立法者は原則として成立した法律に対してのみ責任を負うものとするが、立法者が憲法上保障された給付請求権を具体化しており、これに対して手続的な要求を行わなければ憲法裁判所によるコントロールができなくなる場合は例外であるとし、その例外にあたる例としてハルツⅣ法判決 (BVerfGE 125, 174) をあげている。Voßkuhle, in: Mangoldt/Klein/Starck, Rn. 43 zu Art. 93. なお、同判決にはフォスクーレ自身も裁判官として法廷意見に加わっている。

126) BVerfGE 68, 1 [86].
127) 外交については、BVerfGE 84, 90 [127 f.]; 118, 244 [259]、防衛については BVerfGE 66, 39 [61]; 68, 1 [97]; 97, 111、その他として、BVerfGE 55, 349 [364 ff.]; 114, 121 [155 ff.]［判例Ⅲ 74：宮地基］がある。
128) A. Voßkuhle, in: Mangoldt/Klein/Starck, Rn. 53 zu Art. 93.

機能法的限界論を支持する立場からしばしば主張されるのが，審査規範 (Kontrollnorm) と行為規範 (Handlungsnorm) の区別である[129]。

この区別論によれば，能動的に行為する国家機関は (権限規範のほか) 行為規範に服する。これに対し，憲法裁判所は，審査規範に基づき，この国家機関の行為を事後的に審査する。行為規範も審査規範も同一の規範 (規定) に由来するものであるが，区別論の論者は，二つの規範の規範的拘束力には差異があり，審査規範は行為規範ほどの規範的拘束力を持たないと考える。つまり憲法の拘束と司法判断可能性の範囲を区別して考える (二元的構成 (Divergenzlösung))[130]。例えば，平等原則の場合，正義の定式に従うべしとの要請は行為規範として立法者に課せられるが，裁判所が審査できるのは，(あるいは「新定式」が採用されてもなお) 立法者が恣意的に取扱いの区別を行っていないかに限られるとされる[131]。また例えば保護義務の場合，行為規範としては最適化が命じられるが，裁判規範としては最低限の保護要求としての過少保護禁止が妥当すると主張されることもある[132]。二元的構成は，立法者の憲法への拘束を維持しつつ，憲法裁判所の包括的審査による政治プロセスの硬直化を防ごうとする (政治的憲法と規範的憲法の区別)。また同時に，憲法具体化の際に各国家機関が果たすべき役割に着目している。

---

129) 行為規範と審査規範の区別について概観するものとして，Schlaich/Korioth, Rn. 515 ff. また両者を一元的構成と二元的構成というより包括的な観点から詳細に検討を加えるものとして，M. Raabe, Grundrechte und Erkenntnis, 1998. 宍戸 (注1) 267頁以下も参照。

130) 例えばB.-O. Bryde (N112), S. 306 ff.; M. Mayer, Untermaß, Übermaß und Wesensgehaltgarantie, 2005, S. 91 ff. この二元論を早期に主張したのがフォルストホフである (E. Forsthoff, Über die Maßnahmegesetz (1955), in: ders., Rechtsstaat im Wandel, 2. Aufl. 1976, S. 105 (118))。比較的近時の再構成として，D. O. Burchardt, Grenzen verfassungsgerichtlicher Erkenntnis, 2004, S. 274 ff.

131) K. Hesse, Funktionelle Grenzen der Verfassungsgerichtsbarkeit (1981), in: ders., Ausgewählte Schriften, 1984, S. 311 (319).

132) O. Klein, Das Untermaßverbot - Über die Justiziabilität grundrechtlicher Schutzpflichterfüllung, JuS 2006, S. 960 (961 f.). また，M. Mayer (N130).

これに対し，批判論の立脚点は多様である。機能法的解釈方法を採用する論者が批判している場合もあり，また，いわゆる原理理論の立場からの批判も存在する[133]。いずれの批判論も，行為規範と審査規範の間の規範的拘束力の差異を否定し，憲法の拘束が及ぶ範囲であれば裁判所による審査が及ぶとする（一元的構成（Konvergenzlösung））[134]。

批判の内容は，大要次のようである。①二元的構成からすると，行為規範の拘束しか受けない範囲については裁判所は審査できないことになるが，このように解する憲法上の根拠は存在せず，むしろすべての国家機関は等しく憲法の拘束を受けるのであって（基本法1条3項，また20条，28条），憲法規範に対する適合性の最終判断は憲法裁判所にゆだねられている。②また逆に，枠秩序としての憲法観からすれば，行為規範を審査規範よりも広く立法者を拘束するものとして導入する点で，二元的構成は「政治的賢慮のルールを憲法へと変性」させるものである[135]。③連邦憲法裁判所は判決に際して基本法を審査規範とし

---

133) 批判として，例えば，Schlaich/Korioth, Rn. 515 ff.; C. Hillgruber, in: Hillgruber/Roos, Rn. 39; M. Jestaedt (N116); 機能法的解釈方法を採用する立場から批判するものとして，Heun (N113), S. 46 ff.; C. Starck, Verfassungsauslegung, in: Isensee/Kirchhof VII, 1. Aufl. 1992, S. 197 f. 機能法的解釈方法を採用する論者にあっては，行為規範＝審査規範たる憲法の解釈の際に，機能法的観点が顧慮されるため，二元的構成は必要ないとされることになる。原理理論からの批判として，Raabe (N129); V. A. da Silva, Grundrechte und gesetzgeberliche Spielräume, 2003. この点について，長尾一紘「立法裁量の法理」同『基本権解釈と利益衡量の法理』（中央大学出版部，2012年）79頁以下，また松原光宏「立法裁量のセオリー・プラクシス」法学新報116巻7・8号（2009年）1頁以下。なお，原理理論に立脚しつつ，不確実性を組み込んだ衡量レベルと，審査機関が被審査機関の評価をどこまで代置できるかにかかわる審査レベルという二段階の構成を採るものとして，M. Klatt/J. Schmidt, Spielräume im Öffentlichen Recht, 2010, S. 65 ff.
134) 二元的構成を採用しない論者にあっても，憲法の実体規定の解釈，特に基本権の客観的次元を認めるべきかをめぐる解釈にあたり，機能的解釈方法を採用するものは少なくない。基本権の客観的次元との関係ではⅥ.1参照。
135) Starck (N113), S. 197 f. なお，二元的構成を採用している M. マイヤーは，行

て用いてはいるが，その解釈，実施，決定において行為規範としての基本法に従うのであって，行為規範と審査規範の区別は意味をなさない[136]。④機能法的論拠を用いたからといって二元的構成が導かれるわけでなく，むしろ統一的な憲法理解の観点からすれば，行為規範と審査規範の一元的構成の方が妥当である[137]。

3.4 審査密度

3.4.1 総　　説

連邦憲法裁判所は，憲法という審査基準を用いて，判断対象の合憲性を審査するが，どこまで踏み込んで審査を行うかがさらに問題となる。これが審査密度の問題である。

ここでいう審査密度の問題は，立法者の事実認定と予測のほか，立法者の規範的判断，執行部による判断，さらに一般の裁判所による法律解釈や法の継続形成の問題などにまで及びうる。以下では，これらのうち，主たる問題領域である立法者の事実認定と予測の問題について検討する。

3.4.2 事実認定・予測の審査密度

規範統制を行うに際して，事実認定の問題は極めて重要である。連邦憲法裁判所による憲法の解釈および適用の説得力は，どれだけの情報を獲得しているかにも左右されるのであり，「情報の水準を高めることによって〔連邦憲法裁判所の〕論証の地平が拡大される」[138]。また，実際の憲法適合性の判断では，

　　　　為規範と審査規範を，それぞれ基本秩序としての憲法と枠秩序としての憲法に対応させている。Mayer (N130), S. 96 ff.
136)　Lechner/Zuck, Rn. 50 zu Einleitung.
137)　Heun (N113), S. 49. また，da Silva (N133), なおこの点に関連して，小山（注67）250 頁以下。
138)　P. Häberle, Grundprobleme der Verfassungsgerichtsbarkeit, in : ders. (Hrsg.),

立法者の事実認定に対する憲法裁判所の評価が判決を左右することも多い[139]。たとえば基本権がかかわる場合，比例原則の適合性や必要性審査，また事態適合性の判断などにおいてこのことはいえよう。立法者の事実認定に憲法裁判所が一般的に拘束されるということになれば，それは「規範統制を廃止するに等しい」[140]のである。

また，立法者は過去および現在の事実のみに基づいて立法を行うものではなく，それらの事実を評価し，また将来に関する予測を立てたうえで立法を行う。とくに立法が，一定の行動を禁止しまたは要請することにより，社会の現実の中で一定の目標を実現しようとしていることからすれば，規範内容のみならず現実分析が問題となることも当然である[141]。そのため，立法者の事実認定や将来の予測に関して憲法裁判所が何らかの形で審査を行うことが考えられる。

この点にも鑑み，連邦憲法裁判所法は，連邦憲法裁判所に対し，事実の認定に必要な証拠調べを行う権限を与えている（法 26 条：証拠採用手続について詳細はⅢ 6.）。

もっとも，特に予測については，将来の不確実性，認識基礎の不完全性などからして，完全性を要求することはできない[142]。そこで，立法者の事実認定や予測につき，どこまで立ち入って審査することができるかが問題とな

Verfassungsgerichtsbarkeit, 1976, S. 1 (42)（ペーター・ヘーベルレ（畑尻剛・土屋武訳）「憲法裁判の基本問題」比較法雑誌 45 巻 4 号（2012 年）117 頁）。審査密度と憲法解釈の関連性について，Chrissogonos (N116), S. 192.

139) Schlaich/Korioth, Rn. 534.

140) F. Ossenbühl, Die Kontrolle von Tatsachenfeststellungen und Prognoseentscheidungen durch das Bundesverfassungsgericht, in : Starck (Hrsg.), Bundesverfassugsgericht und Grundgesetz. Festgabe aus Anlaß des 25 jährigen Bestehens des Bundesverfassungsgerichts, 1976, S. 458 ff. (468 f.).

141) S. Huster, Die Beobachtungspflicht des Gesetzgebers, ZRSoz 24 (2003), S. 3 ff. (5).

142) なお，この点との関連で，Klatt/Schmidt (N133) ; K.-H. Ladeur, Kritik der Abwägung in der Grundrechtsdogmatik, 2004 も参照。

る[143], [144]。

　事実認定に対しどこまで踏み込んで審査することができるかについて、判例の立場は必ずしも明らかでない。ひとつの例としてではあるが、連邦高齢者介護法判決（BVerfGE 106, 62）が参考になる。高齢者介護ヘルパーの職業養成に関する規定が連邦の立法権限の範囲に含まれるかが問題となり、競合的立法権限について定める基本法72条2項に基づく全国家的利益のための経済統一の維持にとっての必要性が存在するかどうかがひとつの論点となった。そこで判決は、必要性の審査にあたり、「立法者が挙げた事情の正当性または完全性を審査するために現在または過去の事実の認定が必要な限りで、裁判所は何の制約にも服しない」として、広範に及ぶ審査の可能性を認めている（BVerfGE 106, 62 [150]）[145]。

　一方、立法者の予測に関する審査密度について、連邦憲法裁判所が本格的に論じたのが共同決定法判決（BVerfGE 50, 290［憲法判例Ⅰ 49：栗城壽夫］）であった。同判決は、立法者の予測に関する審査密度につき、次のような議論枠組を示した（BVerfGE 50, 290 [332 f.]）。まず、将来の不確実性、法律がもたらす効果

---

143) 邦語文献として、阿部照哉「憲法訴訟における事実認定と予測のコントロール」杉村敏正先生還暦記念『現代行政と法の支配』（有斐閣、1978年）447頁、高見勝利「立法府の予測に対する裁判的統制」芦部信喜先生還暦記念『憲法訴訟と人権の理論』（有斐閣、1985年）35頁、岡田俊幸「立法者に対する裁判的統制」法学政治学論究14号（1992年）67頁、宍戸（注1）260頁以下。また、松原（注133）も参照。

144) なお、このほか、真偽が不明ないし不確実な場合に証明責任の分配という問題も考えられる。この点については、Ⅲ 6. 4参照。さらにH. Weber-Grellet, Beweis- und Argumentationslast im Verfassungsrecht unter besonderer Berücksichtigung der Rechtsprechung des Bundesverfassungsgerichts, 1979；I. Augsberg/S. Augsberg, Prognostische Elemente in der Rechtsprechung des Bundesverfassungsgerichts, VerwArch 98 (2007), S. 290 (293 ff.).

145) さらに、予測との関連では、「予測の不確実性が確実な経験的データおよび信頼できる経験則によって除去できる限りで、予測の余地は排除される」と指摘している（BVerfGE 106, 62 [151]）。

の不確実性があるからといって立法者の予測の余地（Prognosespielraum）が基礎づけられるものではなく，予測判断の根拠は示すことができるのであって，この点では裁判所の判断に服するとする。そして，立法者の評価特権については様々なファクター，とりわけ「論じられる事物領域の特性，十分に確実な判断を形成する可能性，そして脅かされている法益の重要性」によってその範囲が画されるとする。

連邦憲法裁判所のそれまでの判例は，これらのファクターを顧慮して，立法者の予測の判断にあたって明白性の審査（Evidenzkontrolle）から，主張可能性の審査（Vertretbarkeitskontrolle）を経て，厳格な内容審査（intensivierte inhaltliche Kontrolle）にまで及ぶ基準に依拠していたとする[146]。

明白性の審査は，立法者が明らかに誤った判断しているものなのかどうかについてのみ，審査を行うというものである。

例えば，危険犬持込・輸入制限法における危険犬の持ち込み・輸入を禁止する規定が職業の自由に反しないかなどが争われた事件において，連邦憲法裁判所は次のように述べている。「公衆を脅かす危険を評価し，またこの危険を防止しまた処理するのに有益な措置を判断する際，立法者の考慮が誤りであって，理性的にはそのような措置の根拠を何も提示することができない場合にはじめて，立法者はその判断余地を逸脱する」（BVerfGE 110, 141 (157 f.)［判例Ⅲ50：門田孝］）。

また最近でも，例えば上述のハルツⅣ法判決では，実体審査との関連では，明白性の審査に限定している（BVerfGE 125, 174）。

主張可能性の審査については，共同決定判決が詳細を明らかにしている。それによれば，「立法者は，入手可能な資料の適正かつ主張可能な判断に定位」しなければならず，「立法者は利用可能な認識ソースを使用し尽くし，予測さ

---

146) この三段階審査密度論は，執行部の決定のコントロールにも適用されている BVerfGE 62, 1 [50]；77, 170 [214 f.]。また，立法者の予測の問題を超えて，たとえば裁判官の継続形成の領域でも用いられている（BVerfGE 128, 193）。さらに，立法者の事実認定の審査にも利用可能であると主張されることも多い。

れる規律の効果をできるだけ信頼できるものと評価できるようにし，憲法違反を避けようとしなければならない」(BVerfGE 50, 290 [333 f.]) とされる。そして，これは手続的要求であるが，これを満たせば，内容的な主張可能性の前提条件をも満たすという[147]。

厳格な内容審査については，「法律のもたらす影響が十分な蓋然性または確実性すらもって予測可能でなければならない」ということが要求される(BVerfGE 50, 290 [333])。予測判断の性格からして，絶対的な確実性は要求されないことは当然である[148]。共同決定判決において厳格な内容審査を採用したとされる薬局判決では，その判断にあたり，他のヨーロッパ諸国での経験にも留意している (BVerfGE 7, 377 [416] ［判例Ⅰ 44：野中俊彦])。

この三段階の審査密度については，スライディング・スケールの中の3点を指示したものであるとする理解が有力であるが[149]，このような三段階の審査密度を設定することがそれまでの判例の整理として妥当か，またあるべき枠組として適切なものといえるかについては議論がある。また，その規範的な拘束力についても争いがあり[150]，連邦憲法裁判所も，第二次堕胎判決において異なる判断を示したようにも見える[151]。もっとも，その後の判例では三段階の審査密

---

147) 主張可能性の審査と立法手続・立法過程に対するコントロールの関係については争いがあり，主張可能性審査は行為審査を認めるものであると解する立場が有力である。K. Vogel, Das Bundesverfassungsgericht und die übrigen Verfassungsorgane, 1988, S. 204 ff. これに対し，シュライヒ／コリオートは，主張可能性審査を手続的要求と捉えると，新たな立法に対してしか審査が及ぼし得なくなることからこれに反対し，同審査もあくまで立法者の事実認定および予測の内容的審査を対象とするものであるとする (Schlaich/Korioth, Rn. 533)。この点についてはⅥ 3.2 も参照。

148) Chryssogonos (N112), S. 186.

149) Schlaich/Korioth, Rn. 533；Heun (N113), S. 36.

150) Schlaich/Korioth, Rn. 535.

151) 第二次堕胎判決では，次のように述べられている。「ここから憲法上の審査について三つの相互に区別された審査基準〔審査密度の基準〕が導き出されるかどうかは論じる必要がない。憲法上の審査はいずれの場合においても，立法者

度について否定しておらず，それゆえ，判例を理解する上でも重要なのは，具体的なケースでどのような審査密度で審査が行われるべきか，その選択の枠組を明らかにすることである。

　連邦憲法裁判所は，共同決定判決において，「論じられる事物領域の特性，十分に確実な判断を形成する可能性，そして脅かされている法益の重要性」といった三つのファクターをあげているが，これらは例示的なものにすぎない。判決実践においては，基本権介入の強度も考慮要素としている[152]。

　例えば，ラスター捜査判決では，ラスター捜査を根拠づける法律が情報自己決定権を侵害するかどうかを判断する狭義の比例性審査の中で，次のように判断している。「切迫した，または行われた法益侵害が大きければ大きいほど，また問題となる基本権介入の深刻さが小さければ小さいほど，切迫した，または実際に行われた法益侵害に帰着しうる蓋然性はわずかでも許され，また場合によっては嫌疑の基礎にある事実も，十分に基礎づけられたものでなくても許される……。もっとも，予測の蓋然性の程度や事実的基礎に関する要求は，任意に切り下げられてはならないものであって，また基本権制約の種類と深刻さ，そして意図された法益保護の成功の見込みと適切な関係に立たなければならない。切迫した法益侵害が極めて大きなものである場合ですら，十分な蓋然性の要求を放棄することはできない。また深刻な基本権介入の前提条件として，想定と結果が事実において具体的に輪郭づけられた出発点を持っていることが保障されなければならない」(BVerfGE 115, 320 [360 f.])。

　また，ゲマインデの自治との関係で，次のように述べている。「法律の規律の効果がゲマインデの自治を実態として失わせる程度が大きくなるにつれて，立法者の評価特権は，縮小され，裁判所の審査密度は強度のものとなる」(BVerfGE

　　があげられたファクターを「十分に」考慮し，その評価余地を「主張可能な形で」扱ったかどうかにまで及ぶ」(BVerfGE 88, 203 [262] ［判例Ⅱ 7：小山剛］)。
152)　介入の強さを考慮要素とみることは，学説でも広く支持されている。例えば，G.-F. Schuppert, Self-Restraint des Bundesverfassungsgerichts, DVBl. 1988, S. 1191 (1193 f.)；

79, 127 [154]［判例Ⅱ 59：白藤博行］)。

　さらに，特に基本権の場合，当該立法が防御権にかかわるか，それとも客観的内容にかかわるかも審査密度の選択を左右するファクターとなりうる。防御権の場合には審査密度が高くなる傾向があり，客観的内容がかかわる場合には，審査密度が低くなる傾向がある（Ⅵ．1）[153]。

　以上を整理すると，判例においては，共同決定判決においてあげられた事物領域の特性，十分に確実な判断の形成可能性，被侵害法益の重要性のほか，介入の強度，関係する基本権の機能といったファクターを顧慮して，審査密度が決定されているように思われる。そして多くの場合，具体的には，判例の蓄積により領域ごとに審査密度が確定される。

　学説では，審査密度の選択をどのように行うべきか，また判例をいかに理解すべきかについては，見解が分かれている[154]。

　実体法的アプローチからすると，審査密度は，関連する憲法規定の性質と強度のみに基づいて判断される[155]。シュライヒ／コリオートは，審査密度は事物領域の特性に応じて異なるが，その事物領域の特性を規定するのは関連する憲法規定であるとする。したがって，憲法の保障のあり方こそが，審査密度を左右する決定的な要素であると判断することになる。この立場からすれば，脅かされている法益の重要性を規定するのも憲法規定であると考えられるであろう。機能的解釈方法を採用するホインも，審査密度については審査基準である憲法に基づいて段階づけられるものであるとして，もっぱら実体法的論拠のみに基づいて決定されるとする。そして，関連する基本権の意義とランク，基本権介入の程度，また介入に対する正当化要求の程度に応じて審査密度が決定さ

153）　K. Meßerschmidt, Gesetzgebungsermessen, 2000, S. 1050 f.
154）　共同決定判決以前のものとして，Ossenbühl (N140). オッセンビュールは当該法律が社会国家秩序に対して広範で予測できない効果をもつか，予測の対象となる事項的内容，関連する基本権の重要性に着目して，審査密度の区別を行うべきとする。
155）　Schlaich/Korioth, Rn. 537 ; Lechner/Zuck, Rn. 69a, 74 zu Einleitung.

れるという[156]。実体法的アプローチに対しては，判例が職業の自由について事案に応じて三段階の審査密度すべてを用いていることが説明できないとの批判もある[157]。

　機能法的アプローチからすると，三段階の審査密度論は，審査される国家機関の機能に固有の特性が顧慮されているという[158]。例えば，H.-P. シュナイダーは，1980年までの判例を分析した上で次のようにいう。内容審査は個人的権利の保護が主題となり，しかも人身の自由（生命，身体の自由，移動の自由）・基本需要に関する権利（衣，食，住）・実存的発展に関する権利が問題となる場合に用いられる。主張可能性審査は，経済・財政という複雑な領域の判断や，裁判所の情報処理能力との関連で他の機関の手続がより判断にふさわしいような領域に用いられ，ここでは機関構造など，制度的な適正が考慮されている。明白性の審査は，審査対象となる機関の決定に機能的適性の推定が認められる場合に用いられるという。もっとも，憲法裁判所は一切の憲法違反に関する判断権限が認められており，明白性の審査によってしまうことは憲法裁判所の任務履行の観点からも問題があるという点も考慮すると，明白性の審査は，憲法自体が開放性や不確定性を十分に認めている領域のみで用いられるという[159]。またシュッペルトは，機能法的限界を維持する努力は審査強度の差異化によって表現される，三段階の審査密度もその現れであるとする。そしてその選定のための考慮要素として，網羅的ではないとしながら，次の点を挙げる。①規律すべき素材の特性に応じた立法者の形成余地，②立法者による介入の強度，③抵

---

156) Heun (N113), S. 36 ff. またホインは，そもそも審査密度論にも批判的である。W. Heun, Normenkontrolle, in: Badura/Dreier (Hrsg.), Festschrift 50 Jahre Bundesverfassungsgericht, Bd I, 2001.
157) Chryssogonos (N112), S. 190.
158) なお，実体法的アプローチと機能法的アプローチの相互補完による解決を提案するフォスクーレは，共同決定判決があげる三つのファクターのうち，第一，第三のファクターは実体的であり，第二のファクターは機能的なものであるとする。Voßkuhle, Mangoldt/Klein/Starck, Rn. 200.
159) H.-P. Schneider (N117), S. 2105 f.

触する法益の根本性，④予測などの特殊な決定状況，⑤衡量などの特別な決定構造，がそれである。もっとも，審査基準の選定には憲法解釈の方法が関与するのであって，ここでも機能法的観点が重要な役割を果たすとする[160]。

機能法的アプローチに対する批判として，憲法違反かどうかに関して，予測の主体が立法者かその他の国家機関かにより差異が生じるわけではなく，機関構造の違いが審査密度の問題に影響を与えるわけではないことなどがあげられる[161]。

以上のような立場に対し，メッサーシュミット[162]は，特に法益保護の必要や判断可能性といったファクターをあげる判例を，「司法中心主義的パースペクティブ」に立つものとして批判する。審査密度の問題はあくまで立法裁量の問題なのであって，そうであるとすれば，裁量の段階づけは司法の観点だけではなく，立法と司法の関係の観点から説明すべきであるとする。そして，判例のファクター・アプローチにかわる民主制理論に立脚した新たなアプローチとして，次のようなルールを提案する。①民主的プロセスにとっての立法者の自律的決定の重要性という観点から，多極的な基本権関係を含む利害調整や公共の福祉の定義づけについては民主的な立法者に広い裁量が認められる。②もっとも，民主的プロセスによる適切な利害調整がうまくいかない場合，社会的少数者や将来世代の利益との関連では，連邦憲法裁判所に権利保護のための権限が特に認められる。③社会国家原理の具体化などの社会形成については，立法者に広い裁量が認められる。④民主的プロセスを構成するルールについては，立法裁量は限定される。

それでは，立法者の予測についての審査が以上のようなかたちで行われると

---

160) G.-F. Schuppert (N152), S. 1192 ff.
161) Heun (N113), S. 38 ff. ホインはさらに，連邦憲法裁判所が立法者よりも適切な予測ができる場合も多い点も指摘する。また，Klaft/Schmidt (N133).
162) Meßerschmidt (N153), S. 1051 ff. 彼は自らの理論を，連邦憲法裁判所の判例や学説のみならず，アメリカの議論，特に J. H. イリィの民主主義プロセス論を参照しつつ，展開している。

して，それで立法者の形成自由に対する限界づけは終わるのだろうか。連邦憲法裁判所は，とくに予測の審査を明白性や主張可能性に限定している場合に，立法者に対してさらに，観察・審査・改善義務を課している（V 2.2.4(3) Ⅵ.1.2.2）[163]。

例えば，上述した危険犬持込・輸入制限法判決では，危険の予測や危険の対応策についての判断については立法者に予測の余地を認めているが，立法時には事実的前提や規制の影響について十分に明らかになりえない場合に，「立法者はさらなる展開を観察し，当該規範を審査し，そして当該規範の基底にある想定がもはや適切でないことが明らかにされれば改正」しなければならないとする（E 110, 141 [158]［判例Ⅲ 50：門田孝］）。

観察審査・改善義務は，違憲警告判決との関連で議論されることもある。この点については，Ⅳ 4.4 参照。

---

[163] 改善義務については，C. Mayer, Die Nachbesserungspflicht des Gesetzgebers, 1996. 合原理映「立法者に対する法改正の義務づけ：ドイツ連邦憲法裁判所における改善義務論」阪大法学 49 巻 1 号（1999 年）269 頁，同「立法者に対する法改正の義務づけ―改善義務に関するドイツの学説の考察」阪大法学 53 巻 6 号（2004 年）1541 頁。また，Meßerschmidt (N153), S. 1005 ff. も参照。観察義務については，Huster (N141)；Augsberg/Augsberg (N144)。

VII 資　　料

1. 連邦憲法裁判所法

2012年7月12日の法律によって改正された，1993年8月11日の公布（BGBl. IS. 1473）の構文における連邦憲法裁判所法

第1章　連邦憲法裁判所の構成及び権限

第1条　(1)　連邦憲法裁判所は，他のすべての憲法機関に対して自律かつ独立の連邦の裁判所である。
(2)　連邦憲法裁判所の所在地は，カールスルーエである。
(3)　連邦憲法裁判所は，合同部の定める規則に従う。

第2条　(1)　連邦憲法裁判所は，2部から成る。
(2)　各部につき，8人の裁判官が選出される。
(3)　各部の3人の裁判官は，連邦の最上級の裁判所の裁判官から選出する。これらの裁判官は，少なくとも3年以上連邦の最上級の裁判所において［裁判官としての］職にあった者でなければならない。

第3条　(1)　裁判官は，年齢40歳以上で，連邦議会の被選挙権を有し，かつ連邦憲法裁判所の裁判官となる意思を有することをあらかじめ文書をもって表明することを要する。
(2)　裁判官は，ドイツ裁判官法上の裁判官資格を有していなければならない，又は1990年10月3日までに統一条約第3項に挙げられている領域において法学士（Diplomjurist）の資格を取得し，かつ統一条約により法律上規定されている法律職に従事し得る者でなければならない。
(3)　裁判官は，連邦議会，連邦参議院，連邦政府，又はこれに相当するラントの機関に所属することができない。裁判官は，任命と同時にこれらの機関での籍を失う。
(4)　裁判官の活動とドイツの大学における法律学の教員以外の職業活動とは兼ねることができない。連邦憲法裁判所の裁判官としての職務は，大学の教員としての職務に優先する。

第4条　(1)　裁判官の任期は，定年に達しない限り12年とする。
(2)　裁判官の再選は，引き続いてにせよ，一定期間経過後にせよ，禁止される。
(3)　定年は，裁判官が年齢68歳に達した月の末日である。

(4) 裁判官は，任期が満了した後も，後任者が任命されるまで引き続きその職務を行う。

第5条 (1) 各部の裁判官は，半数ずつ連邦議会及び連邦参議院が選出する。連邦の最上級の裁判所の裁判官から選任する裁判官のうち1人は一の選出機関が，2人は他の選出機関が，またその他の裁判官のうち3人は一の選出機関が，2人は他の選出機関が各部に選出する。
(2) 裁判官は，その前任者の任期満了前3ヵ月以内に，又はこの期間内に連邦議会が解散している場合には，連邦議会が最初に集会した後1ヵ月以内に選出する。
(3) 裁判官が任期満了前に退官するときは，その後任者は1ヵ月以内に離職した裁判官を選出した連邦機関が選出する。

第6条 (1) 連邦議会が選任すべき裁判官は，間接選出方法により選出する。
(2) 連邦議会は，比例選挙の原則に従い，連邦議会の12人の議員から成る，連邦憲法裁判所裁判官の選出委員会を選出する。各会派は，候補者名簿を提出することができる。各候補者名簿に対して投票された総投票数に基づき，最高商数表（ドント式）に従って，各候補者名簿より選出する委員の数を算定する。委員は，氏名が候補者名簿に登載されている順に選出される。選出委員会の委員が辞退し，又は支障がある場合には，同一名簿の次順位にある者から補充する。
(3) 選出委員会の最年長者は，選出を行うために，1週間の招集期間をもって遅滞なく選出委員会の委員を招集し，かつ，すべての裁判官を選出するまで続行される会議を主宰する。
(4) 選出委員会の委員は，選出委員会におけるその活動によって知りえた候補者の個人的事情，及び選出委員会においてこれについてなされた議論，並びに表決に関し守秘義務を負う。
(5) 8票以上の投票を得た者を裁判官に選出する。

第7条 連邦参議院が選任すべき裁判官は，連邦参議院の投票数の3分の2によって選出する。

第7a条 (1) 裁判官の任期満了後又は任期満了前の辞職後，2ヵ月以内に第6条の規定に基づく後任者の選出が行われない場合には，選出委員会の最年長者は，遅滞なく連邦憲法裁判所に選出のための推薦をなすよう求めなければならない。
(2) 連邦憲法裁判所の合同部は，裁判官の選出のために推薦する者を単純多数で決定す

る。1人の裁判官のみが選出される場合，連邦憲法裁判所は3人を推薦しなければならない；複数の裁判官が同時に選出される場合，連邦憲法裁判所は選出されるべき裁判官の数の2倍の人数を推薦しなければならない。［この場合には］第16条第2項を準用する。

(3) 連邦参議院が裁判官を選出する場合には，前2項の規定を準用し，［第1項中］「選出委員会の最年長者」とあるのは，「連邦参議院の議長又はその代理」と読み替えるものとする。

(4) 選出機関は，連邦憲法裁判所の推薦していない者を選出する権限を妨げられない。

第8条 (1) 連邦司法大臣は，第3条第1項及び第2項の要件を充たす裁判官全員の名簿を作成する。

(2) 連邦司法大臣は，別に名簿を作成し，これに連邦議会の会派，連邦政府又はラント政府が連邦憲法裁判所の裁判官職に推薦し，かつ第3条第1項及び第2項の要件を充たす者を記載する。

(3) 両名簿は，随時これを補充し，かつ遅くとも選出の1週間前に連邦議会及び連邦参議院の議長に提出しなければならない。

第9条 (1) 連邦議会及び連邦参議院は，交互に連邦憲法裁判所長官及び副長官を選出する。副長官は，長官の所属しない部から選出しなければならない。

(2) 最初の選出においては，連邦議会が長官を，連邦参議院が副長官を選出する。

(3) ［この場合には］第6条及び第7条を準用する。

第10条 連邦大統領は，選出された者を任命する。

第11条 (1) 連邦憲法裁判所の裁判官は，就任にあたり，連邦大統領の前で次の宣誓を行う：「私は，公平な裁判官（gerechter Richter）として常にドイツ連邦共和国基本法を誠実に擁護し，かつ何人に対しても裁判官としての義務を良心に従って遂行することを誓う。神よ，ご照覧あれ。」

宣誓が女性裁判官により行われる場合には，「公平な裁判官として」という言葉を，「公平な女性裁判官（gerechte Richterin）として」という言葉に替える。

(2) 裁判官は，法律により他の宣誓形式を許されている宗教団体に所属しているとき，その宣誓形式を用いることができる。

(3) 宣誓は，宗教的形式によらずに行うことができる。

第 12 条 連邦憲法裁判所の裁判官は，いつでも辞職を申し出ることができる。連邦大統領は，その辞職を公表しなければない。

第 13 条 連邦憲法裁判所は，次の事項について裁判をする，
1 基本権の喪失について（基本法第 18 条），
2 政党の違憲性について（基本法第 21 条第 2 項），
3 選挙の効力又は連邦議会議員の議員資格の得喪に関する連邦議会の決定に対する抗告（Beschwerde）について（基本法第 41 条第 2 項），
3a 連邦議会選挙に際し，政党として認められなかったことに対する抗告について（基本法第 93 条第 1 項第 3a 号），
4 連邦大統領に対する連邦議会又は連邦参議院の訴追について（基本法第 61 条），
5 連邦最高機関の権利義務の範囲に関する紛争，又は基本法若しくは連邦最高機関の規則によって固有の権利を与えられた他の関係機関の権利義務の範囲に関する紛争を原因とする基本法の解釈について（基本法第 93 条第 1 項第 1 号），
6 連邦政府，ラント政府若しくは連邦議会議員の 4 分の 1 の申立てに基づき，連邦法若しくはラント法が基本法と形式上若しくは実質上一致するかどうか，又はラント法が他の連邦法と形式上若しくは実質上一致するかどうかについて，意見の相違又は疑義のある場合（基本法第 93 条第 1 項第 2 号），
6a 連邦参議院，ラント政府又はラント議会の申立てに基づき，法律が基本法第 72 条第 2 項の要件を具備しているかどうかについて意見の相違のある場合（基本法第 93 条第 1 項第 2a 号），
6b 連邦参議院，ラント政府又はラント議会の申立てに基づき，基本法第 72 条第 4 項の場合に基本法第 72 条第 2 項にいう連邦法律規定の必要性（Erforderlichkeit）がもはや存在しないか，又は基本法第 125a 条第 2 項第 1 文の場合に連邦法律がもはや制定されえないかどうかについて（基本法第 93 条第 2 項），
7 連邦及びラントの権利義務に関する意見の相違がある場合，特にラントが連邦法を執行し，連邦がその監督をなすにあたって意見の相違がある場合（基本法第 93 条第 1 項第 3 号及び第 84 条第 4 項第 2 文），
8 他に出訴の方法のない限り，連邦とラントの，ラント相互の又はラント内のその他の公法上の紛争について（基本法第 93 条第 1 項第 4 号），
8a 憲法異議について（基本法第 93 条第 1 項第 4a 号及び第 4b 号），
9 連邦裁判官及びラント裁判官に対する裁判官訴追について（基本法第 98 条第 2 項及び第 5 項），
10 ラント内の憲法紛争について，ただし，裁判［する権限］がラント法律により連

邦憲法裁判所に属する場合に限る（基本法第99条），

11　裁判所の申立てに基づき，連邦法律若しくはラント法律と基本法との一致，又はラント法律若しくはその他のラント法と連邦法律との一致について（基本法第100条第1項），

11a　調査委員会法第36条第2項による移送に基づく，調査委員会の設置（Einsetzung）に関する連邦議会の決定と基本法との一致について，

12　裁判所の申立てに基づき，国際法の原則が連邦法の構成部分であるかどうか，及びそれが直接個人に対して権利義務を生ずるかどうかについて疑義のある場合（基本法第100条第2項），

13　ラントの憲法裁判所が，基本法を解釈するに際して，連邦憲法裁判所又は他のラントの憲法裁判所と異なる裁判をしようとする場合，当該ラントの憲法裁判所の申立てに基づいて（基本法第100条第3項），

14　法が，連邦法として引き続きその効力を有するかどうかについて意見の相違がある場合（基本法第126条），

15　その他連邦法律で連邦憲法裁判所に与えられた事項について（基本法第93条第3項）。

第14条　⑴　連邦憲法裁判所第1部の主たる管轄は，基本権又は基本法第33条，第101条，第103条及び第104条による権利と［法律の］規定とが一致しないと主張される規範統制（前条第6号及び第11号），並びに憲法異議である，ただし，［本法］第91条による憲法異議及び選挙権の領域から生じる憲法異議を除く。ラント政府が第1文による規範統制の申立て（第13条第6号）とともに第13条第6a号，又は第6b号による申立てをなす場合，同じことが妥当する。

⑵　連邦憲法裁判所第2部の管轄は，前条第1号から第5号，第6a号から第9号，第11a号，第12号及び第14号の場合，並びに第1部の管轄に属さない規範統制及び憲法異議である。

⑶　前条第10号及び第13号の場合，各部の管轄権は前2項の定めるところにより決定する。

⑷　連邦憲法裁判所の合同部は，翌年度の開始時より，各部の管轄権を前3項と異なって定めることができる，ただし，一の部に継続的な過重負担が避けられない場合に限る。この規定は，裁判の口頭弁論又は審理が未だ開始されていない係属中の手続にも適用する。この決定は，連邦官報に公示する。

⑸　手続について部の管轄に疑義が生じた場合，長官，副長官及び各部から2人ずつの任期中に任命される4人の裁判官から成る委員会がこれを決定する。可否同数の場

合，議長の決するところによる。

第15条 ⑴　連邦憲法裁判所の長官及び副長官は，各々の所属する部の長となる。部の長は，その部の出席者中在職期間の最も長い者が代行し，在職期間が等しい場合は年齢の最も高い者が代行する。

⑵　各部は，最低6人の裁判官が出席した場合，決することができる。特に緊急を要する事件において，部が定足数を満たさない場合，その部の長は抽選の手続の指定をし，これにより，定足数を満たすに必要なだけの，他の部の裁判官を代行として決定する。部の長は代行となることができない。詳細は規則により定める。

⑶　事案の評議開始後，新たに裁判官を補充することはできない。部が定足数を満たさない場合，評議は，裁判官補充の後，改めて開始しなければならない。

⑷　第13条第1号，第2号，第4号及び第9号による手続において被申立人に不利な判決を下す場合，部の裁判官の3分の2の多数を必要とする。その他の場合，法律が別段の定めをしない限り，部の出席裁判官の単純多数で足りる。可否同数の場合，基本法又はその他の連邦法に対する違反は確定しえない。

第15a条 ⑴　部は職務年ごとに複数の部会を招集する。各部会は3人の裁判官より成る。部会の構成は3年を超えない限度で変えないでおくことができる。

⑵　部は，職務年の開始前に，第80条による申立て並びに第90条及び第91条による憲法異議の担当裁判官に対する配分，部会の数及び構成並びに代行を定める。

第16条 ⑴　一の部が法問題について他の部の裁判に含まれる法見解と異なった見解を採ろうとするときは，連邦憲法裁判所の合同部がこれについて裁判する。

⑵　合同部は，各部から各々3分の2の裁判官が出席した場合に決することができる。

第2章　憲法裁判所の手続
第1節　一般手続規定

第17条　本法に別段の定めがない限り，裁判の公開，法廷警察，法廷用語，評議並びに評決については，裁判所構成法第14章から第16章までの規定を準用する。

第17a条 ⑴　裁判所構成法第169条第2文の規定とは異なり，内容を公開上映又は公表することを目的とする放送用録音及びテレビ録画並びに録音及びフィルム撮影は，次の場合許される，

1　口頭弁論において，裁判所が関係人の出廷を確認するまで，

2　裁判の言渡しのとき。
(2) 連邦憲法裁判所は，関係人若しくは第三者の保護に値する利益又は手続の秩序ある進行を確保するために，前項による収録若しくはその中継放送の全部若しくは一部を排除し，又は条件を付することができる。

第18条　(1) 連邦憲法裁判所裁判官は，次の場合，裁判官の職務の執行から除斥される。
　1　裁判官が当該事件の関係人である（beteiligt）とき，関係人の配偶者であるか若しくはあったとき，又は生活パートナー関係にあるか若しくはあったとき，又は直系の血族若しくは姻族であるとき，又は3親等内の傍系血族若しくは2親等内の傍系姻族であるとき，
　2　裁判官が，当該事件について，過去に職務上若しくは職業上活動したことがあるとき。
(2) 家族関係，職業，門地，政党所属，その他これに類する一般的観点から，手続の結果に利害関係を有する者は，［ここにいう］関係人ではない。
(3) 次の行為は，第1項第2号にいう活動にあたらない，
　1　立法手続に参与すること，
　2　当該手続にとって重要な法問題について，学問的見解を発表すること。

第19条　(1) 連邦憲法裁判所裁判官が不公平な裁判をするおそれがあるとして忌避された場合，裁判所は忌避された裁判官を除いて決する；可否同数の場合には，裁判長の決するところによる。
(2) 忌避には，理由を付さなければならない。忌避された裁判官は，これについて意見を述べることができる。忌避は，遅くとも口頭弁論の開始までに申し立てなければならない。
(3) 忌避されていない裁判官が，自ら予断の疑いがあると申し立てた場合，第1項を準用する。
(4) 連邦憲法裁判所が，裁判官の忌避又は回避を理由があると宣言した場合，抽選により，他の部の裁判官を代行として決定する。部の長は代行となることはできない。詳細は規則により定める。

第20条　関係人は，記録閲覧権を有する。

第21条　訴訟手続が，多数者により又は多数者に対してなされる場合，連邦憲法裁判

所は多数者に対して，その権利，特に期日に出頭する権利を1人又は複数人の受任者に行使させるよう命ずることができる。

第22条　(1)　関係人は，手続のいかなる段階においても，EUの構成国又はヨーロッパ経済圏に関する協定の締約国又はスイスにおいて弁護士又は国立若しくは国家によって認可されている大学の法律学の教員で，裁判官職を担う資格がある者を訴訟代理人とすることができる；連邦憲法裁判所における口頭弁論においては，関係人はこれらの訴訟代理人に代理させなければならない。立法機関及びその一部で憲法又は議院規則が固有の権利を与えたものは，議員を訴訟代理人とすることもできる。連邦，ラント及びそれらの憲法機関は，さらに，裁判官となる資格を有する公務員又は所定の国家試験によって上級行政職の資格を有する公務員を訴訟代理人とすることができる。連邦憲法裁判所は，その他の者が関係人の訴訟補助人となることを許可することができる。

(2)　代理権は，書面によって与えなければならない。その権限は，訴訟手続に関するものであることが明白でなければならない。

(3)　訴訟代理人が選任された場合には，裁判所はすべてこの代理人に対して送達しなければならない。

第23条　(1)　訴訟手続を開始する申立ての提起は，連邦憲法裁判所に対し書面をもってなさなければならない。訴状には理由を付さなければならない；これに必要な証拠方法を記載しなければならない。

(2)　部の長又は第93c条による裁判の場合には担当裁判官は，被申立人，その他の関係人及び第27a条により意見陳述の機会を与えられた第三者に対し，所定の期間内に意見を述べるべき旨を付して，遅滞なく訴状を送達する。

(3)　部の長又は担当裁判官は，各関係人に対して，所定の期間内に必要な数の書類及び異議を申し立てられた［裁判所及び行政庁の］決定の写しを裁判所及び他の関係人に提出するよう命ずることができる。

第24条　不適法な申立て又は明らかに理由のない申立ては，裁判所の全員一致の決定によって退けることができる。この決定には，申立人にその申立ての適法性又は認容性（Begründetheit）について［裁判所が］あらかじめ疑念を呈示している場合は，さらに理由を付することを要しない。

第25条　(1)　連邦憲法裁判所は，別段の定めがない限り，口頭弁論に基づいて裁判する。ただし，すべての関係人が口頭弁論を必要としない旨明示するときは，この限り

ではない。
(2) 口頭弁論に基づく裁判は判決として下し，口頭弁論に基づかない裁判は決定として下す。
(3) 一部判決及び中間判決は，下すことができる。
(4) 連邦憲法裁判所の裁判は，「国民の名において」行う。

第25a条 口頭弁論については，調書が取られる。その他，口頭弁論は録音で記録される。詳細は，規則で定める。

第26条 (1) 連邦憲法裁判所は，事実の認定に必要な証拠調べを行う。連邦憲法裁判所は，それとともに，裁判官の1人に口頭弁論以外において証拠調べを行うことを命じ，又は他の裁判所に特定の事実及び人に限定して証拠調べを嘱託することができる。
(2) 個々の文書の提出の要請は，文書の使用が国家の安全と合致しない場合には，裁判所の3分の2の多数による決定に基づいて中止することができる。

第27条 すべての裁判所及び行政庁は，連邦憲法裁判所に対し，法律上及び職務上の援助を行う。連邦憲法裁判所が，すでに行われた手続の記録を求めた場合，これらは直接に連邦憲法裁判所に提示される。

第27a条 連邦憲法裁判所は，専門知識のある第三者に意見陳述の機会を与えることができる。

第28条 (1) 証人及び鑑定人の尋問については，第13条第1号，第2号，第4号及び第9号の場合，刑事訴訟法の規定を準用し，その他の場合には，民事訴訟法の規定を準用する。
(2) 証人又は鑑定人の所属する上級機関の承認がなければ尋問することができない場合においては，その上級機関は，連邦又はラントの利益のためにやむをえない場合を除き，承認を拒むことができない。連邦憲法裁判所が，3分の2の多数により陳述の承認の拒否を理由がないものと宣言する場合には，証人及び鑑定人は，守秘義務を理由として陳述を拒否することができない。

第29条 関係人は，証拠調べの期日についてすべて通知を受け，かつ証拠調べに立ち会うことができる。関係人は，証人及び鑑定人を尋問することができる。尋問に対し

て異議が申し立てられた場合には，連邦憲法裁判所が裁判する。

第30条 (1) 連邦憲法裁判所は，審理の内容及び証拠調べの結果から得られた自由な心証に従い，非公開の評議において裁判する。裁判は，書面をもって作成し，理由を付し，裁判に関与した裁判官が署名しなければならない。裁判は，口頭弁論が開かれた場合，主たる理由を付して公開の場で言い渡さなければならない。裁判を言い渡す期日は，口頭弁論において告知するか，又は，評議の終了後に確定することができる；後者の場合，その期日は関係人に遅滞なく通知されなければならない。口頭弁論の終了と裁判の言渡しまでの間は3ヵ月を超えてはならない。期日は，連邦憲法裁判所の決定により延期することができる。

(2) 裁判官は，評議において，裁判又はその理由に関して［他の裁判官と］異なる意見を主張した場合，これを少数意見として記すことができる；少数意見は，裁判書に付記しなければならない。各部は，その裁判書において，票決の割合を示すことができる。詳細は規則により定める。

(3) すべての裁判は，関係人に告知しなければならない。

第31条 (1) 連邦憲法裁判所の裁判は，連邦及びラントの憲法機関，並びにすべての裁判所及び行政庁を拘束する。

(2) 第13条第6号，第6a号，第11号，第12号及び第14号の場合には，連邦憲法裁判所の裁判は法律としての効力を有する。連邦憲法裁判所が，法律を基本法に一致する若しくは一致しない，又は無効であると宣言する場合には，第13条第8a号の場合にもこれを準用する。法律が基本法若しくはその他の連邦法に一致する若しくは一致しない，又は無効であると宣言される限りにおいて，裁判主文は連邦司法省が連邦官報に掲載しなければならない。第13条第12号及び第14号の場合における裁判主文にもこれを準用する。

第32条 (1) 連邦憲法裁判所は，争訟事件において，重大な不利益を防止するため，急迫する暴力を阻止するため，又は他の重大な理由により，公共の福祉のため緊急の必要がある場合には，仮命令により事態を暫定的に規律することができる。

(2) 仮命令は，口頭弁論を経ずに下すことができる。特に緊急の場合には，連邦憲法裁判所は，本案に関する手続の関係人，参加の権利を有する者，又は意見陳述の権利を有する者に，態度表明の機会を与えないことができる。

(3) 決定をもって仮命令が下され又は退けられたときは，［前項に掲げる者は］異議を申し立てることができる。前段の規定は，憲法異議の手続における異議申立人には適

用しない。異議については，連邦憲法裁判所が口頭弁論を経て裁判する。口頭弁論は，異議の理由提出後2週間以内に行わなければならない。

(4) 仮命令に対する異議は，停止の効力を有しない。ただし，連邦憲法裁判所は，仮命令の執行を停止することができる。

(5) 連邦憲法裁判所は，仮命令又は異議についての裁判を，理由を付さずに告知することができる。この場合において，理由は関係者に別に通知しなければならない。

(6) 仮命令は，6ヵ月後に効力を失う。仮命令は，3分の2の多数により変更することができる。

(7) 部は，決定をなしえない場合であっても，特に緊急の際には仮命令を下すことができる。この場合，最低3人の裁判官が出席し，全員一致で決定しなければならない。この仮命令は，1ヵ月後に効力を失う。その部が追認した場合，仮命令が下されてから6ヵ月後にその効力を失う。

第33条 (1) 連邦憲法裁判所は，他の裁判所の認定又は裁判が自己の裁判に対して重大な意義を有する場合，その裁判所に係属する手続が終了するまで，自己の手続を停止することができる。

(2) 連邦憲法裁判所は，［他の裁判所が］職権により事実認定をなしうる手続において下した確定判決の事実認定を，自己の裁判の基礎とすることができる。

第34条 (1) 連邦憲法裁判所の手続は無償とする。

(2) 憲法異議又は基本法第41条第2項による抗告の提起が濫用と判明したとき，又は，仮の命令（第32条）の発給がみだりに申し立てられたときは，連邦憲法裁判所は，2600ユーロ以下の手数料を課すことができる。

(3) 手数料の徴収は，連邦財政法第59条第1項による。

第34a条 (1) 基本権の喪失についての申立て（第13条第1号），連邦大統領（第13条第4号）又は裁判官（第13条第9号）に対する訴追が理由のないものと判明した場合，被申立人又は被訴追人に対して，弁護費用を含む要した費用を支払わなければならない。

(2) 憲法異議が理由あるものと判明した場合，異議申立人に対して，要した費用の全部又は一部を支払わなければならない。

(3) その他の場合，連邦憲法裁判所は，費用の全部又は一部の支払を命ずることができる。

第35条　連邦憲法裁判所は，その裁判において，裁判の執行者を指定することができる；場合によっては執行の方法を定めることができる。

第2節　手続外での記録閲覧

第35a条　手続外での連邦憲法裁判所の記録の情報照会又はその記録の閲覧の請求が個人データに関するものである場合，次の諸条項が別段の定めをしていない限り，連邦データ保護法の規定が適用される。

第35b条　(1)　連邦憲法裁判所の記録からの情報照会又はその記録の閲覧は，次の場合に保障することができる，
1　公的機関に対しては，司法目的のために情報照会又は記録閲覧を必要としている場合，又は連邦データ保護法第14条第2項第4号及び第6号から第9号に掲げられた要件が存在する場合，
2　私人及びその他の非公的機関に対しては，それらが情報照会又は記録閲覧のための正当な利益が存在することを疎明した場合；ただし，手続の関係人が情報照会又は閲覧を拒絶することに保護すべき利益を有する場合には，情報照会及び閲覧は拒絶される。連邦データ保護法の16条3項は適用されない；ただし，情報照会及び閲覧の保障については記録に記録されなければならない。情報照会又は記録閲覧は，本人が同意した場合にも，保障することができる。
(2)　記録閲覧は，情報照会では記録閲覧を求める公的機関（第1項第1号）の任務遂行のため，又は，記録閲覧を求める私人若しくはその他の非公的機関（第1項第2号）の正当な利益の保護のために不十分であること，若しくは情報照会が均衡を欠く出費を要することを理由を付して疎明した場合にのみ，保障することができる。
(3)　提出された記録が，記録の本質的構成部分ではない場合には，情報照会請求者が，記録の対象者となっている機関の同意を立証したときに限り，情報照会を行うことが許される；記録閲覧についても同様とする。
(4)　連邦憲法裁判所の記録は，送付しない。［ただし，］公的機関に対しては，第2項により公的機関に記録閲覧を保障することができる場合，又は特別な事情に基づき私人に公的機関において閲覧を保障すべき場合には，連邦憲法裁判所の記録を送付することができる。

第35c条　連邦憲法裁判所は，憲法裁判所の一の手続において記録された個人データを，連邦憲法裁判所の他の手続のために利用することができる。

第3章　個別手続様式
第1節　第13条第1号の場合の手続

第36条　基本法第18条第2文による申立てをなしうるのは，連邦議会，連邦政府又はラント政府である。

第37条　連邦憲法裁判所は，被申立人に対し所定の期間内に意見を陳述する機会を与え，そのうえで申立てを不適法若しくは十分な理由なしとして退けるか，又は審理を開始すべきかを決定する。

第38条　(1) 申立てを受理した後，連邦憲法裁判所は，刑事訴訟法の規定に従って押収又は捜索を命ずることができる。
(2) 連邦憲法裁判所は，口頭弁論の準備のために予審を命ずることができる。予審は，本案の裁判に管轄を有しない部の裁判官の1人に嘱託しなければならない。

第39条　(1) 申立てが理由あるものと判明した場合には，連邦憲法裁判所は，いかなる基本権を被申立人が喪失するかを確定する。連邦憲法裁判所は，［基本権の］喪失について1年以上の期間を定めることができる。また，連邦憲法裁判所は，被申立人に対し，喪失した基本権以外の基本権を侵害しない範囲で，態様及び期間を厳格に定めた制約を課すことができる。この限りでは，行政庁は，被申立人の処分にあたり特別の法律上の根拠を要しない。
(2) 連邦憲法裁判所は，被申立人に対し基本権の喪失期間中選挙権，被選挙権及び公職就任資格を剥奪し，法人にあってはその解散を命ずることができる。

第40条　［基本権の］喪失に期間の定めがない場合又は1年以上の期間が言い渡されている場合において，［基本権の］喪失の言渡し後2年を経過したときは，連邦憲法裁判所は，申立人又は被申立人の申立てに基づいて［基本権の］喪失の全部若しくは一部を取消すか又は喪失の期間を短縮することができる。この申立ては，連邦憲法裁判所の前回の裁判の後1年を経過すれば，再びなすことができる。

第41条　連邦憲法裁判所が申立てについて実体的に裁判したときは，同一被申立人に対する申立ては，新たな事実に基づく場合に限り，再びなすことができる。

第42条　(削除)

第2節　第13条第2号の場合の手続

第43条　(1)　政党が違憲であるかどうかの裁判の申立て（基本法第21条第2項）をなしうるのは，連邦議会，連邦参議院又は連邦政府である。

(2)　ラント政府が［前項の］申立てをなしうるのは，当該政党の組織がそのラントの領域内に限定されている場合に限る。

第44条　政党の代表は，法律の規定により，補充的には党規約により定まる。代表権をもつ者が確定しえないか若しくは存在しないか又は連邦憲法裁判所に申立てが受理された後に変更された場合，申立ての理由となった活動において政党を事実上最後に指導した者を代表権をもつものとみなす。

第45条　連邦憲法裁判所は，代表権をもつ者（前条）に対し，所定の期間中に意見を陳述する機会を与え，そのうえで申立てを不適法若しくは十分な理由なしとして退けるべきか，又は審理を開始すべきかを決定する。

第46条　(1)　申立てが理由あるものと判明した場合には，連邦憲法裁判所は，政党が違憲であることを確認する。

(2)　この確認は，政党の法的又は組織的に独立した部分に限定することができる。

(3)　この確認に加えて，政党又は政党の独立した部分を解散させること及び代替組織の結成を禁止する。この場合，連邦憲法裁判所は，さらに，政党又は政党の独立した部分の財産を公益のために連邦又はラントが没収することを言い渡すことができる。

第47条　第38条及び第41条の規定を準用する。

第3節　第13条第3号の場合の手続

第48条　(1)　選挙の効力，基本法41条の選挙審査の対象となる選挙の準備若しくは実施における権利侵害又は連邦議会議員の資格喪失に関する連邦議会の決定に対する抗告は，議員資格が争われている議員，連邦議会によりその異議を却下・棄却された有権者若しくは有権者団体であるか又は，会派若しくは連邦議会の少数派で少なくとも法定議員数の10分の1を有する者が，連邦議会の決定後2ヵ月以内に連邦憲法裁判所になすことができる。抗告は当該期間内に理由を付さなければならない。

(2)　連邦憲法裁判所は，口頭弁論によって手続の促進が期待できない場合には，口頭弁論を省略することができる。

(3)　抗告の審査で，有権者又は有権者団体の権利が侵害されていることが明らかになり，

連邦憲法裁判所が選挙を無効と宣言しない場合，連邦憲法裁判所はその侵害を確認する。

第 4 節　第 13 条第 4 号の場合の手続

第 49 条　(1)　基本法又はその他の連邦法律に故意に違反したことを理由とした連邦大統領に対する訴追は，連邦憲法裁判所へ訴追状を提出することにより行う。

(2)　両立法機関の一の議決に基づき（基本法第 61 条第 1 項），その長は訴追状を作成し，1 ヵ月以内に連邦裁判所に送付する。

(3)　訴追状には，訴追の理由となった作為又は不作為，証拠及び違反したとされる憲法又は法律の規定を記載しなければならない。訴追状には，訴追提起の議決が連邦議会の定数の 3 分の 2，又は連邦参議院の投票数の 3 分の 2 の多数によって行われた旨を記載しなければならない。

第 50 条　訴追は，訴追権を有する機関が訴追事由を知った後，3 ヵ月以内に限り行うことができる。

第 51 条　手続の開始及び進行は，連邦大統領の辞職，離職，又は連邦議会の解散若しくは任期の満了により妨げられない。

第 52 条　(1)　訴追は，判決の言渡しがあるまでは，訴追を行った機関の議決に基づき取り下げることができる。この議決は，連邦議会の定数の過半数又は連邦参議院の投票数の過半数の同意を必要とする。

(2)　訴追の取下げは，訴追を行った機関の長が，議決の正本を連邦憲法裁判所に送付することにより行う。

(3)　訴追の取下げに対し連邦大統領が 1 ヵ月以内に異議を申し立てる場合，訴追の取下げは効力を失う。

第 53 条　連邦憲法裁判所は，訴追が行われた後，仮の命令により連邦大統領の職務の執行の停止を定めることができる。

第 54 条　(1)　連邦憲法裁判所は，口頭弁論の準備のために予審を命ずることができる。連邦憲法裁判所は，訴追の代表者又は連邦大統領が請求する場合，予審を命じなければならない。

(2)　予審は，本案の裁判に管轄を有しない部の裁判官の 1 人に嘱託しなければならな

い。

第55条 (1) 連邦憲法裁判所は，口頭弁論に基づいて裁判する。
(2) 審理には，連邦大統領を召喚しなければならない。連邦大統領が，無断で出頭せず，又は正当な理由なく事前に退席するときは，欠席のままで審理する旨を召喚状に明示しなければならない。
(3) 口頭弁論においては，まず，訴追を行った機関の受託者が当該訴追について陳述する。
(4) ついで，連邦大統領は，訴追について意見を述べることができる。
(5) これに続いて，証拠調べを行う。
(6) 最後に，訴追の代表者は訴追につき，連邦大統領は防禦につき意見を述べる。連邦大統領は，最終発言をなすことができる。

第56条 (1) 連邦憲法裁判所は，判決において，連邦大統領が基本法又は明示された連邦法律に故意に違反したことにつき責を負うかどうかを確認する。
(2) 有罪判決の場合，連邦憲法裁判所は，連邦大統領がその職を失うことを宣言することができる。[連邦大統領は] 判決の言渡しとともにその職を失う。

第57条 理由を含め判決の正本は，連邦議会，連邦参議院及び連邦政府に送付しなければならない。

第5節 第13条第9号の場合の手続

第58条 (1) 連邦議会が連邦裁判官に対して基本法第98条第2項に従って訴追を行う場合においては，[本法] 第49条第3項第2文，第50条及び第52条第1項第2文を除き，第49条から第55条までの規定を準用する。
(2) 連邦裁判官が職務上の違反を理由として責任を問われる場合，[職務違反が問題となった] 裁判手続が確定力をもって終結する以前には，又は同一の違反を理由とする [勤務関係裁判所の] 懲戒手続に付されているときは当該手続の開始以前には，連邦議会は [訴追を] 議決しない。連邦裁判官の違反について責任が問われる裁判手続が確定力をもって終結してから6ヵ月を経過したときは，訴追は許されない。
(3) 前項の場合を除き，違反をなしたときから2年を経過した場合，第1項に基づく訴追は許されない。
(4) 訴追は，連邦憲法裁判所 [の手続] においては連邦議会の受託者が代表して行う。

第 59 条 (1) 連邦憲法裁判所は，基本法第 98 条第 2 項に規定する処分のうち一を命ずる判決又は無罪の判決を下す。

(2) 連邦憲法裁判所が罷免の判決を下す場合，［連邦裁判官は］判決の言渡しとともにその職を失う。

(3) 転職又は退職の判決を下す場合，連邦裁判官の罷免について権限を有する機関がその執行の義務を負う。

(4) 理由を含め判決の正本は，連邦大統領，連邦議会及び連邦政府に送付しなければならない。

第 60 条 手続が連邦憲法裁判所に係属する限り，同一の事実により懲戒裁判所に係属する手続は停止する。連邦憲法裁判所が，罷免又は転職若しくは退職を命ずる判決を下す場合，懲戒手続は終結する。その他の場合には，懲戒手続は継続する。

第 61 条 (1) 再審は，有罪の宣告を受けた者の利益のためにのみ，かつその者の申立てによってのみ，又はその者が死亡した後はその配偶者，生活パートナー若しくはその卑属の申立てによってのみ，刑事訴訟法第 359 条及び第 364 条の要件の下で行う。申立てには，再審の法律上の根拠及び証拠方法を示さなければならない。再審の申立ては判決の効力を妨げない。

(2) 申立ての認容については，連邦憲法裁判所が口頭弁論を経ずに決定する。［この場合においては］刑事訴訟法第 368 条，第 369 条第 1 項，第 2 項及び第 4 項，第 370 条，第 371 条第 1 項から第 3 項までの規定を準用する。

(3) 再審においては，原判決を維持するか，より軽い処分を命ずるか，又は無罪の判決を下さなければならない。

第 62 条 基本法第 98 条第 5 項第 2 文により引き続き効力を有するラント憲法に別段の定めがない限り，本節の規定はラントの法律がラントの裁判官に対して基本法第 98 条第 2 項に相当する規定を設けている場合にも適用する。

第 6 節　第 13 条第 5 号の場合の手続

第 63 条 申立人及び被申立人となりうるのは，連邦大統領，連邦議会，連邦参議院，連邦政府，並びに，これらの機関の一部で，基本法又は連邦議会規則及び連邦参議院規則が固有の権利を与えたものに限る。

第 64 条 (1) 申立てが許されるのは，申立人が，申立人又はその所属する機関が基本

法によって与えられた権利・義務を，被申立人の作為又は不作為により侵害され，又は直接に脅かされていると主張する場合に限る。
(2) 申立てには，被申立人の当該作為又は不作為によって侵害された基本法の規定を明示しなければならない。
(3) 申立ては，申立人が申立ての原因となった作為又は不作為を知った時から6ヵ月以内に提起しなければならない。
(4) 本法施行の際，前項の期間が経過している場合に限り，なお施行後3ヵ月以内に申立てを提起することができる。

第65条 (1) 第63条に掲げられている他の[＝申立人又は被申立人以外の]申立権者は，当該裁判が自己の権限の範囲にも関わる場合には，手続のいかなる段階においても，申立人又は被申立人に参加することができる。
(2) 連邦憲法裁判所は，手続の開始を，連邦大統領，連邦議会，連邦参議院及び連邦政府に通知する。

第66条 連邦憲法裁判所は，係属中の手続を併合し，併合されている手続を分離することができる。

第66a条 調査委員会法第2条第3項との結びついた[本法]第13条第5号による手続，並びに同法第18条第3項による手続において，またこの手続が同法第19条及び第23条第2項と結びついた場合にも，連邦憲法裁判所は口頭弁論を開かずに裁判することができる。同様のことは[本法]第63条と結びついた，連邦情報機関の議会による統制法律14条に基づく申立人にも妥当する。

第67条 連邦憲法裁判所は，その裁判において，申立ての原因となった被申立人の作為又は不作為が，基本法の規定に違反するか否かを確定する。この規定は，明示しなければならない。同時に，連邦憲法裁判所は，裁判主文において，基本法の規定の解釈にとって重大であり，かつ[本条]第1文の確定の基礎となる法問題を判断することができる。

第7節 第13条第7号の場合の手続
第68条 申立人及び被申立人となりうるのは，連邦の代表としては連邦政府，ラントの代表としてはラント政府である。

第69条 ［この場合には］第64条から第67条までの規定を準用する。

第70条 基本法第84条第4項第1文による連邦参議院の議決に対しては，議決の後1ヵ月以内に限り出訴することができる。

第8節　第13条第8号の場合の手続
第71条 ⑴　申立人及び被申立人となりうるのは，次に掲げるものに限る。
1. 基本法第93条第1項第4号による連邦とラントの公法上の紛争の場合には，連邦政府及びラント政府；
2. 基本法第93条第1項第4号によるラント相互間の公法上の紛争の場合には，ラント政府；
3. 基本法第93条第1項第4号によるラント内の公法上の紛争の場合には，ラントの最高機関，及び，その機関の一部でラント憲法又はラントの最高機関の規則が固有の権利を与えたもの，ただし，当該機関の権利又は権限が，紛争の対象によって直接に侵害されている場合に限る。

⑵　［この場合には］第64条第3項の規定を準用する。

第72条 ⑴　連邦憲法裁判所は，その裁判において，次の事項について判断を下すことができる。
1. 処分が適法又は不適法であること，
2. 処分の中止，取消，実施又は受忍を被申立人に義務づけること，
3. 給付を義務づけること。

⑵　前条第1項第3号の手続において，連邦憲法裁判所は，申立ての原因となった被申立人の作為又は不作為がラント憲法の規定に違反するか否かを確定する。［この場合には］第67条第2文及び第3文の規定を準用する。

第9節　第13条第10号の場合の手続
第73条 ⑴　ラント内部の憲法上の紛争については，当該ラントの最高機関，及びその機関の一部でラント憲法又はラントの最高機関の規則が固有の権限を与えたものに限り，関係人となることができる。

⑵　［この場合には］ラント法に別段の定めがない限り，第64条第3項の規定を準用する。

第74条 連邦憲法裁判所の裁判がいかなる内容と効力を有するかについて，ラント法

に定めがない場合には，第72条第2項を準用する。

第75条 ［本節の］手続については，本法第2章の一般［手続］規定を準用する。

第10節　第13条第6号及び第6a号の場合の手続

第76条　(1)　基本法第93条第1項第2号による連邦政府，ラント政府又は連邦議会議員の4分の1の申立ては，次の場合にのみ許される。申立権者の一が，連邦法若しくはラント法を，
1　基本法若しくはその他の連邦法と形式上・実質上一致しないことを理由に無効であると主張し，又は，
2　連邦若しくはラントの裁判所，行政庁若しくは機関が基本法若しくはその他の連邦法に一致しないものとして適用しなかったときに，これを有効であると主張した場合。

(2)　基本法第93条第1項第2a号による連邦参議院，ラント政府又はラントの議会の申立ては，申立人が連邦法律を基本法第72条第2項の要件の不充足故に無効と考えるときにのみ許される；申立ては，申立人が連邦法律を基本法第75条第2項の要件の不充足故に無効と考えるときにも許される。

第77条　連邦憲法裁判所は，
1　前条第1項の場合，連邦議会，連邦参議院，連邦政府に対して，連邦法の効力につき意見の相違があるときはラント政府に対して，並びにラント法上の規範の効力につき意見の相違があるときは当該規範が公布されたラントのラント議会及びラント政府に対して，
2　前条第2項の場合，連邦議会，連邦参議院，連邦政府並びにラント議会及びラント政府に対して，
所定の期間内に意見を陳述する機会を与えなければならない。

第78条　連邦憲法裁判所は，連邦法が基本法に又はラント法が基本法若しくはその他の連邦法に一致しないと確信した場合，当該法律を無効と宣言する。当該法律の他の規定が，同一の理由により基本法又はその他の連邦法に一致しない場合，連邦憲法裁判所は，等しく無効と宣言することができる。

第79条　(1)　確定刑事判決が，基本法に一致しないと宣言され，若しくは前条により無効と宣言された規範に基づく場合，又は連邦憲法裁判所により基本法と一致しない

と宣言された規範解釈に基づく場合，当該確定刑事判決に対して，刑事訴訟法の規定による再審が許される。
(2) その他の場合においては，第 95 条第 2 項又は法律に別段の定めのある場合を除き，前条により無効と宣言された規範に基づく決定のうちもはや取消すことのできないものは，その効力を妨げられない。このような決定に基づく執行は許されない。民事訴訟法の規定による強制執行をなすべき場合においては，民事訴訟法第 767 条の規定を準用する。不当利得を理由とする請求は許されない。

第 11 節　第 13 条第 11 号及び第 11a 号の場合の手続

第 80 条　(1) 基本法第 100 条第 1 項の要件が存在する場合，裁判所は直接に連邦憲法裁判所の裁判を求めることができる。
(2) 理由には，裁判所の裁判が法規定の効力［の有無］によって影響を受ける範囲，及び当該法規定が一致しない上位規範を示さなければならない。記録は添付しなければならない。
(3) 裁判所の申立ては，訴訟関係人による当該法規無効の主張に拘束されない。

第 81 条　連邦憲法裁判所は，法問題についてのみ裁判を行う。

第 81a 条　部会は，全員一致の決定によって第 80 条による申立てを不適法とすることができる。申立てがラントの憲法裁判所又は連邦の最上級裁判所によってなされた場合には，その裁判は部に留保される。

第 82 条　(1) ［この場合においては］第 77 条から第 79 条までの規定を準用する。
(2) 第 77 条に定める憲法機関は，手続のあらゆる段階において，これに参加することができる。
(3) 連邦憲法裁判所は，申立てを行った裁判所における訴訟関係人に対しても，意見陳述の機会を与える；連邦憲法裁判所は訴訟関係人を口頭弁論に召喚し，また出頭した訴訟代理人に対して発言を認める。
(4) 連邦憲法裁判所は，連邦の最高裁判所又はラントの最高裁判所に対して，これらの裁判所が当該問題において基本法を従来いかに解釈してきたか及びいかなる考慮を基礎としてきたかについて，これらの裁判所が効力につき争いのある当該法規定をその裁判において適用したか否か及びその方法について，並びにこれと関連するいかなる法問題が現在係属中であるかについて，報告を求めることができる。さらに，連邦憲法裁判所はこれらの裁判所に対して，裁判にとって重要な法問題に関する考慮の説明

を求めることができる。連邦憲法裁判所は意見陳述の権利を有する者に［これらの裁判所の］見解を通知する。

第82a条　(1)　第80条から第82条までは，［本条］第2項及び第3項の場合を除き，調査委員会法第36条第2項による移送に基づく調査委員会の設置についての連邦議会の決定と基本法との一致に関する審査についても準用する。
(2)　連邦議会及び基本法第44条第1項による要件を満たし，設置決定の提案を提出した少数派は，意見を陳述することができる。さらに，連邦憲法裁判所は，連邦政府，連邦参議院，ラント政府，調査委員会法第18条第3項による要件を満たした少数派及び個人に，設置決定により影響を受ける限りで，意見を陳述する機会を与えることができる。
(3)　連邦憲法裁判所は口頭弁論を開かずに裁判することができる。

第12節　第13条第12号の場合の手続
第83条　(1)　連邦憲法裁判所は，基本法第100条第2項の場合，国際法の原則が連邦法の構成部分であるかどうか，及びそれが直接に個人に対して権利・義務を生ずるかどうかを，その裁判において確定する。
(2)　連邦憲法裁判所はあらかじめ，連邦議会，連邦参議院及び連邦政府に対して，所定の期間内に意見陳述の機会を与えなければならない。これらの機関は手続のあらゆる段階において，これに参加することができる。

第84条　［この場合には］第80条及び第82条第3項の規定を準用する。

第13節　第13条第13号の手続
第85条　(1)　基本法第100条第3項第1文により連邦憲法裁判所の裁判を請求すべき場合，ラントの憲法裁判所は，その法見解を付して記録を提出する。
(2)　連邦憲法裁判所は，連邦参議院，連邦政府に対し，及びラント憲法裁判所の裁判と異なる見解を採ろうとする場合には，当該［ラント憲法］裁判所に対し，所定の期間内に意見陳述の機会を与える。
(3)　連邦憲法裁判所は，法問題についてのみ裁判する。

第14節　第13条第14号の手続
第86条　(1)　申立てをなしうる者は，連邦議会，連邦参議院，連邦政府及びラント政府である。

(2)　訴訟手続において，法律が連邦法として引き続き効力を有するか否かについて争いがあり，かつ［その争いが］重要な意義を有する場合には，裁判所は第80条を準用して，連邦憲法裁判所の裁判を請求しなければならない。

第87条　(1)　連邦参議院，連邦政府又はラント政府の申立ては，連邦の機関，連邦の行政庁又はラントの機関若しくは行政庁がすでになし又はまさになさんとする処分の適法性が，裁判により影響を受ける場合にのみ許される。
(2)　申立ての理由には，前項に規定された要件が存在することを明示しなければならない。

第88条　［この場合には］第82条の規定を準用する。

第89条　連邦憲法裁判所は，法律の全部又は一部が連邦の領土の全部又は一部の地域において，連邦法として引き続き効力を有するか否かを言い渡す。

第15節　第13条第8a号の場合の手続

第90条　(1)　何人も，公権力により基本権又は基本法第20条第4項，第33条，第38条，第101条，第103条及び第104条に規定された権利を侵害されたことを理由として，連邦憲法裁判所に憲法異議を申し立てることができる。
(2)　［権利の］侵害に対して出訴の方法が許されている場合には，出訴の方法を尽くすまで憲法異議を申し立てることができない。ただし，憲法異議が一般的意義を有する場合，又は出訴の方法をとるときは異議申立人が重大かつ不可避の損害を被るおそれがある場合，連邦憲法裁判所は，出訴の方法を尽くす前になされた憲法異議についても直ちに裁判する。
(3)　ラント憲法に従い，ラントの憲法裁判所に対し憲法異議を申し立てる権利は，［本条の憲法異議によって］妨げられない。

第91条　ゲマインデ及びゲマインデ連合は，連邦又はラントの法律が基本法第28条の規定に違反することを理由として，憲法異議を申し立てることができる。自治権侵害を理由とする憲法異議がラントの法によりラントの憲法裁判所に申し立てることができる場合，連邦憲法裁判所への憲法異議は許されない。

第91a条　（削除）

第92条 憲法異議の理由には，侵害されたとする権利，及び異議申立人が侵害を受けたとする機関又は行政庁の作為又は不作為を明示しなければならない。

第93条 (1) 憲法異議は，1ヵ月以内に提起され，理由を付さなければならない。形式を完全に具備した判決の送達又は形式を問わない通知が，基準となる手続法上の規定に従って職権により行われなければならない場合，期間はこれらの送達又は通知により進行する。その他の場合，期間は，判決の言渡しにより，また判決の言渡しがないときには，他の方法で異議申立人へ判決を告知することにより進行する，この場合，異議申立人に形式を完全に具備した判決の謄本が交付されていないとき，第1文の期間は，異議申立人が書面又は口頭筆記により［裁判所の］書記課に形式を完全に具備した判決の交付を申請することにより中断する。中断は，形式を完全に具備した判決書が異議申立人へ裁判所により交付されるか，又は職権により若しくは当該手続の関係人により送付されるまで継続する。

(2) 異議申立人の責めによらない理由により前項の期間内に憲法異議が提起できない場合には，異議申立人には申請によって原状回復が保障される。その申請は障害が除去されてから2週間以内になされなければならない。申請の理由となる事実は申請の際又は申請に関する手続において疎明しなければならない。申請期間内に懈怠した法的行為を追完することができる。追完がなされた場合には申請なしに原状回復が認められる。懈怠した期間の終期から1年を経た申請は許されない。訴訟代理人の責めは申立人の責めとみなす。

(3) 憲法異議が，法律に対し又は他に出訴の方法のないその他の高権行為に対して申し立てられている場合，憲法異議は，当該法律の施行後又は当該高権行為の後1年以内に限り申し立てることができる。

(4) 1951年4月1日以前に施行された法律に対する憲法異議は，1952年4月1日まで申し立てることができる。

第93a条 (1) 憲法異議は，裁判のため受理を要する。

(2) 憲法異議は，次の場合には裁判のために受理しなければならない。
 a) 憲法異議に基本的な憲法上の意義が存する限り，
 b) 第90条第1項に列挙されている権利を実現するために望ましい場合；裁判を拒絶（Versagung）することにより，異議申立人に特に重大な不利益が発生する場合も同様とすることができる。

第93b条 部会は，憲法異議の受理を拒否（Ablehnen）し又は第93c条の場合に裁判

のために憲法異議を受理することができる。その他については部が受理について裁判する。

第93c条 (1) 第93a条第2項bの要件が存在し，かつ憲法異議の審査にとって基準となる憲法問題が連邦憲法裁判所によりすでに裁判されている場合，憲法異議が明らかに理由のあるとき，部会は憲法異議を認容することができる。この決定は部の裁判と同一の効力をもつ。第31条第2項の効力をもって言い渡された，法律が基本法又は他の連邦法と一致しない若しくは無効であるとする裁判は，部に留保される。
(2) 本手続には第94条第2項及び第3項並びに第95条第1項及び第2項を適用する。

第93d条 (1) 第93b条及び第93c条による裁判は口頭弁論を経ないで下される。この裁判には異議を申し立てることができない。憲法異議の受理の拒否（Ablehnung）には理由を付すことを要しない。
(2) 部が憲法異議の受理について裁判をしない限り，部会は憲法異議手続に関するあらゆる裁判をなすことができる。法律の適用の全部又は一部を停止する仮命令は，部だけが下すことができる。この場合，第32条第7項は変更されない。部は，第32条第3項の場合においても裁判する。
(3) 部会の裁判は全員一致の決定により下す。部は，少なくとも3人の裁判官が同意した場合，受理を決定する。

第94条 (1) 連邦又はラントの憲法機関の作為又は不作為に対して憲法異議が申し立てられている場合，連邦憲法裁判所は，当該機関に対して所定の期間内に意見陳述の機会を与える。
(2) 当該作為又は不作為が連邦又はラントの大臣又は行政庁による場合には，所管の大臣に対して意見陳述の機会を与えなければならない。
(3) 憲法異議が裁判所の裁判に対して申し立てられている場合には，連邦憲法裁判所は，当該裁判によって利益を得た者に対しても意見陳述の機会を与える。
(4) 憲法異議が直接又は間接に法律に対して申し立てられている場合には，第77条を準用する。
(5) 第1項，第2項及び前項に定める憲法機関は，手続に参加することができる。口頭弁論により手続の促進が期待できず，かつ手続に参加し意見を陳述する権利を有する憲法機関が口頭弁論を放棄した場合には，連邦憲法裁判所は，口頭弁論を開かないでおくことができる。

第95条 (1) 憲法異議が認められた場合，基本法のいかなる規定が侵害されたか，及びいかなる作為又は不作為によって当該規定が侵害されたかを裁判において確認しなければならない。同時に，連邦憲法裁判所は，異議を申し立てられた措置の反復がいずれも基本法に違反する旨を言い渡すことができる。

(2) ［裁判所及行政庁の］決定に対する憲法異議が認められた場合，連邦憲法裁判所は，当該決定を廃棄し，第90条第2項第1文の場合には，事件を管轄裁判所に差し戻す。

(3) 法律に対する憲法異議が認められた場合，当該法律を無効と宣言しなければならない。前項の憲法異議の認められた理由が，廃棄された決定が違憲の法律に基づくことにある場合も同様である。［この場合には］第79条の規定を準用する。

第95a条 （削除）

第16節　第13条第6b号の場合の手続

第96条 (1) 基本法第93条第2項第1文による申立ての理由から基本法第93条第2項第3文に定める要件の存在が明らかでなければならない。

(2) 連邦憲法裁判所は，他の申立権限を有する者並びに連邦議会及び連邦政府に，一定期限内に意見陳述の機会を与える。

(3) 前項による意見陳述権者は，手続のあらゆる段階で参加することができる。

第17節　第13条第3a号の場合の手続

第96a条 (1) 抗告を申し立てることができるのは，連邦憲法選挙法第18条第4項に基づいて候補者を推薦する政党として認められなかった団体及び政党である。

(2) 当該抗告は，連邦選挙法第18条第4項第2文に基づいて連邦選挙委員会の会議において下された決定が公示されてから，5日以内に提起され，理由を付されなければならない。

(3) （本法）第33条は適用されない。

第96b条　連邦選挙委員会には意見陳述の機会を与えなければならない。

第96c条　連邦憲法裁判所は口頭弁論を経ないで裁判を行うことができる。

第96d条　連邦憲法裁判所は理由を付すことなく，裁判を公表することができる。この場合，その理由は抗告申立人及び連邦選挙委員会に対し，それぞれ別々に送達され

なければならない。

第4章　遅延異議

第97a条　(1)　連邦憲法裁判所の裁判を入手するために中断した手続において［契機となった］訴訟関係人又は関係人として連邦憲法裁判所での手続の不適切な期間の結果，不利益を被った者は，適切に補償される。手続期間の適切性は，連邦憲法裁判所の任務と立場を顧慮して個別的事件の状況により左右される。

(2)　連邦憲法裁判所での手続が不適切に長く継続した場合，財産的でない不利益が考慮に入れられる。これに対する補償は，個別的事件の状況により，他の方法，特に手続期間の不適切性の確認による回復では十分でない場合にのみ，請求することができる。第2文による補償は遅延1年につき1200ユーロの額とする。個々の事件の状況に応じ第3文による額が不適当である場合，連邦憲法裁判所はそれより高額又は低額を決定することができる。

第97b条　(1)　補償及び回復に関しては，連邦憲法裁判所への異議申立てに基づき決定される（遅延異議）。遅延異議は，異議申立人が連邦憲法裁判所に手続の期間を問責した場合に限り適法となる（遅延問責）。遅延問責は，手続期間の不適切性を理由づける状況を記載した書面により行わなければならない。遅延問責は連邦憲法裁判所での手続の開始から12ヵ月経過後適法とされる。遅延問責の回答は要しない。

(2)　遅延異議は，遅延問責の申立てから6ヵ月経過した後申し立てることができる；連邦憲法裁判所の裁判が下されるかまたは手続が他の方法で処理されるとき，遅延異議は3ヵ月以内に申し立てなければならない。遅延異議は，書面でかつ理由を付して申し立てなければならない。遅延異議に関する確定力ある裁判まで請求は移譲できない。

第97c条　(1)　遅延異議に関しては，合同部が各部から2名の裁判官を任命する異議部会（Beschwerdekammer）が裁判する。通常任期は2年にわたる。

(2)　異議を申し立てられた手続の担当裁判官が異議部会の構成員である場合，当該裁判官は異議手続への関与から除斥される。

(3)　部会の長の規定及び除斥された部会構成員の継続的な後任の保障並びに部会における代表など詳細については規則が定める。

第97d条　(1)　異議を申し立てられた手続の担当裁判官は，遅延異議の理由書の受理の後1ヵ月以内に，見解を提出しなければならない。

(2) 異議部会は多数決で決定する。賛否同数の場合遅延異議は棄却とみなされる。異議部会は口頭弁論を経ないで決定する。遅延異議に関する決定はいかなる理由も付さない。

(3) 当該裁判は上訴できない。

第97e条 第97a条から第97d条の規定は2011年12月3日に係属していた手続，並びに終結した手続であるが2011年12月3日ヨーロッパ人権裁判所での異議の対象である若しくは対象となりうる手続にも適用される。第1文により終結した手続には，第97b条第1項第2文から第5文までは適用されない；第97b条第2項は，遅延異議が直ちに申し立てられうる及び遅くとも2012年3月3日までに申し立てられなければならないという条件で，適用される。

第5章 終末規定

第98条 (1) 連邦憲法裁判所の裁判官は，任期の満了（第4条第1項，第3項及び第4項）により，退職する。

(2) 連邦憲法裁判所の裁判官は，長期にわたる執務不能の場合，退職することができる。

(3) 連邦憲法裁判所の裁判官は，連邦憲法裁判所の裁判官としての職務に少なくとも6年以上あり，かつ次の条件を満たす場合，執務不能の証明がなくても［退職の］申出により，退職することができる。
  1 満65歳に達したとき，
  2 社会法典第9編第2条の意味の重度の障害をもち，満60歳に達したとき。

(4) 前項の場合，第4条第4項を準用する。

(5) 退職した裁判官は，恩給を受ける。恩給は，連邦憲法裁判所裁判官の俸給に関する法律により，その者が最後に得た給与額を基礎として算定する。遺族扶助料の場合も同様である。

(6) ［この場合には］公務員手当法第70条を準用する。

第99条 （削除）

第100条 (1) 連邦憲法裁判所裁判官の職務が［本法］第12条に従って終了した場合，当該裁判官が2年以上在職していたときには，連邦憲法裁判所裁判官の俸給に関する法律に従って，給与と同額の退職金を1年間受ける。この規定［本法］第98条に従って退職した場合には適用しない。

(2) 連邦憲法裁判所の裁判官であった者が死亡時に退職金を受けていた場合，その遺族

は，死亡弔慰金及び退職金支給期間に残余があるときには寡婦遺児扶助料を受ける，死亡弔慰金及び寡婦遺児扶助料は退職金を基礎として算定する。

第 101 条　(1)　連邦憲法裁判所裁判官に選出された公務員又は裁判官は，ドイツ裁判官法第70条の規定を留保して，任命とともに従前の職を離れる。連邦憲法裁判所裁判官としての職務期間中は，公務員又は裁判官としての勤務関係に基づく権利・義務は停止する。公務員又は裁判官が事故により傷害を受けた場合，治療請求権は妨げられない。
(2)　連邦憲法裁判所裁判官としての職務が終了した場合，他の職務に任命されないときには，公務員又は裁判官は，公務員又は裁判官としての勤務関係を離れ，連邦憲法裁判所裁判官としての勤務期間を加算して前職において受くべき恩給を受ける。連邦公務員又は連邦裁判官以外の公務員又は裁判官に関して，連邦は雇主に対して，恩給及び遺族扶助料を補填する。
(3)　前2項は，ドイツの大学における法律学の教員たる公務員には適用しない。連邦憲法裁判所裁判官としての職務期間中は，大学教員としての勤務関係から生ずる義務は原則として停止する。大学教員としての勤務関係の俸給の3分の2は，連邦憲法裁判所裁判官としての勤務関係の給与に算入する。連邦は大学教員の雇主に対して，当該教員の代理によって生じた事実上の費用を，算入された給与額を限度として補填する。

第 102 条　(1)　連邦憲法裁判所の裁判官であった者が前条の規定による恩給請求権を有する場合，この請求権は，第98条又は第100条による恩給又は退職金が支払われる期間，これらの支給額を限度として停止する。
(2)　連邦憲法裁判所の裁判官であった者が第100条による退職金を受けている場合，再び公職につくときには，この職による所得は退職金に算入する。
(3)　連邦憲法裁判所の裁判官であった者が連邦憲法裁判官に就任する前又はその任期中に，大学教員としての勤務関係に基づく俸給，退職金，又は恩給を受ける場合，[憲法]裁判官職からの恩給又は退職金の総計が前条第3項第3文により算入されない額分引き上げられた[裁判官職からの]俸給を越える限り，[大学教員としての]俸給とともに，裁判官職からの恩給又は退職金は停止する。大学教員としての勤務関係から生じる退職金又は恩給の他に，[憲法]裁判官職からの恩給又は退職金は，恩給を受けることのできる全勤務期間及び，前条第3項第3文により算入されない額を加算した俸給を基準とする恩給額に達するまで保障する。
(4)　前3項の規定は遺族に準用する。[この場合には]公務員手当法第54条第3項及び第4項第2文を準用する。

第103条　第98条から第102条までの規定に別段の定めがない限り，連邦裁判官に適用する手当法上及び補助法上（Beihilfrechtlichen）の規定は，連邦憲法裁判所の裁判官であった者に適用する；連邦憲法裁判所の裁判官職に従事した期間とは，公務員手当法第11条第1項第3号aにいう期間である。手当法上の決定は，連邦憲法裁判所の長官が行う。

第104条　(1)　弁護士が連邦憲法裁判所の裁判官に任命される場合，弁護士登録より生じる権利は職務の期間中停止する。
(2)　公証人が連邦憲法裁判所の裁判官に任命される場合，第101条第1項第2文を準用する。

第105条　(1)　連邦憲法裁判所は，連邦大統領に次の権限を与えることができる。
1　長期にわたる執務不能を理由として，連邦憲法裁判所の裁判官の退職を命ずること，
2　連邦憲法裁判所の裁判官が，裁判官としての威信を失うべき非行（entehrende Handlung）により確定判決を受けた場合，若しくは6ヵ月以上の自由刑の確定判決を受けた場合，又は職に留まることが許されない重大な義務違反を行った場合，連邦憲法裁判所の裁判官を罷免すること。
(2)　前項の手続の開始については，連邦憲法裁判所の合同部が決定する。
(3)　[この場合には] 一般手続規定並びに第54条第1項及び第55条第1項，第2項，第4項から第6項の規定を準用する。
(4)　第1項の授権には，裁判官の3分の2の同意を必要とする。
(5)　第2項による手続の開始後，連邦憲法裁判所の合同部は，暫定的に，裁判官を免職することができる。裁判官に対し犯罪行為を理由とする主要手続が開始された場合も同様である。暫定的免職には裁判官の3分の2の同意を必要とする。
(6)　第1項第2号の罷免により，裁判官はその職に基づくすべての請求権を失う。

第106条　施行

第107条　削除

2. 連邦憲法裁判所規則

1989年7月11日及び1995年12月18日及び2002年1月7日の連邦憲法裁判所合同部の決定によって改正された，1986年12月15日の連邦憲法裁判所規則

A 連邦憲法裁判所の組織と行政に関する規定

第1条 ⑴ 合同部と長官は，連邦憲法裁判所の任務の遂行のために，協力して活動する。

⑵ 合同部は，連邦憲法裁判所の予算の作成について，裁判官，裁判官の地位及び裁判官の労働条件に直接関係するすべての問題について，並びに，必要な場合には連邦憲法裁判所の行政の一般原則について，審議し，決定する。

⑶ 長官は，法律により付与された権限を遂行し，合同部の決定をその委託により実施する。長官は，連邦憲法裁判所の行政を指揮する；原則的に重要な問題については，長官は合同部と協議する。

第2条 ⑴ 合同部は，必要に応じて，長官が招集するが，少なくとも，春と秋に各1回招集されるものとする。

⑵ 副長官，委員会又は3人以上の裁判官が議題を示して合同部の招集を求めた場合には，長官は遅滞なく合同部を招集する。

⑶ 招集から会議までは，少なくとも4日をおかなければならない。

⑷ 合同部は，裁判官の3分の2以上の出席がなければ，決することができない。

⑸ 招集状には，議事日程及び必要な場合には審議に必要な書類を添付しなければならない。

⑹ 長官は，会議の開催の遅くとも3日前までに裁判官により提出されたすべての議案を議事日程にのせる。合同部は，反対がなければ，その他の議案を議事日程にのせることができる。長官，副長官，委員会又は3人以上の裁判官により提出された議案は，議事日程からはずすことはできない。それ以外の議案については，合同部は，その会議の冒頭で，議事日程にのせるか否かを決定する。

⑺ 長官は合同部の会議を主宰する。会議の経過については議事録を作成し，すべての裁判官に速やかに送付する。

第3条 ⑴ 合同部は，次の常任委員会を設置する

a) 規則委員会，

b）儀典委員会，
　c）予算・人事委員会，
　d）図書館委員会。
必要な場合には，その他の委員会を設置することができる。
⑵　各常任委員会には，各部から選出された2人の裁判官が所属する。前項aからcの委員会には，その他に長官及び副長官が所属する。
⑶　合同部は，2職務年度ごとに，委員会の委員及びその職務代行を任命する。任命された委員及びその職務代行に支障があるときは，各部の勤務年数の最も長い裁判官が代理する。
⑷　長官は，その所属する委員会の長となる。その他の委員会は，その長を委員の中から互選する。
⑸　各委員は，議案を示して委員会の招集を求めることができる。委員長は，委員会を遅滞なく招集しなければならない。
⑹　委員会は，委員の過半数の出席がなければ，決することができない。
⑺　合同部が個々の場合に自ら決するとき，又は常任委員会が合同部の決定を必要だと判断するときを除き，常任委員会は，その所管事項を合同部に代わって処理する。合同部は，所管事項の扱いについて，委員会を合同部の決定に拘束することができる。合同部は，常任委員会に，合同部における審議と決定の準備のために事務を付託することができる。
⑻　委員長は，少なくとも毎年1回，合同部に委員会の活動について報告する。

第4条　連邦憲法裁判所の内部においては，長官は，副長官が，副長官に事故がある場合には在勤中の先任の裁判官が，在職期間が同じときは年長の裁判官が代行する。

第5条　⑴　長官は，連邦憲法裁判所を対外的に代表する。長官に事故がある場合には副長官が，副長官に事故がある場合には在勤中の先任の裁判官が，在職期間が同じときは年長の裁判官が，長官を代行する。
⑵　長官は，副長官の了解を得て，連邦大統領，連邦議会，連邦参議院，連邦政府及びそれらの委員会に対して連邦憲法裁判所の見解を説明し，連邦憲法裁判所の利益を擁護しなければならない。他の裁判官はこれを代行又は補助することができる。

第6条　長官は，庁舎管理権を行使する。

第7条　⑴　裁判官は，連邦憲法裁判所又は裁判官に関するすべての重要な事項につ

いて報告を受ける。
(2) 儀典委員会は，連邦憲法裁判所が招待を受けた場合，その性質上長官のみの出席では不適当なときは，招待に応じる者を決定する。連邦憲法裁判所又は長官への招待の場合には，裁判官のみが長官を代行することができる。
(3) ［前項の規定は］連邦憲法裁判所の訪問に準用する。

第8条 裁判官の在職期間は，連邦憲法裁判所裁判官としてはじめて宣誓した日によって定まる。在職期間が同じ場合，年齢による。

第9条 裁判官に準用される法律が，上司，職務上の上司又は官庁の長に行政事務決定権を付与している場合，長官がその行政事務決定権を行使する。

第10条 (1) 裁判官の出張は，長官に届け出なければならず，長官は副署によって当該旅行を出張として取り扱うことに異論のないことを示す。前段の規定にかかわらず，裁判官の国内の学会への出席は出張とする。
(2) 調査官の出張は長官の許可を要する。

第11条 (1) 裁判官はあらかじめ相当な時期に長官及び所属する部の長に，休暇の期間を届け出なければならない。裁判官は，首席補佐官に連絡先を残しておかなければならない。
(2) 裁判官は1週間以上の長期にわたる病気及び不在についても同様に届け出なければならない。

第12条 (1) 各部には，裁判官資格を有する職員が，首席補佐官として配属される。
(2) 首席補佐官は，部の事務の処理に際し，特に部の長を補助する。
(3) 首席補佐官は，部の所管事項において，もっぱら長の指示に拘束される。

第13条 (1) 調査官は，各裁判官に属し，その職務活動を補助する。その際，調査官は，裁判官の指示に拘束される。
(2) 各裁判官は，その調査官を自ら選任することができる。各裁判官の意思に反して調査官が配属されることはない。
(3) 調査官の勤務評定は，裁判官の義務である。長官は独自の評定を追加することができる。

第14条　(1)　行政事務の配分は長官が行う。長官は，特定の事務を包括的に主席事務官［連邦憲法裁判所の事務総長］の独自の処理に委ねることができる。
(2)　通常の行政の一般的な事務にあたらない，裁判官に関わる行政事務の決定は，長官が自ら行う。

第15条　(1)　首席事務官は，常に長官の指示に基づいて活動する。首席事務官は，一の部の首席補佐官から選出される。
(2)　事務官が立法機関又は各省の代表と行う予備的な会議又は交渉は，合同部又はその委員会においてあらかじめ決定された方針の範囲内で行われなければならず，そのような方針が存在しない場合，長官の指示に基づき行われなければならない。

第16条　別段の定めがない限り，配達された郵便物は，長官及び副長官に提出される。

第17条　(1)　連邦憲法裁判所の発表は，広報が行う。発表は書面により行わなければならない。当該文書には，発表を指示した者及び文責者を明示しなければならない。本規則第33条により記録収集管理者がインターネットでの表示について権限を有さない限り，インターネットでの表示についても同様とする。
(2)　部に関する情報を報道機関に提供するには，原則として部の長の同意を必要とする。

第18条　連邦憲法裁判所の図書館には，連邦憲法裁判所が扱った事件のすべての資料を収集した記録保管所を設置しなければならない。

第19条　最高の合議制の憲法機関としての連邦憲法裁判所の地位，連邦憲法裁判所法及び連邦憲法裁判所裁判官の職務に関する法律から，この規則又は連邦憲法裁判所によって制定された特別の行政規定から別段の事情が生じない限り，最高の連邦官庁に関する一般行政規定を適用する。

B　手続補充規定
第1章　一般手続
第20条　(1)　部は，職務年度の開始前に，手続開始の申立てを部の長を含む各裁判官に担当裁判官として配分する原則を決定し，年度の開始より施行する。この原則は，裁判官の過重負担又は長期の事故のため必要がある場合に限り，職務年度開始後にお

いても変更することができる。
(2) 部の長は，前項に基づいて担当裁判官を決定する。部の長は，事案が特に重要な意義を有する場合は，部の承認を経て，共同担当裁判官を決定することができる。

第21条 (1) 部は，定例の評議を行う曜日を決定する。臨時の会議は部の決定を要する；緊急の場合は，部の長は臨時の会議を招集することができる。
(2) 部の長は，部の了解を得て日程を決定する。日程は少なくとも10日前に各裁判官に通知されなければならない。

第22条 (1) 連邦憲法裁判所法第24条及び第81a条による裁判は，訴状の送達なしに行うことができる。憲法異議の受理を拒絶する場合（連邦憲法裁判所法第93a条，第93b条）も同様に送達を要しない。
(2) 部の長による送達（連邦憲法裁判所法第23条2項）は，担当裁判官の提案に基づいて行う。
(3) 手続の促進，特に実質的な訴訟指揮上の命令による促進が担当裁判官に義務づけられるのは，部の長の了解があるときのみである。
(4) 連邦の各最高裁判所及びラントは最高裁判所への要請（連邦憲法裁判所法第82条4項）は，担当裁判官若しくは部の提案に基づいて，部の長が行う。同様の要請は，具体的規範統制の場合（連邦憲法裁判所法第13条11号）以外でも行うことができる。
(5) 部の長は，担当裁判官の提案又は部の決定に基づいて，一定の領域で学識経験を有する者に，裁判にとって重要な問題に関する鑑定意見を要請する。
(6) 手続に関する措置はすべて，記録にとどめる。

第23条 (1) 担当裁判官は，部で判断すべき事案についてはすべて，書面により意見を提出する。遅くともこの時までに，部の裁判官に手続及び決定にとって重要な文書を含むすべての書類が送付される。軽微な事件においては，意見書に代えて理由を付した裁判の案を提出することができる。
(2) 意見書が配布されてから評議又は口頭弁論の期日までは，少なくとも10日をおかなければならない。

第24条 (1) 部は，口頭弁論の開催の有無について決定する。部は，口頭弁論及び判決の言渡しに関し連邦憲法裁判所法17a条を補充する規律をなすことができる。
(2) 口頭弁論は，原則として，部によって承認された弁論手続の構成に従って行われ，

この構成は各手続関係人に，口頭弁論開始前の相当な時期に送付される。
(3) 口頭弁論を録音したテープ（連邦憲法裁判所法第25a条第2文）は，裁判官及び手続関係人に限り，裁判所で聴取することができる。複製及び私的使用は許されない。
(4) 連邦憲法裁判所が使用する目的で［テープの］記録が作成されたときは，その範囲内で手続関係人はその抄本を受け取ることができる。
(5) 公開することの公共の利益と手続関係人及び発言者の利益とを衡量して適当と認められるときは，学術的な出版物又は手続資料において発言の記録を発表又は利用することを許可することができる。記録に個人情報が含まれているときは，連邦データ保護法の研究目的での開示に関する規定（連邦データ保護法第14条第2項第9号と結びついた第15条第1項，第16条第1項第2号，第40条第4項）を適用する。
(6) 発言者は，その発言を含む記録が開示される前に，あらかじめ記録の正確さについて確認する機会を与えられる；発言者は，意味の変更をともなわない文章表現の訂正を行うことができる。この［許諾］決定は，部の長が行う。部の長が修正の申出に応じなかった場合には，その申出が記録に記載されなければならない。発言者からの聴取は，それが過度に経費のかかるおそれのあるときは，省略することができる。
(7) 口頭弁論の開始に際して，前3項及び連邦憲法裁判所法第25a条を告げなければならない。

第25条 評議には，関与する裁判官のみが出席できる。

第26条 (1) 裁判に関与した各裁判官は，意見を変更しようとする場合，裁判の言渡し又は送達のための裁判書が作成されるまでは，評議の継続を求めることができる；裁判官は，それまで検討されることのなかった論点を提示しようとする場合，又は少数意見がその契機を与える場合，評議の継続を提案することができる。
(2) 口頭弁論を経ずに下された裁判は，それが最終的に決定された日を裁判の日付とする。

第27条 評議の進行は，部が決定する。事案が複数の法問題を含む場合，主文を決定する前に，原則として各問題を順次評決する。

第28条 (1) 裁判に関与した裁判官は，赤欄に部の長に続き先任順に氏名を記入しなければならない。
(2) 裁判に関与した裁判官が署名することに支障がある場合，部の長はその旨を記載する。

第 29 条　連邦官報に掲載しなければならない裁判は，部の首席補佐官が連邦司法省に送付する。裁判が言渡し又は送達後3ヵ月を経ても連邦官報に掲載されない場合，部の首席補佐官は部の長及び担当裁判官に報告する。

第 30 条　裁判が憲法機関の訴訟代理人に告知される場合，その裁判は同時にその憲法機関に直接送付されなければならない。

第 31 条　(1)　連邦憲法裁判所法第16条第1項による合同部の決定，及び部の裁判は，裁判官がその責任において編集する連邦憲法裁判所の公式の判例集に掲載する。
(2)　合同部の決定又は部の裁判は，判例集に掲載しないことができる。この決定は文書で行う。
(3)　連邦憲法裁判所法第81a条，第93b条又は第93c条による部会の決定の中で特に重要なものがある場合には，部は部会の提案に基づき判例集への掲載を指示することができる。
(4)　裁判に関与した裁判官の氏名は，判例集に記載される。
(5)　人名，団体名及び地名は，判例集では原則として頭文字をもって略記する。
(6)　連邦憲法裁判所の公式の判例集の公刊によって利潤が得られた場合，この利潤は連邦憲法裁判所の裁判官からなる裁判官職務別組合の任務又は公益目的のために使用される。

第 32 条　(1)　裁判の報道機関への発表は，担当裁判官及び部の長の承認を必要とし，裁判が訴訟関係人に到達したという事実が確認されてはじめて行うことができる。
(2)　[前項の規定は] 部会の決定に準用する。

第 33 条　連邦憲法裁判所に記録収集管理者を置く。記録収集管理者は，憲法裁判所の裁判及びその他の重要な資料を把握し，記録する。裁判官は，記録の選択及び評価に協力する。当該記録は，裁判所に限らず一般的に利用しうるデータバンクに蓄積される。記録収集管理者は，記録管理及びインターネットにおける連邦憲法裁判所の裁判の（公開）準備に権限を有する。

第 34 条　意見書，裁判草案，修正案及び成案並びに担当裁判官の覚書は，訴訟記録に含めない。これらは装丁を別にして記録とともに保管する；これらは記録閲覧の対象とならない。

第35条　⑴　記録の閲覧については，部の長が担当裁判官の了解を得て決定する。
⑵　手続終了後，関係人（連邦憲法裁判所法第20条）は，連邦憲法裁判所法第35b条第1項第1文及び第2文に準じ記録の閲覧を認められる。
⑶　個人情報の開示については，連邦データ保護法の規定を適用する。

第35a条　連邦憲法裁判所の裁判は，官庁，裁判所又は第三者たる私人に開示される前に匿名化されなければならない。詳細は，連邦憲法裁判所長官の指示により定める。

第36条　⑴　評決を含む連邦憲法裁判所の訴訟記録は，10年以上経過後に協定に従って連邦公文書館に移管することができる；この協定には，合同部の同意を必要とする。記録は，裁判の30年以上経過後に利用することができる。
⑵　記録の廃棄は，20年以上経過後に許される。いかなる場合においても，訴状及び連邦憲法裁判所の裁判原本，部がその法制史的重要性により廃棄を除外する場合には，意見書を含む完全な訴訟記録が，廃棄から除外される。

第37条　（削除）

第2章　連邦憲法裁判所法第15条第2項第2文及び第19条第4項による代行の手続

第38条　⑴　連邦憲法裁判所法第15条第2項第2文及び第19条第4項第1文の場合，代行の必要が生じた部の長が抽選手続を指示する。
⑵　抽選手続は，他の部の長が実施する。長は，その部の裁判官に抽選の期日を伝え，首席補佐官を書記官とする。抽選手続は文書に記録し，訴訟の記録に加えなければならない。抽選の結果はすべての裁判官に通知しなければならない。
⑶　抽選手続の指示及び実施については，連邦憲法裁判所法第15条第1項第2文を準用する。

第3章　連邦憲法裁判所法第81a条及び第93b条から第93d条による部会の手続

第39条　長官が所属する部会においては長官が，副長官が所属する部会においては副長官が，その他の部会においては在任中の先任の裁判官が，在職期間が同じ場合は年長の裁判官が，部会の長を務める。

第40条 ⑴　部会は，その権限の範囲内において，所属する裁判官の1人が担当裁判官となっている手続において——原則として書面による意見表明に基づいて——裁判する。裁判官が複数の部会に所属している場合は，部は，連邦憲法裁判所法第15a条第2項による決定により，その裁判官が担当する手続がどの部会の管轄となるのかを定める。
⑵　部会の全員一致の決定が得られない場合，連邦憲法裁判所法第93d条第2項の場合についても，部が裁判する。
⑶　部会が憲法異議の受理を拒否した場合，これにともなう仮の命令発給の申立ては無効となる。

第41条　担当裁判官は，規範統制の申立てが不適法か否か，又は憲法異議を不受理とするか否かを部会が裁判する（連邦憲法裁判所法第84a条，第93b条）前に，意見陳述の権利を有する者（連邦憲法裁判所法第77条と結びついた第82条，連邦憲法裁判所法第94条）又は第三者に意見を求め，及び連邦憲法裁判所法第82条第4項に列挙されている裁判所に対し［同項所定の］要請をすることができる。

第42条　不受理決定をもって終了した憲法異議手続において，憲法異議の対象であった裁判についての裁判所の記録が提出されていた場合，当該裁判所に記録を返却する際に［不受理］決定の写しを送付しなければならない。憲法機関若しくは官庁に当該憲法異議について意見を求めていた場合，又は当該憲法異議が連邦の最高裁判所の裁判に対する憲法異議であった場合にも同様とする。

第4章　連邦憲法裁判所法第14条第5項による委員会の手続

第43条　連邦憲法裁判所法第14条第5項により組織される委員会において，各部は，1職務年度の任期をもって，2人の委員と2人の職務代行を選出する。長官は，議長の職務を，副長官によって代行され，副長官に事故がある場合には先任の裁判官によって，在職期間が同じときは年長の裁判官によって，代行される。

第44条 ⑴　首席補佐官は，両部の長に，手続開始の申立てのすべてを報告する。その際，首席補佐官は，部の管轄に関する疑義を指摘しなければならない。部の長は，必要な場合には，その部の論議に付す。
⑵　事件は，両部の長と担当裁判官が合意した場合には，直ちに他の部に移送することができる。
⑶　各裁判官は，委員会の招集を求めることができる。委員会は，遅滞なく——原則と

して14日の招集期間をもって——招集される。
(4) 前項の手続は，部が事件の評議を開始した場合には，行わない。

第45条 長官は，委員会の委員の中から，各部1人の担当裁判官を任命する。担当裁判官は，会議の前に，合同で又は個別に，管轄問題について書面により意見を述べることができる。

第46条 委員会の決定は，部の長が記録に留める。この決定には理由を付さない。この決定は，すべての裁判官に通知され，訴訟の記録に加える。

第47条 部は，委員会の決定によりその管轄が認められた場合，裁判において当該決定を指摘する。

第5章 連邦憲法裁判所法第16条による合同部の手続

第48条 (1) 部は，ある法問題で，他の部の裁判又は合同部の決定に含まれる法見解と異なる見解を採ろうとする場合には，部の決定によって合同部の招集を求める。
(2) 異なった裁判がなされようとしている部が，照会に応じて，自己の法見解を維持しないと宣言した場合，合同部招集の請求は行わない。

第49条 (1) 合同部の決定の準備のために，各部の長は担当裁判官を任命する。各担当裁判官は，遅くとも合同部会議の10日前に，意見を提出する。
(2) 合同部の決定には理由を付さなければならない。この決定は，部の裁判と同様に取り扱わなければならない。

第6章 連邦憲法裁判所法第105条による合同部の手続

第50条 (1) 連邦憲法裁判所法第105条第1項による手続の開始の申立ては，少なくとも6人の裁判官により行うことができ，連邦憲法裁判所法第105条第1項第1号の場合は，長官と副長官が合同で行うこともできる。
(2) この申立ては理由とともに，受領証と引替えに機密扱いですべての裁判官に通知される。

第51条 申立ての対象とされる裁判官には，申立てについて書面及び口頭により合同部において意見を述べる機会が与えられなければならない。

第 52 条　手続開始の決定は，少なくとも 8 人の裁判官の同意を必要とする。合同部は，当該裁判官を除いて評議し決定する。この決定には理由を付さない；この決定は，関与した裁判官が署名した後に，当該裁判官に知らせる。

第 53 条　手続の開始後，合同部は，裁判官の中から調査担当官を任命する。調査担当官は，当該裁判官の意見を聴き，必要な調査を行う；証拠調べのため，調査担当官は当該裁判官を召喚しなければならない。調査担当官は，調査の結果について，書面により口頭弁論において合同部に報告する；その報告の最後に，決定についての提案を行う。調査担当官は審議及び決定に関与しない。

第 54 条　口頭弁論は，非公開で行う。当該裁判官の申立てに基づいて，公開を認めることができる。

第 55 条　(1)　連邦憲法裁判所法第 105 条 1 項による申立ての手続は，申立ての対象とされる裁判官が連邦憲法裁判所法第 12 条に従って退職し，又はその任期満了若しくは申出により（連邦憲法裁判所法第 98 条第 1 項，第 2 項第 2 号）退職する場合には，停止しなければならない。
(2)　連邦憲法裁判所法第 105 条第 4 項による決定の前に申立てが取り下げられた場合にも，手続は停止されなければならない。ただし，合同部が手続を開始又は継続することを決定するときは，この限りではない。

第 7 章　連邦憲法裁判所法第 30 条第 2 項による少数意見表明の手続

第 56 条　(1)　裁判又はその理由に関して裁判官が評議において主張した［他の裁判官と］異なる意見を記載した少数意見は，裁判の終了後 3 週間以内に，部の長に提出されなければならない。この期限は延長することができる。
(2)　少数意見を表明しようとする者は，評議がそれを可能とする段階に達した場合，直ちにその旨を部に通知しなければならない。
(3)　判決について少数意見が表明される場合には，部の長は，判決言渡しの際に，事件に少数意見が存在することを告げる。それに続いて，裁判官は，自己の少数意見の要旨を明らかにすることができる。
(4)　少数意見は，裁判とともに公示される。
(5)　少数意見は，連邦憲法裁判所の判例集に，その裁判に続いて，裁判官の名とともに掲載される。
(6)　合同部の決定に対する少数意見については，本条第 1 項から前項までの規定を準用

する。

第8章　連邦憲法裁判所法第7a条による合同部の手続

第57条　各裁判官は，連邦憲法裁判所法第7a条による合同部の決定のための候補者を推薦することができる。候補者の推薦は，遅くとも合同部の会議の1週間前までに書面でなさなければならず，理由を付さなければならない；その際，候補者として推薦された者が合同部において候補者となることを了承しているか否かが通知されなければならない。推薦の期限は，出席裁判官全員の了承により問題としないことができる。

第58条　(1) 選挙の候補者推薦については，討議の終了後，秘密投票に付す。定足数は，連邦憲法裁判所法第16条第2項と結びついた第7a条第2項第3文による。
(2) 第1回選挙においては，推薦された候補者がアルファベット順に記された投票用紙を用いて投票する。各裁判官は推薦すべき候補者の数だけ投票権をもつ。投票数の順位に応じて少なくとも過半数の投票を得た者が選出される。
(3) 第1回選挙においてその全部又は一部の結果が得られなかった場合，候補者は，1人1人別個の選挙において，選挙権者が1人の名前のみを記する投票用紙を用いて選出される。選挙は，1人の候補者が投票数の過半数を得るまで繰り返される；投票ごとに，前回の選挙において投票数の最も少ない候補者が除外される。

第59条　(1) 前条による選挙が推薦された候補者の十分な数に達しない場合，新しい選挙における候補者の推薦が改めて求められる。これは，前回の選挙期間の終了後第二暦週の間に行われる。新しい選挙のために新しい候補者を指名することもできるし，又は以前に指名された候補者を再度推薦することもできる；第57条第2文による期限は3日に短縮する。合同部は新たな選挙において前条第3項に従った投票のみを行うことを決定することができる。
(2) 前項第1文の場合，会議において新しい選挙のための候補者が推薦されたときは，出席裁判官全員の投票によって新しい選挙を直ちに実施することを決定することができる。すでに以前に指名された候補者のみが推薦された場合には，決定は出席裁判官の3分の2の多数によって行う。

第9章　連邦憲法裁判所の一般登録簿

第60条　(1) 連邦憲法裁判所への申請のうち，同裁判所の行政事務に該当せず，連邦憲法裁判所法の規定によれば不適法なものは，一般登録簿に収録し，司法行政事務と

して処理する。これには，特に次のものが含まれる：
  a) 連邦憲法裁判所の判例についての照会，及び，係属中又は終結した訴訟手続についての照会，
  b) 申請のうち，それによって申請人が一定の申立てをなすものではなく，連邦憲法裁判所の権限に属する請願を行使するものでないもの。
(2) 一般登録簿には，次の憲法異議も登録することができる，
  a) 明らかに不適法であり，若しくは連邦憲法裁判所の判例を考慮すれば明らかに成功の見込みがないが故に，裁判のための受理（連邦憲法裁判所法第93a条）が問題になりえない憲法異議，又は，
  b) 部の権限が直ちに明らかではない憲法異議。

第61条 (1) ある事件が一般登録簿に登録されるべきか否かの決定は，長官又は副長官が行う。長官は，この決定権を一般的に首席補佐官に委任することができる。
(2) 第60条第2項aにより一般登録簿に登録された事件は，送付人が法状況に関する教示を受けた後に裁判官の裁判を求める場合には，訴訟手続登録簿に転記しなければならない。
(3) ある事件が一般登録簿から訴訟手続登録簿に転記されるべき場合，権限ありとみなされた部の首席補佐官にこれを送付しなければならない。第60条第2項bの事案において，連邦憲法裁判所法第14条第5項により任命された委員会が部の権限について決定した場合，権限ありとされた部の首席補佐官が訴訟手続登録簿への登録を指令する。

第62条 (1) 一般登録簿については，首席補佐官が責任を負う。首席補佐官は，他の首席補佐官によって代行される。
(2) （削除）

第10章 終末規定

第63条 この規則における裁判所の構成員には，任期が満了した後も引き続きその職務を行う裁判官（連邦憲法裁判所法第4条第4項）も含まれる。

第64条 裁判官は，口頭弁論においては，法帽をかぶり法服を着用する。

第65条 連邦憲法裁判所の職務年度は，暦年とする。

第66条 (1) 連邦憲法裁判所の活動について，統計をとる。
(2) 職務負担は，月ごとに統計で，また職務年度の最後には全体統計において明らかにされる。

第67条 第19条にかかわらず，連邦憲法裁判所の庁舎には，口頭弁論及び判決言渡しの間，並びに，長官の特別の命令により，国旗を掲揚しなければならない。

第68条 (1) この規則改正の申立ては，すべての裁判官が行うことができる。申立ては，書面によって行わなければならない。申立ては，改正条文及び理由を含まなければならない。
(2) 申立てと合同部における決定の間は，少なくとも1ヵ月の期間を置かなければならない。
(3) 緊急事態（基本法第115a条第1項，第115g条）において，連邦憲法裁判所の活動能力の維持のために必要である場合は，出席裁判官の過半数により，この規則を改正することができる。

第69条 この規則は，連邦官報に掲載しなければならない。

第70条 この規則は，1987年1月1日に施行される；同時に，最近では1986年7月1日の合同部の決定（BGBl. IS. 1031）により改正された，1975年9月2日の連邦憲法裁判所規則（BGBl. IS. 2515；1976 IS. 507）は，廃止される。

索 引 *615*

事 項 索 引

【ア 行】

アイデンティティ・コントロール …………67
アピール判決 ………………………… 226,243,244
アメリカ合衆国の連邦最高裁判所 ……………26
アルントの定式 ……………………………… 208
異議 …………………………………………… 492
異議部会 ………… 40,53,111,124,129,130,132
意見 …………………………………………… 175
違憲確認判決 …… 100,175,226,231,235-237,239, 240,242,243,487,489
違憲警告判決 ………… 100,226,242-244,247,568
意見書 ………………………………………121,190
意見陳述権(者) ……… 146,149-151,193,223,257, 461,468,469,471
意見陳述者 ………………………… 146,147,151
意見陳述の機会 …… 41,149,152,162,449,468,469, 477,486,576
違憲法律の再立法禁止 ……………………… 266
違憲無効判決(宣言) …… 27,35,123,124,150,175, 206,210,211,220,221,226-237,239-242,244,247, 248,251,259,266,267,270-273,285,340,394,516, 521
移送(具体的な規範統制) ……… 33,36,48,59,100, 127,128,152,156,172,193,227,228,231,245,248, 260,265,266,270,274,280,292,372,374,376,378, 380-395,397-399,451
移送(その他) ……… 56,63,433,438,448-451,453, 454,456-458,461,462,464-466,469-471,505

一部受理 ……………………………………… 334
一部判決 ………………… 197,202-205,334,391
一部無効 ……………………………… 231,232,405
一般的行為の自由 …… 287,294,306,307,316,528, 542
一般手続規定 ……………………… 144,145,217
一般登録簿手続 ……………………………335,336
一般の裁判官の審査権 ………… 228,376-378,385
一般の裁判所 …… 9,25,45,47,53,100,101,123,124, 128,149,176,228,264,270,284,309,315-317,319, 324,326,328,329,342,343-361,372,377,379, 383-386,388-390,392-394,397-399,453,470, 507,550,559
一般編集委員会 ………………………………28
意味上の一部無効 ……………………………232
応答義務 ……………………………………… 266
オーストリアの憲法裁判所 ………………26,385

【カ 行】

閣議決定 ……………………………………404,477
確信(違憲の) …………… 172,227,270,280,292,372, 385-390,392,398,449
確認判決 ………………………………198,208-210
過少保護の禁止 ……………………………… 520
過重負担 …… 19,32,35,40,45,47,48,52,54,78,112, 113,119,125,127,129,161,283,312,314,315,317, 319,321,331,337,338,360,396,397
仮命令 ……… 34,41,127,131,143,161,182,183,187, 206,210,215-225,257,260,266,339,340,426,486,

492,496,502,505,517
簡易却下手続 …………………… 187,313,317,319
関係機関 ………………… 413,417-422,424,425
関係人 …… 37-39,130,131,141,144-155,157,162,
　163,165,167,171,173,186,188-193,198,203,222,
　223,258-262,267,271,338,382,389,391,407,456,
　461,469,492
慣習国際法 ………………………… 439-441,443-446
慣習法 ……………………… 72,368,384,441-443
鑑定意見 ………………………………… 33,505
鑑定意見（専門家の）……………… 153,156,158
議員資格に関する決定 …………………… 149
機関適合的権力分立 ………………… 551,556
議席喪失 ………………………………… 488,489
規則委員会 …………………………………… 118
儀典委員会 …………………………………… 118
機能法的アプローチ ……… 356,357,359,549-552,
　566,567
規範 ………………………………………
　──の効力に関する客観的な手続 …… 147,149
　──の性格づけ手続 …………………… 464
規範テキストの縮減をともなわない一部無効宣
　言 …………………………………………… 232
規範統制 ……… 4,5,112,113,150,152,169,198,203,
　258-260,270,280,340,372,373,376,379,399,403,
　429,437,454,463,499,501,559,560
既判力 …… 122,198,203,253,257-264,266,267,274,
　310,313,340
基本権 ………………………………………
　──の喪失 ……… 6,27,88,112,281,473-480,489
　──の番人 …………………………………… 48
基本的介入 …… 289,296,350,353,355,361,511,512,
　516,523,526,530,534-536,544,546,548,564,565
基本権享有能力 ……………………… 294-298
基本権侵害の程度 ………… 348-350,355,358

基本法制定会議 ……… 28,29,31,88,89,97,285,377,
　402
給付基本権 …………………………………… 512
給付判決 ………………………… 198,208,209
教会 ………………………… 292,302,412,532
競合的立法 ………… 113,408,429,465,466,561
行政裁判所法 …… 142,144,163,219,255,291,457
　459,505
行政訴訟法 ……………………… 162,197,216
協働 ………………… 94,100,227,264,440
許可手続 ………………………………… 318,332
挙証責任 ………………………………… 172,173
記録 ……… 36,43,116,167,168,170,176,190-194,461
記録閲覧 ………… 36,147,167,168,186,190-193
勤務状況監督異議 ……………………………… 39
具体的規範統制 …… 6,19,33,34,36,47,59,100,101,
　111-114,127,128,131,146,148,149,152,158,162,
　172,185,193,217,248,253,259,265,270,271,274,
　280,372-379,381-385,389-391,394-400,437,
　449-451,469
具体的な反対意見 ………………………… 408
形式的（意味の）法律 …… 368,377,380,384,465
　540,541
形式的確定力 ……………… 253,254,256-258,340
刑事訴訟法 ……… 52,114,137,144,146,183,197,376,
　478,486,491,492,497
形成判決 ………………………… 198,208
軽微事例 ………………………………… 331,333
刑法上の捜査手続 ……………………………… 40
結果審査 ………………………………………… 553
欠席判決 ………………………………………… 391
決定 ………………………………… 160,197,198
ゲマインデ …… 297,362-367,369,370,371,488,564
ゲマインデ連合 ………………… 362-366,369-371
厳格な内容審査 ………………………… 562,563

索　引　617

権限開放規定 …………………………… 465
権限統制手続 …………………………… 407
権限返還手続 ………………………… 41,410
権限踰越コントロール …………………… 67
「現在」の侵害 …………………………… 308
現状回復 ……………………………… 36,500
原手続 …… 154,156,158,299,386,389-391,394,469
憲法の番人 ……… 6,8,11,12,14,17,24-26,28,68,87,
　99,169,181,207,223,225,264,283,364,401,498
憲法異議 ……… 4,6,19,33-36,39,45-53,60,61,66,79,
　100,101,110-115,122,125-127,129,131,141-143,
　148-150,152-154,156,161,163,165,169,170,172,
　173,175,181-185,187,198,205,217,219,221,228,
　229,238,241,249,250,253,257,259,260-262,264,
　265,269,271,272,274,280,282-294,296-336,
　339-345,347,350,352-354,357-360,362-371,
　373,375,383,389,396,398-400,419,421-422,456,
　469,500,504,507,508,514,552,553
　――の客観的意義 ………………… 45,312
　――の客観的機能 ……286,287,290,291,328,329
　――の主観的意義 ………………… 45,312
　――の主観的機能 ……… 51,52,286,288,290,291,
　329,330,333,341
　――の受理請求権 ……………………… 322
　――の受理手続 ……… 36,45,127,128,311-314,
　316,317,322,323,330
　――の受理要件 …………… 46,49,312,313,319,
　321-325,327,329-332,334,335,337,339,341,358
　――の二重機能 …………………… 286,288-290
　――の不受理決定 ……… 127,128,259,313,321,
　324,340
　――の補充性 ………………………… 309,310
憲法院 ……………………………… 18,373,403
憲法機関 ……… 29,42,68,87,89-100,102,118,145,
　146,148-152,161,162,198,260,262,264,384,411,

　414-416,418-426,430,449,450,453,456,466,468,
　469,489
憲法機関性 ………………… 30,90,93,95,96,98
憲法規定の開放性 ……………………… 357
憲法固有の部分 …………………… 345,346,360
憲法実現 ………………………………… 151
憲法訴訟法の独自性 ………………… 138-140
憲法適合的解釈 ……… 123,248,250-252,340,386,
　538,552
憲法内在的制限 ………………………… 539
憲法法務官 ……………………………… 46
憲法（の）保障 ……… 19,26,87,199,206,219,280,281,
　290,335,338,473,475,482,490
憲法擁護 …………………………… 98,151,483
権利能力 …………………………… 293-296,299
故意による違反 ………………… 490,491,497
行為規範 ………………………… 445,552,556-559
行為審査 …………………………… 553,563
行為能力 ………………………………… 299
公開 ………… 36,43,44,107,128,160,164-168,171,
　174-176,179,186-189,191,249,333
公正な手続を求める権利 ……………… 163,168
拘束力 ………… 122,138,227,228,250,253,254,
　260-270,274,313,336,340,378,379,390,416,
　456-460,462
口頭主義 ………………………………… 164
合同部 …… 33,34,39,42,43,103,111,113-125,129,
　130,137,187,193,256,264,327,342
口頭弁論 ……… 36,41,43,119,123,132,157,160-168,
　171,183,187-189,197,198,203,207,215,222,223,
　300,313,317,319,336,338,340,397,461,469,478,
　480,483,486,487,492,493,496,497,500
　――の回避 ………………………………… 34
　――への召喚 ………………………… 147
公民権 ………………………………… 294

国際管轄事項 …………………………… 80
国際関心事項 …………………………… 80
国際司法裁判所規程 ………… 439,444-447
国際人権規約 …………………………… 71
国際法 ………… 72,113,114,149,152,271,384,411,
　　438-452
　　――の一般原則 …………… 72,81,438-440,448
　　――の受容 ……… 72,439,442,443,448,449,451
　　――に対する友好性 …………… 439,440,452
国事裁判所 …… 4-8,26,30,45,87,89,92,96,207,362,
　　369,370,402,413,414,428,436,437,459
国内管轄事項 …………………………… 80
国内的救済の原則 ……………………… 72
「国民の名において」………………… 199-201
後憲法的 ……………………………… 411
　　――法律 …………… 372,377,383,384,391,508
国家儀礼上 …………………………… 95,96
国家結合 ……………………………… 64
国家の番人 …………………………… 68

【サ　行】

財産の没収 …………………………… 489
再審 ………………………… 489,494,497,498
裁判 …………………………………… 197
裁判官 ……………………………… 102-110
　　――に対する訴追 ……… 148,183,280,281,473,
　　494-496
　　――の移送 ……………………… 372,396
　　――の回避 …………………… 154,156-159
　　――の忌避 ………… 103,136,147,154-159
　　――の除斥 ……………………… 130,154-158
　　――の選出 …… 22-24,28-30,77,87,102,105-109,
　　115,118,119,127
　　――の選出委員会 …………… 107,118,119
　　――の法形成 …………… 345,358,361
裁判官委員会 …………………………… 396
裁判機関 ………… 4,17-19,29,88,100,380
裁判で争う途を果たしていること …… 309
裁判所構成法 ……… 40,144,163,164,166,168,186,
　　187,190,197,457
裁判遅延 ……………………………… 39
裁判不能 ……………………………… 445
裁量受理 …………………… 46-49,51,398
サーシオレイライ …… 44-48,50-52,129,288,311,
　　313,314,318
参加権 ……………………… 149,150,468
三段階審査 ……………… 526,530,534,538,562
3人委員会 …………………… 125,126,321
自治権 ……………………… 50,297,362-371
自治体の憲法異議 ……… 113,131,282,312,362-369,
　　504
執行命令 ……………… 206-213,271,426,451
実体法的アプローチ ……… 356,357,549,565,566
質的一部無効 ………………………… 232
自動執行的条約 ………………………… 80
指導書 ……………………………… 319,336
自縛力 ……………………………… 254,340
「自分自身」の侵害 …………………… 308
司法 ………………………………… 7,8
　　――における職務遂行方針の変更及びその他
　　の規定の変更法律 ……………………… 38
　　――の自己抑制 ……… 23,24,251,264,395,396
　　――の政治化 ……………………… 399,400
司法国家 …………………………… 14,530,549
終局判決 …… 192,202-204,254,256,257,342,343,
　　391
自由心証主義 …………………… 172,392
「修正版聴聞異議」手続 ………………… 46
自由で民主的な基本秩序 ………… 209,281,416,

索　引　619

474-476,479,481-485,495
住民表決 …………………………… 505
住民請願 …………………………… 505
首席補佐官 ………………… 110,115,335
主張可能性の審査 …………… 361,561,562
主文 ………… 174,175,188,207,227,250,255,259,
　　263-265,271,273,274,310,337,343,388,391,394,
　　425,450,456,457,459,460,470,489,494
主文を支える理由中判断 ……… 255,263-265,274,
　　456,457,460,470
主要問題 ………………… 114,372,380,385,417
証拠調べ …… 146,169-171,174,175,186,187,324,
　　392,493,560
証拠の評価 ……………………… 171,172
証拠方法 ……………………… 162,169,170,218
照射効 ………………… 316,346-348,513-516,523
少数意見制 ………………… 35,118,174-180
常設国際司法裁判所規程 …………… 444-446
常任委員会 …………………………… 3,44,118
条約 ……… 38,39,56-58,60,61,64-83,104,215,221,
　　233,256,301,306,309,383,384,411,428,432,434,
　　435,439,440-446,449,451,452,464,465
条約同意法律 ……… 57,61,64,65,79,215,301,309,
　　411,443464
条約法律 …………………… 79,443,451
除斥 …………………… 151,491,497,500
職権 ……… 157,169,171,208,209,218,255,259,375,
　　478,486,492,498,499
職権主義 …………………… 165,169,172
処分 ……… 114,223,306,308,343,391,426,433,435,
　　468,474,479
書面主義 …………………… 160,165,166
自律性 ……………………………… 96,98
素人裁判官 ………………… 104,105,380
審査規範 ………………………… 552,556-559

親ヨーロッパ法原則 ……………………… 67,69
スイスの最高裁判所 ……………………… 26
生活パートナー …………………………… 497
生活パートナー関係 …………………… 37,154
生活パートナーシップ法の補充に関する法律
　　……………………………………… 37,154
請求の原因に関する判決 ……………… 391
政治の司法化 ……………………………… 400
政治問題（の法理）…………………… 27,47,550
政党 ……… 6,22,24,27,41,88,108,109,112,113,122,
　　123,148,155,158,166,179,217,263,280,281,296,
　　308,415,422,423,473,474,476,477,481-489,505
政党禁止 …………………………… 166,477
政党特権 …………………………… 482,487,488
政党（の）違憲（性）確認 ……… 6,27,88,112,113,148,
　　217,280,281,473,474,481,486,488
──の予備審査 …………………………… 486
世界人権宣言 …………………………… 71
選挙抗告手続 ………………… 48,473,498-501
選挙審査 …… 36,41,148,161,473,498-500,502,503
選挙の効力 ………………………… 27,88,113
選挙の無効 …………………………… 41,501,502
先決判決手続 …………………………… 56,63
前憲法的 …………………………… 411
──法律 ………………………… 377,384
専属的立法 …………………………… 465
全体委員会 ………………………………… 28
前提問題 …………………… 372,377,384,417,464
全部判決 …………………………… 202,203
争訟事件 …………………………… 215,217,383,389
遡及的 …………………………… 226-230,233,235
遡及的無効 …………………………… 227,229,230
訴訟代理人 …………………… 38,39,147,182
訴訟追行権 …………………………… 306
訴訟能力 …………………………… 144,299,300

訴訟判決 …………………………… 203,265,470
訴訟費用の援助 ……………………… 184,185
訴訟物 ……… 165,203,204,258-259,262,391,395
訴追状 ………………………………… 491,493,582
訴答書面の送達 ………………………… 147
損害賠償請求 …………………………………… 40

【タ　行】

第一次的ヨーロッパ共同体法 …………… 411
大綱的立法 …………………………… 407,466
第三権 ……………………………………… 7,26,93
第三者の訴訟担当 ………………………… 308
第3部 ……………………………………… 109
対審構造 ……………………………… 258,357,401
対審手続 ………… 147,148,151,153,364,415,430
代替組織の結成の禁止 …………………… 488
代替立法者 ………………………………… 212
大統領に対する訴追 …… 27,88,113,148,280,281, 473,489,490
第二次的ヨーロッパ共同体法 …………… 411
代理人 ……… 38,39,147,155,182,189,190,298,300, 420
たたかう民主主義 …………… 281,475,482,483
単一ヨーロッパ議定書 …………………… 55
担当裁判官 ……… 50,115,116,121,123,127,130,132, 141,167,190,193,319,336,338
地位論争 …………………………… 29,89,96,98
遅延異議 …………………………… 39,40,130-133
遅延した裁判手続及び刑法上の捜査手続に際しての権利保障に関する法律 ……………… 39
遅延補償 …………………………………… 40
遅延問責 ……………………………… 40,131
中間手続 ……………………… 57,120,391,454,471
中間判決 …………………… 197,202-205,254,391

中止義務 …………………………………… 389
抽象的規範統制 ……4,6,19,36,41,47,111-114,142, 143,150,154,160,162,170,173,189,210,211,217, 225,253,259,260,270,271,273,280,326,364,373, 375,378,382,383,385,390,399,400-408,411,412, 429,430,437,451,452,466
抽選 ……………………………… 156-158,577
調査委員会 ……… 27,28,36,37,88,113,131,372,373
調査官 ……………………… 46,52,110,336,338
超事実審 …………………………………… 344
超上告審 ……………………… 101,283,316,344
調達 ……………………………………… 305
聴聞異議 ……………………………… 46,52-54
直接主義 ………………………………… 164
「直接」の侵害 …………………………… 308
定足数 ……………………… 35,112,116,119,156,421
適法性 ……… 44,45,60,128,142,204,205,286,293, 307-309,310,312,318-321,331,393,394,396-398, 468
手続 …………………………………………
　──の集中・迅速主義 ………………… 164
　──の主人 …………………………… 96
　──の自律性 …………………… 137-139
　──の中止 ……………………… 387,389
　──の併合と分離 …………………… 143
手続審査 ……………………………… 553,556
手続的基本権異議 ……………………… 46,51,360
当事者公開の原則 …………………… 167,171
当事者適格 …………………………… 306,436
当事者能力 …… 56,218,293,296-298,417-422,466
当初無効 …………………………… 227-230,233
特別の権利救済手段 ……… 286,289,292,309,333
ドイツ裁判官法 ……………… 32,34,35,104,105
ドイツ人にのみ保障される基本権 ………… 294
ドイツ連邦共和国の存立 …… 281,481,482,484,485

索　引　621

特別代理人 ……………………………… 300
図書館委員会 ……………………… 118,601
取消論 …………………………… 230,231
取消訴訟 …………………… 245,291,518

【ナ　行】

「なお」憲法に適合している ……………… 247
「何人」にも保障される基本権 …………… 294
認容 ……………………………………… 293

【ハ　行】

廃棄権 ………………………… 228,269,292
敗訴料 ……………………………… 35,36,182
判決 ………………………………… 160,197,198
　——にとっての必要性 ……… 383,390-394,398
　——の効力 ……… 27,29,31,35,87,253,270,397,
　　497,553
　——の送達 ………………………… 147,311,590
判決言渡機関 …… 117,123,126,154,157,321,380,
　396
判決発見 ………………………………… 384
反対意見 ………………………………… 175
判例集 ………… 122,129,177,193,255,265,387
被告 ………… 144-149,151,153,256,364,423,479
被訴追人 …………………… 145,148,183,258
被申立人 …… 112,141,183,258,415,417,422-426,
　430,431,433,435,436,477-480
比例原則 ……… 58,357,478,530,537,538,543,544,
　548,560
費用 ……………………… 35,181,183-185,255
　——の補償 …………………………… 35,183-185
費用無償の原則 ……………………… 181,183
平等基本権 ……………………………… 512

部 ……………………………………… 111-116
部の照会 …………………………… 116,121,124
不一致宣言 …… 226,231,236,237,239-243,247,251
部会 ………………………… 35,111,125-129,321
　——の独立(性) ……………………………… 126
　——の認容決定 …… 126,127,257,260,321,325,
　　334,335,337-341
部会決定 ………………… 129,187,193,257,265
武器対等の原則 ……………………… 163,168
不受理決定 ……… 127,128,257,259,269,301,313,
　319-321,324,325,330,333,337-341,459
　——の理由付記義務 …………………… 322,337
付随する問題 …………………………… 385
付随的規範統制 ………………………… 374,375
双子の裁判所 ………………… 34,111,112,116,120
負担軽減 ………… 34,35,123,161,309,360,396,397
不適法な移送 ………………… 127,382,394,397
文明国が認めた法の一般原則 ……… 81,444,445,
　446,447,448
ヘックの定式 ………………… 25,345-348,352,353
ヘレンキームゼー案 …… 26-29,31,87-89,97,261,
　272,285,402,463,506
ヘレンキームゼーの会議 ………… 26-28,31,87,88
変型 ………………………… 72,79,80,442,443,451
変型理論 ……………………………………… 301
変更禁止効 …………………………… 253,254,257,258
弁護士の自治強化のための法律 ………………… 38
弁護費用 ……………………………………… 183
弁論能力 …………………………………… 300
法 ………………………………………………
　——の一般原則 ……………………… 57,58,81,82,464
　——の段階構造 …………………………… 10,228
法規命令 …… 301,309,368,384,407,411,412,465,541
防御権 …… 16,289,511,512,523,525,526,534,538,
　565

法拘束統制 …………………………… 359,361
法人の解散 …………………………… 479
法的安定性 ……… 140,216,226,231,242,258,324,325,
  340,376,378,379
法的空白 ……… 206,210,226,233,235,236,237,239,
  240
法的三極関係 …………………………… 523
法的審問請求権 ……… 46,52,53,123,124,163,165,
  168,190,292,306,320,324,332,360,461
法問題 …… 3,10,18,19,23,25,48,49,50,97,100,101,
  117,119,120,122,128,298,305,313,316,318,319,
  321,324-327,332,334,335,342,344,347,359,361,
  372,388,394,405,425,431,462,471
法律としての効力 …… 27,34,35,122,227,253,262,
  267,271-274,313,340,394,402,450,462,472
法律の留保 ……… 191,245,246,350,355,361,479,
  538-540
傍論 ……………………… 120,121,123,264,335,460
補完性 …………………………………… 65
　——の原則 ……………………………… 56
保護義務 ……… 210,211,246,248,304,305,316,513,
  514,516-525,557
保護領域 ……………… 347-350,353,354,526-532
補充性
  (憲法異議の) ……………………… 170,309,310
  (自治体憲法異議の) ……………………… 363
  (閲覧の) ……………………………………… 193
  (権限返還手続) ……………………………… 411
  (ラント内の公法上の争訟) ……………… 436
  (連邦法律に対する管轄権) ……………… 507
補足意見 ……………………………………… 175
本案手続 ……………………… 218,220,221,310,391
本案判決 …… 203,206-209,215-217,224,265,470
　——の要件 ………………………………… 293

【マ 行】

民事訴訟法 ……… 47,53,132,137,142,144,146,154,
  162-164,183-185,197,203,204,208,216,219,254,
  290,292,293,296,298,324,376,487
無効論 ……………………………………… 231
無効判決 …… 27,35,123,175,226,227,233,236,237,
  259,273,487
明確性 ……………… 140,246,249,250,540,541
　——の要請 ……………………………… 540
明白性の審査 …………………… 562,566,568
命令実施義務 …………………………… 266
免職の宣言 ……………………………… 494
申立て ………………………………… 141,142,145
　——の取下げ ……………………… 137,142
申立期間 ……………………… 36,40,404,424
申立権者 ……… 145,218,260,399,401,403-405,
  408-410,466,467
文言に言及しない無効宣言 ……………… 232

【ヤ 行】

予算・人事委員会 ……………………… 118
予算法律 ……………………………… 383,411
予審 ………………………… 187,478,486,492,496
予備審査 ……………………… 34,45,318,477,486
　——委員会 ………………………… 33,35,125
予断の疑い …………………………… 157,158
ヨーロッパ司法裁判所 ……… 55-58,60,62,63,65,
  67-69,75,447
ヨーロッパ審議会 ……………… 69,71,74,76-78
　——閣僚委員会 ……………………… 73,74,77
ヨーロッパ人権裁判所 ……… 39,52,69,71,73-75,
  78-80,83,129,256,325,447

索　引　*623*

ヨーロッパ人権条約……39,59,71-75,77,80,81,83,256,306,442,447,451
　　――の第11議定書………………………73-78
　　――の第14議定書………………………76,82,83
ヨーロッパ連合……………………………55,81,82,300

【ラ　行】

ライヒ最高裁判所……………………………402
ライヒ国事裁判所……………………………402
ラント………………………………………
　　――（の）憲法裁判所…………26,47,50,113,127,149,152,176,362,363,369,377,380,381,385,396,397,434,453-462,470,481,482,498,572,588,590,591
　　――（の）裁判所………126,342,378,380,381,398,405,461
　　――の自治保障……………………………363
ラント憲法…8,262,363,369,380,383,404,436,437,453-455,470,475,480-482,489,490,494,496,498
ラント政府………107,113,148,210,262,399-402,404,407,408,410,433,435,451,466,468,477,486,489,570,572,573,580,583,586,587,589,591
ラントの機関争訟………………………435-437,466
ラント（の）法……229,266,268,269,272,273,280,302,362,363,364,379-380,402,404,405,407,409-412,436,451,452,456,463-465,468,470,471,472,480,572,573,586,589
ラント（の）法律……4,27,49,88,269,280,362,368,381,383,385,437,459
濫用料………………………………181-183,321
立法委託……………………………243,303,305
立法不作為…………………………………302-305
立法者………………………………………
　　――の改善義務…………247,302-304,518,568
　　――の不作為………233,239,243,244,304,368
　　――の形成自由………25,226,227,233,234,236,237,239,240,251,568
留保判決……………………………………391
理由のない……141,142,181,183,203,305,318,374,394
量的一部無効………………………………232
類似法………………………………266,269,270
連邦…………………………………………
　　――の最高裁判権………………………27
　　――の最高裁判所……27-29,87-89,99,152,402,
連邦監督………………………………430,432
連邦官報……17,28,42,119,227,250,271-273,274,450,472
連邦議会……27,28,30,36,37,42,67,88,95,97,103,105-108,113,118,127,131,148-150,152,162,211,213,215,262,266,280,281,286,373,404,410,415,417-421,423,426,449,461,463,466-468,473,477,481,483,485,494,496-503,521,555
　　――の会派………………107,404,420,421,500
連邦議会議員…………27,38,88,155,210,280,399,400,402-404,407,408,420-422,466,477,488,491,496-498,499,502,573,583,589
連邦機関争訟……6,20,112,113,122,143,148,170,189,217,280,281,413-426,430,433,436,437,466
連邦競合立法………………………………36
連邦行政裁判所………117,120,269,380,432,433,457,505
連邦憲法裁判権の補充性……………………363
連邦憲法裁判所……………………………
　　――の規則制定………35,42,43,95,98,118
　　――の過重負担………35,54,125,129,161,181,182,273,300,312,314,317,360,396
　　――の過重負担解消委員会…………45,46,47
連邦憲法裁判所規則……42,109,118,130,137,138,

167,189,191,279
連邦憲法裁判所裁判官の資格 …………103,105
連邦憲法裁判所事務処理規則 ……………………40
連邦憲法裁判所法改正 ……… 31,32,34-37,50,54,
　161,162,189,273,317-322
連邦憲法裁判所長官 ………………36,42,95,167
連邦公文書館 ………………………………… 194
連邦国家的争訟 …… 19,170,280,281,408,426-429
連邦最高機関 ………… 27,88,90,148,150,281,413,
　417-423,425
連邦財政裁判所 ……………………………… 380
連邦参議院 …… 18,28,30,89-91,105-108,118,119,
　127,148,150,152,162,176,262,272,281,285,286,
　329,399,404,407,408,410,415,417,418-420,432,
　461,466,468,477,483,485,491,494,555
連邦参議院（ビスマルク憲章）……… 4,17,272,428
連邦司法省 ………… 30,39,45,89,227,271,273,274
連邦司法大臣の権限範囲における連邦法の整序
　に関する第2次法律 ……………………………38
連邦社会裁判所 …………………… 380,389,505
連邦首相 ……………… 95,281,404,418,420,490
連邦制改革付随法律 ………………………………37
連邦政府 …… 25,28,30,53,89,97,105,107,125,148,
　152,162,215,261,262,273,280,281,318,327-330,
　333,399,404,407,408,415,417,418,420,421,423,
　427,430,432,433,449,461,466,468,475,477,483,
　485,486,489,494,497,505,517,519
連邦大臣 …………………… 404,418,420,490
連邦大統領 ……… 6,17,18,95,103,106,112,118,148,
　158,183,262,266,281,411,417,418,426,490,
　492-494,496,497
──に対する訴追 …… 6,27,88,112,113148,183,
　192,215,280,281,473,489,490,492,496,505
連邦懲戒裁判所 …………………………… 380,495
連邦通常裁判所 …… 37,117,120,131,292,305,353,
　354,361,515
連邦特許裁判所 ……………………………… 380
連邦法律 …… 27,88,271,279,280,284,320,340,383,
　408-410,412,430-432,442,451,452,455,460,490,
　491,493,494,499,504-508
連邦予算 ……………………………………………98
連邦・ラント間争訟 ……… 113,160,189,427,430,
　432,433,505
連邦労働裁判所 ……………………………… 380
労働協約 ………………………………… 384,411
6人委員会 …………………………………… 115
ローマ市民法 ……………………………… 445,446

【ワ 行】

ワイマール憲法 ………… 4-7,11,12,17,26,87,91,92,
　207,212,272,298,302,402,414,428,475,482,489,
　498,499
和解 …………………………………… 137,142,143

EU 運営条約 …………………………… 56,57,69,82
EU 条約 …………………… 56-58,61,62,65-68,82,83
EU 法の一般原則 ……………………………… 81,82

判例索引

連邦憲法裁判所

BVerfGE 1, 14［判例Ⅰ76：布田勉］
　　……………111,263,267,428,431,456,501
BVerfGE 1, 85 ……………………………… 220
BVerfGE 1, 87 ……………………………… 299
BVerfGE 1, 89 ……………………………… 256
BVerfGE 1, 97 ………………………… 303,309
BVerfGE 1, 109 ……………………… 184,185
BVerfGE 1, 162 ……………………… 464,472
BVerfGE 1, 184［判例Ⅰ91：畑尻剛］
　　………………………………… 379,383,384,411
BVerfGE 1, 202 …………………………… 384
BVerfGE 1, 208［判例Ⅰ11：高田篤］
　　……………………………………… 417,422,498
BVerfGE 1, 261 …………………………… 384
BVerfGE 1, 283 …………………………… 466
BVerfGE 1, 299 ……………………… 172,433
BVerfGE 1, 351 …………………………… 424
BVerfGE 1, 372 …………………………… 443
BVerfGE 1, 396 …………………………… 411
BVerfGE 1, 418 …………………………… 345
BVerfGE 2, 1 ………………… 476,483-485,488
BVerfGE 2, 79 ……………… 111,117,119,122
BVerfGE 2, 139 …………………………… 213
BVerfGE 2, 143 ………… 416,417,420,421,423,424
BVerfGE 2, 307 …………………………… 411
BVerfGE 2, 341 …………………………… 464
BVerfGE 2, 406 …………………………… 385
BVerfGE 3, 12 ……………………………… 417
BVerfGE 3, 34 ……………………………… 220

BVerfGE 3, 41 ………………………… 220,501
BVerfGE 3, 261 ……………………… 455,459,461
BVerfGE 3, 339 …………………………… 68
BVerfGE 3, 354 ……………………… 464,466
BVerfGE 3, 357 …………………………… 466
BVerfGE 3, 368 ……………………… 464,470
BVerfGE 4, 7［判例Ⅰ3：根森健］………… 296
BVerfGE 4, 27 ……………………… 122,422
BVerfGE 4, 31 ……………………… 119,258,262
BVerfGE 4, 45 ……………………………… 384
BVerfGE 4, 85 ……………………………… 423
BVerfGE 4, 115 …………………………… 431
BVerfGE 4, 144 …………………………… 421
BVerfGE 4, 214 ……………………… 464,465
BVerfGE 4, 358 …………………………… 472
BVerGE 5, 25 ………………………… 406,411
BVerfGE 5, 85［判例Ⅰ66：樋口陽一］
　　……………………………… 209,483,485,486,488
BVerfGE 6, 1 ……………………………… 220
BVerfGE 6, 32［判例Ⅰ4：田口精一］
　　……………………………………………… 306,538
BVerfGE 6, 55［判例Ⅰ33：小林博志］
　　……………………………………………… 380,512
BVerfGE 6, 84［判例Ⅰ79：高見勝利］
　　……………………………………………… 296,431
BVerfGE 6, 99 …………………………… 431
BVerfGE 6, 104 ……………………… 406,411
BVerfGE 6, 257 …………………………… 303
BVerfGE 6, 290 …………………………… 411
BVerfGE 6, 300 ……………………… 206,207,209

BVerfGE 6, 309 ……………………… 20,425,428
BVerfGE 6, 445 ……………………………… 421
BVerfGE 7, 18 ……………………………… 111,470
BVerfGE 7, 99 ……………………………………… 422
BVerfGE 7, 175 …………………………………… 221
BVerfGE 7, 190 …………………………………… 436
BVerfGE 7, 198 ［判例 I 24：木村俊夫］
　……………………… 169,289,301,346,512,515
BVerfGE 7, 241 …………………………………… 181
BVerfGE 7, 367 ……………………………… 221,224
BVerfGE 7, 377 ［判例 I 44：野中俊彦］…… 563
BVerfGE 8, 1 ……………………………………… 236
BVerfGE 8, 28 …………………………………… 234
BVerfGE 8, 122 …………………………………… 428
BVerfGE 8, 141 …………………………………… 500
BVerfGE 8, 186 ……………………………… 469-471
BVerfGE 9, 120 …………………………………… 332
BVerfGE 9, 237 …………………………………… 386
BVerfGE 10, 4 …………………………………… 421
BVerfGE 10, 20 ………………………………… 411
BVerfGE 10, 234 ………………………………… 541
BVerfGE 10, 271 ………………………………… 79
BVerfGE 11, 16 ………………………………… 384
BVerfGE 11, 89 ………………………………… 470
BVerfGE 11, 263 ………………………………… 124
BVerfGE 11, 282 ………………………………… 475
BVerfGE 11, 330 …………………………… 391,392
BVerfGE 11, 366 ………………………………… 184
BVerfGE 12, 9 …………………………………… 184
BVerfGE 12, 36 ………………………………… 225
BVerfGE 12, 205 ［判例 I 77：浜田純一］［百選
　5：阿部照哉］ ……… 143,202,411,428,431
BVerfGE 12, 296 ………………………………… 487
BVerfGE 13, 54 …………………………… 419,429
BVerfGE 13, 97 ………………………………… 391

BVerfGE 13, 123 ………………………………… 423
BVerfGE 13, 165 ………………………………… 462
BVerfGE 13, 174 ………………………………… 533
BVerfGE 13, 265 ………………………………… 455
BVerfGE 13, 367 ………………………………… 470
BVerfGE 14, 154 …………………………… 502,503
BVerfGE 14, 221 ………………………………… 441
BVerfGE 15, 211 ………………………………… 392
BVerfGE 15, 256 ………………………………… 297
BVerfGE 16, 6 …………………………………… 172
BVerfGE 16, 27 ………………………………… 442
BVerfGE 16, 30 …………………………… 244,247
BVerfGE 16, 82 …………………………… 464,465
BVerfGE 16, 130 ………………………………… 501
BVerfGE 16, 329 ………………………………… 464
BVerfGE 17, 208 ………………………………… 384
BVerfGE 17, 287 ………………………………… 470
BVerfGE 18, 52 ………………………………… 392
BVerfGE 18, 85 ［判例 I 90：片山智彦］
　……………………………………………… 346,353
BVerfGE 18, 88 ………………………………… 111
BVerfGE 18, 112 ………………………………… 440
BVerfGE 18, 186 ………………………………… 392
BVerfGE 18, 344 ………………………………… 123
BVerfGE 18, 385 ………………………………… 302
BVerfGE 18, 389 ………………………………… 384
BVerfGE 18, 407 ………………………………… 455
BVerfGE 18, 440 ………………………………… 320
BVerfGE 18, 441 ………………………………… 441
BVerfGE 19, 88 ………………………………… 320
BVerfGE 19, 148 ………………………………… 332
BVerfGE 19, 342 ………………………………… 543
BVerfGE 20, 1 …………………………………… 155
BVerfGE 20, 9 …………………………………… 155
BVerfGE 20, 26 ………………………………… 159

索　引　*627*

BVerfGE 20, 56［判例Ⅰ 64：加藤一彦］
　　　　　　　　　　　　　　　　119,411
BVerfGE 20, 119 ························· 415
BVerfGE 21, 12 ··························· 244
BVerfGE 21, 52 ··························· 404
BVerfGE 21, 209 ························· 344
BVerfGE 21, 362［判例Ⅰ 55：芹澤齊］
　　　　　　　　　　　　　　296,297,298
BVerfGE 22, 221 ························· 435
BVerfGE 22, 277 ························· 503
BVerfGE 22, 293 ··························· 59
BVerfGE 22, 373 ························· 387
BVerfGE 22, 387 ························· 143
BVerfGE 23, 17 ··························· 165
BVerfGE 23, 85 ··························· 154
BVerfGE 23, 175 ························· 388
BVerfGE 24, 236 ························· 531
BVerfGE 24, 300 ···················· 415,423
BVerfGE 25, 167［判例Ⅰ 37：渡辺中］
　　　　　　　　　　　　　　　　243,303
BVerfGE 25, 256［判例Ⅰ 26：玉蟲由樹］
　　　　　　　　　　　　　　　　185,515
BVerfGE 25, 308 ························· 401
BVerfGE 25, 371［判例Ⅰ 54：菟原明］······ 542
BVerfGE 26, 44 ··························· 270
BVerfGE 27, 240 ························· 436
BVerfGE 28, 119 ················ 465,470,471
BVerfGE 28, 243 ························· 299
BVerfGE 29, 342 ························· 251
BVerfGE 29, 348 ························· 384
BVerfGE 30, 1［判例Ⅰ 42：西浦公］
　　　　　　　　　　　　177,250,301,411
BVerfGE 30, 173［判例Ⅰ 30：保木本一郎］
　　　　　　　　　　　　　　178,295,347
BVerfGE 30, 292 ························· 234

BVerfGE 31, 47 ··························· 236
BVerfGE 31, 275 ························· 184
BVerfGE 31, 314 ···················· 297,298
BVerfGE 33, 90 ··························· 237
BVerfGE 33, 199 ·················· 259,260,270
BVerfGE 33, 206 ···················· 463,470
BVerfGE 33, 247 ···················· 286,292
BVerfGE 33, 303［判例Ⅰ 46：戸波江二］···· 242
BVerfGE 33, 349 ························· 239
BVerfGE 34, 71 ··························· 235
BVerfGE 34, 52［判例Ⅰ 73：古野豊秋］······ 25
BVerfGE 34, 165［判例Ⅰ 38：飯田稔］
　　　　　　　　　　　　　　　　184,308
BVerfGE 34, 269［判例Ⅰ 63：渡辺康行］
　　　　　　　　　　　　　　　　348,361
BVerfGE 35, 79［判例Ⅰ 32：阿部照哉］
　　　　　　　　　　　　　　　　184,524
BVerfGE 35, 193 ························· 221
BVerfGE 35, 202［判例Ⅰ 29：小山剛］
　　　　　　　　　　　　　　　　348,349
BVerfGE 36, 146 ························· 184
BVerfGE 36, 342 ···················· 454,455
BVerfGE 37, 116 ························· 442
BVerfGE 37, 217［判例Ⅰ 16：古野豊秋］
　　　　　　　　　　　　　　241,242,244
BVerfGE 37, 324 ························· 224
BVerfGE 37, 271 ···························· 58,59
BVerfGE 38, 23 ··························· 476
BVerfGE 38, 121 ························· 384
BVerfGE 39, 1［判例Ⅰ 8：嶋崎健太郎］
　　　　　　　　　　179,206,210,295,400,516
BVerfGE 39, 96 ··························· 406
BVerfGE 39, 109 ························· 244
BVerfGE 39, 169 ························· 260
BVerfGE 40, 88 ·············· 250,263,264,456

BVerfGE 40, 141 ……………… 443
BVerfGE 40, 287 ……………… 423
BVerfGE 40, 356 ……………… 108
BVerfGE 41, 228 ……………… 183
BVerfGE 42, 103 ……………… 431,434
BVerfGE 42, 143 ……………… 348
BVerfGE 42, 163 ……………… 349
BVerfGE 42, 243 ……………… 124
BVerfGE 42, 258 ……………… 250
BVerfGE 42, 312 ……………… 287
BVerfGE 43, 130 ……………… 349,352
BVerfGE 44, 125［判例Ⅰ65：本秀紀］
　……………… 415,422
BVerfGE 44, 322 ……………… 411
BVerfGE 45, 1 ……………… 415,425
BVerfGE 45, 63 ……………… 533
BVerfGE 45, 142 ……………… 68
BVerfGE 46, 34 ……………… 159
BVerfGE 46, 43 ……………… 251
BVerfGE 46, 160［判例Ⅰ2：青柳幸一］
　……………… 215,221,517
BVerfGE 46, 313 ……………… 332
BVerfGE 46, 342 ……………… 441,442
BVerfGE 47, 102 ……………… 332
BVerfGE 47, 253 ……………… 503
BVerfGE 48, 46 ……………… 503
BVerfGE 48, 127 ……………… 206
BVerfGE 49, 70 ……………… 181,184
BVerfGE 49, 89［判例Ⅰ61：高田敏］
　……………… 244,518,540,541
BVerfGE 49, 329 ……………… 124
BVerfGE 50, 50 ……………… 312
BVerfGE 50, 115 ……………… 123
BVerfGE 50, 290［判例Ⅰ49：栗城壽夫］
　……………… 302,533,553,554,561,563

BVerfGE 51, 130 ……………… 310
BVerfGE 51, 222 ……………… 503
BVerfGE 51, 304 ……………… 250
BVerfGE 52, 63 ……………… 406
BVerfGE 52, 187 ……………… 60,68,411
BVerfGE 52, 369［判例Ⅰ15：光田督良］
　……………… 237,241
BVerfGE 53, 25 ……………… 247
BVerfGE 53, 30［判例Ⅰ9：笹田栄司］
　……………… 518,525
BVerfGE 54, 39 ……………… 181
BVerfGE 54, 129 ……………… 350
BVerfGE 54, 148［判例Ⅰ6：押久保倫夫］
　……………… 350
BVerfGE 54, 173 ……………… 247
BVerfGE 54, 177 ……………… 123
BVerfGE 54, 277 ……………… 123,251
BVerfGE 55, 7 ……………… 411
BVerfGE 55, 100 ……………… 241
BVerfGE 55, 274 ……………… 247
BVerfGE 55, 349 ……………… 519,556
BVerfGE 56, 51 ……………… 247
BVerfGE 56, 54［判例Ⅰ10：松本和彦］
　……………… 303,304,311,519
BVerfGE 57, 9 ……………… 442
BVerfGE 57, 250 ……………… 168
BVerfGE 58, 1 ……………… 59,61
BVerfGE 60, 15 ……………… 455
BVerfGE 60, 253 ……………… 442
BVerfGE 60, 319 ……………… 549
BVerfGE 60, 374［判例Ⅰ81：武永淳］…… 423
BVerfGE 61, 82［判例Ⅰ56：廣田全男］…… 297
BVerfGE 61, 149 ……………… 230,231,404
BVerfGE 61, 260 ……………… 251
BVerfGE 61, 319 ……………… 241,242

索　　引　629

BVerfGE 62, 1 ［判例Ⅰ88：吉田栄司］
　　　………………………………415,421,562
BVerfGE 62, 117………………………………233
BVerfGE 62, 295………………………………434
BVerfGE 63, 230………………………………421
BVerfGE 63, 332………………………………442
BVerfGE 64, 1……………………………448,450
BVerfGE 64, 67…………………………………224
BVerfGE 64, 72…………………………………542
BVerfGE 64, 135…………………………………80
BVerfGE 64, 229………………………………250
BVerfGE 64, 301………………………………421
BVerfGE 65, 1 ［判例Ⅰ7：平松毅］
　　　………………………………230,232,308
BVerfGE 65, 132………………………………250
BVerfGE 65, 152………………………………108
BVerfGE 65, 179…………………………260,270
BVerfGE 66, 39…………………………………556
BVerfGE 66, 107………………………………422
BVerfGE 66, 152…………………………181,184
BVerfGE 66, 337………………………………184
BVerfGE 67, 100 ［判例Ⅰ85：岩間昭道］……550
BVerfGE 67, 157………………………………546
BVerfGE 67, 213………………………………350
BVerfGE 67, 256………………………………231
BVerfGE 67, 299………………………………230
BVerfGE 68, 1…………415,423,424,443,551,556
BVerfGE 68, 346………………………………404
BVerfGE 68, 384………………………………230
BVerfGE 69, 1 ［判例Ⅰ23：山内敏弘］
　　　………………………………178,250,401
BVerfGE 69, 112……………………123,267,455
BVerfGE 69, 315 ［判例Ⅰ40：赤坂正浩］
　　　…………………………………………250,310
BVerfGE 70, 138 ［判例Ⅰ21：石川健治］

　　　…………………………………………287,298
BVerfGE 70, 180………………………………309
BVerfGE 71, 81…………………………………251
BVerfGE 72, 319………………………………242
BVerfGE 73, 1……………………………172,415
BVerfGE 73, 40……………………………179,242
BVerfGE 73, 118…………………………247,407
BVerfGE 73, 263………………………………264
BVerfGE 73, 330………………………………157
BVerfGE 73, 339 ［判例Ⅰ70：奥山亜喜子］
　　　…………………………………60,69,443
BVerfGE 74, 297………………………………250
BVerfGE 74, 358…………………………79,442
BVerfGE 75, 1……………………………440,448
BVerfGE 75, 223…………………………………68
BVerfGE 75, 246………………………………544
BVerfGE 77, 84……………………………25,267
BVerfGE 77, 170…………………………525,562
BVerfGE 77, 345………………………………401
BVerfGE 78, 179 ［判例Ⅰ47：宮地基］……294
BVerfGE 78, 320……………………258,259,265
BVerfGE 78, 331………………………………155
BVerfGE 79, 127 ［判例Ⅱ59：白藤博行］……564
BVerfGE 79, 311…………………………155,411
BVerfGE 79, 357………………………………183
BVerfGE 79, 365………………………………183
BVerfGE 80, 1…………………………………546
BVerfGE 80, 137 ［判例Ⅱ2：平松毅］
　　　……………………………………178,307
BVerfGE 80, 188 ［判例Ⅰ83：山本悦夫］……424
BVerfGE 81, 1…………………………………247
BVerfGE 81, 53…………………………………224
BVerfGE 81, 242 ［判例Ⅱ40：押久保倫夫］
　　　……………………………………………515
BVerfGE 81, 278 ［判例Ⅰ31：西原博史］……351

BVerfGE 82, 30 ················· 155,156,158
BVerfGE 82, 43 ······················ 351
BVerfGE 82, 272 ····················· 351
BVerfGE 82, 316〔判例Ⅱ 55：岡田俊幸〕···· 215
BVerfGE 83, 130〔判例Ⅱ 29：芹沢齊〕
　　　　　　　　　　　　　　·············242,542
BVerfGE 84, 90〔判例Ⅰ 94：中島茂樹〕
　　　　　　　　　　　　　　·········300,301,556
BVerfGE 84, 212 ····················· 548
BVerfGE 84, 239 ····················· 242
BVerfGE 85, 69〔判例Ⅱ 36：赤坂正浩〕
　　　　　　　　　　　　　　·············249,251
BVerfGE 85, 191〔判例Ⅱ 13：青柳幸一〕··· 238
BVerfGE 85, 264〔判例Ⅰ 67：上脇博之〕〔判例Ⅱ 54：永田秀樹〕············ 263,415
BVerfGE 85, 360 ····················· 542
BVerfGE 86, 148 ····················· 554
BVerfGE 86, 228 ····················· 251
BVerfGE 86, 390〔判例Ⅱ 68：畑尻剛〕
　　　　　　　　　　　　　　·············220,224
BVerfGE 87, 1 ······················· 184
BVerfGE 87, 152 ····················· 401
BVerfGE 87, 341 ····················· 270
BVerfGE 87, 348 ····················· 247
BVerfGE 88, 1 ······················· 158
BVerfGE 88, 5 ······················· 241
BVerfGE 88, 17〔判例Ⅱ 70：岡田俊幸〕···· 158
BVerfGE 88, 173〔判例Ⅰ 89：水島朝穂〕〔判例Ⅱ 67：武永淳〕················ 215
BVerfGE 88, 203〔判例Ⅱ 7：小山剛〕
　　　　　·······121,188,211,264,295,406,519,520,564
BVerfGE 89, 155〔判例Ⅰ 71：川添利幸〕〔判例Ⅱ 62：西原博史〕·········· 60-62,64,65,301
BVerfGE 89, 359 ····················· 158
BVerfGE 90, 22 ········· 324,326,328,330,331,337

BVerfGE 90, 60 ······················ 411
BVerfGE 90, 145〔判例Ⅱ 4：工藤達朗〕
　　　　　　　　　　　　　　··················24,307
BVerfGE 90, 286〔判例Ⅱ 57：山内敏弘〕
　　　　　　　　　　　　　　·········188,415,419
BVerfGE 91, 125〔判例Ⅱ 22：宮地基〕······ 188
BVerfGE 91, 262 ····················· 483
BVerfGE 91, 389〔判例Ⅱ 10：井上典之〕··· 242
BVerfGE 92, 1〔判例Ⅱ 72：松本和彦〕
　　　　　　　　　　　　　　··················24,263
BVerfGE 92, 53〔判例Ⅱ 11：斉藤孝〕········ 241
BVerfGE 93, 1〔判例Ⅱ 16：石村修〕
　　　　　　　　　　　　　·······24,45,178,255,268
BVerfGE 93, 121〔判例Ⅱ 47：中島茂樹〕
　　　　　　　　　　·············213,239,264,395,396,544
BVerfGE 93, 266〔判例Ⅱ 25：小山剛〕
　　　　　　　　　　　　　　············24,45,261,351
BVerfGE 94, 1〔判例Ⅲ 23：柳眞弘（根森健〔追補〕）〕························ 352
BVerfGE 94, 49〔判例Ⅲ 59：川又伸彦〕···· 301
BVerfGE 95, 322〔判例Ⅲ 79：片山智彦〕··· 123
BVerfGE 95, 335〔判例Ⅲ 69：永田秀樹〕··· 401
BVerfGE 96, 56〔判例Ⅲ 8：押久保倫夫〕
　　　　　　　　　　　　　　·············521,522
BVerfGE 96, 68 ················ 441,442,448
BVerfGE 96, 133 ················· 405,406
BVerfGE 96, 245 ····················· 330
BVerfGE 96, 260 ····················· 268
BVerfGE 96, 264〔判例Ⅲ 71：本秀紀〕······ 423
BVerfGE 96, 345 ····················· 455
BVerfGE 96, 375〔判例Ⅲ 1：嶋崎健太郎〕
　　　　　　　　　　　　　　·············121,264,265
BVerfGE 97, 111 ····················· 556
BVerfGE 97, 125〔判例Ⅲ 28：鈴木秀美〕··· 522
BVerfGE 97, 198 ····················· 407

索　　引　*631*

BVerfGE 97, 298 ················· 533
BVerfGE 98, 218［判例Ⅲ 6：斉藤一久］［判例
　Ⅲ 86：根森健］················ 142,287,540
BVerfGE 98, 265［判例Ⅲ 47：嶋崎健太郎］
　································ 521
BVerfGE 99, 145［判例Ⅲ 36：古野豊秋］···· 215
BVerfGE 99, 216 ················· 541
BVerfGE 99, 367 ················· 541
BVerfGE 100, 249 ··············· 406,407
BVerfGE 100, 263 ················ 271
BVerfGE 100, 266 ················ 440
BVerfGE 101, 1 ················ 406,412
BVerfGE 102, 347［判例Ⅲ 22：川又伸彦］
　································ 353,515
BVerfGE 102, 370［判例Ⅲ 84：須賀博志］
　································ 298
BVerfGE 103, 44［判例Ⅲ 30：鈴木秀美］
　································ 188,215
BVerfGE 103, 89［判例Ⅲ 40：古野豊秋］···· 522
BVerfGE 103, 111 ··············· 406,407
BVerfGE 103, 293 ················ 545
BVerfGE 104, 151 ················ 258
BVerfGE 104, 305 ················ 142
BVerfGE 104, 337［判例Ⅲ 48：近藤敦］
　································ 532,543
BVerfGE 105, 252 ················ 530
BVerfGE 105, 279［判例Ⅲ 20：西原博史］
　································ 533,535
BVerfGE 105, 313［判例Ⅲ 32：三宅雄彦］
　································ 154,401
BVerfGE 106, 62 ·············· 211,553,561
BVerfGE 106, 210 ················ 143
BVerfGE 106, 244 ················ 406
BVerfGE 107, 341 ················ 484
BVerfGE 107, 395［判例Ⅲ 81：玉蟲由樹］

　································ 39,53,123
BVerfGE 108, 169 ················ 406
BVerfGE 108, 282［判例Ⅲ 21：渡辺康行］
　································ 539,540,545
BVerfGE 109, 133［判例Ⅲ 3：押久保倫夫］
　································ 548
BVerfGE 109, 279［判例Ⅲ 53：平松毅］··· 545
BVerfGE 110, 33 ················· 540
BVerfGE 110, 141［判例Ⅲ 50：門田孝］
　································ 545,562,568
BVerfGE 111, 10 ················· 523
BVerfGE 111, 191 ················ 540
BVerfGE 111, 307 ················· 80
BVerfGE 111, 273 ················· 66
BVerfGE 113, 63 ················· 535
BVerfGE 113, 167 ··············· 407,546
BVerfGE 113, 348［判例Ⅲ 43：西原博史］
　································ 542
BVerfGE 114, 121［判例Ⅲ 74：宮地基］····· 556
BVerfGE 115, 118 ············· 124,522,548
BVerfGE 115, 205 ················ 546
BVerfGE 115, 320 ··············· 546,564
BVerfGE 116, 202 ········ 530,535,536,543,546
BVerfGE 118, 124 ················ 451
BVerfGE 118, 244 ················ 556
BVerfGE 119, 1 ··················· 353
BVerfGE 119, 247 ················ 406
BVerfGE 120, 56 ················· 555
BVerfGE 121, 175 ················ 233
BVerfGE 121, 317 ··············· 535,545
BVerfGE 122, 248 ················ 25,361
BVerfGE 122, 342 ················ 225
BVerfGE 123, 267 ················ 66-68,82
BVerfGE 124, 199 ················ 306
BVerfGE 124, 300 ················ 544

BVerfGE 125, 39 …………………………… 522
BVerfGE 125, 174 ……………… 388,555,556,562
BVerfGE 126, 170 …………………………… 355
BVerfGE 128, 193 …………………………… 562
BVerfGE 128, 226 …………………………306,533
BVerfGE 128, 326 …………………………… 538
BVerfGE 130, 318 …………………………… 108

BVerfG, NJW 1994, S. 2943 ………………… 335
BVerfG, NJW 1996, S. 2221［判例Ⅲ5：根森健］
　　………………………………………… 142
BVerfG, NJW 1997, S. 2229 ………………… 341
BVerfG, NJW 1999, S. 1176 ………………… 332
BVerfG, NJW 1999, S. 3404 ………………… 332
BVerfG, NJW 2001, S. 1138 ………………… 354
BVerfG, NJW 2001, S. 2461 ………………… 354
BVerfG, NJW 2001, S. 2957［判例Ⅲ2：押久保倫夫］
　　………………………………………… 295
BVerfG, NJW 2002, S. 2378［判例Ⅲ4：實原貴志］
　　………………………………………… 307

BVerfGK 1, 235 ……………………………… 332
BVerfGK 5, 144 ……………………………… 343

BVerfG(K), EuGRZ 1987, S. 353 …………… 305
BVerfG(K), NJW 1990, S. 39………………… 257
BVerfG(K), EuGRZ 2000, S 242 …………… 332

BVerfG(K), NJW 2011, S 3637 ……………… 158

連邦行政裁判所
BVerwGE 37, 116……………………………… 442
BVerwGE 52, 313……………………………… 79
BVerwG, NJW 1999, S. 3064………………… 269

ヨーロッパ司法裁判所
EuGHE 1963, 1- Rs. 26/62…………………… 57
EuGHE 1958/1959, 43- Rs. 1/58……………… 58
EuGHE 1964, 1251- Rs. 6/64………………… 57
EuGHE 1969, 419- Rs. 29/69………………… 58
EuGHE 1970, 1125- Rs. 11/70………………… 58
EuGHE 1974, 419(507)- Rs. 4/73…………… 58
EuGHE 1979, 3727- Rs. 44/79………………… 58
EuGH, EuZW 1991, S313 ff. ………………… 62

ヨーロッパ人権裁判所
EGMR Nr. 75529/01…………………………… 39
EGMR NJW 2010 3355………………………… 39

連邦通常裁判所
BGHZ 52, 325 ………………………………… 305
BGHZ 149, 247 ……………………………… 353

ライヒ国事裁判所
RGZ 138 Anhang S. 1. ……………………… 428

執筆者紹介（五十音順）

有澤 知子	大阪学院大学教授
飯田 稔	亜細亜大学教授
奥山 亜喜子	女子美術大学教授
小野寺 邦広	埼玉大学非常勤講師
川又 伸彦	埼玉大学教授
工藤 達朗	中央大学法科大学院教授
斎藤 孝	岐阜聖徳学園大学教授
嶋崎 健太郎	新潟大学法科大学院教授
武市 周作	東洋大学准教授
土屋 武	杏林大学非常勤講師
中野 雅紀	茨城大学准教授
畑尻 剛	中央大学法学部・法科大学院教授
福王 守	駒沢女子大学教授
古野 豊秋	弁護士（元桐蔭横浜大学法科大学院教授）
光田 督良	駒沢女子大学教授
森 保憲	桐蔭法科大学院教授
山本 悦夫	熊本大学法科大学院教授

ドイツの憲法裁判〔第二版〕
連邦憲法裁判所の組織・手続・権限　日本比較法研究所研究叢書（88）

2002年10月25日　初　版第1刷発行
2013年 3月30日　第2版第1刷発行

編　者　畑尻　　剛
　　　　工藤　達朗

発行者　遠　山　　曉

発行所　中央大学出版部
〒192-0393
東京都八王子市東中野742-1
電話 042-674-2351・FAX042-674-2354
http://www2.chuo-u.ac.jp/up/

© 2013　　ISBN978-4-8057-0587-2　　㈱千秋社

日本比較法研究所研究叢書

#	著者	タイトル	判型・価格
1	小島武司 著	法律扶助・弁護士保険の比較法的研究	A5判 2940円
2	藤本哲也 著	CRIME AND DELINQUENCY AMONG THE JAPANESE-AMERICANS	菊判 1680円
3	塚本重頼 著	アメリカ刑事法研究	A5判 2940円
4	小島武司 外間寛 編	オンブズマン制度の比較研究	A5判 3675円
5	田村五郎 著	非嫡出子に対する親権の研究	A5判 3360円
6	小島武司 編	各国法律扶助制度の比較研究	A5判 4725円
7	小島武司 編	仲裁・苦情処理の比較法的研究	A5判 3990円
8	塚本重頼 著	英米民事法の研究	A5判 5040円
9	桑田三郎 著	国際私法の諸相	A5判 5670円
10	山内惟介 編	Beiträge zum japanischen und ausländischen Bank- und Finanzrecht	菊判 3780円
11	木内宜彦 M・ルッター 編著	日独会社法の展開	A5判 (品切)
12	山内惟介 著	海事国際私法の研究	A5判 2940円
13	渥美東洋 編	米国刑事判例の動向 I	A5判 5145円
14	小島武司 編著	調停と法	A5判 (品切)
15	塚本重頼 著	裁判制度の国際比較	A5判 (品切)
16	渥美東洋 編	米国刑事判例の動向 II	A5判 5040円
17	日本比較法研究所 編	比較法の方法と今日的課題	A5判 3150円
18	小島武司 編	Perspectives on Civil Justice and ADR : Japan and the U.S.A	菊判 5250円
19	小島・渥美 清水・外間 編	フランスの裁判法制	A5判 (品切)
20	小杉末吉 著	ロシア革命と良心の自由	A5判 5145円
21	小島・渥美 清水・外間 編	アメリカの大司法システム(上)	A5判 3045円
22	小島・渥美 清水・外間 編	Système juridique français	菊判 4200円

日本比較法研究所研究叢書

23	小島・渥美 清水・外間 編	アメリカの大司法システム㊦	Ａ５判 1890円
24	小島武司・韓相範編	韓　国　法　の　現　在　㊤	Ａ５判 4620円
25	小島・渥美・川添 清水・外間 編	ヨーロッパ裁判制度の源流	Ａ５判 2730円
26	塚　本　重　頼　著	労使関係法制の比較法的研究	Ａ５判 2310円
27	小島武司・韓相範編	韓　国　法　の　現　在　㊦	Ａ５判 5250円
28	渥　美　東　洋　編	米国刑事判例の動向Ⅲ	Ａ５判 (品切)
29	藤　本　哲　也　著	Crime Problems in Japan	菊　判 (品切)
30	小島・渥美 清水・外間 編	The Grand Design of America's Justice System	菊　判 4725円
31	川　村　泰　啓　著	個人史としての民法学	Ａ５判 5040円
32	白　羽　祐　三　著	民法起草者穂積陳重論	Ａ５判 3465円
33	日本比較法研究所編	国際社会における法の普遍性と固有性	Ａ５判 3360円
34	丸　山　秀　平　編著	ドイツ企業法判例の展開	Ａ５判 2940円
35	白　羽　祐　三　著	プロパティと現代的契約自由	Ａ５判 13650円
36	藤　本　哲　也　著	諸　外　国　の　刑　事　政　策	Ａ５判 4200円
37	小　島　武　司　他編	Europe's Judicial Systems	菊　判 (品切)
38	伊　従　　　寛　著	独占禁止政策と独占禁止法	Ａ５判 9450円
39	白　羽　祐　三　著	「日本法理研究会」の分析	Ａ５判 5985円
40	伊従・山内・ヘイリー編	競争法の国際的調整と貿易問題	Ａ５判 2940円
41	渥　美　・　小　島　編	日韓における立法の新展開	Ａ５判 4515円
42	渥　美　東　洋　編	組織・企業犯罪を考える	Ａ５判 3990円
43	丸　山　秀　平　編著	続ドイツ企業法判例の展開	Ａ５判 2415円
44	住　吉　　　博　著	学生はいかにして法律家となるか	Ａ５判 4410円

日本比較法研究所研究叢書

45	藤本哲也 著	刑事政策の諸問題	A5判 4620円
46	小島武司 編著	訴訟法における法族の再検討	A5判 7455円
47	桑田三郎 著	工業所有権法における国際的消耗論	A5判 5985円
48	多喜 寛 著	国際私法の基本的課題	A5判 5460円
49	多喜 寛 著	国際仲裁と国際取引法	A5判 6720円
50	眞田・松村 編著	イスラーム身分関係法	A5判 7875円
51	川添・小島 編	ドイツ法・ヨーロッパ法の展開と判例	A5判 1995円
52	西海・山野目 編	今日の家族をめぐる日仏の法的諸問題	A5判 2310円
53	加美和照 著	会社取締役法制度研究	A5判 7350円
54	植野妙実子 編著	21世紀の女性政策	A5判 (品切)
55	山内惟介 著	国際公序法の研究	A5判 4305円
56	山内惟介 著	国際私法・国際経済法論集	A5判 5670円
57	大内・西海 編	国連の紛争予防・解決機能	A5判 7350円
58	白羽祐三 著	日清・日露戦争と法律学	A5判 4200円
59	伊従・山内・ヘイリー・ネルソン 編	APEC諸国における競争政策と経済発展	A5判 4200円
60	工藤達朗 編	ドイツの憲法裁判	A5判 (品切)
61	白羽祐三 著	刑法学者牧野英一の民法論	A5判 2205円
62	小島武司 編	ADRの実際と理論 I	A5判 (品切)
63	大内・西海 編	United Nation's Contributions to the Prevention and Settlement of Conflicts	菊判 4725円
64	山内惟介 著	国際会社法研究 第一巻	A5判 5040円
65	小島武司 著	CIVIL PROCEDURE and ADR in JAPAN	菊判 (品切)
66	小堀憲助 著	「知的(発達)障害者」福祉思想とその潮流	A5判 3045円

日本比較法研究所研究叢書

67	藤本哲也 編著	諸外国の修復的司法	A5判	6300円
68	小島武司 編	ＡＤＲの実際と理論Ⅱ	A5判	5460円
69	吉田 豊 著	手付の研究	A5判	7875円
70	渥美東洋 編著	日韓比較刑事法シンポジウム	A5判	3780円
71	藤本哲也 著	犯罪学研究	A5判	4410円
72	多喜 寛 著	国家契約の法理論	A5判	3570円
73	石川・エーラース・グロスフェルト・山内 編著	共演 ドイツ法と日本法	A5判	6825円
74	小島武司 編著	日本法制の改革：立法と実務の最前線	A5判	10500円
75	藤本哲也 著	性犯罪研究	A5判	3675円
76	奥田安弘 著	国際私法と隣接法分野の研究	A5判	7980円
77	只木 誠 著	刑事法学における現代的課題	A5判	2835円
78	藤本哲也 著	刑事政策研究	A5判	4620円
79	山内惟介 著	比較法研究 第一巻	A5判	4200円
80	多喜 寛 編著	国際私法・国際取引法の諸問題	A5判	2310円
81	日本比較法研究所 編	Future of Comparative Study in Law	菊判	11760円
82	植野妙実子 編著	フランス憲法と統治構造	A5判	4200円
83	山内惟介 著	Japanisches Recht im Vergleich	菊判	7035円
84	渥美東洋 編	米国刑事判例の動向Ⅳ	A5判	9450円
85	多喜 寛 著	慣習法と法的確信	A5判	2940円
86	長尾一紘 著	基本権解釈と利益衡量の法理	A5判	2625円
87	植野妙実子 編著	法・制度・権利の今日的変容	A5判	6195円

＊価格は消費税５％を含みます．